KB205377

에스겔·다니엘 주해

철학 박사 김수홍 지음

도서출판 언약

Exposition
of
Ezekiel, Deniel

by

Rev. Soo Heung Kim, S.T.M., Ph.D.

Published by
Eonyak Publishing Company
Suwon, Korea
2021

"성경의 원어를 읽든지 혹은 우리 번역문을 읽든지,
성경을 읽는 것은 성부 하나님, 성자 예수님, 성령 하나님을 읽는 것이고,
본문을 아는 것이 하나님을 아는 것이며,
성경 본문을 붙잡는 것이 하나님을 붙잡는 것이고,
성경본문을 연구하는 것이 하나님을 연구하는 것(신학)이다".

▌일러두기
: 본 주해를 쓰면서 주력한 것

1. 성경을 성경으로 해석해야 한다는 원리를 따랐다. 따라서 외경이나 위경에서는 인용하지 않았다.
2. 본 주해를 집필함에 있어 문법적 해석, 역사적 해석, 정경적 해석의 원리를 따랐다. 성경을 많이 읽는 중에 문단의 양식과 구조와 배경을 파악해냈다.
3. 문맥을 살펴 주해하는 일에 심혈을 기울였다.
4. 매절마다 빼놓지 않고 주해하였다. 난해 구절도 모두 해결하느라 노력했다.
5. 매절을 주해하면서도 군더더기 글이 되지 않도록 노력했다. 군더더기 글은 오히려 성경을 더 복잡하게 만들어 놓기 때문이다.
6. 절이 바뀔 때마다 독자의 편의를 위하여 한 줄씩 떼어놓아 눈의 피로를 덜도록 했다.
7. 본 주해를 집필하는 데 취한 순서는 먼저 개요를 쓰고, 다음 한절 한절을 주해했다. 그리고 실생활을 위하여 적용을 시도했다.
8. 매절(every verse)을 주해할 때 히브리어 원어의 어순을 따르지 않고 한글 개역개정판 성경의 어순(語順)을 따랐다. 이유는 우리의 독자들을 위해야 했기 때문이다.
9. 구약 원어 히브리어는 주해에 필요한 때에만 인용했다.
10. 소위 자유주의자의 주석이나 주해 또는 강해는 개혁주의 입장에 맞는 것만 참고했다.
11. 주해의 흐름을 거스르는 말은 각주(footnote)로 처리했다.
12. 본 주해는 성경학자들과 목회자를 위하여 집필했지만 일반 성도들도 얼마든지 이해할 수 있도록 평이하게 집필했다. 특히 남북통일이 되는 날 북한 주민들도 읽고 이해할 수 있도록 가능한 쉽게 집필했다.

13. 영어 번역이 필요할 경우는 English Standard Version(ESV)을 인용했다. 그러나 때로는 RSV(1946-52년의 개정표준역)나 NIV(new international version)나 다른 번역판들(NASB 등)을 인용하기도 했다.
14. 틀린 듯이 보이는 다른 학자의 주석을 반박할 때는 "혹자는"이라고 말했고 그 학자의 이름은 기재하지 않았다. 그러나 단지 필자와 다른 견해를 제시하는 학자의 이름은 기재했다.
15. 성경 본문에서 벗어난 해석들이나 주장들을 반박할 때는 간단히 했다. 너무 많은 지면을 쓰는 것은 바람직하지 않고 독자들을 피곤하게 만들기 때문이다.
16. 성경 장절(Bible references)을 빨리 알아볼 수 있도록 매절마다 장절을 표기했다(예: 창 1:1; 출 1:1; 레 1:1; 민 1:1 등).
17. 가능한 한 성경 장절을 많이 넣어 주해 사용자들의 편의를 도모했다.
18. 필자가 주해하고 있는 성경 책명 약자는 기재하지 않았다(예: 1:1; 출 1:1; 막 1:1; 눅 1:1; 요 1:1; 롬 1:1 등). 제일 앞의 1:1은 욥기 1장 1절이란 뜻이다.
19. 신구약 성경을 지칭할 때는 '성서'라는 낱말을 사용하지 않고 줄곧 '성경'이라는 용어를 사용했다. '성서'라는 용어는 다른 경건 서적에도 붙일 수 있는 용어이므로 반드시 '성경'이라는 용어를 사용했다.
20. 목회자들의 성경공부 준비와 설교 작성을 염두에 두고 집필했다.
21. QT에도 적절하게 사용할 수 있도록 주해했다.
22. 가정 예배의 교재로 사용할 수 있도록 쉽게 집필했다.
23. 오늘날 믿음을 잃은 수많은 젊은이들이 주님 앞으로 돌아오기를 바라면서 주해를 집필하고 있다.

에스겔 주해

Exposition of Ezekiel

머리말

에스겔 주해를 시작하기 전부터 에스겔 주해는 심히 어려우리라 여겼다. 비유가 많고 환상이 많아 주해하기가 심히 난해할 것이라 여긴 것이다. 그래서 주해(주석+강해를 합한 것)를 시작하기 전에 하나님의 인도를 바라보고 많은 기도를 드렸다. 마음이 한층 가벼워지기는 했으나 난해한 것을 피해갈 수는 없었다. 그래서 많이 묵상했고, 또 기도하면서 한 걸음 한 걸음 주해해 나갔다.

그러나 한 번 주해한 것으로는 만족할 수가 없어서 또 한 번 깊이 살폈다. 이렇게 두 번이나 깊이 살핀 주해 책은 없었다. 다른 성경들은 한 번 주해하고 교정해서 끝냈는데, 이렇게 두 번이나 깊이 살피고 교정한 것은 본서가 처음이다.

필자가 이 에스겔서를 주해하는 현재 나이가 고령이다. 책 보기가 힘들어진 나이이고, 컴퓨터 키보드 치기가 힘들어진 나이이지만 성경 전체를 주해하고 인생을 마쳐야겠다는 생각이 아주 간절하다. 이제는 다니엘서와 소선지서 12권 주해를 남겨 놓고 있다. 그러니까 지금까지 세상에 펴낸 주해는 신약 13권, 구약 16권, 모두 합해서 29권이 되었다. 이제 에스겔서와 다니엘서를 합해서 출판하면 30권이 되고, 소선지서 12권을 한 책에 주해한다면, 전체 주해서는 31권이 된다. 부지런히 주해해서 세상에 내놓을 생각이다. 하나님께서 놀라운 힘과 지혜 주시기를 바라는 마음 간절하다.

아무튼 세상을 생각하면 영적으로 육적으로 암담하기 그지없다. 영적으로는 특히 청년들의 신앙은 별로 찾아볼 수 없는 정도가 되었다. "아직도 예수를 믿느냐?"고 질문한다는 것이다. 그 좋은 예수를 청년들은 벌써 버린 지가 오래라는 것이다. 그래서 그들에게는 힘이 없고, 지혜가 없어졌고,

용기도 없어졌다. 청년들은 결혼도 포기했고, 아이를 낳는 일도 아예 포기했다. 그래서 지금 3포 시대 혹은 7포 시대(7가지를 포기하고 산다는 뜻)를 살아가고 있다는 것이다. 이런 시대를 마주하며 필자는 기운이 없어도 주해(31권)를 다 마치고, 한국 교회를 위해 복음을 전하는 봉사를 하고 갈 생각이다. 적어도 95세까지 복음을 전하여 복음으로 새로워진 천지를 만들어 놓고 가고 싶다.

아무튼 필자는 최선을 다해서 에스겔을 두 번 주해하여 세상에 내놓으니 성령님의 크신 역사하심이 독자들에게 임하기를 바란다. 이 에스겔 주해를 읽는 이마다 크신 주의 은혜 안에 거하길 간절히 소원한다.

2021년 12월
수원 원천동 우거에서
저자 김수홍

총 론

에스겔서의 책 명칭은 어떻게 해서 생겼나

에스겔이라는 책의 이름은 에스겔(יְחֶזְקֵאל-1:3)이다. 이 뜻은 '하나님께서는 강하시다'는 뜻이다. 70인역(LXX)도 'Iezekiel'로 되어 있다. 거기에서 영역(英譯) 등도 'Ezekiel'로 책명이 표기되어 있고, 한글 개역판이나 개역개정판도 '에스겔'로 표기해 왔다.

에스겔서의 저자는 누구인가

본서가 부시의 아들 제사장 에스겔에게 임한 환상과 계시의 기록이란 사실(1:3)은 본서의 초두에서부터 시작하여 본서 전체를 통하여 반복적으로 증거 되고 있다(3:16; 8:1; 18:1; 21:1; 22:1; 23:1; 24:1; 26:1; 28:1; 32:1; 34:1; 38:1). 그런고로 본서가 에스겔의 저작이라는 사실은 역사상 별문제 없이 수용되어 내려왔다. 그러나 일부 비평학자들은 본서의 저자가 에스겔이 아님을 피력했다. 이러한 입장을 견지하는 사람들은 대부분 본서 가운데는 에스겔 저작이 포함되어 있으나 본서를 분석하여 보면 문학적 양식이나 예언의 내용 그리고 주제가 다른 부분이 많이 등장한다고 보아 본서 전체가 에스겔의 저작은 아니라는 입장을 취한다.

1) 외델(G. L. Oeder)의 학설-그는 본서 1-39장은 에스겔의 작품이고, 40-48장은 후대에 가입된 것이라고 주장한다.

2) 헬만(J. Hermann)의 학설-그는 본서가 원래는 작은 예언집이었는데 후에 에스겔이 많이 더 첨부하였다고 주장한다.

3) 횔셸(G. Hoelscher)의 학설-그는 본서의 순정성의 대부분을 부인했다. 그는 본서 1273구절 중 143절만이 에스겔의 주장이라고 말하고 나머지는

에스겔의 저술이 아니라고 했다.

4) 토레이(C.C. Torrey)의 학설-에스겔서의 원부분(原部分)은 므낫세 왕 때의 우상 숭배 죄를 꾸짖는 예언인 양 주전 230년경에 예루살렘에서 저술된 위작(僞作)이고, 그 남은 부분은 또 다시 후대인들의 부가물이라고 했다.

5) 얼빈(W. A. Irwin)의 학설-그는 아무 근거도 없이 본서의 40-48장을 전혀 순전치 못한 부분이라고 주장하고, 다만 본서의 251구절만이 전적 혹은 부분적으로 순정성을 띠고 있다고 했다.

이상의 학설들은 너무도 근거 없는 학설들로서 본서 전체가 에스겔의 저작이 아니라고 했다. 우리는 비평가들의 이러한 일치함 없는 헛된 이론을 부당한 것으로 안다(박윤선).

에스겔서는 언제 저작 되었는가

본서의 저작 연대는 에스겔이 활동하던 주전 593-571년간일 것으로 보인다(1:2; 29:17).

에스겔서는 무엇을 목적하고 기록했는가

에스겔서의 주목적은 유다인 포로들을 위로할 목적으로 기록된 것이었다.

첫째, 에스겔은 유다의 죄를 밝히 지적하고 있다. 이렇게 지적한 것은 유다 나라를 살리려는 이유에서였다.

둘째, 에스겔서는 유다인들로 하여금 죄를 자복하게 하는 것이었다. 에스겔은 "돌아오라"는 말을 여러 번 반복하여(14:6; 18:30; 32:30; 38:4) 포로민들로 하여금 죄를 자복하게 했다.

셋째, 에스겔은 유다인들의 회복을 위해 에스겔서를 기록했다. 하나님은 유다인을 징계하시고 계시나 언젠가는 반드시 회복하실 것이었다(37장).

넷째, 에스겔은 유다인들의 적들은 멸망한다는 것을 기술했다 (25:1-32:32). 유다는 한 때 징계를 받으나 결국 하나님은 유다를 버리시지 않는다고 말한다.

에스겔서의 신학은 어떤 것들을 들 수 있는가.

에스겔은 구약에서 최초로 교리 신학자라고 말한다. 이제 에스겔의 신학을 몇 분야로 나누어 설명하면 다음과 같다.

1) 에스겔의 신관은 어떠한가.

에스겔서 신학의 중심은 하나님의 영광이었다. 에스겔의 신관은 아주 획기적인 것이었다. 구약의 여호와는 이스라엘의 민족신으로 나타났고, 시내 산에서 부여된 율법에서 거의 고정된 이스라엘의 신에 대한 개념이었다. 구약의 여호와는 전능하신 분이었고(1:24), 전지하신 신이었으며(1:18), 그 자신이 생명이셨고, 모든 생명의 근원이셨다(1:22).

2) 에스겔의 메시아관은 어떠한가.

메시아 예언은 에스겔에서 특히 강조적이었다.

첫째, 메시아는 초연하신 분으로 묘사되었다.

둘째, 메시아는 오시는 이로서 다윗 언약을 성취하시는 유다의 왕 시드기야나 애굽 왕 같은 악정을 폐하고, 이스라엘에게 소망을 주시는 분이시다(21:27; 29:21).

셋째, 그는 다윗의 자손으로 오시며, 다윗 언약을 성취하시는 이상적 왕자이시다(37:24-28).

넷째, 에스겔은 메시아의 영광스런 모습에 치중한다.

다섯째, 에스겔은 메시아의 개인적인 구원 방면을 밝힌다.

3) 에스겔의 인간관은 어떠한가.

에스겔은 모든 인간은 하나님의 피조물이며(18:4), 범죄함으로 인해 현재의 타락 상태로 떨어진 존재(18:21-30)로 본다.

에스겔은 인간의 구원은 인간의 범죄 상태에서 회개하는 것이고, 그것은 마음에서 죄악을 버리고 영이 새롭게 되는 것이다(18:31). 이와 같은 회개는 개인적인 것으로 각자가 회개하며 정결함을 받아야 하는 것이고, 이와 같이 구원 받는 인간은 새 영을 받아 굳은 마음이 제해져서 부드러운 마음을 가지며 새롭게 되는 것이다(11:9; 36:26; 37:23).

4) 에스겔의 종말관은 어떤가.

에스겔서는 전체적으로 종말관 색채가 짙다. 구약은 이스라엘의 회복을 기다리면서 그것이 연장되어 종말을 기다리는 것은 예언자들에게 공통되는 현상인데 본서에서 특히 그렇다.

본서의 종말적 색채가 신약의 요한계시록과의 유사점이 특출한 것을 보아 더욱 두드러지게 보이고, 또 본서가 요한계시록의 배경이 되는 점에서 더욱 그렇다.

또한 다음과 같은 두 책의 공통점에서 그렇다. 1) 선과 악, 또는 교회와 마귀 간의 투쟁(겔 38장과 계 20:8), 2) 이스라엘의 가나안 정착(34장)과 그리스도의 종말적 통치(계 11:15-19), 3) 두로를 위한 애통(27장)과 바벨론을 위한 애통(계 18장) 등(이상근).

에스겔서가 보여주는 그리스도

성경은 그 내용과 형식에 있어서 다양한 면모를 보이고 있으나 그 근본 주제나 목적은 모두 전 역사를 통해 진행되는 주 예수 그리스도의 구속 사역을 통한 우리 죄인의 구원을 목적하신다. 그러므로 성경은 예수의 구속 사역으로 인한 성도의 구원이라는 동일한 한 주제의 여러 측면과 그 전개의 역사를 보여주는 책이라 할 수 있다. 그리하여 성경 연구자는 성경이 동시에 가지고 있는 통일성과 다양성 때문에 성경 각 부분을 대할 때 그것을 그 자체로서는 물론 성경 전체의 일부로서도 필히 고찰하게 되는 것이다. 또한 연구자는 성경 전체를 다양하고 생동감 있는 계시의 모음집으로서 고찰하게 되는 것이다.

에스겔서는 하나님의 뜻을 이루시기 위하여 고난당하실 메시아를 보내시겠다고 약속하신다(3:25). 우리를 대신하여 십자가에서 대속제물이 되실 분을 보내시겠다는 것이다. 그 메시아는 우리를 위하여 "대속물"이 되시는 분이시다(막 10:45). 우리는 영원히 이 단어를 외우고 다녀도 부족한 사람들이다.

에스겔서는 여호와께서 말씀하시기를 백향목 높은 꼭대기에서 어린 가지(오실 메시아를 지칭한다)를 취하여 심되(Calvin, Lange, Cooke, May, Plumptre), 꼭대기에서 그 연한 어린 가지를 꺾어 높이 치솟은 높은 산(다윗 왕가) 위에 심겠다고 하신다(17:22).

그리고 17:23에 보면, "나 여호와가 그것(메시아)을 이스라엘의 높은 산에 심을 것이니, 그러면 그것이 가지들을 내고, 열매를 맺고, 아름다운 백향목이 되어, 모든 날개 가진 새들이 그 아래 깃들이고 그 가지들의 그늘에 깃들 것이라"고 하신다.

그리고 또 17:24에는, "나 여호와가 높은 나무는 낮추고 낮은 나무는 크게 높이겠다. 싱싱한 나무는 마르게 하고 마른 나무는 무성하게 할 것이니, 들판의 모든 나무들(이는 이방 열국과 그 나라들의 통치자들을 총칭한다)이 나 여호와가 여호와인 것을 알 것이라"고 하신다.

그리고 29:21에는, "그 날에 내가 이스라엘 족속에게서 한 뿔이 솟아나게 하고 네가 그들 중에서 입을 열게 하겠으니, 그들이 내가 여호와임을 알 것이라"고 하신다.

에스겔서는 여호와께서 이스라엘 민족에게 한 목자를 주실 것이라 말하고 이 목자는 이스라엘 민족을 다른 민족으로부터 보호할 것이라고 말씀하신다(34:23-31). 오늘 우리는 성부 하나님께서 주신 목자 되신 메시아 때문에 얼마나 기쁜지 말로 다 표현할 수가 없다.

에스겔서는 또 여호와께서 다윗을 이어받을 영원한 왕을 주신다고 약속하셨다(37:24-28). 우리의 참되신 왕이 우리에게 계시다는 것 이상 기쁜 일이 어디 있는가. 그 왕은 우리를 위해서 십자가에서 대신 죽어주신 분이시고 영원히 우리를 생명수 샘으로 인도하실 분이시다.

에스겔서는 현대의 우리들에게 어떤 의미를 주는 책인가

현대인은 실로 빠른 속도로 하나님을 떠나 패역함으로 멸망을 향해 달음질치는 과거 유다 백성들과 같이 삶의 좌표를 잃어버리고 점점 더 죄악 속으로 빠져들고 있다. 이러한 때 우리는 다시 한 번 자신이 처한 영적 상태를 정확히 파악하고 멸망에서 벗어날 길은 없는가를 냉혹하게 살펴보아야 할 것이다. 도무지 희망이 보이지 않는 현실 가운데서 우리가 택해야 할 삶의 방향은 어디인가?

에스겔서는 철저한 절망 가운데 있는 유다 백성의 회복이 오직 역사의 주관자이신 하나님의 은혜로 가능함을 역설하고 있다. 실로 마른 뼈와 같이 생명력을 상실한 유다 백성이었으나 하나님께서 역사하실 때 다시 선민으로서의 위상이 회복된 것이다. 이처럼 본서는 인간이 스스로의 힘을 믿고 자신의 능력으로 길을 찾아 가려할 때는 멸망에 이를 수밖에 없으나 여호와를 의지할 때는 영원한 삶에 도달할 수 있음을 웅변적으로 보여주는 책이다. 한편 본서의 예언은 유다 백성이 포로에서 귀환하여 성전을 재건하고 또 다시 구속사의 주역이 됨으로써 역사 가운데 성취되었다. 그러나 본서 예언의 많은 부분은 메시아 재림 후에 있을 역사의 종말의 때에 이루어질 것이다(40-48장). 다시 말해 하나님의 완전한 공의가 임하는 메시아 왕국의 영광을 선포하는 40-48장이 바로 본서의 중심인 것이다. 이처럼 본서는 사단의 세력이 완전히 멸망하고 하나님의 공의가 완전히 실현되는 영광스러운 미래가 이를 것을 약속하고 있다. 따라서 성도는 이러한 메시아 왕국의 시민이 되는 궁극적 희망을 가지고 이 세상에서 살아가야 할 것이다.

우리는 이 세상에서 우리의 힘으로 살지 말고 메시아의 힘을 받아서 살아야 할 것이다. 또 우리는 이 세상에서 우리의 지혜로 살지 말고, 메시아의 지혜를 받아가지고 살아야 할 것이다. 오늘 우리는 메시아 왕국을 바라보면서 기쁨으로 살아가야 할 것이다. 100세 시대를 살면서 오래 살기만을 기대하면서 살 것이 아니라 예수 그리스도로부터 수많은 은총을 받아서 넉넉하게 살아가야 할 것이다. 오늘 우리는 에스겔을 우리의 교과서로 삼고 힘있게 살아가자.

에스겔서가 보여주는 문학적 특징은 어떤 것들이 있는가.

1) 에스겔서의 내용은 연대순으로 정연하게 조직되어 있다.

2) 에스겔서는 전체적으로 예언자가 자신을 인자(1인칭 단수)라는 말로 96회나 드러내고 있다.

3) 에스겔서에는 환상과 상징이 풍부하고 "주의 말씀" 또는 "주의 영"이란 표현이 많고 행동적 예언도 많은 것이 특징이다.

4) 에스겔서는 계시 문학에 속하여 신약의 요한계시록의 배경이 되고 있다.

5) 에스겔서에는 "너희가 나를 여호와인줄 알리라"는 말씀이 30회나 나타나는 것이 특징이다.

■ 내용분해

【에스겔】

제 I부: 하나님께서 에스겔을 부르시다 1:1-3:27

A. 하나님께서 에스겔을 부르시다 1:1-28

1. 부르신 때와 장소 1:1-3
2. 네 생물의 환상 1:4-14
3. 네 바퀴의 환상 1:15-21
4. 궁창 위의 환상 1:22-25
5. 궁창 위의 보좌의 환상 1:26-28

B. 에스겔이 선지자로 부름 받다 2:1-3:27

1. 에스겔이 선지자로 부름 받다 2:1-7
2. 두루마리를 먹이시다 2:8-3:3
3. 말씀 선포를 부탁하시다 3:4-15
4. 파수꾼 사명을 부여하시다 3:16-27

제 II부: 유다를 심판하실 것을 예언하시다 4:1-24:27

A. 에스겔이 예루살렘의 멸망을 예언하다 4:1-5:17

1. 예루살렘을 포위하다 4:1-3
2. 예루살렘 포로 기간 4:4-8
3. 예루살렘이 기근을 당하다 4:9-17
4. 예루살렘이 살육을 당하다 5:1-4
5. 예루살렘에 진노를 내리시다 5:5-17

B. 유다 나라가 멸망할 것이다 6:1-7:27

1. 우상 숭배로 인해 재앙이 임할 것이다 6:1-14

   ㄱ. 산당이 훼파될 것이다 6:1-7

ㄴ. 남은 자는 구원을 받을 것이다 6:8-10

ㄷ. 유다 백성이 멸망할 것이다 6:11-14

2. 우상 숭배로 유다가 멸망할 것이다 7:1-27

C. 예루살렘 성전이 심판 받을 것이다 8:1-11:25

1. 에스겔이 하나님의 계시를 받은 장소와 시기 8:1-4

2. 성전에서 자행되는 우상 숭배 8:5-18

ㄱ. 첫 번째 가증스러운 투기의 우상 8:5-6

ㄴ. 두 번째 가증스러운 우상 8:7-12

ㄷ. 세 번째 가증스러운 우상 8;13-15

ㄹ. 네 번째 가증스러운 우상 8:16-18

3. 예루살렘에 대학살이 임할 것이다 9:1-11

ㄱ. 살육을 담당할 6사람이 등장할 것이다 9:1-2

ㄴ. 살육에 참여하지 않을 자들 9:3-4

ㄷ. 많은 사람이 죽을 것이다 9:5-7

ㄹ. 살육이 시작되고 에스겔이 탄식하다 9:8-11

4. 예루살렘에 불 재앙이 임할 것이다 10:1-8

5. 여호와의 영광이 성전 동문에 머물다 10:9-22

6. 악한 방백들에게 심판이 임할 것이다 11:1-13

7. 남은 자들에게 회복이 임할 것이다 11:14-21

8. 여호와의 영광이 성읍 동편 산에 머물다 11:22-25

D. 심판 표징과 비유와 메시지 12:1-19:14

1. 에스겔이 행구를 옮기다 12:1-16

2. 에스겔이 떨며 음식을 먹다 12:17-20

3. 멸망이 임박한 것을 예언하다 12:21-28

4. 거짓 선지자들에게 심판 메시지를 주다 13:1-16

5. 여(女) 거짓 선지자들에게 심판 메시지를 주다 13:17-23

6. 우상 숭배자들에게 심판이 임할 것이다 14:1-11

7. 의인도 자신만 구원 받는다 14:12-23
8. 불에 던져지는 포도나무 비유 15:1-8
9. 음녀가 심판 받는 비유 16:1-63
    ㄱ. 음녀가 성장하다 16:1-14
    ㄴ. 유다가 행음하다 16:15-34
    ㄷ. 음부 유다가 재앙을 당할 것이다 16:35-52
    ㄹ. 유다가 회복될 것이다 16:53-63
10. 두 독수리와 포도나무 비유를 통한 경고 17:1-24
    ㄱ. 두 독수리와 포도나무 비유 17:1-10
    ㄴ. 비유의 해석 17:11-21
    ㄷ. 유다의 회복을 약속하다 17:22-24
11. 유다 백성들의 변명과 하나님의 답변 18:1-32
    ㄱ. 심판과 구원은 개별적으로 임하다 18:1-20
    ㄴ. 회개하라 18:21-32
12. 유다 왕들을 위한 애가 19:1-14
    ㄱ. 어미 사자와 새끼 사자 비유 19:1-9
    ㄴ. 포도나무와 가지 비유 19:10-14

E. 예루살렘에 심판이 임할 것이다 20:1-24:27
1. 패역한 이스라엘의 과거 역사를 회고하다 20:1-32
    ㄱ. 과거 애굽 시대를 회고하다 20:1-9
    ㄴ. 광야 시대를 회고하다 20:10-26
    ㄷ. 가나안 입성 초기를 회고하다 20:27-29
    ㄹ. 에스겔 당대를 회고하다 20:30-32
2. 회복을 약속하다 20:33-44
3. 예루살렘이 적군의 침략을 당할 것이다 20:45-49
4. 여호와의 칼 21:1-32
    ㄱ. 여호와께서 20:45-49의 예언을 해석하시다 21:1-5

ㄴ. 여호와께서 에스겔에게 슬퍼하라 하시다 21:6-7

ㄷ. 위의 환난을 칼로 상징하여 다시 진술하시다 21:8-17

ㄹ. 예루살렘에 여호와의 칼이 임할 것이다 21:18-27

ㅁ. 암몬에 여호와의 칼이 임할 것이다 21:28-32

5. 예루살렘에 심판이 임할 것이다 22:1-31

ㄱ. 심판의 원인은 범죄이다 22:1-12

ㄴ. 심판의 결과는 흩어짐이다 22:13-16

ㄷ. 풀무불 속의 찌꺼기 비유 22:17-22

ㄹ. 모든 계급의 죄 22:23-31

6. 예루살렘 심판에 대한 두 가지 비유 23:1-24:14

ㄱ. 음란한 두 여인 오홀라와 오홀리바 비유 23:1-49

a) 음란한 두 여인의 정체 23:1-4

b) 이스라엘의 음행 23:5-10

c) 유다의 음행 23:11-35

d) 유다와 이스라엘에 임할 심판 23:36-49

ㄴ. 끓는 가마 비유 24:1-14

7. 에스겔 아내의 죽음을 통한 예루살렘 멸망 예언 24:15-27

제 III부: 이방들을 향하여 심판을 예언하다 25:1-32:32

1. 암몬에 대하여 심판을 예언하다 25:1-7

2. 모압에 대하여 심판을 예언하다 25:8-11

3. 에돔에 대하여 심판을 예언하다 25:12-14

4. 블레셋에 대하여 심판을 예언하다 25:15-17

5. 두로에 대하여 심판을 예언하다 26:1-28:19

ㄱ. 두로의 멸망을 선포하다 26:1-21

ㄴ. 두로를 위한 애가를 부르다 27:1-36

ㄷ. 두로 왕에게 임할 심판 28:1-19

6. 시돈에 대하여 심판을 예언하다 28:20-26

7. 애굽에 심판을 예언하다 29:1-32:32
ㄱ. 애굽이 황폐하게 될 것이다 29:1-16
ㄴ. 바벨론이 애굽을 훼파할 것이다 29:17-21
ㄷ. 애굽이 멸망할 것이다 30:1-26
ㄹ. 애굽이 앗수르와 같이 멸망할 것이다 31:1-18
ㅁ. 애굽의 바로에 대하여 애가를 부르다 32:1-32

제 IV부: 이스라엘이 회복될 것이다 33:1-39:29

1. 에스겔에게 파수꾼의 사명이 부여되다 33:1-33
ㄱ. 이스라엘 영토가 회복될 것이다 33:1-15
ㄴ. 이스라엘 백성이 회복될 것이다 33:16-38
2. 이스라엘 정치, 종교 지도자들에게 대하여 메시지가 주어지다 34:1-31
ㄱ. 악한 지도자들에게 대하여 경고가 주어지다 34:1-10
ㄴ. 하나님은 참 목자이시다 34:11-31
3. 에돔이 멸망할 것이다 35:1-15
ㄱ. 에돔이 멸망할 것이다 35:1-4
ㄴ. 에돔이 멸망을 받을 이유 35:5-9
ㄷ. 에돔의 탐욕이 심판을 불러오다 35:10-15
4. 선민 이스라엘이 회복될 것이다 36:1-37:28
ㄱ. 이스라엘 영토가 회복될 것이다 36:1-15
ㄴ. 이스라엘 백성이 회복될 것이다 36:16-38
ㄷ. 선민 이스라엘의 회복을 보여주는 환상 37:1-28
5. 곡과의 전쟁 예언 38:1-39:29
ㄱ. 회복된 이스라엘에게 곡이 침입하다 38:1-16
ㄴ. 이스라엘이 곡을 크게 승리하다 38:17-39:29
a) 곡이 심판 받다 38:17-23
b) 곡의 연합군이 멸망하다 39:1-16
c) 여호와의 향연이 벌어지다 39:17-24절

d) 이스라엘이 회복하다 39:25-29

제 V부: 메시아 왕국의 영광이 나타나다 40:1-48:35

1. 새 성전의 환상 40:1-43:27

ㄱ. 새 성전의 구조 40:1-42:20

a) 에스겔이 새 성전으로 이동하다 40:1-4

b) 성전 바깥뜰의 세 개의 문 40:5-27

c) 성전 안뜰의 세 개의 문 40:28-38

d) 제사 도구와 제사장들의 방 40:39-47

e) 성전의 현관 40:48-49

f) 성전의 규모와 장식 41:1-26

g) 제사장들의 방과 성전의 외곽 담 42:1-20

ㄴ. 새 성전의 영광 43:1-27

a) 새 성전에 임재한 여호와의 영광 43:1-12

b) 번제단의 규모와 제사 규례 43:13-27

2. 새로운 예배 규례 44:1-46:24

ㄱ. 새 제사장에 대한 규례 44:1-31

a) 닫혀져 있는 성전 동문 44:1-3

b) 이방인은 출입을 금지하다 44:4-9

c) 레위인 제사장의 책임 44:10-14

d) 사독 계열 제사장들의 규범 44:15-27

e) 제사장들의 기업 44:28-31

ㄴ. 제사장에 대한 배려 45:1-17

a) 레위인들의 새 기업 45:1-8

b) 공의 실현하기를 권면하다 45:9-12

c) 왕께 바칠 제물들 45:13-17

ㄷ. 제물에 대한 규례들 45:18-46:24

a) 절기의 제물들 45:18-25

b) 안식일과 월삭의 제물들 46:1-8

c) 절기의 제물들 46:9-12

d) 아침 제사의 제물들 46:13-15

e) 왕의 기업에 대한 규례들 46:16-18

f) 제물 준비에 필요한 규례들 46:19-24

3. 거룩한 새 땅 47:1-48:35

ㄱ. 새 성전에서 흐르는 생명수 47:1-12

ㄴ. 새 땅의 경계 47:13-23

ㄷ. 새 땅의 분배 48:1-29

ㄹ. 성읍의 출입구들 48:30-34

ㅁ. 성읍의 이름 48:35

■ 참고도서

아가페 굿모닝 성경(개역개정 제 4판), 서울특별시: 아가페출판사, 2006.

강병도편. 호크마종합주석, *에스겔, 다니엘*, 기독지혜사, 1994.

그랜드종합주석, *에스겔, 다니엘*, 제자원, 성서아카데미, 1999.

김수홍. *그리스도의 말씀이 연합에 미친 영향*. 수원시: 도서출판 언약출판사, 2021.

매튜 헨리. *메튜헨리 주석, 에스겔, 다니엘*, 크리스찬다이제스트, 2008.

박윤선. *구약주석, 에스겔서*, 서울특별시: 도서출판 영음사, 1985.

이상근. *에스겔, 다니엘*, 대구: 성등사, 1993.

이안두굿. *에스겔, NIV 적용주석*, 성서유니온선교회, 2003.

이학재. *에스겔, 어떻게 읽을 것인가*. 성서유니온선교회, 2002.

조셉 블렌킨숍. *에스겔, 현대성서주석*, 한국장로교출판사, 2002.

챨스 H. 다이어, *에스겔, 두란노강해 주석시리즈 15*, 김정님 옮김, 1988.

최봉환, *구약장절 원어분해성경, 에스겔*, 도서 출판 로고스, 대구: 보문출판사, 1996.

Baxter, J. Sidlow. *Explore the Book*. Grand Rapids: Zondervan Publishing House, 1966.

Black, Matthew & Rowley, H.H. *Peake's Commentary on the Bible*, Nashville: Thomas Nelson, 1962.

Calvin, John. *Cavin's Commentaries,* Edinburgh: Clark, 1847.

Guthrie D. & Motyer, J.A. *The New Bible Commentary*, Grand Rapids: Eerdmans, 1970.

Holladay, William. *Jeremiah* (Hermeneia), Fortress, 1986. (two vols.)

Jamieson, R. Fausset, A. R. & Brown D. *Commentary on the Whole Bible,* Grand Rapids: Zondervan, 1976.

Plumptre, E. H. *에스겔(상),* 풀핏 성경주석, Bo Moon Publishing Co. 1987.

____________. *에스겔(하),* ________________________.

크리스토퍼 라이트. *에스겔 강해,* 정옥배 역, 2004. 한국기독학생회출판부, 2004.

카일, 델리취, *에스겔 (상) 32* 구약주석, 송종섭 역, 기독교문화출판사, 1982.

________________*(중) 33* ________________________.

________________*(하) 34* ________________________.

Lange, John Peter. *Commentary on the Whole Scripture*, Grand Rapids: Zondervan, 1876.

Maclaren, Alexander. *Expositions of Holy Scripture*, Grand Rapids: Baker Book House, 1984.

Morgan, G. Campbell. *An Exposition of the Whole Bible*, Old Tapen: Fleming H. Revell, 1959.

Myer, F. B. *Bible Commentary*, Wheaton: Tyndale, 1984.

Nicoll W. Robertson ed. *The Expositor's Bible*, Chicago: W.P. Blessing Co. n.d.

Walvoord, John F. & Zuck Roy B. ed. *The Bible Knowledge Commentary*, Wheaton: Victor, 1985.

Wevers, John W. *The New Century Bible Commentary, Ezekiel*, Wm. B. Eerdmans Co, Grand Rapids, 1969.

【 사전 】

바이블렉스 8.0

데릭 윌리엄스, *IVP 성경사전*. 이정석 외 한국기독학생회 출판부 역, 한국기독학생회 출판부(IVP), 1992,

Achtemeier, Paul J. *Harper's Bible Dictionary*, New York: A Division of Harper Collins Publishers, 1985.

Baker, David W. *Dictionary of the Old Testament: Pentateuch,* Leichester: InterVarsity Press, 2003.

Douglas, J. D. *New Bible Dictionary*, (2nd edition), Wheaton: Tyndale House Publishers, 1982.

Tenney, Merrill C. *The Zondervan Pictorial Bible Dictionary,* Grand Rapids: Regency, 1967.

Tregelles, Samuel Prideaux. *Gesenius' Hebrew and Chaldee Lexicon,* Grand Rapids: Eerdmans, 1969.

Unger, M. F. *Unger's Bible Dictionary.* Chicago: Moody, 1957.

【 지도 】

Personal Map Insert. Ft. Smith: Son Light Publishers, Inc, 1997.

에스겔 주해

에스겔서는 대(大) 예언서로 4대 예언서(이사야, 예레미야, 에스겔, 다니엘)에 속한다. 에스겔은 바벨론 포로기의 예언자로서 예루살렘 멸망에 앞서서 "예루살렘과 유다의 심판"을 예언했고(1-24장), 그 이후에 "이스라엘의 회복"(33-39)을 예언했으며, 그 중간에 "열방들의 심판"(25-32장)을 예언했다. 그리고 에스겔은 멀리 메시아 왕국과 종말을 바라보며(40-48장), 그것을 상징과 환상 등 신비 속에서 기록했다. 그래서 본서는 신약 요한계시록의 배경으로 취급되고 있다.

제 I부: 하나님께서 에스겔을 부르시다 1:1-3:27

1-3장은 하나님께서 에스겔을 부르신 것을 기록하고 있다. 에스겔이 부름받은 것은 여호야긴이 사로잡힌 지 제5년 4월 5일이었다(주전 593년이었다).

제 1 장

A. 하나님께서 에스겔을 부르시다 1:1-28

1장은 에스겔이 바벨론의 그발 강 가에서 환상 중에 예언자로 부르심을 받는 광경을 말한다. 1장의 내용은 부름 받은 때와 장소(1-3절), 네 생물의 환상(4-14절), 네 바퀴의 환상(15-21절) 및 하나님의 보좌(22-28절)에 대하여 기록하고 있다.

1. 부르신 때와 장소 1:1-3

1-3절은 본서의 글의 제목으로 에스겔이 예언자로 부르심을 받은

때와 장소를 기록하고 있다. 때는 여호야긴이 포로가 된 지 5년이 흐른 때였고(주전 597년), 장소는 유다 백성들이 포로로 잡혀있는 그발 강 가였다.

<여호와의 보좌>

겔 1:1. 서른째 해 넷째 달 초닷새에 내가 그발 강 가 사로잡힌 자 중에 있을 때에 하늘이 열리며 하나님의 모습이 내게 보이니.

"서른(30년)째 해"가 어느 해를 지칭하는가를 두고 여러 견해가 등장했다. 1) 유다 나라의 마지막 희년이 지난 후 30년이 지난 때를 지칭한다는 견해(Calvin, Hitzig, Kimchi, Jarchi), 2) 요시야(주전 640-609년 통치)의 종교 개혁이 있었던 때로부터 30년이 흐른 때(주전 593년)를 지칭한다는 견해(Jerome, Troelstra, Herrman, Theodoret, Havernick, Grotius, Calov, Piscator, Ideler), 3) 바벨론 제국이 세워진 후 30년이 흐른 때를 지칭한다는 견해(K.&D., Von Orelli, Pradus, Rosenmueller, Michaelis, Ewald, Scaliger), 5) 본서가 편집된 후 30년이 지난 때를 지칭한다는 견해(Albright, May, Howie), 6) 에스겔이 그의 계시를 받은 연대가 언제인가를 따지는 것은 해결하기 어렵다는 견해(G. Ch. Alders), 7) 구약에서 제사장들이 30세에 그의 직무를 수행한다는 점(민 4:23, 30, 39, 43)에서 볼 때 30년이란 말은 제사장이 된 에스겔의 나이를 지칭한다는 견해(Origen, Patrick, Dyer, Wycliffe, Hengsternberg, Smend, Lange, Fairbairn, Plumtyre, Karl Budde, 이상근, 그랜드 종합 주석, 호크마 주석)이다. 이상의 다양한 견해 중에 7)번의 견해가 가장 타당한 것으로 보인다. 그러나 1), 2), 3)번도 상당히 가능한 해석이다.

"넷째 달 초닷새(4월 5일)"라고 기록한 것은 에스겔이 계시를 받은 것이 역사적으로 틀림없다는 것을 지적하는 말이다. 오늘 우리가 가지고 있는 성경 계시는 모두 역사적으로 틀림없는 계시이다. 하나님의 말씀은 영원성을 띠고 있는 하늘의 것이지만 그것이 인간에게 받아지기 위하여 그 역사화(歷史化)를 절대적 요건으로 한다(박윤선). 바벨론 역(曆) 4월은 '탐무즈'(Tammuz)월이고 태양력으로는 6-7월에 해당한다. 유다의 포로들은 이스라엘 역을 사용했으나 포로가 된 뒤 바벨론으로 가서는 바벨론 역을 사용했다.

"내가"(אֲנִי)라는 말은 에스겔이 항상 사용하는 단어였다. 아마도 강하게 표현하기 위하여 이렇게 일인칭 단수를 사용한 듯하다.

"그발 강"은 큰 강일뿐 아니라 큰 운하였다. 그발 강은 유프라테스 강과 티그리스 강 사이의 관개용수를 공급했는데 에스겔은 바로 이곳에서 하나님의 계시를 받았다(3:15). 이 그발 강(江)가는 마시우스(Masius)의 산지 아래에 있는 샘물들에서 발원하여 메소포타미아 상류 지역을 거쳐 유프라테스 강에서 갈라져 나와 서쪽으로 돌아 킬케시온(Kirkesion) 근처에서 다시 유프라테스 강으로 흘러드는, 길이 약 150km나 되는 큰 운하이다. 바벨론 왕의 큰 사업으로 포로로 잡혀 온 유다인들에게 이 운하 공사를 맡겼다. 에스겔과 유다인들의 거주지였던 '델아빕'은 이 그발 강 가에 있었다. 아무튼 본 절은 에스겔이 주전 597년 여호야긴 왕 때 포로로 잡혀온 일행 중에 있었다는 것을 밝힌다.

"사로잡힌 자 중에 있을 때"라는 말은 '바벨론 왕 느부갓네살이 모두 3차에 걸쳐 예루살렘을 공격하여 유다 사람들을 잡아온 자들 중에 에스겔이 있었다'는 뜻이다. 제1차 포로 때(주전 605년)는 다니엘이 잡혀왔고, 제2차 포로 때(주전 597년)는 본서의 저자인 에스겔이 포로 가운데 포함되어 있었으며, 제3차 포로 때(주전 586년)는 유다 왕국이 망하여 많은 유다인들이 포로가 되어 잡혀왔다. 바벨론 왕은 유다 왕국에서 잡아온 포로들을 한 곳 그발 강 가에 정착시켰다. 포로들은 그발 강의 운하 공사에 동원되었는데, 에스겔도 그 가운데에 있었다. 그가 거기 잡혀온 자들 중에 있으면서 그들에게 계시를 전달하도록 그곳에서 계시를 받은 것이다.

"하늘이 열리며"라는 말은 하나님께서 성도의 영안을 여셔서 하늘의 비밀을 보게 하셨다는 뜻이다(마 3:16; 요 1:51; 행 7:56; 10:11; 계 4:1,

Calvin). 쉽게 말해서 하나님의 계시 행위를 말한다.

"하나님의 모습이 내게 보이니"(I saw visions of God-ESV)라는 말은 '하나님의 환상을 본 것'을 말한다(K.&D.). 이는 '하나님의 영광의 출현을 본 것'을 뜻한다(Plumptre).

겔 1:2. 여호야긴 왕이 사로잡힌 지 오 년 그 달 초닷새라.

여호야긴 왕이 포로로 잡혀온 지 5년째가 되는 그 달 5일이라는 뜻이다.

본 절은 전 절의 제30년 4월 5일을 설명하는 말이다(Cooke). "여호야긴"은 18세에 즉위하여 불과 3개월 만에 느부갓네살의 제2차 침략으로 바벨론에 포로가 되어 왔다(당시 1만 명이 함께 포로로 잡혀갔고, 나라의 보물들도 함께 빼앗겼다. 왕하 24:10-16). 여호야긴은 포로로 갇혀 지내다가 37년 만에 석방되었다(왕하 25:27). 그가 포로로 잡혀간 때는 주전 593년이었으므로 에스겔이 부름 받은 때는 주전 593년이었다. 그 5년간은 유다가 죄의 징계를 받는 5년이었다(Calvin).

여기 본 절에서 다시 1절의 연대를 설명하는 이유는 에스겔 자신이 본 하나님의 모습이 역사적인 사건임을 분명히 보여주기 위함이다.

겔 1:3. 갈대아 땅 그발 강 가에서 여호와의 말씀이 부시의 아들 제사장 나 에스겔에게 특별히 임하고 여호와의 권능이 내 위에 있으니라.

갈대아(바벨론 사람들이 살던 땅) 땅의 그발 강 가에서 여호와께서 부시의 아들인 나 에스겔 제사장에게 특별히 말씀하셨으며, 거기에서 여호와의 권능이 나를 사로잡았다는 것이다.

여기 "갈대아 땅"이란 말은 '바벨론 사람들이 살고 있는 땅 이름을 밝히는 말'이다. 또 "그발 강"이란 말에 대해서는 1절의 주해를 참조하라.

"여호와의 말씀이 부시의 아들 제사장 나 에스겔에게 특별히 임했다"는 말은 에스겔이 받은 여호와의 말씀이 에스겔에게 분명히 강력하게 임했다는 뜻이다. "특별히 임했다"는 말은 '참으로 분명하게 임했다'는 뜻이다.

"부시의 아들 제사장 에스겔"(Ezekiel the priest, the son of Buzi-KJV, Ezekiel the priest, son of Buzi-NASB, Ezekiel the priest, the son of Buzi-NIV, Ezekiel the priest, the son of Buzi-RSV, Ezkiel the priest, the son of Buzi-ESV)이란 말이 1) 에스겔이 제사장 부시의 아들이었다는 뜻인지, 2) 아버지나 아들 둘 다 제사장이었다는 뜻인지, 3) 에스겔만 제사장이었다는 뜻인지 명확하게 말하기 어려우나 아마도 3)번의 에스겔만이 제사장이었던 것으로 보인다.

에스겔은 예레미야(렘 1:1)나 스가랴(슥 1:1; 7:3)와 같은 제사장 출신이었으며, 제사장 중에서도 솔로몬 통치 이후 그 정통성을 인정받았던 대표적 계열인 사독 계통의 후손이었던 것으로 여겨진다(K.&D., Lange, Plumptre). "에스겔"이란 말은 '하나님께서 강하게 하셨다'는 뜻이다.

"여호와의 권능이 내 위에 있으니라"는 말은 '여호와의 손(hand)이 내 위에 있었다'는 뜻으로 여호와의 권능이 에스겔을 사로잡았다는 뜻이다. 에스겔은 하늘이 열리며 여호와의 말씀이 에스겔에게 특별히 임하는 중에 여호와의 권능에 사로잡힌 것이다. 오늘 우리는 여호와를 향하여 많은 기도를 드리는 중에 능력을 입을 수 있다. 우리가 여호와께 기도할 때는 우리 자신에게는 힘이 없음을 고하는 것이 아주 중요하다.

2. 네 생물의 환상 1:4-14

겔 1:4. 내가 보니 북쪽에서부터 폭풍과 큰 구름이 오는데 그 속에서 불이 번쩍번쩍하여 빛이 그 사방에 비치며 그 불 가운데 단 쇠 같은 것이 나타나 보이고(As I looked, behold, a stormy wind came out of the north, and a great cloud, with brightness around it, and fire flashing forth continually, and in the midst of the fire, as it were gleaming metal-ESV).

나 에스겔이 보니 폭풍이 북쪽에서 일어나고 큰 구름과 함께 몰려오는데, 불이 그 속에서 계속 번쩍이고 사방에 광채가 비치며, 그 불 가운데에는 번쩍이는 보석의 광채 같은 것이 있었다는 뜻이다.

"내가 보니"라는 말은 '에스겔이 분명하게 확실하게 환상을 보았다'는 뜻이다. 그리고 본 절 초두에는 "보라!"라는 말이 있어 '본 절이 중요한 내용을 제시하고 있으니 유의해서 보라'는 것을 말한다.

"북쪽에서부터"라는 말은 '북쪽에 위치한 바벨론에서부터 환난이 온다'는 뜻이다(Aalders, Plumptre).

"북쪽에서부터 폭풍과 큰 구름이 오는데"라는 말은 에스겔이 서 있는 그발 강 가에서 볼 때 북쪽 지방인 바벨론에서 폭풍(하나님의 권능과 위엄을 상징한다)과 큰 구름(하나님의 임재를 상징한다, 출 19:16, 18; 왕상 19:11)이 일어난다는 뜻이다. 본 절의 "폭풍"과 "큰 구름"과 "불"은 하나님의 나타나심(출 19:16-19; 24:17; 시 18:8, 10-13; 합 3:11, 14 참조)을 비유한다. 바벨론에서 일어나는 환난은 우연한 것이 아니라 하나님께서 일으키시는 환난이라는 것이다. 세상에 우연한 환난은 없다. 모두 여호와께서 일으키시는 것이다.

"그 속에서 불이 번쩍번쩍하여 빛이 그 사방에 비친다"는 말은 '범죄한 유다인들에 대한 하나님의 맹렬한 진노가 있을 것'을 뜻한다.

"그 불 가운데 단 쇠 같은 것이 나타나 보인다"는 말은 '그 불 가운데 단 쇠(호박색의 밝은 빛을 내는 투명한 광석 또는 금속 물질) 같은 것이 나타나 보인다는 뜻으로 하나님의 나타나심, 다시 말해 하나님의 영광의 찬란함을 뜻한다. 바벨론으로부터 오는 환난은 우연한 것이 아니라 여호와께서 일으키시는 환난이라는 것을 말한다.

겔 1:5. 그 속에서 네 생물의 형상이 나타나는데 그들의 모양이 이러하니 그들에게 사람의 형상이 있더라(And from the midst of it came the likeness of four living creatures. And this was their appearance: they had a human likeness-ESV).

그 광채 한가운데서 네 생물의 형상이 나타났는데 그들의 모습은 사람의 형상과 같더라는 것이다.

5-14절은 불 속에서 나온 네 생물의 존재가 어떻게 생겼는지에 대해 언급한다. 우선 이 "생물"이 불 속에서 나왔다고 했으니 하나님의 성결하신 사역으로 성립되었음을 말해준다. 그리고 그 네 생물의 모습이 본 절에서는 "사람의 형상"을 닮았다고 말한다. 그 네 생물들은 실상은 천사들인데 그들이 사람의 형상을 닮은 이유는 사람들을 가르치기 위함이다.

겔 1:6. 그들에게 각각 네 얼굴과 네 날개가 있고

(but each had four faces, and each of them had four wings-RSV, ESV).

그들 각자에게는 네 얼굴과 네 날개가 있었다는 것이다.

여기 네 생물은 각자가 네 얼굴씩 있어서, 얼굴이 합해서 16개의 얼굴을 가지고 있었다. 10절에 의하면 네 얼굴의 정면은 사람의 얼굴, 우편은 사자의 얼굴, 좌편은 소의 얼굴, 후편은 독수리의 얼굴이었다. 요한계시록의 네 생물은 하나가 한 얼굴이며 사자와 송아지와 사람과 독수리의 모양이었다(계 4:7).

각 생물은 또 네 날개씩을 가지고 있는 면에 있어서 그 얼굴의 수와 같았다. 이사야가 말하는 환상(사 6:2)이나, 요한계시록에서 말하는 생물(계 4:8)은 여섯 날개씩이었고, 성전의 그룹(천사)은 두 날개였다(왕상 6:23). 말하는 네 날개는 둘은 좌우편에서 펴고, 둘은 몸을 가리고 있었는데 모두가 연결되어 있었다(9, 11, 23절). 여기 네 생물이 날개가 있다는 것은 영계에서 운행할 수 있는 믿음이 있었다는 뜻이다.

겔 1:7. 그들의 다리는 곧은 다리요 그들의 발바닥은 송아지 발바닥 같고 광낸 구리 같이 빛나며.

본 절은 네 생물의 하체(下體)에 대하여 세 가지를 언급한다. 첫째, "그들의 다리는 곧다"는 것이다. 사람의 형상을 하고 있는 이들은 사람들처럼 직립(直立) 보행을 한다는 것으로 하나님의 일을 수행함에 있어서 힘 있고 굳세게 추진한다는 것이며, 실패나 좌절이 없다는 것을 상징한다. 그리고 둘째, 이들의 발바닥이 "송아지 발바닥 같다"는 말은 송아지처럼 정결한 짐승(레 11:3)으로 빈틈없이 순종함을 상징한다. 생물들은 하나님의 충실한 수종자로서 하나님의 명령을 절대적으로 순종한다는 것이다(Matthew Henry). 셋째로, 이들의 "발바닥은 광낸 구리 같이 빛난다"(they sparkled like burnished bronze-ESV)는 것이다. 다시 말해 '빛을 내는 구리 같이 빛난다'는 것이다. 그들의 발이 금속으로 되어 있다는 것은 그 발이 강력한 힘을 가지고 있다는 사실을 알려준다(계 1:15). 이들은 하나님의 권능을 힘있게 또 맡은 바 사명을 충실하게 이행할 수 있는 힘을 가지고 있다는 것을 뜻한다.

겔 1:8. 그 사방 날개 밑에는 각각 사람의 손이 있더라 그 네 생물의 얼굴과 날개가 이러하니(Under their wings on their four sides they had human hands. And the four had their faces and their wings thus-RSV, ESV)**.**

그 생물들의 사면에 달린 날개들 밑에는 사람의 손들이 있으며, 넷이 모두 얼굴과 날개가 따로따로 있었다(9-11절)는 것이다. 날개들 밑에 '사람의 손들이 있다'는 것은 그들이 봉사하는 존재라는 것을 말하는 것이다. 그리고 그 손들이 날개 밑에 달려있다는 것은 이들이 쉬지 않고 맡은 바 사명을 온전히 감당할 만큼 신실하다는 것을 의미한다. 따라서 같은 피조물인 우리 인간도 성실하게 일해야 할 것을 암시한다.

겔 1:9. 날개는 다 서로 연하였으며 갈 때에는 돌이키지 아니하고 일제히 앞으로 곧게 행하며.

본 절은 천사들의 두 가지 특징을 말하고 있다. 첫째는 서로 "연합되어" 단결이 잘 되어 있다는 것이다(상반절, 11, 24절). 불화는 사람들 사이에 있는 특징이다. 성도들 사이에 연합이 있으려면 성령 충만을 기도해야 한다(엡 4:3). 둘째는 "일제히 앞으로 곧게 전진한다"는 것이다(하반절, 12;

10:22). 천사들은 하나님의 일을 할 때에 절대로 뒤로 물러가지 아니하고 앞으로 전진만 한다.

겔 1:10. 그 얼굴들의 모양은 넷의 앞은 사람의 얼굴이요 넷의 오른쪽은 사자의 얼굴이요 넷의 왼쪽은 소의 얼굴이요 넷의 뒤는 독수리의 얼굴이니(As for the likeness of their faces, each had a human face. the four had the face of a lion on the right side, the four had the face of an ox on the left side, and the four had the face of an eagle-ESV).

천사들의 전후좌우에는 모두 얼굴이 있는데, 넷의 앞은 사람의 얼굴이고 넷의 오른쪽은 사자의 얼굴이요, 넷의 왼쪽은 소의 얼굴, 넷의 뒤는 독수리의 얼굴이라는 것이다. 이렇게 전후좌우의 얼굴이 다른 것을 두고 많은 견해가 있다. 1) 하나님의 절대적 영성과 지혜, 주권과 왕적 권위, 창조적 힘, 전지전능한 능력을 상징한다는 견해(Baehn), 2) 하나님의 이성, 주권적이며 창조적인 힘, 무소부재를 상징한다는 견해(Umbreit), 3) 자비와 겸손, 관용과 힘, 영원성, 용기와 탁월하고도 신령한 특성 등을 가리킨다는 견해(De Wette), 4) 선, 진노를 더디 하시는 자비, 선을 행하시는 민첩성 등을 상징한다는 견해(Grotius), 5) 4복음을 상징한다는 견해, 사람-마태, 소-요한, 사자-누가, 독수리-마가(Irenaeus), 6) 사람-마태, 소-마가, 사자-누가, 독수리-요한(Jerome, Ambrose), 7) 사람-누가, 소-마가, 사자-마태, 독수리-요한(Augustine, Athanasius), 8) 사람은 만물의 영장, 소는 가축의 왕, 사자는 동물의 왕, 독수리는 조류의 왕을 상징한다는 견해(유대인 학자들, Dewette, Weiss, Alford, Plummer), 9) 그들을 통한 하나님의 섭리와 감시가 땅 위의 어디나 있다는 것을 비유한다는 견해, 사람은 어디를 가나 섭리의 얼굴 앞에 있다는 것이다(대하 16:9; 시 139:1-18, 박윤선). 위의 많은 견해들 중에서 9)번의 견해가 가장 타당한 것으로 보인다.

겔 1:11. 그 얼굴은 그러하며 그 날개는 들어 펴서 각기 둘씩 서로 연하였고 또 둘은 몸을 가렸으며.

본 절의 "그 얼굴들과"(וּפְנֵיהֶם)란 말은 70인역(LXX)에는 없다. "그 날개는 들어 펴서 각기 둘씩 서로 연하였고 또 둘은 몸을 가렸다"는 말은 한 생물(한 천사)의 날개들의 모습을 언급하는 말인데, 두 날개를 양편으로 펴서 서로 연결되었다는 것이고, 둘은 펴지 않고 몸을 가리고 있었다는 것이다. 천사가 이 모양을 하고 있는 것은 하나님 앞에서 부끄러움을 느끼고 있다는 것을 표현한 것이다(사 6:2 비교). 우리는 하나님 앞에서 지극히 낮은 마음의 소유자가 되어야 한다.

겔 1:12. 영이 어떤 쪽으로 가면 그 생물들도 그대로 가되 돌이키지 아니하고 일제히 앞으로 곧게 행하며(And each went straight forward. Wherever the spirit would go, they went, without turning as they went-ESV. Each moved straight ahead; wherever the spirit would go, they went, without turning as they went-NRSV.)

그들(천사들)이 각자 앞으로 곧장 나아가, 그 영이 나아가려는 곳으로 나아가되, 나아갈 때 방향을 바꾸지 않았다는 것이다. 여기 천사들은 영(靈)만을 따라간다는 것을 말한다.

그러면 여기 영이 누구의 영이냐를 두고 견해가 갈린다. 1) 본 절의 "영"은 하나님의 영이 아니라 생물들(천사들)의 영을 의미한다는 견해(Redpath, Aalders, 박윤선, 그랜드 종합 주석). 2) 본 절의 영은 하나님의 영을 지칭한다는 견해(Alexander, Dyer, 호크마 주석, 창 1:1; 6:3; 시 104:30; 139:7; 사 40:7, 13)가 있다. 이 두 견해 중에 2)번의 견해가 적절한 견해이다. 천사들은 전적으로 성령님을 따라 움직인다는 것을 말한다.

겔 1:13. 또 생물들의 모양은 타는 숯불과 횃불 모양 같은데 그 불이 그 생물 사이에서 오르락내리락 하며 그 불은 광채가 있고 그 가운데에서는

번개가 나며.

또 생물들의 모양은 마치 활활 타오르는 숯불이나 횃불과 같이 보였는데, 그 불은 그 생물들 사이를 오가며 빛을 냈고, 불 속에서는 번개가 튀어나오고 있었다는 것이다.

본 절의 불은 하나님의 성결을 상징하고 있는데(히 12:29), 그 불에서 나타난 생물들도 거룩하다는 것을 말하는 것이다. 생물들 사이에는 숯불과 횃불 같은 것이 타고 있어 생물 전체가 불덩이처럼 보여 거룩하다는 것이다. 오늘 우리도 죄를 많이 자복하여 성결한 인격이 되어야 할 것이다.

겔 1:14. 그 생물들은 번개 모양 같이 왕래하더라.

그 생물들(천사들)은 이쪽저쪽으로 번개처럼 빠르게 달렸다는 것이다.

다시 말해 천사들이 일할 때는 태만이라는 것이 전혀 없고 하나님을 신속히 순종한다(시 77:18; 슥 4:10)는 것을 말한다. 천사들은 조금도 지체 없이 순종한다. 우리 역시 하나님을 순종하는 일에 전적으로 민첩해야 한다.

3. 네 바퀴의 환상 1:15-21

겔 1:15. 내가 그 생물들을 보니 그 생물들 곁에 있는 땅 위에는 바퀴가 있는데 그 네 얼굴을 따라 하나씩 있고

(Now as I looked at the living creatures, I saw a wheel on the earth beside the living creatures, one for each of the four of them-ESV, As I looked at the living creatures, I saw a wheel on the earth beside the living creatures, one for each of the four of them-NRSV).

15-21절까지는 생물들(천사들)의 바퀴에 대해 언급한다. 본 절을 쉽게 써보면, 그 때에 내가 그 생물들을 보니 그 생물들 곁의 땅 위에는 바퀴가 있었는데, 네 얼굴을 따라 바퀴가 하나씩 있었다는 내용이다.

본 절의 "바퀴"는 '하나님의 섭리의 운행'을 뜻한다. 바퀴가 쉬지 않고 돌아가는 것처럼 하나님의 섭리도 그러한 것이다(박윤선). 이 바퀴는 세상에서 일어나는 끊임없는 변화를 지칭한다(Calvin).

겔 1:16. 그 바퀴의 모양과 그 구조는 황옥 같이 보이는데 그 넷은 똑같은 모양을 가지고 있으며 그들의 모양과 구조는 바퀴 안에 바퀴가 있는 것 같으며(As for the appearance of the wheels and their construction: their appearance was like the gleaming of beryl. and the four had the same likeness, their appearance and construction being as it were a wheel within a wheel-ESV).

그 바퀴들의 모습과 구조는 황옥 같았으며, 그들 넷은 똑같은 형상이었다. 그들의 모습과 구조는 바퀴가 바퀴 안에 있는 것 같이 보였다.

본 절의 순서를 따라서 "그 바퀴의 모양과 그 구조가 황옥 같다"는 말을 먼저 말해보면 이는 '그 바퀴의 모양과 그 구조가 황옥 같다(תַּרְשִׁישׁ)'[1)] 는 것인데, 하늘빛이나 혹은 바닷빛의 보석이라는 뜻이다. 여기서 혹자들은 바다색을 강조하여 하나님의 섭리가 깊고 광대하다는 것으로 본다(시 36:6, Matthew Henry, Spurgeon).

"그 넷(그 네 개의 바퀴)은 똑같은 모양을 가지고 있다"는 말은 사람들에게 관련되는 하나님의 섭리의 역사들은 그 개개의 것에 있어서 다른 점은 있으되 그것(섭리)들의 결론은 하나라는 뜻이다(박윤선).

"바퀴 안에 바퀴가 있는 것 같다"는 말의 해석을 두고 두 견해로 갈린다. 1) 바퀴 안에 또 작은 바퀴가 있는, 십자로(十字路)의 형태로 달려있다고 보는 견해이다. 바퀴가 이렇게 십자가 모양으로 달려 있는 목적은 모든 방향에 대해 자유로이 움직이기 위한 것이라고 한다(Calvin). 2) 또 하나의 견해는 큰 바퀴 안에 작은 바퀴가 있는 구조로 보아 세상의 모든 역사는 인과(因果)관계를 가지고 있다고 보는 견해이다(Hengsternberg, Matthew

---

1) "황옥"은 바다처럼 녹색 빛이 나는 색깔인데 사람들은 그런 색을 푸른 바다색(blue Neptune)이라고 부른다(Matthew Henry).

Henry). 다시 말해 하나님의 섭리는 하늘에서 이루어진 것같이 땅에서도 이루어지는 것이며(마 6:10), 세상의 모든 복잡한 과정들은 그 이면에 계시는 하나님의 지혜로우신 의도에 의해 진행된다고 보는 것이다. 따라서 이 두 견해 중에 2)번의 견해를 더 타당하게 본다.

겔 1:17. 그들이 갈 때에는 사방으로 향한 대로 돌이키지 아니하고 가며.

본 절의 주해를 위해 9절과 12절의 주해를 참조하라. 본 절의 뜻은 바퀴의 활동이 생물의 활동과 일치한다는 것을 말한다(Plumptre). 즉, 네 개의 바퀴도 네 생물처럼 행할 때 돌이키지 아니하고 곧게 전진한다는 것을 말한다.

겔 1:18. 그 둘레는 높고 무서우며 그 네 둘레로 돌아가면서 눈이 가득하며 (And their rims were tall and awesome, and the rims of all four were full of eyes all around.-ESV).

그 바퀴들의 테들은 높고 보기에 두려웠으며, 그 네 바퀴들의 테들은 돌아가면서 사방으로 눈이 가득했다는 내용이다.

"그 둘레는 높고 무서웠다"는 말은 '바퀴들의 둘레가 상징하는 바 하나님의 섭리가 너무 크고 위대해서(시 147:5; 사 40:28) 그것들을 보는 사람들은 경외감을 느끼지 않을 수 없었다'는 뜻이다. 하나님께서 하시는 일은 너무 위대하여 인간들에게 경이감을 준다는 것이다.

"그 네 둘레로 돌아가면서 눈이 가득했다"는 말은 '그 네 바퀴들의 테들의 둘레로 돌아가면서 사방으로 눈이 가득했다'(슥 3:9; 4:10; 계 4:10)는 뜻인데, 하나님의 섭리를 상징하는 바퀴에 눈이 가득하다는 것은 하나님께서 섭리하실 때 전지하신 통찰이 이루어지고 있음을 말하는 것이다. 오늘 우리는 때로 우리의 일을 우리 자신보다 하나님께서 더 자세히 알고 계심을 알고 처리하심을 깨달으면서 깜짝 놀라기도 한다. 하나님은 참으로 전지하시다.

겔 1:19. 그 생물들이 갈 때에 바퀴들도 그 곁에서 가고 그 생물들이 땅에서 들릴 때에 바퀴들도 들려서.

그 생물들이 나아갔을 때 그들 옆에서 바퀴들도 나아갔고, 생물들이 땅에서 들렸을 때 바퀴들도 같이 들렸다는 것이다.

하나님의 섭리를 그대로 순종하는 천사들이 이동할 때 하나님의 섭리를 상징하는 바퀴도 동시에 움직였다는 것이다. 하나님은 그 뜻대로 천사들을 운행하시고 땅 위에 나타내시는 섭리 또한 한 치의 오차도 없이 운행하신다는 것이다(시 103:19; 145:17).

겔 1:20. 영이 어떤 쪽으로 가면 생물들도 영이 가려 하는 곳으로 가고 바퀴들도 그 곁에서 들리니 이는 생물의 영이 그 바퀴들 가운데에 있음이니라(Wherever the spirit wanted go, they went, and the wheels rose along with them; for the spirit of the living creatures was in the wheels-ESV).

그 영이 나아가려는 그곳으로 그 생물들도 나아갔고 바퀴들이 그들과 함께 들렸으니, 그렇게 되는 이유는 생물들을 이끄시는 영이 바퀴들 안에 계시기 때문이라는 것이다.

본 절은 그 영(12절의 영), 즉 성령님과 천사들, 또 바퀴들의 움직임이 동일함을 말한다. 이렇게 셋이 동일하게 움직이는 이유는 천사들을 인도하시는 성령님께서 바퀴들 안에 계시기 때문이다.

겔 1:21. 그들이 가면 이들도 가고 그들이 서면 이들도 서고 그들이 땅에서 들릴 때에는 이들도 그 곁에서 들리니 이는 생물의 영이 그 바퀴들 가운데에 있음이더라.

본 절은 앞 절의 반복이다. 천사들이 나아가면 바퀴들도 나아갔고, 그들이 서면 바퀴들도 섰고 그들이 땅에서 들리면 바퀴들도 그들과 함께 들렸으니, 그 이유는 생물의 영이 바퀴들 안에 있기 때문이라는 것이다.

4. 궁창 위의 환상 1:22-25

겔 1:22. 그 생물의 머리 위에는 수정 같은 궁창의 형상이 있어 보기에 두려운데 그들의 머리 위에 펼쳐져 있고(Over the heads of the living creatures there was the likeness of an expanse, shining like awe-inspiring crystal, spread out above their heads-ESV).

그 생물들(천사들)의 머리 위에는 창공과 같은 형상이 있었는데, 수정 같은 광채가 나서 보기에 두려웠으며 그 생물들(천사들)의 머리 위로 펼쳐져 있었다는 것이다.

지금까지는 에스겔이 네 생물들(천사들)에 대해 말했는데 이제는 네 생물들(천사들)의 위쪽에 펼쳐져 있는 궁창에 관해 언급한다. 그리고 더 나아가서는 여호와 하나님의 영광의 형상에 대해서까지 언급한다(28절).

"머리 위에는 수정 같은 궁창의 형상이 있었다"는 말은 '하나님의 위엄과 크신 섭리가 깃들어 있는 광활한 공간이 천사들의 머리 위에 있었다'는 것이다. 이 궁창은 더러운 것이 전혀 없는, 수정같이 맑은 공간이었다.

그런데 "그 궁창이 보기에 두려웠다"는 것이다. 그 궁창이 보기에 두려웠던 이유는 그 궁창 위에 하나님의 보좌가 있었기 때문이다. 이 땅 위에 있는 피조물 중에 하나님의 거룩한 보좌의 형상을 보고도 두려워하지 아니할 자는 아무도 없을 것이다.

겔 1:23. 그 궁창 밑에 생물들의 날개가 서로 향하여 펴 있는데 이 생물은 두 날개로 몸을 가렸고 저 생물도 두 날개로 몸을 가렸더라.

본 절은 11절을 반복하여 설명한 것이다. 즉, 그 창공 밑에 그들(천사들)의 날개들이 서로를 향하여 펼쳐져 있었는데, 이 생물(천사)도 두 날개들로 자기 몸을 가렸고, 저 생물(천사)도 두 날개들로 자기 몸을 가리고 있었다.

천사가 이 모양을 하고 있는 것은 하나님 앞에서 부끄러움을 느끼고 있다는 것을 표현한 것이다. 오늘 우리도 우리의 부족함을 가린 채 하나님을 섬기고 살아야 함을 보여준다.

겔 1:24. 생물들이 갈 때에 내가 그 날개 소리를 들으니 많은 물 소리와도 같으며 전능자의 음성과도 같으며 떠드는 소리 곧 군대의 소리와도 같더니 그 생물이 설 때에 그 날개를 내렸더라.

네 생물들(네 천사들)이 나아갈 때 내(에스겔)가 듣기에 힘센 물 소리와도 같고 전능자의 음성과도 같은 날개 소리가 났는데, 마치 군대의 소리 같은 요란한 소리였다. 그들이 설 때에는 그 날개들을 내렸다.

"많은 물 소리와도 같으며 전능자의 음성과도 같았다"는 말은 '풍랑이 심히 크게 이는 바다의 웅장하고도 우렁찬 소리를 지칭하는 것으로 천지를 만드시고 우주를 주관하시는 자로서의 위엄이 가득한 하나님의 음성'을 상징한다(K.&D., Plumptre, Matthew Henry).

그리고 "떠드는 소리 곧 군대의 소리와도 같았다"는 말은 '악을 징벌하시는 하나님의 능력과 심판'을 상징한다. 하나님을 시중드는 천사들의 날개 소리가 이와 같이 하나님의 능력과 심판을 상징하는 소리를 내는 것은 그 생물들(천사들) 가운데 천지의 창조주이시고 역사를 섭리하시며 악의 심판자가 되시는 하나님의 영광이 임하셨다는 것을 나타내는 것이다.

"그 생물이 설 때에 그 날개를 내렸다"는 말은 '하나님의 명령이 정지할 때에는 이 생물들(천사들)이 하나님의 명령을 절대적으로 순종한다'는 것을 드러내는 것이다. 오늘 우리도 하나님의 명령에 절대적으로 순종해야 할 것을 보여준다.

겔 1:25. 그 머리 위에 있는 궁창 위에서부터 음성이 나더라 그 생물이 설 때에 그 날개를 내렸더라(And there came a voice from above the expanse over their heads. when they stood still, they let down their wings-ESV)**.**

그들(천사들) 머리들 위에 있는 창공에서부터 음성이 들렸는데 그들이 설 때에는 그 날개들을 늘어뜨렸다는 것이다.

"그 머리 위에 있는 궁창 위에서부터 음성이 났다"는 말은 '하나님의 음성이 났다'는 뜻이다.

"그 생물이 설 때에 그 날개를 내렸다"는 말은 24절 하반부의 내용을 반복한 것이다. 24절 하반부의 주해를 참조하라. 생물들(천사들)이 하늘에서 하나님의 음성이 들려오자 하나님의 음성에 비하면 보잘 것 없는 자신들의 날개 소리를 감추기 위해 서서 자신들의 날개를 접은 것으로 보인다(Plumptre).

5. 궁창 위의 보좌의 환상 1:26-28

겔 1:26. 그 머리 위에 있는 궁창 위에 보좌의 형상이 있는데 그 모양이 남보석 같고 그 보좌의 형상 위에 한 형상이 있어 사람의 모양 같더라.

그들(천사들)의 머리 위에 있는 창공 위에는 남보석(사파이어)으로 보이는 보좌 형상을 한 모습이 있었는데, 그 보좌의 형상 위로 저 높이 사람 모습 같은 형상이 있었다는 내용이다.

"그 머리 위에 있는 궁창 위에 보좌의 형상이 있다"는 말은 '천사들의 머리 위에 있는 창공보다 위에 보좌의 형상이 있었다'는 것을 말한다. 여기서 보좌란 하나님의 현현(theophany-나타나심, 드러나심)을 말한다. 이 보좌는 만유(萬有) 위에 계시는 영광의 보좌이고, 은혜의 보좌이며, 승리의 보좌이고, 통치의 보좌이며, 심판의 보좌로서 하나님의 절대 주권을 보여준다(Matthew Henry, 출 19:3-6; 시 9:4; 렘 17:12; 히 1:8; 4:16; 계 4:2-6).

"그 모양이 남보석 같다"는 말은 '보좌의 모양이 남보석 같다'는 말로서 남보석이란 구약 시대의 대제사장의 판결 흉패에 박혀있는 보석들 중 하나이며(출 28:18; 39:11), 동시에 계 21:19에 기록된 바 새 예루살렘 성의 기초석으로도 사용되었다. 이 남보석은 매우 투명하고 맑은 녹색을 나타내며 순결과 청순을 드러내는 색깔이다. 하나님의 보좌를 이 보석에 비유한 것은 그 보좌의 거룩함과 성결을 나타낸다.

"그 보좌의 형상 위에 한 형상이 있어 사람의 모양 같다"는 말은 보좌의 형상 위에 계신, 인간의 몸을 입고 오실 메시아를 연상하게 한다. 이 분은 이미 역사상에 인간의 몸을 빌려 입고 오신 예수 그리스도를 지칭한다.

에스겔이 이처럼 그발 강에서 하나님의 계시를 보게 된 것은 유다 민족과 인류에게 큰 복이 아닐 수 없다. 에스겔이 계시를 받은 때는 그가 유다 민족과 함께 바벨론에 포로로 잡혀 와서 그발 강 가에서 최소한 5년 이상 징계를 받은 후였다(1:1-2). 또 유다 민족이 5년 이상 징계를 받았다고 해도 유다 민족 전체가 에스겔이 보았던 계시를 받은 것은 아니었다. 오직 에스겔이 여호와의 부름을 받아 계시를 받은 것이었다. 오늘 우리가 구약 계시와 신약 계시를 깨닫는 것은 큰 복이 아닐 수 없는데, 이는 우리가 그리스도를 영접했고 또 정결함을 받았기에 가능한 일이다. 우리는 더욱 정결함에 힘쓰므로 계시의 깊이를 깨달아야 하겠다.

겔 1:27. 내가 보니 그 허리 위의 모양은 단 쇠 같아서 그 속과 주위가 불 같고 내가 보니 그 허리 아래의 모양도 불 같아서 사방으로 광채가 나며(And upward from what had the appearance of his waist I saw as it were gleaming metal, like the appearance of fire enclosed all around. And downward from what had the appearance of his waist I saw as it were the appearance of fire, and there was brightness around him-ESV)**.**

내(에스겔)가 보니 그의 허리 위는 보석의 광채처럼 번쩍였고 불 같은 것이 주위를 두르고 있었으며, 내(에스겔)가 보니 그의 허리 아래는 불과 같은 모습이었고 주위에 광채가 있었다는 것이다.

"그 허리 위의 모양은 단 쇠 같다"는 말에 대해서는 4절의 주해를 참조하라.

"그 허리 위의 모양은 단 쇠 같아서 그 속과 주위가 불 같았다"는 말은 '문맥(26절)을 따라 인자(그리스도)의 허리 위의 모양은 단 쇠 같아서 그 속과 주위가 불 같았다'는 것이다.

본문은 예수 그리스도께서 거룩과 위엄과 영광, 그리고 이와 함께 모든 피조물에 대한 심판의 권세를 쥐고 계시다는 것을 드러낸다. 그러므로 본문은 예수 그리스도를 영광과 위엄을 나타내 주는 단 쇠 그리고 거룩과 순결과 심판의 권능을 상징해주는 불로 표현하고 있다.

"그 허리 아래의 모양도 불 같아서 사방으로 광채가 나타났다"는 말도 바로 위의 본문과 같은 내용이다.

겔 1:28. 그 사방 광채의 모양은 비 오는 날 구름에 있는 무지개 같으니 이는 여호와의 영광의 형상의 모양이라 내가 보고 엎드려 말씀하시는 이의 음성을 들으니라.

그 둘러싼 사방 광채의 모양은 비 오는 날 구름에 있는 무지개 같았는데, 그것은 여호와의 영광스러운 형상과 같은 모습이었다. 내가 보고 얼굴을 엎드려 말씀하시는 분의 음성을 들었다는 것이다.

"그 사방 광채의 모양은 비 오는 날 구름에 있는 무지개 같았다"는 말은 보좌 사방의 광채의 모양이 무지개 같았다는 말인데 이는 하나님의 신실성을 보여주는 말이다(창 9:8-17). 무지개는 하나님께서 다시는 세상을 물로 심판하지 않으시겠다고 하시면서 그 표징으로 무지개를 구름 사이에 두신 것이다. 이것은 보좌에 앉으신 이가 이 언약의 중보자라는 것, 그가 우리의 죄로 인해 우리가 마땅히 받아야 할 심판 사이에 개입하신다는 것, 하나님의 모든 약속은 그 안에서 "예"와 "아멘"이 된다는 것을 보여주는 것이다.

"내가 보고 엎드려 말씀하시는 이의 음성을 들었다"는 말은 '에스겔이 여호와의 영광을 보고 즉시 자신에게 말씀하시는 이의 음성을 들었다'는 것이다. 에스겔의 이 모습은 하나님으로부터 계시를 받을 준비를 갖추었다는 뜻이다. 오늘 우리도 엎드려 여호와의 말씀을 항상 들어야 하는 것이다.

B. 에스겔이 선지자로 부름을 받다 2:1-3:27

이 부분은 하나님께서 에스겔을 일으켜 세워 선지자로 부르신 일(2:1-7),

그리고 하나님께서 에스겔에게 두루마리 책을 먹여 사명을 맡기신 일 (2:8-3:3), 그리고 하나님께서 에스겔에게 말씀 선포를 부탁하신 일 (3:4-3:15), 그리고 하나님께서 에스겔에게 파수꾼 사명을 부여하신 일 (3:16-27) 등을 진술한다.

제 2 장

1. 하나님께서 에스겔을 선지자로 부르시다 2:1-7

<에스겔을 선지자로 부르시다>

겔 2:1. 그가 내게 이르시되 인자야 네 발로 일어서라 내가 네게 말하리라 하시며.

그분께서 나(에스겔)에게 말씀하시기를, "인자야, 네 발로 일어서라. 내(여호와)가 네게 말하겠다"고 하신다.

"인자야!"란 어구는 민 23:19; 욥 25:6; 시 8:4; 사 51:12; 56:2; 단 7:13; 8:17에 나타난다. 이 어구의 뜻은 '사람의 아들'이란 단순한 뜻의 말이지만 그리스도의 자칭호가 됨으로 주의를 끌게 되었다.

"일어서라"는 말은 성령님께서 에스겔에게 하신 말씀이다. 이제는 성령님께서 에스겔을 하나님의 선지자로 세우시는 것이다(3:24; 43:5; 단 8:18).

겔 2:2. 그가 내게 말씀하실 때에 그 영이 내게 임하사 나를 일으켜 내 발로 세우시기로 내가 그 말씀하시는 자의 소리를 들으니.

여호와께서 내게 말씀하실 때 그 영이 내게 들어와서 내 발로 나를 서게 하셨으며, 나는 그분께서 내게 말씀하시는 음성을 들었다.

본 절은 앞 절 끝의 "일어서라"는 말씀을 설명하는 말씀이다. 생물과 바퀴에게 역사하신 성령님께서 이제는 에스겔에게 역사하사 그를 예언자로 세우시는 것이다. 예언자의 근본은 오직 성령님의 영감인 것이다(민 24:2; 삿 11:29; 삼상 10:6, 10).

겔 2:3. 내게 이르시되 인자야 내가 너를 이스라엘 자손 곧 패역한 백성,

나를 배반하는 자에게 보내노라 그들과 그 조상들이 내게 범죄하여 오늘까지 이르렀나니.

여호와께서 내게 말씀하시기를, "인자야, 내(여호와)가 너(에스겔)를 이스라엘(여기 이스라엘 자손은 곧 유다 자손을 칭하는 말이다) 자손, 곧 나를 반역한 반역의 민족에게 보낸다. 그들(이스라엘)과 그들의 조상들이 바로 오늘날까지도 내게 죄를 저지르고 있다"고 하신다.

"내게 이르시되 인자야 내가 너를 이스라엘 자손 곧 패역한 백성, 나를 배반하는 자에게 보내노라"는 말씀을 통해 여호와께서 이스라엘 자손을 패역한 백성으로 보고 계심을 알려준다. 패역한 백성이란 원래 패역한 이방인을 뜻하는 말이었는데 이스라엘 민족이 너무 패역하여 이방인의 길을 따르기 때문에 붙이신 이름이 되었다.

"그들과 그 조상들이 내게 범죄하여 오늘까지 이르렀다"는 말은 유다 민족과 그들의 조상들이 범죄하여 오늘까지도 회개하지 않고 포로의 신세로 지내왔다는 의미이다.

겔 2:4. 이 자손은 얼굴이 뻔뻔하고 마음이 굳은 자니라 내가 너를 그들에게 보내노니 너는 그들에게 이르기를 주 여호와의 말씀이 이러하시다 하라.

이 유다 자손들은 얼굴이 뻔뻔하고 마음이 완악한 자들이다. 내(여호와)가 너(에스겔)를 그들에게 보내노니, 너는 그들에게 주 여호와께서 이같이 말씀하신다고 전하라는 것이다.

"이 자손은 얼굴이 뻔뻔하고 마음이 굳은 자니라"는 말은 여호와께서 에스겔에게 유다 백성의 형편을 설명하시는 말씀이다. "얼굴이 뻔뻔하다"는 말과 "마음이 굳은 자"라는 말은 동의어로 사용되었다. 마음이 완악하고 패역하니 그것이 얼굴에 나타나 얼굴이 철면피가 되었다는 뜻이다.

"내가 너를 그들에게 보내노니"란 말은 '나 여호와가 너 에스겔을 그 패역한 백성들에게 보낸다'는 것이다. 다시 말해 얼굴이 뻔뻔하고 마음이 아주 굳어버린 자들에게 보낸다는 뜻이다.

"너는 그들에게 이르기를 주 여호와의 말씀이 이러하시다 하라"는 말은 '여호와께서 에스겔에게 이르시기를 주 여호와의 말씀이 이러하시다'고 전하라는 말씀이다. 여기 "주 여호와"란 말은 "주"(אֲדֹנָי)란 말과 "여호와"(יְהוִה)란 말이 합쳐진 말이다. 일반적으로 히브리인들은 "여호와"(יְהוִה) 라는 말을 너무 신성시하여 이를 단독으로 부르는 일을 꺼리고 대신 "주"(אֲדֹנָי)란 말을 덧붙여 복합어로 사용하는 경향이 있었다(3:11, 27; 13:8; 22:28; 삼하 7:18-20, 29).

겔 2:5. 그들은 패역한 족속이라 그들이 듣든지 아니 듣든지 그들 가운데에 선지자가 있음을 알지니라(And whether they hear or refuse to hear (for they are a rebellious house) they will know that a prophet has been among them-ESV).

그들은 반역하는 족속이다. 그들이 듣거나 말거나, 그들은 한 선지자가 자기들 가운데 있었음을 알게 될 것이다.

"그들은 패역한 족속이라"는 말은 여호와께서 에스겔에게 유다 족속이 어떤 족속임을 알려주는 말이다. 그들은 패역한 족속이라는 것이다. 그럼에도 여호와께서는 에스겔을 그들에게 보낸다는 것이다.

"그들이 듣든지 아니 듣든지"란 말은 유다 민족이 에스겔의 말씀을 듣지 않을 가능성이 더 많음을 알면서도 여호와께서는 에스겔을 보낸다는 것이다.

"그들 가운데에 선지자가 있음을 알지니라"고 하신다. 즉, 유다 민족은 유다 민족 가운데에 한 선지자가 있었음을 알게 될 것이라는 뜻이다. 비록 아주 극소수일지라도 참으로 회개하는 자들을 찾을 수 있기 때문에 유다 민족 가운데에 한 선지자가 있었음을 알게 될 것이고, 둘째, 끝내 회개하지 아니하는 자들에게 하나님의 진노가 임할 때에 그들로 하여금 변명하지 못하게 하여 유다 민족 가운데에 한 선지자가 있었음을 알게 될 것이라는 뜻이다.

겔 2:6. 인자야 너는 비록 가시와 찔레와 함께 있으며 전갈 가운데에 거주할지라도 그들을 두려워하지 말고 그들의 말을 두려워하지 말지어다 그들은 패역한 족속이라도 그 말을 두려워하지 말며 그 얼굴을 무서워하지 말지어다.

너 인자(에스겔)야, 비록 찔레와 가시가 너와 함께 있고, 네가 전갈 가운데 살고 있을지라도 그들을 두려워하지 말고, 그들의 말도 두려워하지 마라. 그들이 반역의 족속이라도, 그들의 말을 두려워하지 말고 그들의 얼굴도 무서워하지 마라.

여호와께서 유다 민족을 세 가지로 묘사하신다. 즉, 가시, 찔레, 전갈이란 말로 묘사하신다. 비록 그들이 사납게 보여도 그들을 두려워하지 말고 그들이 하는 말을 두려워하지 말라고 하신다.

겔 2:7. 그들은 심히 패역한 자라 그들이 듣든지 아니 듣든지 너는 내 말로 고할지어다.

6절에서는 유다 민족이 패역한 것을 세 가지로 묘사했는데, 본 절에서는 유다 민족이 심히 패역한 민족이라고 하신다. 유다 민족이 패역한 족속이라 에스겔의 말을 듣든지 아니 듣든지 에스겔은 여호와의 말을 전파하라고 하신다.

2. 두루마리를 먹이시다 2:8-3:3

겔 2:8. 너 인자야 내가 네게 이르는 말을 듣고 그 패역한 족속 같이 패역하지 말고 네 입을 벌리고 내가 네게 주는 것을 먹으라 하시기로.

너 인자(에스겔)야! 내가 네게 하는 말을 들어라. 너 에스겔은 그 반역의 족속같이 반역하지 말고, 너는 네 입을 벌려 내가 네게 주는 것을 먹으라고 하셨다.

"너 인자야! 내가 네게 이르는 말을 들어라"는 말은 '여호와께서 에스겔을 향하여 내가 네게 이르는 말을 들으라'는 뜻이다. "여기 들으라"는 말은

'먹으라'는 뜻이다. 먹어서 살이 되고 피가 되게 먹으라는 뜻이다. 그런 식으로 먹지 않으면 전할 수가 없다는 말씀이다.

"그 패역한 족속 같이 패역하지 말고"란 말은 선지자도 일반 유다 백성들과 같이 패역(반역)할 수가 있기 때문에 여호와께서 이렇게 부탁하신 것이다. 인생은 모두 여호와를 향하여 반역할 수가 있는 것이다. 참으로 인생 모두가 부패했기 때문이다.

"네 입을 벌리고 내가 네게 주는 것을 먹으라 하셨다"는 말은 계 10:4과 병행한다. 입을 벌리지 않고 그냥 귀로 듣기만 하면 그 말씀이 심령 깊은 곳에 들어가지 않으니 입을 벌리고 여호와께서 주시는 것을 먹으라는 것이다. 우리는 여호와의 말씀을 깊이 묵상해야 하는 것이다(시 1:1-3; 요 6:47-58; 딤후 3:14).

겔 2:9. 내가 보니 보라 한 손이 나를 향하여 펴지고 보라 그 안에 두루마리 책이 있더라(And when I looked, behold, a hand was stretched out to me, and behold, a scroll of a book was in it-ESV).

"내가 보니 보라! 여호와의 한 손이 나를 향해 뻗쳤는데, 보라! 그 손 안에 두루마리 책이 있더라."

본 절 안에는 두 번이나 "보라!" 라는 말이 등장한다. 한 번은 여호와의 손이 나를 향하여 펴져있다는 말 앞에 있고, 또 한 번은 여호와의 손 안에 두루마리 책이 있더라는 말 앞에 있다. 이 두 말씀이 아주 중요하다는 뜻으로 이렇게 "보라!"라는 말씀이 있는 것이다. 오늘도 여호와의 손이 나를 향하여 펴져 있어 여호와의 손 안에 두루마리 책(성경책)이 있다는 것을 깨달아야 한다.

겔 2:10. 그가 그것을 내 앞에 펴시니 그 안팎에 글이 있는데 그 위에 애가와 애곡과 재앙의 말이 기록되었더라.

여호와께서 그 두루마리를 내(에스겔) 앞에 펴시니 그 두루마리의 앞면과 뒷면에 글이 기록되어 있는데, 그 두루마리 위에 애가(哀歌)와 애곡(哀曲)과 재앙(災殃)의 말이 기록되어 있더라는 것이다.

"그 안팎에 글이 있다"는 말은 '보통 양피지에 글을 쓴 경우'를 말한다. 파피루스의 경우에는 한 편에만 글을 쓴다.

"그 위에 애가와 애곡과 재앙의 말이 기록되었다"는 말은 '양피지 위에 애가와 애곡과 재앙의 말이 기록되었다'는 것을 말한다. 여기 기록된 애가와 애곡과 재앙의 말은 에스겔이 전해야 할 예언의 내용으로 "예루살렘과 유다의 심판"(1-24장)의 말이다. 본 절의 이 어구는 본서에 여러 차례 반복되어 있어(19:1, 14; 26:16; 27:2, 32; 28:12; 32:2, 16) 본서의 주제로 보인다. 예루살렘과 유다는 하나님께 반역했기 때문에 재앙을 피할 수 없게 된 것이다.

제 3 장

겔 3:1. 또 그가 내게 이르시되 인자야 너는 발견한 것을 먹으라 너는 이 두루마리를 먹고 가서 이스라엘 족속에게 말하라 하시기로(And he said to me, "Son of man, eat whatever you find here. Eat this scroll, and go, speak to the house of Israel."-ESV).

또 여호와께서 나(에스겔)에게 말씀하시기를, "인자(에스겔)야, 네가 발견한 것을 먹으라. 네가 이 두루마리를 먹고, 이스라엘 족속에게 가서 말하라 하셨다. 본문의 "발견한 것"이란 말과 "두루마리"란 말은 동의어로 사용되어 에스겔이 발견한 것, 즉 두루마리를 받아먹으라는 말씀이다. 두루마리 책(성경)을 받아먹어서 나 자신과 합일 되게 해야 한다는 것이다.

"먹고 가서 이스라엘 족속에게 말하라 하신다"는 말씀은 '성경책을 먹어야만 강퍅한 이스라엘 민족에게 전할 수 있다'는 것이다(요 4:34 참조).

겔 3:2. 내가 입을 벌리니 그가 그 두루마리를 내게 먹이시며.

본 절은 에스겔이 한 일과 여호와께서 해 주신 일이 진술된다. 에스겔이 한 일은 "입을 벌린 일"이다. 그리고 여호와께서 해 주신 일은 "두루마리를 에스겔에게 먹여주신 일"이다. 사람이 할 일을 해야 한다는 것을 볼 수 있다. 그러면 여호와께서 성경책을 먹여주신다. 오늘도 우리가 해야 할 일이 있다. 성경 말씀을 먹고자 하는 욕망이 있어야 하는 것이다.

겔 3:3. 내게 이르시되 인자야 내가 네게 주는 이 두루마리를 네 배에 넣으며 네 창자에 채우라 하시기에 내가 먹으니 그것이 내 입에서 달기가 꿀 같더라.

여호와께서 나 에스겔에게 말씀하시기를, "인자(에스겔)야! 내(여호와)

가 네게 주는 이 두루마리를 네 배에 넣고, 네 창자에 채워라 하시기에 내가 먹으니 그것이 내 입에 꿀같이 달았다"는 것이다.

여호와께서는 에스겔에게 철저히 먹으라고 하신다. 즉, "내가 네게 주는 이 두루마리를 네 배에 넣으며 네 창자에 채우라"고 하신다. 다시 말해 이 두루마리 성경책을 네 배에 넣으며 네 창자에 채우라는 것이다. 그렇게 하지 않으면 전할 수가 없기 때문이었다. 오늘 우리는 성경 말씀을 철저히 묵상해서 내 살이 되고 피가 되게 해야 하는 것이다.

"내가 먹으니 그것이 내 입에서 달기가 꿀 같다"는 말은 여호와의 말씀은 꿀같이 달다는 것을 뜻한다. 비록 심판의 말씀이라도 여호와의 말씀은 우리에게 꿀처럼 달다는 것이다(시 19:10; 잠 24:13; 렘 15:16 참조).

3. 말씀 선포를 부탁하시다 3:4-15

겔 3:4. 그가 또 내게 이르시되 인자야 이스라엘 족속에게 가서 내 말로 그들에게 고하라.

여호와께서 내게 말씀하시기를, "인자(에스겔)야! 이스라엘 족속에게 가서 내 말들을 그들에게 전하라"고 하신다.

"인자"란 말에 대해서는 2:1 주해를 참조하라.

이스라엘 족속에게 가서 내 말들을 그들에게 전하라는 것이 바로 여호와께서 에스겔에게 주시는 사명이었다.

겔 3:5. 너를 언어가 다르거나 말이 어려운 백성에게 보내는 것이 아니요 이스라엘 족속에게 보내는 것이라.

여호와께서는 에스겔을 언어가 다른 백성도 아니고, 말이 어려운 백성도 아닌 모든 것이 잘 통하는 이스라엘 족속에게 보내신다고 말씀하신다.

겔 3:6. 너를 언어가 다르거나 말이 어려워 네가 그들의 말을 알아 듣지 못할 나라들에게 보내는 것이 아니니라 내가 너를 그들에게 보냈다면 그들은

정녕 네 말을 들었으리라.

여호와께서 너 에스겔을 언어가 다르거나 알아듣지 못하는 어려운 말을 쓰는 여러 민족에게 보내는 것이 아니다. 차라리 내(여호와)가 너(에스겔)를 그들 타국인들에게 보냈다면 그 타국민들은 참으로 네 말을 들었을 것이라고 하신다. 어떤 민족에게 보내든지 성령님께서 함께 하시면 여호와의 말씀을 듣게 마련이다.

겔 3:7. 그러나 이스라엘 족속은 이마가 굳고 마음이 굳어 네 말을 듣고자 아니하리니 이는 내 말을 듣고자 아니함이니라.

이스라엘 족속은 네 말(에스겔이 전하는 말)을 듣지 않을 것이니, 이는 모든 이스라엘 족속들이 이마가 굳고 마음이 완고하여 내(여호와의) 말을 들을 생각이 없기 때문이라고 하신다.

에스겔이 전하는 말이나 여호와의 말씀이나 동일한 것인데 이스라엘 민족이 에스겔의 말을 들으려고 하지 않는 것은 바로 여호와의 말을 들으려는 욕망이 아예 없기 때문이라는 것이다.

겔 3:8. 보라 내가 그들의 얼굴을 마주보도록 네 얼굴을 굳게 하였고 그들의 이마를 마주보도록 네 이마를 굳게 하였으되.

보라! 내가 그들의 얼굴과 맞설 수 있도록 네 얼굴을 굳게 해 놓았고, 그들의 이마와 맞설 수 있도록 네 이마를 굳게 해 놓았다(사 1:7; 렘 1:18; 15:20)고 하신다.

본 절 초두에는 "보라!"라는 말을 등장시켜 본 절이 아주 중요한 내용임을 드러내고 있다. 여호와께서는 에스겔의 마음을 강하게 해주셔서 이스라엘 민족을 잘 감당하도록 해주셨다.

겔 3:9. 네 이마를 화석보다 굳은 금강석 같이 하였으니 그들이 비록 반역하는 족속이라도 두려워하지 말며 그들의 얼굴을 무서워하지 말라 하시니라.

네(에스겔의) 이마를 화석(부싯돌)보다 굳은 금강석(다이아몬드-가장 굳은 돌)처럼 만들었으니, 그들이 비록 반역하는 족속이라도 그들을 두려워하지 말고 그 얼굴을 무서워하지 말라고 하신다.

하나님께서 에스겔의 이마를 굳게 하셨다는 말씀은 마음을 담대하게 하셨다는 뜻이다. 오늘 복음 전파자도 마음이 담대해야 하는 것이다.

겔 3:10. 또 내게 이르시되 인자야 내가 네게 이를 모든 말을 너는 마음으로 받으며 귀로 듣고.

또 여호와께서 나(에스겔)에게 말씀하시기를, "인자(에스겔)야! 내가 네게 이르는 모든 말을 네 마음에 받으며 귀를 기울여 들으라"고 하신다.

여호와께서 사람에게 말씀하시는 것을 마음에 받지 않으면 전할 수 없는 것이다.

겔 3:11. 사로잡힌 네 민족에게로 가서 그들이 듣든지 아니 듣든지 그들에게 고하여 이르기를 주 여호와의 말씀이 이러하시다 하라.

본 절은 2:7의 반복이다. 여호와께서 에스겔에게 말씀하시기를, "포로로 잡혀온 이스라엘 백성의 자손들에게 가서 그들에게 말하라. 그들(이스라엘 백성들)이 듣거나 말거나 주 여호와께서 이같이 말씀하신다고 그들에게 말하라"고 하신다.

겔 3:12. 때에 주의 영이 나를 들어올리시는데 내가 내 뒤에서 크게 울리는 소리를 들으니 찬송할지어다 여호와의 영광이 그의 처소로부터 나오는도다 하니(Then the Spirit lifted me up, and I heard behind me the voice of a great earthquake: "Blessed be the glory of the LORD from its place!"-ESV)**.**

때에 주님의 영이 나를 들어올리시는데, 내 뒤에서 크게 진동하는 소리를 들으니, "여호와의 영광을 그분의 처소에서 송축하라"고 했다는 것이다.

본 절의 "때에"란 말은 '에스겔이 여호와로부터 사명을 받았을 때'를 뜻한다(11절).

"주의 영이 나를 들어올리시는데"란 말은 혹자들이 하나님께서 바람을 이용하여 선지자를 일으키신 것으로 해석하기도 하나(Luther, K.&D.), 이런 해석은 에스겔의 육체가 실질적으로 이동한 것이므로 타당하지 않은 해석이다. 본문에서 에스겔이 일으킴을 받았다는 말은 그의 육체가 일으킴을 받았다는 말이 아니라 환상 중에 그의 영이 들림을 받아 이동했음을 뜻한다(8:3; 11:1, 24). 이는 당시 에스겔이 성령님의 감동을 강하게 받고 있었음을 의미한다(Kliefoth, Plumptre, Lange).

"내 뒤에서"란 말은 '네 생물이 내는 소리가 에스겔의 뒤로부터 들려왔다'는 뜻이다. 이렇게 에스겔 뒤에서 네 생물(천사)의 소리가 들려온 이유는 에스겔이 환상 가운데서 하나님을 향한 자세로 선지자로서의 소명을 받고 있었기 때문이다(Matthew Henry, Fisch).

"크게 울리는 소리를 들으니"란 말은 1장에서 언급된 네 생물들(천사들)이 내는 소리였으며(13절), 그 소리의 내용은 하나님의 영광을 찬양하라는 소리였다. 네 생물들(천사들)은 웅장한 소리를 내어 '여호와의 처소', 즉 궁창 위에 있는 하나님의 보좌에서 나는 하나님의 영광과 위엄을 찬양하여 패역한 이스라엘 백성들에게 하나님께서 명령하신 말씀을 전할 사역을 맡은 에스겔을 격려했다(Lange).

겔 3:13. 이는 생물들의 날개가 서로 부딪치는 소리와 생물 곁의 바퀴 소리라 크게 울리는 소리더라.

본 절은 앞 절(12절)의 "크게 울리는 소리"에 대해 설명한다. 크게 울리는 소리는 다름 아니라 "생물들의 날개(1:5-14)가 서로 부딪치는 소리와 생물 곁의 바퀴 소리(1:15-21)"가 조화를 이루는 소리였다. 여호와께서 에스겔을 들어올리실 때에 네 생물(천사들)은 날개를 서로 부딪쳐서 수종했고, 네 생물 곁에 있는 바퀴들도 아울러 움직였다. 그리고 그 움직임은 하나의 큰 소리가 되어 에스겔에게 여호와의 영광을 찬송하라는 명령의 소리로 울려왔다. 12절 주해 참조.

겔 3:14. 주의 영이 나를 들어올려 데리고 가시는데 내가 근심하고 분한 마음으로 가니 여호와의 권능이 힘 있게 나를 감동시키시더라.

주님의 영이 나를 들어올려 데리고 가실 때에 내가 불안하고 초조한 심정이었는데 여호와의 손이 나를 힘 있게 감동시키셨다.

"주의 영이 나를 들어올려 데리고 가신다"는 말은 '주님의 성령의 직접적이고도 강력한 감동을 입은 상태에서 환상 중에 에스겔이 이동한 것'을 지칭한다. 12절 주해 참조.

"내가 근심하고 분한 마음으로 간다"는 말은 '에스겔이 이스라엘의 거듭되는 죄악으로 인하여 근심하는 마음이 되었고 또 분한 마음이 되어 행동을 취했다'는 것이다.

"여호와의 권능이 힘 있게 나를 감동시키시더라"는 말은 '에스겔이 나약한 인간이 될 수밖에 없을 때에 전능하신 하나님께서는 그를 권능으로 힘 있게 감동하사 여호와께서 계획하신 바를 성취하셨다'는 뜻이다.

겔 3:15. 이에 내가 델아빕에 이르러 그 사로잡힌 백성 곧 그발 강 가에 거주하는 자들에게 나아가 그 중에서 두려워 떨며 칠 일을 지내니라.

내가 그발 강 가에 사로잡혀 사는 유다인 델아빕 포로들에게 가서, 그들이 거하는 그곳에서 칠 일 동안 놀란 채로 그들과 함께 앉아 있었다.

"델아빕"('곡식 더미'라는 뜻)이라는 곳은 바벨론 군에게 사로잡힌 유다 백성들이 거했던 그발 강 가에 위치해 있던 비옥한 지대였던 곳으로 여겨진다.

"그 중에서 두려워 떨며"라는 말은 '에스겔이 자기 백성의 죄악이 너무 관영한 것을 깨닫고 그들에게 하나님의 말씀을 전하기 전에 먼저 자신을 정결케 하고 헌신하도록 연단시켜야 할 필요성을 느껴 틀어박혀 있었던 것을 나타내는 말이라'고 해석한다(K.&D., Matthew Henry).

"칠 일"이란 말은 문자 그대로 7일을 의미했을 것이다. 에스겔은 7일간의 준비 기간을 통해 준비하고 사역에 임한 것으로 보인다.

4. 여호와께서 에스겔에게 파수꾼 사명을 부여하시다 3:16-27

<파수꾼 에스겔(겔 33:1-9)>

겔 3:16. 칠 일 후에 여호와의 말씀이 내게 임하여 이르시되.

칠 일 후에 여호와의 말씀이 에스겔에게 임하여 이르셨다.

여기 7일은 에스겔에게 결례의 기간이기도 했다. 오늘 우리도 사역을 감당하기 위하여 어느 정도의 시간을 드려 정결에 힘쓰며 기도에 힘써야 할 것이다.

겔 3:17. 인자야 내가 너를 이스라엘 족속의 파수꾼으로 세웠으니 너는 내 입의 말을 듣고 나를 대신하여 그들을 깨우치라.

인자(에스겔)야! 내가 너를 이스라엘 족속의 파수꾼으로 세웠으니, 내 입의 말을 듣고 나를 대신하여 그들을 깨우치라고 하신다.

"파수꾼"이란 '망대에 서서 원근을 감시하면서 적의 습격을 경계하는 역할을 하는 사람'을 가리킨다(삼상 14:16; 삼하 13:34; 사 56:10; 렘 6:16; 합 2:1). 에스겔은 신령한 파수꾼으로 이스라엘의 정신 상태를 감시하며 그 위기를 경계하는 사명을 맡은 것이다.

"나를 대신하여"란 말은 '하나님을 대리하여'라는 뜻이다. 예언자는 하나님으로부터 말씀을 받아 사람들에게 전하는 사람이었으므로 하나님을 대리하는 사람이었다. 하나님을 대리하는 사람이었으니 그 사명이 얼마나 중요한 것인가. 오늘날 전도자들도 하나님을 대리한다는 점에서는 막중한 책임이 있는 것이다. 한번 목사가 된 사람은 은퇴해도 영원히 목사의 신분으로 살면서 복음을 전해야 한다.

겔 3:18. 가령 내가 악인에게 말하기를 너는 꼭 죽으리라 할 때에 네가 깨우치지 아니하거나 말로 악인에게 일러서 그의 악한 길을 떠나 생명을 구원하게 하지 아니하면 그 악인은 그의 죄악 중에서 죽으려니와 내가 그의 피 값을 네 손에서 찾을 것이고.

가령 내(여호와)가 악인에게 말하기를, "너는 반드시 죽을 것이라고 할 때에, 네(에스겔)가 그 악인을 깨우쳐 주지 않거나, 그 악인에게 말로 타일러서 그가 악한 길을 버리고 떠나 생명이 구원 받도록 경고해 주지 않으면, 그 악인은 자신의 악한 행실 때문에 죽을 것이지만 그 사람이 죽은 책임은 내가 너 에스겔에게 묻겠다"고 하신다.

본 절부터 21절까지는 영적 파수꾼의 책임에 대해서 진술하신다. 영적 파수꾼이 한발 앞서 회개하고 파수꾼이 된 것까지는 천만다행으로 좋은 일이지만 하나님을 대리하여 책임을 다 하지 않아서 악인이 악행 중에 죽는 경우 그 악인의 죽음에 파수꾼이 책임을 져야 한다는 것이다.

오늘날 전도자의 책임을 다하지 않는 것이 얼마나 큰 죄인가를 잘 알고 부지런히 복음을 전해야 할 것이다. 오늘날 전도자의 책임을 다하지 않고 그냥 세상을 살아가다가 비참하게 죽는 사람이 얼마나 많은지 알아야 할 것이다.

겔 3:19. 네가 악인을 깨우치되 그가 그의 악한 마음과 악한 행위에서 돌이키지 아니하면 그는 그의 죄악 중에서 죽으려니와 너는 네 생명을 보존하리라.

본 절은 전도자가 악인을 깨우친 경우를 말한다. 전도자가 악인을 깨우쳤으나 그 악인이 악한 마음과 악한 행위에서 돌이키지 않고 살다가 죽으면 그 악인은 죄악 중에서 죽는다는 것이다. 그러나 전도자는 악인을 깨우치는 노력을 다 했으니 책임을 지지 않게 되는 것이다.

겔 3:20. 또 의인이 그의 공의에서 돌이켜 악을 행할 때에는 이미 행한 그의 공의는 기억할 바 아니라 내가 그 앞에 거치는 것을 두면 그가 죽을지니

이는 네가 그를 깨우치지 않음이니라 그는 그의 죄 중에서 죽으려니와 그의 피 값은 내가 네 손에서 찾으리라.

"또 만약 의인(義人)이 지금까지 걸어온 올바른 길에서 떠나서 악한 일을 할 경우에는, 내(여호와)가 그 앞에 올무를 놓아, 그 의인 역시 죽게 할 것이다. 그러나 네(에스겔)가 만일 그를 깨우쳐 주지 않으면, 그는 자기가 지은 그 죄 때문에 죽을 것이다. 그리고 그가 이미 행한 의로운 행실은 하나도 기억되지 않을 것이다. 그러나 그 사람이 죽은 책임은 내(여호와)가 너(에스겔)에게 물을 것이다."

본문은 의인으로 사는 사람이 도중에 타락하여 악행을 하면서 살아가는 사람이 생긴다는 것을 말한다. 선지자는 그런 악인에게도 계속해서 경계할 책임이 있다는 것을 말한다. 만약 선지자가 책임을 다하지 않아 그 악인이 악을 행하다가 죽으면 그 악인의 죽음에 대해 여호와께서 선지자에게 책임을 물으신다는 것이다.

오늘 전도자도 죄인에게나, 혹은 의인이었다가 악인이 되는 사람을 끊임없이 잘 관찰하여 바르게 되도록 권할 책임이 있음을 알고 계속해서 살펴야 할 것이다.

겔 3:21. 그러나 네가 그 의인을 깨우쳐 범죄하지 아니하게 함으로 그가 범죄하지 아니하면 정녕 살리니 이는 깨우침을 받음이며 너도 네 영혼을 보존하리라.

그러나 네(에스겔)가 의인에게 죄를 범하지 않도록 경고하여 그(의인)가 죄를 범하지 않는다면, 그가 경고를 받아들였으므로 진정 살 것이며, 너(에스겔)는 네 목숨을 보전할 것이라고 하신다.

본 절은 선지자가 의인들을 끝까지 잘 돌보면 그 의인도 살고 선지자도 영혼을 보존한다는 것을 말한다.

오늘 전도자도 힘들지만 끝까지 의인들까지 권고하는 삶을 살아야 한다는 것이다. 오늘 전도자는 하나님께 자신이 힘이 없음을 고하여 힘을 얻어 주위의 모든 사람을 잘 권하여야 할 것이다.

<에스겔이 말 못하는 자가 되다>

겔 3:22. 여호와께서 권능으로 거기서 내게 임하시고 또 내게 이르시되 일어나 들로 나아가라 내가 거기서 너와 말하리라 하시기로.

여호와의 손이 거기서(델아빕의 한 장소) 내게 임하셨으며, 그분께서 내게 말씀하시기를, "너(에스겔)는 일어나 들로 나아가라. 내가 거기(들)서 너에게 말하겠다"고 하신다.

에스겔은 또 다른 하나님의 계시를 받기 위해 사람들이 없는 바벨론의 어느 들판으로 가게 되었다.

겔 3:23. 내가 일어나 들로 나아가니 여호와의 영광이 거기에 머물렀는데 내가 전에 그발 강 가에서 보던 영광과 같은지라 내가 곧 엎드리니.

이에 내가 일어나 들(골짜기)로 나가니, 거기에 여호와의 영광이 머물러 있었는데, 그발 강 가에서 내가 보았던 영광과 같았다. 내가 얼굴을 대고 엎드렸다.

에스겔이 들에서 본 여호와의 영광은 1장에서 본 여호와의 영광과 동일한 영광이었다. 1:28 주해 참조. 하나님은 시공을 초월하셔서 어디서나 똑같이 영광을 보여주신다.

겔 3:24. 주의 영이 내게 임하사 나를 일으켜 내 발로 세우시고 내게 말씀하여 이르시되 너는 가서 네 집에 들어가 문을 닫으라.

여호와의 영이 나에게 임하셔서 엎드려 있는(23절) 나를 내 발로 서게 하시며 내게 말씀하시기를, "너(에스겔)는 네 집 안에 들어가 문을 닫으라"고 하신다.

여호와께서 에스겔에게 임하셔서 집에 들어가 문을 닫고 있으라고 하신 이유에 대해서는 여러 견해가 있다. 1) 예언 활동을 중지하라는 견해(Lange),

2) 그는 이제부터 공적으로 사역하지 말고 사적으로 상징적 행위에 의한 예언을 해야(4-5장) 하기 때문이라는 견해(Cooke), 3) 에스겔 선지자를 대적하는 자들 때문에 잠시 집에 있으라는 견해(K.&D., Greenberg, 박윤선, 이상근)이다. 이 견해들 중에서 3)번의 견해가 가장 바른 것으로 보인다(25절). 에스겔은 잠시 침묵하고 있어야 한다는 것이다. 이 잠시의 침묵 중에 크게 활동할 준비를 갖춘 것이다.

겔 3:25. 너 인자야 보라 무리가 네 위에 줄을 놓아 너를 동여매리니 네가 그들 가운데에서 나오지 못할 것이라.

"너 인자야(여호와께서 에스겔을 부르시는 호칭)! 보라! 무리가 줄을 가지고 너를 동여맬 것이니, 네가 그들 중에서 나오지 못할 것이라"고 하신다.

본 절은 에스겔이 군중으로부터 박해를 받을 것을 예언한 것이다. 복음 전도자는 종종 군중으로부터 수모와 핍박을 받는다.

겔 3:26. 내가 네 혀를 네 입천장에 붙게 하여 네가 말 못하는 자가 되어 그들을 꾸짖는 자가 되지 못하게 하리니 그들은 패역한 족속임이니라.

나 여호와가 네(에스겔의) 혀를 입천장에 붙여 말을 못하도록 하여 네(에스겔)가 책망하는 자가 되지 못하게 할 것이니 이는 그들이 반역의 족속이기 때문이다.

에스겔은 이스라엘의 파수꾼으로 임명을 받아서 경계의 말씀을 반드시 전하도록 강조되었으나(16:21), 본 절에서는 경계의 말씀을 전하는 것을 금지 당한다. 다시 말해 에스겔이 얼마동안 침묵할 것을 명령 받은 것으로 이는 여호와로부터 제재 받음을 의미한다.

겔 3:27. 그러나 내가 너와 말할 때에 네 입을 열리니 너는 그들에게 이르기를 주 여호와의 말씀이 이러하시다 하라 들을 자는 들을 것이요 듣기 싫은

자는 듣지 아니하리니 그들은 반역하는 족속임이니라.

그러나 나 여호와가 너(에스겔)와 말할 때 네 입을 열어 줄 것이니, 그들에게 주 여호와께서 이같이 말씀하신다고 말하여라. 들을 자는 듣고, 듣지 않을 자는 듣지 않을 것이니, 이는 그들이 반역의 족속이기 때문이다.

"그러나 나 여호와가 너(에스겔)와 말할 때에 네 입을 열리니"라는 말은 에스겔이 4장 이하를 말할 때를 이름이다. 그때가 되면 에스겔은 하나님으로부터 말씀을 받아 백성들에게 전할 것이다. "백성들 중에 들을 자는 들을 것이요 듣기 싫은 자는 듣지 아니하리니"라고 하신다.

듣지 않을 자는 듣지 않을 것이니, 이는 "그들이 반역의 족속이기 때문이라"는 것이다. 반역의 족속은 언제든지 하나님의 말씀을 듣지 않는다(계 22:10-11).

제 II부: 유다를 심판하실 것을 예언하시다 4:1-24:27

A. 에스겔이 예루살렘의 멸망을 예언한 일(4-5장), B. 유다 나라가 멸망할 것이라고 예언한 일(6-7장), C. 예루살렘 성전이 심판 받을 것이라고 예언한 일(8-11장), D. 심판 표징과 비유와 메시지(12-19장), E. 예루살렘에 심판이 임할 것이라는 예언(20-24장) 등의 내용이다.

A. 에스겔이 예루살렘의 멸망을 예언하다 4:1-5:17

1-3장은 하나님께서 에스겔을 부르신 것을 진술한다. 이제는 본격적으로 에스겔의 예언 활동이 시작되는 것을 기록한다(4-5장). 에스겔 예언 활동의 시작은 예루살렘의 심판 예언부터이다. 예루살렘에 대한 예언은 네 상징들로 구성되어 있다. 셋은 예루살렘 멸망에 관한 상징이고(4장), 또 하나는 포로에 관한 상징이며(5:1-4), 다음으로는 그 상징들에 대한 설명이 따른다(5:5-17).

제 4 장

1. 예루살렘이 포위되다 4:1-3

4-5장에 진술된 세 상징 중 4장은 첫째 상징을 진술한다. 이 첫째 상징은 토판(넓적하고 얇은 돌) 위에 예루살렘이 적군에 의해 포위당한 모양을 그려놓은 것이다. 이 상징은 시드기야 왕 때에 2년간 예루살렘이 포위당할 사실을 예언하는 것이다. 이는 예루살렘이 함락되기 이전을 상징하는 예언으로 볼 것이다(K.&D., Herrmann, Cooke, 이상근).

<예루살렘을 그리고 에워싸라>

겔 4:1. 너 인자야 토판을 가져다가 그것을 네 앞에 놓고 한 성읍 곧 예루살렘을 그 위에 그리고.

너 인자야(하나님께서 사람을 부르시는 호칭)! 토판(넓적하고 얇은 돌판, 흙으로 만든 책판)을 가져다가 네 앞에 놓고, 한 성읍 곧 예루살렘을 그 위에 그려라.

여기 "인자야!"란 말의 주해를 위하여 2:1 주해를 참조하라. "너 인자야!"라고 시작하는 것은 글의 새 부분이 시작하는 것을 보여준다.

"토판"(לְבֵנָה)이란 말에 대한 해석은 여럿으로 갈린다. '토서판', '기와', '벽돌', '바벨론 사람들이 편지지로 사용한 부드러운 점토 서판', '바벨론에서 중요한 건물 재료로 사용한 햇볕에 구운 커다란 벽돌', '고대 근동 지방에서 건물을 지을 때 사용했던 벽돌', '종이 대용으로 쓰던 점토 서판' 등 수많은 해석이 존재한다. 그러나 본 절에서 에스겔이 그 위에 그림을 그린 것을 보면 "토판"이란 그림을 그릴 수 있는 넓적하고 얇은 벽돌의 판으로 해석하는 것이 바람직할 것이다.

"그 토판을 네 앞에 놓고 한 성읍 곧 예루살렘을 그 위에 그리라"는 명령은 예루살렘이 바벨론 군에 의해 함락되는 것을 미리 보여주기 위해 예루살렘 성을 그리라는 명령이었다.

겔 4:2. 그 성읍을 에워싸되 그것을 향하여 사다리를 세우고 그것을 향하여 흙으로 언덕을 쌓고 그것을 향하여 진을 치고 그것을 향하여 공성퇴를 둘러 세우고.

본 절과 다음 절은 예루살렘을 공격하기 위하여 둘러싸는 그림을 토판 위에 그리라는 명령이다. 즉, 그 성읍에 포위망을 치되 그 성읍을 공격하기 위하여 높은 사다리를 세우고, 흙 언덕을 쌓으며, 진을 치고, 예루살렘 성벽을 부수는 무기를 성 둘레에 설치하라는 것이다.

"그것을 향하여 사다리를 세우라"는 말은 '예루살렘 성을 공격하기 위하여 높은 사다리를 세우라'는 명령이다. 사다리에 올라가 높은 곳에서 성을 내려다보며 화살과 돌로써 성을 공격하기 위해 사용되는 사다리이다.

"그것을 향하여 흙으로 언덕을 쌓으라"는 말은 '예루살렘 성을 공격하기 위하여 흙으로 언덕을 쌓으라'는 명령이다. 흙으로 언덕을 쌓아서 성 안을 정탐하고 공격한 것이다(사 37:33).

"그것을 향하여 공성퇴를 둘러 세우라"는 말은 '예루살렘 성을 공격하기 위하여 커다란 기둥 끝에 금속을 부착하여 이를 성벽이나 성문에 부딪히게 하여 부수는 병기를 지칭한다.

겔 4:3. 또 철판을 가져다가 너와 성읍 사이에 두어 철벽을 삼고 성을 포위하는 것처럼 에워싸라 이것이 이스라엘 족속에게 징조가 되리라.

"그리고 너는 철판을 가져다가 너와 예루살렘 성읍 사이에 세워 철벽을 삼고 네 얼굴을 그 성읍을 향하여 고정시켜라. 그러면 성읍이 포위될 것이니, 이제 네가 그 성읍을 포위하여라. 이것이 이스라엘 족속에게 징조가 될 것이라"고 하신다.

"또 철판을 가져다가 너와 성읍 사이에 두어 철벽을 삼고 성을 포위하는 것처럼 에워싸라"는 말은 '철판(얇은 철판)을 에스겔과 성읍 사이에 두어 철벽을 삼고 마치 성읍을 둘러싸는 것처럼 포위하라'는 것이다. 이렇게 하는 것은 바벨론 군대가 예루살렘을 포위할 것을 미리 보여주는 상징이라는 것이다.

"이것이 이스라엘 족속에게 징조가 되리라"는 말은 '에스겔이 철판으로 에스겔과 예루살렘 성 사이에 두는 것이 예루살렘의 멸망을 상징하는 징조의 역할을 한다'는 것이다.

2. 예루살렘 포로 기간 4:4-8

에스겔이 취한 두 번째 상징은 남북 이스라엘이 당할 포로 기간을 상징하는 것이다. 에스겔은 좌편으로 390일을 누워 있으므로 북쪽 나라 이스라엘이 390년의 포로 기간 지낼 것을 알려주었고, 또 우편으로 40일을 누워 있으므로 남쪽 나라 유다가 40년간 죗값 당하게 됨을 예언했다.

겔 4:4-5. 너는 또 왼쪽으로 누워 이스라엘 족속의 죄악을 짊어지되 네가 눕는 날수대로 그 죄악을 담당할지니라 내가 그들의 범죄한 햇수대로 네게 날수를 정하였나니 곧 삼백구십 일이니라 너는 이렇게 이스라엘 족속의 죄악을 담당하고.

너(에스겔)는 또 왼쪽으로 누워 이스라엘 족속의 죄악을 몸에 짊어지되(16:46), 네(에스겔)가 그 쪽으로 눕는 날수만큼 그들의 죄악을 담당할지니라. 이스라엘 백성들이 죄를 지은 햇수만큼 네(에스겔) 날수를 정했으니, 곧 삼백구십 일이다. 이렇게 에스겔이 이스라엘 족속의 죄악을 담당할 것이라고 말씀 하신다.

"너는 또 왼쪽으로 누워 이스라엘 족속의 죄악을 짊어지라"는 말은 '에스겔이 왼쪽, 즉 북쪽을 향해 누워 북쪽 이스라엘이 포로로 잡혀가서 포로생활을 해야 할 것을 보여주는 것'이었다. 하나님께서 이스라엘이 외국에 포로로 잡혀가서 고생할 것을 미리 보여주신 것은 이스라엘 민족으로 하여금 죄를 자복하도록 하는 명령이었다(박윤선).

"네가 눕는 날수대로 그 죄악을 담당할지니라"는 실제로 죄의 책임을 전가(轉嫁) 받아 그 죗값을 대신 받는다는 의미가 아니라 '에스겔이 누워있는 날수만큼 이스라엘 민족이 포로 생활을 할 것'이란 뜻이다(Calvin, Lightfoot, K.&D.). 5절에 의하면 에스겔이 390일을 누워 있어야 했는데, 그것은 이스라엘이 390년 동안 포로 생활하게 될 것을 보여주신 것이었다. 하나님은 우리를 극진히 사랑하셔서 오늘도 우리가 죄를 자복하도록 신호를 주신다.

그런데 여기 문제가 되는 것이 있다. 즉, 북 이스라엘이 390년, 즉 북 이스라엘의 범죄한 기간과 남쪽 나라 유다가 범죄한 기간을 두고 수많은 견해가 존재한다는 것이다. 그 중에서 가장 바람직한 한 가지 견해를 진술한다면, 390년은 이스라엘이 분열한 때부터 북쪽 이스라엘이 멸망한 뒤 바벨론에서 돌아올 때까지의 기간을 가리키고, 유다의 40년이란 남쪽 나라 유다가 멸망한 주전 586년부터 북 이스라엘과 함께 본국으로 돌아오는 주전 537년까지의 약 40년간의 기간을 가리킨다는 것이다(Wycliffe, Rosenmueller, Hengsternberg, Vitringa, 박윤선).

에스겔의 대행고난(代行苦難)을 통해 하나님께서는 우리에게 범죄한 자를 반드시 심판하신다는 사실을 가르치고 계신다. 그런고로 우리는 하루 속히 죄를 자복해야 하는 것이다.

겔 4:6. 그 수가 차거든 너는 오른쪽으로 누워 유다 족속의 죄악을 담당하라 내가 네게 사십 일로 정하였나니 하루가 일 년이니라.

이스라엘 쪽을 향해서 390일을 누워 있다가 그 날수가 차거든 에스겔은 오른쪽, 즉 남쪽을 향하여 누워 있어서 유다 족속의 죄악을 담당하라고 하신다. 나 여호와가 에스겔 너에게 40일을 누워 있으라고 정하였나니, 여기에서 하루는 1년에 해당하는 기간이라고 하신다.

겔 4:7. 너는 또 네 얼굴을 에워싸인 예루살렘 쪽으로 향하고 팔을 걷어 올리고 예언하라.

너(에스겔)는 포위당한 예루살렘을 향하여 응시하면서 팔을 걷어 올리고 그곳 예루살렘이 망한다고 예언하라고 하신다.

"네 얼굴을 에워싸인 예루살렘 쪽으로 향하라"는 말은 '예루살렘을 심판하려니까 예루살렘 쪽으로 향하라'는 것이다.

"팔을 걷어 올리라"는 말은 '어떤 일에 적극적으로 참여하는 자세를 취하라'는 뜻이다. 예루살렘의 심판을 선언할 때 방관자와 같은 소극적인 자세를 취하지 말고 도전적인 자세를 취하고 예언하라는 것이다. 전도자는 말씀을 전할 때 결코 구경꾼과 같은 자세로서는 안 된다. 전도자는 하나님의 대언자로서 하나님의 뜻이 실현되도록 사회 속에 뛰어들어 보다 더 적극적으로 하나님의 말씀을 전파해야 할 것이다.

겔 4:8. 내가 줄로 너를 동이리니 네가 에워싸는 날이 끝나기까지 몸을 이리 저리 돌리지 못하리라.

보라! 내(하나님)가 너(에스겔)를 줄로 묶어 놓을 것이다. 네(에스겔)가 갇혀있는 기간(390일과 40일)이 끝날 때까지 몸을 이쪽저쪽으로 돌리지 못할 것이라고 하신다.

"네가 에워싸는 날이 끝나기까지 몸을 이리 저리 돌리지 못하리라"는 말은 '에스겔이 이스라엘을 위하여 갇혀 있는 390일 동안 그리고 유다를 위하여 갇혀 있는 40일 동안 움직이지 못하게 하시겠다'는 것이다. 이 상징적인 하나님의 행위는 이스라엘과 유다가 받을 고난이 얼마나 심각할 것인가를 보여주시는 행동이었다.

3. 예루살렘이 기근을 당하다 4:9-17

이 세 번째의 상징은 여러 곡식을 섞은 떡을 먹는 상징으로 포위된 예루살렘 주민들이 당해야 할 기근(4:1-3)을 가리킨다.

겔 4:9. 너는 밀과 보리와 콩과 팥과 조와 귀리를 가져다가 한 그릇에 담고 너를 위하여 떡을 만들어 네가 옆으로 눕는 날수 곧 삼백구십 일 동안 먹되.

너 에스겔은 밀과 보리와 콩과 팥과 조와 귀리를 가져다가 한 그릇에 담고, 너를 위하여 빵을 만들어서 네가 옆으로 눕는 날수, 곧 삼백구십 일 동안 계속해서 먹으라.

"밀과 보리와 콩과 팥과 조와 귀리를 가져다가 한 그릇에 담고 너를 위하여 떡을 만들라"는 말은 '식량이 극히 핍절했던 때에나 먹던 음식을 만들어 먹으라'는 뜻이다(Sonnini, Celcius, K.&D., Charles H. Dyer, 박윤선). 에스겔은 극히 가난한 자들이나 먹는 떡을 먹으면서 예루살렘 주민들을 경고하도록 부탁을 받는다(박윤선). 이스라엘 백성들이 온갖 궁핍으로 시달릴 것을 보여주고 있다.

"네가 옆으로 눕는 날수 곧 삼백구십 일 동안 계속해서 먹으라"는 말은 '에스겔이 먹어야 하는 소량의 음식과 물을 마셔야 했던 이유는 예루살렘 주민의 음식과 물이 부족함을 나타내려는 것'이었다(4:16-17).

겔 4:10. 너는 음식물을 달아서 하루 이십 세겔씩 때를 따라 먹고.

너 에스겔이 하루 온종일 먹어야 할 음식은 무게가 하루에 이십 세겔이니, 때를 맞추어 그것을 먹으라는 것이었다.

"하루 이십 세겔씩" 먹으라는 말은 1인분 식량의 3분의 1에 해당하는 분량(약 230g)이었다. 너무 작은 분량에 해당했다.

"때를 따라 먹으라"는 말은 '매일 정한 때 한 번씩 먹으라'는 의미이다(G. CH. Aalders).

겔 4:11. 물도 육분의 일 힌씩 되어서 때를 따라 마시라.

물도 되어 마시되 하루에 육분의 일 힌씩 되어 마시고, 시간을 정해 놓고 따라 마셔라. 식량이 모자람과 동시에 물도 부족할 것을 보여주는 것이다(왕상 22:27).

"일 힌"은 약 3. 83리터임으로 6분의 1힌은 0.6리터이다. 하루의 식수로는 너무 작은 분량의 물이다. 에스겔은 바벨론 왕 느부갓네살의 예루살렘 포위 때에 물 부족이 심각할 것을 말해주고 있다.

겔 4:12. 너는 그것을 보리떡처럼 만들어 먹되 그들의 목전에서 인분 불을 피워 구울지니라.

너 에스겔은 여섯 가지 혼합 곡물로 만든 떡을 보리빵처럼 구워서 먹되, 그들이 보는 앞에서, 연료가 부족하니 인분(人糞)으로 불을 피워서 빵을 구워 먹으라. "인분 불을 피워 구울지니라"는 말은 '예루살렘에 연료가 부족하니 인분 불을 피워 떡을 구워라'는 말이다. 인분은 더러운 것이므로(신 23:12-14) 사용이 금지되어 있었으나 예루살렘이 극히 연료가 핍절하다는 것을 보여준다.

겔 4:13. 또 여호와께서 이르시되 내가 여러 나라들로 쫓아내어 흩어 버릴 이스라엘 자손이 거기서 이같이 부정한 떡을 먹으리라 하시기로.

또 여호와께서 말씀하시기를, "내가 쫓아낸 이스라엘 자손들이 이처럼 다른 민족들의 땅에서 부정한 빵을 먹게 될 것이라" 하시기에 에스겔이 다음 절과 같이 여호와께 소원했다.

"이같이 부정한 떡을 먹으리라 하시기로"란 말은 더럽고 부정한 인분을 사용해서 음식을 만들어 먹기 때문에(신 23:12-14) 붙여진 말이다. 유다인들이 "인분 불"에 떡을 구워 먹으리라는 말은 그들이 장차 이방인 중에 흩어져 식료품이나 연료가 부족하여 매우 불행한 처지에 빠질 것을 예언한 것이다.

겔 4:14. 내가 말하되 아하 주 여호와여 나는 영혼을 더럽힌 일이 없었나이다 어려서부터 지금까지 스스로 죽은 것이나 짐승에게 찢긴 것을 먹지 아니하였고 가증한 고기를 입에 넣지 아니하였나이다.

내가 말하기를, "오호라! 주 여호와시여, 보소서! 제 영혼을 더럽힌 일이 없었고, 제가 어려서부터 지금까지 저절로 죽은 것이나 짐승에게 찢긴 것을 먹지 아니하였으며, 부정한 고기도 입에 대지 아니하였습니다"라고 아뢰었다.

"아하"(אֲהָהּ)란 말은 놀라움을 표현하는 감탄사이다. 이 말은 동족의 비참한 운명을 예언했던 에스겔(9:8; 11:13; 20:49)과 예레미야(렘 1:6; 4:10; 14:13; 32:17)가 많이 사용했다.

"보소서!"(הִנֵּה)란 말은 '에스겔이 여호와를 향하여 자신의 말에 주의를 기울여 주시라'는 뜻으로 쓴 말이다. 인분을 사용하여 밥을 지어 먹으라고 하신 여호와를 향하여 에스겔은 자신이 그렇게 더러운 삶을 살지 않았다는 하소연을 하기 위해 이 말을 사용하였다.

"주 여호와여 나는 영혼을 더럽힌 일이 없었나이다"라는 말씀은 '에스겔이 여호와를 향하여 자신이 과거에 의식상 그렇게 더러운 삶을 살지 않았다'는 것을 호소하는 말씀이다(신 14:3-21).

"나는 영혼을 더럽힌 일이 없었나이다"라는 말은 '에스겔이 결례에 관한 계명에 대해 엄격했고, 부정한 식물을 먹지 않았다'는 뜻이다.

겔 4:15. 여호와께서 내게 이르시되 보라 쇠똥으로 인분을 대신하기를 허락하노니 너는 그것으로 떡을 구울지니라.

여호와께서 내게(에스겔에게) 말씀하시기를, "보라! 인분 대신 쇠똥을 사용하는 것을 허락하니, 네가 그것으로 네 빵을 만들라"고 하신다.

여호와께서는 에스겔의 소원을 들어주셨다. 여호와께서는 여호와의 뜻에 저촉되지만 않으면 우리의 소원을 들어주신다. 그러나 여호와께서 에스겔의 소원을 들어주신 것이 이스라엘 민족의 형편의 변화까지 의미하는 것은 아니었다.

겔 4:16. 또 내게 이르시되 인자야 내가 예루살렘에서 의뢰하는 양식을 끊으리니 백성이 근심 중에 떡을 달아 먹고 두려워 떨며 물을 되어 마시다가

(Moreover, he said to me, "Son of man, behold, I will break the supply of bread in Jerusalem. They shall eat bread by weight and with anxiety, and they shall drink water by measure and in dismay-ESV).

여호와께서 또 내게 말씀하시기를, "인자야(여호와께서 에스겔을 부르시는 호칭)! 보라! 내가 예루살렘에서 의뢰하는 양식을 끊어 버리므로, 백성들이 근심 가운데 빵을 달아 먹고 놀란 가운데 물을 되어 마시게 될 것이다"라고 하신다.

문장 초두의 인자야(에스겔)!라는 말씀 다음에 "보라!"란 말이 있는데, 이는 여호와께서 예루살렘 주민들이 주의를 기울여 들어야 할 말을 주신다는 표시이다.

"백성이 근심(דְאָגָה) 중에 떡을 달아 먹고 두려워 떨며(שִׁמָּמוֹן) 물을 되어 마신다"는 말은 '이스라엘 백성이 극심한 답답함 중에 떡을 달아먹게 되고, 공포를 경험하는 가운데 겨우 연명만 하게 된다'는 의미이다.

겔 4:17. 떡과 물이 부족하여 피차에 두려워 하여 떨며 그 죄악 중에서 쇠패하리라.

이스라엘 민족은 빵과 물이 부족하여 절망에 빠져 헤맬 것이며, 그들의 죄악 가운데서 쇠퇴해 갈 것이라는 내용이다.

하나님께 범죄하는 자들은 무엇엔가 부족을 느끼는 중에 살게 되고, 죄악 가운데 비참하게 멸망을 당할 것이라는 것을 보여준다.

제 5 장

4. 예루살렘이 살육을 당하다 5:1-4

1-4절은 네 번째 상징이 등장하는 부분이다. 즉, 예언자가 머리털과 수염을 깎아 3등분해서 혹은 불사르기도 하고, 혹은 칼로 치기도 하며, 혹은 바람에 날리기도 한다는 상징이다. 이 상징은 예루살렘이 함락되고, 그 주민들이 당할 일을 예언하는 것이다.

<머리털과 수염을 깎는 상징>

겔 5:1. 너 인자야 너는 날카로운 칼을 가져다가 삭도로 삼아 네 머리털과 수염을 깎아서 저울로 달아 나누어 두라.

너 인자(에스겔)야! 네가 날카로운 칼, 즉 잘 드는 칼을 가져다가 삭도로 사용해서 머리털과 수염을 깎아 저울로 그것들 전체를 달아 나누고 또 3등분해 놓아 보아라.

문장 초두의 "너 인자야!"란 말은 새 부분이 시작되는 도입 부분임을 보여준다. 2:1; 4:1 주해 참조.

"너는 날카로운 칼을 가져다가 삭도로 삼아 네 머리털과 수염을 깎으라"는 말은 '여호와께서 에스겔에게 날카로운 칼을 가져다가 삭도로 사용해서(바벨론의 침략군을 가리키는 말이다) 에스겔의 머리털과 수염을 깎으라'는 명령이다. 이는 여호와께서 바벨론 군을 끌어들여 예루살렘 전체 주민을 제거하겠다는 뜻이다(사 7:20).

"저울로 달아 나누어 두라"는 말은 '에스겔의 머리털과 수염을 깎아서 그 전체를 달고 또 3등분하여 나누어 놓으라'는 뜻이다. 세 등분한 머리털과 수염을 어떻게 처분할지에 대해서는 다음 절(2절)에서 밝힌다.

겔 5:2. 그 성읍을 에워싸는 날이 차거든 너는 터럭 삼분의 일은 성읍 안에서 불사르고 삼분의 일은 성읍 사방에서 칼로 치고 또 삼분의 일은 바람에 흩으라 내가 그 뒤를 따라 칼을 빼리라.

본 절은 바벨론의 느부갓네살에 의해 예루살렘이 함락될 때 예루살렘 주민들은 3등분 되어 멸망한다는 예언이다. 즉, 성읍을 포위하는 포위 기간이 차면, 너 에스겔은 그 털의 삼분의 일을 성읍 가운데서 불사르고, 삼분의 일을 가져다가 성읍 주변에서 칼로 치며, 또 삼분의 일은 바람에 흩어 뿌려라. 내(여호와)가 그들의 뒤를 쫓으며 칼을 빼리라고 하신다.

예루살렘 주민의 3분의 1은 성읍 안에서 망하게 되는데 저들은 온역과 기근으로 죽고(12절), 아마도 성이 불탈 때 죽었을 것이다 (Hengsternberg, K.&D., Plumptre). 그리고 3분의 1은 성을 빠져나가려다가 바벨론 군의 칼날에 죽임을 당할 것이며, 또 3분의 1은 사방으로 흩어져 포로로 잡히고, 계속해서 칼의 습격을 받는다는 것이다(렘 40:7-44:30). 시드기야 왕도 성을 빠져 나가 도망가다가 체포되어 바벨론으로 끌려갔다(왕하 25:4-7).

겔 5:3. 너는 터럭 중에서 조금을 네 옷자락에 싸고.

너 에스겔은 거기서 얼마를 가져다가 네 옷자락에 싸라 하신다. 다시 말해 여호와께서 에스겔에게 털 뭉치 중에서 얼마를 가져다가 에스겔의 옷자락에 싸두어 보호하라는 말씀이시다. 이는 유다 백성의 일부가 죽임을 당하지 않고 보존될 것을 상징한다.

여호와께서는 그때나 지금이나 남은 자들(remnant)을 두셔서 영광을 받으신다. 우리는 그리스도의 대속을 믿는 자들로서 항상 여호와의 보호를 받으며 살아야 할 것이다.

겔 5:4 또 그 가운데에서 얼마를 불에 던져 사르라 그 속에서 불이 이스라엘 온 족속에게로 나오리라(And of these again you shall take some and cast them into the midst of the fire and burn them in the fire. From there a fire will come out into all the house of Israel-ESV).

그것들 중에서 또 얼마를 가져다가 불 가운데 던져 불살라라. 거기서 불이 이스라엘 온 족속을 향하여 나올 것이라는 내용이다.

여기 "그 가운데에서 얼마"란 말은 3절에서 옷자락에 쌓던 얼마의 터럭을 가리킨다. 본 절은 옷에 싸두었던 터럭(남은 자들) 중 일부를 다시 불사를 것을 명령하고 있는 것이다. 이렇게 하는 행동이 상징하는 바의 뜻이 무엇이냐에 대하여는 다음과 같은 다양한 견해가 있다. 1) 예루살렘 멸망 후 애굽으로 도망쳤던 일부 유다 백성들이 5년 후에 애굽을 점령한 바벨론 군에 의해 죽임을 당한 사건을 가리킨다는 견해(Josephus), 2) 주후 70년 로마의 디도(Titus)에 의해 예루살렘이 멸망 당하여 많은 사람들이 살육 당한 사건을 가리킨다는 견해(Hengsternberg, Haevernick), 3) 바벨론의 느부갓네살에 의한 예루살렘 성 멸망(주전 586년) 당시 살아남은 일부가 다시 고통을 당하게 될 것임을 가리킨다는 견해(Matthew Henry, Watt), 4) "불에 던져 사르라"는 말을 '정결케 하라'는 말로 해석하여 그리스도의 성육신 후 유다 백성을 포함한 이스라엘 백성 중 일부가 회개할 것을 가리킨다는 견해(K.&D., Kliefoth) 등이 있다. 여러 견해들 중 3)번의 견해가 역사적으로 가장 바른 것으로 보인다.

5. 예루살렘에 진노를 내리시다 5:5-17

하나님께서는 예루살렘을 세상의 중심에 두셔서 그들에게 율법을 주셨는데 그들이 율법을 버림으로 큰 형벌의 심판을 받게 하셨다는 것이다.

겔 5:5. 주 여호와께서 이와 같이 이르시되 이것이 곧 예루살렘이라 내가 그를 이방인 가운데에 두어 나라들이 둘러 있게 하였거늘(Thus says the Lord GOD: This is Jerusalem; I have set her in the center of the nations, with countries all around her-ESV).

주 여호와께서 이와 같이 말씀하시기를, "이것이(זאת) 바로 예루살렘이다. 내가 예루살렘을 이방인 가운데 두어서 나라들의 중심에 있게 만들었다"는 것이다. 여기 "이것"(זאת)이 무엇을 가리키느냐 하는 것을 두고 견해가 갈린다. 1) 혹자는 "이것"이란 말이 5-7절 사이의 내용을 가리킨다고 주장하는 견해이다. 그러나 이 견해는 여호와께서 예루살렘으로 하여금 죄(2-3절에는 죄가 나열되어 있다)를 짓도록 만들어 놓았다는 주장을 포함하기 때문에 합당하지 않은 것으로 보인다. 2) 혹자는 또 5-12절까지의 내용을 가리킨다는 견해이다. 그러나 이 주장은 여호와께서 예루살렘으로 하여금 죄만 아니라 그 결과까지도 예루살렘으로 하여금 갖게 했다는 결론이 도출되므로 합당하지 않다. 3) 5절에 진술되어 있는 내용만 가리킨다는 견해인데, 이러한 주장이 옳은 것으로 보인다. 다시 말해 여호와께서 예루살렘을 이방인 중심에, 세계의 중심에 두셨다고 말해야 할 것이다. 예루살렘이 그렇게 놓인 것은 오직 하나님만 바라보게 만든 것이다. 오늘 한국 교회가 열방들의 중심에 끼어 있는 것과 같다. 서쪽에는 중국이 있고, 동쪽에는 일본이 있으며, 북쪽에는 북한과 러시아가 있다. 한국 교회는 오직 하나님만을 믿음으로 바라보아야 한다.

겔 5:6. 그가 내 규례를 거슬러서 이방인보다 악을 더 행하며 내 율례도 그리함이 그를 둘러 있는 나라들보다 더하니 이는 그들이 내 규례를 버리고 내 율례를 행하지 아니하였음이니라.

예루살렘 주민들이 여호와의 법도를 거역하여 다른 민족들보다 악을 더 행했고, 여호와의 율례도 거역하여 그를 둘러싸고 있는 다른 나라들보다 더하였으니, 그들이 여호와의 법도를 버리고 내 율례를 행하지 아니하였다는 것이다.

유다 민족과 예루살렘 주민들이 죄를 자복하면서 살아야 했는데 오히려 이방 민족들보다 더 악하게 살았다는 것이다. 우리 성도들이 이웃 나라의 불신자들보다 더 악을 행한다면 그것은 큰일 중에 큰일이다.

겔 5:7. 그러므로 나 주 여호와가 말하노라 너희 요란함이 너희를 둘러싸고 있는 이방인들보다 더하여 내 율례를 행하지 아니하며 내 규례를 지키지 아니하고 너희를 둘러 있는 이방인들의 규례대로도 행하지 아니하였느니라.

그러므로 나 주 여호와가 이같이 말하기를 너희의 소란함이 너희를 둘러싸고 있는 민족들보다 더하여, 너희가 내 율례 안에서 행하지도 않고, 내 법도도 실행하지 않았으며, 심지어 너희를 둘러싸고 있는 민족들의 법도대로도 실행하지 아니하였다는 것이다.

"너희 요란함(הֲמָנְכֶם)이 너희를 둘러싸고 있는 이방인들보다 더했다"는 말은 '너희 유다 민족의 거역함(죄악을 증가시킴)이 너희 유다를 둘러싸고 있는 이방인들보다 더 악했다'는 뜻이다. 유다 민족은 하나님으로부터 율법을 수여받았음에도 불구하고 여호와의 율례를 행하지도 않았고, 여호와의 법도도 행하지 않았으며, 심지어는 유다 민족을 둘러싸고 있는 이방 민족들이 가지고 있는 법도대로도 실행하지 않았다는 것이다. 유다 민족이 이방 민족들 보다 더 악하게 살았다는 것이다.

겔 5:8. 그러므로 나 주 여호와가 말하노라 나 곧 내가 너를 치며 이방인의 목전에서 너에게 벌을 내리되.

그러므로 주 여호와께서 이같이 말씀하시기를, "보라! 나 역시 너 예루살렘을 대적하여 다른 민족들이 보는 앞에서 너희들에게 심판을 내릴 것이라"고 하신다.

여기 "그러므로"란 말은 5-7절까지 말한 예루살렘의 범죄의 결과로 내려지는 심판이 있음을 의미하는 접속사이다. 범죄의 결과로 여호와께서 이스라엘을 치시며 이방인들이 보는 앞에서 예루살렘에 벌을 내리시겠다는 것이다.

이방인들이 보는 앞에서 치시며 심판을 내리시는 것이야말로 참으로 부끄러운 일이 아닐 수 없다.

겔 5:9. 네 모든 가증한 일로 말미암아 내가 전무후무하게 네게 내릴지라.

너 예루살렘의 모든 역겨운 일 때문에 나 여호와가 전무후무하게 예루살렘에게 환난을 내리겠다고 하신다.

여호와께서는 예루살렘 주민들에게 전무후무한 환난을 내리시겠다고 12절까지 계속해서 말씀하신다(왕하 25장; 대하 36장; 렘 39; 52장; 애 1-5장).

겔 5:10. 그리한즉 네 가운데에서 아버지가 아들을 잡아먹고 아들이 그 아버지를 잡아먹으리라 내가 벌을 네게 내리고 너희 중에 남은 자를 다 사방에 흩으리라.

예루살렘 주민들 가운데서 아버지가 아들을 잡아먹고, 아들이 자기 아버지를 잡아먹을 것이며, 내가 네게 벌을 내려 너에게 남은 모든 자를 사방 바람에 흩을 것이라고 하신다.

일이 이렇게까지 되었는데도 주민들이 그냥 있었다는 것은 말도 되지 않는 일이었다. 한시라도 죄를 자복해야 하지 않았을까.

겔 5:11. 그러므로 나 주 여호와가 말하노라 내가 나의 삶을 두고 맹세하노니 네가 모든 미운 물건과 모든 가증한 일로 내 성소를 더럽혔은즉 나도 너를 아끼지 아니하며 긍휼을 베풀지 아니하고 미약하게 하리니.

그러므로 내가 나의 삶을 두고 맹세하고 말하기를 참으로 너 예루살렘 주민들과 유다 백성들이 모든 혐오스러운 것(모든 우상 시설)과 모든 역겨운 것들로 나 여호와의 성전을 더럽혔으니, 나 여호와 역시 너 예루살렘 주민들과 유다 백성들을 미약하게 하겠으며, 내 눈이 불쌍히 여기지 않고 또한 아끼지 아니하겠다고 하신다.

겔 5:12. 너희 가운데에서 삼분의 일은 전염병으로 죽으며 기근으로 멸망할 것이요 삼분의 일은 너의 사방에서 칼에 엎드러질 것이며 삼분의 일은 내가 사방에 흩어 버리고 또 그 뒤를 따라 가며 칼을 빼리라.

본 절은 2절을 다시 설명한다. 2절 주해를 참조하라. 2절에서는 터럭 삼분의 일은 성읍 안에서 불사른다고 묘사했는데, 본 절에서는 3분의 1은 전염병으로 죽는다고 묘사한다. 온역과 기근으로 죽은 시체들이 성이 불탈 때 불살라진다는 것이다.

겔 5:13. 이와 같이 내 노가 다한즉 그들을 향한 분이 풀려서 내 마음이 가라앉으리라 내 분이 그들에게 다한즉 나 여호와가 열심으로 말한 줄을 그들이 알리라.

그렇게 되면 나 여호와의 진노(악에 대한 의분)가 끝나고 그들에 대한 나 여호와의 분노가 가라앉아 내 마음이 후련할 것이다. 그들을 향한 나 여호와의 분노가 그칠 때에, 그들은 나 여호와가 질투(그들에 대한 맹렬한 사랑) 때문에 그들에게 말한 줄을 알게 될 것이라고 하신다.

본문은 범죄한 유다 백성들에게 여호와의 진노를 남김없이 쏟으심으로써 하나님의 공의가 완전히 만족되기 이전까지는 무서운 징계가 계속될 것이라고 하신다.

"열심으로 말한 줄을 그들이 알리라"는 말은 '여호와께서 당신의 백성들을 교훈하시되 질투하는 것과 같이 맹렬한 사랑으로 권고해 준 것을 그들이 알 것이다'는 뜻이다.

겔 5:14. 내가 이르되 또 너를 황무하게 하고 너를 둘러싸고 있는 이방인들 중에서 모든 지나가는 자의 목전에 모욕 거리가 되게 하리니.

"또 나 여호와가 네(예루살렘과 유다) 주변에 있는 민족들 중에서, 또 모든 지나가는 자가 보는 앞에서 너(예루살렘과 유다)를 폐허와 치욕거리로 만들겠다"고 하신다.

"모든 지나가는 자의 목전에 모욕 거리가 되게 할 것이라"는 말은 '여호와께서 예루살렘과 유다 백성들을 황무하게 하시매 지나가는 자들이 예루살렘과 유다 백성들을 능욕한다'는 뜻이다.

겔 5:15. 내 노와 분과 중한 책망으로 네게 벌을 내린즉 너를 둘러싸고 있는 이방인들에게 네가 수치와 조롱거리가 되고 두려움과 경고가 되리라 나 여호와의 말이니라.

"내 노와 분과 중한 책망으로 네게 벌을 내린다"는 말은 '나 여호와의 노와 분과 중한 책망(3중으로 강조하는 말씀)으로 예루살렘과 유다 백성들에게 벌을 내리겠다'는 뜻이다.

"너를 둘러싸고 있는 이방인들에게 네가 수치와 조롱거리가 되고 두려움과 경고가 되리라 나 여호와의 말이니라"는 말은 '여호와께서 말씀하시기를 예루살렘과 유다를 둘러싸고 있는 이방인들에게 예루살렘과 유다 백성이 수치와 조롱거리가 되고 두려움과 경고가 될 것이라'는 뜻이다. 다시 말해 이방인들이 예루살렘과 유다의 패망을 보고 교훈을 받을 것이라는 뜻이다.

겔 5:16. 내가 멸망하게 하는 기근의 독한 화살을 너희에게 보내되 기근을 더하여 너희가 의뢰하는 양식을 끊을 것이라.

나 여호와가 예루살렘 주민들과 유다 백성들에게 기근의 악독한 화살(신 32:23, 42; 시 7:13; 38:2-메뚜기나 해충의 재앙 등)들을 보내어 그것들이 너희를 파멸하도록 만들 것이다. 나 여호와가 그것들을 보내어 너희를 파멸시키고, 너희에게 기근을 더하여 너희가 의뢰하는 양식을 끊어 버리겠다는 뜻이다.

겔 5:17. 내가 기근과 사나운 짐승을 너희에게 보내 외롭게 하고 너희 가운데

에 전염병과 살륙이 일어나게 하고 또 칼이 너희에게 임하게 하리라 나 여호와의 말이니라.

여호와께서 말씀하시기를, “나 여호와가 기근과 사나운 짐승과 전염병과 칼(살육)을 보내 예루살렘과 유다 백성을 멸망시킨다”는 것이다(14:21 참조).

주민들이 짓는 죄는 결국 무서운 재난을 불러온다는 것이다. 이 정도의 재난이 오도록 한 것은 예루살렘 주민들과 유다 백성들이 죄를 자복하는데 너무 등한시했다는 사실을 보여준다.

제 6 장

B. 유다 나라가 멸망할 것이다 6:1-7:27

6장은 유다가 우상 숭배를 했기 때문에 심판이 온다는 것을 말하고, 7장은 유다의 종말에 대해 말한다.

1. 우상 숭배로 인해 재앙이 임할 것이다 6:1-14

ㄱ. 산당이 훼파될 것이다 6:1-7

여호와께서 유다 백성들이 높은 장소에서 우상 숭배를 한 죄 때문에 전멸하신다는 내용이다.

<여호와께서 우상 숭배를 심판하시다>

겔 6:1. 여호와의 말씀이 내게 임하여 이르시되.

본 절은 새롭게 내용이 시작된다는 것을 알리는 말씀이다.

겔 6:2. 인자야 너는 이스라엘 산을 향하여 그들에게 예언하여.

인자(에스겔)야! 너는 네 얼굴을 이스라엘 산들로 향하고 그것들에게 예언하라는 내용이다.

여기 "이스라엘"이란 말은 '유다'를 지칭하는 말이다. 이스라엘은 벌써 주전 721년에 앗수르에 의해 망하고 말았다.

"산들로 향하고 그것들에게 예언하라"는 말은 '산 위에서 우상 숭배를 했기 때문에 산들을 향하여 그 우상 숭배를 하는 사람들을 향하여 예언하라'는 것이다. 요시야 왕의 종교개혁(주전 622년)을 통해 우상 숭배는 없어졌으나 여호야김(주전 609-598년 통치)이 다시 우상 숭배를 시작했다.

겔 6:3. 이르기를 이스라엘 산들아 주 여호와의 말씀을 들으라 주 여호와께서

산과 언덕과 시내와 골짜기를 향하여 이같이 말씀하시기를 나 곧 내가 칼이 너희에게 임하게 하여 너희 산당을 멸하리니.

너 에스겔은 말하기를 이스라엘 산들아! 주 여호와의 말씀을 들어라. 주 여호와께서 이같이 산들과 언덕들과 시내들과 골짜기들(이 모든 곳들은 우상 숭배를 하는 곳들이다)을 향하여 말씀하신다. 보라! 내가 너희에게 칼을 가져와 너희 산당들을 멸하겠다고 하신다.

"시내"는 '좁고 험한 골짜기와 물이 흐르는 곳이고', "골짜기"란 '나무가 우거진 계곡'을 가리킨다. 이런 곳들에서 각종 우상 숭배가 행해지고 있었다(왕하 23:10; 사 57:5; 렘 7:31).

겔 6:4. 너희 제단들이 황폐하고 분향제단들이 깨뜨려질 것이며 너희가 죽임을 당하여 너희 우상 앞에 엎드러지게 할 것이라.

여호와의 명령을 받들어 에스겔은 본 절의 예언도 말한다. 즉, 너희(유다의) 제단들(חַמָּנֵיכֶם-베니게의 태양신상을 섬기는 단)이 황폐해지고 너희 분향단들이 파괴될 것이며, 나 여호와가 너희(유다 백성) 중 살해된 자들을 너희 우상들 앞에 던지겠다고 하신다.

"너희가 죽임을 당하여 너희 우상 앞에 엎드러지게 할 것이라"는 말은 '우상 숭배하는 유다 백성들이 죽임을 당하여 우상 앞에 엎드러지게 할 것이라'는 뜻이다. 우상 앞에 엎드러지는 사람의 시체를 우상이 구해 내지 못한다는 것이다.

겔 6:5. 이스라엘 자손의 시체를 그 우상 앞에 두며 너희 해골을 너희 제단 사방에 흩으리라.

나 여호와가 유다 자손들의 시체를 그들의 우상들 앞에 놓고, 너희 뼈들을 너희 제단 주변에 흩을 것이다. 본 절은 레 26:30의 성취이다.

본 절의 "이스라엘"이란 말은 더 정확하게 말하자면 "유다"라고 해야 한다. 그러나 이스라엘이라고 해도 무관하다. 이유는 남쪽 나라 유다 백성도 이스라엘 백성들이기 때문이다.

본 절은 앞 절 하반절의 반복이다. 우상 숭배자들은 우상을 섬기다가 죽어 우상 앞에 엎드러지는 비참한 지경에 이른다는 것을 말해준다.

겔 6:6. 내가 너희가 거주하는 모든 성읍이 사막이 되게 하며 산당을 황폐하게 하리니 이는 너희 제단이 깨어지고 황폐하며 너희 우상들이 깨어져 없어지며 너희 분향제단들이 찍히며 너희가 만든 것이 폐하여지며.

너희 유다인들이 어디에 살든 너희가 살던 성읍들이 파괴되고 산당들이 황폐하게 될 것이다. 너희 제단들은 파괴되어 황폐하게 되고, 너희 우상들은 부서질 것이며, 너희 분향단들은 쪼개지고, 너희가 만든 것들이 완전히 없어질 것이라는 뜻이다.

본 절은 우상 숭배자들이 살던 유다인의 처소와 또 각종 우상 시설들이 완전히 파괴된다는 예언이다.

구약 시대에는 사람들이 우상을 만들어 섬겼는데, 신약 시대에 와서는 영적인 우상들을 섬긴다(골 3:5). 신약 시대에는 돈이 우상이고, 명예가 우상이며, 성(性)이 우상이다[2].

겔 6:7. 또 너희가 죽임을 당하여 엎드러지게 하여 내가 여호와인 줄을 너희가 알게 하려 함이라.

"너희가 죽임을 당하여 엎드러지게 한다"는 말은 '여호와께서 범죄자(특히 우상 숭배자)들로 하여금 죽임을 당하여 엎드러지게 하신다'는 뜻이다.

"내가 여호와인 줄을 너희가 알게 하려 함이라"는 말은 '여호와께서 죄인들을 죽이시는 이유는 죽임 당한 자들로 하여금 여호와께서만 참 살아계

---

2) 돈을 최고로 안다는 것은 우스운 일이다. 하나님이 최고이시다. 돈은 필요한 만큼만 있으면 된다. 하나님께서는 우리에게 필요한 것들을 항상 주신다. 명예가 어떻게 그렇게 중요한가. 여호와를 섬기는 것이 최고의 명예가 아닌가. 어떻게 평생 이성(異性)을 그렇게 사모하며 평생을 사는가. 하나님께서 두 성(性)을 주신 이유는 인류의 종족을 보존하게 하시기 위해 주신 것이지 서로 향락하라고 주신 것은 아니다.

신 유일신 되심을 알게 하시며 또 아직 살아있는 자들로 하여금 죄를 자백하여 살게 하려는 것이라'는 뜻이다.

ㄴ. 남은 자는 구원을 받을 것이다 6:8-10

8-10절은 여호와께서 남은 자(remnants)를 구원하신다는 것을 말한다. 1-7절과 11-14절은 우상 숭배자들의 심판이 선언되나 본 단락(8-10절)은 여호와께서 남겨두신 자들에 대해서는 어떻게 해서든지 구원하신다는 사상을 말한다.

겔 6:8. 그러나 너희가 여러 나라에 흩어질 때에 내가 너희 중에서 칼을 피하여 이방인들 중에 살아 남은 자가 있게 할지라.

그러나 나 여호와는 너희 유다인들 가운데서 얼마를 남겨 전쟁을 피하게 하고 여러 나라에 흩어져 여러 민족들 사이에서 살아가게 하겠다고 하신다.

비록 유다인들이 바벨론 군에 의해 포로가 되어 간다 해도 그 전쟁 중에 전화(戰禍)로 죽지 않고 살아 있게 하여 여러 민족들 틈에서 사는 자가 있게 하겠다는 것이다.

이사야도 바벨론에 포로가 되어 가는 하나님의 백성들이 구원 받을 것을 말씀했고(사 6:13 주해 참조), 예레미야도 역시 유다인들 중에서 바벨론에 포로가 되어 가는 자들 중에서 구원받을 자들이 있을 것을 강조했다(렘 29:1-10; 34:1-5 주해 참조).

겔 6:9. 너희 중에서 살아 남은 자가 사로잡혀 이방인들 중에 있어서 나를 기억하되 그들이 음란한 마음으로 나를 떠나고 음란한 눈으로 우상을 섬겨 나를 근심하게 한 것을 기억하고 스스로 한탄하리니 이는 그 모든 가증한 일로 악을 행하였음이라.

본 절은 여호와께서 바벨론 포로들 중에서 전쟁의 화를 받지 않고 살려주신 이유를 설명하신다. 그것은 바로 여호와를 기억하면서 평생 죄를 자백하며 살라는 것이다. 본 절 안에 "기억한다"는 단어가 두 번 나온다.

"너희 중에서 살아 남은 자가 사로잡혀 이방인들 중에 있어서 나를 기억하되"란 말은 '유다인 중에서 전쟁의 화를 당하지 않고 살아 남은 자가 이방인들 중에서 여호와를 기억한다'는 뜻이다. 우리가 여호와를 생생하게 기억하고 기도하면서 산다는 것이 얼마나 복된 일인지 알 수 없다.

"그들이 음란한 마음으로 나를 떠나고 음란한 눈으로 우상을 섬겨 나를 근심하게 한 것을 기억하고 스스로 한탄할 것이라"는 말은 '유다인들이 이방인들 중에서 살면서 과거에 음란하게 우상을 섬김으로 여호와를 근심하게 한 것을 기억하고 죄를 자백하며 살 것이라'는 뜻이다.

겔 6:10. 그 때에야 그들이 나를 여호와인 줄 알리라 내가 이런 재앙을 그들에게 내리겠다 한 말이 헛되지 아니하니라.

"그 때에야 그들이 나를 여호와인 줄 알리라"는 말은 '그들이 죄를 자백하는 날, 유다 백성들은 나 여호와가 하나님인 줄 알게 될 것이라'는 뜻이다. 유다 백성들이 이방인들 중에 살면서 과거에 음란하게 우상을 섬김으로 여호와를 근심하게 한 것을 기억하고 자백하는 그 때가 되면 여호와가 참 하나님임을 알게 된다는 것이다. 이렇게 죄를 자백하는 날 사람은 여호와를 더욱 알게 되고 자연의 아름다움도 더 잘 알게 된다.

"내가 이런 재앙을 그들에게 내리겠다고 한 말이 헛되지 아니하니라"는 말은 '그리고 죄를 자백하는 날 나 여호와가 이런 재앙을 그들에게 내리겠다고 말한 것이 빈말이 아니었음을 그들이 알게 될 것이라'(민 29:19)는 뜻이다. 본 절을 위해서는 7절 주해를 참조하라. 오늘도 우리는 항상 죄를 자백하며 살아서 하나님의 위대하심을 알며 살아가야 한다.

ㄷ. 유다 백성이 멸망할 것이다 6:11-14

11-14절은 7절에 이어 우상 숭배자의 멸망을 예언하고 있다.

겔 6:11. 주 여호와께서 이같이 이르시되 너는 손뼉을 치고 발을 구르며 말할지어다 오호라 이스라엘 족속이 모든 가증한 악을 행하므로 마침내

칼과 기근과 전염병에 망하되.

주 여호와 하나님께서 이렇게 이르시기를, “너 에스겔은 손뼉을 치고, 발을 구르면서 외쳐라. 아! 유다 족속이 온갖 흉악한 일을 저질렀으니, 모두 전쟁과 기근과 전염병 때문에 쓰러질 것이다”라고 말이다.

“손뼉을 치고 발을 구르라”는 말을 두고 학자들 간에 해석의 차이가 생긴다. 1) 하나님께서 유다 백성들의 악을 심판하는 것을 두고 에스겔이 만족을 표시하는 행위라는 해석(Cook, May, 이상근), 유다 백성이 바벨론 군에 의하여 망한 것을 두고 암몬 족속은 “손뼉을 치며 발을 구르며 마음을 다하여 멸시하며 즐거워한 일”이 있었는데, 이에 대해 에스겔은 암몬 족속을 책망했다(25:6). 그런고로 25:6의 빛 아래에서 1)번 견해가 바르다고 말하는 것은 합당하지 않은 것 같다. 2) 하나님의 심판에 대해 에스겔이 흥분의 자세를 표시한 것으로 보는 견해(K.&D.), 3) 하나님께서 유다 백성들에 대해 분노를 품으신 것을 에스겔이 나타낸 것으로 보는 견해(Calvin, Matthew Henry). 이 세 견해 중 3)번의 견해가 가장 합당한 견해로 보인다.

“이스라엘 족속이 모든 가증한 악을 행하므로 마침내 칼과 기근과 전염병에 망할 것”이란 말은 ‘유다 나라(이스라엘 족속이라고 표현해도 옳다. 이유는 남쪽 유다는 북쪽 이스라엘과 한 나라였으니 말이다)가 모든 가증한 우상 숭배로 인해 마침내 전쟁의 칼로 망하고 굶주림에 망하며 전염병에 망한다’는 것이다. 우상 숭배는 반드시 멸망을 가져온다.

겔 6:12. 먼 데 있는 자는 전염병에 죽고 가까운 데 있는 자는 칼에 엎드러지고 남아 있어 에워싸인 자는 기근에 죽으리라 이같이 내 진노를 그들에게 이룬즉.

본 절은 누가 “전염병과 칼과 기근”에 죽는가를 설명한다. 범죄한 사람들은 그가 어디에 있든지 하나님의 진노의 심판을 면하지 못하고 죽는다는 것을 말한다. 즉, 멀리 있는 자는 전염병에 죽고, 가까이 있는 자는 칼에 쓰러지며, 살아서 포위된 자는 기근에 죽을 것이다. 이와 같이 그들에 대한 여호와의 분노를 그들에게 시행할 것이라는 말이다.

"온역"(유행성 열병)에 걸린 사람들은 유다 지경에서 멀리 떠나서 죽는다는 것이고, 전쟁의 칼에 의해 죽는 자들은 적군 가까이서 칼에 살해된다는 것이며, 온역과 칼을 피한 자는 결국 굶어죽는다는 것이다.

겔 6:13. 그 죽임 당한 시체들이 그 우상들 사이에, 제단 사방에, 각 높은 고개 위에, 모든 산 꼭대기에, 모든 푸른 나무 아래에, 무성한 상수리나무 아래 곧 그 우상에게 분향하던 곳에 있으리니 내가 여호와인 줄을 너희가 알리라.

그 죽임을 당한 시체들이 그들의 우상들 사이에, 제단들 주변에, 모든 높은 언덕 위에, 모든 산 꼭대기에, 모든 푸른 나무 아래에, 무성한 상수리나무 아래 곧 그들이 모든 우상들에게 분향하던 곳에 널려 있을 것이니 너희는 내가 여호와인 줄을 알게 될 것이다.

우상 숭배의 죄를 짓던 사람들은 주로 우상 숭배하던 자리에서 개인 종말을 맞이한다는 것이다. 오늘도 돈을 좋아하던 자들, 명예를 좋아하던 자들, 탐욕을 좋아하던 자들, 이성을 몹시 좋아하던 자들 모두는 거의 그 일에 전념하다가 개인 종말을 맞이한다.

겔 6:14. 내가 내 손을 그들의 위에 펴서 그가 사는 온 땅 곧 광야에서부터 디블라까지 황량하고 황폐하게 하리니 내가 여호와인 줄을 그들이 알리라 (And I will stretch out my hand against them and make the land desolate and waste, in all their dwelling places, from the wilderness to Riblah[3]). Then they will know that I am the LORD-ESV).

나 여호와가 유다 백성들을 대적하여 내 손을 뻗어 그 땅을 황무지와 황폐한 곳으로 만들 것이다. 그들이 사는 온 땅이 디블라 광야보다 더 황폐하게 되어, 그때 그들이 내가 여호와인 것을 알게 될 것이다.

---

3) 어떤 히브리어 사본들은 Diblah로 표기되어 있다.

"내가 내 손을 그들의 위에 펴서 그가 사는 온 땅 곧 광야에서부터 디블라까지 황량하고 황폐하게 할 것이라"는 말은 '나 여호와가 내 권능과 권위를 펴서 유다 백성들이 사는 온 땅 곧 광야에서부터 디블라까지 황량하고 황폐하게 만들겠다'는 뜻이다.

여기 "디블라"(דִּבְלָתָה)라는 곳을 두고 견해 차이가 난다. 1) 이 "디블라"가 다름 아닌 "디블라다임"(민 33:46; 렘 48:22) 광야라고 보는 견해이다(Matthew Henry, 박윤선). 그러나 이 견해는 받기가 좀 애매하다. 이유는 이 "디블라다임"이란 곳은 모압 나라 안에 있는 한 지명이기 때문이다. 2) 이 "디블라"라는 낱말이 "리블라"(Riblah)를 가리키는 것으로 보는 견해가 있는데(Wycliffe, Carley, Cooke, Michaelis), 이 견해가 더 바람직하다. "리블라"는 이스라엘의 북방 국경 지대에 있는 곳이니 본문의 "광야에서부터 디블라까지"라는 말은 결국 남부의 광야로부터 북쪽의 리블라까지로 보는 것이다. 이 묘사는 이스라엘 전체를 지칭하는 것이다. 이는 마치 "단에서 브엘세바까지"(삿 20:1; 삼상 3:20; 삼하 3:10; 왕상 4:25)라는 말과 동일한 의미를 가지는 것으로 보인다. 즉, 이스라엘 전체가 하나님의 심판을 받아 아주 황무하게 된다는 뜻이다.

"내가 여호와인 줄을 그들이 알리라"는 말은 '하나님께서 심판하시면 유다인들이 바로 여호와께서 하나님이라는 것을 알게 된다'는 뜻이다.

제 7 장

2. 우상 숭배로 유다가 멸망할 것이다 7:1-27

1-4절. 유다의 종말이 왔다는 것을 전해야 한다는 것이다.

<이스라엘의 끝이 다가오다>

겔 7:1. 또 여호와의 말씀이 내게 임하여 이르시되.

본 절은 새로운 부분(7장)이 임하고 있음을 드러낸다(1:2; 2:1; 6:1).

겔 7:2. 너 인자야 주 여호와께서 이스라엘 땅에 관하여 이같이 말씀하셨느니라 끝났도다 이 땅 사방의 일이 끝났도다.

너 인자야(여호와께서 에스겔을 부르시는 호칭)! 주 여호와께서 말씀하시기를 유다 백성들에게 전하여라. 나 주 하나님이 유다 땅을 두고 이렇게 말한다. 이제 끝이 왔다. 이 땅의 방방곡곡에 끝이 왔다고 전하여라.

바벨론에 의한 유다의 종말이 왔다고 선언하라는 내용이다. "인자야"에 대해서는 2:1 주해를 참조하라. 개인이나 한 국가에 종말이 왔다고 전하라는 말은 큰 슬픔이 아닐 수 없다. 우리는 이 시점이 오기 전에 죄를 깊이 자백해서 새로운 활로를 찾아야 할 것이다.

겔 7:3. 이제는 네게 끝이 이르렀나니 내가 내 진노를 네게 나타내어 네 행위를 심판하고 네 모든 가증한 일을 보응하리라.

이제는 유다 백성들에게 끝이 왔느니라. 나 여호와가 나 여호와의 진노를 유다에게 나타내어, 네 행위를 따라 너를 벌하고, 네 모든 역겨운 죄들을 인하여 네게 보응하리라.

여기 3-4절의 내용은 8-9절에 가서 다시 반복된다. 이런 반복이 온다는 것은 한 개인이나 한 나라에게 엄청난 슬픔이 아닐 수 없다. 우리는 이런 통고를 받기 전에 깊이 죄를 자백해야 할 것이다.

겔 7:4. 내가 너를 불쌍히 여기지 아니하며 긍휼히 여기지도 아니하고 네 행위대로 너를 벌하여 네 가증한 일이 너희 중에 나타나게 하리니 내가 여호와인 줄을 너희가 알리라.

나 여호와의 눈이 유다 백성들을 아끼지도 않고 불쌍히 여기지도 않을 것이다. 나 여호와가 네(유다의) 행위대로 너를 벌하여, 네 모든 역겨운 것들이 네 가운데 드러나도록 하겠으니, 너희는 내가 여호와인 줄을 알게 될 것이다.

본 절은 개인에게나 나라에게 여호와의 긍휼을 빼버리고 죄를 범한 대로 심판하셔서 죄를 범한 사람들도 자신들의 죄를 알아보도록 해주시겠다는 것이다. 얼마나 무서운 심판인가.

이런 일이 우리에게 닥치지 않도록 우리는 미리미리 조심해서 죄를 처리해 나가야 할 것이다.

5-9절. 유다 백성들은 행한 대로 심판을 받는다는 것이다.

겔 7:5. 주 여호와께서 이같이 이르시되 재앙이로다, 비상한 재앙이로다 볼지어다 그것이 왔도다(Thus says the Lord GOD: Disaster after disaster! Behold, it comes-ESV)**.**

주 여호와께서 이같이 말씀하신다. 재앙이다. 다시없을 엄청난 재앙이다. 보라! 재앙이 다가왔다.

본 절의 "보라!"란 말은 아주 주의를 집중하라는 표시로 나타난 말이다. 보라! 재앙이 닥쳐왔다는 것이다. 이것이야말로 피할 수 없는 재앙이라는 것이다.

겔 7:6. 끝이 왔도다, 끝이 왔도다 끝이 너에게 왔도다 볼지어다 그것이

왔도다.

끝이 왔다. 끝이 왔다. 끝이 네게 왔으니, 보라! 임박한 끝을 피할 수 없게 되었구나!

본 절이야말로 다급하게 외치는 외침이다. 정신이 혼미한 사람들이 망하는 것을 더 이상 볼 수 없어 다급하게 외치는 짧은 소리들을 나열한 것이다.

겔 7:7. 이 땅 주민아 정한 재앙이 네게 임하도다 때가 이르렀고 날이 가까웠으니 요란한 날이요 산에서 즐거이 부르는 날이 아니로다.

이 유다 땅에 사는 사람들아! 여호와께서 정하신 멸망이 너희에게 들이닥쳤다. 그 시각이 왔고, 그 날이 다가왔다. 산에서 즐겁게 환호하지 못할 당황할 날이 가까이 왔다.

여호와께서 정하신 재앙, 또 여호와께서 정하신 날이 닥쳐왔다는 것이다. 그 재앙의 날은 요란한 날이고 기쁜 날이 아니라는 것이다.

겔 7:8. 이제 내가 속히 분을 네게 쏟고 내 진노를 네게 이루어서 네 행위대로 너를 심판하여 네 모든 가증한 일을 네게 보응하되.

본 절은 3절을 반복한 것이다. 3절 주해를 참조하라.

이제 속히 나 여호와가 나의 분노를 유다 백성에게 쏟아 붓고, 너 유다 백성에 대한 나의 진노를 끝내며 네 행위대로 너를 심판하고 네 모든 역겨운 것들을 네게 갚을 것이라고 하신다.

본 절은 유다 백성들이 우상 숭배를 한 죄를 속히 심판하시겠다는 것을 발표한다. 속히 심판하되 유다 백성들이 행한 대로 심판하신다는 것이고, 유다 백성들의 모든 우상 숭배 죄를 네게 보응하시겠다는 것을 말씀하신다.

겔 7:9. 내가 너를 불쌍히 여기지 아니하며 긍휼히 여기지도 아니하고 네 행위대로 너를 벌하여 너의 가증한 일이 너희 중에 나타나게 하리니 나 여호와가 때리는 이임을 네가 알리라.

본 절은 4절을 반복한다. 즉, 나 여호와가 너희 유다 백성들을 아끼지도 않고, 불쌍히 여기지도 않겠다. 오히려 나 여호와는 너희 유다 백성들의 모든 행실에 따라 너희를 벌하여, 역겨운 일들이 바로 너희의 한가운데서 드러나게 하겠다. 그 때에야 비로소 나 여호와가 때리는 자임을 너희가 알게 될 것이다.

겔 7:10. 볼지어다 그 날이로다 볼지어다 임박하도다 정한 재앙이 이르렀으니 몽둥이가 꽃이 피며 교만이 싹이 났도다(Behold, the day! Behold, it comes! Your doom has come; the rod has blossomed; pride has budded-ESV)**.**

보라! 그 날이 닥쳐왔다. 보라! 그 날이 들이닥쳤다. 정해진 멸망이 시작되었다. 매질할 몽둥이가 꽃을 피웠고 그 몽둥이에서 교만이 싹터 나왔다.

본 절의 중요함은 크게 강조된다. "보라"(הִנֵּה)란 말이 두 번이나 나타나 본 절 전체가 아주 중요하다는 것을 강조하고 있다. 다시 말해 유다 백성의 종말이 가까웠다는 것이다.

"몽둥이가 꽃이 피며 교만이 싹이 났도다"라는 말의 해석을 두고 여러 견해로 갈린다. 1) "꽃 피며 싹 났도다"란 말은 그 때가 '속속히 오는 것을 비유한다'는 견해(G. Ch. Aalders), 2) 유다의 시드기야 정권이 바벨론을 반역하기 시작한 것을 뜻한다는 견해(Ewald, Lofthouse, Cooke, Plumptre, 이상근), 3) 바벨론의 느부갓네살 정권이 강해지고 찬란하게 꽃피기 시작했다는 견해(Calvin, K.&D., Lange, Schumpp, Fisch, Ryrie, 박윤선). 앞 뒤 문맥을 살필 때 3)번의 견해가 가장 적합한 해석으로 보인다. 그러니까 본 절은 바벨론이 강성해져서 주변 국가를 점령한 뒤에 교만하게 행했던 사실에 대한 예언이다(렘 51:1-64; 단 4:30; 5:22, 23 참조).

겔 7:11. 포학이 일어나서 죄악의 몽둥이가 되었은즉 그들도, 그 무리도, 그 재물도 하나도 남지 아니하며 그 중의 아름다운 것도 없어지리로다.

본 절은 앞 절을 강조하여 설명한다. 즉, 폭력이 일어나 악인을 치는 몽둥이가 되었으니, 유다인들 중에 아무도 없고, 그들의 무리 중에 아무도 없으며, 그들의 재물 중에 아무것도 남지 않고, 그들 가운데 아무것도 남지 않을 것이라는 내용이다.

본 절의 "죄악의 몽둥이"가 어떤 세력을 가리키느냐에 따라 견해가 나뉜다. 1) 여기 "죄악의 몽둥이"는 유다 시드기야의 정권이 포학하고 교만하게 되어 바벨론에 의하여 멸망한다는 견해(Ewald, Cooke, Plumptre, 이상근), 2) "죄악의 몽둥이"는 바벨론 제국을 지칭한다는 견해(Calvin, K.&D., 박윤선)이다. 이 두 견해 중 2)번의 견해가 문맥을 충족시킨다.

겔 7:12. 때가 이르렀고 날이 가까웠으니 사는 자도 기뻐하지 말고 파는 자도 근심하지 말 것은 진노가 그 모든 무리에게 임함이로다.

그때가 이르렀고, 그 날이 가까웠다. 그러니 사는 자도 즐거워하지 말고, 파는 자도 슬퍼하지 마라. 진노가 그 모든 무리에게 내릴 것이기 때문이다.

본 절의 "때"란 말과 "날"이라는 말이 동의어이고, "이르렀고"란 말과 "가까웠다"는 말도 역시 동의어이다. 그런고로 "때가 이르렀고"라는 말과 "날이 가까웠다"는 말은 동의 구절이다.

"사는 자도 기뻐하지 말고 파는 자도 근심하지 말 것은 진노가 그 모든 무리에게 임함이라"는 말은 바벨론이 유다를 점령하는 날에는 땅을 샀던 사람도 그것을 버리고 사로 잡혀갈 것이니 그는 기뻐할 필요가 없다는 것이고, 땅을 판 자는 땅을 팔아 없앴다고 슬퍼할 필요가 없다는 것이다. 환난을 당하는 유다인들이 이제부터는 소유 관념을 가질 필요가 없고, 이제부터는 매일 죄를 자백할 일만 남아 있다는 것을 알고 살아야 한다는 것이다.

겔 7:13. 파는 자가 살아 있다 할지라도 다시 돌아가서 그 판 것을 얻지 못하리니 이는 묵시가 그 모든 무리에게 돌아오지 아니하고, 사람이 그 죄악으로 말미암아 자기의 목숨을 유지할 수 없으리라 하였음이로다.

땅을 판 사람이 바벨론에 포로로 잡혀간 뒤 비록 죽지 아니하고 살아 있다 하여도, 팔린 것을 되찾으려고 돌아갈 수가 없으므로 그들 기업의 땅을 돌려받지 못한다는 뜻이다. 그들이 돌아가지 못한다는 것은 에스겔이 받은 묵시로 분명했다. 이 땅의 모든 무리에게 보여준 묵시는 희년이 되어도 돌이킬 수가 없다는 것이다. 죄를 짓고서는, 어느 누구도 자기 목숨을 굳게 부지할 수 없는 일이다.

"이는 묵시가 그 모든 무리에게 돌아오지 아니하고, 사람이 그 죄악으로 말미암아 자기의 목숨을 유지할 수 없으리라"는 말은 '에스겔이 전하는 묵시(예언)가 그대로 성취되기 때문에 토지를 매매한 자가 도로 찾지 못한다'는 뜻이다(사 55:10-11). 또한 악인들이 그 강퍅한 행위로 하나님의 심판을 막아낼 수가 없기 때문에 결국 모두 사로 잡혀간다는 뜻이다. 유다가 멸망하리라는 하나님의 계시의 말씀을 대적하고 견디어 설 자는 아무도 없다.

14-22절. 이 부분은 전쟁의 참상을 진술한다. 유다 백성들이 도처에서 환난에 빠지고 평소에는 물질 때문에 교만했고, 또 금과 은으로 우상을 만들었으나 이제는 오물처럼 내어버린다는 것이다.

<이스라엘이 받는 벌>

겔 7:14. 그들이 나팔을 불어 온갖 것을 준비하였을지라도 전쟁에 나갈 사람이 없나니 이는 내 진노가 그 모든 무리에게 이르렀음이라.

그들이 군인을 소집하는 나팔을 불어 모든 것을 준비하였을지라도 전쟁에 나갈 사람이 아무도 없으니, 이는 나 여호와의 진노의 심판이 그 모든 무리에게 이르렀기 때문이다.

겔 7:15. 밖에는 칼이 있고 안에는 전염병과 기근이 있어서 밭에 있는 자는 칼에 죽을 것이요 성읍에 있는 자는 기근과 전염병에 망할 것이며.

밖의 일선에는 칼이 있고, 성 안에는 전염병과 기근이 있어서, 밭에 있는 자는 칼에 죽을 것이고, 성읍 안에 있는 자는 기근과 전염병에 죽을 것이다(5:12; 6:12; 애 1:20). 밭에 나가 양식을 구하는 자들은 적의 칼에 죽는다는 것이다.

겔 7:16. 도망하는 자는 산 위로 피하여 다 각기 자기 죄악 때문에 골짜기의 비둘기들처럼 슬피 울 것이며.

전쟁 마당에서 피할 곳은 산밖에 없어서 산으로 피했으나(창 19:17; 삿 6:2; 삼상 13:6; 시 11:1) 산에서도 각기 자기의 죄악 때문에 골짜기의 비둘기(사 38:14; 59:11)처럼 슬피 운다는 것이다. 이렇게 그들이 우는 것은 그들의 죄악 때문이며, 죗값을 받기 때문이다.

아무튼 전란에 살아남은 자들에게 기쁨이나 평안은 없다는 것이다.

겔 7:17. 모든 손은 피곤하고 모든 무릎은 물과 같이 약할 것이라.

전란 가운데 있는 유다 나라의 모든 사람들은 손에 맥이 풀려 피곤하고, 모든 사람의 무릎은 역시 물과 같이 약해질 것이라는 뜻이다(수 7:5; 사 13:7; 렘 6:24 참조).

겔 7:18. 그들이 굵은 베로 허리를 묶을 것이요 두려움이 그들을 덮을 것이요 모든 얼굴에는 수치가 있고 모든 머리는 대머리가 될 것이며.

그들이 굵은 베로 허리를 묶을 것이고, 공포가 그들을 덮는 것은 수치와 비애의 표시였다(창 37:34; 삼하 3:31; 왕하 6:30 사 15:2; 렘 48:37). 모든 얼굴에는 수치가 가득하고, 그들의 모든 머리는 대머리가 되고 말 것이라는 내용이다.

겔 7:19. 그들이 그 은을 거리에 던지며 그 금을 오물 같이 여기리니 이는 여호와 내가 진노를 내리는 날에 그들의 은과 금이 능히 그들을 건지지 못하며 능히 그 심령을 족하게 하거나 그 창자를 채우지 못하고 오직 죄악의 걸림돌이 됨이로다.

그들이 자기 몸도 가누기 힘이 들어 자기들이 가지고 있는 은(銀)을 거리에 던지고, 금을 오물같이 여길 것이니, 여호와의 진노의 날에 그들의 은과 금이 그들을 구원할 수 없다는 것을 알기 때문에 아무데나 던져버리는 것이다. 그것들은 그들의 영혼을 만족시키지 못하며, 그들의 허기진 배를 채워 주지 못하고, 오히려 그것들이 그들을 죄 짓게 하는 걸림돌이 될 것이기 때문에 귀찮은 것으로 여기게 된다는 것이다.

겔 7:20. 그들이 그 화려한 장식으로 말미암아 교만을 품었고 또 그것으로 가증한 우상과 미운 물건을 만들었은즉 내가 그것을 그들에게 오물이 되게 하여.

유다인들의 화려한 장식이 그들에게 교만이 되어, 그들이 그것으로 역겨운 우상과 혐오스러운 것을 만들었으므로 나 여호와가 그것을 그들에게 오물이 되게 했다는 것이다.

유다인들은 은(銀)과 금(金) 때문에 교만해졌다는 것이며(16:7, 11; 23:40; 출 33:4-6; 사 49:18; 렘 2:32; 4:30), 또 그것으로 우상을 만들어 그 앞에서 절을 하는 어리석은 행위를 했기 때문에 여호와께서 그 은과 금을 오물이 되게 하셨다는 것이다.

겔 7:21. 타국인의 손에 넘겨 노략하게 하며 세상 악인에게 넘겨 그들이 약탈하여 더럽히게 하고.

나 여호와가 그 보석들(은과 금)을 바벨론의 침략자들의 손에 전리품으로 넘겨주게 하고, 세상 악인들에게 약탈물로 넘겨주어, 그들이 그것을 더럽히게 할 것이다.

바벨론 침략자들은 유다인들이 가지고 있던 보석들을 강탈하느라 사람까지 죽이고 재물을 노략해 간다는 것이다. 재물을 자랑하는 일, 보석을 가지고 우상을 만들어 절하던 일이 얼마나 어리석은 일인지를 알 수 있다.

겔 7:22. 내가 또 내 얼굴을 그들에게서 돌이키리니 그들이 내 은밀한 처소를 더럽히고 포악한 자도 거기 들어와서 더럽히리라.

나 여호와가 바벨론 침략군들이 무슨 짓을 하든지 간섭하지 않을 것이니, 그 침략군들이 나 여호와의 은밀한 성소 예루살렘 성전과 유다 땅에 들어와 마음대로 더럽히고, 도둑들이 그 곳에 들어가서 약탈할 것이다.

이쯤 되면 유다 나라는 끝이 된 것이다. 물질을 가지고 교만하고 우상을 만들어 절하던 민족이 마침내 끝을 맞이하게 되는 것이다.

23-27절. 예루살렘 성과 유다 나라에 죄가 관영하고 피 흘리는 죄가 극에 달하여 하나님의 심판이 임하니 이제는 평강을 찾아볼 수 없게 되었다는 것이다.

겔 7:23. 너는 쇠사슬을 만들라 이는 피 흘리는 죄가 그 땅에 가득하고 포악이 그 성읍에 찼음이라.

너는 쇠사슬을 만들라. 이 땅에 살육이 가득 차 있고, 이 도성에는 폭력이 가득 차 있기 때문이라고 하신다.

"너는 쇠사슬을 만들라"는 말은 '유다 나라 사람들이 바벨론에 포로로 끌려가므로 쇠사슬을 만들라'는 것이다.

"이는 피 흘리는 죄가 그 땅에 가득하고 포악이 그 성읍에 찼음이라"는 말은 쇠사슬을 만들어야 하는 이유를 말하는 것이다.

19-22절까지는 유다 나라 사람들이 재물 때문에 교만해졌고, 또 그 재물로 우상을 만들어 절했기 때문에 심판을 당한다 했는데, 본 절에서는 유다 나라의 또 하나의 죄를 보여주고 있다. 즉, 유다 나라 사람들은 피 흘리는 죄, 남을 해치는 죄를 많이 범했다는 것이다. 이웃을 해하는 것은 하나님을 해하는 것과 같다.

겔 7:24. 내가 극히 악한 이방인들을 데려와서 그들이 그 집들을 점령하게 하고 강한 자의 교만을 그치게 하리니 그들의 성소가 더럽힘을 당하리라.

나 여호와가 세상에서 가장 악한 이방 바벨론 사람들(21절; 신 28:50; 램 6:23)을 데려다가 유다인들의 집들을 차지하게 하겠고, 강한 사람들의 교만을 꺾을 것이며, 그들의 예루살렘의 성소가 모두 더럽혀지게 하겠다(22절)고 하신다.

겔 7:25. 패망이 이르리니 그들이 평강을 구하여도 없을 것이라.

유다 나라가 패망할 것이니 유다인들이 평강을 구해보아도 평강을 구하지 못할 것이라고 하신다.

평강이 없다는 것만큼 답답한 일은 없는 것이다. 주위에 평안이 없고 마음에 평안이 없는 것만큼 답답한 일은 없다.

겔 7:26. 환난에 환난이 더하고 소문에 소문이 더할 때에 그들이 선지자에게서 묵시를 구하나 헛될 것이며 제사장에게는 율법이 없어질 것이요 장로에게는 책략이 없어질 것이며.

재난에 재난이 겹치고 소문에 소문이 뒤따를 것이므로 유다인들이 선지자에게 묵시를 구해보아도 얻지 못할 것이며, 제사장에게는 율법이 없어질 것이며, 장로에게서는 계략(지략)이 사라질 것이다.

유다 나라에 재난이 겹치고 흉흉한 소문이 더해 갈 때 백성들은 종교 지도자들을 찾아 무슨 좋은 소식을 바라도 좋은 소식을 들을 수가 없게 될 것이며, 정치 지도자들을 찾아 무슨 책략을 찾아보려 해도 장로들에게서는 좋은 책략이 나오지 않는다는 것이다. 때가 너무 늦은 때는 아무 것도 통하지 않는다. 우리는 너무 늦기 전에 손을 써서 죄를 자백해야 하는 것이다.

겔 7:27. 왕은 애통하고 고관은 놀람을 옷 입듯 하며 주민의 손은 떨리리라 내가 그 행위대로 그들에게 갚고 그 죄악대로 그들을 심판하리니 내가 여호와인 줄을 그들이 알리라.

유다 나라가 혼란할 때 일국의 왕도 백성들을 지도하지 못하고 애통만

하고 있고, 고관도 나라꼴을 보면서 놀라서 어쩔 줄을 모른다는 것이다. 그리고 주민들은 어쩔 줄 모르고 떨고만 있게 된다는 것이다. 이런 때를 맞이해서 여호와께서 유다 나라의 백성들이 행한 대로, 그들이 죄를 지은대로 백성들을 심판한다는 것이다. 그래서 백성들은 바로 여호와가 하나님이신 줄 알게 될 것(6:10)이란 내용이다.

우리는 어느 때나 하나님 앞에서 항상 떨며 살아야 한다. 항상 죄를 지을까 떨며 살고 또 지은 죄에 대해서는 심각하게 죄를 자백하면서 살아서 평강 중에 살아야 한다.

제 8 장

C. 예루살렘 성전이 심판 받을 것이다 8:1-11:25

8-11장은 예루살렘 성전이 심판 받을 일을 환상으로 예언한다. 예루살렘 성전이 심판을 받아야 하는 이유는 성전 예배의 타락에 있었고, 더구나 성전 내에서는 말 못하는 우상을 숭배하였다.

8-11장의 내용은 성전 내의 우상 숭배(8장), 예루살렘에 대학살이 임할 일(9장), 예루살렘에 불 재앙이 임할 일(10장), 악한 방백들에게 심판이 임할 것(11장)이란 내용이다.

1. 에스겔이 하나님의 계시를 받은 장소와 시기 8:1-4

에스겔이 성령의 인도로 환상 중에 예루살렘 성전에 이르러 우상 숭배하는 놀라운 광경을 본다. 8장의 내용은 하나님의 투기를 격발하는 우상을 보았고(1-4절), 성전 안에서 우상 숭배하는 광경을 목격한다(5-18절).

<예루살렘의 우상 숭배>

겔 8:1. 여섯째 해 여섯째 달 초닷새에 나는 집에 앉았고 유다의 장로들은 내 앞에 앉아 있는데 주 여호와의 권능이 거기에서 내게 내리기로.

제6년 6째 달 5일에 나(에스겔)는 집에 앉아 있었고, 유다 장로들은 내 앞에 앉아 있을 때에, 주 하나님의 능력이 거기에서 나(에스겔)를 사로잡으셨다는 것이다.

"6째 해 6째 달 초닷새에"란 말은 '유다 왕 여호야긴이 사로잡힌 지 6년 5월 5일을 지칭한다(1:2 주해 참조). 이를 태양력으로 계산하면 주전 592년 8-9월 어간이다. 이때는 하나님께서 에스겔에게 보이신 첫 이상 계시 후 1년 2개월만이다.

"유다의 장로들은 내 앞에 앉아 있었다"는 말은 바벨론에 포로로 잡혀간 이들 중에서(1:1) 지도급에 있는 원로들이었을 것이다. 그들 장로들은 자기들로서 이해하지 못할 이상한 행동을 취하는 에스겔(4:1-15)에게 그 행동의 의미와 고국의 상태와 전망을 묻기 위해 선지자 에스겔을 방문했던 것이다.

"주 여호와의 권능이 거기에서 내게 내리기로"란 말의 주해를 위해서는 1:3의 주해를 참조하라.

겔 8:2. 내가 보니 불 같은 형상이 있더라 그 허리 아래의 모양은 불 같고 허리 위에는 광채가 나서 단 쇠 같은데.

내(에스겔)가 바라보니, 하나님의 형상이 보였는데, 허리 아래의 모양은 불처럼 보였고, 허리 위는 환하게 빛나는 금붙이의 광채처럼 보였다는 것이다.

본 절은 1:27의 내용과 똑같은 내용으로 심판하시는 하나님을 상징한다. 하나님께서 불의 형상으로 나타나신 것은 유다인들의 죄악에 대한 그의 진노를 보이시기 위함이다.

겔 8:3. 그가 손 같은 것을 펴서 내 머리털 한 모숨을 잡으며 주의 영이 나를 들어 천지 사이로 올리시고 하나님의 환상 가운데에 나를 이끌어 예루살렘으로 가서 안뜰로 들어가는 북향한 문에 이르시니 거기에는 질투의 우상 곧 질투를 일어나게 하는 우상의 자리가 있는 곳이라.

그때에 그 형상이 손처럼 생긴 것을 뻗어서, 내 머리채를 잡으며 하나님이 보이신 환상 속에서, 주님의 영이 나를 들어서 하늘과 땅 사이로 올리셔서, 나를 예루살렘으로 데려다가, 안뜰로 들어가는 북쪽 문어귀에 내려 놓으셨다. 그곳은 질투를 자극시키는 질투의 우상이 자리 잡고 있는 곳이었다.

"그가 손 같은 것을 펴서 내 머리털 한 모숨을 잡으며 주의 영이 나를 들어 천지 사이로 올리셨다"는 말은 '주의 성령님이 손 같은 것을 펴서 에스겔의 머리털을 한줌 잡고 그를 들어 올려 예루살렘까지 옮겼다'는 뜻이다.

"안뜰로 들어가는 북향한 문에 이르셨다"는 말은 '솔로몬 왕이 건축한 하나님의 성전의 안뜰로 들어가는 북문(북쪽의 문)에 이르셨다'(16절; 왕상 6:36; 7:12)는 뜻이다. 그리고 "안뜰"이란 제사장의 뜰(렘 36:10)로서 바깥뜰로 불리는 일반 백성들의 뜰보다 높으며 백성들이 넘겨다보지 못하도록 담이 쳐져 있었다. 하나님께서 에스겔 선지자를 성전 안뜰로 이끄신 이유는 이스라엘 백성들이 그들 중에 가장 중요한 곳인 하나님의 처소에서 우상 숭배의 가증한 죄를 짓고 있다는 것을 확인시켜 주시기 위함이었다.

"질투를 일어나게 하는 우상의 자리가 있는 곳이라"는 말의 이유는 하나님께서 그의 백성이 우상 숭배를 할 때 투기하시기 때문이다(출 20:5; 신 32:16; 시 78:58). 그러므로 우상은 투기의 우상으로 불린다.

겔 8:4. 이스라엘 하나님의 영광이 거기에 있는데 내가 들에서 본 모습과 같더라.

거기에서 나(에스겔)는 전에 들판에서 본 것 같은 이스라엘의 하나님의 영광을 보았다는 것이다.

본 절은 2절의 반복이다. 여기 하나님의 영광이 있다는 것은 전 절의 투기의 우상과 대조가 되는 하나님의 영광을 지칭한다. 그 영광은 선지자가 바벨론의 들에서 처음 본 것과 같았다(1:4, 26-28; 3:23).

2. 성전에서 자행되는 우상 숭배 8:5-18

에스겔은 예루살렘 성전 내에서 우상 숭배를 하는 극악무도한 광경을 보았다. 다시 말해 성전 내에서 투기의 우상을 본 일(5-6절), 성전 내에서 우상 숭배를 한 일(7-13절), 담무스를 숭배하는 일(14-15절), 태양을 숭배하는 일(16-18절)을 목격한다.

ㄱ. 첫 번째 가증스러운 투기의 우상 8:5-6

겔 8:5. 그가 내게 이르시되 인자야 이제 너는 눈을 들어 북쪽을 바라보라

하시기로 내가 눈을 들어 북쪽을 바라보니 제단문 어귀 북쪽에 그 질투의 우상이 있더라.

여호와께서 내(에스겔)게 이르시기를 인자야! 이제 너는 눈을 들어 북쪽을 바라보라 하시기로 내가 눈을 들어 북쪽을 바라보니, 제단문 북쪽 입구(north of the altar gate, in the entrance)에 그 질투를 일으키는 우상이 있었다.

"그가 내게 이르시되 인자야 이제 너는 눈을 들어 북쪽을 바라보라 하셨다"는 말은 '여호와께서 나 에스겔에게 이르시기를 인자야! 이제 너는 눈을 들어 북쪽을 바라보라'는 말씀인데, 에스겔은 즉시 순종하여 눈을 들어 북쪽을 바라보았는데 거기에 상상 밖에 여호와의 질투를 일으키는 우상이 발견되었다는 뜻이다.

"내가 눈을 들어 북쪽을 바라보니 제단문 어귀 북쪽에 그 질투의 우상이 있더라"는 말씀은 '에스겔이 북편을 바라보니 북쪽을 향한 문 밖에 여호와의 질투를 일으키는 우상이 있는 것(3절)이 보였다'는 것이다. 여기 "제단문"이란 그 북향하고 있는 문을 지칭할 것이다(Plumptre). 므낫세 왕이 성전 내에 아세라 목상을 세웠는데(왕하 21:7), 요시야 임금이 이 우상을 제거했으나(왕하 23:6), 아마도 여호야김 왕이 다시 세운 것으로 보인다(왕하 23:37).

겔 8:6. 그가 또 내게 이르시되 인자야 이스라엘 족속이 행하는 일을 보느냐 그들이 여기에서 크게 가증한 일을 행하여 나로 내 성소를 멀리 떠나게 하느니라 너는 다시 다른 큰 가증한 일을 보리라 하시더라.

여호와께서 또 나에게 이르시기를, "인자야! 유다 족속이 여기서 무슨 짓을 하고 있는지 보이느냐? 그들은 여기서 가장 역겨운 일(우상 숭배)을 하여, 나 여호와로 하여금 성소에서 멀리 떠나가게 하고 있다. 그러나 이제 너는 나로 하여금 더 구역질나게 하는 일들을 보게 될 것이라"고 하신다.

하나님의 택한 백성들이 우상 숭배를 하는 것이 하나님께 참으로 역겨운 일이다. 돈 사랑, 명예 사랑, 세상 사랑은 하나님께 가증한 일이다.

ㄴ. 두 번째 가증스러운 우상 8:7-12

겔 8:7. 그가 나를 이끌고 뜰 문에 이르시기로 내가 본즉 담에 구멍이 있더라.

여호와께서 나(에스겔)를 뜰로 들어가는 문간으로 데리고 가셨다. 거기에 가보니, 담에 구멍이 하나 있었다.

여기 "뜰 문"이란 '북향한 문'을 뜻한다(3, 5절, Plumptre, May). 다시 말해 성전 바깥뜰에서 안뜰로 들어가는 북향한 문이라는 것이다(3, 5절).

"내가 본즉 담에 구멍이 있더라"는 말은 '에스겔이 본즉 담에 구멍이 있더라'는 뜻이다. 여기 "담"은 성전 바깥뜰과 안뜰을 구분하는 벽을 말한다 (Lange).

그리고 "구멍"은 벽 안에서 행해지는 우상 숭배 행위를 보기 위해 뚫어놓은 구멍일 것이다. 여호와 하나님은 구멍이 없어도 벽 안에서 행해지는 온갖 우상 숭배 행위를 보실 수 있으시다. 우리는 누구도 우리를 못 보리라고 생각해서는 안 된다.

겔 8:8. 그가 내게 이르시되 인자야 너는 이 담을 헐라 하시기로 내가 그 담을 허니 한 문이 있더라.

여호와께서 나 에스겔에게 말씀하시기를, "인자(여호와께서 에스겔을 부르시는 호칭)야! 어서 그 담벼락을 헐라"고 하셨다. 나 에스겔이 그 담벼락을 헐었더니 거기에 문이 하나 있었다. 담을 헐고 보니 내실로 들어가는 문이 하나 있었다. 이제 점점 은밀하게 행하는 일들이 하나하나 드러나게 되었다.

겔 8:9. 또 내게 이르시되 들어가서 그들이 거기에서 행하는 가증하고 악한 일을 보라 하시기로.

여호와께서 나 에스겔에게 말씀하시기를, "너 에스겔이 내실로 들어가서 유다인들이 여기서 행하는 악하고 역겨운 짓들을 보라"고 하셨다.

겔 8:10. 내가 들어가 보니 각양 곤충과 가증한 짐승과 이스라엘 족속의 모든 우상을 그 사방 벽에 그렸고.

나 에스겔이 내실로 들어가 보니, 온갖 기는 곤충들과 가증한 짐승들과 유다 족속(원문에 이스라엘 족속이라고 표현한 말은 옳은 말이다. 남쪽 나라 유다도 이스라엘 족속이었으니 말이다)이 섬기는 모든 우상들이 그 사면 벽에 그려져 있었다.

오늘도 사람들은 솟대를 만들어 놓고 섬기고 나무때기로 장승이나 진또베기 등을 만들어 놓고 섬기며 각종 우상을 만들어 놓고 섬기는 것을 볼 수 있다.

겔 8:11. 이스라엘 족속의 장로 중 칠십 명이 그 앞에 섰으며 사반의 아들 야아사냐도 그 가운데에 섰고 각기 손에 향로를 들었는데 향연이 구름 같이 오르더라.

그런데 이스라엘 족속의 장로들 가운데서 70명이 그 우상들 앞에 서 있었고, 사반의 아들 야아사냐는 그들의 한가운데 서 있었다. 그들은 각각 손에 향로를 들고 있었는데, 그 향의 연기가 구름같이 올라가고 있었다는 것이다.

"이스라엘 족속의 장로 중 칠십 명이 그 앞에 서 있다"는 말은 '모세가 세운 70장로들의 뒤를 이은 이스라엘 공의회의 회원들이 우상을 섬기고 있었다'는 뜻이다. 오늘날 목사들 중에도 세상과 물질을 좋아하는 사람들이 있는 것과 같다. "사반의 아들 야아사냐도 그 가운데에 서 있었다"는 말은 '70인 공의회의 두목인 야아사냐도 그 우상을 섬기고 있었다'는 뜻이다. 오늘날 목사 두목인 총회장까지 세상으로 빠진 것을 볼 수 있다.

겔 8:12. 또 내게 이르시되 인자야 이스라엘 족속의 장로들이 각각 그 우상의 방안 어두운 가운데에서 행하는 것을 네가 보았느냐 그들이 이르기를 여호와께서 우리를 보지 아니하시며 여호와께서 이 땅을 버리셨다 하느니라.

여호와께서 나 에스겔에게 말씀하시기를, "인자(에스겔)야! 너 에스겔은 이스라엘 족속의 70인 장로들이 각각 자기가 섬기는 우상의 방에서, 그 컴컴한 곳에서 무슨 일을 하고 있는지 보았느냐? 그들은 말하기를 여호와께서 우리를 돌보고 있지 않으시며, 여호와께서 이 나라를 버리셨다"고 말하고 있다.

그들이 우상 숭배를 하면서 자기들이 하는 우상 숭배를 정당화하고 있었다는 것이다. 사실 그들은 더 이상 우상 숭배를 하지 말고, 이제는 우상 숭배한 죄를 자백해야 했다.

ㄷ. 세 번째 가증스러운 우상 8:13-15

에스겔은 북문 입구에서 여인들이 담무스를 위해 애곡하는 모습을 본다.

겔 8:13. 또 내게 이르시되 너는 다시 그들이 행하는 바 다른 큰 가증한 일을 보리라 하시더라.

여호와께서 또 나 에스겔에게 말씀하시기를, "너 에스겔이 다시 그들이 행하는 심히 역겨운 세 번째 일들을 보게 될 것이라"고 하셨다.

겔 8:14. 그가 또 나를 데리고 여호와의 전으로 들어가는 북문에 이르시기로 보니 거기에 여인들이 앉아 담무스를 위하여 애곡하더라.

그러고 나서 여호와는 나(에스겔)를 주님의 성전으로 들어가는 북문 어귀로 데리고 가셨다. 그런데 이것이 웬일인가! 그곳에는 여인들이 앉아서 담무스 신을 애도하고 있지 않은가!

"에스겔이 북문에 이르러 보니 거기에 여인들이 앉아 담무스를 위하여 애곡하고 있더라"는 말은 '에스겔이 북문의 입구에 가 보니 거기에 여인들이 앉아 바벨론의 남신(男神-바벨론의 여신 이스탈과 더불어 생산의 신이었다)이었던 담무스 신은 봄에 식물을 생육하는 신으로 숭배되었다. 담무스는 한 여름 6-7월 혹서(아주 뜨거움) 기간이 되어 식물이 시들 때는 지하로 내려갔다가 이듬해 봄에 다시 땅 위에 나타나 다시 식물을 생육시킨다고 생각되었던 신이다. 6-7월 혹서 기간이 되어 담무스가 사라질 때가 되면 여인들이 슬퍼하면서 애곡했다는 것이다. 담무스 신 숭배는 바벨론에서 시작해서 지중해 연안 나라들로 퍼져 나갔다. 유다인들은 성전에서까지 이런 이방의 신들을 섬겼다.

겔 8:15. 그가 또 내게 이르시되 인자야 네가 그것을 보았느냐 너는 또 이보다 더 큰 가증한 일을 보리라 하시더라.

여호와께서 나 에스겔에게 말씀하시기를, "인자(에스겔)야!, 네가 그것을 보았느냐? 네가 이보다 더 심히 역겨운 것을 보게 될 것이라"고 하셨다. 본 절의 주해를 위해 6절과 13절 주해를 참조하라.

ㄹ. 네 번째 가증스러운 우상 8:16-18

겔 8:16. 그가 또 나를 데리고 여호와의 성전 안뜰에 들어가시니라 보라 여호와의 성전 문 곧 현관과 제단 사이에서 약 스물다섯 명이 여호와의 성전을 등지고 낯을 동쪽으로 향하여 동쪽 태양에게 예배하더라.

여호와께서 또 에스겔을 여호와의 집 안뜰에 데리고 가시니, 보라! 여호와의 성전 문, 곧 현관과 제단 사이에서 약 25명의 사람들이 여호와의 성전을 등지고 얼굴을 동쪽으로 향하고 동쪽 태양을 향하여 경배하고 있는 것이었다.

"보라 여호와의 성전 문 곧 현관과 제단 사이에서 약 25명"이란 숫자는 구약 제사장 24반열에서 한명씩 뽑고 거기에 대제사장을 더한 숫자였다(대상 24:18-19).

"이들이 여호와의 성전을 등지고 있었다"는 말은 '제사장들이 하나님을 버렸다'는 것을 뜻한다(렘 7:24).

"낯을 동쪽으로 향하여 동쪽 태양에게 예배하더라"는 말은 '태양을 숭배하고 있었다'는 뜻이다. 이 태양 숭배도 유다의 아하스 왕과 므낫세 왕 때 되어진 숭배였다(왕 21:5). 악한 왕들에게서는 악한 우상 숭배만 계속해서 나왔다.

겔 8:17. 또 내게 이르시되 인자야 네가 보았느냐 유다 족속이 여기에서 행한 가증한 일을 적다 하겠느냐 그들이 그 땅을 폭행으로 채우고 또 다시 내 노여움을 일으키며 심지어 나뭇가지를 그 코에 두었느니라.

여호와께서 나 에스겔에게 "인자(에스겔)야! 네가 보았느냐? 유다 족속이 여기에서 행한 역겨운 것들을 어찌 가벼운 일이라 하겠느냐? 그들이 이 땅을 폭력으로 채웠으며, 다시 나를 격노하게 하였고, 심지어 나뭇가지를 그들의 코에 두었느니라"고 말씀하신다.

"유다 족속이 여기에서 행한 가증한 일을 적다 하겠느냐"는 말은 유다 족속이 성전에서 행한 일들(투기의 우상을 섬긴 일, 밀실에서 우상 숭배한 일, 담무스 숭배, 태양 숭배들)이 가벼운 일이라고 말할 수 없다는 뜻이다.

"그들이 그 땅을 폭행으로 채우고 또 다시 내 노여움을 일으켰다"는 말은 유다인들이 권력을 이용해서 비윤리적이고 반이성적인 악행을 해온 것을 뜻한다. "심지어 나뭇가지를 그 코에 두었다"는 말의 해석을 두고 여러 견해가 나와 있다. 1) 혹자는 이 행동이 하나님을 조롱하는 행위라는 견해, 2) 나뭇가지를 숭배하는 예배 의식이라는 견해, 3) 또 다른 견해로는 하나님의 진노가 자기 앞에 놓여 지도록 재촉하는 행위라는 견해(Calvin, Lightfoot, Hitzig), 4) 태양신에게 영광을 돌리기 위해 취하는 행동이라는 견해(Hengsternberg, K.&D., Spiegel, Plumptre, 이상근, 그랜드 종합 주석) 등이 있는데, 이 여러 견해 중에 4)번의 견해를 취해 둔다.

겔 8:18. 그러므로 나도 분노로 갚아 불쌍히 여기지 아니하며 긍휼을 베풀지도 아니하리니 그들이 큰 소리로 내 귀에 부르짖을지라도 내가 듣지 아니하리라.

본 절은 본장 전체의 결론으로 하나님의 심판의 정당함을 말하는 것이다 (5:11; 7:4, 9; 9:5, 10; 사 1:15; 렘 11:11 참조).

제 9 장

3. 예루살렘에 대학살이 임할 것이다 9:1-11

ㄱ. 살육을 담당할 6사람이 등장할 것이다 9:1-2

<예루살렘을 향하여 분노를 쏟으시다>

겔 9:1. 또 그가 큰 소리로 내 귀에 외쳐 이르시되 이 성읍을 관할하는 자들이 각기 죽이는 무기를 손에 들고 나아오게 하라 하시더라.

또 여호와(8:2의 불 같은 형상을 한 하나님이다)께서 큰 소리로 내 귀에 외쳐 이르시되 이 성읍을 벌할 사람들(살육을 거행할 천사들)아! 각자 사람을 죽이는 무기(칼이나 도끼)를 손에 들고, 가까이 나오라고 하신다.

겔 9:2. 내가 보니 여섯 사람이 북향한 윗문 길로부터 오는데 각 사람의 손에 죽이는 무기를 잡았고 그 중의 한 사람은 가는 베 옷을 입고 허리에 서기관의 먹 그릇을 찼더라 그들이 들어와서 놋 제단 곁에 서더라.

그러자 보라! 여섯 사람이 북쪽으로 향한 윗문 길에서 오는데, 각자가 부수는 연장을 손에 들고 있었으며, 그들 가운데 한 사람은 모시옷을 입고, 허리에는 서기관의 먹통을 차고 있었다. 그들이 들어와서 놋으로 만든 제단 곁에 섰다.

본문 초두의 "보라!"란 말은 본문의 내용을 주의해서 관찰하라고 주문하는 단어이다.

"여섯 사람이 북향한 윗문 길로부터 오는데 각 사람의 손에 죽이는 무기를 잡았다"는 말은 '여섯 천사가 북쪽으로 향한 윗문 길에서 오는데 각자가 부수는 연장을 잡고 있었다'는 뜻이다.

"그 중의 한 사람은 가는 베 옷을 입고 있었다"는 말은 '일곱 번째 사람은 여섯 번째 사람과는 전혀 다른 물건을 들고 있었기 때문에 일곱 번째 사람일 수밖에 없는 것'이다. 여기 "일곱"이라는 수는 완전, 거룩, 종결 등을 상징하는 수로서 하나님의 심판의 완전성을 드러내는 수이다(계 1:4; 5:1; 8:2). 천사의 숫자가 일곱이니 유다 백성에 대한 하나님의 심판이 완전하고 충분하게 이루어질 것을 보여준다.

그리고 "베 옷을 입었다"는 말은 '세마포 옷을 입었다'는 뜻이다. 이는 제사장이 입는 옷이었다(삼상 2:18; 22:18). 유다인들의 전설에서는 그를 천사장 가브리엘이라 했다(Talmud).

"먹 그릇을 찼더라"는 말은 '잉크를 담은 뿔(horn)을 차고 있었다'는 뜻이다. 먹 그릇을 허리에 차는 것은 서기관이나 국가의 관리인임을 나타내는 외적인 표시였다. 따라서 베옷을 입고 먹 그릇을 차고 있던 일곱 번째 천사는 죄인들을 살육하는 임무를 맡은 다른 6천사와는 달리 하나님의 심판과는 무관하게 하나님의 백성들을 보호하는 임무를 띤 자로 여겨진다(K.&D., Hitzig).

1-2절이 보여주는 또 하나의 뜻은 땅 위에서 사람들이 피살되는 것은 우연히 되는 것이 아니고 하나님의 허락하심 안에 있음을 알 수 있다(마 10:29).

겔 9:3. 그룹에 머물러 있던 이스라엘 하나님의 영광이 성전 문지방에 이르더니 여호와께서 그 가는 베 옷을 입고 서기관의 먹 그릇을 찬 사람을 불러.

그룹 위에 있던 이스라엘의 하나님의 영광이 그곳에서 떠올라 성전 문지방에 이르셨다. 여호와께서 가는 베 옷을 입고 허리에 서기관의 먹 그릇을 찬 그 사람을 부르셨다.

"그룹에 머물러 있던 이스라엘 하나님의 영광이 성전 문지방에 이르더니"란 말은 '지성소의 언약궤 위에 머물고 있던 그룹(왕상 8:6)에 머물러 있던 하나님의 영광이 성전 문지방으로 이동했다'는 뜻이다. 여기 "성전 문지방"에 대해 혹자는 성전 바깥뜰 문이라고 주장하기도 하고(Lange), 또 혹자는 성전 안뜰 여호와의 전 문 앞 현관이라고도 한다(K.&D.). 10:3-5

에 비추어볼 때 후자의 견해가 더 바람직할 것으로 보인다. 하나님의 영광은 그룹들 사이를 떠나 먼저 성전 안뜰에 머물러서 먹 그릇을 가진 천사에게 명령을 내리신 다음 이차로 다시 성전 바깥뜰 동문에 머무르신 후(10:19) 성전을 완전히 떠난 것으로 이해된다.

겔 9:4. 여호와께서 이르시되 너는 예루살렘 성읍 중에 순행하여 그 가운데에서 행하는 모든 가증한 일로 말미암아 탄식하며 우는 자의 이마에 표를 그리라.

여호와께서 그 천사에게 말씀하시기를 너 천사는 저 예루살렘으로 두루 돌아다니면서, 그 안에서 일어나는 모든 역겨운 일(우상 숭배) 때문에 슬퍼하고 우는 사람들의 이마에 표를 그려 놓으라고 하신다.

여기 이마에 인을 친 환상은 요한계시록 7장의 배경이 된다. 이마에 표시하는 것은 잘 보이는 곳이므로 인치기가 쉬웠다.

ㄷ. 많은 사람이 죽을 것이다 9:5-7

겔 9:5. 그들에 대하여 내 귀에 이르시되 너희는 그를 따라 성읍 중에 다니며 불쌍히 여기지 말며 긍휼을 베풀지 말고 쳐서.

내(에스겔)가 듣고 있는 중에 여호와께서 다른 사람들(살육 기계를 가지고 있는 6사람들)에게 말씀하시기를 너희 6사람은 천사의 뒤를 따라 성읍을 돌아다니며 쳐서 죽여라. 너희 눈에 아끼지도 말고 불쌍히 여기지도 말라고 하신다.

이 예언은 장차 하나님께서 유다 백성들에게 바벨론 군대를 보내셔서 많은 사람들을 죽이게 될 것을 예언한 것이다. 이때에 끝까지 죄를 자복하지 않고 있는 사람들은 바벨론 군대에 의하여 죽임을 당한다는 것이다.

겔 9:6. 늙은 자와 젊은 자와 처녀와 어린이와 여자를 다 죽이되 이마에 표 있는 자에게는 가까이 하지 말라 내 성소에서 시작할지니라 하시매 그들

이 성전 앞에 있는 늙은 자들로부터 시작하더라.

"늙은 자와 젊은 자와 처녀와 어린이와 여자를 다 죽이라"는 말은 '구원의 표를 받지 않은 사람은 누구든지 막론하고 다 죽이라'는 뜻이다.

"이마에 표 있는 자에게는 가까이 하지 말라"는 말은 '천사가 어떤 이의 이마에 구원의 표시를 새긴 사람에 대해서는 살육하는 사람들로 하여금 가까이 하지 말라'는 말로 오늘날 예수를 대속 제물로 믿는 사람을 아무도 해하지 말라(막 10:45)는 말과 같다.

"내 성소에서 시작할지니라"는 말은 성소가 제일 거룩해야 하는 곳인데도 성소에서 우상 숭배를 했으니 성소에서 심판이 시작되어야 한다는 것은 아주 당연한 일이다(Plumptre).

"성전 앞에 있는 늙은 자들"이 누구냐를 두고 견해가 갈린다. 1) 어떤 학자들은 "늙은 자들"이란 말은 8:11에 등장하는 70인의 동물을 숭배하는 자들이라는 견해(Hengsternberg, Redpath, Fisch, Watt), 2) 또 어떤 학자들은 단순히 연령이 많은 사람들이라는 견해(K.&D., Hitzig, G. Ch. Aalders), 3) 많은 학자들은 여기 늙은 자들이 8:16의 25명의 태양 숭배자들이라는 견해(Calvin, Cooke Plumptre, May, 이상근, 호크마 주석)에 동의한다. 본문에 "성전 앞에 있는"이란 말을 근거로 3)번의 견해가 가장 가까운 견해인 듯하다. 이들이 가장 먼저 살육의 대상이 된 것은 이들이 유다 사회의 높은 지위에 있을 뿐 아니라 다른 사람들에게 신앙의 모범을 보이고 선도해야 할 자들임에도 불구하고 오히려 하나님의 성소의 중심지인 성소의 문 앞 현관과 제단 사이에서 불경하게도 우상을 숭배했기 때문이다.

겔 9:7. 그가 또 그들에게 이르시되 너희는 성전을 더럽혀 시체로 모든 뜰에 채우라 너희는 나가라 하시매 그들이 나가서 성읍 중에서 치더라.

여호와께서 그 살육하는 천사들에게 이르시기를 너희들(살육하는 천사들)은 성전을 더럽히라. 시체로 모든 뜰을 채우고 나서 나가라 하시니, 그들이 나가서 성읍에서 사람을 쳐서 죽였다는 것이다.

"성전을 더럽히라"고 하신 것은 이미 더러워진 성전임으로 여호와께서는 이 이상 유다인들의 제사를 받지 않으시니 성전에서부터 심판을 시작하라는 뜻이다.

여호와께서 "너희는 나가라 하시매 그들이 나가서 성읍 중에서 치더라"는 말은 너희 사람을 살육하는 천사들은 성전 밖으로 나가라 하시니 그들이 밖으로 나가서 성읍 중에서 이마에 표를 받지 않은 사람들을 죽여 성전에 채우려고 밖으로 나간 것이다.

ㄹ. 살육이 시작되고 에스겔이 탄식하다 9:8-11

겔 9:8. 그들이 칠 때에 내가 홀로 있었는지라 엎드려 부르짖어 이르되 아하 주 여호와여 예루살렘을 향하여 분노를 쏟으시오니 이스라엘의 남은 자를 모두 멸하려 하시나이까.

살육이 계속되는 동안, 나 에스겔은 혼자 살육 장소에 있었다. 나 에스겔은 엎드려 얼굴을 땅에 대고, 부르짖으며 아뢰었다. 주 여호와 하나님이시여! 예루살렘에다가 이렇듯 주님의 진노를 쏟으시다니, 유다의 남은 사람들을 여호와께서 친히 다 멸하실 작정입니까?

에스겔이 "엎드려 부르짖었다"는 말은 에스겔이 멸망하는 유다인들을 보고 여호와께서 살려주시라고 기도를 드렸다는 뜻이다.

"아하 주 여호와여 예루살렘을 향하여 분노를 쏟으시오니 이스라엘의 남은 자를 모두 멸하려 하시나이까"라는 말은 에스겔의 기도의 내용이다.

겔 9:9. 그가 내게 이르시되 이스라엘과 유다 족속의 죄악이 심히 중하여 그 땅에 피가 가득하며 그 성읍에 불법이 찼나니 이는 그들이 이르기를 여호와께서 이 땅을 버리셨으며 여호와께서 보지 아니하신다 함이라.

여호와께서 나 에스겔에게 말씀하시기를 이스라엘과 유다 족속의 죄악이 너무나 크고, 그들로 말미암아 유다 땅은 피로 가득 차 있으며, 이 성읍은 불법으로 꽉 차 있다. 그들은 나 여호와가 이 땅을 버렸으며, 쳐다보지도 않는다는 말이나 하고 있다.

유다인들의 절규 내용은 잘못되었다. 여호와께서 자기들을 버리셨고 자기들의 땅을 버리셨다고 절망하는 것은 합당하지 않은 태도이다. 이런 때에 백성들은 이와는 반대로 여호와의 긍휼을 구해야 마땅한 것이다.

겔 9:10. 그러므로 내가 그들을 불쌍히 여기지 아니하며 긍휼을 베풀지 아니하고 그들의 행위대로 그들의 머리에 갚으리라 하시더라.

그러므로 나 여호와도 유다인들을 불쌍히 여기지 않으며, 가엾게 여기지 않을 것이다. 나 여호와는 그들의 행실을 따라서, 그들의 머리 위에 그대로 갚아 줄 뿐이라고 하신다.

오늘 우리는 끊임없이 여호와의 긍휼과 자비를 구해야 하는 것이다.

겔 9:11. 보라 가는 베 옷을 입고 허리에 먹 그릇을 찬 사람이 복명하여 이르되 주께서 내게 명령하신 대로 내가 준행하였나이다 하더라.

문장 초두에 "보라"(behold)라는 말은 본 절을 아주 주의 깊게 유념해야 한다는 것을 독촉한다. 즉, 모시옷을 입고 허리에 먹통을 찬 사람(유다 백성에 대한 심판을 집행하는 7천사 중 가장 우두머리 되는 천사)이 와서 보고하기를, "여호와께서 저에게 명하신 대로, 제가 다 수행하였다"고 보고한다.

"내게 명령하신 대로 내가 준행하였나이다"라는 말은 '명령을 받은 우두머리 천사가 여호와의 명령을 모두 준행했다'는 보고이다.

제 10 장

4. 예루살렘에 불 재앙이 임할 것이다 10:1-8

여호와께서는 베 옷을 입은 천사에게 숯불을 취하여 예루살렘에 뿌리라고 명하신다.

<여호와의 영광이 성전을 떠나시다>

겔 10:1. 이에 내가 보니 그룹들 머리 위 궁창에 남보석 같은 것이 나타나는데 그들 위에 보좌의 형상이 있는 것 같더라.

이에 나 에스겔이 보니 그룹들 머리 위에 있는 창공에 남보석 같은 것이 있었는데, 그룹들 위에 보좌의 모양 같은 것이 있는 것 같았다는 것이다.

"이에 내가 보니 그룹들 머리 위 궁창에 남보석 같은 것이 나타났다"는 말은 제9장에서는 천사가 성전 내부에서 우상을 숭배하는 자들을 살육하는 이상을 통해 유다 백성들이 징계를 받을 것이라는 사실이 예언되었는데, 이어 본장(10장)에서는 예루살렘이 불로 심판 받을 것에 대한 예언과 하나님께서 성전을 떠나시는 예언이 언급되고 있다.

"그들 위에 보좌의 형상이 있는 것 같더라"는 말은 지금 에스겔이 1:26에서 보았던 여호와의 영광과 동일한 모습을 보고 있다는 것이다.

겔 10:2. 하나님이 가는 베 옷을 입은 사람에게 말씀하여 이르시되 너는 그룹 밑에 있는 바퀴 사이로 들어가 그 속에서 숯불을 두 손에 가득히 움켜 가지고 성읍 위에 흩으라 하시매 그가 내 목전에서 들어가더라.

그때에 여호와께서 모시옷을 입은 사람(일곱째 천사)에게 이렇게 말씀하셨다. 너(일곱째 천사)는 그룹들 밑에 있는 저 바퀴들 사이로 들어가서, 숯불을 두 손에 가득히 움켜쥐어 가지고 나와서 이 성읍 위에 뿌려라. 그러자 그 사람(일곱째 천사)은, 내가 보는 앞에서 그곳으로 들어갔다는 것이다.

본 절의 "가는 베 옷을 입은 사람"은 7번째 천사였다. 그는 앞서 멸망 중에서 구원 받을 자들의 이마에 표를 하는 역할을 했다(9:2, 4). 이제 본장에서는 예루살렘을 불태우는 역할을 한다.

"그룹 밑에 있는 바퀴 사이"를 위해서는 1:13, 15 주해를 참조하라. 여기 "그룹"은 '천사들'을 지칭하는 말이다. 이 그룹들은 하나님의 보좌 가까이서 하나님을 수종드는 천사들이다.

"숯불"은 하나님의 보좌 가까이 있던 제단의 불로 보인다. 7번째 천사가 그 숯불을 그 손으로 움켜가지고 성읍 위에 흩은 것은 예루살렘이 큰 화재로 불태워지게 되는 것을 상징한다. 아무튼 예루살렘의 큰 화재는 여호와의 손에서 일이 이뤄지는 것을 보여준다.

겔 10:3. 그 사람이 들어갈 때에 그룹들은 성전 오른쪽에 서 있고 구름은 안뜰에 가득하며.

그 사람(일곱 번째 천사)이 숯불을 취하러 들어가니, 그룹들은 그 성전 오른쪽, 즉 성전 남쪽에 서 있었고, 구름은 성전 안뜰에 가득 하였다. 구름이 성전에 가득했다는 것은 여호와의 임재의 영광이 가득한 것을 뜻한다(출 33:9-10; 왕상 8:10-11; 사 6:1-2; K.&D., Cooke, Plumptre).

겔 10:4. 여호와의 영광이 그룹에서 올라와 성전 문지방에 이르니 구름이 성전에 가득하며 여호와의 영화로운 광채가 뜰에 가득하였고.

그룹 위에 있던 이스라엘의 하나님의 영광이 그곳에서 떠올라 성전 문지방에 이르셨다. 여호와께서 가는 베 옷을 입고 허리에 서기관의 먹 그릇을 찬 그 사람을 부르셨다. 본 절은 9:3의 반복이다. 그곳 주해를 참조하라.

겔 10:5. 그룹들의 날개 소리는 바깥뜰까지 들리는데 전능하신 하나님이

말씀하시는 음성 같더라.

그룹들의 날개 소리가 바깥뜰까지 들렸는데, 전능하신 하나님께서 말씀하시는 음성 같았다는 것이다.

"그룹들의 날개 소리는 바깥뜰까지 들렸다"는 말에서 그룹들이 움직임이 번개같이 빨랐음을 드러냈고(1:14), 또 그 날개 소리가 많은 물소리와 같았으므로(1:24) 성전 바깥뜰에서 들린 것이다.

"전능하신 하나님이 말씀하시는 음성 같았다"는 말은 '하나님께서 만물의 주인 되시는 창조주로서의 권위와 역사의 섭리자로서의 전지전능하신 음성 같았다는 뜻이다.

겔 10:6. 하나님이 가는 베 옷을 입은 자에게 명령하시기를 바퀴 사이 곧 그룹들 사이에서 불을 가져 가라 하셨으므로 그가 들어가 바퀴 옆에 서매.

본 절은 2절을 반복한 것이다. 2절 주해를 참조하라.

겔 10:7. 그 그룹이 그룹들 사이에서 손을 내밀어 그 그룹들 사이에 있는 불을 집어 가는 베 옷을 입은 자의 손에 주매 그가 받아 가지고 나가는데.

본 절은 가는 베 옷을 입은 천사가 하나님의 명령을 받아 불을 취하는 광경을 상세하게 묘사한 것이다. 즉, 본문의 설명에 의하면 한 그룹이 그 그룹들 사이에 손을 내밀어 그룹들 사이에 있는 불을 가져다가 가느다란 베 옷 입은 자의 손에 놓아 주니 그가 받아 가지고 예루살렘에 쏟기 위해 밖으로 나갔다는 것이다.

겔 10:8. 그룹들의 날개 밑에 사람의 손 같은 것이 나타나더라.

그룹들의 날개 밑에 사람의 손 모양이 나타났다는 내용인데, 제1장에서 나타났던 네 생물의 모습과 일치하고 있다(1:8).

혹자들은 본 절의 내용을 에스겔이 본 환상의 사실성을 확실히 입증하는 증거로 여기고 있다(Lange, Plumptre).

5. 여호와의 영광이 성전 동문에 머물다 10:9-22

겔10:9. 내가 보니 그룹들 곁에 네 바퀴가 있는데 이 그룹 곁에도 한 바퀴가 있고 저 그룹 곁에도 한 바퀴가 있으며 그 바퀴 모양은 황옥 같으며.

나 에스겔이 보니, 그룹들 옆에는 네 바퀴가 있는데, 각 그룹 옆마다 바퀴 하나씩이 있고, 그 바퀴들의 모양은 황옥 같아 보였다는 것이다.

"바퀴"는 봉사를 상징한다. 바퀴는 무거운 짐을 싣고 다니는 것이다. 바퀴의 위치는 수레 맨 밑에 있어서 무거운 짐을 싣고 굴러 간다. 그리고 바퀴는 끄는 대로 신속히 간다. 신자들도 주님을 순종하는데 있어서 바퀴처럼 기쁜 마음으로 해야 하고 신속히 해야 한다(박윤선).

본 절은 1:15-16과 완벽하게 일치한다. 그곳 주해를 참조하라.

겔 10:10. 그 모양은 넷이 꼭 같은데 마치 바퀴 안에 바퀴가 있는 것 같으며.

그들의 모습은 네 개가 같은 형상이었는데, 바퀴 안에 바퀴가 있는 것 같았다는 내용이다.

네 그룹들이 소유한 바퀴들은 서로서로 충돌됨이 없이 모두 다 같은 일을 한다. 우리 신자들도 이처럼 단합을 힘써야 된다(박윤선).

"바퀴 안에 바퀴가 있는 것 같았다"는 말의 주해를 위해서는 1:16에 있는 주해를 참조하라.

겔 10:11. 그룹들이 나아갈 때에는 사방으로 몸을 돌리지 아니하고 나아가되 몸을 돌리지 아니하고 그 머리 향한 곳으로 나아가며.

그 그룹들이 어느 방향으로 출발하든지 몸을 돌리지 아니하고 나아갔다. 어느 방향이든지 그 곳으로 머리를 두면, 모두 그 뒤를 따라갔다. 그래서 그들은 돌지 않고서도 어느 방향으로든지 나아갔다.

신자들도 항상 이렇게 행해야 된다. 주님을 따르는 일은 절대적으로 옳은 일이기 때문에 방향을 돌이키지 않아야 한다는 것이다(눅 9:62 참조).

본 절의 주해를 위해 1:9, 12, 17 주해를 참조하라. 다만 본 절에서는

"그 머리를 향한 곳으로 향하며"라는 말이 부가되어 있는 점이 다르다. 이는 전후좌우 각 방향을 향한 네 머리를 가지고 있는 그룹의 움직임이 자유롭다는 것을 조금 다른 식으로 표현한 것이다. 이처럼 그룹들이 머리를 향한 곳으로 일사분란(一絲分亂)하게 신속히 움직이는 것은 하나님의 수종자인 그룹이 자신의 의사를 내세우지 않고 오직 하나님의 명령만을 충실히 따르는 것을 보여준다. 이러한 순종의 태도는 오늘날 하나님의 일꾼들에게도 절대적으로 요청된다(고전 14:33; 빌 4:2; 그랜드 종합 주석).

겔 10:12. 그 온 몸과 등과 손과 날개와 바퀴 곧 네 그룹의 바퀴의 둘레에 다 눈이 가득 하더라.

그들의 온 몸과 등과 손과 날개들과 바퀴들, 곧 그들의 네 바퀴 둘레에는 눈들이 가득하였다는 것이다.

본 절 주해를 위해서는 1:18 주해를 참조하라. 1:18에서는 바퀴의 둘레에만 눈이 있다고 묘사되어 있으나 본 절에서는 "온 몸과 등과 손과 날개 등 전신에 눈이 가득하다"고 묘사하고 있다.

"눈"은 지혜와 밝음을 의미한다. 여호와께서 지시하신 것은 결코 맹목적이 아니다. 그 길을 가는 자는 영원히 속지 않는다. 하나님의 말씀을 가진 신자도 무수한 눈을 가진 자와 같으며 또 하나님의 눈을 가진 자와 같다(히 4:12-13; 박윤선).

겔 10:13. 내가 들으니 그 바퀴들을 도는 것이라 부르며(As for the wheels, they were called in my hearing "the whirling wheels"-RSV, ESV)**.**

나 에스겔이 들으니, 그 바퀴들을 '도는 것'(הַגַּלְגַּל)이라 불렀다. 여기 '도는 것'(הַגַּלְגַּל)이란 말은 정관사(ה)에다가 "바퀴"라는 뜻(6절 전반절)의 '갈갈'(גַּלְגַּל)을 붙인 말이다. 본 절이 무엇을 말하는 것인지는 애매하기는 하나 아마도 '그 바퀴들은 여호와의 바퀴'라는 뜻인 듯이 보인다. "그것은 다름 아닌 우주의 대왕(大王)의 바퀴였다"(Pumptre). 그 바퀴들은 여호와의 섭리의 바퀴라는 뜻이다.

겔 10:14. 그룹들에게는 각기 네 면이 있는데 첫째 면은 그룹의 얼굴이요 둘째 면은 사람의 얼굴이요 셋째는 사자의 얼굴이요 넷째는 독수리의 얼굴이더라.

각 그룹들에게는 네 개의 얼굴이 있는데, 첫째의 얼굴은 그룹의 얼굴이고, 둘째의 얼굴은 사람의 얼굴이며, 셋째의 얼굴은 사자의 얼굴이고, 넷째의 얼굴은 독수리의 얼굴이었다.

1:10의 천사들의 전후좌우에는 모두 얼굴이 있는데, 넷의 앞은 사람의 얼굴이고, 넷의 오른쪽은 사자의 얼굴이며, 넷의 왼쪽은 소의 얼굴, 넷의 뒤는 독수리의 얼굴이라는 것이다. 그러니까 "소"가 "그룹"으로 바뀐 것을 볼 수 있다. 이렇게 달라진 것은 에스겔이 "소"의 얼굴을 "그룹"의 얼굴의 대표로 보았고, "소"의 얼굴을 "그룹"의 얼굴로 묘사한 데서 기인한 것으로 여겨진다(K.&D., Plumptre, Matthew Henry). 본 절에서 1장의 생물과 본 장의 그룹들을 동일한 대상으로 설명하고 있는 것을 볼 때 이러한 설명은 타당하다고 할 수 있다.

겔 10:15. 그룹들이 올라가니 그들은 내가 그발 강 가에서 보던 생물이라.

그룹들이 떠올랐는데, 그들은 나 에스겔이 그발 강에서 보았던 생물들이었다.

본 절의 주해를 위해서는 1:21 주해를 참조하라. 여기 그룹들, 즉 천사들은 에스겔이 그발 강 가에서 보았던 생물들이었다.

겔 10:16. 그룹들이 나아갈 때에는 바퀴도 그 곁에서 나아가고 그룹들이 날개를 들고 땅에서 올라가려 할 때에도 바퀴가 그 곁을 떠나지 아니하며.

그룹들이 앞으로 나아가면 바퀴들도 그 곁에서 함께 나아갔고, 그룹들이 땅에서 떠올라 가려고 그들의 날개를 펼칠 때에도 그 바퀴들이 그룹들의 곁을 떠나지 않았다는 것이다.

본 절의 주해를 위해서는 1:19 주해를 참조하라. 하늘에 속한 피조물들은 하나님의 일을 할 때에 서로 단합하여 완전을 이룬다.

겔 10:17. 그들이 서면 이들도 서고 그들이 올라가면 이들도 함께 올라가니 이는 생물의 영이 바퀴 가운데에 있음이더라.

그룹들(천사들)이 멈추면 바퀴들도 멈추고, 그룹들이 올라가면 바퀴들도 그들과 함께 올라갔다. 그 생물들(그룹들)의 영이 그 바퀴들 속에 있었기 때문이다.

본 절의 주해를 위해서는 1:21 주해를 참조하라. 그룹들이 올라가면 바퀴들도 그들과 함께 올라간 이유는 그 천사들(그룹들)의 영이 그 바퀴들 속에 존재하기 때문이었다.

18-22절. 여호와의 영광이 성전 문지방을 떠나서 성전 동문에 머문다. 그리고 이 여호와의 영광이 성읍의 동편 산에 머물다가(11:23) 성전을 떠나신다. 유다인들의 범죄는 더 이상 여호와로 하여금 성전에 계실 수 없게 만들어버리고 말았다.

겔 10:18. 여호와의 영광이 성전 문지방을 떠나서 그룹들 위에 머무르니.

여호와의 영광이 성전 문지방을 떠나 이제는 그룹들 위로 가서 머물렀다. 여기 여호와의 영광이란 여호와의 임재의 영광이었다. 이 영광은 곧 여호와 자신을 가리킨다. “여호와의 영광”은 그룹들 위에 머무시다가 성전 문지방에 머무셨고(9:3), 이제 다시 성전 문지방을 떠나 그룹들 머리 위에 머무셨다.

겔 10:19. 그룹들이 날개를 들고 내 눈 앞의 땅에서 올라가는데 그들이 나갈 때에 바퀴도 그 곁에서 함께 하더라 그들이 여호와의 전으로 들어가는 동문에 머물고 이스라엘 하나님의 영광이 그 위에 덮였더라.

본 절은 여호와의 영광이 떠나가는 광경을 묘사한 것이다. 즉, 그룹들(천사들)이 나 에스겔이 보는 가운데서 날개를 펴고 땅에서 떠올라 가는데, 그들(천사들)이 떠나갈 때에, 바퀴들도 그들과 함께 떠났다. 그룹들은 여호와의 성전으로 들어가는 동문에 머물렀고, 이스라엘(유다) 하나님의 영광이 그들 위에 머물렀다.

그리고 다시 성전 동편 문을 떠나 예루살렘 동편 산에 머무시고(11:23) 거기서 예루살렘을 아주 떠나셨다. 진실로 "이가봇"(삼상 4:21-영광이 이스라엘에서 떠났다는 뜻)이 된 것이다. 그러나 이와 같이 떠나신 여호와의 영광은 다시 성전의 동문으로 돌아오신다(삼상 43:1-4). 에스겔서는 이와 같이 여호와의 영광의 떠나심과 돌아오심이란 이대 지주(支柱) 위에 구성되고 있다.

겔 10:20. 그것은 내가 그발 강 가에서 보던 이스라엘의 하나님 아래에 있던 생물이라 그들이 그룹인 줄을 내가 아니라.

그 그룹들은, 내가 그발 강 가에서 환상을 보았을 때에 본 것으로 이스라엘 하나님을 떠받들고 있던 생물들이었다. 나 에스겔은 그들이 그룹임을 알 수 있었다. 1:15의 그룹들(생물들)과 본 절이 말하는 그룹들이 똑같은 것을 말하는 것이다. 다시 말해 생물들과 그룹들과 또 천사들은 다 같은 존재들임을 말한다.

겔 10:21. 각기 네 얼굴과 네 날개가 있으며 날개 밑에는 사람의 손 형상이 있으니.

각 그룹은 얼굴(1:10과 본 장 14절에 묘사되고 있는 사람, 사자, 독수리, 그리고 소 또는 그룹의 얼굴을 지칭한다)이 넷이요, 날개(네 생물 또는 그룹이 가지고 있는 날개들을 가리킨다)가 넷이었다. 그리고 그들의 날개 밑에는 사람의 손과 같은 것이 있었다.

"날개 밑에는 사람의 손 형상이 있으니"란 말의 주해를 위해서는 1:8의 주해를 참조하라.

겔 10:22. 그 얼굴의 형상은 내가 그발 강 가에서 보던 얼굴이며 그 모양과 그 몸도 그러하며 각기 곧게 앞으로 가더라.

그 그룹들의 얼굴의 형상은 내가 그발 강에서 보았던 바로 그 얼굴이었으며, 동일한 모습이었다. 그들은 각자 자기 얼굴 앞쪽으로 나아갔다.

이렇게 에스겔은 자신이 목격했던 그룹들의 형상이 그발 강 가에서 보았던 생물과 동일한 존재라고 반복함으로써 하나님의 불변하시는 성품을 암시해주고 있다.

제 11 장

11장의 내용은 3분 되고 있다. 첫째 부분은 예루살렘에서 악한 꾀를 베푸는 자들이 형벌을 받는 일(1-13절), 둘째는 포로민들에게 새 영을 주신다고 약속하신 일(14-21절), 마지막으로 여호와의 영광이 떠나신다는 내용이다(22-25절).

6. 악한 방백들에게 심판이 임할 것이다 11:1-13

<예루살렘이 심판을 받다>

겔 11:1. 그 때에 주의 영이 나를 들어올려서 여호와의 전 동문 곧 동향한 문에 이르시기로 보니 그 문에 사람이 스물다섯 명이 있는데 내가 그 중에서 앗술의 아들 야아사냐와 브나야의 아들 블라댜를 보았으니 그들은 백성의 고관이라.

그때에 여호와의 영이 나 에스겔을 들어올리셔서, 여호와의 성전 동쪽으로 난 동문으로 데리고 가셨다. 그 문의 어귀(입구)에는 사람 25명이 있었다. 나는 그들 가운데 백성의 지도자들인 앗술의 아들 야아사냐와 브나야의 아들 블라댜가 있는 것을 보았다.

본 절의 25인은 8:16의 25인과는 별도의 인물들이다(K.&D., Cooke, Plumptre, 이상근). 아마도 8:16의 25인은 예루살렘의 살육과 대 화재에 죽었을 것이다(Lange).

여기 25인의 숫자는 제사장 24반열의 대표자들의 숫자에 대제사장을 더한 숫자로 보아야 할 것이다. 어쨌든 이들은 그때에 예루살렘에 남아 있는 유다인의 지도층인 것만은 사실이다. 본 장은 유다인의 최후적 패망이 주로 그 지도자들의 그릇된 지도로 말미암은 것임을 지적한다. 그들 중에도 특별히 야아사냐와 블라댜가 두목으로 꼽힌 듯하다. 사람이 명성을 얻은 것은 이렇게 위태한 일도 된다(약 3:1, 박윤선).

겔 11:2. 그가 내게 이르시되 인자야 이 사람들은 불의를 품고 이 성 중에서 악한 꾀를 꾸미는 자니라.

여호와께서 나 에스겔에게 이르시기를, "인자(에스겔)야! 이 25인은 이 예루살렘 성에서 불의를 품고 악한 계략을 궁리하는 사람들이라"고 하신다.

본 절의 25인이 불의를 품고 이 성중에서 악한 꾀를 꾸민 일은 아마도 당시의 시드기야 왕의 정책을 따라 애굽과 동맹을 맺고 바벨론에 반기를 들었던 일일 것이다(May, 다음 절 주해 참조).

겔 11:3. 그들의 말이 집 건축할 때가 가깝지 아니한즉 이 성읍은 가마가 되고 우리는 고기가 된다 하나니(who say, 'The time is not near to build houses. This city is the cauldron, and we are the meat'-ESV)**.**

그들(25인들)은 모두 말하기를 집을 지을 때가 가까이 오지 않았다. 이 성읍은 가마솥(큰 솥)이고, 우리는 그 안에 담긴 고기와 같다고 말했다.

"그들의 말이 집 건축할 때가 가깝지 아니하다"는 말은 '25인들(1절)이 집 건축할 때가 가깝지 아니하다고 주장하는 말'이다. 예레미야는 바벨론으로 포로 되어 간 유다인들이 앞으로 귀환하려면 많은 세월이 걸리니 그 바벨론 땅에서 집을 짓고 전원(田園)을 만들며 식물을 심어 그 열매를 먹으라고 권고했는데(렘 29:5), 예루살렘에 아직 남아 있는 25인 거짓 지도자들은 예레미야 선지자의 말을 완전히 뒤집어서 말한 것이다. 다시 말해 바벨론에서 집을 건축해야 할 때는 아직 멀었다고 유다인들에게 선전한 것이다. 거짓 지도자들은 예레미야의 말을 완전히 뒤집어서 퍼뜨린 것이다.

"이 성읍은 가마가 되고 우리는 고기가 된다"는 말도 역시 25인 거짓 지도자들이 한 말이다. 그들은 자기들이 아직 포로로 잡혀가지 않고 예루살렘에 잠시 남아 있어서 앞으로 바벨론 군대가 침공해 온다 하더라도 예루살렘 도시가 큰 가마(솥)가 되어 자기들을 보호해 주니 자기들은 그 큰 가마에 들어앉아 있는 고기와 같다고 하며 다른 사람들에게도 그렇게 선전한 것이다. 그런고로 여호와께서는 에스겔에게 다음 절(4절)처럼 그들을 쳐서 예언하라고 하신 것이다.

겔 11:4. 그러므로 인자야 너는 그들을 쳐서 예언하고 예언할지니라.

그러므로 하나님께서는 "인자(에스겔)야! 너 에스겔은 그들(25인 거짓 지도자들)을 대적하여 예언하고 예언하라"고 하신다.

"그들을 쳐서"란 말은 '그 거짓 지도자들을 맞서서 대항할 것을 권면하라'는 말이다. 여호와께서 에스겔에게 그 거짓 지도자들을 맞서서 예언하라고 하셨으니 에스겔은 추호의 관용도 없이 예언해야 했다.

"예언하고 예언할지니라"는 말을 두 번이나 겹쳐서 말씀하신 것은 '분명히 예언하고 확실하게 예언하라'는 말이다. 에스겔은 25인의 거짓 지도자들을 대항하여 맞서서 그들의 지도가 틀렸음을 분명하게 드러내라는 것이다. 실로 모든 목사와 성도들은 하나님의 말씀을 조롱하는 자에 대해서는 우유부단한 태도를 취하거나 조금도 관용하지 말고 단호하게 하나님의 공의의 말씀으로 질타해서 그 죄를 지적해야 할 것이다(딤전 6:12; 딤후 2:14; 히 4:12).

겔 11:5. 여호와의 영이 내게 임하여 이르시되 너는 말하기를 여호와의 말씀에 이스라엘 족속아 너희가 이렇게 말하였도다 너희 마음에서 일어나는 것을 내가 다 아노라(And the Spirit of the LORD fell upon me, and he said to me, "Say, Thus says the LORD: So you think, O house of Israel. For I know the things that come into your mind- ESV,
Then the spirit of the LORD fell upon me, and he said to me, "Say, Thus says the LORD： This is what you think, O house of Israel; I know the things that come into your mind- RSV)

그 때에 여호와의 영이 내 위에 임하셔서, 내게 말씀하시기를, "너 에스겔은 이스라엘 족속에게 일러라. 나 여호와가 이렇게 말한다. 이스라엘 족속아! 너희가 하는 말과 너희 마음속에 품은 생각을 나는 잘 알고 있다"고 하신다.

"여호와의 영이 내게 임하여 이르시되"(And the Spirit of the LORD fell upon me, and he said to me)라는 말은 '성령님이 에스겔에게 임하여 이르셔서 말씀하셨다'는 뜻이다. 무엇을 말씀하셨는가 하면 여호와께서 말씀하시는 것을 에스겔이 말해야 한다는 것이다. 에스겔은 여호와께서 말씀하시는 것이면 무엇이든지 말해야 한다는 것이었다.

여호와의 말씀에, "이스라엘 족속아! 너희 마음에서 일어나는 것들을 내가 다 안다"고 하신다(잠 16:2; 렘 16:17; 17:10; 마 9:4; 요 2:24, 25; 고전 14:25; 히 4:12). 인생이 무슨 말을 하든 또 무슨 생각을 하든, 여호와는 인생의 말과 생각을 다 아신다는 것이다. '집 건축할 때가 가깝지 아니한즉 이 성읍은 가마가 되고 우리는 고기가 된다'고 생각했고(3절), 또 '우리가 말한 것도 여호와께서 잘 아신다'는 것이다.

겔 11:6. 너희가 이 성읍에서 많이 죽여 그 거리를 시체로 채웠도다.

또 에스겔은 너희 유다 백성들이 이 성읍에서 많은 사람을 살육하여 시체로 그 거리들을 채웠다는 것을 말하라는 것이었다. 이 사건이 무엇을 말하느냐를 두고 견해가 갈린다. 1) 예루살렘이 함락된 후 세워진 그다랴 총독을 위시하여 많은 사람들이 죽은 사건을 가리킨다는 견해(Hans Schmidt), 2) 정복자 바벨론 군에 의해 저질러진 만행에 의한 학살이라고 보는 견해(Hitzig, Ziegler, Lange), 3) 유다의 지도자들이 강포한 정치를 통해 백성들을 억압했던 죄상을 언급한 것으로 보는 견해(Calvin, May, 이상근)이다. 이 견해들 중에는 문맥에 따라 3)번의 견해가 가장 타당하게 보인다.

겔 11:7. 그러므로 주 여호와께서 이같이 말씀하셨느니라 이 성읍 중에서 너희가 죽인 시체는 그 고기요 이 성읍은 그 가마인데 너희는 그 가운데에서

끌려 나오리라.

그러므로 나 주 여호와께서 할 말은 바로 이것이다. 너희가 이 성읍 가운데서 죽인 시체들은 고기요, 이 성읍은 가마솥이다. 그러나 나 여호와는 너희 거짓 지도자들을 이 성읍에서 끌어내겠다.

에스겔은 예루살렘 성이 유다의 거짓 정치가들에 의해 그 성읍 안에 거하는 백성들이 죽임을 당하는 아비규환의 장소가 될 것임을 지적하고 있다. 그러나 이 예언의 핵심 내용은 예루살렘 거민이 이방인에 의해 죽임을 당하는 것은 물론 그 이전에 거짓 지도자들과 불의한 방백들에 의해 먼저 끓는 가마 속에 있는 고기처럼 죽임을 당할 것이라는 사실과 백성들을 죽인 거짓 지도자들과 불의한 방백들 또한 이방인에 의해 찌꺼기처럼 버림을 당하리라는 내용이다.

겔 11:8. 나 주 여호와가 말하노라 너희가 칼을 두려워하니 내가 칼로 너희에게 이르게 하고.

너희 거짓 지도자들이 두려워하는 것이 칼이므로, 나 여호와가 너희에게 칼을 보내주겠다. 나 여호와 하나님의 말씀이다.

거짓 지도자들이 바벨론으로 포로가 되어 가는 것을 싫어하고, 예루살렘 성 중에 머물면 안전하다고 여기고 그렇게 생각했으나 그 성중에 거짓 지도자들이 두려워하는 바벨론의 칼이 임하여 저희들을 죽게 할 것이다.

겔 11:9. 너희를 그 성읍 가운데에서 끌어내어 타국인의 손에 넘겨 너희에게 벌을 내리리니.

나 여호와가 너희 유다의 거짓 지도자들을 이 성읍 가운데서 끌어내어, 타국인(바벨론 군)의 손에 넘겨주어서, 너희에게 온갖 형벌을 내려줄 것이다 (왕하 25:4-21).

겔 11:10. 너희가 칼에 엎드러질 것이라 내가 이스라엘 변경에서 너희를

심판하리니 너희는 내가 여호와인 줄을 알리라.

너희 거짓 지도자들이 칼에 쓰러질 것이다. 나 여호와가 너희를 이스라엘의 국경(립나의 비극을 가리키는 듯하다, 왕하 25:18-21; 렘 52:24-27 참조)에서 심판하겠다. 그 때에야 비로소 너희는, 내가 주 여호와인 줄 알게 될 것이다.

예루살렘 성을 떠나 변경인 립나로 시드기야 왕이 끌려가 바벨론 왕 느부갓네살에게 심문을 당하고, 시드기야 왕의 아들들이 왕이 보는 앞에서 죽임을 당하고, 시드기야의 눈이 뽑히며 사슬로 묶여서 바벨론으로 끌려갔던 것이다.

겔 11:11. 이 성읍은 너희 가마가 되지 아니하고 너희는 그 가운데에 고기가 되지 아니할지라 내가 너희를 이스라엘 변경에서 심판하리니.

이 예루살렘 성읍은 너희 유다의 거짓 지도자들을 보호하는 가마솥이 되지 않을 것이며, 너희도 그 속에서 보호받는 고기가 되지 않을 것이다. 나 여호와가 너희를 이스라엘의 국경에서 심판하겠다고 하신다.

유다의 거짓 지도자들은 찌꺼기처럼 성 밖으로 버림이 된다는 것이며, 유다의 변경에서 심문을 당하고 죽임을 당한다는 것이다.

그리스도를 거스르는 사람들의 소원은 그대로 이루어지지 않는다는 것을 알아야 한다.

겔 11:12. 너희는 내가 여호와인 줄을 알리라 너희가 내 율례를 행하지 아니하며 규례를 지키지 아니하고 너희 사방에 있는 이방인의 규례대로 행하였느니라 하셨다 하라.

너희 거짓 지도자들이 나 주 여호와의 말씀대로 너희가 심판을 받는 것을 보고 나 여호와가 하나님인 사실을 알게 될 것이다(6:7 참조). 너희는 내 율례 가운데 행하지도 않았고, 내 법도를 실행하지도 아니하였으며, 오히려 너희를 둘러싼 민족들의 법도대로 행하였으니 말이다.

겔 11:13. 이에 내가 예언할 때에 브나야의 아들 블라댜가 죽기로 내가 엎드려 큰 소리로 부르짖어 이르되 오호라 주 여호와여 이스라엘의 남은 자를 다 멸절하고자 하시나이까 하니라.

나 에스겔이 예언하는 동안에, 브나야의 아들 블라댜(25인 방백 중에 한 사람)가 죽었으므로 내가 엎드려 얼굴을 땅에 대고, 큰 소리로 부르짖어 아뢰었다. 주 여호와 하나님! 이스라엘의 남은 사람들마저 완전히 없애 버리려고 하십니까?

25인 중에 한 사람이 죽음으로 그들의 받을 벌이 벌써 시작된 것이다. 에스겔이 바벨론에서 환상을 보고 있을 때에 블라댜는 예루살렘에서 죽었을 것이다(Cooke). 아무튼 블라댜가 급사하는 환상을 본 에스겔은 하나님 앞에 부르짖으며 중보의 기도를 드린 것이다(9:8 주해 참조). 이런 예언을 듣는 자들은 그 시간에 당장 회개하고 주 하나님께로 돌아와야 할 것이었다.

에스겔은 하나님을 대적하던 블라댜가 죽을 때에도 이를 기뻐하지 않고 예루살렘의 남은 백성의 장래를 근심했다.

7. 남은 자들에게 회복이 임할 것이다 11:14-21

<이스라엘의 회복을 이르시다>

겔 11:14. 여호와의 말씀이 내게 임하여 이르시되.

"포로민들에게 새 영을 주신다"는 말은 '새 부분이 지금 시작되는 것'을 표현해 준다.

겔 11:15. 인자야 예루살렘 주민이 네 형제 곧 네 형제와 친척과 온 이스라엘 족속을 향하여 이르기를 너희는 여호와에게서 멀리 떠나라 이 땅은 우리에게 주어 기업이 되게 하신 것이라 하셨나니.

인자야(여호와께서 에스겔을 지칭하는 호칭)! 예루살렘 주민들(바벨론에 포로 되어 가지 아니하고 그대로 예루살렘에 남아 있었던 자들을 지칭한다)[4]이 네 형제들, 곧 네 형제들과 네 친척들과 온 이스라엘 족속(유다 백성들을 포함하는 말이다) 모두에게 말하기를 너희 형제들은 여호와에게서 떠나라. 이 땅은 우리에게 유업으로 주어졌다고 했다는 것이다.

예루살렘에 남아 있는 백성들이 포로로 잡혀간 백성들에게 하는 말이 하나님께서 계시는 솔로몬의 성전이 있는 예루살렘에 남아 있는 저들 자신들이 하나님과 함께 거할 것이고, 포로가 되어 예루살렘을 멀리 떠난 포로민들은 하나님께로부터 멀리 떠나 있다는 내용이었다. 그러나 에스겔의 말은 그와 정반대이다. 예루살렘에 남은 백성들은 찌꺼기로 곧 멸망할 것이고, 소망은 포로민들에게 있다는 것으로 말한다.

"너희는 여호와에게서 멀리 떠나라 이 땅은 우리에게 주어 기업이 되게 하신 것이라"는 말은 바벨론에 포로가 되어 가지 아니하고 그냥 예루살렘에 남아 있던 사람들이 자기들만이 하나님의 뜻에 합당하게 행한 자들로서 하나님의 보호를 받고 있는 자라고 생각하고 동시에 포로로 끌려간 자들은 범죄로 인해 형벌을 받는 것이라고 했다. 이 문구는 예루살렘 주민, 곧 바벨론이 예루살렘에 침입했을 때 잡혀가지 아니하고 남아 있던 자들의 비정한 말이다. 그들은 예루살렘에 남게 된 자신들만이 하나님의 뜻에 합당하게 행한 자로서 하나님의 보호를 받는 자라고 여겨 기고만장했다. 다시 말해 본문은 당시 예루살렘에 남아 있던 자들이 바벨론에 포로로 끌려간 자들에게 친족으로서의 친밀한 관계도 무시한 채 '너희들은 죄인들임으로 하나님이 선물로 주신 가나안 땅의 소유권을 포기하라'고 조롱하고 있는 것이다. 그러나 이는 분명히 그릇된 생각이었다. 다음 절부터 21절에 기록된 에스겔의 예언이 이를 증거하고 있다.

겔 11:16. 그런즉 너는 말하기를 주 여호와의 말씀에 내가 비록 그들을 멀리 이방인 가운데로 쫓아내어 여러 나라에 흩었으나 그들이 도달한 나라들에서 내가 잠깐 그들에게 성소가 되리라 하셨다 하고.

---

4) 바벨론의 두 차례에 걸친 예루살렘 침입(주전 605년, 597년) 때 바벨론에 포로로 가지 아니하고 그대로 예루살렘에 남아 있었던 자들을 뜻한다.

그러므로 여호와께서 말씀하시기를, "너 에스겔은 그들에게 일러라. 나 주 여호와 하나님이 이렇게 말한다. 비록 내가 그들을 멀리 이방 사람들 가운데로 쫓아 버렸고, 여러 나라에 흩어 놓았어도, 그들이 가 있는 여러 나라에서 내가 잠시 그들의 성소가 되어 주겠다"고 전하라 하신다.

본 절은 여호와께서 유다 백성들 중 하나님의 백성들을 이방 땅에 잠시 흩으신 후 다시 모으실 때까지 그들이 마음으로 여호와 하나님을 섬길 것을 예언하는 내용이다.

"내가 잠깐 그들에게 성소가 되리라"는 말은 '여호와 하나님께서 유다 백성들이 이스라엘 땅으로 귀환할 때까지 여호와를 경외하고 경배하게 해 주시리라'는 내용이다. 이 말은 결코 유다 백성들이 세계 곳곳에 흩어져 있는 동안에 여호와께서 그 여러 곳에 성소를 지어주신다는 뜻이 아니라 그들로 하여금 죄를 자백하게 하시고 영을 주셔서 여호와를 경외하게 만들어 주신다는 뜻이다. 유다 백성들은 여러 곳에 포로가 된 이후, 고난 중에 죄를 자백하게 되고 새로운 영을 받아 여호와를 경배하게 된다는 것이다.

겔 11:17. 너는 또 말하기를 주 여호와의 말씀에 내가 너희를 만민 가운데에서 모으며 너희를 흩은 여러 나라 가운데에서 모아 내고 이스라엘 땅을 너희에게 주리라 하셨다 하라.

여호와께서는 에스겔에게 말씀하시기를, "너 에스겔은 또 말하기를 주 여호와의 말씀에 나 여호와가 너희 유다 백성들을 만민 가운데에서 모으며 너희 유다 백성들을 흩은 여러 나라 가운데서 모아내서 가나안 땅을 다시 너희 유다 백성들에게 유업으로 줄 것이라"고 하셨다는 것이다.

예레미야도 본 절과 같은 예언을 여러 차례 한 일이 있었다(렘 29:10; 30:18-22). 죄만 자백하면 여호와 하나님은 우리에게 모든 복 주시기를 기뻐하신다.

겔 11:18. 그들이 그리로 가서 그 가운데의 모든 미운 물건과 모든 가증한

것을 제거하여 버릴지라.

유다 백성들이 본토로 귀환한 다음에는 과거에 섬겼던 모든 미운 물건과 모든 우상 시설을 제하여 버릴 것이라는 예언이다(36:25; 렘 4:1).

겔 11:19. 내가 그들에게 한 마음을 주고 그 속에 새 영을 주며 그 몸에서 돌 같은 마음을 제거하고 살처럼 부드러운 마음을 주어.

여호와께서 말씀하시기를, "나 여호와가 유다인들에게 한 마음, 새 영, 살처럼 부드러운 마음을 주겠으며, 그들의 마음속에서는 돌 같은 완악한 마음을 제거하고 깨뜨려 주겠다"고 하신다.

겔 11:20. 내 율례를 따르며 내 규례를 지켜 행하게 하리니 그들은 내 백성이 되고 나는 그들의 하나님이 되리라.

여호와께서 이렇게 유다 백성들에게 새 마음을 주셔서 여호와의 율례를 따르며 여호와의 규례를 지켜 행하게 하셔서 그들이 여호와의 백성이 되고 여호와께서는 유다인들의 하나님이 되시겠다고 하신다(14:2; 36:27-28; 렘 7:23; 32:38).

겔 11:21. 그러나 미운 것과 가증한 것을 마음으로 따르는 자는 내가 그 행위대로 그 머리에 갚으리라 나 주 여호와의 말이니라.

그러나 새로운 백성이 탄생하여 유다인들이 여호와 하나님을 믿는 마당에서 아직도 미운 물건과 가증한 우상 숭배의 것들을 마음속으로 따르는 자들(이들은 아마도 외국에 포로로 잡혀가지 않고 유다 땅에 그냥 남아 있던 자들일 것이다)에 대해서는 여호와께서 그 행위대로 벌을 주실 것이라고 하신다.

이런 자들은 신약 시대의 우상 숭배자들의 예표일 것이다. 세상을 하나님보다 더 사랑하는 사람들은 별수 없이 모두 하나님의 벌을 받을 것이다(골 3:5).

8. 여호와의 영광이 성읍 동편 산에 머물다 11:22-25

22-25절은 여호와의 영광이 성전을 떠나신다는 것을 말한다. 여호와의 성전 동문에 머물던 여호와의 영광(10:19)이 그곳을 떠나 성읍 동편 산에 머물다가 거기서 아주 떠나신다는 내용이다.

<여호와의 영광이 떠나시다>

겔 11:22. 그 때에 그룹들이 날개를 드는데 바퀴도 그 곁에 있고 이스라엘 하나님의 영광도 그 위에 덮였더니.

에스겔에게 말씀하시던 하나님의 영광이 계시던 곳은 성전 동문이었다(1절). 말씀을 마치신 여호와는 이제는 그곳을 떠나시려 한다. 본문의 "날개를 들었다"는 말은 그곳을 떠나심을 암시하는 것이다.

본 절에서 그룹들의 움직임은 10:19의 묘사와 동일하니 그곳의 주해를 참조하라.

겔 11:23. 여호와의 영광이 성읍 가운데에서부터 올라가 성읍 동쪽 산에 머무르고.

그리고 여호와의 영광이 그 성읍 가운데서 떠올라, 성읍 동쪽에 있는 산꼭대기에 머물렀다.

"성읍 동쪽 산"은 감람산(Mount of Olives)을 지칭한다(삼하 15:30; 슥 14:4). 이로써 하나님의 영광은 성전을 완전히 떠나신 것이다. 이제 남은 것은 가증한 일을 행하는 자들에 대한 하나님의 엄정한 심판뿐이었다. 한편 성읍 동쪽에 있는 감람산은 하나님의 심판과 밀접한 관련을 가지고 있다.

본문에서 이 산에 하나님의 영광이 머문 것은 하나님께서 바로 이 산에서 심판을 집행하실 것을 암시하는 것이라고 볼 수도 있다.

겔 11:24. 주의 영이 나를 들어 하나님의 영의 환상 중에 데리고 갈대아에 있는 사로잡힌 자 중에 이르시더니 내가 본 환상이 나를 떠나 올라간지라.

여호와의 영이 나 에스겔을 들어 올려 하나님의 영의 환상 가운데 갈대아에 있는 포로가 된 자들에게 나 에스겔을 데려가셨으며 내가 보았던 그 환상이 나 에스겔에게서 떠났다.

처음에 바벨론에서 예루살렘으로 데리고 온 하나님의 영(8:3)이 이제 다시 에스겔을 바벨론으로 돌려주신 것이다. 그리고 그가 보던 모든 환상도 그를 떠났고 여호와의 영광도 떠나가신 것이다.

겔 11:25. 내가 사로잡힌 자에게 여호와께서 내게 보이신 모든 일을 말하니라.

나는 그 포로들에게 여호와께서 내게 보여 주신 모든 일들에 대해 말하였다. 에스겔은 하나님의 명령대로(12, 16, 17, 21b; 2:4; 3:4) 하나님께서 보여주시고 말씀해주신 모든 것을 현재 포로로 바벨론에 거하는 유다 사람들에게 전해주었다.

D. 심판 표징과 비유와 메시지 12:1-19:14

12-19장도 앞선 부분과 같이 예루살렘의 멸망에 대해 예언하나 좀 더 구체적으로 예루살렘이 포위되고, 망하며, 유다 백성들은 멸망할 것을 보여준다.

이 부분의 내용은 포로의 징표(12장), 거짓 예언자(13장), 우상 숭배자들(14장), 쓸데없는 포도나무(15장), 음녀가 당할 심판(16장), 독수리 비유(17장), 의인과 악인(18장), 및 유다 왕들에게 임한 애가(19장)의 내용으로 되어 있다. 연대는 앞선 부분처럼 주전 592년으로 보인다(8:1).

제 12 장

12장은 에스겔이 이사하는 행위로 유다가 포로가 될 것을 보이고(1-16절), 벌벌 떠는 동작을 보여 포위의 공포를 보여주며(17-20절), 포로가 될 것이 임박한 상황을 예언한다(21-28절).

1. 에스겔이 행구를 옮기다 12:1-16

에스겔이 이사하는 행동을 취하여 유다 백성이 앞으로 포로가 될 것을 보이고(1-7절), 에스겔의 행동으로 유다 백성이 바벨론으로 포로가 될 것을 드러낸다(8-16절).

<포로가 될 것을 나타내는 상징행위>

겔 12:1. 또 여호와의 말씀이 내게 임하여 이르시되.

본 절은 새로운 내용이 시작된다는 것을 보인다.

겔 12:2. 인자야 네가 반역하는 족속 중에 거주하는도다 그들은 볼 눈이 있어도 보지 아니하고 들을 귀가 있어도 듣지 아니하나니 그들은 반역하는 족속임이라.

인자(여호와께서 에스겔을 부르시는 호칭)야! 너 에스겔은 반역하는 족속 가운데 살고 있구나. 유다 백성들은 볼 눈이 있어도 보지 않고 들을 귀가 있어도 듣지 않으니, 이는 그들이 반역의 족속이기 때문이라고 하신다.

눈이나 귀는 하나님의 말씀을 보고 들으라고 주신 것인데, 하나님의 말씀을 보지도 않고 듣지도 않는다면 지금 하나님께 반역하고 있다는 것이다.

겔 12:3. 인자야 너는 포로의 행장을 꾸리고 낮에 그들의 목전에서 끌려가라 네가 네 처소를 다른 곳으로 옮기는 것을 그들이 보면 비록 반역하는 족속이라도 혹 생각이 있으리라.

너, 인자(여호와께서 에스겔을 부르시는 호칭)야! 너 에스겔은 스스로 포로로 잡혀가는 자처럼 짐을 꾸리고, 대낮에 네 자리에서 다른 곳으로 이사하는 것처럼 행동하되, 그들이 보는 데서 포로처럼 떠나라. 비록 그들이 반역의 족속이라도 생각이 있을 것이라는 내용이다.

겔 12:4. 너는 낮에 그들의 목전에서 네 포로의 행장을 밖에 내놓기를 끌려가는 포로의 행장 같이 하고 저물 때에 너는 그들의 목전에서 밖으로 나가기를 포로되어 가는 자 같이 하라.

여호와는 에스겔을 향하여 대낮에 유다 백성들이 보는 앞에서, 즉 낮에 사람들이 훤히 보는 밖에 에스겔의 포로의 짐 꾸러미를 내 놓으라고 말씀하신다. 마치 끌려가는 포로의 짐 꾸러미 같이 하고 저물 때에 너 에스겔은 유다 백성들이 보는 앞에서 밖으로 이동하기를 포로되어 나가는 자처럼 하라고 하신다.

겔 12:5. 너는 그들의 목전에서 성벽을 뚫고 그리로 따라 옮기되.

너 에스겔은 유다 백성들이 보는 앞에서 예루살렘 성벽의 담을 뚫고, 그 담 구멍을 통과하여 이삿짐을 옮겨놓으라고 하신다.

예루살렘 주민들은 너무 당황한 나머지 문을 통과하여 바벨론 군을 피하지 못하고 무너진 성벽을 통하여 도망한다는 것이다.

겔 12:6 캄캄할 때에 그들의 목전에서 어깨에 메고 나가며 얼굴을 가리고 땅을 보지 말지어다 이는 내가 너를 세워 이스라엘 족속에게 징조가 되게 함이라 하시기로.

유다인들의 눈앞에서 너 에스겔이 어깨에 짐을 메고 캄캄할 때 이삿짐을 내가거라. 너 에스겔은 땅을 보지 못하도록 네 얼굴을 가려라. 이는 내가 너를 이스라엘 족속을 위한 표징으로 삼았기 때문이라고 하신다.

"캄캄할 때에 그들의 목전에서 어깨에 메고 나가며 얼굴을 가리고 땅을 보지 말지어다"라는 명령은 지켜보는 사람들로 하여금 매우 불안하게 하여 불길한 예감을 주도록 하기 위함이었다. 이러한 행동의 구체적인 의미는 12, 13절에서 더욱 두드러지게 나타나고 있다.

겔 12:7. 내가 그 명령대로 행하여 낮에 나의 행장을 끌려가는 포로의 행장 같이 내놓고 저물 때에 내 손으로 성벽을 뚫고 캄캄할 때에 행장을 내다가 그들의 목전에서 어깨에 메고 나가니라.

나 에스겔이 명령을 받은 그대로 실행하여, 내 짐을 포로의 짐 꾸러미처럼 낮에 끄집어내 놓았고, 저녁에 손으로 성벽에 구멍을 뚫었으며, 캄캄할 때 내가 짐을 내어다가 그들의 눈앞에서 어깨에 메고 갔다.

에스겔은 짐을 낮에 내놓았고, 저물 때에 벽을 뚫었으며, 캄캄할 때에 행구를 어깨에 메고, 얼굴을 가리고 나갔다는 것이다.

겔 12:8. 이튿날 아침에 여호와의 말씀이 또 내게 임하여 이르시되.

이튿날 아침에 여호와의 말씀이 나 에스겔에게 또 임하셨다는 것이다. 앞 절과 본 절은 에스겔이 여호와께서 지시하시는 세밀한 부분까지 순종했음을 드러내 주고 있다. 우리는 여호와의 명령을 철저하게 순종해야 하는 것이다.

겔 12:9. 인자야 이스라엘 족속 곧 그 반역하는 족속이 네게 묻기를 무엇을 하느냐 하지 아니하더냐.

인자(여호와께서 에스겔을 부르시는 호칭)야! 저 반역하는 이스라엘 족속(유다 족속도 이스라엘 족속이다)이 네(에스겔)가 지금 무슨 일을 하고 있느냐? 하고 너에게 묻지 않더냐?

"반역하는 족속"의 뜻을 위해서는 2절 주해를 참조하라. "그 반역하는 족속이 네게 묻기를 무엇을 하느냐 하지 아니하더냐"는 말은 델아빕에 있던 포로민들을 예루살렘에 머물렀던 반역하는 백성들과 동일시한 것으로 그들이 에스겔이 이사하는 이상한 행동(7절)을 보면서 무엇을 하느냐고 물은 것을 알 수 있다.

겔 12:10. 너는 그들에게 말하기를 주 여호와의 말씀에 이것은 예루살렘 왕과 그 가운데에 있는 이스라엘 온 족속에 대한 묵시라 하셨다 하고.

여호와께서 말씀하시기를 너 에스겔은 유다 족속에게 말하기를 주 여호와의 말씀에 에스겔이 행한 바의 행동은 예루살렘 왕과 그 예루살렘에 있는 유다 족속에 대한 예언이라고 하셨다는 것이다.

본 절의 "예루살렘 왕"이란 시드기야 왕을 가리키는 것이 분명하다. 에스겔이 이삿짐을 옮긴 행동은 예루살렘의 시드기야 왕과 그 안에 남아 있던 유다 백성에 대한 예언이 될 것이란 말이다.

본 절의 "묵시"(예언)란 말이 이사야서(13:1; 14:28; 15:1; 17:1)에나, 예레미야서(23:23, 36)에서도 흔히 나타난다.

겔 12:11. 또 말하기를 나는 너희 징조라 내가 행한 대로 그들도 포로로 사로잡혀 가리라.

여호와께서는 에스겔에게 말하라고 하신다. 즉, 나 에스겔은 너희 유다 백성들에게 징조라. 내가 행한 대로 유다인들도 포로로 사로잡혀 갈 것이다. 에스겔이 이사했던 것처럼 예루살렘의 백성들이 이삿짐을 꾸려가지고 바벨론으로 옮기게 된다는 것이다.

겔 12:12. 무리가 성벽을 뚫고 행장을 그리로 가지고 나가고 그 중에 왕은 어두울 때에 어깨에 행장을 메고 나가며 눈으로 땅을 보지 아니하려고 자기 얼굴을 가리리라 하라.

여호와께서는 에스겔에게 말하기를, "왕(시드기야 왕)도 그들과 함께 어깨에 짐을 메고, 어두울 때에 성 바깥으로 나가게 될 것이고, 사람들이 성벽에 구멍을 뚫고, 짐을 내다 놓을 것이며, 왕은 눈으로 그 땅을 안 보려고 얼굴을 가릴 것이라고 말하라" 하신다.

이 예언은 그대로 성취되었다. 시드기야 왕 제11년(주전 586년) 4월 9일에 바벨론 군대가 예루살렘 성을 함락시키고 들이닥치자 시드기야는 그날 밤 그의 군사들과 친히 이삿짐 보따리를 메고 성을 빠져나갔으나 여리고 평원에서 잡히고 말았다.

겔 12:13. 내가 또 내 그물을 그의 위에 치고 내 올무에 걸리게 하여 그를 끌고 갈대아 땅 바벨론에 이르리니 그가 거기에서 죽으려니와 그 땅을 보지 못하리라.

나 여호와가 그(시드기야 왕)에게 나(여호와)의 그물을 칠 것이니, 그가 나(여호와)의 덫에 걸릴 것이다. 그리고 내(여호와)가 그를 갈대아 사람들의 땅인 바벨론으로 끌고 갈 것이니, 그는 그 땅을 보지 못하고 거기서 죽을 것이다.

본 절의 말씀은 그대로 이루어졌다. 시드기야는 바벨론으로 끌려가서 그 땅을 보지 못하고 죽었다. 그는 눈이 뽑혔으니 바벨론에서 아무 것도 보지 못하고 죽은 것이다(왕하 25:7; 렘 39:7 참조).

겔 12:14. 내가 그 호위하는 자와 부대들을 다 사방으로 흩고 또 그 뒤를 따라 칼을 빼리라.

나 여호와가 그(시드기야)의 주위에 있는 모든 자들, 곧 그를 돕는 자들과 그의 모든 군대를 사방 바람에 흩어 버리고, 그들을 따라가며 칼을 빼어 죽일 것이다.

이 말씀도 그대로 성취되었다. 시드기야 왕이 바벨론 군에 의해 체포되자 그를 호위하던 시위병들이나 근위병들은 사방으로 흩어지고 바벨론 군대의 칼에 죽임을 당하고 말았다.

겔 12:15. 내가 그들을 이방인 가운데로 흩으며 여러 나라 가운데에 헤친 후에야 내가 여호와인 줄을 그들이 알리라.

나 여호와가 그들을 여러 민족들 가운데 흩어버리고 여러 나라들 가운데 헤쳐 버릴 때, 그들이 내가 여호와인 것을 알 것이라고 하신다.

본 절은 11절에 이어 나오는 말씀이다. 11절에 에스겔이 이사의 모습을 취했던 것처럼 예루살렘의 백성들이 포로의 짐을 꾸려가지고 바벨론으로 옮기게 된다고 한 것처럼 여호와께서 유다인들을 이방인 가운데로 흩으시며 여러 나라 가운데로 헤치시게 될 때에 유다 백성들이 공의의 하나님께서 자기들을 심판하신 줄 알게 된다는 것이다(6:7 참조). 사람들은 너무 늦게야 하나님을 알아본다. 죽을 때에 가서야 하나님을 알아보는 것이다.

겔 12:16. 그러나 내가 그 중 몇 사람을 남겨 칼과 기근과 전염병에서 벗어나게 하여 그들이 이르는 이방인 가운데에서 자기의 모든 가증한 일을 자백하게 하리니 내가 여호와인 줄을 그들이 알리라.

그러나 나 여호와가 시드기야가 체포될 때 그들 중 몇 사람을 칼과 기근과 전염병에서 벗어나게 하여, 그들이 가서 만나게 되는 이방 민족들에게 자기 자신들의 과거의 모든 우상 숭배 죄들을 자백하게 할 것이니, 그때에 그들은 내가 여호와인 것을 알 것이다.

죄를 자백하면 여호와 하나님을 알게 되는 것이다. 오늘날도 죄를 자백하는 사람은 누구나 하나님을 더욱 분명하게 알게 된다.

2. 에스겔이 떨며 음식을 먹다 12:17-20

<떨면서 먹고 마시며 보이는 징조>

겔 12:17. 여호와의 말씀이 또 내게 임하여 이르시되.

여호와의 말씀이 또 에스겔에게 임하여 이르셨다는 본 절의 말씀은

18-20절의 새로운 내용을 설명하기 위하여 기록한 말이다.

겔 12:18. 인자야 너는 떨면서 네 음식을 먹고 놀라고 근심하면서 네 물을 마시며.

여호와께서 에스겔을 향해, "인자(여호와께서 에스겔을 부르시는 호칭)야! 네(에스겔)가 떨며 네 빵을 먹고, 불안과 두려움 가운데 네 물을 마시라"고 하신다.

본 절의 "네가 떨며 네 빵을 먹으라"는 말과 "불안과 두려움 가운데 네 물을 마시라"는 말은 동의절이다. 여호와께서 에스겔에게 떨면서 음식을 먹으며 두려움 가운데 물을 마시라고 하신 이유는 앞으로 유다 백성들이 바벨론 군대들이 침입할 때에 그렇게 벌벌 떨게 된다는 것을 알리기 위함이다.

겔 12:19. 이 땅 백성에게 말하되 주 여호와께서 예루살렘 주민과 이스라엘 땅에 대하여 이르시기를 그들이 근심하면서 그 음식을 먹으며 놀라면서 그 물을 마실 것은 이 땅 모든 주민의 포악으로 말미암아 땅에 가득한 것이 황폐하게 됨이라.

그리고 너 에스겔은 이 땅 백성들에게 말하라. 나 주 하나님이 예루살렘과 유다 땅의 주민이 당하게 될 일을 말한다. 그들이 근심에 싸여 음식을 먹고, 놀라움에 싸여 물을 마실 것이다. 이 땅의 모든 주민이 저지른 폭행 때문에, 이 땅의 풍요가 다 사라지고, 황폐하게 될 것이기 때문이라고 하신다.

이와 같은 행동 예언은 예루살렘과 유다가 바벨론 군에게 포위되어 식량의 핍절을 당하고 많은 사람들이 굶어죽게 될 비참한 사실을 예언하는 것이다(박윤선).

겔 12:20. 사람이 거주하는 성읍들이 황폐하며 땅이 적막하리니 내가 여호와인 줄을 너희가 알리라 하셨다 하라.

사람이 사는 성읍들은 폐허가 될 것이고, 그 땅은 황무지가 될 것이니, 그 때에 너희 유다 백성들은 내가 여호와인 것을 알 것이라고 하신다.

사람이 사는 성읍들이 폐허가 되고, 그 땅은 황무지가 되는 이유는 백성들이 포로로 잡혀가고 거주민이 죽게 되면 자연히 일어나는 현상이다(35:4; 레 26:31-33). 유다 나라는 앞으로 바벨론 군에 의해서 본 절과 같이 될 것인데 그때에 백성들은 여호와가 바로 하나님이신 줄 알게 될 것이다(15절; 6:7 주해 참조).

3. 멸망이 임박한 것을 예언하다 12:21-28

21-28절은 에스겔이 예언한 멸망에 대해 백성들은 아직도 정신을 차리지 못하고 있으므로 에스겔은 다시 유다의 끝이 임박한 것을 경고한다.

<속담과 묵시>

겔 12:21. 여호와의 말씀이 또 내게 임하여 이르시되.

본 절은 새로운 부분이 시작된다는 것을 알리는 표제의 말씀이다. 즉, 멸망이 아주 닥친 것을 말하기 위해 기록한 말이다.

겔 12:22. 인자야 이스라엘 땅에서 이르기를 날이 더디고 모든 묵시가 사라지리라 하는 너희의 이 속담이 어찌 됨이냐.

인자(여호와께서 에스겔을 부르시는 호칭)야! 유다 땅(유다 땅을 이스라엘 땅이라고 해도 된다)에서 말하기를 세월은 그냥 지속되고 있고, 모든 환상은 이루어지지 않고 있다고 하는 유다 사람들의 속담이 어찌 된 것이냐? 에스겔의 입을 통해 예언한 여호와의 예언이 도무지 이루어지지 않고 또 모든 환상도 사라져 버리고 말게 될 것이라는 이 속담이 어찌된 일이냐고 하신다. 오늘날 신약 시대에 와서는 예수님의 재림이 언제 있을 것이냐고 한다. 참으로 불신의 말임에 틀림없다.

겔 12:23. 그러므로 너는 그들에게 이르기를 주 여호와께서 이같이 말씀하시기를 내가 이 속담을 그치게 하리니 사람이 다시는 이스라엘 가운데에서

이 속담을 사용하지 못하리라 하셨다 하고 또 그들에게 이르기를 날과 모든 묵시의 응함이 가까우니.

유다 백성들이 22절과 같은 속담을 만들어 사용하니 에스겔 너는 유다 백성들에게 이르기를 주 여호와께서 이같이 말씀하시기를 나 여호와가 유다 백성들이 사용하는 이 속담을 그치게 할 것이니 유다 백성들이 다시는 유다 나라에서 이 따위 속담을 사용하지 못하리라고 하셨다 하고 유다 백성들에게 이르기를 날과 모든 묵시의 응함이 곧 이루어지게 될 것이라고 말씀하신다.

겔 12:24. 이스라엘 족속 중에 허탄한 묵시나 아첨하는 복술이 다시 있지 못하리라 하라.

유다 족속 중(유다 족속도 광범위하게 말하여 이스라엘 족속이라고 할 수 있다)에 다시는 어떤 헛된 환상이나 아첨하는 복술도 유다 족속 가운데 있지 아니 하리라 할 것이다.

"허탄한 묵시"란 말은 유다 나라에 존재하는 '묵시가 사람들을 속이는 것이니 허탄한 묵시'라는 것이다. 그리고 "아첨하는 복술"이란 말도 '복술이 유다 백성에게 아첨하는 것이니 아첨하는 복술'이라는 것이다. 본 절에서는 허탄한 묵시나 아첨하는 복술(점치는 일)이 없어진다는 것을 예언한다. 이 거짓 선지자 문제에 대해서는 13장에서 더욱 자세하게 묘사된다.

겔 12:25. 나는 여호와라 내가 말하리니 내가 하는 말이 다시는 더디지 아니하고 응하리라 반역하는 족속이여 내가 너희 생전에 말하고 이루리라 나 주 여호와의 말이니라 하셨다 하라.

나 여호와가 말하노니, 내(여호와)가 하는 말이 성취되고, 더 이상 미루어지지 아니할 것이다. 반역하는 유다 족속아! 내가 말한 것을 너희 생전에 그대로 이룰 것이라고 하신다.

여호와께서 이 예언을 하신 후 수년 안에 예루살렘과 유다에 대한 여호와의 심판은 그대로 이루어졌다(합 2:3). 오늘도 입을 놀려 여호와를 반역하는 자들은 바로 심판을 받을 것이다.

겔 12:26. 여호와의 말씀이 또 내게 임하여 이르시되.

본 절은 새로운 내용이 시작된다는 것을 알리는 부분이다. 본 절의 주해를 위해 6:1 주해를 참조하라.

겔 12:27. 인자야 이스라엘 족속의 말이 그가 보는 묵시는 여러 날 후의 일이라 그가 멀리 있는 때에 대하여 예언하였다 하느니라.

인자(여호와께서 에스겔을 부르시는 호칭)야! 보라! 유다 족속(유다 족속도 이스라엘 족속이다)이 그(에스겔)가 보는 환상은 여러 날 뒤에 대한 것이며, 그는 먼 훗날에 대하여 예언한다고 말한다.

본 절 초두에는 "보라!"란 말이 있어 본 절이 아주 중요하니 유심이 관찰해야 할 것으로 촉구한다. 다시 말해 유다 족속은 에스겔의 예언이 먼 훗날을 두고 예언한 것이니 이루어지지 않을 수도 있는 예언이고, 에스겔은 먼 훗날에 대하여 예언한 것이니 당장에는 무슨 일이 일어나지 않을 것이라고들 말한다. 오늘도 어떤 사람들은 예수님의 재림 사건이 몇 십억 년 후에나 이루어질 것처럼 여기거나 아니면 아예 이루어지지 않을 일이라고 여긴다.

겔 12:28. 그러므로 너는 그들에게 이르기를 주 여호와의 말씀에 나의 말이 하나도 다시 더디지 아니할지니 내가 한 말이 이루어지리라 나 주 여호와의 말이니라 하라.

유다 백성들이 에스겔의 예언은 이루어지지 않을 것처럼 말하니 나 여호와가 말하기를 너 에스겔은 그들(유다 백성)에게 말하여라. 주 여호와가 이같이 말한다. 내 말은 하나라도 결코 지체되지 않을 것이며, 내가 한 말이 반드시 이루어질 것이다.

본 절은 25절을 강조한 말이다. 여호와의 계시는 더 이상 지체되지 않고 이루어질 것이며, 속히 성취된다는 것이다.

제 13 장

13장에 예언된 에스겔의 거짓 선지자에 대한 예언은 두 부분으로 나누어진다. 첫째, 거짓 선지자에 대한 예언(1-16절)과 둘째, 거짓 여선지자에 대한 예언(17-23절)으로 나누어진다.

4. 거짓 선지자들에게 심판한다는 메시지를 주다 13:1-16

거짓 선지자들은 거짓 점을 보여주는 자들(1-7절)이므로 여호와께서 이들을 벌하신다(8-16절)는 것이다. 1-16절은 렘 23:9-32와 유사하다.

<거짓 선지자의 종말>

겔 13:1. 여호와의 말씀이 내게 임하여 이르시되.

본 절은 새로운 내용을 시작한다는 것을 알리는 말이다. 12:7의 주해를 참조하라.

겔 13:2. 인자야 너는 이스라엘의 예언하는 선지자들에게 경고하여 예언하되 자기 마음대로 예언하는 자에게 말하기를 너희는 여호와의 말씀을 들으라.

인자야(여호와께서 에스겔을 부르시는 호칭)! 너 에스겔은 예언하는 이스라엘(유다) 선지자들을 대항하여 예언하여라. 자기들 마음대로 예언하는 자들에게 너희들(거짓 선지자들)은 여호와의 말씀을 들으라고 말하여라.

구약 시대에는 "자기 마음대로 예언하는 선지자들"이 많았다(렘 14:14; 23:16, 26). 오늘날 무속인들이 자기들을 찾아오는 사람들을 위하여 돈을 받고 점을 쳐주듯 했다.

겔 13:3. 주 여호와의 말씀에 본 것이 없이 자기 심령을 따라 예언하는

어리석은 선지자에게 화가 있을진저.

주 여호와께서 이같이 이르시기를, "하나님께서 보여주시는 계시를 보지 못하고 자기의 영을 따라 예언하는 미련한 선지자들에게 화가 있을 것이라" 고 하신다.

겔 13:4. 이스라엘아 너의 선지자들은 황무지에 있는 여우 같으니라.

이스라엘(유다를 이스라엘이라고 부른다)을 향해 너희 선지자들은 황무지(폐허 더미)에 있는 여우와 같다고 하신다.

"여우"라는 짐승은 아주 간교하고(눅 13:32), 식물들을 해치며(마 2:15), 땅을 파서 헤집어 놓는다(느 4:13).

"황무지에 있는 여우"는 아무의 지배도 받지 않고 제멋대로 사는 것이 특징이다.

"거짓 선지자들"은 간교한 말을 해서 백성을 해치는 사람들을 지칭한다. 이들은 살아있을 가치가 없는 사람들이다.

겔 13:5. 너희 선지자들이 성 무너진 곳에 올라가지도 아니하였으며 이스라엘 족속을 위하여 여호와의 날에 전쟁에서 견디게 하려고 성벽을 수축하지도 아니하였느니라.

너희 유다의 거짓 선지자들은 성벽이 허물어진 데로 올라가서 수리해 본 적도 없었으며, 이스라엘(유다) 족속을 위하여 여호와의 날에 있을 전쟁을 방비하려고 성벽을 보수해 본 일도 없는 사람들이었다.

본문은 거짓 선지자들이 영적으로 도덕적으로 극도로 타락한 유다 백성의 심령 상태를 알기 위하여 무너진 곳을 찾아다니는, 열심을 보이지도 않고, 하나님의 말씀으로 다시 그들을 바르게 일으켜 세우는 노력도 보이지 않았음을 고발하는 것이다. 도리어 그들은 타락하고 아주 망가져버린 심령들을 부추겨서 완전히 망하게 했던 것이다(Plumptre, Leale, Dyer).

"여호와의 날"이란 여호와께서 패역한 자들을 징계하시는 심판의 날을 가리킨다.

겔 13:6. 여호와께서 말씀하셨다고 하는 자들이 허탄한 것과 거짓된 점괘를 보며 사람들에게 그 말이 확실히 이루어지기를 바라게 하거니와 그들은 여호와가 보낸 자가 아니라.

여호와께서 말씀하셨다고 말하는 거짓 선지자들은 허황한 환상이나 보고 속임수로 점이나 치면서 여호와의 말을 사칭하는 것들이다. 그들은 나 여호와가 보내지 않았는데도 멋대로 지껄이고는 그대로 이루어지기를 은근히 바라고 있다는 것이다.

거짓 선지자들의 거짓 점술은 율법에 금지되어 있는데도(출 22:18; 레 19:26, 31), 그들은 백성들로 하여금 그 거짓된 예언이 성취될 것이라고 믿게끔 노력했다.

겔 13:7. 너희가 말하기는 여호와의 말씀이라 하여도 내가 말한 것이 아닌즉 어찌 허탄한 묵시를 보며 거짓된 점괘를 말한 것이 아니냐.

너희 거짓 선지자는 나 여호와가 말하지 않았는데도 '여호와의 말씀'이라고 말하니, 너희 거짓 선지자는 헛된 환상을 보고, 속이는 점괘를 말한 것이 아니냐?

본 절은 6절과 똑같은 내용의 말인데(그 주해 참조) 여호와께서 거짓 선지자들을 직접 책망하는 어법으로 다시 말씀한 것이다.

겔 13:8. 그러므로 주 여호와께서 이같이 말씀하셨느니라 너희가 허탄한 것을 말하며 거짓된 것을 보았은즉 내가 너희를 치리라 주 여호와의 말씀이니라.

그러므로 주 여호와께서 이같이 말씀하시기를, "너희 거짓 선지자들이 헛것을 말하며 거짓을 보고 백성들에게 지껄였으니 내가 너희를 가만히 두지 않고 쳐버리겠다"고 하신다.

거짓 선지자들이 회칠한 무덤처럼 외식으로 행동했으나 여호와께서는 그들을 아주 망하게 하시겠다고 하신다.

겔 13:9. 그 선지자들이 허탄한 묵시를 보며 거짓 것을 점쳤으니 내 손이 그들을 쳐서 내 백성의 공회에 들어오지 못하게 하며 이스라엘 족속의 호적에도 기록되지 못하게 하며 이스라엘 땅에도 들어가지 못하게 하리니 너희가 나를 여호와인 줄 알리라.

본 절은 거짓 선지자들이 받을 벌에 대해 언급한다. 즉, 그들을 1) "내 백성의 공회에 들어오지 못하게 하겠다"고 하신다. '참 신앙인의 모임에 들지 못하게 하신다'는 뜻이다. 2) "이스라엘 족속의 호적에도 기록되지 못하게 하겠다"고 하신다. 이 말씀은 유다 민족이 본국에 돌아가 신생 국가를 조직할 때 그 호적(사 4:3; 스 2장; 느 7장)에도 들게 하지 못하겠다고 하신다. 3) "이스라엘 땅에도 들어가지 못하게 하겠다"고 하신다. 유다인들이 바벨론에서 귀환할 때에 거짓 선지자들을 본국으로 돌아오지 못하게 하겠다고 하신다. 벌 중에 큰 벌이다. 거짓된 선지자들은 온전히 버림을 당한다는 것이다.

겔 13:10. 이렇게 칠 것은 그들이 내 백성을 유혹하여 평강이 없으나 평강이 있다 함이라 어떤 사람이 담을 쌓을 때에 그들이 회칠을 하는도다.

본 절은 여호와께서 거짓 선지자들을 치실 이유를 말씀하신다. 첫째는 "그들이 내 백성을 유혹하여 평강이 없으나 평강이 있다고 하기 때문이라"는 것이다. 즉, 거짓 선지자들이 유다 백성들에게 평강이 없는데도 "평강하다 평강하다"고 했다는 것이다(렘 6:14; 8:11; 23:17; 미 3:5; 슥 10:2). "평강"이란 안전하고 번영한다는 뜻으로 하나님과 바른 관계에서 얻어지는 것이다(이상근).

둘째는 외식이었다. 즉, "어떤 사람이 담을 쌓을 때에 그들이 회칠을 하기 때문이라"는 것이다. 담을 쌓을 때에 담을 튼튼히 쌓지는 않고 겉에 회칠만 한다는 것이다. 거짓 선지자들은 겉만 꾸미는 자들이었다 (마 23:27참조).

겔 13:11. 그러므로 너는 회칠하는 자에게 이르기를 그것이 무너지리라 폭우가 내리며 큰 우박덩이가 떨어지며 폭풍이 몰아치리니.

그러므로(거짓 선지자들이 유다 백성들에게 평강이 없는데 평강이 있다고 거짓말을 했으므로) 여호와께서 너 에스겔은 회칠하는 자들에게, 그 담이 무너질 것이라고 말하라. 나 여호와가 소나기를 퍼붓고, 우박을 퍼부으며, 폭풍을 일으킬 것이라(출 9:22; 수 10:11; 사 30:30; 마 7:24-27)고 말씀하신다.

참된 선지자들은 하나님의 말씀만 전하니 그 예언들은 심판 때에도 동요하지 않고 견디게 마련이다.

겔 13:12. 그 담이 무너진즉 어떤 사람이 너희에게 말하기를 그것에 칠한 회가 어디 있느냐 하지 아니하겠느냐.

벽이 무너지면 사람들이 너희에게 말하기를 너희가 칠한 그 회가 다 어디 있느냐고 하지 않겠느냐?

백성들에게 평강은 없는데 평강이 있을 것이라고 했던 거짓 선지자의 말로(末路)는 조롱거리가 되고 그의 말을 따랐던 백성들은 허탈하게 되는 것이다.

겔 13:13. 그러므로 나 주 여호와가 말하노라 내가 분노하여 폭풍을 퍼붓고 내가 진노하여 폭우를 내리고 분노하여 큰 우박덩어리로 무너뜨리리라.

그러므로 주 여호와께서 이와 같이 말씀하시기를, "나 여호와가 분노하여 폭풍을 일으키고, 내 진노로 폭우가 오게 하며, 내 분노 가운데 돌 같은 우박들(심판의 도구들, 욥 38:2; 사 29:6)로 망하게 하겠다"고 하신다.

겔 13:14. 회칠한 담을 내가 이렇게 허물어서 땅에 넘어뜨리고 그 기초를 드러낼 것이라 담이 무너진즉 너희가 그 가운데에서 망하리니 나를 여호와인 줄 알리라.

본 절은 11절의 반복이다. 즉, 거짓 선지자가 회칠한 그 담을 나 여호와가 허물어서 땅바닥에 넘어뜨리고, 그 기초를 훤히 드러나게 하겠다. 그 담이 무너지면 너희가 그 밑에 깔려서 죽을 것이다. 그 때에서야 비로소 너희는 내가 여호와인 줄 알 것이다.

겔 13:15. 이와 같이 내가 내 노를 담과 회칠한 자에게 모두 이루고 또 너희에게 말하기를 담도 없어지고 칠한 자들도 없어졌다 하리니.

나 여호와가 내 분노를 벽과 그 벽에 회칠한 자들에게 모두 쏟고, 너희에게 말하기를 벽도 없어졌고, 담에 회칠한 자들도 없어졌다고 하겠다. 본 절 주해를 위해 12절 주해를 참조하라.

본 절은 거짓 선지자는 물론 또 거짓 선지자들의 농락 대상이었던 예루살렘까지 하나님의 심판을 받게 되리라는 것을 다시 한 번 강조하고 있다.

겔 13:16. 이들은 예루살렘에 대하여 예언하기를 평강이 없으나 평강의 묵시를 보았다고 하는 이스라엘의 선지자들이니라 주 여호와의 말씀이니라.

주 여호와께서 선언하시기를 예루살렘에 대하여 예언하는 유다의 선지자들과 평안이 없으나 예루살렘을 위해 평안이 있다고 하는 자들이 모두 사라질 것이라 하신다.

5. 여(女) 거짓 선지자들에게 심판 메시지를 주다 13:17-23

성경에는 여자 예언자들이 있었다. 모세의 누이 미리암(출 15:21), 사사 시대의 드보라(삿 5:4), 요시야 왕 때의 훌다(왕하 22:14-20), 느헤미야를 괴롭힌 노아다(느 6:14), 신약 시대의 안나(눅 2:36), 빌립의 딸들(행 21:9) 등이 있었다. 이런 여자 선지자들 사이에 거짓 예언하는 여자 선지자가 존재했다.

<거짓말로 예언하는 여자들>

겔 13:17. 너 인자야 너의 백성 중에 자기 마음대로 예언하는 여자들에게 경고하며 예언하여.

너 인자야(에스겔을 호칭하는 말), 네 백성 가운데서 자기들의 마음 내키는 대로 예언하는 거짓 여자들을 주목해 보고 그들을 쳐서 예언하라고 하신다.

여자 거짓 선지자들도 남자 거짓 선지자들과 마찬가지로 하나님의 심판을 받는다는 것이다.

아무튼 거짓은 구약 시대나 신약 시대나 똑같이 심판을 받는 것이 틀림없다.

겔 13:18. 이르기를 주 여호와의 말씀에 사람의 영혼을 사냥하려고 손목마다 부적을 꿰어 매고 키가 큰 자나 작은 자의 머리를 위하여 수건을 만드는 여자들에게 화 있을진저 너희가 어찌하여 내 백성의 영혼을 사냥하면서 자기를 위하여는 영혼을 살리려 하느냐.

여호와께서는 에스겔에게 여자 거짓 선지자들을 향하여 쓰디쓴 말을 하라고 권하신다. 즉, 사람의 영혼을 사냥하려고 팔목마다 부적 띠를 꿰매고, 각 사람의 키에 맞도록 너울을 만들어 머리에 씌워 주는 여자들에게 화가 있을 것이다. 너희가 내 백성의 영혼을 사냥하여 죽이려고 하면서도 자신의 영혼은 살아남기를 바라는 것이냐?

"사람의 영혼을 사냥하려고 손목마다 부적을 꿰어 매고"란 말은 여(女) 거짓 선지자들이 자기들의 신으로부터 무슨 지시를 받는 방법으로 부적을 손목에 꿰어 매는 것이었다.

"수건을 만드는 여자들에게 화 있을진저"란 말은 '거짓 여(女) 선지자들이 머리에 이상한 수건을 써서 자기들의 신의 지시를 받기 위해 수건을 만드는 여자들에게 화가 있으라는 것'이었다.

"자기를 위하여 영혼을 살리려 하느냐"는 말은 '남을 속여먹고 자기만 살 줄로 여기느냐'는 책망이다. 하나님의 백성을 속여먹고 어떻게 살겠느냐는 것이다. 반드시 죽는다는 것이다.

겔 13:19. 너희가 두어 움큼 보리와 두어 조각 떡을 위하여 나를 내 백성 가운데에서 욕되게 하여 거짓말을 곧이 듣는 내 백성에게 너희가 거짓말을 지어내어 죽지 아니할 영혼을 죽이고 살지 못할 영혼을 살리는도다.

"너희 거짓 여선지자들은 보리 몇 움큼과 빵 몇 조각을 위해 나 여호와를 내 백성 중에서 욕되게 하고, 거짓을 듣는 내 백성을 속여, 죽어서는 절대 안 될 영혼을 죽이고, 살아서는 안 될 영혼을 살리고 있구나!"라고 책망하신다.

"너희가 두어 움큼 보리와 두어 조각 떡"이란 말은 점술자들이 점을 보아주고 받는 극히 적은 보수를 가리킨다. 그 적은 보수를 받고자 유다 백성 가운데에서 여호와를 욕되게 한다는 책망이다.

"죽지 아니할 영혼을 죽이고 살지 못할 영혼을 살리는도다"라는 말은 '죽어서는 안 되는 내 백성의 영혼을 죽이고, 살아서는 안 되는 너희 거짓 영혼들을 살리고 있다'는 뜻이다.

겔 13:20. 그러므로 나 주 여호와가 이같이 말하노라 너희가 새를 사냥하듯 영혼들을 사냥하는 그 부적을 내가 너희 팔에서 떼어 버리고 너희가 새처럼 사냥한 그 영혼들을 놓아 주며.

그러므로 나 여호와가 말한다. 새 잡듯이 사람의 영혼을 사냥하는데 사용했던 너희의 부적 띠를 내가 떼어버려서 더 이상은 무속 행위를 못하게 하겠다. 내가 그것을 너희의 팔목에서 떼어 내고 너희가 새 잡듯이 사냥한 영혼들을 풀어 놓아 주겠다고 하신다.

겔 13:21. 또 너희 수건을 찢고 내 백성을 너희 손에서 건지고 다시는 너희

손에 사냥물이 되지 아니하게 하리니 내가 여호와인 줄을 너희가 알리라.

나 여호와가 너희 두건들을 찢어 더 이상 무녀 노릇을 못하게 하여 내 백성을 너희 손에서 구해내고 그들이 다시는 너희 손에 사냥감이 되지 않게 하겠다. 그러면 너희는 내가 여호와인 줄을 알게 될 것이다(6:7 참조).

겔 13:22. 내가 슬프게 하지 아니한 의인의 마음을 너희가 거짓말로 근심하게 하며 너희가 또 악인의 손을 굳게 하여 그 악한 길에서 돌이켜 떠나 삶을 얻지 못하게 하였은즉.

본 절 초두에는 이유를 말하는 접속사(יַעַן)가 있어 본 절이 앞 절의 이유를 설명하고 있다. 즉, 나 여호와가 의인들에게 고통을 주지 않았으나, 너희 거짓 선지자가 거짓말로 의인의 마음을 낙담하게 하고, 오히려 악인의 손은 강건하게 해줌으로 그가 악한 길에서 돌아서서 삶을 얻지 못하도록 하였기 때문이라고 한다.

겔 13:23. 너희가 다시는 허탄한 묵시를 보지 못하고 점복도 못할지라 내가 내 백성을 너희 손에서 건져내리니 내가 여호와인 줄을 너희가 알리라 하라.

그런고로 너희 거짓 선지자가 다시는 허황된 묵시를 보지 못하고 점술도 더 이상 못할 것이다. 나 여호와가 내 백성을 너희 거짓 선지자들의 손에서 건져 낼 것이니 그 때에는 너희 거짓말쟁이들이 나 여호와가 바로 여호와인 줄을 알게 될 것이다. 본 절을 위한 상세한 주해는 20, 21절 주해를 참조하라.

제 14 장

6. 우상 숭배자들에게 심판이 임할 것이다 14:1-11

여호와께서 우상 숭배자들을 심판하신다는 내용(1-5절)과 우상 숭배자들에게 우상을 떠날 것을 권고한다(6-11절).

<여호와께서 우상 숭배를 심판하시다>

겔 14:1. 이스라엘 장로 두어 사람이 나아와 내 앞에 앉으니.

유다 장로 두어 사람(8:1; 20:1)이 나아와 나 에스겔 앞에 앉았다는 것이다. 유다에서 어떤 일로 바벨론에 장로들이 왔다가 에스겔을 방문한 듯이 보인다. 이들은 우상을 떠나지 아니한 자들이었다.

겔 14:2. 여호와의 말씀이 내게 임하여 이르시되.

유다의 장로들이 에스겔을 통한 하나님의 말씀을 듣고자 하다가 하나님의 말씀이 에스겔에게 임한 것이다(3:16; 6:1; 7:1).

겔 14:3. 인자야 이 사람들이 자기 우상을 마음에 들이며 죄악의 걸림돌을 자기 앞에 두었으니 그들이 내게 묻기를 내가 조금인들 용납하랴.

인자야(여호와께서 에스겔을 부르시는 호칭)! 이 장로들이란 자들이 자기 우상들을 자기들 마음에 들여놓고 자기들의 얼굴 앞에 죄악의 기회로 삼았으니, 나 여호와가 과연 이런 사람들에게 질문을 받을 수가 있겠느냐고 하신다.

"이 사람들이 자기 우상을 마음에 들이며"라는 말은 '이 사람들이 자기들의 우상을 사모한다'는 뜻이다.

여호와께서는 우상 숭배자들의 질문을 받지 않으시며 그들에게 복을 허락하지 않으신다고 하신다.

겔 14:4. 그런즉 너는 그들에게 말하여 이르라 나 주 여호와가 말하노라 이스라엘 족속 중에 그 우상을 마음에 들이며 죄악의 걸림돌을 자기 앞에 두고 선지자에게로 가는 모든 자에게 나 여호와가 그 우상의 수효대로 보응하리니.

그러므로 너 에스겔이 그들 우상 숭배자들에게 말하고 그들에게 일러주어라. 주 여호와께서 이와 같이 말씀하시기를 누구든지 유다 족속 중에 우상들을 자기 마음에 사모하여 자기 얼굴 앞에 죄악의 기회로 삼으면서 선지자에게 오는 자는 나 여호와가 그의 우상의 숫자대로 그에게 친히 보응하겠다고 하신다.

본 절은 하나님께서 직접 에스겔에게 나아온 장로들의 우상 숭배 행위를 책망하시되 그들이 우상 숭배를 한 그 죄악만큼 보응하시겠다는 의미이다(Hengsternberg, Leale, Dyer).

우리는 본문을 통해 하나님은 진정 사람의 외모를 보지 않으시고 오직 그 중심을 보시는 분이심을 다시 한 번 알 수 있다(왕상 8:39; 욥 34:19).

겔 14:5. 이는 이스라엘 족속이 다 그 우상으로 말미암아 나를 배반하였으므로 내가 그들이 마음먹은 대로 그들을 잡으려 함이라(that I may lay hold of the hearts of the house of Israel, who are all estranged from me through their idols-ESV, in order that I may take hold of the hearts of the house of Israel, all of whom are estranged from me through their idols-NRSV)**.**

본 절은 여호와께서 우상 숭배의 죄악을 버리지 아니하는 자들을 어떻게 대하실 것을 설명한다. 하나님께서는 우상 숭배자들을 그대로 버려두심으로 심판하시겠다고 선언하신다(살후 2:11-12). 즉, 유다 족속이 모두 우상 때문에 나로부터 멀리 떠났으니, 이제는 내가 직접 그들의 마음을 사로잡겠다고 하신다.

그 결과 우상 숭배자들은 끝내 우상을 숭배하는 길에서 돌이키지 못하게 될 것이며, 결국 자신의 죄의 결과로 완전한 멸망을 당하게 될 것이다(Matthew Henry).

겔 14:6. 그런즉 너는 이스라엘 족속에게 이르기를 주 여호와의 말씀에 너희는 마음을 돌이켜 우상을 떠나고 얼굴을 돌려 모든 가증한 것을 떠나라.

그러므로 너 에스겔은 이스라엘 족속(유다 족속도 모두 이스라엘 족속임에 틀림없다)에게 말하라. 나 여호와 하나님이 말한다. 너희는 회개하라. 너희의 우상들에게서 돌아서라. 너희의 모든 역겨운 것에서 얼굴을 돌리라고 하신다.

본 절에는 "떠나라"(שׁוּב)는 말이 두 번 나타나고 있다. 이 낱말(שׁוּב)은 '돌아서라'(U-turn)는 말이다. "마음을 돌이켜 우상을 떠나라"는 말과 "얼굴을 돌려 모든 가증한 것을 떠나라"는 말은 동의 구절이다. 우상을 떠나기 위해서는 우상으로부터 마음을 돌이키는 것이 중요하고, 우상으로부터 얼굴을 돌리는 것이 중요하다. 마음을 돌린다는 것, 얼굴을 돌린다는 것은 우리 자신들을 살리는 일이다. 돈 우상, 물질 우상, 명예 우상, 세상을 하나님보다 더 사랑하던 우상 심리로부터 마음을 돌리고 얼굴을 돌려 오직 여호와 하나님만 바라보고 기도하고 하나님의 피조물들을 배려하며 사는 것이 우리의 살 길임에 틀림없다.

겔 14:7. 이스라엘 족속과 이스라엘 가운데에 거류하는 외국인 중에 누구든지 나를 떠나고 자기 우상을 마음에 들이며 죄악의 걸림돌을 자기 앞에 두고 자기를 위하여 내게 묻고자 하여 선지자에게 가는 모든 자에게는 나 여호와가 친히 응답하여.

이스라엘 족속(남쪽의 유다 족속도 이스라엘 족속이다) 가운데서나 이스라엘(유다 나라)에 머무는 외국 사람들 가운데서 누구든지 나 여호와를 떠나서 우상들을 마음으로 떠받들며, 걸려 넘어지게 하여 죄를 짓게 하는 올가미(우상)를 자기들 앞에 두고, 예언자를 찾아와 나 여호와에게 물어 본다면, 나 여호와가 직접 그에게 다음 절(8절)처럼 답변하겠다고 하신다.

유다 나라 가운데 이방인들이 더불어 사는 것이 허용되었으나 저들도 유다 백성들처럼 여호와를 믿고 또 여호와의 율법을 준행해야 했다(레 17:8, 10; 18:26; 20:2 참조).

겔 14:8. 그 사람을 대적하여 그들을 놀라움과 표징과 속담 거리가 되게 하여 내 백성 가운데에서 끊으리니 내가 여호와인 줄을 너희가 알리라(and I will set my face against that man, I will make him a sign and a byword and cut him off from the midst of my people, and you shall know that I am the LORD-ESV, I will set my face against them; I will make them a sign and a byword and cut them off from the midst of my people; and you shall know that I am the LORD-NRSV)**.**

나 여호와가 이런 외국 사람들을 대항하겠고, 그런 외인들을 징표(기념비)와 속담거리(교훈)로 만들며, 마침내 나 여호와는 그런 외인들을 내 백성 가운데서 끊어 버릴 것(13:9)이다. 그 때에야 비로소 너희는 내가 여호와인 줄 알 것이다(6:7 주해 참조).

겔 14:9. 만일 선지자가 유혹을 받고 말을 하면 나 여호와가 그 선지자를 유혹을 받게 하였음이거니와 내가 손을 펴서 내 백성 이스라엘 가운데에서 그를 멸할 것이라.

그러나 만일 선지자가 유혹을 받아 거짓 예언을 하면 나 여호와가 그 선지자를 유혹받게 한 것이니, 나 여호와가 그 선지자에게 나 여호와의 손을 뻗어 그를 내 백성 이스라엘 가운데서 멸망시키겠다(사 29:9-10)고 하신다.

오늘날 목사들과 전도사들은 반듯하게 서야 한다. 자신의 편의를 도모하기 위하여 혹은 다른 이들의 눈치를 보아 조금이라도 하나님의 말씀에서 어긋나는 말을 하게 되면 여호와께서는 어느 기간 참아주시다가 결국 치신다는 것을 알아야 한다.

겔 14:10. 선지자의 죄악과 그에게 묻는 자의 죄악이 같은즉 각각 자기의 죄악을 담당하리니.

물어 보는 사람의 죄나 선지자의 죄가 같기 때문에, 그들 각자가 자기의 죗값을 담당해야 할 것이라고 하신다.

오늘날 교역자들이 외식하는 신자에게 아부하기 위하여 그가 듣기 좋은 말을 한다면 벌을 받는다(박윤선).

겔 14:11. 이는 이스라엘 족속이 다시는 미혹되어 나를 떠나지 아니하게 하며 다시는 모든 죄로 스스로 더럽히지 아니하게 하여 그들을 내 백성으로 삼고 나는 그들의 하나님이 되려 함이라 주 여호와의 말씀이니라.

본 절은 하나님께서 양편(10절에 양편이 진술되어 있다)을 벌하시는 목적을 말한다. 즉, 여호와께서 말씀하시기를 이스라엘 족속(유다 족속)이 다시는 나 여호와를 떠나서 길을 잃지도 않고, 다시는 온갖 죄악으로 더러워지지도 않게 하여, 그들은 나 여호와의 백성이 되고, 나 여호와는 그들의 하나님이 되게 하려는 것이라고 하신다(11:20; 36:28; 37:23, 27; 렘 11:4; 24:7; 30:22; 31:3, 33; 32:28; 슥 8:8 참조).

7. 의인도 자신만 구원 받는다 14:12-23

유다 나라에 임할 여호와의 심판은 피할 수 없는 것이어서 가령 거기에 당장 노아나 다니엘이나 욥 같은 의인들이 있다할지라도 그들은 그들만 겨우 구원 받을 뿐, 그들로 인해 유다 나라가 구원 받게 할 수는 없다는 내용이다.

<의인도 자기의 생명만 건지리라>

겔 14:12. 여호와의 말씀이 또 내게 임하여 이르시되.

본 절은 13-23을 말씀하기 위하여 시작한다는 표제의 말이다.

겔 14:13. 인자야 가령 어떤 나라가 불법을 행하여 내게 범죄하므로 내가 손을 그 위에 펴서 그 의지하는 양식을 끊어 기근을 내려 사람과 짐승을 그 나라에서 끊는다 하자.

인자야(여호와께서 에스겔을 부르시는 호칭)! 만약 어떤 나라가 신실하지 못하여 나 여호와에게 죄를 지어, 나 여호와가 내 손을 그에게 뻗어 그의 의뢰하는 양식을 끊어 버리고 그에게 기근을 보내 거기서 사람과 짐승을 끊어 버린다고 가상하자고 하신다.

겔 14:14. 비록 노아, 다니엘, 욥, 이 세 사람이 거기에 있을지라도 그들은 자기의 공의로 자기의 생명만 건지리라 나 주 여호와의 말이니라.

비록 그 나라 가운데 노아(창 6:9; 7:1)와 다니엘(단 1:8; 6:11)과 욥(욥 1:1; 12:4), 이 세 사람이 있다 하더라도, 그 세 사람은 자기의 의(義)로 말미암아 자기들의 목숨만 겨우 건질 것이다. 나 주 하나님의 말이라고 하신다.

"그들은 자기의 공의로 자기의 생명만 건지리라"는 말은 '그 세 사람은 하나님을 믿음으로 받은 의로 말미암아 자기들의 생명만 건진다'는 뜻이다. 예레미야는 의인의 대표로 모세와 사무엘을 들고 있다(렘 15:1).

겔 14:15-16. 가령 내가 사나운 짐승을 그 땅에 다니게 하여 그 땅을 황폐하게 하여 사람이 그 짐승 때문에 능히 다니지 못하게 한다 하자 비록 이 세 사람이 거기에 있을지라도 나의 삶을 두고 맹세하노니 그들도 자녀는 건지지 못하고 자기만 건지겠고 그 땅은 황폐하리라 주 여호와의 말씀이니라.

가령 나 여호와가 그 나라에 사나운 짐승들이 다니게 하여 아이들까지 없애 버리고, 또 그 짐승들이 무서워서 그 땅에 돌아다니는 사람이 없기 때문에 그 땅이 황무지가 된다고 가상하더라도(렘 9:9-11) 내가 나의 삶을 두고 맹세하건대, 비록 이 세 사람이 그 가운데 있다 하더라도, 그들은 아들이나 딸도 건져 내지 못하고, 그들 자신만 겨우 구출할 것이며, 그 땅은 황무지가 될 것이다. 이것은 나 주 여호와의 말이다.

짐승으로부터 구원받는 것도 사람이 의로워야 된다는 것이다. 여호와로부터 의를 받는다는 것이 그만큼 중요하다.

겔 14:17-18. 가령 내가 칼이 그 땅에 임하게 하고 명령하기를 칼아 그 땅에 돌아다니라 하고 내가 사람과 짐승을 거기에서 끊는다 하자 비록 이 세 사람이 거기에 있을지라도 나의 삶을 두고 맹세하노니 그들도 자녀는 건지지 못하고 자기만 건지리라 나 주 여호와의 말이니라.

가령 나 여호와가 그 나라에 전쟁의 칼이 들이닥치게 하고, 명령을 내려 칼아! 이 땅을 돌아다니며 휘둘러라 하여, 나 여호와가 그 땅에서 사람과 짐승을 사라지게 한다고 가상해 보더라도 비록 이 세 사람(노아, 다니엘, 욥)이 그 가운데 있다 하더라도, 나 여호와가 나의 삶을 두고 맹세하건대, 그들은 아들이나 딸도 건지지 못하고 그들 자신의 목숨만 겨우 건지게 될 것이다. 이것은 나 여호와 하나님의 말이다.

겔 14:19-20. 가령 내가 그 땅에 전염병을 내려 죽임으로 내 분노를 그 위에 쏟아 사람과 짐승을 거기에서 끊는다 하자. 비록 노아, 다니엘, 욥이 거기에 있을지라도 나의 삶을 두고 맹세하노니 그들도 자녀는 건지지 못하고 자기의 공의로 자기의 생명만 건지리라 주 여호와의 말씀이니라.

가령 나 여호와가 그 땅에 전염병을 퍼뜨리고 나 여호와의 분노를 그 땅에 쏟아 부어, 거기에서 사람과 짐승이 피투성이가 되어 사라진다고 가상하더라도 비록 세 사람(노아, 다니엘, 욥)이 그 가운데 있을지라도, 나 여호와가 나의 삶을 두고 맹세하건대, 그들은 아들이나 딸도 건지지 못할 것이고 그들 세 사람마저도 자신의 의로 말미암아 그들의 목숨만 겨우 건질 것이다. 나 주 하나님의 말이다.

전염병에서 구원을 받는 것도 하나님으로부터 받은 의(義)로만 된다는 것이다. 하나님을 믿어 의를 받는다는 것이 얼마나 중요한지 알 수 있다.

21-23절. 앞서 나타난 네 가지 재앙(칼, 기근, 사나운 짐승, 전염병)에서 구출 받은 백성들이 바벨론으로 포로가 되어 앞서 끌려간 포로민들에게 이르니, 앞서 간 포로민들은 위로를 받게 된다는 내용이다.

겔 14:21. 주 여호와께서 이같이 이르시되 내가 나의 네 가지 중한 벌 곧 칼과 기근과 사나운 짐승과 전염병을 예루살렘에 함께 내려 사람과 짐승을 그 중에서 끊으리니 그 해가 더욱 심하지 아니하겠느냐.

본 절은 본 장 13-20절을 요약한 말씀이다. 다시 말해 위(13-20절)의 말씀이 하나의 가정이 아니었고 예루살렘에 실제로 내릴 재앙이라는 것이며, 예루살렘은 그 재앙들 때문에 심한 해를 받는다는 내용이다.

겔 14:22. 그러나 보라 그 가운데에 피하는 자가 남아 있어 끌려 나오리니 곧 자녀들이라 그들이 너희에게로 나아오리니 보라 너희가 그 행동과 소행을 보면 내가 예루살렘에 내린 재앙 곧 그 내린 모든 일에 대하여 너희가 위로를 받을 것이라(But behold, some survivors will be left in it, sons and daughters who will be brought out; behold, when they come out to you, and you see their ways and their deeds, you will be consoled for the disaster that I have brought upon Jerusalem, for all that I have brought upon it-ESV).

그러나 보라! 그 안에도 피한 자가 남아 있어 끌려 나올 것이니, 곧 아들들과 딸들이라. 보라! 그들이 너희에게 나오리니, 너희가 그들의 행동과 행위를 볼 것이다. 내가 예루살렘에 내린 재앙, 곧 내가 그 위에 가져온 모든 것에 대해 너희가 위로를 받을 것이다.

본 절 초두의 "그러나"라는 말은 부정을 뜻하는 강한 반의어로 앞 절에서 예고한 극심한 재앙에도 불구하고 멸망에서 벗어날 소수의 남은 자가 있을 것을 예고하고 있다. 우리는 이와 같이 짤막한 한 개의 낱말을 통해서도 그들을 끝내 진멸하지 아니하시고 회복시키시는 하나님의 크신 사랑을 발견하게 된다(11:15-20; 12:3).

본 절에는 "보라!"라는 낱말이 두 번이나 나타나 본 절을 아주 주의해서 보라고 권한다.

"피하는 자가 남아 있어 끌려 나오리니 곧 자녀들이라"는 말은 여러 가지 재앙 중에도 살아남아 바벨론 땅으로 끌려감으로써 하나님의 백성인 유다의 명맥을 유지할 사람들이 있을 것을 예언하는 말씀이다. 이 예언대로 끌려간 자들의 후손들은 다시 고향으로 돌아와 하나님을 섬김으로 하나님과의 관계를 회복하고 유다 나라를 재건했다.

"너희가 위로를 받을 것이라"는 말은 하나님께서 선민 유다 민족에게 내린 재앙은 그들의 자손으로 하여금 하나님께로 돌아오게 하는 결과를 가져오게 된다는 것이다. 그러므로 하나님께서 계획하신 바와 같이 택하신 유다 백성이 포로 생활을 마치고 본토로 귀환했을 때, 그들은 이전에 자신의 조상들에게 임했던 모든 재앙이 선민 유다 족속을 회복시키기 위한 목적을 가진 것이었음을 깨닫고 하나님의 전능하신 능력과 자신들을 향한 사랑으로 위로를 받게 된다는 것이다.

겔 14:23. 너희가 그 행동과 소행을 볼 때에 그들에 의해 위로를 받고 내가 예루살렘에서 행한 모든 일이 이유 없이 한 것이 아닌 줄을 알리라 주 여호와의 말씀이니라.

본 절은 앞 절의 보충으로 여호와의 예루살렘 심판의 당위성을 알게 된다는 뜻이다. 즉, 너희가 그들의 악한 행실과 행동을 보면 너희가 위로를 받고, 나 여호와가 예루살렘에서 행한 모든 일이 공연한 것이 아님을 알게 될 것이다. 이는 나 주 하나님의 말이다.

우리는 이러한 구절을 통해 하나님의 모든 행위에는 부당하거나 무의미한 것이 하나도 없다는 것을 알게 된다. 성도는 혹시 고난을 당하는 때라도 좌절하거나 불평하지 말고 하나님의 참 뜻이 무엇인가 생각하며 그 궁극적 목적이 무엇인가를 헤아려야 할 것이다(롬 8:28).

제 15 장

8. 불에 던져지는 포도나무 비유 15:1-8

<불에 던질 땔감 같은 예루살렘 주민>

겔 15:1. 여호와의 말씀이 내게 임하여 이르시되.

본 절은 새로운 진술을 말하기 위해 시작하는 표제이다.

겔 15:2. 인자야 포도나무가 모든 나무보다 나은 것이 무엇이랴 숲속의 여러 나무 가운데에 있는 그 포도나무 가지가 나은 것이 무엇이랴.

인자야(여호와께서 에스겔을 부르시는 호칭)! 포도나무가 다른 나무들보다 무엇이 나으며, 숲속의 여러 나무들 중에서 그 가지가 무엇이 나으냐?

이스라엘을 포도나무로 비유하고 있는데(창 49:22; 신 32:32; 시 80:9; 호 10:1), 실제로 포도나무가 다른 나무들보다 나은 것은 아무 것도 없고 오히려 못한 나무라는 것이다.

겔 15:3. 그 나무를 가지고 무엇을 제조할 수 있겠느냐 그것으로 무슨 그릇을 걸 못을 만들 수 있겠느냐.

그 포도나무를 가지고 무엇인가 만들 재목을 취할 수 있겠으며, 그 포도나무로 어떤 기구를 걸 나무못을 취할 수 있겠느냐?

포도나무의 값어치는 포도 열매 밖에 없는 것이다. 오늘 성도들의 값어치도 성령의 열매를 맺는 것밖에 다른 것은 없다. 우리는 성령 충만을 구하여 열매를 많이 맺어야 할 것이다.

겔 15:4. 보라 불에 던질 땔감이 될 뿐이라 불이 그 두 끝을 사르고 그

가운데도 태웠으면 제조에 무슨 소용이 있겠느냐(Behold, it is given to the fire for fuel. When the fire has consumed both ends of it, and the middle of it is charred, is it useful for anything?-ESV**).**

본 절 초두에는 "보라!"란 말이 있어 본 절이 대단히 중요한 진술이라는 것을 표시하고 있다. 즉, 포도나무는 불에 던져 태워져서 그 양 끝이 타 버리고, 그 가운데도 그슬리면, 그것이 무슨 일에 쓰일 수 있겠느냐?

포도나무는 땔감으로밖에는 별 소용이 없다는 말이다. 아무튼 불에 타다가 남은 포도나무야말로 아무 쓸 곳이 없다는 뜻이다.

겔 15:5. 보라 그것이 온전할 때에도 아무 제조에 합당하지 아니하였거든 하물며 불에 살라지고 탄 후에 어찌 제조에 합당하겠느냐(Behold, when it was whole, it was used for nothing. How much less, when the fire has consumed it and it is charred, can it ever be used for anything-ESV**).**

본 절 초두에는 "보라!"란 말이 있어 본 절이 대단히 중요한 진술이라는 것을 표시하고 있다. 즉, "포도나무가 온전할 때에도 아무것도 만들 수 없었는데, 불에 타고 그슬리면 더 이상 무엇을 만들 수 있겠느냐?"라는 의미이다.

포도나무가 탔을 때에는 더욱이 아무 곳에도 소용이 없다는 것이다.

겔 15:6. 그러므로 주 여호와께서 이같이 말씀하셨느니라 내가 수풀 가운데에 있는 포도나무를 불에 던질 땔감이 되게 한 것 같이 내가 예루살렘 주민도 그같이 할지라.

그러므로 주 여호와께서 이같이 말씀하시기를 나 여호와가 숲의 나무들 중 포도나무를 불에 던져 태운 것처럼, 예루살렘 주민을 불에 던질 것이다.

"내가 예루살렘 주민도 그같이 할지라"는 말씀은 '나 여호와가 예루살렘 주민을 바벨론 군에게 던져 재앙을 받게 할 것이라'는 뜻이다.

겔 15:7. 내가 그들을 대적한즉 그들이 그 불에서 나와도 불이 그들을 사르리

니 내가 그들을 대적할 때에 내가 여호와인 줄 너희가 알리라.

나 여호와가 그들(예루살렘 주민들)을 대적할 것이니, 그들이 불에서 살아 나와도 또 다시 불이 그들을 삼킬 것이다. 나 여호와가 그들을 대적할 때, 너희 예루살렘 주민들은 내가 여호와인 것을 알게 될 것이다 (6:7 주해 참조).

겔 15:8. 내가 그 땅을 황폐하게 하리니 이는 그들이 범법함이니라 나 주 여호와의 말이니라 하시니라.

나 여호와가 유다 땅을 황폐하게 할 것이니, 이는 예루살렘 주민들과 유다 족속이 배반하였기 때문이다. 이는 주 여호와의 말이라고 하신다.

제 16 장

9. 음녀가 심판 받는 비유 16:1-63

1-63절은 유다 족속을 음녀에 비한다. 이스라엘(유다를 포함하는 말이다)은 원래 버려진 아이였으나 여호와께서 이를 주워 길러 장성했을 때 이스라엘을 아내로 취하여 많은 총애를 베풀었으나 이스라엘은 음녀가 되어 우상 숭배를 자행했으므로 심판할 수밖에 없다는 것이었다. 구약 성경은 이스라엘의 우상 숭배를 간음죄로 규탄했다(사 50:1; 렘 2:1-3; 3:1-5; 호 2장).

1-63절의 내용은 이스라엘의 성장(1-14절), 이스라엘의 음행(15-34절), 이스라엘을 정죄한 일(35-52절), 이스라엘을 회복하신 일(53-63절)로 구분된다.

ㄱ. 음녀가 성장하다 16:1-14

유다 백성들은 과거 나약하고 처참한 상태에 있었다는 것(1-5절), 그리고 길가에 버려져 죽을 수밖에 없었던 유다 백성들에게 관심을 가지신 분이 여호와 하나님이시라는 것(6-7절), 여호와는 이렇게 아름답고 우아하게 성숙한 여성으로 비유된 유다 백성을 사랑하사 당신의 아내로 삼으시고 온갖 고귀하고 화려하며 아름다운 보석과 귀중품으로 장식하시고 또 입히시며 영화롭게 해주셨음을 밝히고 있다(8-14절).

<가증한 예루살렘>

겔 16:1. 또 여호와의 말씀이 내게 임하여 이르시되.

본 절은 1-5절의 음녀였던 유다의 성장 과정을 말씀하시려는 표제의 말이다(12:17; 15:1 주해 참조).

겔 16:2. 인자야 예루살렘으로 그 가증한 일을 알게 하여.

인자야(여호와께서 에스겔을 부르시는 호칭)! 너 에스겔은 예루살렘에게 자기의 역겨운 과거의 것들을 알려 주어라.

여기 유다가 "가증하다"고 하신 것은 가나안의 선주민이 행하던 우상숭배를 그들 또한 행했기 때문이다. 우리 역시 그리스도를 영접하고 믿기 전에는 가증한 인간이었다. 우리도 가증한 인간이었던 사실을 알고 겸손하게 살아야 한다.

겔 16:3. 이르기를 주 여호와께서 예루살렘에 관하여 이같이 말씀하시되 네 근본과 난 땅은 가나안이요 네 아버지는 아모리 사람이요 네 어머니는 헷 사람이라(and say, Thus says the Lord GOD to Jerusalem: Your origin and your birth are of the land of the Canaanites; your father was an Amorite and your mother a Hittite-ESV).

주 여호와께서 예루살렘에게 이와 같이 말씀하시기를 네 근본과 네 태생은 가나안 땅이었으니 네 아버지는 아모리 사람이었고, 네 어머니는 헷 사람이었다고 하신다.

유다 족속(이스라엘 족속을 포함하여)과 예루살렘 주민들의 근본은 가나안의 선주민이었던 아모리인이었고 헷 사람이었다는 뜻이다. 이스라엘 백성은 원래 아람인으로 가나안으로 이주하여 왔고(창 10:22; 신 26:5), 민족의 조상이었던 아브라함의 믿음을 통해 그 자손이 선민으로 택함을 받은 것이었다. 그러므로 이스라엘과 유다와 예루살렘 주민이 아브라함처럼 여호와를 믿고 살며 하나님을 순종할 때만이 선민이지 하나님을 저버리는 경우에는 이방인과 다름이 없다는 것이다.

"아모리 사람"은 지중해안 지대에 살던 가나안 족으로 요단 강 동편(민 21:13)이나, 서편(수 10:5-6), 또는 남편(신 1:7, 19)에 살았는데, 때로는 가나안 전체를 가리키는 이름이 되기도 했다(창 15:16; 암 2:9-10).

"헷 족속"은 고대의 대 제국으로 번영했고(주전 1,600-700년간), 그 영토는 앗수르 북방에서 흑해에 이르는 사이에 위치해 있었으나 그 일파가 가나안에 들어와 살았다(삿 1:26; 수 11:3; 왕상 10:29).

겔 16:4. 네가 난 것을 말하건대 네가 날 때에 네 배꼽 줄을 자르지 아니하였고 너를 물로 씻어 정결하게 하지 아니하였고 네게 소금을 뿌리지 아니하였고 너를 강보로 싸지도 아니하였나니(And as for your birth, on the day you were born your cord was not cut, nor were you washed with water to cleanse you, nor rubbed with salt, nor wrapped in swaddling cloths-ESV)**.**

이스라엘과 유다와 예루살렘의 태생에 대해 말하자면, 네가 태어났을 때 네 탯줄은 잘리지 않았으며, 너는 정결하게 물로 씻기지도 않았고, 소금을 바르지도 않았으며, 강보에 싸이지도 아니하였다고 하신다.

배꼽 줄을 자르고 물로 씻으며 소금을 뿌리고 기름을 발라 문지르며 강보에 싸서 아이를 보호하는 행위는 지금까지도 중근동의 일부 지역에서 시행되고 있는 것이다(Jerome, Bertholet, K.&D.).

겔 16:5. 아무도 너를 돌보아 이 중에 한 가지라도 네게 행하여 너를 불쌍히 여긴 자가 없었으므로 네가 나던 날에 네 몸이 천하게 여겨져 네가 들에 버려졌느니라.

아무도 너 이스라엘과 유다와 예루살렘의 근본인 조상을 불쌍히 보지 않았으며, 이 일들 중 하나라도 행하여 네게 긍휼을 베풀지 아니하였다. 네가 태어나던 날에 사람들이 네 생명을 혐오하여 들판에 버렸다는 것이다.

본 절은 이스라엘과 유다와 예루살렘의 근본인 조상의 출발이 참으로 미미하고 비참했다는 것을 밝힌다(신 7:7).

겔 16:6. 내가 네 곁으로 지나갈 때에 네가 피투성이가 되어 발짓하는 것을 보고 네게 이르기를 너는 피투성이라도 살아 있으라 다시 이르기를 너는 피투성이라도 살아 있으라 하고.

나 여호와가 네(이스라엘의 조상) 곁을 지나다가, 네가 피투성이인 채 버둥대는 것을 보고 피투성이인 네게 말하기를 "살라" 하였고, 피투성이인 네게 다시 말하기를 "살라" 하였다고 했다.

"네가 피투성이가 되어 발짓하는 것을 보고"란 말은 '애굽의 압제로 인한 극심한 고통을 당하는 이스라엘 민족의 탄식을 상징하는 말'(출 2:23-25; 3:7)이다. "너는 피투성이라도 살아 있으라"는 말은 애굽의 압제로부터 이스라엘을 구원하여 당신의 백성으로 삼으시겠다는 하나님의 선언이다(출 3:8-10).

겔 16:7. 내가 너를 들의 풀 같이 많게 하였더니 네가 크게 자라고 심히 아름다우며 유방이 뚜렷하고 네 머리털이 자랐으나 네가 여전히 벌거벗은 알몸이더라.

나 여호와가 너(이스라엘)를 들의 풀 같이 풍성하게 하였더니 네가 크게 자라서 보석들로 꾸밀 때가 되었고 네 유방이 자리 잡았으며, 네 머리털도 무성해졌으나, 너(이스라엘)는 나 보기에 아직은 벌거벗은 맨몸이었다고 하신다.

"내가 너를 들의 풀 같이 많게 하였다"는 말씀은 '하나님께서 이스라엘의 수도 많고 아름답게 자라게 하신 것'을 뜻한다.

"심히 아름다우며"라는 말은 문자적으로는 '보석들 중 보석들이다'는 뜻으로 이는 가장 귀한 것을 나타내는 히브리 문학의 관용적 표현이다(전 1:2). 이는 과거에 보잘 것 없었던 이스라엘 민족이 강성해지고 하나님 보시기에 흡족할 정도로 민족적인 형태를 뚜렷이 나타내고 있다는 의미이다.

"유방이 뚜렷하고"라는 말은 '이스라엘 민족이 크게 발전했다'는 것을 드러내는 말이다.

"네 머리털이 자랐다"는 말은 '이스라엘이 많은 열방의 시선을 끌만큼 국력이 성장하여 하나의 독립된 민족으로 완전한 기틀을 마련했음'을 표현하는 말이다. "네가 여전히 벌거벗은 알몸이더라"는 말은 '이스라엘 백성이 겉보기에는 하나의 민족이라 할 만큼 충분히 번성했으나 주변국들과 견주기에는 그 국력이 아직 미약했음'을 지적하는 말이다.

겔 16:8. 내가 네 곁으로 지나며 보니 네 때가 사랑을 할 만한 때라 내 옷으로 너를 덮어 벌거벗은 것을 가리고 네게 맹세하고 언약하여 너를 내게 속하게 하였느니라 나 주 여호와의 말이니라.

주 여호와께서 말씀하시기를, "나 여호와가 네(이스라엘) 곁을 지나며 너를 보니, 너의 때가 사랑의 때이므로 내가 내 옷을 펼쳐 네 벌거벗은 것을 가려 주었고, 네게 맹세하고, 너와 언약을 맺어 네가 내 것이 되었다"고 하신다.

"내가 네 곁으로 지나며 보니"란 말은 '여호와께서 이스라엘 백성이 애굽에서 종살이하는 것을 보시고 그들을 구원하여 광야로 인도하여 내시고 시내 산에서 언약을 세워 하나님의 백성을 삼으신 것'을 지칭한다.

"내 옷으로 너를 덮어"란 말은 '하나님께서 이스라엘 백성을 아내로 삼으신 것'을 뜻한다(K&D, Lange).

"언약"이란 '여호와께서 시내 산에서 이스라엘 백성에게 율법을 주신 사실'을 가리킨다.

겔 16:9. 내가 물로 네 피를 씻어 없애고 네게 기름을 바르고.

나 여호와가 너(이스라엘)를 물로 씻어주고 피를 닦아 내고 기름을 발라 주었다.

"물로 네 피를 씻어 없애고 기름을 발랐다"는 말은 '선민 이스라엘을 하나님의 백성으로서 합당할 만큼 정결하게 하고 거룩하게 만들어 주었다'는 의미를 가지고 있다(K.&D.).

겔 16:10. 수 놓은 옷을 입히고 물돼지 가죽신을 신기고 가는 베로 두르고 모시로 덧입히고.

여호와께서 이스라엘에게 수 놓은 옷을 입혀주고 가죽신을 신겼으며 가는 베로 감싸고 비단으로 덮어 주었다고 하신다.

"물돼지 가죽신을 신겼다"는 말은 '물개의 가죽으로 만든 아름다운 신을 신겨준 것'을 뜻하는 것(Plumptre, Lange)으로 보인다.

"가는 베로 두르고 모시로 덧입혔다"는 말은 '가는 베는 고위층들이 입을 수 있는 옷이었으며, 명주는 비단 옷인데 하나님께서 이스라엘 사람들을 주변 국가들에게 뒤지지 않는 강대국으로 만드셨다'는 것을 의미한다.

겔 16:11. 패물을 채우고 팔고리를 손목에 끼우고 목걸이를 목에 걸고.

이스라엘은 각종 보석들로 자신을 치장하여 신랑 되신 하나님의 신부로서 이와 같이 자신의 천성적인 아름다움에 덧붙여 각종 보석들로 자신을 치장하여 신랑 되신 하나님 보시기에 매우 아름답게 보이도록 꾸며진 것이다.

겔 16:12. 코고리를 코에 달고 귀고리를 귀에 달고 화려한 왕관을 머리에 씌웠나니.

코고리를 너(이스라엘)의 코에, 귀고리를 네 귀에 달고, 아름다운 관을 네 머리에 씌워주었다는 것이다.

"코고리"는 창 24:47; 잠 11:22에 언급되어 있고, "귀고리"는 민 31:50에 언급되어 있으며, "왕관"은 왕후나 공주들이 사용하는 화려한 관이다. 오늘의 본문은 과거 이스라엘이 하나님의 무조건적인 은혜를 입었다는 사실을 말해주며 아울러 오늘날 우리 성도에게는 그리스도로 말미암아 그리스도의 왕권에 함께 참여하게 되는 영광스러운 사실을 상기시켜준다(계 2:26).

겔 16:13. 이와 같이 네가 금, 은으로 장식하고 가는 베와 모시와 수 놓은 것을 입으며 또 고운 밀가루와 꿀과 기름을 먹음으로 극히 곱고 형통하여 왕후의 지위에 올랐느니라.

지금까지 설명한 것과 같이 너 이스라엘이 금과 은으로 장식했고, 가는 베와 비단과 수 놓은 옷을 입었으며, 고운 밀가루와 꿀과 기름을 먹었고, 네가 매우 아름다워 왕비의 자리에 이르렀다는 것이다.

본문에 나타난 세 가지 식물은 하나님의 은총을 상징하는 것으로(신 32:13-14) 풍부함을 나타내는 식물이고, 또 고급스러운 식물임을 상징한다. 게다가 나아가 "왕후의 지위"에까지 나아갔다는 것은 이스라엘과 유다와 예루살렘이 열 왕과 어깨를 겨누는 위치에 올랐다는 것을 드러낸다.

겔 16:14. 네 화려함으로 말미암아 네 명성이 이방인 중에 퍼졌음은 내가 네게 입힌 영화로 네 화려함이 온전함이라 나 주 여호와의 말이니라.

주 여호와께서 말씀하시기를, "이스라엘의 아름다움 때문에 네(이스라엘) 명성이 여러 민족들 중에 퍼졌으니, 이는 나 여호와가 네게 베푼 내 영광으로 인하여 아름다움이 완벽했기 때문이다"라고 하신다.

다윗과 솔로몬 시대의 이스라엘의 번영은 극하여 그 명성은 전 세계에 퍼졌다. 이는 여호와께서 그렇게 되게 하심으로 번영하게 된 것이었다.

ㄴ. 유다가 행음하다 16:15-34

이스라엘이 번영하고 그 명성이 열방에 퍼지자 이스라엘은 우상 숭배에 빠지고 말았다. 이스라엘의 우상 숭배로 영적인 남편 되시는 여호와는 심한 배신을 느끼게 되셨다.

겔 16:15. 그러나 네가 네 화려함을 믿고 네 명성을 가지고 행음하되 지나가는 모든 자와 더불어 음란을 많이 행하므로 네 몸이 그들의 것이 되도다.

그러나 너 이스라엘이 네 아름다움만 믿고, 네 명성을 이용하여 행음하고 지나가는 모든 자와 심히 음란하게 행하여 그들의 것이 되어버리고 말았다는 것이다.

"지나가는 모든 자"란 말은 이스라엘과 관련되는 주위의 모든 나라들을 가리킨다.

그리고 "그들의 것이 되었도다"란 말은 '우상의 것들이 되어 버렸다'는 의미이다.

겔 16:16. 네가 네 의복을 가지고 너를 위하여 각색으로 산당을 꾸미고 거기에서 행음하였나니 이런 일은 전무후무하니라.

이스라엘이 음행의 현장에서 네 자신의 의복을 가져다가 너를 위해 여러 가지 색으로 장식한 산당을 만들고 거기에서 그들과 음행을 저질렀으니 이런 일은 전에도 없었고 후에도 없을 일이라는 것이다.

바알 숭배자들은 높은 언덕 위에 우상 숭배를 위한 산당을 만들었고 자기의 옷을 깔고 문자 그대로 간음을 행한 것이다.

겔 16:17. 네가 또 내가 준 금, 은 장식품으로 너를 위하여 남자 우상을 만들어 행음하며.

나 여호와가 네(이스라엘)게 준 내 금과 내 은(銀)의 화려한 장신구들을 가져다가 너를 위하여 남자 형상들(바알신들)을 만들어 그것들과 음행을 하였다는 것이다.

하나님께서 주신 것들을 가지고 우상을 만드는데 사용했으니 배은망덕한 일이었다.

겔 16:18. 또 네 수 놓은 옷을 그 우상에게 입히고 나의 기름과 향을 그 앞에 베풀며.

하나님께서 주신 것들을 가지고 수 놓은 옷을 그들에게 입히고, 내 기름과 내 향을 그들 앞에 바쳤다는 것이다(10절). 이는 하나님께 대한 큰 배은망덕이다.

겔 16:19. 또 내가 네게 주어 먹게 한 내 음식물 곧 고운 밀가루와 기름과 꿀을 네가 그 앞에 베풀어 향기를 삼았나니 과연 그렇게 하였느니라 주

여호와의 말씀이니라.

주 여호와께서 말씀하시기를, "나 여호와가 너(이스라엘)에게 주어 먹게 한 나 여호와의 음식 곧 고운 밀가루와 기름과 꿀(13절)을 네가 그들 우상들 앞에 향기로운 냄새로 바쳤으니 참으로 그러하였다"는 것이다.

이스라엘이 자신들이 먹거나 하나님께만 바칠 그런 음식들을 우상 앞에 바쳤다는 것은 한심한 발상이 아닐 수 없다는 것이다. 타락의 극치에 달한 것이다.

겔 16:20. 또 네가 나를 위하여 낳은 네 자녀를 그들에게 데리고 가서 드려 제물로 삼아 불살랐느니라 네가 네 음행을 작은 일로 여겨서.

이스라엘 백성들이 나 여호와에게 낳아 준 너(이스라엘)의 아들들과 딸들을 붙잡아다가 우상들이 먹도록 네가 희생 제물로 바쳤으니 네 음행이 작은 일이냐고 하신다.

"네가 나를 위하여 낳은 네 자녀"라는 말은 '이스라엘 백성들이 여호와를 위하여 낳은 자녀들'이란 뜻이다. 이스라엘 백성들은 자기들의 자녀를 낳는 것이지만 여호와를 위하여 사명을 다하도록 낳은 것이다. 그런고로 자녀들을 여호와의 사명을 감당하도록 양육해야 했다는 것이다.

"그들에게 데리고 가서"란 말은 '암몬 족속의 우상 몰렉 신 혹은 밀곰에게 아이들을 데리고 가서 불로 태워 제사한 것'을 뜻한다(레 18:21; 신 12:30-31). 이런 이방의 인신제사(人身祭祀)는 남쪽 나라 유다의 14대 왕 므낫세 왕 때 성행했다(왕하 21:6; 24:4). 성경은 이를 극히 악한 풍습으로 규정하고 있다(왕하 16:3; 23:10; 렘 7:30-31; 19:5).

겔 16:21. 나의 자녀들을 죽여 우상에게 넘겨 불 가운데로 지나가게 하였느냐.

너 이스라엘이 나 여호와의 아들들을 죽여 우상들에게 바치며 불 가운데로 지나가게 하였느냐고 질책하신다.

"나의 자녀들을 죽였다"는 말은 '이스라엘이 낳은 자녀들은 바로 하나님의 일을 해야 하는 하나님의 자녀들이었는데, 암몬 족속의 신 몰렉 신에게 바쳐 불태워 죽였다'는 것이다. 사람의 타락 중 이것은 최고의 타락이었다.

겔 16:22. 네가 어렸을 때에 벌거벗은 몸이었으며 피투성이가 되어서 발짓하던 것을 기억하지 아니하고 네가 모든 가증한 일과 음란을 행하였느니라.

너 이스라엘이 네(이스라엘의) 벌거벗은 맨몸으로, 피투성이로 버둥댔던 네 어린 날들을 기억하지 않고(43, 60절 참조) 네가 가증한 일과 우상 숭배를 행했다는 것이다. 참으로 한심해서 책망하신다는 것이다.

<방자한 음녀 예루살렘>

겔 16:23. 주 여호와의 말씀이니라 너는 화 있을진저 화 있을진저 네가 모든 악을 행한 후에.

주 여호와께서 말씀하시기를, "너(이스라엘)는 너의 모든 악행(우상 숭배)을 따라 화가 있을지어다. 화가 있을지어다"라고 하신다.

오늘도 우상(돈 우상, 명예 우상, 세상 우상) 숭배를 하는 모든 사람들에게 화가 닥치는 것은 당연한 일이다.

겔 16:24. 너를 위하여 누각을 건축하며 모든 거리에 높은 대를 쌓았도다.

너 이스라엘이 너 자신을 위하여 누각(높은 언덕 위에 우상 숭배를 위해 쌓은 제단)을 쌓고, 너를 위해 모든 광장에 음행의 산당을 만들었구나.

겔 16:25. 네가 높은 대를 모든 길 어귀에 쌓고 네 아름다움을 가증하게 하여 모든 지나가는 자에게 다리를 벌려 심히 음행하고.

너 이스라엘이 길모퉁이마다 네(이스라엘) 음행의 산당을 만들고, 네 아름다움을 역겹게 만들어, 지나가는 자들에게 네 다리를 벌려(우상 숭배를 하는 짓을 비유로 말한 것) 음행을 더하였다는 것이다.

우상 숭배란 참으로 더러운 짓이다. 물질을 사랑한다는 것, 명예를 사랑한다는 것, 세상을 사랑한다는 것은 하나님 보시기에 참으로 더러운 짓이다.

겔 16:26. 하체가 큰 네 이웃 나라 애굽 사람과도 음행하되 심히 음란히 하여 내 진노를 샀도다.

이스라엘이 하체가 큰 네 이웃인 애굽(이집트) 자손들과 음행을 하였고 나 여호와를 격노케 하려고 네 음행을 더하였다는 것이다.

"하체가 큰 네 이웃 나라 애굽 사람"이란 말은 '애굽 사람들은 우상 숭배가 심한 사람들'이라는 뜻이다.

"애굽 사람과도 음행하되 심히 음란히 했다"는 말은 '애굽인들의 우상 숭배 행위를 받아드려 애굽을 많이 의존했다'는 뜻이다. 남쪽 나라 유다는 북쪽에 위치한 바벨론을 의식해서 남쪽에 위치했던 애굽을 의존하여 군사, 문화, 경제적인 힘에 의존하려는 경향을 자주 나타냈다(왕상 17:4; 사 23:17; 나 3:4). 그 결과 오히려 바벨론을 자극하여 유다 나라가 해만 당하게 되었다.

겔 16:27. 그러므로 내가 내 손을 네 위에 펴서 네 일용할 양식을 감하고 너를 미워하는 블레셋 여자 곧 네 더러운 행실을 부끄러워하는 자에게 너를 넘겨 임의로 하게 하였거늘(Behold, therefore, I stretched out my hand against you and diminished your allotted portion and delivered you to the greed of your enemies, the daughters of the Philistines, who were ashamed of your lewd behavior-ESV).

보라! 나 여호와가 너(이스라엘)를 대적하여 내(여호와의) 손을 뻗어, 네 정해진 음식 몫을 감하고, 나 여호와가 너(이스라엘)를 미워하는 여자들, 곧 네 음란한 행실을 부끄러워하는 블레셋 딸들에게 너를 넘겨주어 블레셋이 이스라엘을 마음대로 하게 했다는 것이다.

본 절 초두에는 "보라"란 말이 있어 본 절의 내용은 아주 중요한 내용을 담고 있다는 것을 말한다.

"보라! 그러므로 내가 내 손을 네 위에 펴서 네 일용할 양식을 감했다"는 말은 '이스라엘이 애굽 사람들로부터 우상을 수입해서 우상을 숭배했으므로 여호와께서 이스라엘에게 벌을 내려 일용할 양식을 줄여주었다'는 뜻이다. 우상 숭배를 하면 비참해진다는 것을 보여주는 사례였다.

"너를 미워하는 블레셋 여자"란 말은 '이스라엘을 미워하는 블레셋의 도시들'이란 뜻이다. 이스라엘을 싫어하는 도시들은 블레셋의 5대 도시들, 즉 가사, 아스돗, 아스글론, 갓, 에글론이었는데, 이스라엘을 아주 싫어했다.

"네 더러운 행실을 부끄러워하는 자에게 너를 넘겨 임의로 하게 하였다"는 말은 '블레셋이 이스라엘의 더러운 우상 숭배 행실을 오히려 부끄러워했다'는 것이다(대하 28:18-19).

겔 16:28. 네가 음욕이 차지 아니하여 또 앗수르 사람과 행음하고 그들과 행음하고도 아직도 부족하게 여겨.

이스라엘이 애굽으로부터 우상을 수입하여 우상 숭배를 하고도 만족하지 못하여 수리아 자손들과 음행하였고 네(이스라엘)가 그들과 음행을 하고도 만족하지 못하였다는 것이다.

본 절은 유다의 아하스 왕이 앗수르 왕 디글랏 빌레셋을 사모하여 앗수르의 우상을 수입한 사실을 가리킬 것으로 보인다(왕하 16:7-14). 유다 나라는 앗수르의 우상을 수입해서 섬기고도 만족하지 못했다는 것이다.

겔 16:29. 장사하는 땅 갈대아에까지 심히 행음하되 아직도 족한 줄을 알지 못하였느니라(You multiplied your whoring also with the trading land of Chaldea; and even with this you were not satisfied-ESV).

장사꾼의 땅 갈대아에까지 가서 음행을 하였으나 너(이스라엘)는 이번에도 여전히 만족하지 못하였다고 하신다.

본문은 유다 백성이 가나안 땅에서부터 갈대아에 이르기까지 있는 온갖 무리와 심하게 행음한 것을 가리킨다.

"갈대아에까지 심히 행음했다"는 말은 '갈대아와의 무역의 경로를 통하여 바벨론의 우상 숭배에까지 감염된 것'을 경책하는 말이다.

겔 16:30. 주 여호와의 말씀이니라 네가 이 모든 일을 행하니 이는 방자한 음녀의 행위라 네 마음이 어찌 그리 약한지(How sick is your heart, declares the Lord GOD, because you did all these things, the deeds of a brazen prostitute-ESV)**.**

주 여호와께서 말씀하시기를, "너 이스라엘이 이 모든 일, 곧 방자한 창기의 일을 행하니, 네 마음이 어찌 그리 약하냐"고 하신다.

"방자한 음녀의 행위"란 말은 '어떠한 통제에도 복종하지 않고 마음대로 행동하는 건방진 행동'이란 뜻이다.

"네 마음이 어찌 그리 약한지"란 말의 해석에는 여러 가지가 있다. 1) '어떻게 내가 네게 대하여 진노로 충만한지!'로 해석하는 편(G.S. Driver), 2) '어떻게도 네 마음이 타락되었는지!'로 해석하는 편(F. H. Von Meyenfeldt), 3) '어떻게 네 마음이 뜨거운지!'라고 해석하는 편(Menachem Zulay), 4) '네 마음이 어찌 그리 약한지'로 해석하는 편(K&D, Ewald, Von Orelli, Noordtzij, 박윤선, 이상근)이 있다. 이 중에서 4)번의 해석이 제일 옳은 것으로 보인다. 건방진 음녀의 행위를 행하는 것은 마음이 약해서 그렇다는 것이다.

겔 16:31. 네가 누각을 모든 길 어귀에 건축하며 높은 대를 모든 거리에 쌓고도 값을 싫어하니 창기 같지도 아니하도다.

본 절 주해를 위해 24절 주해를 참조하라. 너 이스라엘이 모든 길모퉁이에 음행의 제단을 쌓고, 모든 광장에 음행의 산당을 쌓고도 몸값은 싫어하니, 너는 창기 같지도 아니하도다.

이스라엘은 음행은 하나 창기로서 값을 받지 않고 도리어 돈을 주면서 음행을 한다는 것이다. 가령 아하스 왕이 성전과 왕궁의 은금을 취하여 앗수르에 보낸 행위와 같다(왕하 16:8).

겔 16:32. 그 남편 대신에 다른 남자들과 내통하여 간음하는 아내로다.

여호와께서 말씀하시기를 이스라엘은 자기 남편 대신에 다른 남자를 받는 간음하는 아내라고 하신다.

다시 말해 이스라엘은 외간 남자와 간음하는 아내라는 것이다. 즉, 자기의 지아비 대신에 외인과 사통하는 것이며, 그녀의 남편은 여호와이신데 이스라엘은 여호와를 의지하지 않고 인근 나라들을 의뢰한다는 것이다. 이스라엘은 창기가 아니라 간음하는 아내인 것이다(이상근).

겔 16:33. 사람들은 모든 창기에게 선물을 주거늘 오직 너는 네 모든 정든 자에게 선물을 주며 값을 주어서 사방에서 와서 너와 행음하게 하니(Men give gifts to all prostitutes; but you gave your gifts to all your lovers, bribing them to come to you from every side with your whorings-ESV)**.**

남자들은 모든 창기들에게 선물을 주지만, 너는 네 모든 연애하는 자(창기들)에게 선물을 주었고, 너는 사방에서 음행을 위해 네게 오도록 그들에게 선물을 하였다는 것이다.

이스라엘은 몸을 판값을 받기는커녕 오히려 자기 몸을 탐하는 자들에게 선물을 주어 보냈다는 것이다. 즉, 이스라엘 백성들은 범죄함으로 그 상대자로부터 경제, 군사적 유익을 얻으려 했던 것도 아니고 단지 하나님을 배반하고 불순종하는 행위를 즐거워했던 것이다(Leale). 이스라엘은 마치 부유한 유부녀가 자신의 비용을 쓰면서까지 행음하는 것과 같았다는 것이다(31절 참조).

겔 16:34. 네 음란함이 다른 여인과 같지 아니함은 행음하려고 너를 따르는 자가 없음이며 또 네가 값을 받지 아니하고 도리어 값을 줌이라 그런즉

다른 여인과 같지 아니하니라.

이스라엘의 음행이 다른 여자들과 달라서 사람들이 음행하려고 너를 따르지 아니하고, 네가 몸값을 받지 않고 오히려 몸값을 지불하였으니, 이스라엘이 다른 여자와는 달랐다는 것이다.

ㄷ. 음부 유다가 재앙을 당할 것이다 16:35-52

이스라엘의 죄가 지적된 이상 정죄가 따르기 마련이다(35-43절). 예루살렘의 죄는 사마리아나 소돔을 능가한다는 것이다(44-52절).

<예루살렘을 벌하시다>

겔 16:35. 그러므로 너 음녀야 여호와의 말씀을 들을지어다.

본 절은 이스라엘이 음부로서 벌을 받아야 한다는 것을 말한다.

겔 16:36. 주 여호와께서 이같이 말씀하셨느니라 네가 네 누추한 것을 쏟으며 네 정든 자와 행음함으로 벗은 몸을 드러내며 또 가증한 우상을 위하며 네 자녀의 피를 그 우상에게 드렸은즉.

주 여호와께서 이같이 말씀하시기를, "너 이스라엘이 네 연인들, 곧 역겨운 우상들과 음행을 저지를 때에 수치를 쏟고(엄청난 돈과 재물 등을 바친 것을 뜻한다), 벌거벗었음을 드러내고(애굽, 앗수르, 바벨론 등과 열등한 교류를 함으로써 자신의 약점을 다 드러낸 것을 뜻한다), 또 그들에게 네 아이들의 피를 바쳤으므로(우상 숭배를 통해 자녀의 생명을 희생시켰으므로) 여호와께서 심판하시겠다"고 하신다.

겔 16:37. 내가 너의 즐거워하는 정든 자와 사랑하던 모든 자와 미워하던 모든 자를 모으되 사방에서 모아 너를 대적하게 할 것이요 또 네 벗은 몸을 그 앞에 드러내 그들이 그것을 다 보게 할 것이며(therefore, behold, I will gather all your lovers with whom you took pleasure, all those you loved and all those you hated. I will gather them against you from every side and will uncover your nakedness to them, that they may see all your nakedness-ESV).

보라! 너 이스라엘이 좋아하던 네 모든 연인들(바벨론 군의 지휘 아래, 아람, 모압, 암몬 등)과 네가 사랑하던 모든 자(앗수르, 애굽, 블레셋, 에돔 등)를 네가 미워하던 모든 자와 함께 나 여호와가 모으겠다. 나 여호와가 사방에서 너를 대적하는 그들을 네게 모아, 그들에게 네 벌거벗음(이스라엘의 멸망의 모습)을 드러내어, 그들로 하여금 네 모든 벌거벗음(이스라엘의 수치 됨)을 보게 할 것이라고 하신다.

우상 숭배의 결과는 부끄러움뿐이다. 오늘도 돈 사랑, 명예 사랑, 세상 사랑은 신자들에게 심한 부끄러움을 가져다준다.

겔 16:38. 내가 또 간음하고 사람의 피를 흘리는 여인을 심판함 같이 너를 심판하여 진노의 피와 질투의 피를 네게 돌리고.

나 여호와가 음행하며 사람의 피를 흘리는 여자를 심판하는 것처럼 너 이스라엘을 심판하여 분노와 질투의 피를 너 이스라엘에게 돌리겠다(레 20:2, 10; 신 21:21; 22:21)고 하신다.

겔 16:39. 내가 또 너를 그들의 손에 넘기리니 그들이 네 누각을 헐며 네 높은 대를 부수며 네 의복을 벗기고 네 장식품을 빼앗고 네 몸을 벌거벗겨 버려 두며.

나 여호와가 너 이스라엘을 이방인들의 손에 넘기어, 그들이 네 음행의 제단을 헐고 네 음행의 산당을 부술 것이며 그들이 네게서 옷을 벗기고 화려한 장신구들을 빼앗아, 너를 벌거벗겨 맨몸으로 내버리게 할 것이다.

간음한 여자는 공중 앞에서 벌거벗겨지는 형벌을 당해야 했던 것이다(호 2:10).

겔 16:40. 무리를 데리고 와서 너를 돌로 치며 칼로 찌르며.

이방인들이 너를 치러 무리를 데리고 올라와서는 돌로 너를 치고 자기들의 칼(여기 칼은 전쟁의 수단을 지칭한다)로 너를 조각낼 것이다.

겔 16:41. 불로 네 집들을 사르고 여러 여인의 목전에서 너를 벌할지라 내가 너에게 곧 음행을 그치게 하리니 네가 다시는 값을 주지 아니하리라.

이방인들이 너 이스라엘의 집들을 사르고 여러 여인(이스라엘이 음행하던 이방인들)의 눈앞에서 이스라엘을 벌하겠다고 하신다. 그렇게 해서 나 여호와가 이스라엘의 음행을 그치게 하시겠다는 뜻이다. 그래서 다시는 이스라엘이 범죄하지 않고 회개하게 하시겠다는 의미이다.

겔 16:42. 그리한즉 나는 네게 대한 내 분노가 그치며 내 질투가 네게서 떠나고 마음이 평안하여 다시는 노하지 아니하리라.

그 때 너 이스라엘에 대한 나 여호와의 분노를 그칠 것이니, 내 질투가 네게서 떠날 것이며, 내가 편안하여 다시는 격노하지 아니할 것이라고 하신다.

우리가 세상을 더 이상 사랑하지 않고 하나님만을 바라볼 때 하나님은 우리를 심판하지 아니하시고 우리의 마음에는 평안이 깃들게 되는 것이다.

겔 16:43. 네가 어렸을 때를 기억하지 아니하고 이 모든 일로 나를 분노하게 하였은즉 내가 네 행위대로 네 머리에 보응하리니 네가 이 음란과 네 모든 가증한 일을 다시는 행하지 아니하리라 주 여호와의 말씀이니라.

본 절은 35-43절의 결론에 해당한다. 즉, 여호와께서 말씀하시기를, "너 이스라엘이 네 어린 날들의 일들을 기억하지 아니하여 다 잊어버리고 이 모든 일들(다른 남자들을 따라간 일)로 나를 분노하게 하였으니 보라! 나 여호와 또한 너 이스라엘의 행위를 네 머리에 돌릴 것이다. 그 후에 네가 네 모든 역겨운 일들과 함께 이 음란한 일들을 행하지 아니할 것이라" 고 하신다. 사람은 자기가 범한 죄에 대해 심각한 벌을 받으면 다시는 죄를 범하지 않게 되는 것이다. 인생을 바로 세우실 분은 하나님 밖에 없으시다.

44-52절. 예루살렘은 사마리아와 소돔과 더불어 자매라 하는데, 이 세 자매 중 예루살렘의 죄가 가장 크다고 한다.

<그 어머니에 그 딸>

겔 16:44. 속담을 말하는 자마다 네게 대하여 속담을 말하기를 어머니가 그러하면 딸도 그러하다 하리라.

보라! 이스라엘의 경우에 해당하는 속담을 말하고자 하는 자들이 모두 속담을 말할 것이다. 그것은 '어머니가 그러면 딸도 그렇다'고.

한국 속담에서는 '부전자전'(父傳子傳)이란 말이 있고 또 '모전여전'(母傳女傳)이란 말이 있다. 여기 어미는 45절에 의하여 가증스러운 우상을 숭배했던 헷 족속을, 그리고 딸은 유다 나라와 예루살렘을 가리킨다.

겔 16:45. 너는 그 남편과 자녀를 싫어한 어머니의 딸이요 너는 그 남편과 자녀를 싫어한 형의 동생이로다 네 어머니는 헷 사람이요 네 아버지는 아모리 사람이며.

너 유다 나라와 예루살렘 거민은 자기 남편과 아들들을 혐오한 네 어머니(가나안 땅의 헷 족속)의 딸이고, 또 자기 남편과 아들들을 혐오한 네 언니(사마리아)의 자매다. 너희 어머니는 헷 사람이고, 너희 아버지는 아모리 사람이었다. "네 어머니는 헷 사람이요 네 아버지는 아모리 사람"의 주해를 위해서 3절 주해를 참조하라.

유다 나라와 예루살렘의 주민들의 음란한 성품들은 하루아침에 생겨난 것이 아니라 매우 뿌리 깊은 것이다. 유다 나라와 예루살렘의 음란한 성품 혹은 음란한 행실이 1-34절에 기록된 비유에서 잘 나타나고 있는 것처럼 각종 우상을 숭배한 것과 또 주변 열국과 불신실하게 교류했던 사실을 의미한다.

겔 16:46. 네 형은 그 딸들과 함께 네 왼쪽에 거주하는 사마리아요 네 아우는 그 딸들과 함께 네 오른쪽에 거주하는 소돔이라.

본 절에는 함께 범죄 했던 세 자매가 소개되고 있다. 즉, 네(유다 나라와 예루살렘의) 언니는 사마리아이니, 네(유다 나라와 예루살렘의) 언니와 그 딸들은 네 왼쪽에 살고, 네(유다 나라와 예루살렘의) 여동생은 네 오른쪽에 사는데, 소돔과 그 딸들이라고 하신다.

유다 나라와 예루살렘을 중심으로 사마리아는 형이었고, 소돔을 아우라고 하지만, 이는 나라의 크기에 따른 말이고, 범죄의 역사적인 것을 따지는 말은 아니다. 범죄의 역사로 보아서는 소돔이 단연 첫째이고, 다음으로는 사마리아라고 할 수 있다. 예루살렘을 중심으로 놓고 "좌편"은 북쪽이었고(창 14:15; 수 19:27), "우편"은 남쪽이었다(사 23:19; 시 89:12, 이상근).

겔 16:47. 네가 그들의 행위대로만 행하지 아니하며 그 가증한 대로만 행하지 아니하고 그것을 적게 여겨서 네 모든 행위가 그보다 더욱 부패하였도다.

네(유다 나라와 예루살렘 주민들)가 그들의 길을 따라 걷거나 그들의 역겨운 것들을 따라 실행할 뿐 아니라, 그것도 모자라 네 모든 길에서 그들보다 더욱 부패하였다는 것이다.

유다 백성들이나 예루살렘 주민들의 죄가 사마리아나 소돔의 죄보다 더 컸다는 것이다. 다시 말해 사마리아나 소돔의 죄보다 더 컸으나, 유다 백성들의 죄와 예루살렘 주민들의 죄가 훨씬 컸다는 것이다.

겔 16:48. 주 여호와의 말씀이니라 내가 나의 삶을 두고 맹세하노니 네 아우 소돔 곧 그와 그의 딸들은 너와 네 딸들의 행위 같이 행하지 아니하였느니라.

주 여호와께서 말씀하시기를, "나 여호와가 내 삶을 두고 맹세하노니, 참으로 네 여동생 소돔과 그 딸들도 너(유다 백성들과 예루살렘 주민들)와 네 딸들이 행한 것처럼 행하지는 아니하였다"고 하신다.

본 절은 죄 짓기로 당시 세상의 표본이었던 소돔의 죄가 오히려 유다 족속의 죄와 예루살렘 주민들의 죄보다 적다는 것을 말한다. 그렇게 말할 수 있는 이유는 유다 나라나 예루살렘은 하나님을 믿는 주민들로서 은혜를 입은 사람들이었고, 또 율법이 있는 주민들이었다는 것을 감안하면 은혜를 입고 죄를 지은 쪽이 훨씬 더 악하다고 할 수 있다.

겔 16:49. 네 아우 소돔의 죄악은 이러하니 그와 그의 딸들에게 교만함과 음식물의 풍족함과 태평함이 있음이며 또 그가 가난하고 궁핍한 자를 도와주지 아니하며(Behold, this was the guilt of your sister Sodom: she and her daughters had pride, excess of food, and prosperous ease, but did not aid the poor and needy-ESV).

보라! 이것이 네(유다 백성들과 예루살렘 주민들의) 여동생 소돔의 죄악이니, 그 여자와 그 딸들에게 거만함과 양식의 풍족함과 태평함이 있었으나, 그들이 가난하고 궁핍한 자들을 도와 주지 않았다는 것이다.

본 절은 소돔의 죄를 인정한다는 뜻으로 먼저 두 가지 죄를 진술한다. 소돔은 "교만"했고, 또 "음식물의 풍족함과 태평함이 있으면서도 그가 가난하고 궁핍한 자를 도와주지 아니했다"는 것이다. 소돔은 교만해서 하나님을 넘겨다보고 또 음식물이 풍족하게 있으면서도 가난하고 궁핍한 자들을 돕지 아니한 것도 큰 죄에 속한다는 것이었다. 그럼에도 이들이 유다 백성들이나 예루살렘 주민들보다 죄를 적게 지었다는 것이다.

겔 16:50. 거만하여 가증한 일을 내 앞에서 행하였음이라 그러므로 내가 보고 곧 그들을 없이 하였느니라.

본 절은 소돔의 죄를 한 가지 더 말한다. 즉, 소돔 사람들이 거만하여 내(여호와) 앞에서 역겨운 일을 행하였으므로, 내가 보았을 때 그 여자들을 쫓아 버렸다고 하신다.

소돔 사람들의 죄악이 거만했기 때문에 하나님 앞에서 역겨운 일을 행했다는 것이다(창 18:20).

"내가 보고 곧 그들을 없이 하였다"는 말은 '여호와께서 보시고 판단하여 곧 소돔 사람들을 심판하여 후대인들의 경고로 삼으셨다는 것이다.

겔 16:51. 사마리아는 네 죄의 절반도 범하지 아니하였느니라 네가 그들보다 가증한 일을 심히 행하였으므로 네 모든 가증한 행위로 네 형과 아우를 의롭게 하였느니라.

사마리아는 유다 백성들과 예루살렘 주민들 죄의 절반도 범하지 않았다. 너(유다 백성들과 예루살렘 주민들)는 그 여자들보다 더 역겨운 일들을 행하여, 네가 행한 모든 역겨운 일들 때문에 네 자매들(소돔인들과 사마리아인들)을 의롭게 보이게 했다(마 10:15; 11:24 참조)고 하신다.

겔 16:52. 네가 네 형과 아우를 유리하게 판단하였은즉 너도 네 수치를 담당할지니라 네가 그들보다 더욱 가증한 죄를 범하므로 그들이 너보다 의롭게 되었나니 네가 네 형과 아우를 의롭게 하였은즉 너는 놀라며 네 수치를 담당할지니라.

유다 백성들과 예루살렘 주민들이 네 자매들(소돔과 사마리아)보다 더 역겹게 행한 죄악으로 네 자매들(소돔과 사마리아)이 유리한 판단을 받게 했으니, 네 자신이 네 하나님께 징계 받는 일을 담당하라. 네가 네 자매들을 의롭게 보이게 했으므로 그 여자들이 너보다 의롭게 되었다. 네 자신이 부끄러워하며 네 수치(하나님께 징계 받는 일)를 담당하라고 하신다.

ㄹ. 유다가 회복될 것이다 16:53-63

53-59절. 유다 백성들과 예루살렘 주민들이 포로 생활에서 귀환하는 것을 진술한다.

<소돔과 사마리아도 회복되리라>

겔 16:53. 내가 그들의 사로잡힘 곧 소돔과 그의 딸들의 사로잡힘과 사마리

아와 그의 딸들의 사로잡힘과 그들 중에 너의 사로잡힌 자의 사로잡힘을 풀어 주어.

나 여호와가 그들의 사로잡힘, 곧 소돔과 그 딸들의 사로잡힘과 사마리아와 그 딸들의 사로잡힘을 회복시키고, 그들의 사로잡힘과 함께 너의 사로잡힘도 회복시키겠다고 하신다.

유다 백성들의 귀환과 예루살렘 주민들이 귀환하는 일이 사마리아와 소돔이 귀환하는 일에 포함되어 돌아온다는 것이다. 유다 백성들의 귀환과 예루살렘 주민들이 귀환하는 일이 소돔과 사마리아의 귀환 다음에 언급되어 있다.

겔 16:54. 네가 네 수욕을 담당하고 네가 행한 모든 일로 말미암아 부끄럽게 하리니 이는 네가 그들에게 위로가 됨이라.

유다 백성들의 귀환과 예루살렘 주민들의 귀환이 소돔이나 사마리아 귀환보다 늦은 것이 유다 백성들과 예루살렘 주민들에게 수치가 되는 것이며 네가 행한 모든 것이 부끄러움이 되고, 유다 백성들과 예루살렘 주민들의 귀환이 늦은 것이 소돔과 사마리아 사람들에게는 위로가 된다는 것이다.

겔 16:55. 네 아우 소돔과 그의 딸들이 옛 지위를 회복할 것이요 사마리아와 그의 딸들도 그의 옛 지위를 회복할 것이며 너와 네 딸들도 너희 옛 지위를 회복할 것이니라.

유다 백성들과 예루살렘 주민들의 여동생 소돔과 그 성읍들이 그 옛 지위를 회복할 것이고, 사마리아(이스라엘의 주민들)와 그 성읍들이 그 옛 지위로 회복될 것이며, 유다 백성들과 예루살렘 주민들의 옛 지위도 그 옛 상태로 회복될 것이라는 내용이다.

겔 16:56. 네가 교만하던 때에 네 아우 소돔을 네 입으로 말하지도 아니하였나니.

너 유다 백성들과 예루살렘 주민이 번영하여 교만하던 때에는 네 여동생 소돔의 멸망을 네 입에서 언급하지도 않았고 그 멸망을 전감 삼지도 않았다는 것이다(사 9:1-10).

겔 16:57. 곧 네 악이 드러나기 전이며 아람의 딸들이 너를 능욕하기 전이며 너의 사방에 둘러 있는 블레셋의 딸들이 너를 멸시하기 전이니라.

본 절은 너 유다 백성들과 예루살렘 주민이 번영하여 교만하던 때에는 네 여동생 소돔의 멸망을 네 입에서 언급하지도 않았던 때가 언제였는지를 말한다. 즉, 그것은 네 악이 드러나기 전이었고 아람(수리아)의 딸들과 그 모든 이웃들과 블레셋의 딸들, 곧 너를 멸시하는 주변 나라들에게 조롱거리가 되기 전이었다는 것이다.

겔 16:58. 네 음란과 네 가증한 일을 네가 담당하였느니라 나 여호와의 말이니라.

여호와께서 말씀하시기를, "이제는 너 유다 백성들과 예루살렘 주민들이 네 음란과 역겨운 것들을 담당해야 한다"고 하신다.

이제는 유다 백성들과 예루살렘 주민들이 우상 숭배와 같은 가증한 죄에 대한 벌을 그들의 몸에 받는다는 것이다. 포로가 된 입장에서 저들은 범죄에 대한 충분한 벌을 받았고, 그 벌을 통하여 그들은 회개에 이른 것이다.

겔 16:59. 나 주 여호와가 이같이 말하노라 네가 맹세를 멸시하여 언약을 배반하였은즉 내가 네 행한 대로 네게 행하리라.

참으로 주 여호와께서 이와 같이 말씀하시기를 너 유다 백성들과 예루살렘 주민들이 나 여호와의 언약(시내 산 언약)을 파기하여 나의 맹세를 멸시하였으니, 네가 행한 대로 나 여호와가 유다 백성들과 예루살렘 주민들을 다루겠다고 하신다.

<영원한 언약>

겔 16:60. 그러나 내가 너의 어렸을 때에 너와 세운 언약을 기억하고 너와 영원한 언약을 세우리라.

그러나 유다 백성들과 예루살렘 주민들(이스라엘 전체가 해당하는 말이다)이 어릴 때 너와 세운 언약을 나 여호와가 기억하고 너(유다 나라와 예루살렘)와 영원한 언약을 세우겠다고 하신다. 여기 영원한 언약이란 "새 언약"(렘 31:31; 눅 22:20)을 의미하는 것이다.

겔 16:61. 네가 네 형과 아우를 접대할 때에 네 행위를 기억하고 부끄러워할 것이라 내가 그들을 네게 딸로 주려니와 네 언약으로 말미암음이 아니니라.

본 절은 유다 백성들과 예루살렘 주민들이 새 언약에 의해 회복되고 부흥될 때 유다 백성들과 예루살렘 주민들의 자매들, 곧 언니(사마리아)와 동생(소돔)을 맞이하게 되겠는데, 그 때는 유다와 예루살렘의 과거의 행위를 기억하여 부끄러워하게 될 것이라는 내용이다. 나 여호와가 그들을 네(유다 백성과 예루살렘 주민에)게 딸(소속된 자들)로 주겠으나 너와의 언약 때문이 아니라는 것이다.

"그들을 네게 딸로 줄 것이라"는 말은 '사마리아와 소돔을 유다 나라의 소속된 자들로 줄 것이라'는 뜻이다.

"네 언약으로 말미암음이 아니니라"는 말은 '유다 나라가 속했던 구약 시대의 언약으로 말미암음이 아니라는 뜻'이다. 본문은 메시아 되신 예수 그리스도께서 초림하신 후에는 모든 인류가 구원 받는 때인 고로 어떤 차별이 없이 동등으로 취급된다는 것이다.

겔 16:62. 내가 네게 내 언약을 세워 내가 여호와인 줄 네가 알게 하리니.

나 여호와가 내 언약을 너와 세우겠으니, 너는 내가 여호와인 것을 알게 될 것이라고 하신다.

본문은 새 언약을 통하여 원래 하나님께서 계획하시고 선포하셨던 인류 구원을 성취시키심으로 사람들로 하여금 하나님이 만유를 주관하시는 사랑과 긍휼을 베푸시는 사랑의 하나님이시요 여호와이신 줄을 알게 하겠다(6:7 주해 참조)는 것이다.

겔 16:63. 이는 내가 네 모든 행한 일을 용서한 후에 네가 기억하고 놀라고 부끄러워서 다시는 입을 열지 못하게 하려 함이니라 주 여호와의 말씀이니라.

주 여호와께서 말씀하시기를, "유다 나라 백성들과 예루살렘 주민들이 행한 모든 일을 나 여호와가 용서해주는 때, 네(유다 백성들과 예루살렘 주민들)가 행한 네 행위를 기억하여 부끄러워하고 네 수치 때문에 다시는 네 입을 열지 못하게 할 것이라"고 하신다.

제 17 장

10. 두 독수리와 포도나무 비유를 통한 경고 17:1-24

먼저 두 독수리의 비유가 나오고(1-10절), 다음으로 그 비유를 해석한 후(11-21절), 메시아 왕국의 약속이 주어진다(22-24절).

ㄱ. 두 독수리와 포도나무 비유 17:1-10

바벨론 왕 느부갓네살을 가리키는 첫째 독수리가 유다 땅을 점령하고(1-6절), 둘째 독수리 비유에 해당하는 애굽은 그를 의지하는 포도나무를 뽑고 바르게 한다는 것이다(7-10절).

1-6절. 큰 독수리가 레바논에 와서 백향목 가지를 꺾어, 그 순을 옥토에 심으니 좋은 포도나무가 된다는 내용이다. 이 비유는 느부갓네살이 가나안에 와서 유다 백성을 바벨론으로 옮겨 그곳에서 안착하게 한다는 비유이다. 시대적 배경은 주전 597년, 느부갓네살이 유다의 여호야긴 왕과 유다 백성들 1만 명을 바벨론으로 잡아가고, 시드기야를 유다 왕으로 세워주었는데 시드기야가 바벨론을 배반하고, 애굽과 동맹을 맺어 바벨론으로부터 독립할 때였다(왕하 24:10-20, 이상근).

<독수리와 포도나무의 비유>

겔 17:1. 여호와의 말씀이 내게 임하여 이르시되.

새 부분(1-10절)을 시작한다는 것을 알리는 표제이다.

겔 17:2. 인자야 너는 이스라엘 족속에게 수수께끼와 비유를 말하라.

인자야(여호와께서 에스겔을 부르시는 호칭)! 너는 이스라엘 족속에게 수수께끼와 비유를 들어 말하라고 하신다.

"수수께끼"란 말은 '속뜻을 감추고 있는 말'이고, "비유"는 '곁에 둔다'는 뜻으로 현실적인 사물과 추상적인 진리를 함께 놓고 현실적인 사물을 통해 추상적인 뜻을 밝혀내는 작업이다. 선지자가 수수께끼와 비유를 통해 말하는 이유는 듣는 자들로 하여금 주의 깊게 명심하게 하려는 까닭이다.

겔 17:3. 여호와께서 이같이 말씀하여 이르시되 색깔이 화려하고 날개가 크고 깃이 길고 털이 숱한 큰 독수리가 레바논에 이르러 백향목 높은 가지를 꺾되.

주 여호와께서 이와 같이 말씀하시기를, "큰 독수리 한 마리(날개가 크고, 깃이 길고, 털이 많은 큰 독수리)가 레바논으로 와서 백향목 꼭대기를 꺾었다"는 내용이다.

"색깔이 화려하고 날개가 크고 깃이 길고 털이 많은 큰 독수리"는 바벨론의 느부갓네살(주전 605-562년 통치)을 지칭하고(K.&D., Cooke, Lange, Plumptre), 그 위용을 묘사한다(렘 4:13; 48:40).

여기 "레바논"은 예루살렘의 성전을 비유한다. 그 이유는 성전이 레바논의 백향목으로 건축되었기 때문이다(Jamieson, Faussett, Brown, 박윤선).

"높은 가지"는 '나무 꼭대기'를 뜻하는데(Koehler), 본문에서는 유다의 무력한 왕 여호야긴을 비유한다(대하 36:9). 즉, 느부갓네살이 유다에 이르러 여호야긴 왕을 사로잡는다는 뜻이다.

겔 17:4. 그 연한 가지 끝을 꺾어 가지고 장사하는 땅에 이르러 상인의 성읍에 두고.

그 꼭대기의 어린 가지(여호야긴)를 꺾어 장사꾼들의 땅(바벨론 땅)으로 가져가서(왕하 24:15; 대하 36:10) 상인들의 성읍(바벨론, 16:29)에 심었다는 것이다. 이렇게 된 때는 주전 597년이었고, 그 때 에스겔도 포로가 되어 바벨론으로 왔다(1:1-2).

겔 17:5. 또 그 땅의 종자를 꺾어 옥토에 심되 수양버들 가지처럼 큰 물가에 심더니.

그가 그 땅의 씨 얼마를 가져다가 옥토에 뿌리고, 마치 버드나무 심듯 그것을 풍성한 물 가로 가져가 심었다는 것이다.

"그 땅의 종자를 꺾어 옥토에 심었다"는 말은 '바벨론 왕이 유다의 시드기야(주전 597-586년 통치)를 왕으로 세운 사실을 가리키는 표현이다.

"큰 물 가에 심었다"는 말은 '가나안에서 시드기야를 유다 왕으로 세웠다'는 뜻이다(19:10). 여호야긴을 바벨론에 포로로 잡아간 느부갓네살은 여호야긴의 숙부 시드기야를 왕위에 올려놓았다.

겔 17:6. 그것이 자라며 퍼져서 높지 아니한 포도나무 곧 굵은 가지와 가는 가지가 난 포도나무가 되어 그 가지는 독수리를 향하였고 그 뿌리는 독수리 아래에 있었더라.

그것이 자라나 포도나무가 되어 높지 않게 뻗어 나갔으며, 그 가지들은 독수리를 향하고 그 뿌리들은 독수리 아래로 뻗었다. 그래서 그것이 포도나무가 되어 가지들을 내고 덩굴들을 뻗어나가게 했다는 것이다.

여기 "그것"이란 말은 5절에서 언급했던 물 가장자리의 옥토에 심겨진 '수양버들'을 지칭한다.

"그것이 자라며 퍼져서 높지 아니한 포도나무 곧 굵은 가지와 가는 가지가 난 포도나무가 되었다"는 말은 시드기야가 다스리는 유다 나라 왕국이 일정 한도 내에서 안정과 번영을 이루게 될 것을 상징한다. 그러나 여기서 우리는 버드나무나 포도나무는 장엄하며(왕상 4:33) 가히 나무들의 왕자로 불릴만한 위용을 지닌(사 2:13) 거목(巨木)으로 자라나는 백향목에 미치지 못한다는 것에 주목해야 한다. 다시 말해 아무리 번성할지라도 시드기야가 다스리는 유다 왕국은 백향목에 비유되는 다윗 시대의 번영을 누리지는 못하리라는 점이다. 본문의 "높지 아니한 포도나무"란 말은 그러한 시드기야 시대의 유다 왕국이 가진 어쩔 수 없는 한계를 나타낸다.

"그 가지는 독수리를 향하였고 그 뿌리는 독수리 아래에 있었더라"는 말은 '유다 왕국이 바벨론에 전적으로 의존하는 속국의 위치를 벗어나지 못한 채 어느 정도 번영하게 된다는 것'을 뜻한다(Plumptre).

겔 17:7. 또 날개가 크고 털이 많은 큰 독수리 하나가 있었는데 그 포도나무가 이 독수리에게 물을 받으려고 그 심어진 두둑에서 그를 향하여 뿌리가 뻗고 가지가 퍼졌도다(And there was another great eagle with great wings and much plumage, and behold, this vine bent its roots toward him and shot forth its branches toward him from the bed where it was planted, that he might water it-ESV).

큰 날개와 깃털이 많은 큰 독수리 하나가 있었으니, 보라! 이 포도나무가 그를 향하여 뿌리를 뻗치고, 가지를 그에게 뻗어 물을 얻고자 하였다는 것이다.

여기 "날개가 크고 털이 많은 큰 독수리 하나가 있었다"는 말은 '애굽 왕 바로 호브라(주전 589-570년 통치)가 있음'을 말한다(렘 44:30, K.&D., Cooke, Plumptre).

"이 독수리에게 물을 받으려고 했다"는 말은 '유다의 시드기야 왕이 자기를 왕으로 세운 느부갓네살을 배반하고 친 애굽 정책을 취하여 애굽의 도움으로 바벨론에서 독립하려고 했다'는 것을 뜻한다(왕하 24:7;, 20; 대하 36:13; 렘 37:5-7).

겔 17:8. 그 포도나무를 큰 물 가 옥토에 심은 것은 가지를 내고 열매를 맺어서 아름다운 포도나무를 이루게 하려 하였음이라.

본 절은 5절의 반복이다. 그것(유다 민족)을 비옥한 들판(가나안 땅), 곧 풍성한 물 가에 심은 것은, 가지를 내고 열매를 맺어 훌륭한 포도나무가 되게 하려는 것이었다. 그럼에도 불구하고 유다가 애굽을 바라본 것은 하나님의 뜻을 거스르는 일이었다. 우리는 항상 하나님의 섭리를 따라서 살아야 하는 것이다.

겔 17:9. 너는 이르기를 주 여호와의 말씀에 그 나무가 능히 번성하겠느냐 이 독수리가 어찌 그 뿌리를 빼고 열매를 따며 그 나무가 시들게 하지 아니하겠으며 그 연한 잎사귀가 마르게 하지 아니하겠느냐 많은 백성이나 강한 팔이 아니라도 그 뿌리를 뽑으리라.

에스겔은 여호와의 말씀을 대언해야 했다. 즉, 주 여호와께서 말씀하시기를 유다 나라가 친애굽 정책을 세워 애굽으로 향하는 것이 번성하겠느냐? 바벨론의 느부갓네살이 애굽으로 내린 시드기야의 뿌리를 뽑고 그 열매를 따 버려 그 모든 어린 가지의 잎사귀들을 말리면, 포도나무가 마르지 않겠느냐? 그 포도나무의 뿌리를 뽑기 위해서라면 강한 팔이나 많은 백성이 필요 없을 것이라는 것이다.

본 절과 같이 에스겔은 예레미야(렘 37:7), 이사야처럼(사 30:1-7) 유다의 친애굽 정책을 반대했던 것이다.

겔 17:10. 볼지어다 그것이 심어졌으나 번성하겠느냐 동풍에 부딪힐 때에 아주 마르지 아니하겠느냐 그 자라던 두둑에서 마르리라 하셨다 하라.

보라! 그것(포도나무)이 친애굽을 향하여 심겼다고 번성하겠느냐? 동풍(시로코 열풍)이 닥치면 그것(애굽으로 뻗어나간 포도나무)이 완전히 마르지 않겠느냐? 그 어린 가지가 자라는 이랑에서 말라 버릴 것이라고 여호와께서 말씀하신다.

ㄴ. 비유의 해석 17:11-21

11-21절은 두 독수리의 비유를 해석한다. 그것은 시드기야의 유다가 바벨론 왕 느부갓네살과 맺은 언약을 파기하고 친애굽 정책을 취했으니 그 일이 성사되지 못하고 유다는 멸망하고 바벨론으로 포로가 되어 갈 것을 말해준다.

<비유의 해석>

겔 17:11. 여호와의 말씀이 또 내게 임하여 이르시되.

본 절은 11-21절까지의 비유 해석의 새 부분이 시작된다는 것을 알리는 표제이다.

겔 17:12. 너는 반역하는 족속에게 묻기를 너희가 이 비유를 깨닫지 못하겠느냐 하고 그들에게 말하기를 바벨론 왕이 예루살렘에 이르러 왕과 고관을 사로잡아 바벨론 자기에게로 끌어 가고(Say now to the rebellious house, Do you not know what these things mean? Tell them, behold, the king of Babylon came to Jerusalem, and took her king and her princes and brought them to him to Babylon-ESV)**.**

너는 반역의 족속(유다 민족과 예루살렘 주민들)에게 묻기를 이것들(독수리 비유)이 무엇인지 너희가 알지 못하느냐? 네(에스겔)가 그들에게 말하여라. 보라! 바벨론 왕이 예루살렘에 와서 그 왕(여호야긴 왕)과 귀족들(신하들)을 붙잡아 바벨론으로 끌어갔다는 것이다. 이 때 에스겔도 바벨론으로 끌려갔다.

겔 17:13. 그 왕족 중에서 하나를 택하여 언약을 세우고 그에게 맹세하게 하고 또 그 땅의 능한 자들을 옮겨 갔나니.

왕손 중 하나(여호야긴의 숙부인 시드기야 왕)를 택하여 그와 조약을 맺어 맹세하게 하였다(대하 36:13). 그리고는 그(느부갓네살)가 그 땅의 유력자들(유다의 유력한 자)을 잡아갔다는 것이다.

겔 17:14. 이는 나라를 낮추어 스스로 서지 못하고 그 언약을 지켜야 능히 서게 하려 하였음이거늘.

본 절은 6절과 8절에서 비유로 기록한 내용을 간략하게 설명한 것이다. 즉, 그 왕국(유다 나라)이 낮아져 스스로 일어나지 못하고 그(바벨론)와의 조약을 지킬 때만 명맥이 유지되도록 하였다는 것이다.

하나님께서 유다를 그와 같은 처지에 놓이도록 하신 이유는 첫째, 바벨론의 속국이 되게 함으로써 교만하지 못하게 하심이었으며, 둘째, 바벨론 밑에서 번영을 얻음으로써 자신들을 돌아볼 여유를 가지고 그 여유 안에서 과거에 범하였던 죄를 자복하도록 기회를 주기 위함이었으며, 셋째, 유다 백성을 사랑하셔서 왕국을 조금이라도 더 지속시켜 주시기 위함이었다.

겔 17:15. 그가 사절을 애굽에 보내 말과 군대를 구함으로 바벨론 왕을 배반하였으니 형통하겠느냐 이런 일을 행한 자가 피하겠느냐 언약을 배반하고야 피하겠느냐.

그러나 유다가 바벨론 왕을 반역하여 애굽에 사신들을 보내어 자기에게 말들과 큰 군대를 보내 주도록 청하였으니 그가 형통하겠느냐? 그가 이런 일을 하고도 살아남겠느냐? 그가 조약을 파기하고도 살아남겠느냐고 하신다.

시드기야는 바벨론을 배반하고 애굽의 원조를 구했다(왕하 24:20; 대하 36:13). "애굽에 보내 말과 군대를 구함으로 바벨론 왕을 배반하였다"는 말은 '유다의 시드기야 왕이 애굽에 사람들을 보내서 말과 군대를 구했다'(출 14:7; 왕상 10:28-29; 대하 12:3; 사 31:1; 36:9)는 뜻이다. 시드기야가 이런 일을 행했으니 유다 나라가 느부갓네살의 징계를 피할 수 없었다.

겔 17:16. 주 여호와의 말씀이니라 내가 나의 삶을 두고 맹세하노니 바벨론 왕이 그를 왕으로 세웠거늘 그가 맹세를 저버리고 언약을 배반하였은즉 그 왕이 거주하는 곳 바벨론에서 왕과 함께 있다가 죽을 것이라.

주 여호와께서 말씀하시기를, "나 여호와가 내 삶을 두고 맹세하노니, 바벨론 왕이 유다의 시드기야를 왕으로 세웠으나, 시드기야가 맹세를 무시하고 바벨론 왕과의 조약을 파기하였으므로, 시드기야 왕이 바벨론 왕의 땅, 곧 바벨론 땅 가운데서 반드시 죽을 것이라(왕하 25:1-7; 렘 52:11)"는 내용이다.

겔 17:17. 대적이 토성을 쌓고 사다리를 세우고 많은 사람을 멸절하려 할 때에 바로가 그 큰 군대와 많은 무리로도 그 전쟁에 그를 도와주지 못하리라.

바벨론 왕 느부갓네살이 유다를 공격하기 위해 예루살렘에 토성을 쌓고 포위하기 위하여 사다리를 세우고 많은 목숨을 빼앗을 때 애굽의 바로 왕이 그 전쟁에서 큰 군대와 많은 무리로도 유다의 시드기야를 보호하지 못할 것이다. 주전 605년 갈그미스 전투에서 느부갓네살이 애굽의 바로 느고를 격파한(대하 35:20; 렘 46:2) 이후 애굽의 패권은 꺾였고, 전세는 바벨론 왕에게 유리하게 되고 말았다.

겔 17:18. 그가 이미 손을 내밀어 언약하였거늘 맹세를 업신여겨 언약을 배반하고 이 모든 일을 행하였으니 피하지 못하리라.

본 절은 15절의 반복이다. 즉, 시드기야가 맹세를 무시하여 조약을 파기하였으니 보라! 시드기야 왕이 자기 손을 내밀어 맹세하고도 이 모든 일을 행하였으니 살아남지 못할 것이라는 내용이다.

시드기야가 바벨론과의 언약을 무시하고 언약을 쉽게 저버렸으니 바벨론의 징계를 피할 수 있겠느냐는 것이다.

겔 17:19. 그러므로 주 여호와의 말씀이니라 내가 나의 삶을 두고 맹세하노니 그가 내 맹세를 업신여기고 내 언약을 배반하였은즉 내가 그 죄를 그 머리에 돌리되,

그러므로 주 여호와께서 이와 같이 말씀하시기를, "나 여호와가 내 삶을 두고 맹세하니, 시드기야가 무시한 맹세와 그가 파기한 조약을 나 여호와가 그의 머리에 반드시 돌리겠다"고 하신다.

"그가 내 맹세를 업신여기고 내 언약을 배반하였다"는 말은 '시드기야가 바벨론 왕과의 맹세를 업신여기고 바벨론 왕과의 언약을 배반하였다'는 것이다. 이는 결국 여호와와의 맹세를 업신여기고 여호와와의 언약을 배반한 것과 같은 것이다.

겔 17:20. 그 위에 내 그물을 치며 내 올무에 걸리게 하여 끌고 바벨론으로 가서 나를 반역한 그 반역을 거기에서 심판할지며.

나 여호와가 내 그물을 시드기야 왕 위에 펴서 그가 나 여호와의 그물에 걸릴 것이며, 나 여호와가 시드기야를 바벨론으로 끌고 가서 나 여호와(바벨론을 배반한 것은 여호와를 배반한 것이었다)를 반역한 그의 반역을 거기서 심판하겠다고 하신다.

시드기야는 체포된 후 립나에 있던 느부갓네살 앞에서 심문 받고 바벨론으로 끌려가 거기서 죽었다(왕하 25:6-7). 느부갓네살의 심문은 곧바로 하나님의 심문이었다.

겔 17:21. 그 모든 군대에서 도망한 자들은 다 칼에 엎드러질 것이요 그 남은 자는 사방으로 흩어지리니 나 여호와가 이것을 말한 줄을 너희가 알리라.

시드기야의 모든 군대 대열에서 도망하는 모든 자들은 칼에 쓰러지고, 그 남은 자들은 모두 바람에 흩어질 것이니(일부는 애굽으로 도피한 자들도 있었다), 그러면 시드기야 군대는 나 여호와가 이렇게 말한 것을 알 것이다.

ㄷ. 유다의 회복을 약속하다 17:22-24

심판 후에는 유다에게 회복의 소망을 주신다. 이렇게 심판 후에 회복의 소망을 주는 것이 구약 예언서의 일관된 줄거리이다.

<높은 나무를 낮추고>

겔 17:22. 주 여호와께서 이같이 말씀하시되 내가 백향목 꼭대기에서 높은 가지를 꺾어다가 심으리라 내가 그 높은 새 가지 끝에서 연한 가지를 꺾어 높고 우뚝 솟은 산에 심되.

주 여호와께서 이와 같이 말씀하시기를, "나 주 여호와가 백향목 높은 꼭대기에서 어린 가지(오실 메시아를 지칭한다)를 취하여 심되(Calvin, Lange, Cooke, May, Plumptre), 꼭대기에서 그 연한 어린 가지를 꺾어 높이 치솟은 높은 산(다윗 왕가) 위에 심겠다"고 하신다.

"내가 백향목 꼭대기에서 높은 가지를 꺾어다가 심으리라"는 말은 '여호와께서 다윗의 자손으로서 영원한 왕좌를 차지하실 메시아를 심으시리라'는 뜻이다(눅 1:32-33; 롬 1:3).

"연한 가지를 꺾어 높고 우뚝 솟은 산에 심는다"는 말은 '여호와께서 메시아이신 그리스도를 유다 나라에서 탄생하도록 하신다'는 것을 가리킨다.

겔 17:23. 이스라엘 높은 산에 심으리니 그 가지가 무성하고 열매를 맺어서 아름다운 백향목이 될 것이요 각종 새가 그 아래에 깃들이며 그 가지 그늘에 살리라.

나 여호와가 그것(메시아)을 이스라엘의 높은 산에 심을 것이니, 그러면 그것이 가지들을 내고, 열매를 맺고, 아름다운 백향목이 되어, 모든 날개 가진 새들이 그 아래 깃들이고 그 가지들의 그늘에 깃들게 될 것이라고 하신다.

"이스라엘 높은 산에 심으리니"란 말은 '통일 이스라엘 왕국의 정치적 중심지였던 시온 산에 심으신다'는 뜻이다.

"그 가지가 무성하고 열매를 맺어서 아름다운 백향목이 될 것이요 각종 새가 그 아래에 깃들이며 그 가지 그늘에서 살리라"는 말은 '메시아 왕국에서는 이스라엘과 이방인을 막론하고 모든 택함 받은 하나님의 백성들이 구원과 영광을 얻을 것을 암시하고 있다(마 13:31-32). 간단히 말해서 각국 민족들이 그리스도에게 돌아와서 구원을 받으리라는 예언이다.

겔 17:24. 들의 모든 나무가 나 여호와는 높은 나무를 낮추고 낮은 나무를

높이며 푸른 나무를 말리고 마른 나무를 무성하게 하는 줄 알리라 나 여호와는 말하고 이루느니라 하라.

나 여호와가 높은 나무는 낮추고 낮은 나무는 크게 높이겠다. 싱싱한 나무는 마르게 하고 마른 나무는 무성하게 하겠으니, 들판의 모든 나무들(이는 이방 열국과 그 나라들의 통치자들을 총칭한다)이 나 여호와가 여호와인 것을 알 것이다. 나 여호와가 말했으니 내가 이루겠다고 하신다.

"높은 나무를 낮추고 낮은 나무를 높이며 푸른 나무를 말리고 마른 나무를 무성하게 하는 줄 알리라"는 말은 '하나님은 높은 나무는 낮추시고 낮은 나무를 높이신다는 것이다. 이를 통해 우리는 인류의 역사를 주권적으로 섭리하시며 각 나라의 흥망성쇠를 좌우하시는 하나님의 크신 권세를 분명히 깨닫게 된다'는 것이다. 고전 1:27-28 참조.

제 18 장

11. 유다 백성들의 변명과 하나님의 답변 18:1-32

1-32절의 내용은 의(義)는 개인적이라는 것(1-20절), 의(義)는 현재적이라는 것(21-29절), 회개해야 한다는 것(30-32절)으로 구성되어 있다.

ㄱ. 심판과 구원은 개별적으로 임한다 18:1-20

1-4절. 모든 영혼은 개별적으로 하나님께 속하여 선악 간에 보응을 받는다는 것을 말한다.

<아버지의 죄악과 아들의 의>

겔 18:1. 또 여호와의 말씀이 내게 임하여 이르시되.

본 절은 모든 영혼은 하나님께 속해 있다는 내용의 새 부분(1-4절)이 시작한다는 것을 알리는 표제이다.

겔 18:2. 너희가 이스라엘 땅에 관한 속담에 이르기를 아버지가 신 포도를 먹었으므로 그의 아들의 이가 시다고 함은 어찌 됨이냐.

너희가 어찌하여 이스라엘 땅에서 속담으로 이르는 말에 아버지가 신 포도를 먹었으므로 자녀들의 이가 시다고 하는 속담을 계속 사용하느냐고 하신다.

본 절은 아버지의 영혼과 아들의 영혼이 개별적으로 하나님께 속해 있으니 각자는 자기의 의(義)로 산다는 것을 말한다.

겔 18:3. 주 여호와의 말씀이니라 내가 나의 삶을 두고 맹세하노니 너희가 이스라엘 가운데에서 다시는 이 속담을 쓰지 못하게 되리라.

주 여호와께서 말씀하시기를, "나 여호와가 내 삶을 두고 맹세하니, 너희(유다 백성들)가 다시는 이 속담을 이스라엘에서 사용하지 못할 것이라" 고 하신다.

"내가 나의 삶을 두고 맹세하노니"라는 말은 '여호와께서 단연코 말씀하신다는 것'을 강조하기 위한 문장이다.

겔 18:4. 모든 영혼이 다 내게 속한지라 아버지의 영혼이 내게 속함 같이 그의 아들의 영혼도 내게 속하였나니 범죄하는 그 영혼은 죽으리라.

보라! 모든 영혼(모든 개인들을 지칭하는 말이다)이 나 여호와께 속하였다. 아버지의 영혼이나 아들의 영혼이나 모두 나 여호와께 속하였으니 죄를 짓는 그 영혼이 죽을 것이라고 하신다.

"그 영혼은 죽으리라"는 말은 각개인의 범죄의 결과가 결코 다른 영혼에 전가되지 않는다는 것을 강조하는 말이다. 이 말은 금생내세(今生來世)에 멸망할 것을 말하는 것이다.

5-9절. 사람은 각자 그 의로 인하여 산다는 것을 말한다.

겔 18:5. 사람이 만일 의로워서 정의와 공의를 따라 행하며.

어떤 사람이 의로워서 공평(公平-어느 한쪽에 치우치지 않고 공정한 것)과 정의(正義-사람이 지켜야 할 바른 도리)를 행하며 사는 경우를 들어 말한다. 의로운 자의 삶은 다음 절에서도 계속 진술된다.

겔 18:6. 산 위에서 제물을 먹지 아니하며 이스라엘 족속의 우상에게 눈을 들지 아니하며 이웃의 아내를 더럽히지 아니하며 월경 중에 있는 여인을 가까이 하지 아니하며.

산 위에서 제물을 먹지도 않고, 이스라엘 족속의 우상들에게 눈을 들지도 아니하며, 자기 이웃의 아내를 더럽히지도 않고, 생리 중인 여자를 가까이하지도 아니하는 경우를 말한다.

"산 위에서 제물을 먹지 아니하며"라는 말은 말 그대로 '산 위에서 우상을 섬기고 그 우상에게 바쳤던 음식을 먹지 않는다'는 뜻이다(6:13; 16:16; 20:28; 신 12:2).

"이스라엘 족속의 우상에게 눈을 들지 아니하며"란 말은 '우상을 숭배하지 않음'을 말한다.

"이웃의 아내를 더럽히지 아니하며"란 말은 '간음죄를 짓지 않음'을 의미한다(출 20:14; 레 18:20; 20:10; 신 5:18; 22:22).

"월경 중에 있는 여인을 가까이 하지 아니하며"라는 말은 '여자가 한 달에 한번 지나는 생리 현상 중에 있는 여자를 가까이 아니 해야 한다'는 뜻이다. 남녀의 성은 경건한 자손과 가정을 위하여 주께서 허락하신 것이므로 성을 죄의 쾌락을 누리는 삶의 방편으로 사용하는 것은 지양해야 한다.

겔 18:7. 사람을 학대하지 아니하며 빚진 자의 저당물을 돌려 주며 강탈하지 아니하며 주린 자에게 음식물을 주며 벗은 자에게 옷을 입히며.

아무도 억압하지 아니하고 채무자의 담보물을 되돌려 주며 강도질도 하지 않고 굶주리는 자에게는 음식을 주며 헐벗은 자에게는 옷을 입혀 주라는 것이다. "사람을 학대하지 아니한다"는 말은 다른 이의 생명이나 자유에 손해를 끼치는 일을 하지 않음을 말한다(출 22:28; 렘 25:14, 17).

"빚진 자의 저당물을 돌려준다"는 말은 '탐심을 버리고 자비를 발휘해서 죄악을 범하지 않는 것'을 뜻한다(출 22:25; 신 24:6, 10-13).

"강탈하지 아니한다"는 것은 '도둑질 하지 않는 것'을 뜻한다(레 19:13).

"주린 자에게 음식물을 주며 벗은 자에게 옷을 입힌다"는 것은 '가난한 자를 불쌍히 여기는 행위'를 말한다(레 19:9-10; 23:22; 신 15:7-11; 14:29; 24:19-22; 욥 31:13; 사 58:5-7; 마 25:36; 약 2:15-16).

겔 18:8. 변리를 위하여 꾸어 주지 아니하며 이자를 받지 아니하며 스스로 손을 금하여 죄를 짓지 아니하며 사람과 사람 사이에 진실하게 판단하며.

높은 이자로 돈을 빌려 주어 많은 이자를 받지 아니하며, 자기의 손을 악에서 멀리하고, 사람과 사람 사이를 공정하게 판단해야 한다는 것이다.

"변리를 위하여 꾸어 주지 아니하며"라는 말은 '하나님의 율법은 변리를 취하는 것을 금하고 있다'는 뜻이다(출 22:25; 레 25:35-37; 신 23:19-20). 이 조항은 자비를 베풀어주라는 원리를 말한다.

"사람과 사람 사이에 진실하게 판단하며"라는 말은 '사람과 사람 사이에 문제가 있을 때 진실하게 다루어야 한다'는 뜻이다(출 20:16; 23:1-3, 6-8; 레 19:15, 35; 신 16:18-20).

겔 18:9. 내 율례를 따르며 내 규례를 지켜 진실하게 행할진대 그는 의인이니 반드시 살리라 주 여호와의 말씀이니라.

주 여호와께서 말씀하시기를, "내 율례를 따르고 내 법도를 지켜 진실하게 행하면, 그는 의로우니 반드시 살 것이라"고 하신다.

"내 율례를 따르며 내 규례를 지켜 진실하게 행한다"는 말은 '여호와의 율례를 준행하며 여호와의 규례를 지켜 진실하게 행한다'는 뜻이다. 이는 우리의 심령을 살리는 말씀이니 얼마나 반가운 말씀인지 모른다.

10-13절. 의인의 아들이 악하면 그 악으로 인하여 죽는다는 것을 말한다.

겔 18:10. 가령 그가 아들을 낳았다 하자 그 아들이 이 모든 선은 하나도 행하지 아니하고 이 죄악 중 하나를 범하여 강포하거나 살인하거나.

가령 그가 아들을 낳았는데, 그 아들이 난폭하고 피 흘리는 자로 이것들 중 하나를 형제에게 행하면 죽는다(13절)는 것이다.

아무리 의인의 아들이라도 하나님의 계명을 범하면 비참하게 하나님으로부터 멀리 떨어질 수밖에 없다는 것이다.

겔 18:11. 산 위에서 제물을 먹거나 이웃의 아내를 더럽히거나.

의인의 아들이 선한 일을 하나도 하지 아니하며, 산에서 제물을 먹고 자기 이웃의 아내를 더럽힌다면 죽는다(13절)는 것이다. 11-13절 말씀의 주해를 위해서는 6-9절의 주해를 참조하라.

겔 18:12. 가난하고 궁핍한 자를 학대하거나 강탈하거나 빚진 자의 저당물을 돌려 주지 아니하거나 우상에게 눈을 들거나 가증한 일을 행하거나.

의인의 아들이 어떤 가난하고 궁핍한 자를 압제하고 강도질을 하며, 담보물을 되돌려주지 않고 우상에게 눈을 들어 역겨운 일을 하면 죽는다(13절)는 것이다. 본 절의 주해를 위해서는 6-9절의 주해를 참조하라.

겔 18:13. 변리를 위하여 꾸어 주거나 이자를 받거나 할진대 그가 살겠느냐 결코 살지 못하리니 이 모든 가증한 일을 행하였은즉 반드시 죽을지라 자기의 피가 자기에게로 돌아가리라.

의인의 아들이 높은 이자로 돈을 빌려 주고 이자를 받는다면, 그가 살겠느냐? 결코 살지 못할 것이다. 그가 이런 모든 역겨운 짓들을 하였으니 반드시 죽을 것이며, 그의 죄가 자기에게 돌아갈 것이라는 것이다. 본 절의 주해를 위해서는 6-9절의 주해를 참조하라.

14-20절. 악인의 아들이 의로우면 그 의로 인하여 산다는 것을 말한다.

겔 18:14. 또 가령 그가 아들을 낳았다 하자 그 아들이 그 아버지가 행한 모든 죄를 보고 두려워하여 그대로 행하지 아니하고.

그 악인이 아들을 낳았는데, 그 아들이 자기 아버지가 한 모든 죄악을 보고 두려워하여 그런 일들을 하지 아니하면 산다(17절)는 것이다. 본 절의 주해를 위해서는 6-9절 주해를 참조하라.

겔 18:15. 산 위에서 제물을 먹지도 아니하며 이스라엘 족속의 우상에게 눈을 들지도 아니하며 이웃의 아내를 더럽히지도 아니하며.

악인의 아들이 산에서 우상의 제물을 먹지도 않으며, 이스라엘 족속의 우상에게 눈을 들지도 않고, 자기 이웃의 아내를 더럽히지도 않으면 산다(17절)는 것이다. 본 절의 주해를 위해서는 6-9절 주해를 참조하라.

겔 18:16. 사람을 학대하지도 아니하며 저당을 잡지도 아니하며 강탈하지도 아니하고 주린 자에게 음식물을 주며 벗은 자에게 옷을 입히며.

악인의 아들이 누구를 압제하거나 담보물을 잡거나 강도질을 하지 않고, 굶주린 자에게 자기 양식을 주고 헐벗은 자에게 옷으로 덮어 주면 산다(17절)는 것이다. 본 절 주해를 위해 6-9절 주해를 참조하라.

겔 18:17. 손을 금하여 가난한 자를 압제하지 아니하며 변리나 이자를 받지 아니하여 내 규례를 지키며 내 율례를 행할진대 이 사람은 그의 아버지의 죄악으로 죽지 아니하고 반드시 살겠고.

악인의 아들이 죄악에서 자기 손을 멀리하여 높은 이자를 받지 않고, 여호와의 법도대로 행하며 율례를 따른다면, 그 악인의 아들이 자기 아비의 죄악 때문에 죽지 않고, 반드시 살 것이라는 내용이다. 본 절 주해를 위해서 6-9절 주해를 참조하라.

겔 18:18. 그의 아버지는 심히 포학하여 그 동족을 강탈하고 백성들 중에서 선을 행하지 아니하였으므로 그는 그의 죄악으로 죽으리라(As for his father, because he practiced extortion, robbed his brother, and did what is not good among his people, behold, he shall die for his iniquity-ESV).

그러나 그의 아버지는 심히 압제하고 형제를 강탈하며 자기 백성 중에서 선을 행하지 않았으니, 보라! 그가 자기 죄악 때문에 죽을 것이라고 하신다.

겔 18:19. 그런데 너희는 이르기를 아들이 어찌 아버지의 죄를 담당하지 아니하겠느냐 하는도다 아들이 정의와 공의를 행하며 내 모든 율례를 지켜 행하였으면 그는 반드시 살려니와.

그런데 너희는 어찌 아들이 아버지의 죄악을 담당하지 않겠느냐고 말한다. 그러나 여호와께서는 그 아들이 공평과 정의를 행하고 여호와의 모든 율례를 지켜 행하였으면 그는 반드시 살 것이라고 하신다.

본 절은 누구든지 율법을 실행하면 선조의 죄와는 상관없이 하나님 앞에서 살 수 있다고 강력히 주장한다.

겔 18:20. 범죄하는 그 영혼은 죽을지라 아들은 아버지의 죄악을 담당하지 아니할 것이요 아버지는 아들의 죄악을 담당하지 아니하리니 의인의 공의도 자기에게로 돌아가고 악인의 악도 자기에게로 돌아가리라.

죄를 짓는 그 영혼은 죽을 것이다. 아들은 아버지의 죄악을 담당하지 않고 아버지도 그 아들의 죄악을 담당하지 아니할 것이다. 의인의 의가 그에게 돌아가고, 악인의 악도 그에게 돌아갈 것이라고 하신다. 본 절의 주해를 위해서는 4절 주해를 참조하라.

ㄴ. 회개하라 18:21-32

21-29절. 현재 회개하면 과거의 죄에 대해서도 책임을 지지 않는다는 것이고, 의를 버리는 자는 그의 과거의 의도 그를 보호하지 않는다는 것이다.

겔 18:21. 그러나 악인이 만일 그가 행한 모든 죄에서 돌이켜 떠나 내 모든 율례를 지키고 정의와 공의를 행하면 반드시 살고 죽지 아니할 것이라.

그러나 악인이 자기가 행한 자기의 모든 죄악에서 돌이켜, 나 여호와의 모든 율례를 지키고 공평과 정의를 행하면 그는 반드시 살고 결코 죽지 않을 것이다. 하나님께서 사람이 회개하는 것을 보시고 그의 과거의 모든 죄를 용서하실 뿐 아니라 그를 영생으로 인도하여 주시는 것은 말할 수 없이 큰 은혜이다. 이와 같은 큰 은혜는 하나님의 독생자 예수 그리스도의 보혈을 대가로 성립된 것이다.

겔 18:22. 그 범죄한 것이 하나도 기억함이 되지 아니하리니 그가 행한

공의로 살리라.

그가 행한 어떤 범죄도 기억되지 아니할 것이니, 그는 자기가 행한 의(義) 때문에 살 것이다. 이 귀한 보혈의 은혜는 공의(公義)에 근거한 것이다.

겔 18:23. 주 여호와의 말씀이니라 내가 어찌 악인이 죽는 것을 조금인들 기뻐하랴 그가 돌이켜 그 길에서 떠나 사는 것을 어찌 기뻐하지 아니하겠느냐.

주 여호와께서 말씀하시기를, "나 여호와가 악인의 죽음을 조금인들 기뻐하겠느냐? 오히려 그들이 자기 악에서 돌이켜 산다면 내가 기뻐하지 않겠느냐?"고 하신다.

여호와께서는 악인의 죽음을 조금도 기뻐하지 않으신다는 것이다. 여호와께서는 악인들이 자기들의 악에서 돌이켜 사는 것을 기뻐하신다는 것이다.

겔 18:24. 만일 의인이 돌이켜 그 공의에서 떠나 범죄하고 악인이 행하는 모든 가증한 일대로 행하면 살겠느냐 그가 행한 공의로운 일은 하나도 기억함이 되지 아니하리니 그가 그 범한 허물과 그 지은 죄로 죽으리라.

그러나 의인이 자기 의에서 돌이켜 악을 행하고, 악인이 행하는 모든 역겨운 일대로 행한다면 그가 살지 못할 것이라고 하신다. 그가 행한 그 어떤 의로움도 기억되지 아니할 것이니, 그가 행한 자기의 신실하지 못함과 그가 범한 자기 죄 때문에 그는 죽을 것이라고 하신다.

겔 18:25. 그런데 너희는 이르기를 주의 길이 공평하지 아니하다 하는도다 이스라엘 족속아 들을지어다 내 길이 어찌 공평하지 아니하냐 너희 길이 공평하지 아니한 것이 아니냐.

그럼에도 너희는 여호와의 길이 공평하지 않다고 말한다. 이스라엘 족속아! 들어라! 내 길이 공평하지 않으냐? 공평하지 않은 것은 너희의 길들이 아니냐고 하신다.

겔 18:26. 만일 의인이 그 공의를 떠나 죄악을 행하고 그로 말미암아 죽으면 그 행한 죄악으로 말미암아 죽는 것이요.

의인이 자기의 의로움에서 돌이켜 죄악을 행하면 그 죄악들 때문에 죽을 것이니 그는 자기가 행한 범죄 때문에 죽는 것이라고 하신다.

겔 18:27. 만일 악인이 그 행한 악을 떠나 정의와 공의를 행하면 그 영혼을 보전하리라.

악인이 자기가 행한 죄악에서 돌이켜 공평과 정의를 행한다면 그는 자기의 목숨을 살릴 것이다.

죄악에서 돌이켜 의로운 삶을 택한다면 그런 사람은 자기의 목숨이 살게 된다는 것이니 얼마나 좋은 일이냐.

겔 18:28. 그가 스스로 헤아리고 그 행한 모든 죄악에서 돌이켜 떠났으니 반드시 살고 죽지 아니하리라.

그가 스스로 살펴 자신이 행한 모든 죄악에서 돌이켜 그 죄악에서 떠났으니 반드시 살고 죽지 아니할 것이라고 하신다.

겔 18:29. 그런데 이스라엘 족속은 이르기를 주의 길이 공평하지 아니하다 하는도다 이스라엘 족속아 나의 길이 어찌 공평하지 아니하냐 너희 길이 공평하지 아니한 것 아니냐.

그럼에도 이스라엘 족속은 여호와의 길이 공평치 않다고 말한다. 그러나 주께서는 "이스라엘 족속아! 내 길들이 공평하지 않은 것이냐? 공평하지 않은 것은 너희의 길들이 아니냐"고 오히려 말씀하신다. 본 절 주해를 25절의 주해를 참조하라.

30-32절. 하나님은 각 사람의 행한 대로 심판하심으로 모든 사람은 회개해야 산다는 것이다.

겔 18:30. 주 여호와의 말씀이니라 이스라엘 족속아 내가 너희 각 사람이 행한 대로 심판할지라 너희는 돌이켜 회개하고 모든 죄에서 떠날지어다 그리한즉 그것이 너희에게 죄악의 걸림돌이 되지 아니하리라.

그러므로 주 여호와께서 말씀하시기를, "이스라엘 족속아! 나 여호와가 너희 각 사람이 행한 대로 너희를 심판하겠다. 너희는 회개하고 너희 모든 범죄에서 돌이켜라. 그리하여 죄악이 너희를 패망하게 하지 않도록 하라"고 하신다.

겔 18:31. 너희는 너희가 범한 모든 죄악을 버리고 마음과 영을 새롭게 할지어다 이스라엘 족속아 너희가 어찌하여 죽고자 하느냐.

너희는 너희가 행한 모든 범죄를 저버리고 너희 마음과 영을 새롭게 하라. 이스라엘 족속아! 어찌하여 너희가 죽고자 하느냐고 하신다.

"마음과 영을 새롭게 할지어다"란 말은 하나님의 영을 받을 때에 가능한 것이다. 하나님의 영에 의하지 아니하면 우리의 마음과 영을 새롭게 할 수 없는 것이다(11:19; 36:26; 렘 4:4).

겔 18:32. 주 여호와의 말씀이니라 죽을 자가 죽는 것도 내가 기뻐하지 아니하노니 너희는 스스로 돌이키고 살지니라.

주 여호와께서 말씀하시기를, "나 여호와는 죽어야 할 자라도 그가 죽는 것을 기뻐하지 않는다. 너희가 죄에서 돌이켜 내 안에서 살기를 바란다"고 하신다.

제 19 장

12. 유다 왕들을 위한 애가 19:1-14

1-14절의 내용은 어미 사자와 새끼 사자(1-9절), 포도나무와 가지(10-14절)로 구성되어 있다.

ㄱ. 어미 사자와 새끼 사자 비유 19:1-9

<애가>

겔 19:1. 너는 이스라엘 고관들을 위하여 애가를 지어(And you, take up a lamentation for the princes of Israel-ESV, As for you, raise up a lamentation for the princes of Israel-RSV).

여호와께서 에스겔에게 명령하여 이르시기를, "너는 이스라엘 고관들을 위하여 애가를 지으라"고 하신다.

여기 "고관들"(נְשִׂיאֵי)이란 말은 '왕들'이란 뜻인데, 이 왕들이 누구인가에 대해서는 견해가 갈린다. 이 왕들은 유다 말기에 세워졌던 왕들을 지칭하는데(K&D, Cooke, Ziegler), 유다 말년의 왕들을 고관들이라고 한 이유는 그들이 왕들로서의 위신을 잃었기 때문이라는 것이다(박윤선). 1-4절의 왕들은 애굽으로 끌려간 여호아하스를 지칭하고(Lange), 5-9절은 주전 597년 바벨론으로 포로가 되어 간 여호야긴(왕하 24:10-17, K.&D., Rosenmueller)이나, 주전 586년 바벨론으로 끌려간 시드기야(왕하 25:1-7, Cornill, Hitzig)로 본다.

"애가"란 말은 죽은 사람을 위하여 부르는 만가(挽歌)를 지칭한다(2:10; 26:17; 27:2; 삼하 1:19-27; 3:3-34; 암 5:1).

겔 19:2. 부르라. 네 어머니는 무엇이냐 암사자라 그가 사자들 가운데에

엎드려 젊은 사자 중에서 그 새끼를 기르는데.

말하라(say)! 네 어머니는 무엇이냐? 암사자라. 암사자가 젊은 사자 가운데 누워 자기 새끼들을 길렀다는 것이다.

"네 어머니는 무엇이냐? 암사자라"는 말을 두고 해석이 갈린다. 1) 혹자는 "어머니, 즉 암사자"가 '여호아하스의 모친 하무달을 뜻한다'고 말하는 해석(Von Orelli, Kraetzchmar, Hans Schmidt, Herrmann, Troelstra, Noordtzij), 2) 유다 왕국을 가리킨다는 해석(K.&D., Hitzig, Bertholet, Heinisch, Cooke, Schump, Ziegler, Auvray, Noth)으로 갈린다. 이 두 개의 견해 중에 2)번의 견해가 더 유력하다. 이는 어떤 개인보다 유다 나라의 비극을 노래하는 애가이기 때문이다. 창 49:9; 민 23:24; 나 2:11, 12 참조. 에스겔은 유다 왕국을 암사자로 비유함으로써 다윗과 솔로몬 통치 시기, 웃시야와 요시야 통치 시기와 같이 한 때 강력한 국가로 이름을 떨쳤던 지난날을 회상하게 하여 국가의 주권마저 유지하기 어려워진 당시 상황에 대한 비참한 감정을 더욱 크게 하고 있는 것으로 보인다.

"그가 사자들 가운데에 엎드려"란 말은 '유다 왕국이 이웃 나라들 틈에서 긴장을 풀고 평안하게 쉬면서 주변의 열강들과 나란히 어깨를 견주고 국력을 크게 하여 나라의 기틀을 잡은 때가 있었다는 것'을 말한다(Lange).

겔 19:3. 그 새끼 하나를 키우매 젊은 사자가 되어 먹이 물어뜯기를 배워 사람을 삼키매.

어미 사자가 자기 새끼들 중 하나를 키웠더니, 그가 젊은 사자가 되어 그가 먹이 움키는 것을 배워 사람을 삼켰다는 것이다.

"젊은 사자가 되었다"는 말은 '유다 나라의 17대 왕이 된 여호아하스가 23세에 왕이 되어 패기에 넘쳐 침략 행동을 했다'는 뜻이다.

"먹이 물어뜯기를 배워 사람을 삼켰다"는 말은 '백성들을 탄압했다'는 것을 가리킨다. 그는 여호와 보시기에 "악을 행한" 사람이었다(왕하 23:32).

겔 19:4. 이방이 듣고 함정으로 그를 잡아 갈고리로 꿰어 끌고 애굽 땅으로 간지라(The nations heard about him; he was caught in their pit, and they brought him with hooks to the land of Egypt-ESV)**.**

민족들이 그에 대해 듣고 함정으로 그를 잡아서 갈고리로 꿰어 애굽 땅으로 끌고 갔다는 것이다.

여기 "이방"(nations)이란 말은 '나라들'이란 뜻으로 애굽 왕 바로 느고(주전 610-595년 통치)와 동맹국들을 지칭한다.

그리고 "함정으로"(in their pit)란 말은 '사자를 잡을 때의 방법으로'란 뜻이다. 유다 왕 여호아하스를 사자를 잡을 때의 방법을 동원해서 잡아가지고 애굽으로 갔다는 뜻이다. 여호와께서는 유다의 패역함을 징계하시려는 계획이 있으셔서 이렇게 애굽을 이용하신 것이다. 애굽의 바로 느고(Necho II)는 여호아하스의 형제인 여호야김을 왕으로 세웠다(왕하 23:31-34; 렘 22:10-12).

겔 19:5. 암사자가 기다리다가 소망이 끊어진 줄을 알고 그 새끼 하나를 또 골라 젊은 사자로 키웠더니.

암사자(어미 사자)가 기다리다가 자기 소망이 끊어져 사라진 것을 알고, 자기 새끼들 중에서 하나를 택하여 젊은 사자로 길렀다는 것이다.

여기 "암사자"의 주해를 위해서는 2절 주해를 참조하라.

그리고 "그 새끼 하나를 또 골라 사자로 키웠다"는 말을 두고 견해가 갈린다. 1) 유다 왕 여호야김 왕일 것이라는 견해(렘 22:13-17, Calvin, Bruce, 박윤선), 2) 시드기야 왕일 것이라는 견해(Cornili, Hitzig, Schmidt, 이상근), 3) 여호야긴 왕일 것이라는 견해(K.&D., Cooke, Dyer, Leale, Plumptre, Rosenmueller, 그랜드 종합 주석, 옥스퍼드원어성경대전, 호크마 주석)이다. 이 세 견해 중 3)번의 견해를 취해 둔다.

겔 19:6. 젊은 사자가 되매 여러 사자 가운데에 왕래하며 먹이 물어뜯기를

배워 사람을 삼키며.

그가 젊은 사자로 사자들 중에서 왕래했다. 그가 먹이 움키는 것을 배워 사람을 삼켰다는 것이다. 본 절 주해를 위해서는 앞 절(5절) 주해를 참조하라.

겔 19:7. 그의 궁궐들을 헐고 성읍들을 부수니 그 우는 소리로 말미암아 땅과 그 안에 가득한 것이 황폐한지라.

그가 자기의 과부들을 착취하며, 그들의 성읍들을 황폐하게 하니, 그 땅과 거기에 충만한 것들이 그의 포효(크게 외침) 소리에 경악하였다는 것이다.

"그의 궁궐들을 헐고"란 말을 두고 학자에 따라 해석이 갈린다. 다시 말해 여기 "궁궐들"(אַלְמְנוֹתָיו)이 무엇이냐를 두고 해석이 갈리는 것이다. 1) 이 "궁궐들"이란 말이 1) 우리 성경처럼 '그의 궁궐들을 헐었다'는 뜻으로 해석하는 학자들의 견해(AV), 2) '그 동굴에 엎드려 삼림을 훼파했다'는 뜻으로 보는 견해(Cooke), 3) '그의 과부들을 성적으로 착취했다'는 뜻으로 해석하는 학자들의 견해가 있다(K.&D.). 왕의 학정 때문에 백성들이 성읍에 살지 못하고 촌락으로 도피하게 되니 성읍들은 훼파하게 되었다는 것이다. 이 견해들 중에서 3)번의 견해가 가장 타당한 해석으로 보인다.

겔 19:8. 이방이 포위하고 있는 지방에서 그를 치러 와서 그의 위에 그물을 치고 함정에 잡아.

본문은 바벨론이 그 속국이었던 에돔과 모압, 암몬 등과 함께 동맹을 형성한 다음 유다를 침공했던 사실을 가리킨다.

즉, 적들이 사방 여러 지역으로부터 와서 그를 잡으려 하여 그에게 그물을 던지니 그가 그들의 구덩이에서 사로잡혔다는 것이다.

바벨론은 이처럼 속국들과 동맹을 맺어 반역한 속국을 징벌하는 수법을 자주 사용했다(왕하 24:2).

"그물을 치고 함정에 잡아"라는 말은 '바벨론의 느부갓네살이 여호야긴을 사로잡은 것'을 가리킨다(왕하 24:12 참조).

때때로 본 절 전체의 내용이 여호야긴보다는 여호야김에게 보다 잘 적용된다고 하는 주장이 제기되기도 한다(5절 주해 참조). 그러나 9절에서 보면 "그 소리가 다시 이스라엘 산에 들리지 아니하게 하려 함이라"는 말이 왕하 24:6의 "여호야김이 그의 조상들과 함께 자매 그의 아들 여호야긴이 대신하여 왕이 되었다"는 말과 부합되지 않기 때문에 그 타당성을 인정받을 수 없다(그랜드 종합 주석). 여호야김은 바벨론으로 사로잡혀 갔으나 얼마 후 다시 돌아와 유다 땅에 묻힐 수 있었던 반면 여호야긴은 바벨론 포로로 잡혀가 그곳에서 죽었다(왕하 24:8-16).

겔 19:9. 우리에 넣고 갈고리를 꿰어 끌고 바벨론 왕에게 이르렀나니 그를 옥에 가두어 그 소리가 다시 이스라엘 산에 들리지 아니하게 하려 함이라.

본 절은 유다의 여호야긴 왕이 사로잡혀 바벨론 왕에게로 끌려갔던 일(주전 597년)에 대한 비유이다. 즉, 그리로 그들이 그(여호야긴)를 갈고리로 꿰어 철장에 가두고, 그물에 묶어 바벨론 왕에게 끌고 가니, 다시는 이스라엘 산들에서 그의 소리가 들리지 않았다는 것이다.

본 절의 "우리"(סוּגַר)라는 말은 '짐승을 가두는 우리'라는 뜻이다.

"그를 옥에 가두어 그 소리가 다시 이스라엘 산에 들리지 아니하게 하려 함이라"는 말은 '여호야긴은 끝내 유다 땅으로 돌아오지 못했다. 그는 바벨론의 옥에 갇힌지 37년 만인 주전 562년에 느부갓네살의 뒤를 이은 바벨론 왕 에윌므로닥(주전 562- 560년 통치)에 의하여 옥에서 풀려나 유다 왕으로서의 대접을 받게 되었다(왕하 25:27-30).

ㄴ. 포도나무와 가지 비유 19:10-14

10-14절은 포도나무 비유를 통해서 유다 왕실의 몰락을 말하며, 시드기야가 포로가 된다는 것을 예언한다. 이 비유가 가리키는 왕이 유다 왕국의 마지막 왕인 시드기야(주전 597-586년 통치)인데, 이 비유는 17:5-8과 유사하다.

겔 19:10. 네 피의 어머니는 물 가에 심겨진 포도나무 같아서 물이 많으므로 열매가 많고 가지가 무성하며(Your mother was like a vine in a vineyard planted by the water, fruitful and full of branches by reason of abundant water-ESV)**.**

네 어미는 물 가에 심겨진 포도원의 포도나무 같아서, 물이 풍성하므로 열매가 많고 가지가 무성하였다.

"네 피의 어미"란 말은 '피 묻은 갓난아기와 같은 역사 초창기의 유다 왕국'을 지칭한다.

"물 가에 심겨진 포도나무 같아서"란 말의 주해를 위해서는 17:5-6 주해를 참조하라. 이스라엘 백성은 젖과 꿀이 흐르는 가나안 땅을 기업으로 받아 그 땅에서 크게 번창한 것을 뜻한다.

"물이 많다"는 말은 '하나님의 은혜가 풍성했음'을 뜻한다. 그러므로 본문은 유다 왕국이 바벨론에 의해 멸망하기 전에는 매우 번창했음을 뜻한다.

겔 19:11. 그 가지들은 강하여 권세 잡은 자의 규가 될 만한데 그 하나의 키가 굵은 가지 가운데에서 높았으며 많은 가지 가운데에서 뛰어나 보이다가.

포도나무는 강한 줄기를 가졌으므로, 통치자의 막대기가 되기에 합당하였다. 줄기는 덩굴들 속에서도 높이 솟아, 그 높이와 그 무성한 가지들이 두드러져 보였다.

본 절의 "그 가지들"이란 다윗 왕으로부터 시드기야 왕까지 유다의 역대 왕들을 비유한다.

"그 하나의 키가 굵은 가지 가운데에서 높았으며 많은 가지 가운데에서 뛰어났다"는 말은 유다 나라의 시드기야 왕을 가리키는 것으로 볼 수 있다(Hengsternberg, Kraetzschmar, Herrmann, Schumpp, Ziegler). 시드기야가 다른 왕들보다 더 교만했던 것을 가리키는 표현이다(Lange). 시드기야는 예레미야를 통하여 선포되는 하나님의 말씀을 멸시하며 바벨론을 배척하고 애굽을 의지하는 등 극도로 교만하여 결국은 바벨론 느부갓네살 왕에 의해 나라가 망하는 비극을 경험하고 그 자신도 처참한 최후를 맞는다(왕하 24:18-20).

겔 19:12. 분노 중에 뽑혀서 땅에 던짐을 당하매 그 열매는 동풍에 마르고 그 강한 가지들은 꺾이고 말라 불에 탔더니.

그러나 포도나무가 분노 중에 뽑혀 땅에 던져졌다. 동풍이 마르게 하니, 그 열매들이 떨어지고 그것의 강한 줄기도 말라 불이 그것을 삼켰다는 것이다.

본 절은 시드기야가 교만하여 배역하게 될 것을 말한다. 그런고로 시드기야는 바벨론의 느부갓네살이 그와 예루살렘 주민들을 진멸할 것을 가리킨다(왕하 25:1-7).

"그 열매는 동풍에 마르고"라는 말은 그 열매가 무서운 시로코의 바람에 마른다는 것을 말한다(17:10). 여기서는 바벨론 군대에 의하여 망한다는 것을 지칭한다.

겔 19:13. 이제는 광야, 메마르고 가물이 든 땅에 심어진 바 되고.

이제 그것은 광야, 가뭄과 목마름의 땅에 심겨졌다는 것이다.

이제는 시드기야가 바벨론 땅으로 포로가 되어간다는 뜻이다. 여기 바벨론 땅은 가뭄이든 땅으로 묘사되고 있다. 교만한 자는 교만하지 않은 사람들보다 더 크게 엄청난 고난을 당한다는 것을 알 수 있다.

겔 19:14. 불이 그 가지 중 하나에서부터 나와 그 열매를 태우니 권세 잡은 자의 규가 될 만한 강한 가지가 없도다 하라 이것이 애가라 후에도 애가가 되리라.

본 절은 패역한 지도자였던 시드기야로 말미암아 유다 왕국과 백성이 망할 것을 예언한다. 즉, 불이 그 줄기에서 나와서 그 어린 가지와 열매를 태웠으므로 통치자의 막대기가 될 만한 강한 줄기는 더 이상 없도다. 이것이 애가이니, 계속 애가로 사용될 것이라는 내용이다.

시드기야 왕이 망한 다음에는 유다 나라에 더 이상 왕이 없게 되었다. "이것이 애가라 후에도 애가가 되리라"는 말은 '유다 왕국의 파멸은 너무나도 처참하고 슬픈 것이어서 후대의 선민 이스라엘 자손에게도 쓰라린 슬픔이 될 것'이란 뜻이다.

제 20 장

E. 예루살렘에 심판이 임할 것이다 20:1-24:27

20-24장 내용은 유다의 역사가 불신실한 점을 회고한 일(20장), 유다에 임할 여호와의 심판을 여호와의 칼로 비유하고(21장), 유다의 심판의 원인인 죄상을 밝히며(22장), 유다와 이스라엘 자매의 죄와 심판에 대해 언급하며(23장), 예루살렘의 최후를 말한다(24장).

1. 패역한 이스라엘의 과거 역사를 회고하다 20:1-32

1-32절의 내용은 장로들의 내방과 질문에 답한 일(1-4절), 이스라엘이 애굽에서 불신실했던 일(5-9절), 광야에서 불신실했던 일(10-26절), 가나안 땅에서 불신실했던 일(27-29절), 에스겔 당시에 불신실했던 일(30-32절)로 분류한다.

ㄱ. 과거 애굽 시대의 불신실을 회고하다 20:1-9

1-4절. 장로들이 내방해서 에스겔이 답한 일을 말하다.

<하나님의 뜻, 이스라엘의 반역>

겔 20:1. 일곱째 해 다섯째 달 열째 날에 이스라엘 장로 여러 사람이 여호와께 물으려고 와서 내 앞에 앉으니.

제7년 5월 10일에 이스라엘 장로 몇 사람이 여호와께 여쭈려고 와서 내(에스겔) 앞에 앉았다는 것이다.

"일곱째 해 다섯째 달 열째 날"을 기록한 것은 장로들이 에스겔을 찾아와서 에스겔에게 물은 것이 역사적인 사건이라는 것을 알리기 위함이었다.

"이스라엘 장로 여러 사람이 여호와께 물으려고 와서 내 앞에 앉았다"는 말은 바벨론 땅에 포로로 잡혀간 유다 장로(원문에는 '이스라엘 장로 여러 사람'이라 했으나 좀 더 정확하게 말하자면 '유다 장로 여러 사람이라'고 해야 한다) 몇 사람이 에스겔에게 찾아와서 바벨론에 포로로 온 사람들의 장래가 어떻게 될 것인지에 대해 물었다는 뜻이다. 장로들이 에스겔에게 찾아와서 이렇게 물은 것은 회개하고자 물은 것이 아니라 유다 포로들의 운명이나 알아보려는 미신적인 행위였다.

겔 20:2. 여호와의 말씀이 내게 임하여 이르시되.

유다 장로들이 유다 포로들의 장래가 어떻게 될 것인지에 대해 물었을 때 "여호와의 말씀이 내게 임하셨다"는 것이다.

겔 20:3. 인자야 이스라엘 장로들에게 말하여 이르라 주 여호와께서 이렇게 말씀하셨느니라 너희가 내게 물으려고 왔느냐 내가 나의 목숨을 걸고 맹세하거니와 너희가 내게 묻기를 내가 용납하지 아니하리라 주 여호와의 말씀이니라.

주 여호와께서 말씀하시기를, "인자야(여호와께서 에스겔을 부르시는 호칭)! 이스라엘(유다) 장로들에게 말하라. 너희가 나 여호와에게 물으려고 왔느냐? 내가 내 삶을 두고 맹세하니, 나 여호와는 너희가 내게 묻는 것을 허락하지 않는다"는 것이다.

"내가 나의 목숨을 걸고 맹세한다"(5:11; 16:48; 18:3 주해 참조)는 말은 '여호와께서 앞으로 선포하실 말씀을 반드시 성취하시겠다는 것을 아주 강력하게 말씀하시는 형식'이다. 본문에서는 마음속에 죄악을 그대로 품은 채 여호와께 나아온 장로들에게 어떠한 말씀도 해주시지 않겠다는 것을 강력하게 선포하는 말씀이다.

"너희가 내게 묻기를 내가 용납하지 아니하리라"는 말씀은 유다 장로들이 죄 자백은 않고 여호와께 바벨론에 포로로 잡혀온 유다 포로들의 운명을 물으러 온 것에 대해서 대답하시지 않겠다는 것이다. 오늘 우리도 죄는 자복하지 않고 여호와께 자신의 장래나 묻는 일에 대해서 하나님께서는 절대 허락하시지 않으신다는 것이다.

겔 20:4. 인자야 네가 그들을 심판하려느냐 네가 그들을 심판하려느냐 너는 그들에게 그들의 조상들의 가증한 일을 알게 하여.

인자야(여호와께서 에스겔을 부르시는 호칭)! 네가 그들을 심판하려느냐? 네가 심판하려느냐? 너 에스겔은 그들에게 말하여 그들이 자기 조상들의 역겨운 일들을 알게 하여라.

"네가 그들을 심판하려느냐? 네가 그들을 심판하려느냐?"고 여호와께서 에스겔에게 두 번이나 똑같은 말씀을 하신 것은 하나의 강조체로 '심판해 보라'는 것이다. 다시 말해 엄하게 문책해 보라는 뜻이다.

"너는 그들에게 그들의 조상들의 가증한 일을 알게 하라"고 하시는 말씀은 '에스겔이 유다 장로들을 심판하기보다는 유다 백성들이 이 모양이 된 것은 그들의 과거의 우상 숭배 때문에 된 일이니 그들의 조상들의 가증한 일을 알게 하라'는 말씀인 것이다. 즉, 그들이 현재 이 모양이 된 것은 과거에 죄를 지어서인 것을 말하라는 것이다.

5-9절. 이스라엘이 과거에 애굽에서 불신실했기 때문에 이렇게 비참하게 되었다는 것이다.

겔 20:5. 이르라 주 여호와께서 이같이 말씀하셨느니라 옛날에 내가 이스라엘을 택하고 야곱 집의 후예를 향하여 내 손을 들어 맹세하고 애굽 땅에서 그들에게 나타나 맹세하여 이르기를 나는 여호와 너희 하나님이라 하였노라.

주 여호와께서 이같이 말씀하시기를, "나 여호와가 이스라엘을 택하던 날에 야곱 족속의 후손에게 내 손을 들어 맹세하고, 애굽 땅에서 그들에게 나를 알렸으며 나는 그들에게 내 손을 들고 나 여호와는 여호와 너희 이스라엘의 하나님이라"고 말씀하셨다는 것이다.

"이스라엘을 택하던 날에 야곱 족속의 후손"이란 말은 에스겔이 동일한 대상을 가리키는 이스라엘과 야곱이라는 이름을 교차적으로 사용하고 있는 것을 볼 수 있다. 이처럼 하나님께서 두 명칭을 교차적으로 사용하신 것은 택한 백성이었던 그들의 신분을 다시 한 번 상기시키기 원하셨기 때문이다(신 33:21, 28-29; 삼하 5:3; 시 14:7; 사 2:6; 렘 10:25).

"애굽 땅에서 그들에게 나타나 맹세하여"란 말은 '여호와께서 애굽 땅에서 이스라엘에 나타나셔서 맹세하셨다'는 뜻인데, 5-26절에서 에스겔이 회상하는 바 이스라엘의 출애굽 사건은 선민 이스라엘을 향한 하나님의 크신 사랑과 하나님의 전능하신 능력을 보여주는 대표적인 실례였다. 이 사건이야말로 선지자들에 의해 기회가 있을 때마다 반복되어져 선민 이스라엘에게 내려주신 하나님의 은혜를 깨닫게 하는 중요한 자료가 되곤 했다(신 8:14; 사 63:11; 렘 2:6; 호 2:15).

겔 20:6. 그 날에 내가 내 손을 들어 그들에게 맹세하기를 애굽 땅에서 인도하여 내어 그들을 위하여 찾아 두었던 땅 곧 젖과 꿀이 흐르는 땅이요 모든 땅 중의 아름다운 곳에 이르게 하리라 하고.

그 날에 나 여호와가 내 손을 그들에게 들어, 애굽(이집트) 땅으로부터 내가 그들을 위해 찾아 둔 땅, 곧 젖과 꿀이 흐르며 모든 땅 중에서 가장 영광스러운 곳으로 인도하겠다고 맹세하였다는 것이다.

"그들을 위하여 찾아 두었던 땅"이란 말은 '가나안 땅은 여호와께서 아브라함을 보내셔서 찾아두었던 땅'이었다.

"젖과 꿀이 흐르는 땅"이란 말은 '여호와께서 이스라엘 민족에게 주신 약속의 땅에 대한 표현으로서 가나안 인근의 다른 땅에 비하여 비옥하고 풍요로운 땅'이라는 뜻이다. 하나님께서 우리에게 주시는 것은 다른 사람들의 것과 비교해도 훨씬 좋다는 것을 의미한다.

겔 20:7. 또 그들에게 이르기를 너희는 눈을 끄는 바 가증한 것을 각기 버리고 애굽의 우상들로 말미암아 스스로 더럽히지 말라 나는 여호와 너희

하나님이니라 하였으나.

나 여호와가 그들에게 말하기를, "너희는 각자 너희가 주목하는 혐오스러운 것(우상)들을 버리고, 애굽의 우상들로 자신을 더럽히지 마라. 나는 여호와 너희 하나님이라 하였으나 이스라엘이 나 여호와의 말을 반역했다"는 것이다.

우리는 육신을 따라 사는 어리석음을 버리고 하나님의 말씀을 따라 살아야 할 것이다.

겔 20:8. 그들이 내게 반역하여 내 말을 즐겨 듣지 아니하고 그들의 눈을 끄는 바 가증한 것을 각기 버리지 아니하며 애굽의 우상들을 떠나지 아니하므로 내가 말하기를 내가 애굽 땅에서 그들에게 나의 분노를 쏟으며 그들에게 진노를 이루리라 하였노라.

그들은 나 여호와에게 반역하며 순종하려 하지 않았다. 그들 중 누구도 자기 눈이 주목하는 그 혐오스러운 것들을 던져 버리지 아니하였고, 애굽의 우상들도 버리지 아니하였다. 그러므로 내가 그들에게 내 분노를 쏟아 부어, 애굽 땅 가운데서 그들에게 내 진노를 다 쏟겠다고 말하였다.

이스라엘 민족이 애굽에서 우상 숭배를 했으니(출 5:21; 32장; 레 17:7; 민 11:5; 수 24:14; 시 106:7) 여호와께서 이스라엘 민족 위에 벌을 내리시겠다고 말씀하셨다는 것이다. 하나님보다 다른 것을 더 사랑하면 벌을 받는다는 것은 아주 당연한 일이다.

겔 20:9. 그러나 내가 그들이 거주하는 이방인의 눈 앞에서 그들에게 나타나 그들을 애굽 땅에서 인도하여 내었나니 이는 내 이름을 위함이라 내 이름을 그 이방인의 눈 앞에서 더럽히지 아니하려고 행하였음이라.

그러나 나 여호와가 나 여호와의 이름을 위하여 행하였으니, 이유는 그들과 함께 지내던 민족들의 눈 앞에서 내 이름이 모욕당하지 않게 하려는 것이었다. 곧 내가 그들을 애굽 땅에서 이끌어 내어 여러 민족들의 눈 앞에서 그들에게 나 자신을 알렸다고 하신다.

여호와께서 애굽에서 우상 숭배를 한 이스라엘 민족을 멸하실 수가 있었으나 여호와께서는 그의 이름을 위해 이스라엘 민족을 멸하시지 않고 출애굽 시키셨다는 것이다. 여호와께는 여호와의 이름이 중요하셨던 것이다.

ㄴ. 광야 시대를 회고하다 20:10-26

출애굽한 이스라엘이 광야에서 망해야 했을 만큼 불신실했다는 것이다.

겔 20:10. 그러므로 내가 그들을 애굽 땅에서 나와서 광야에 이르게 하고.

여호와의 이름이 중요함으로 나 여호와가 이스라엘 사람들을 애굽 땅에서 이끌어 내어 광야로 인도하여 주셨다고 하신다.

우리는 전적으로 여호와 하나님만 바라보아야 한다. 하나님만 바라볼 때 진정으로 우리의 영육이 살 수 있다.

겔 20:11. 사람이 준행하면 그로 말미암아 삶을 얻을 내 율례를 주며 내 규례를 알게 하였고.

나 여호와께서 이스라엘 사람들에게 나 여호와의 율례를 주고 내 법도를 그들에게 알렸으니(출 19장); 레 18:5; 느 9:29) 사람이 그것들을 행하면 그 때문에 살 것이기 때문이다.

겔 20:12. 또 내가 그들을 거룩하게 하는 여호와인 줄 알게 하려고 내 안식일을 주어 그들과 나 사이에 표징을 삼았노라.

나 여호와는 또 그들에게 내 안식일들을 주었으니, 그들과 나 여호와 사이에 표징이 되도록 내가 그들을 거룩하게 하는 여호와인 것을 알게 하려는 것이었다고 하신다. 본 절은 출 20:8-11; 31:13-17의 내용에 의한 것이다.

이스라엘이 하나님의 선민인 가장 큰 표징은 그들의 안식일 준수라 할 것이다.

겔 20:13. 그러나 이스라엘 족속이 광야에서 내게 반역하여 사람이 준행하면 그로 말미암아 삶을 얻을 나의 율례를 준행하지 아니하며 나의 규례를 멸시하였고 나의 안식일을 크게 더럽혔으므로 내가 이르기를 내가 내 분노를 광야에서 그들에게 쏟아 멸하리라 하였으나.

그러나 이스라엘 족속이 광야에서 나 여호와를 배반하여, 사람들이 그대로 행하면 살게 될 나 여호와의 율례를 행하지 아니하고, 나 여호와의 법도를 무시하며 내 안식일들을 크게 모독하였다. 그러므로 나 여호와가 내 분노를 그들에게 쏟으므로 광야에서 그들을 멸망시키겠다고 말씀하셨다는 것이다.

겔 20:14. 내가 내 이름을 위하여 달리 행하였었나니 내가 그들을 인도하여 내는 것을 본 나라들 앞에서 내 이름을 더럽히지 아니하려 하였음이로라.

나 여호와가 내 이름을 위하여 행하였으니, 이유는 나 여호와가 그들을 이끌어 내는 것을 본 여러 민족들의 눈 앞에서 내 이름이 더럽혀지지 않게 하려는 것이었다고 하신다. 본 절 주해를 위해서는 9절 주해를 참조하라.

겔 20:15. 또 내가 내 손을 들어 광야에서 그들에게 맹세하기를 내가 그들에게 허락한 땅 곧 젖과 꿀이 흐르는 땅이요 모든 땅 중의 아름다운 곳으로 그들을 인도하여 들이지 아니하리라 한 것은.

나 여호와가 시내 광야에서 내 손을 들어 내가 그들에게 준 땅, 곧 젖과 꿀이 흐르고 모든 땅 중에서 가장 아름다운 그 땅으로 그들을 인도하지 않겠다고 그들에게 맹세하였다는 것이다. 본 절 주해를 위해 6절 주해를 참조하라.

겔 20:16. 그들이 마음으로 우상을 따라 나의 규례를 업신여기며 나의 율례를 행하지 아니하며 나의 안식일을 더럽혔음이라.

이스라엘 민족이 광야에서 마음으로 우상을 따라 여호와의 규례를 업신여기며 여호와의 율례를 행하지 아니하며(출 32:1-6; 민 25:1-3) 여호와의 안식일을 지키지 않았다(신 1:35; 2:15; 민 14:29-30)는 것이다. 그들은 광야에서 옳게 행한 것이 아무 것도 없었다.

겔 20:17. 그러나 내가 그들을 아껴서 광야에서 멸하여 아주 없이하지 아니하였었노라.

그들이 광야에서 여호와께 불복종했어도 여호와께서 그들을 불쌍히 여겨 멸망시키지 않았고, 또 그들을 광야에서 다 없애지도 아니하였다고 하신다.

18-26절. 이 부분에서는 특히 광야에서 출애굽 2세들의 불순종을 지적하신다.

겔 20:18. 내가 광야에서 그들의 자손에게 이르기를 너희 조상들의 율례를 따르지 말며 그 규례를 지키지 말며 그 우상들로 말미암아 스스로 더럽히지 말라.

나 여호와가 광야에서 그들의 자손에게 말하기를 너희 조상의 율례를 따라 행하지 말고, 그들의 법도대로 지키지도 말며, 그들의 우상들로 스스로를 더럽히지도 말라고 하셨다는 것이다. 다시 말해 그들의 조상들이 행하던 율례대로 우상을 숭배하며 여호와를 거역하지 말라고 하셨다는 것이다.

겔 20:19-20. 나는 여호와 너희 하나님이라 너희는 나의 율례를 따르며 나의 규례를 지켜 행하고 또 나의 안식일을 거룩하게 할지어다 이것이 나와 너희 사이에 표징이 되어 내가 여호와 너희 하나님인 줄을 너희가 알게 하리라 하였노라.

나 여호와는 여호와 너희 하나님이니, "너희는 내 율례 가운데 행하며 내 법도를 지켜 행하라고 하셨고, 또 내 안식일들을 거룩히 지켜라. 그것들이 나와 너희 사이에 표징이 될 것이니, 이는 나 여호와가 너희 하나님인 것을 알게 될 것이라"고 하셨다(12절 주해 참조)는 것이다.

겔 20:21. 그러나 그들의 자손이 내게 반역하여 사람이 지켜 행하면 그로 말미암아 삶을 얻을 나의 율례를 따르지 아니하며 나의 규례를 지켜 행하지 아니하였고 나의 안식일을 더럽힌지라 이에 내가 이르기를 내가 광야에서 그들에게 내 분노를 쏟으며 그들에게 내 진노를 이루리라 하였으나.

그러나 이스라엘 자손들은 나 여호와를 배반하여, 사람들이 그대로 행하면 살게 될 내 율례를 따르지 않고, 내 법도를 지켜 행하지 않았으며, 내 안식일을 모독하였다. 그러므로 내가 내 분노를 그들 위에 쏟아 부어, 광야에서 그들에게 내 진노를 다 이루겠다고 말하였다는 것이다.

겔 20:22. 내가 내 이름을 위하여 내 손을 막아 달리 행하였나니 내가 그들을 인도하여 내는 것을 본 여러 나라 앞에서 내 이름을 더럽히지 아니하려 하였음이로라.

그러나 나 여호와가 내 손을 돌이켜 내 이름을 위하여 행하였으니, 이유는 나 여호와가 그들을 이끌어 내는 것을 본 다른 민족들의 눈 앞에서 나 여호와의 이름이 더럽혀지지 않게 하려는 것이었다(9:14 주해 참조)고 하신다.

겔 20:23. 또 내가 내 손을 들어 광야에서 그들에게 맹세하기를 내가 그들을 이방인 중에 흩으며 여러 민족 가운데에 헤치리라 하였나니.

또 나 여호와가 광야에서 내 손을 들어 맹세하기를, "나 여호와가 그들을 민족들 가운데 흩고, 여러 나라들 중에 그들을 흩을 것이라"고 하였다는 것이다. 이 예언은 모세의 예언을 드러내는 것이다(레 16:33; 신 4:27; 28:64).

겔 20:24. 이는 그들이 나의 규례를 행하지 아니하며 나의 율례를 멸시하며 내 안식일을 더럽히고 눈으로 그들의 조상들의 우상들을 사모함이며.

그렇게 되는 이유는 이스라엘 백성들이 나 여호와의 법도를 행하지 않았고, 내 율례를 무시했으며, 내 안식일들을 모독했고, 그들의 눈이 자기 조상의 우상들을 따랐기 때문이라고 하신다. 본 절은 21절을 반복한 것이다.

겔 20:25. 또 내가 그들에게 선하지 못한 율례와 능히 지키지 못할 규례를 주었고.

그러므로 나 여호와도 그들에게 선하지 못한 율례와 그들을 살리지 못할 법도를 주었다고 하신다.

"선하지 못한 율례와 능히 지키지 못할 규례를 주었다"는 말은 '선하지 못한 율례대로 하게 버려두시고, 능히 지키지 못할 규례를 주셔서' 하나님께서 이스라엘 민족을 버려두셨음을 뜻한다. 이는 뒤의 39절이 뒷받침하고 있다.

겔 20:26. 그들이 장자를 다 화제로 드리는 그 예물로 내가 그들을 더럽혔음은 그들을 멸망하게 하여 나를 여호와인 줄 알게 하려 하였음이라.

나 여호와가 그들의 예물들, 곧 모든 맏아들을 불 가운데로 지나가게 하는 것들(몰렉 신에게 바침으로 그들이 더러워지고 멸망을 당하게 하는 것, 16:20; 신 18:9-11; 사 6:9-10) 때문에 그들을 더럽다고 선언하였으니, 나 여호와가 그렇게 한 목적은 그들을 황폐하게 하고 내가 여호와임을 알게 하려는 것이었다고 하신다. "그 예물로 내가 그들을 더럽혔다"는 말씀은 하나님께서 사람을 직접 더럽히셨다는 말씀은 아니고, 유다 백성들이 몰렉 신에게 맏아들을 드리는 일을 여호와께서 그냥 방치하셨다는 뜻이다(롬 1:24).

하나님은 때로 고집 센 사람들의 행위를 방치하시는 때가 있다. 일이 그렇게 전개되어 결국 죄에 대해 고집 센 사람들이 벌을 받는다. 우리는 악한 고집을 버려야 한다.

ㄷ. 가나안 입성 초기를 회고하다 20:27-29

겔 20:27. 그런즉 인자야 이스라엘 족속에게 말하여 이르라 주 여호와께서 이같이 말씀하셨느니라 너희 조상들이 또 내게 범죄하여 나를 욕되게 하였느니라.

그러므로 인자야!(여호와께서 에스겔을 부르시는 호칭) 이스라엘 족속에게 말하라. 주 여호와가 이같이 말씀하시기를 너희 조상들이 가나안 입성 초기에 여전히 나에게 이같이 반항하고 나를 배반함으로 나를 모독하였다고 하신다.

겔 20:28. 내가 내 손을 들어 그들에게 주기로 맹세한 땅으로 그들을 인도하여 들였더니 그들이 모든 높은 산과 모든 무성한 나무를 보고 거기에서 제사를 드리고 분노하게 하는 제물을 올리며 거기서 또 분향하고 전제물을 부어 드린지라.

나 여호와가 그들에게 주겠다고 내 손을 들어 맹세하였던 그 가나안 땅으로 그들을 인도하였는데, 그들은 높은 산이나 잎이 무성한 모든 나무를 보고 거기서 제사를 드렸고, 거기서 나를 격노하게 하는 제물을 바쳤으며 거기서 향을 피웠고 거기서 부어 드리는 제물을 바쳤다고 하신다.

이스라엘은 애굽(5-8절)과 광야(9-26절)에서만 여호와께 불신실했던 것이 아니라 가나안 땅에 들어온 초기에도 여전히 불신실했다.

"그들이 모든 높은 산과 모든 무성한 나무를 보고 거기에서 제사를 드렸다"는 말은 높은 산과 언덕 위에 산당을 짓고 우상을 숭배한 것을 말한다(6:13; 왕상 14:23; 왕하 17:10). 이스라엘 민족은 시종일관 우상을 숭배한 민족이었다. 오늘날 사람들은 시종일관 물질을 탐하고 명예를 좋아하고 이성을 좋아하며 세상을 좋아한다. 따라서 벌을 면할 수는 없는 일이다.

겔 20:29. 이에 내가 그들에게 이르기를 너희가 다니는 산당이 무엇이냐 하였노라 (그것을 오늘날까지 바마라 일컫느니라).

이에 나 여호와가 그들에게 묻기를 너희가 자주 다니는 그 산당이 무엇이냐고 물었으니, 그 이름이 오늘날까지 바마(בָּמָה)라고 불린다는 것이다. "바마(בָּמָה)"라는 말은 "바"(ב-'다닌다'는 뜻)와 "마"(מה-'무엇이냐'는 뜻)의 합성어(合成語)이다. 그러므로 "바마"라는 말의 뜻은 '그러면 네가 다니는 높은 곳들은 어떤 곳들인가?'이다. 즉, 네가 다니는 높은 곳이 어떤 곳인가를 묻는 것이다.

"(그것을 오늘날까지 바마라 일컫느니라)"라는 대답에서 알 수 있는 것은 에스겔 시대까지 산당을 '바마'라고 일컫고 있다는 것이다. 그것을 보면 이스라엘 자손들(에스겔 시대는 유다 시대이다)이 대대로 회개하지 않고 끊임없이 그 모양으로 우상 숭배를 하고 있다는 것을 보여주는 증거이다. 이로써 이스라엘 민족과 유다 백성들의 우상 숭배 역사가 참으로 길고도 긴 역사임을 알 수 있다.

ㄹ. 에스겔 당대를 회고하다 20:30-32

겔 20:30. 그러므로 너는 이스라엘 족속에게 이르라 주 여호와께서 이같이 말씀하셨느니라 너희가 조상들의 풍속을 따라 너희 자신을 더럽히며 그 모든 가증한 것을 따라 행음하느냐.

그러므로 너 에스겔은 이스라엘 족속에게 이렇게 이르라. "주 여호와께서 이와 같이 말씀하시기를 너희가 너희 조상이 행한 길에서 스스로를 더럽히고 그들의 혐오스러운 것들을 따라 계속해서 행음하겠느냐?"고 물으신다.

"너희가 조상들의 풍속을 따라 너희 자신을 더럽히며 그 모든 가증한 것을 따라 행음하느냐"는 말은 '이스라엘은 조상들의 풍속을 따라 너희 자신을 더럽히며 그 모든 가증한 우상 숭배를 따라 행음하느냐'는 질문이다. 행음이란 간통을 하는 일로 참으로 더러운 행위임에 틀림없다.

인류는 아담 시대부터 마귀의 끔찍한 말을 들어 하나님을 배역하고 있는 것이다. 그 배역은 오늘까지도 계속되고 있다. 물질 사랑, 명예 사랑, 이성 사랑, 세상사랑은 참으로 간음 행위가 아닐 수 없다.

특별히 본 구절은 의문문의 형태를 취하여 이스라엘 백성들로 하여금 자신들의 이러한 범죄 행위를 다시 한 번 돌이켜 보도록 권고하는 의미를 가지고 있다.

겔 20:31. 너희가 또 너희 아들을 화제로 삼아 불 가운데로 지나게 하며 오늘까지 너희 자신을 우상들로 말미암아 더럽히느냐 이스라엘 족속아 너희가 내게 묻기를 내가 용납하겠느냐 주 여호와의 말씀이니라 내가 나의 삶을 두고 맹세하노니 너희가 내게 묻기를 내가 용납하지 아니하리라.

주 여호와께서 말씀하시기를, "너희 이스라엘 민족이 예물을 드리고 너희 아들들을 불 가운데로 지나가게 하므로, 너희 모든 우상들 때문에 너희가 오늘날까지 더럽고 추잡하게 되었다. 이스라엘 족속아! 내가 너희로 내게 묻기를 허락할 것 같으냐? 내가 나의 삶을 두고 맹세하니, 나는 너희가 내게 묻기를 허락하지 않겠다"고 하신다.

"오늘까지"란 말은 에스겔이 사역하는 날까지 이스라엘 민족은 몰렉 우상에게 아들을 불태워 드렸다.

"너희가 내게 묻기를 내가 용납하겠느냐"는 말은 '이스라엘 족속이 여호와인 나에게 묻기를 허락하겠느냐'고 하신다. 허락하시지 않겠다는 뜻이다.

겔 20:32. 너희가 스스로 이르기를 우리가 이방인 곧 여러 나라 족속 같이 되어서 목석을 경배하리라 하거니와 너희 마음에 품은 것을 결코 이루지 못하리라.

너희 이스라엘 민족이 너희 마음에 품은 것을 결코 이루지 못할 것이니라. 너희가 말하기를 우리가 이방들(바벨론)이나 세상 족속(애굽 족속)같이 되어 나무나 돌을 섬기겠다고 하였기 때문이라고 하신다.

"결코 이루지 못하리라"는 말은 이스라엘 민족이 원했던 것, 곧 바벨론의 우상을 섬겨서 바벨론 나라처럼 위대한 나라가 되고자 했던 것은 결코 다시 이루지는 못할 것이라는 뜻이다. 이스라엘은 결코 외국인들처럼 그런 소원을 절대로 이룰 수 없다는 것이었다.

2. 회복을 약속하다 20:33-44

에스겔은 모든 선지자의 관례를 따라 심판 경고 후에는 회복의 약속을 준다(16:53-62).

<맹세한 땅으로 이스라엘을 인도하리라>

겔 20:33. 주 여호와의 말씀이니라 내가 나의 삶을 두고 맹세하노니 내가 능한 손과 편 팔로 분노를 쏟아 너희를 반드시 다스릴지라.

주 여호와께서 말씀하시기를 나 여호와가 나의 삶을 두고 맹세하니, 나 여호와는 반드시 강한 손과 편 팔과 퍼붓는 분노로 너희를 다스려 너희의 소원을 이루지 못하게 하고 너희로 하여금 다시 유다 땅으로 돌아가게 하시겠다고 하신다.

겔 20:34. 능한 손과 편 팔로 분노를 쏟아 너희를 여러 나라에서 나오게 하며 너희의 흩어진 여러 지방에서 모아내고.

나 여호와가 강한 손과 편 팔과 퍼붓는 분노로 너희를 백성들에게서 이끌어 나오게 하고, 너희를 흩어진 그 나라들에서 모아 내겠다고 하신다.

본 절은 하나님께서 바벨론에 포로된 유다 족속들을 그 포로 지역에서 반드시 구원해 내신다는 하나님의 구원의 의지가 분명하게 진술되어 있다.

또한 본 절은 단순히 구원의 뜻만 내포한 것이 아니라 범죄자에 대한 징계, 다시 말해 죄를 척결하시겠다는 의미도 내포하고 있다. 하나님은 유다 족속을 포로된 곳에서 구원하시기에 앞서 그들의 죄 문제를 먼저 처리하시겠다고 하신다. 하나님은 먼저 택한 백성의 죄악을 징계함으로써 공의로우심을 보이신 후 그들을 회복케 하여 사랑의 하나님이심을 실증하시며 그들을 정화시켜 구속사를 이끌어 가신다. 좀 더 자세한 것은 다음 절에서 다룬다.

겔 20:35. 너희를 인도하여 여러 나라 광야에 이르러 거기에서 너희를 대면하

여 심판하되.

너희를 백성들의 광야로 인도하여, 거기서 얼굴과 얼굴을 마주하고 너희를 심판하시겠다고 하신다. 본 절의 사상은 사 11:15-16; 호 2:14-16과 연결된다.

"여러 나라 광야"란 말은 '민족들의 광야'란 뜻인데, 유다 민족이 바벨론에서 해방되어 가나안 땅으로 돌아온 다음에도 이방 민족들로부터 괴롭힘을 받았다. 그러므로 "여러 나라 광야"란 말은 유다 민족이 바벨론에서 가나안 땅으로 돌아온 뒤에도 이방 민족으로부터 괴롭힘 당한 삶을 말하는 것이다.

겔 20:36. 내가 애굽 땅 광야에서 너희 조상들을 심판한 것 같이 너희를 심판하리라 주 여호와의 말씀이니라.

주 여호와가 말씀하기를, "너희 이스라엘의 조상들을 애굽 땅의 광야에서 심판했듯이(고전 10:5-11) 나 여호와가 너희의 귀환 후에도 심판하겠다"는 것이다.

겔 20:37. 내가 너희를 막대기 아래로 지나가게 하며 언약의 줄로 매려니와.

나 여호와가 너희 유다 민족을 목자의 막대기 아래로 지나가게 하고, 언약의 띠 안으로 인도하겠다고 하신다.

"막대기 아래로 지나가게 하며"란 말은 '양들을 통솔하시듯이 너희들을 통솔하신다'는 뜻이다. "막대기"는 목자가 양을 칠 때에 막대기 아래로 지나게 했다. 다시 말해 양들을 통솔하는 수단을 가리킨다(레 27:32; 렘 33:13; 미 7:14).

"언약의 줄로 맨다"는 말은 하나님께서 언약으로 택한 백성들을 매신다는 뜻이다.

겔 20:38. 너희 가운데에서 반역하는 자와 내게 범죄하는 자를 모두 제하여 버릴지라 그들을 그 머물러 살던 땅에서는 나오게 하여도 이스라엘 땅에는

들어가지 못하게 하리니 너희가 나는 여호와인 줄을 알리라.

너희 유다 민족 중에서 나 여호와를 배척하고 범죄한 자들을 제거하겠다. 내가 그들이 머무는 바벨론 땅에서 그들을 이끌어 내어 그들이 가나안 땅으로는 들어가지 못할 것이니, 너희는 내가 여호와인 것을 알 것이라고 하신다.

유다 민족 중 반역하는 자와 범죄하는 자들은 포로의 땅 바벨론에서 해방되어 나오기는 하지만 여러 나라 광야에서(35절) 죽고, 본국에는 결코 돌아가지는 못한다는 것이다(사 1:25; 말 3:2; 마 3:12 참조).

겔 20:39. 주 여호와께서 이같이 말씀하셨느니라 이스라엘 족속아 너희가 내 말을 듣지 아니하려거든 가서 각각 그 우상을 섬기라 그렇게 하려거든 이 후에 다시는 너희 예물과 너희 우상들로 내 거룩한 이름을 더럽히지 말지니라.

주 여호와께서 말씀하시기를, "유다 족속아! 너희가 각자 가서 자기 우상들을 섬겨라. 그러나 후에는 너희가 정녕 내게 순종할 것이니, 너희 예물과 우상들로 내 거룩한 이름을 다시는 모독하지 못할 것이다"고 하신다.

"너희가 내 말을 듣지 아니하려거든 가서 각각 그 우상을 섬기라"는 말은 아주 풍자적인 경고로 여호와 하나님도 섬기고 몰렉신도 섬기는 사람들을 풍자하는 말씀이다.

"이 후에 다시는 너희 예물과 너희 우상들로 내 거룩한 이름을 더럽히지 말지니라"는 말은 '이후에 다시는 너희 예물도 드리고 너희 우상들을 숭배하는 일로 여호와의 이름을 더럽히지 말라'는 것이다. 두 가지를 한꺼번에 하는 일은 없게 하라는 권고이다.

실로 마음으로는 하나님을 섬기지 않으면서 겉으로 드러나는 형식으로만 하나님을 섬기는 것처럼 보이려 한다면 그것은 하나님을 무시하고 조롱하는 극악한 행위에 불과하다.

겔 20:40. 주 여호와의 말씀이니라 이스라엘 온 족속이 그 땅에 있어서

내 거룩한 산 곧 이스라엘의 높은 산에서 다 나를 섬기리니 거기에서 내가 그들을 기쁘게 받을지라 거기에서 너희 예물과 너희가 드리는 첫 열매와 너희 모든 성물을 요구하리라.

본 절 초두에는 이유 접속사가 있어 본 절이 앞 절의 이유를 제공해주고 있음을 알게 한다. 즉, 이유는 주 여호와께서 말씀하시기를 온 유다 족속 모두가 내 거룩한 산, 곧 유다의 높은 산(시온 산), 그 땅에서 나를 섬길 것이다. 거기서 내가 그들을 기쁘게 받고 너희 헌물들과 최상의 예물들을 모든 성물들과 함께 요구하겠다고 하신다.

겔 20:41. 내가 너희를 인도하여 여러 나라 가운데에서 나오게 하고 너희가 흩어진 여러 민족 가운데에서 모아 낼 때에 내가 너희를 향기로 받고 내가 또 너희로 말미암아 내 거룩함을 여러 나라의 목전에서 나타낼 것이며.

본 절도 역시 앞 절(40절)과 마찬가지로 유다 백성들이 바벨론에서 나와 유다 땅에서 하나님을 섬기게 될 것이라고 예언한다. 즉, 나 여호와가 너희 유다 백성들을 여러 민족들에게서 이끌어내고 흩어진 그 나라들에서 모아올 때, 너희를 받되 향기로 기쁘게 받겠다. 또 내가 여러 민족들의 눈 앞에서 내 거룩함을 나타내겠다고 하신다.

"내가 너희를 향기로 받겠다"는 말은 '유다 백성이 시온 산에서 예배할 때에 그들을 향단의 향연처럼(출 30:1-10) 향기롭게 받겠다'는 뜻이다.

"너희로 말미암아 내 거룩함을 여러 나라의 목전에서 나타낼 것이며"라는 말은 '유다 민족으로 말미암아 여호와께서 당신의 거룩하심(위대하심)을 여러 나라 사람들이 보는 가운데서 나타내게 하실 것이라'고 하신다. 본 절 주해를 위해 9:14 주해를 참조하라. 하나님은 그의 백성들을 통하여 거룩히 여김을 받으시기를 항상 원하신다(마 6:9).

겔 20:42. 내가 내 손을 들어 너희 조상들에게 주기로 맹세한 땅 곧 이스라엘 땅으로 너희를 인도하여 들일 때에 너희는 내가 여호와인 줄 알고.

나 여호와가 너희 유다 민족을 이스라엘 땅(유다 땅), 곧 내가 내 손을 들어 너희 조상에게 주기로 맹세한 땅(가나안 땅)으로 인도할 때, 너희는 나 여호와가 하나님인 사실을 알게 될 것이라는 내용이다.

"내가 내 손을 들다"는 말은 '여호와께서 여호와의 힘을 발휘하셔서 일을 하신다'는 뜻이다.

"이스라엘 땅으로 너희를 인도하여 들일 때에 너희는 내가 여호와인 줄 알게 된다"는 말은 '여호와께서 유다 백성을 유다 땅으로 인도하여 들이실 때에 유다 백성들은 나 여호와가 참 하나님인 줄 확실히 알게 된다'는 뜻이다.

겔 20:43. 거기에서 너희의 길과 스스로 더럽힌 모든 행위를 기억하고 이미 행한 모든 악으로 말미암아 스스로 미워하리라.

너희 유다 민족은 가나안으로 돌아오게 되면 너희가 스스로를 더럽힌 너희 과거의 행위와 모든 행동들을 기억하고, 너희가 행한 너희 모든 악(우상 숭배를 한 죄) 때문에 스스로를 싫어하고 회개하게 될 것이라는 것이다.

겔 20:44. 이스라엘 족속아 내가 너희의 악한 길과 더러운 행위대로 하지 아니하고 내 이름을 위하여 행한 후에야 내가 여호와인 줄 너희가 알리라 주 여호와의 말씀이니라.

주 여호와께서 말씀하시기를 이스라엘 족속아(유다 족속도 이스라엘 족속이니까 그대로 "이스라엘 족속아!"라고 불러도 된다)! 나 여호와가 너희 악한 행위와 부패한 행실대로 갚지 아니하고, 내 이름을 위하여 내가 사랑으로 너희에게 호의를 베풀 때, 너희는 내가 여호와인 것을 알 것이다.

3. 예루살렘이 적군의 침략을 당할 것이다 20:45-49

이 부분(45-49절)은 다시 예루살렘에 대한 여호와의 심판을 거론한다.

<불타는 숲의 비유>

겔 20:45. 여호와의 말씀이 또 내게 임하여 이르시되.

본 절은 46-49절에 거론되어 있는 바 예루살렘이 심판 받는다는 것을 말하는 표제이다.

겔 20:46. 인자야 너는 얼굴을 남으로 향하라 남으로 향하여 소리내어 남쪽의 숲을 쳐서 예언하라.

인자야(여호와께서 에스겔을 부르시는 호칭)! 너 에스겔은 네 얼굴을 남쪽으로 향하고 남쪽을 향해 외치며 남쪽(네게브)의 숲을 향해 예언하라고 하신다.

46-48절은 유다와 예루살렘이 바벨론 군대로 말미암아 아주 초토화(焦土化-불타서 재로 변한 상태) 될 것에 대해 예언한다.

"너는 얼굴을 남으로 향하라 남으로 향하여"라는 말은 '아직 바벨론에 있는 에스겔에게 여호와께서는 남쪽 유다를 향하여 예언하라'는 뜻이다.

"남쪽의 숲을 쳐서 예언하라"는 말은 '유다 땅의 주민들(숲)을 쳐서 예언하라'는 뜻이다. 이는 예루살렘을 중심한 유다 땅의 주민들을 향하여 하나님의 심판이 있을 것을 예언하라는 뜻이다.

겔 20:47. 남쪽의 숲에게 이르기를 여호와의 말씀을 들을지어다 주 여호와께서 이같이 말씀하셨느니라 내가 너의 가운데에 불을 일으켜 모든 푸른 나무와 모든 마른 나무를 없애리니 맹렬한 불꽃이 꺼지지 아니하고 남에서 북까지 모든 얼굴이 그슬릴지라.

주 여호와께서 이같이 말씀하시기를, "너 에스겔이 네게브 숲(남쪽 방향 숲이라는 뜻인데 이는 예루살렘을 중심한 유다 땅 전체 주민들을 지칭한다)을 향해 예언하라. 보라! 내가 네(유다 땅)게 불을 놓아, 그 불이 네게서 모든 푸른 나무와 마른 나무를 삼킬 것이다. 타는 불꽃이 꺼지지 않고, 남에서 북에 이르기까지(가나안 전체) 모든 얼굴이 불에 태워질 것이라"는 내용이다.

겔 20:48. 혈기 있는 모든 자는 나 여호와가 그 불을 일으킨 줄을 알리니

그것이 꺼지지 아니하리라 하셨다 하라 하시기로.

혈기 있는 모든 자들(모든 사람, 사 40:5)은 나 여호와가 그 불(戰禍)을 일으킨 사실과 그 불이 꺼지지 않을 것(하나님의 종말적 심판을 가리킨다)을 보게 될 것이라고 하신다.

겔 20:49. 내가 이르되 아하 주 여호와여 그들이 나를 가리켜 말하기를 그는 비유로 말하는 자가 아니냐 하나이다 하니라.

나 에스겔이 여호와께 말씀드리기를, "아! 주 여호와시여, 그들이 나에 대하여 말하기를 에스겔이 비유로 말하고 있지 않느냐"고 대답한다는 것이다.

본 절의 뜻은 에스겔의 비유를 백성들이 깨닫지 못하겠다는 것이고, 또 그 뜻을 깨달았다고 해도 그것을 자신들에게 적용시키고자 하지는 않았다는 것이다(마 15:16; 16:9; 막 8:21 참조). 다시 말해 백성들은 에스겔의 말이 비유라서 도무지 깨닫지 못하겠다고 한다는 것이다.

제 21 장

4. 여호와의 칼 21:1-32

본 장의 내용은 앞 장 20:45-49의 삼림의 불을 "여호와의 칼"이란 표현으로 설명한 일(1-5절), 임박한 환난 때문에 슬퍼하라고 하신 일(6-7절), 칼의 노래를 언급한 일(8-17절), 바벨론 왕이 침략할 것을 예견한 일(18-27절), 암몬 족속이 멸망을 당할 것을 예언한 일(28-32절)로 구성되어 있다.

ㄱ. 여호와께서 20:45-49의 예언을 해석하시다 21:1-5

<여호와의 칼>

겔 21:1. 또 여호와의 말씀이 내게 임하여 이르시되.

본 절은 여호와의 칼(1-5절)이 예루살렘에 온다는 것을 말씀하기 위하여 진술한 표제이다.

겔 21:2. 인자야 너는 얼굴을 예루살렘으로 향하며 성소를 향하여 소리내어 이스라엘 땅에게 예언하라.

인자야(여호와께서 에스겔을 부르시는 호칭)! 네 얼굴을 예루살렘으로 향하고 성소들을 향해 칼(전쟁)이 온다고 외치며 이스라엘 땅을 향해 예언하라고 하신다. 본 절은 20:46의 내용과 동일하다. 그 주해를 참조하라.

겔 21:3. 이스라엘 땅에게 이르기를 여호와의 말씀에 내가 너를 대적하여 내 칼을 칼집에서 빼어 의인과 악인을 네게서 끊을지라.

여호와께서 말씀하시기를 너 에스겔은 이스라엘 땅(유다 땅을 지칭하는 말임)을 향해 예언하라. 보라! 나 여호와가 유다 땅을 대적하여, 나 여호와의 칼(전쟁의 칼)을 그 칼집에서 빼어 네게서 의인이나 악인을 끊어 버리겠다고 하신다. 본 절은 20:47의 내용과 동일하다. 그 주해를 참조하라.

"내가 너를 대적하여 내 칼을 칼집에서 빼어"라는 말은 '여호와께서 유다 나라를 심판하기 위하여 여호와의 전쟁을 일으키셔서 치신다'는 뜻이다. 세상에 우연은 하나도 없다. "우연"이란 낱말이 성경에 몇 군데 있으나 그것은 사람들 보기에 우연처럼 보여서 우연이란 낱말을 쓴 것뿐이다.

겔 21:4. 내가 의인과 악인을 네게서 끊을 터이므로 내 칼을 칼집에서 빼어 모든 육체를 남에서 북까지 치리니.

나 여호와가 너 유다 나라에서 의인이나 악인을 끊어버릴 것이니, 나 여호와의 칼(바벨론 군대의 칼)이 그 칼집에서 나와서 남에서 북에 이르기까지(가나안 땅 전체) 모든 육체를 치겠다고 하신다. 본 절은 20:47과 동일한 내용이다. 그 주해를 참조하라.

겔 21:5. 모든 육체는 나 여호와가 내 칼을 칼집에서 빼낸 줄을 알지라 칼이 다시 꽂히지 아니하리라 하셨다 하라.

그러면 모든 육체는 내가 여호와인 것을 알 것이다. 나 여호와가 내 칼을 칼집에서 뽑을 것이며, 그것(전쟁의 칼)을 도로 칼집에 꽂지 않을 것이라고 하신다. 본 절은 20:48의 내용과 동일하다. 그 주해를 참조하라.

ㄴ. 여호와께서 에스겔에게 슬퍼하라 하시다 21:6-7

6-7절. 이 부분의 내용은 20:49의 내용과 유사하다.

겔 21:6. 인자야 탄식하되 너는 허리가 끊어지듯 탄식하라 그들의 목전에서 슬피 탄식하라.

너 인자야(여호와께서 에스겔을 부르시는 호칭)! 허리가 끊어지도록 탄식하되, 그들이 보는 앞에서 아주 슬피 탄식하라고 하신다(사 21:3; 렘 30:6 참조).

“허리가 끊어지듯 탄식하라”는 말은 ‘슬픔이 극에 달해서 더 이상 견딜 수 없다는 것을 보여주기 위해 탄식하라’는 내용이다. 이렇게 탄식해야 유다 사람들도 조금 영향을 받아서 죄에 대해서 경각심을 가질 것이었다.

겔 21:7. 그들이 네게 묻기를 네가 어찌하여 탄식하느냐 하거든 대답하기를 재앙이 다가온다는 소문 때문이니 각 마음이 녹으며 모든 손이 약하여지며 각 영이 쇠하며 모든 무릎이 물과 같이 약해지리라 보라 재앙이 오나니 반드시 이루어지리라 주 여호와의 말씀이니라 하라.

주 여호와께서 말씀하시기를, “유다 사람들이 너 에스겔에게 묻기를 무엇 때문에 그렇게 네가 탄식하느냐고 물으면, 너 에스겔은 대답하기를 앞으로 다가올 소식 때문이니, 모든 심장이 녹을 것이고 모든 손들이 약해질 것이며 모든 영이 기진할 것이고, 모든 무릎이 물처럼 약해질 소식이다. 보라! 재앙이 오고 있으니 이루어질 것이라고 하라”는 것이다(7:7; 렘 4:9; 애 1:4). 에스겔의 이 예언은 5년 후 주전 586년에 정확히 성취되었다.

ㄷ. 위의 환난을 칼로 상징하여 다시 진술하시다 21:8-17

겔 21:8. 여호와의 말씀이 또 내게 임하여 이르시되.

본 절의 말씀은 여호와께서 유다에게 바벨론 군대에 의한 전쟁이 올 것을 다시 말씀하시는 9-17절을 위한 표제이다.

겔 21:9. 인자야 너는 예언하여 여호와의 말씀을 이같이 말하라 칼이여 칼이여 날카롭고도 빛나도다.

인자야(여호와께서 에스겔을 부르시는 호칭)! 예언하여 말하라. 주께서 이같이 말씀하신다. 칼이 온다. 칼이 온다. 갈고 닦은 칼이 온다고 외치라는 것이다. 여기 “칼이여 칼이여 날카롭고도 빛나도다”는 말은 ‘바벨론 군대가 유다를 치러 날카로운 칼을 가지고 온다는 것을 강조하는 표현’이다.

이렇게 강조체를 사용하여 여호와께서 말씀하시는 목적은 유다인들로 하여금 죄를 지은 사실을 자복하게 하려는 것이었다. 그럼에도 불구하고 유다인들은 결국 죄를 자복하지 않고 있다가 주전 586년에 바벨론의 침략을 받아 망하고 말았다.

겔 21:10. 그 칼이 날카로움은 죽임을 위함이요 빛남은 번개 같이 되기 위함이니 우리가 즐거워하겠느냐 내 아들의 규가 모든 나무를 업신여기는도다.

그 칼(바벨론 군대의 칼)이 잔인한 살육을 위해 날카롭게 되었고, 그 칼이 번쩍이도록 갈렸다. 내 아들의 지팡이가 모든 나무를 멸시하니 우리가 어떻게 기뻐하겠느냐는 것이다.

"빛남은 번개 같이 되기 위함이라"는 말은 '칼(전쟁의 칼)이 빛나는 것은 번개 같이 번쩍 번쩍해져서 유다 나라를 위협하기 위함이라'는 뜻이다.

"내 아들의 규가 모든 나무를 업신여기는도다"라는 말의 해석에는 몇 갈래가 있다. 1) 바벨론 군대의 칼이 유다 왕권을 무시했다는 견해(Ewald, Brown), 2) 유다 왕(특별히 시드기야 왕)이 이방 왕들을 무시했다는 것이고 그것이 바로 유다 나라가 망하는 원인이 되었다는 견해(K.&D., Lange, Plumptre, 박윤선, 이상근)이다. 이 두 견해 중에 2)번의 견해가 바른 것으로 보인다. 교만한 자는 망하는 법이다(잠 16:18).

겔 21:11. 그 칼을 손에 잡아 쓸 만하도록 빛나게 하되 죽이는 자의 손에 넘기기 위하여 날카롭고도 빛나게 하였도다 하셨다 하라.

그 전쟁을 위한 바벨론의 칼이 손에 잡아 쓸 만하도록 잘 갈렸고, 그 칼이 날카롭게 갈렸으니, 나 여호와가 그 칼을 살육자(바벨론 군대)의 손에 쥐어 주려는 것이라고 하신다.

결코 모든 전쟁은 우연한 것이 아니고 하나님의 수중에서 계획되고 진행되는 것이다.

겔 21:12. 인자야 너는 부르짖어 슬피 울지어다 이것이 내 백성에게 임하며 이스라엘 모든 고관에게 임함이로다 그들과 내 백성이 함께 칼에 넘긴 바 되었으니 너는 네 넓적다리를 칠지어다.

여호와께서 말씀하시기를, "인자야(여호와께서 에스겔을 부르시는 호칭)! 너는 부르짖으며 통곡하라. 이는 칼(바벨론의 전쟁)이 내 백성 유다에게 임하고 이스라엘의 모든 높은 자에게 임하기 때문이다. 그들(그 칼들)이 내 백성과 함께 칼에 던져졌으니, 그러므로 너는 네 넓적다리를 치라"고 하신다.

"네 넓적다리를 칠지어다"라는 말은 '애곡의 표시로 넓적다리를 치라는 것'이다(렘 31:19). 본 절 주해를 위해서 6-7절 주해를 참조하라.

겔 21:13. 이것이 시험이라 만일 업신여기는 규가 없어지면 어찌할까 주 여호와의 말씀이니라(For it will not be a testing - what could it do if you despise the rod? declares the Lord GOD-ESV**).**

주 여호와께서 말씀하시기를, "그것이 시험이다. 만일 칼이 홀(the rod)도 무시하면 어찌하겠느냐? 그것이 더 이상 있지 아니할 것이라"고 하신다.

"그것이 시험이라"는 말은 '바벨론 군대의 침략으로 인하여 유다 백성이 당하게 될 모든 재난은 그들의 범죄 행위에 대한 하나님의 보응이었으며, 유다인들을 괴롭게 하는 시험이었다'는 뜻이다(Hengsternberg, Leale).

"만일 업신여기는 규가 없어지면 어찌할까"라는 말은 유다가 비록 범죄하므로 마땅히 멸망하여야 할 자들임에도 불구하고 당신의 백성이라는 이유만으로 망하기를 기뻐하지 않으시는 하나님의 사랑어린 탄식을 묘사하고 있다. 본 절은 궁극적으로 자기 백성을 끝까지 버리지 않으시고 긍휼히 여기시는 하나님의 사랑을 함축하고 있는 것으로 이해할 수 있다. 우리는 본문을 통해 하나님께서는 비록 범죄한 자라 할지라도 당신의 백성을 징계하시기를 결코 즐겨하지 않으신다는 사실을 깨닫게 된다.

겔 21:14. 그러므로 인자야 너는 예언하며 손뼉을 쳐서 칼로 두세 번 거듭 쓰이게 하라 이 칼은 죽이는 칼이라 사람들을 둘러싸고 죽이는 큰 칼이로다.

주께서 말씀하시기를, "너 인자야(여호와께서 에스겔을 부르시는 호칭)! 예언하며 손바닥을 마주쳐라. 그리고 칼이 두 번, 세 번 휘둘리게 하라. 그것은 찔러 죽이는 칼이고 사람들 주위를 돌면서, 큰 무리를 찔러 죽이는 칼이라"고 하신다.

"손뼉을 치라"는 말은 '극한 감정이 되어 손뼉을 치라'는 표현이다(6:11; 22:13).

"칼로 두세 번 거듭 쓰이게 하라"는 말은 '두 번 내지 세 번 사용하라는 말이 아니라 강하게 사용하라'는 표현이다. 바벨론의 공격이 맹렬할 것을 뜻하는 말이다.

"이 칼은 죽이는 칼이라 사람들을 둘러싸고 죽이는 큰 칼이로다"라는 말은 '바벨론의 3차 예루살렘 침략 시에 유다의 왕이었던 시드기야가 아무리 사람들이 찾기 어려운 곳에 숨을지라도 결국은 잡혀서 고난을 당하게 될 것'을 예언하고 있다. 25절 참조.

겔 21:15. 내가 그들이 낙담하여 많이 엎드러지게 하려고 그 모든 성문을 향하여 번쩍번쩍하는 칼을 세워 놓았도다 오호라 그 칼이 번개 같고 죽이기 위하여 날카로웠도다(that their hearts may melt, and many stumble. At all their gates I have given the glittering sword. Ah, it is made like lightning; it is taken up for slaughter-ESV).

나 여호와가 그들의 마음이 낙담하여 많이 엎드러지게 하려고 모든 성문에서 번쩍번쩍하는 칼을 세워놓았다. 아! 그것이 마치 번개처럼 되게 하려고 만들어 놓았고 살육을 위해 날카로웠다고 하신다.

"내(나 여호와)가 그들이 낙담하여 많이 엎드러지게 하려고 그 모든 성문을 향하여 번쩍번쩍하는 칼을 세워 놓았다"고 하는 말씀의 목적은 유다인들이 회개하도록 하려는 것이라는 뜻이다. 유다 사람들은 바벨론 군대의 번쩍번쩍하는 칼을 보면서 회개하라는 것이다. 본 절의 주해를 위해서는 10절 주해를 참조하라.

겔 21:16. 칼아 모이라 오른쪽을 치라 대열을 맞추라 왼쪽을 치라 향한 대로 가라.

본 절은 바벨론 군대를 향하여 여호와께서 명령하시는 내용이다. 즉, "칼아! 스스로 날카로움을 보여라. 네 칼날이 향하는 곳으로, 오른쪽으로 돌고 또 왼쪽으로 향하라"고 명령하신다.

바벨론의 침략군에게 질서정연하게 행진하면서 우향 하며 치고, 좌향하며 치라는 것이다. 이는 여호와 하나님의 명령이시다. 지구 위에서 벌어지는 모든 일은 하나님의 명령에 의해서 진행된다.

겔 21:17. 나도 내 손뼉을 치며 내 분노를 다 풀리로다 나 여호와가 말하였노라.

나 여호와가 말하기를, "나 또한 내 손바닥을 마주치며 내 분노를 가라앉힐 것이라"고 하신다(5:13 주해 참조).

"나도 내 손뼉을 친다"는 말씀은 '여호와께서도 에스겔에게 명령해놓으신 대로 맞장구를 치시겠다'는 것이다.

그리고 "내 분노를 다 풀리로다"는 말씀은 '여호와께서 예루살렘과 유다를 치시는 정도에 따라 마음의 시원함을 입으시고 분노가 풀리실 것이라'는 뜻이다.

ㄹ. 예루살렘에 여호와의 칼이 임할 것이다 21:18-27

겔 21:18. 여호와의 말씀이 내게 임하여 이르시되.

여호와의 말씀이 내(에스겔)게 임하셨다는 본 절의 말씀은 예루살렘에 여호와의 칼(바벨론 군대의 칼)이 임할 것이라는 말씀을 주시기 위한 표제이다(12:17 주해 참조).

겔 21:19. 인자야 너는 바벨론 왕의 칼이 올 두 길을 한 땅에서 나오도록 그리되 곧 성으로 들어가는 길 어귀에다가 길이 나뉘는 지시표를 하여.

너 인자야(여호와께서 에스겔을 부르시는 호칭)! 너 에스겔은 스스로 바벨론 왕의 칼이 올 두 길[5])을 정하여라. 그 둘이 처음에는 다 한 곳(바벨론)에서 시작될 것이다. 너 에스겔이 이정표(거리의 표시를 적어 놓은 푯말)를 두되, 성읍 길머리에 이정표를 두라고 하신다.

"그리라"는 말은 '바벨론 왕 느부갓네살이 바벨론에서 나와 가나안 북방에서 예루살렘으로 가는 길과 암몬의 랍바로 가는 길이 나누어지는 지점을 지시하는 지적도를 그리라'는 뜻이다. 그 분기점은 느부갓네살이 그의 사령부를 설치한 립나로 보인다(왕하 25:6).

겔 21:20. 칼이 암몬 족속의 랍바에 이르는 길과 유다의 견고한 성 예루살렘에 이르는 길을 그리라.

너 에스겔은 칼(바벨론 군대)이 암몬 자손들의 랍바로 오거나 아니면 견고한 예루살렘이 있는 유다로 오도록 길을 정하라고 말씀하신다.

느부갓네살이 진군할 두 길 중에 "랍바"는 사해 동북편 약 40km, 요단강 동편 얍복 강 부근에 위치한 암몬 족속의 수도였다(신 3:11; 삼하 11:1).

겔 21:21. 바벨론 왕이 갈랫길 곧 두 길 어귀에 서서 점을 치되 화살들을 흔들어 우상에게 묻고 희생제물의 간을 살펴서(For the king of Babylon stands at the parting of the way, at the head of the two ways, to use divination. he shakes the arrows; he consults the teraphim; he looks at the liver-ESV)**.**

---

5) 두 길 중에 첫째는 수리아의 리블라를 경유하는 길인데 이 길은 요단 강 동편 암몬 수도인 랍바로 이어지는 길이었다. 그리고 두 번째 길은 사막 지대의 다드몰, 혹은 팔미라를 경유하는 길로서 이 길은 예루살렘으로 이어졌다. 바벨론의 느부갓네살 왕이 서쪽 지방의 반란군들인 유다, 두로, 암몬 등을 정복하기 위해서는 이 중 한 길을 택해야 했다(Leale).

바벨론 왕이 갈림길, 곧 두 길머리에 서서 점을 칠 것이니, 그가 화살들을 흔들어 드라빔에게 묻고, 또는 희생 제물의 간을 살필 것이라고 하신다.

"화살들을 흔들어 우상에게 묻고 희생제물의 간을 살핀다"는 말은 느부갓네살이 갈림길(예루살렘이냐, 암몬의 랍바야의 갈림길)에서 점을 쳐서 어느 길을 먼저 택할 것이냐 하고 결정하는 방법은 세 가지였다는 것이다. 첫째는 화살의 점으로 결정하는 것이었는데 예루살렘과 랍바의 이름을 쓴 화살을 몇 개 전통에 넣고 흔든 뒤 먼저 나온 화살을 따라 결정하는 것이었다. 둘째는 우상에 물어 정하는 것이었다. 이 우상은 "드라빔"이란 사람 형상의 우상이었는데, 가정의 수호신처럼 생긴 것이었다(창 31:19; 삿 18:18; 호 3:4). 셋째는 우상 신에게 바치는 제물의 간(liver) 색깔을 조사하여 그 색깔이나 모양으로 결정하는 것이었다. 느부갓네살은 이렇게 점을 치는 방식으로 무엇을 결정했다는 것이다.

겔 21:22. 오른손에 예루살렘으로 갈 점괘를 얻었으므로 공성퇴를 설치하며 입을 벌리고 죽이며 소리를 높여 외치며 성문을 향하여 공성퇴를 설치하고 토성을 쌓고 사다리를 세우게 되었나니.

그의 오른손에 '예루살렘'이란 점괘가 나왔으므로 그(느부갓네살)가 성을 부수는 무기를 놓고, 큰 소리로 입을 벌려 함성으로 소리를 높이며, 성문들을 향해 성을 부수는 무기를 놓고, 공격 경사로를 쌓고, 사다리를 세우게 되었다는 것이다."오른손에 예루살렘으로 갈 점괘를 얻었다"는 말은 느부갓네살이 오른손으로 잡고 흔든 전통에서 예루살렘이라 기록된 화살이 먼저 나온 것이다. 그래서 예루살렘을 먼저 공격하도록 명령을 내린 것이다.

여기 "공성퇴"란 '성 안에 있는 사람들을 쏘기 위하여 성 밖에 설치된 기구'를 말한다. 이는 성 안을 향하여 돌 같은 것들을 던지는 기구로 보면 되는 것이다.

"토성"이란 '성 밖에 흙으로 높이 쌓아 놓은 무더기들'을 뜻한다.

겔 21:23. 전에 그들에게 맹약한 자들은 그것을 거짓 점괘로 여길 것이나 바벨론 왕은 그 죄악을 기억하고 그 무리를 잡으리라.

전에 그들과 맹세한 자들의 눈에는 그것이 거짓 점같이 보일 것이니, 바벨론 왕이 그 죄악을 기억나게 하여 그들을 사로잡을 것이다.

유다 사람들은 바벨론 왕이 점괘를 얻어가지고 예루살렘으로 쳐들어와도 걱정 없다고 생각한다. 유다 사람들은 그 점괘를 헛된 것으로 여기고 택한 백성을 버리시지 않을 것이라는 하나님의 약속을 믿는다고 자처한다. 유다인들의 이러한 생각은 그럴듯한 주장이다. 그러나 그들이 벌써 우상숭배를 고집함으로 하나님을 배신했으니 이제는 하나님과 저들과의 언약을 주장한들 무슨 소용이 있을 것이냐!(박윤선) 그것은 버스가 지나간 후에 손드는 것이나 다름없는 일이었다.

겔 21:24. 그러므로 주 여호와께서 이같이 말씀하셨느니라 너희의 악이 기억을 되살리며 너희의 허물이 드러나며 너희 모든 행위의 죄가 나타났도다 너희가 기억한 바 되었은즉 그 손에 잡히리라.

그러므로 주 여호와께서 이같이 말씀하시기를, “유다인들의 허물들이 드러날 때, 너희가 너희 죄악을 기억할 것이니, 너희 모든 행위 가운데서 반역이 드러나게 될 것이다. 너희가 기억한 바 되었은즉 바벨론 왕의 손에 사로잡힐 것이다. 바벨론 왕에게 죄가 발견된 것은 하나님께 발견된 것과 같은 것이다”라고 하신다.

본 절의 “악”이란 말과 “허물”이란 말과 “모든 행위의 죄”란 말은 유다 백성들이 지은 죄를 가리키는 말이다. 이처럼 본문에서 유다인들의 죄가 드러나 하나님의 심판 도구였던 바벨론에게 심판을 받을 것이란 말은 곧 하나님에 의해서 심판을 받는다는 것과 같은 의미이다.

겔 21:25. 너 극악하여 중상을 당할 이스라엘 왕아 네 날이 이르렀나니 곧 죄악의 마지막 때이니라.

너 죽임당할 악인 시드기야야! 이스라엘("유다"라고 말하는 것이 더 정확하다) 왕아! 네 마지막 날이 이르렀으니 곧 마지막 형벌 받을 때가 되었다는 것이다.

겔 21:26. 주 여호와께서 이같이 말씀하셨느니라 관을 제거하며 왕관을 벗길지라 그대로 두지 못하리니 낮은 자를 높이고 높은 자를 낮출 것이니라.

주 여호와께서 이같이 말씀하시기를 유다의 제사장의 관(출 28:4, 39; 레 8:13; 16:4)이 제거 당하고 시드기야의 왕관이 벗겨질 것이니, 그대로 두지 못할 것이다. 낮은 것은 높아지고 높은 것은 낮아질 것이라는 뜻이다.

"그대로 두지 못하리니"란 말은 '유다 왕국의 두 직(제사장직과 왕직)이 폐하여진다'는 뜻이다. 이렇게 두 직(職)이 폐하여져서 유다의 기존 질서가 붕괴될 것임을 예언하고 있다.

겔 21:27. 내가 엎드러뜨리고 엎드러뜨리고 엎드러뜨리려니와 이것도 다시 있지 못하리라 마땅히 얻을 자가 이르면 그에게 주리라.

나 여호와가 유다를 폐허, 폐허, 폐허로 만들 것이니 유다의 왕들이 다시 있지 않을 것이니, 의로운 자(예수 그리스도)가 올 때 내가 그에게 주겠다고 하신다.

"엎드러뜨리고 엎드러뜨리고 엎드러뜨리려니와"라고 세 번 반복하여 언급된 것은 무너짐이 너무 확실하다는 것을 드러내는 표현이다(사 6:3; 렘 22:29). 유다 왕의 계승은 이제 끝나고 훗날 메시아가 오실 때까지 유다 왕이 공백이 된다는 것이다.

ㅁ. 암몬에 여호와의 칼이 임할 것이다 21:28-32

겔 21:28. 인자야 너는 주 여호와께서 암몬 족속과 그의 능욕에 대하여 이같이 말씀하셨다고 예언하라 너는 이르기를 칼이 뽑히도다 칼이 뽑히도다 죽이며 멸절하며 번개 같이 되기 위하여 빛났도다.

주 여호와께서 말씀하시기를, "인자야(여호와께서 에스겔을 부르시는 호칭)! 너 에스겔은 예언하여 말하기를 주 여호와께서 암몬 자손들과 그들이 받을 치욕에 대하여 이같이 말을 하였다고 네가 말하기를 '칼이다. 칼이 살육을 위해 뽑히고, 멸절하기 위하여 번개처럼 번쩍이게 되었다'고 말하라"고 하신다.

암몬 족속도 필경은 여호와의 섭리에 의해 바벨론 군대에 의해서 망한다는 것을 본 절이 예언한다.

겔 21:29. 네게 대하여 허무한 것을 보며 네게 대하여 거짓 복술을 하는 자가 너를 중상 당한 악인의 목 위에 두리니 이는 그의 날 곧 죄악의 마지막 때가 이름이로다(while they see for you false visions, while they divine lies for you - to place you on the necks of the profane wicked, whose day has come, the time of their final punishment-ESV).

사람들이 너(암몬)를 위하여 헛된 환상을 보며 네(암몬)게 거짓 점을 쳐서, 너를 죽임당할 악인들(유다인들)의 목 위에 둘 것이니, 이는 그의 날이 올 것이며 곧 죄의 마지막 때일 것이다.6)

본 절의 내용을 통하여 당시 암몬 족속 역시 유다와 마찬가지로 우상숭배가 난무했으며 백성의 지도자는 우매했음을 알 수 있다.

본 절의 "네게 대하여 허무한 것을 보며 네게 대하여 거짓 복술을 하는 자"란 말은 '암몬인들이 어떤 허무한 것이나 거짓 복술을 따라 저들은 평안하고, 유다 땅도 정복할 것이라고 믿고 있다가 큰 낭패를 당한다'는 뜻이다.

아무튼 암몬은 거짓 복술가의 말대로가 아니라 바벨론 군대에게 죽임을 당한 유다의 악인인 시드기야와 그 백성들의 중상을 당한 시체들 위에 암몬

---

6) 본 절(21:29)의 뜻을 좀 더 알기 쉽게 여기에 현대어성경 번역을 써보는 것이 도움이 될 것이다. "너희 더러운 범죄자들아! 지금 너희 점쟁이들이 너희를 위하여 본다는 환상은 하나같이 허황한 것이다. 너희를 위하여 친다는 점도 모조리 거짓말이다. 이제는 너희 범죄자들의 목에 이미 그 칼이 내리 쳐져 있다. 너희가 최후의 형벌을 받아 죽을 그 날이 왔다. 그 시각이 닥쳐왔다."

인들의 시체들이 놓이게 될 것이란 뜻이다.

"중상을 당한 악인의 목 위에 두리니"라는 말은 암몬인들이 유다와 동일하게 바벨론에 의하여 멸망당하는 길을 걷게 된다는 것을 상징적으로 예언한 것으로 보는 것이다(Lange, Plumptre).

"그(암몬)의 날 곧 죄악의 마지막 때가 이름이로다"라는 말은 '암몬 족속은 유다가 바벨론에 의해 멸망당한 5년 뒤 바벨론의 느부갓네살 군대에 의해서 초토화 되었고 그 후 그들은 유명무실하게 명맥을 유지하다가 주전 2세기경에 마카비에 의해 정복당한 후 더 이상 인류 역사에 나타나지 않게 되었다'는 것이다.

겔 21:30. 그러나 칼을 그 칼집에 꽂을지어다 네가 지음을 받은 곳에서, 네가 출생한 땅에서 내가 너를 심판하리로다.

칼을 칼집에 다시 꽂아라. 네가 창조된 곳, 곧 네가 출생한 땅에서 내가 너를 심판하겠다고 하신다.

암몬인들은 저항을 중지하고 바벨론 군에게 항복하라는 말이다. 그리고 암몬인들은 포로로 가는 것이 아니라 그들의 고국 땅에서 멸망하고 말 것이라는 뜻이다. 하나님께서 심판하심으로 멸망을 당할 것이라는 말이다.

겔 21:31. 내가 내 분노를 네게 쏟으며 내 진노의 불을 네게 내뿜고 너를 짐승 같은 자 곧 멸하기에 익숙한 자의 손에 넘기리로다.

나 여호와가 나 여호와의 진노를 암몬인에게 쏟고 나 여호와의 격노의 불을 너(암몬인)에게 불 것이며, 너를 짐승 같은 사람들(바벨론 군대들), 곧 파괴하기에 능한 자들(바벨론 군대들)의 손에 넘기겠다.

암몬인들은 결국 하나님의 손에 의해 망한다는 것이다. 바벨론 군대는 하나님의 도구이다.

겔 21:32. 네가 불에 섶과 같이 될 것이며 네 피가 나라 가운데에 있을

것이며 네가 다시 기억되지 못할 것이니 나 여호와가 말하였음이라 하라.

암몬이 불의 땔감이 되고 암몬의 피가 그 땅 가운데 있을 것이니, 암몬이 더 이상 기억되지 않을 것이다. 이는 나 여호와가 말하였기 때문이라고 하신다.

암몬 족속은 아주 멸망당하여 다시 기억되지도 않는다는 것이다(25:7). 유다의 마카비 시대(주전 142-37년)에 암몬 족속과 모압 족속은 역사에서 그 자취를 감추었다. 이스라엘이나 유다는 망했다가도 다시 회복되는 반복(16:53-55)을 거듭했으나 롯의 자손들은 역사의 뒤안길에서 그대로 사라지고 만 것이다.

제 22 장

5. 예루살렘에 심판이 임할 것이다 22:1-31

ㄱ. 심판의 원인은 범죄이다 22:1-12

<벌 받을 예루살렘>

겔 22:1. 또 여호와의 말씀이 내게 임하여 이르시되.

본 절은 예루살렘에 임하는 심판의 원인은 범죄라는 것을 말하는 1-12절을 진술하기 위하여 표제 역할을 하는 절이다. 본 절의 주해를 위해 15:1의 주해를 참조하라.

겔 22:2. 인자야 네가 심판하려느냐 이 피흘린 성읍을 심판하려느냐 그리하려거든 자기의 모든 가증한 일을 그들이 알게 하라.

너 인자야!(여호와께서 에스겔을 부르시는 호칭) 네가 그 피를 흘린 성읍을 심판하고 심판하려느냐? 그러면 너 에스겔은 그 성읍으로 하여금 자기의 모든 역겨운 것들을 알게 하라고 하신다.

겔 22:3. 너는 말하라 주 여호와께서 이같이 말씀하셨느니라 자기 가운데에 피를 흘려 벌 받을 때가 이르게 하며 우상을 만들어 스스로 더럽히는 성아.

주 여호와께서 이와 같이 말씀하시기를 너 에스겔이 말해보아라. 그 예루살렘 가운데서 피를 흘려 자기의 벌 받을 때가 이르게 하고(사 1:2-17), 스스로 우상들을 만들어 더럽게 된 성읍이라고 말하라고 하신다.

겔 22:4. 네가 흘린 피로 말미암아 죄가 있고 네가 만든 우상으로 말미암아 스스로 더럽혔으니 네 날이 가까웠고 네 연한이 찼도다 그러므로 내가 너로

이방의 능욕을 받으며 만국의 조롱거리가 되게 하였노라.

예루살렘이 흘린 피 때문에 예루살렘이 죄를 짓고, 예루살렘이 만든 우상들 때문에 예루살렘이 더러워졌다. 예루살렘의 심판의 날이 가까워졌으며 예루살렘이 끝날 때가 이르렀다. 그러므로 나 여호와가 예루살렘을 이방들로부터 치욕과 온 땅의 조롱거리가 되게 하였다고 하신다.

겔 22:5. 너 이름이 더럽고 어지러움이 많은 자여 가까운 자나 먼 자나 다 너를 조롱하리라.

예루살렘에게서 가까운 자들이나 먼 자들이나 모두 너 예루살렘을 조롱할 것이니, 예루살렘의 이름이 더러워졌고 소란이 크기 때문이라고 하신다.

"이름이 더럽고 어지러움이 많은 자여!"란 말은 '우상으로 더럽혀졌고 살인과 포학으로 질서가 없는 자여!'란 뜻이다.

겔 22:6. 이스라엘 모든 고관은 각기 권세대로 피를 흘리려고 네 가운데에 있었도다.

보라! 각자 자기 권세를 가지고 이스라엘의 높은 자들(유다 왕들)이 피를 흘리기 위하여 네 가운데 있다고 하신다. 가령 므낫세(왕하 21:16), 여호야김(왕하 24:4) 등이 그랬다.

겔 22:7. 그들이 네 가운데에서 부모를 업신여겼으며 네 가운데에서 나그네를 학대하였으며 네 가운데에서 고아와 과부를 해하였도다.

일반 사람들이 예루살렘 가운데서 아버지와 어머니를 업신여겼고(출 21:17; 레 20:9; 신 27:16), 예루살렘 가운데서 나그네에게 폭력을 행사했으며, 예루살렘 가운데서 고아와 과부를 억압하였다(18:7; 출 22:21-22; 신 27:19)고 하신다.

겔 22:8. 너는 나의 성물들을 업신여겼으며 나의 안식일을 더럽혔으며.

너희 제사장들이 여호와의 성물들을 멸시했고(26절; 출 22:20) 여호와의 안식일들을 더럽혔다고 하신다(20:12 주해 참조).

겔 22:9. 네 가운데에 피를 흘리려고 이간을 붙이는 자도 있었으며 네 가운데에 산 위에서 제물을 먹는 자도 있었으며 네 가운데에 음행하는 자도 있었으며.

비방자들이 반대당을 죽이려고 네 예루살렘 성 안에 있었으며(출 23:1; 레 19:16; 왕상 21:1-10; 렘 6:28; 9:3), 네 예루살렘 성 가운데에서 사람들이 산당에서 우상의 제물을 먹었고(18:6), 네 가운데서 사람들이 음란을 행하였다는 것이다(다음 절).

겔 22:10. 네 가운데에 자기 아버지의 하체를 드러내는 자도 있었으며 네 가운데에 월경하는 부정한 여인과 관계하는 자도 있었으며.

네 예루살렘 가운데서 사람들이 아버지의 벌거벗었음을 드러내었고(레 18:7; 20:11; 신 22:30; 암 2:7), 네 가운데서 사람들이 생리 중인 여자를 욕보이기도 했다는 것이다(18:6; 렘 18:19; 20:18). 참으로 더러운 일들을 행했다.

겔 22:11. 어떤 사람은 그 이웃의 아내와 가증한 일을 행하였으며 어떤 사람은 그의 며느리를 더럽혀 음행하였으며 네 가운데에 어떤 사람은 그 자매 곧 아버지의 딸과 관계하였으며.

어떤 사람은 자기 이웃의 아내와 역겨운 짓을 했고(18:6; 레 18:20), 어떤 자는 자기 며느리를 음란한 행위로 더럽혔으며(레 18:15; 20:12), 또 어떤 자는 예루살렘 가운데에서 자기 누이, 곧 자기 아비의 딸을 욕보이기도 했다는 것이다(레 18:9; 20:17).

겔 22:12. 네 가운데에 피를 흘리려고 뇌물을 받는 자도 있었으며 네가

변돈과 이자를 받았으며 이익을 탐하여 이웃을 속여 빼앗았으며 나를 잊어버렸도다 주 여호와의 말씀이니라.

여호와께서 말씀하시기를 사람들이 예루살렘 가운데에서 피를 흘리려고 뇌물을 받았으며(출 23:8; 신 16:19), 어떤 사람은 이자와 웃돈을 받았고(18:8), 이웃을 폭력으로 끌어내며 나 여호와를 잊어버렸다고 하신다.

ㄴ. 심판의 결과는 흩어짐이다 22:13-16

겔 22:13. 네가 불의를 행하여 이익을 얻은 일과 네 가운데에 피 흘린 일로 말미암아 내가 손뼉을 쳤나니.

보라! 네가 취한 부당한 이익과 예루살렘 가운데 있는 네 피로 말미암아 나 여호와가 내 손바닥을 쳤다고 하신다.

"내가 손뼉을 쳤다"는 말은 여호와께서 극한 감정을 표시했다는 뜻이다(6:11; 21:14, 17).

겔 22:14. 내가 네게 보응하는 날에 네 마음이 견디겠느냐 네 손이 힘이 있겠느냐 나 여호와가 말하였으니 내가 이루리라.

나 여호와가 너 예루살렘에게 행동하는 날에 네 마음이 견뎌 내고, 네 손이 강할 수 있겠느냐? 나 여호와가 말하였으니 내가 반드시 행하겠다고 하신다.

겔 22:15. 내가 너를 뭇 나라 가운데에 흩으며 각 나라에 헤치고 너의 더러운 것을 네 가운데에서 멸하리라.

나 여호와가 너를 여러 민족들 가운데 흩어버리고 너를 각 나라에 흩어, 너에게서 부정함을 정결하게 하겠다고 하신다. 유다를 흩어버리는 것은 정결함을 위한 것이었다.

겔 22:16. 네가 자신 때문에 나라들의 목전에서 수치를 당하리니 내가 여호와

인 줄 알리라 하셨다 하라.

너 유다인이 여러 민족들의 눈앞에서 네 자신을 더럽히니, 너는 수치를 당해서 너에게 수치를 내린 줄 알게 되어 나 여호와가 여호와인 것을 알 것이다.

ㄷ. 풀무 불 속의 찌꺼기 비유 22:17-22

<풀무 불에 들어간 이스라엘>

겔 22:17. 여호와의 말씀이 내게 임하여 이르시되.

본 절은 18-22절에서 언급되는 풀무 불 속의 찌꺼기 비유를 말하기 위해 앞에 내놓은 표제의 말씀이다.

겔 22:18. 인자야 이스라엘 족속이 내게 찌꺼기가 되었나니 곧 풀무 불 가운데에 있는 놋이나 주석이나 쇠나 납이며 은의 찌꺼기로다.

인자야(여호와께서 에스겔을 부르시는 호칭)! 유다 족속이 나 여호와에게 찌꺼기(제일 마지막에 남는 찌꺼기, 시 119:119; 사 2:22; 렘 6:27-30)가 되었다. 그들 모두가 용광로 가운데서 구리(악인의 철면피성을 비유함)나 놋(악인들의 외식 성 비유)이나 철(악인들의 잔인성 비유)이나 납(악인의 나약성 비유)이나 은(銀) 찌꺼기가 되었다고 하신다(Matthew Henry).

겔 22:19. 그러므로 주 여호와께서 이와 같이 말씀하셨느니라 너희가 다 찌꺼기가 되었은즉 내가 너희를 예루살렘 가운데로 모으고.

그러므로 주 여호와께서 이같이 말씀하시기를, "너희가 모두 찌꺼기가 되었으니, 그러므로 보라! 나 여호와가 너희를 예루살렘 가운데로 모으겠다"고 하신다. 본 절은 18절의 반복이다.

여호와께서 모든 찌꺼기들을 예루살렘으로 모으시는 것은 용광로에서 제련하려고 하시는 것이다.

겔 22:20-21. 사람이 은이나 놋이나 쇠나 납이나 주석이나 모아서 풀무 불 속에 넣고 불을 불어 녹이는 것 같이 내가 노여움과 분으로 너희를 모아 거기에 두고 녹이리라 내가 너희를 모으고 내 분노의 불을 너희에게 불면 너희가 그 가운데에서 녹되.

사람들이 은이나 놋이나 철이나 납이나 주석을 용광로 가운데로 모아 그것에 불을 불어 넣어 녹이듯이, 나 여호와가 너희를 내 진노와 분노 속에 모아 거기에 두고 녹이겠다고 하신다. 나 여호와가 너희를 한 군데 모아 나 여호와 격노의 불을 너희에게 뿜으므로, 너희가 그 가운데서 녹을 것이라고 하신다.

예루살렘에 모아서 바벨론 군을 통하여 심판하시는 것은 유다인의 모든 더러움을 깨끗이 제하시려는 것이다.

겔 22:22. 은이 풀무 불 가운데에서 녹는 것 같이 너희가 그 가운데에서 녹으리니 나 여호와가 분노를 너희 위에 쏟은 줄을 너희가 알리라.

은(銀)이 용광로 가운데서 녹듯이, 너희가 그 가운데서 그렇게 녹을 것이니, 그러면 너희는 나 여호와가 내 분노를 너희에게 쏟은 줄을 알 것이라고 하신다.

여호와께서 우리를 징계하실 때에는 우리가 녹아버리도록 징계하신다는 것이다. 우리가 그런 어려움을 당하기 전에 우리는 죄를 미리부터 자백해야 할 것이다.

ㄹ. 모든 계급의 죄 22:23-31

23-31절은 유다의 왕들, 제사장들, 고관들, 선지자들 및 백성들 등 모든 계층에 죄가 있음을 지적한다.

<선지자 제사장 고관들의 죄>

겔 22:23. 여호와의 말씀이 내게 임하여 이르시되.

본 절은 24-31절까지 유다 모든 계층의 죄들을 말하려고 시작하기 위해 앞에 나온 표제의 말씀이다. 본 절 주해를 위해 12:17 주해를 참조하라.

겔 22:24. 인자야 너는 그에게 이르기를 너는 정결함을 얻지 못한 땅이요 진노의 날에 비를 얻지 못한 땅이로다 하라.

인자야(여호와께서 에스겔을 부르시는 호칭)! 너 에스겔은 그 유다 땅에게 말하기를 너 유다 땅은 정결하지 못한 땅이요, 진노의 날에 비를 얻지 못한 땅이라고 하라 하신다.

혹자들은 본 절의 "정결함을 얻지 못한 땅"이란 말을 '햇빛을 얻지 못한 땅'으로 이해하기도 한다(K.&D., Ewald, Plumptre).

그렇다면 본 절의 뜻은 햇빛과 비를 얻지 못한 땅이라고 보아야 한다. 햇빛과 비를 얻지 못함은 식물이 자랄 수 없는 땅이 된다. 이것은 하나님께서 한재(旱災)의 징계를 내리신 땅임에 틀림없다(왕상 17:1; 18:1-2; 암 4:7-8; 렘 3:3).

겔 22:25. 그 가운데에서 선지자들의 반역함이 우는 사자가 음식물을 움킴 같았도다 그들이 사람의 영혼을 삼켰으며 재산과 보물을 탈취하며 과부를 그 가운데에 많게 하였으며(The conspiracy of her prophets in her midst is like a roaring lion tearing the prey; they have devoured human lives; they have taken treasure and precious things; they have made many widows in her midst-ESV).

본 절은 유다 나라의 선지자들의 반역죄를 지적하고 있다. 즉, 그 땅 가운데 있는 선지자들의 음모는 먹이를 찢었으며 포효(큰 소리로 외침)하는 사자 같았다. 그들이 영혼을 삼켰으며, 보물과 귀중품들을 빼앗았으며, 그 가운데 과부들을 많게 하였다는 것이다.

그런데 본 절의 "선지자들"(h;~ya,~ybin])이란 말이 본래 "왕들"(yaey-cin])이었을 것으로 보는 견해가 더 많은 학자들의 지지를 얻고 있다는 점이다(K.&D., Hitzig, Cooke, May, 이상근, 그랜드 종합 주석). 그 지지하는 이유를 들어보면 1) 70인역에서 이 단어가 "왕들"을 뜻하는 단어로 사용되었다는 것, 2) 본 절의 선지자들의 죄를 왕들이 짓는 죄로 보는 것이 바람직하다는 것, 3) 28절에서 선지자들의 죄악상이 따로 나타난 것, 4) 오늘날 영어 번역 중에 가장 바르다고 하는 영어 표준 번역(English Standard Version)도 "왕들"로 번역했다는 점이다.

"사람의 영혼을 삼켰다"는 말은 종교 지도자들이나 정치 지도자들의 범죄는 일반 백성들의 생활을 피폐하게 만듦은 물론 그들의 영혼까지 피폐하게 만든다는 것이다.

"재산과 보물을 탈취했다"는 말은 '정치 지도자들이나 왕들이 사람들의 재산과 보물을 탈취하는 죄를 범했다'는 뜻이다.

"과부를 그 가운데에 많게 하였다"는 말은 '왕들이 전쟁을 일으켜 전쟁과 살육으로 과부를 많이 만들었다'는 것이다.

겔 22:26. 그 제사장들은 내 율법을 범하였으며 나의 성물을 더럽혔으며 거룩함과 속된 것을 구별하지 아니하였으며 부정함과 정한 것을 사람이 구별하게 하지 아니하였으며 그의 눈을 가리어 나의 안식일을 보지 아니하였으므로 내가 그들 가운데에서 더럽힘을 받았느니라.

유다 땅의 제사장들은 여호와의 율법을 범했고, 여호와의 성물들을 모독하였으며, 거룩한 것과 속된 것을 구별하지 아니했고, 부정한 것과 정한 것을 구별할 수 있게 가르쳐 주지도 아니하였으며, 그들(제사장들)이 눈을 가리고 여호와의 안식일을 보지 못했으므로 그들 중에서 모욕을 당하였다고 하신다.

제사장들이 타락하니 율법을 파수하지도 못했고 또 거룩함을 구별하지도 못했다는 것이다. 제사장들이 안식일까지 범하여 하나님의 이름을 더럽혔다.

겔 22:27. 그 가운데에 그 고관들은 음식물을 삼키는 이리 같아서 불의한

이익을 얻으려고 피를 흘려 영혼을 멸하거늘.

유다 땅 가운데 있는 고관들은 먹이를 찢는 늑대 같아서 부당한 이익을 얻기 위해 피를 흘려 영혼을 멸망시켰다는 것이다.

고관들은 왕의 수족이 되어 왕을 충동하여 백성들의 재물을 빼앗고, 생명을 말살하니 고관들이 "이리"로 묘사되었다.

겔 22:28. 그 선지자들이 그들을 위하여 회를 칠하고 스스로 허탄한 이상을 보며 거짓 복술을 행하며 여호와가 말하지 아니하였어도 주 여호와께서 이같이 말씀하셨느니라 하였으며.

본 절에 선지자들의 죄악이 따로 등장하고 있다(25절 참조). 즉, 유다 땅의 선지자들은 그 자신들을 위해 겉을 그럴듯하게 보이려고 회칠을 했고, 헛것을 보았으며, 그들에게 거짓 점을 쳐 주었으며, 여호와께서 말씀하시지 아니하셨어도 말하기를 '주 여호와께서 이같이 말씀하셨다'고 하였다. 선지자가 타락하면 참으로 요상하게 된다.

겔 22:29. 이 땅 백성은 포악하고 강탈을 일삼고 가난하고 궁핍한 자를 압제하고 나그네를 부당하게 학대하였으므로.

본 절은 일반 백성들의 죄에 대해 언급한다. 즉, 유다 땅 백성은 억압하여 억지로 빼앗았으며, 가난하고 궁핍한 자를 압제했고, 나그네를 학대하였다는 것이다. 이들도 윗사람들의 본을 받아 비슷한 죄를 많이 지었다고 하신다(25, 26, 27, 28절 참조).

겔 22:30. 이 땅을 위하여 성을 쌓으며 성 무너진 데를 막아 서서 나로 하여금 멸하지 못하게 할 사람을 내가 그 가운데에서 찾다가 찾지 못하였으므로.

여호와께서 예루살렘 거리에서 예루살렘이 망하지 않게 하는 의인 한 사람을 찾으셨으나 찾지 못하셨다는 것이다. 즉, 나 여호와가 유다인들 가운데서, 그 땅을 위하여 성벽을 쌓았으며, 무너진 곳에 서서, 나 여호와로 하여금 그 성읍들을 멸망시키지 못하게 할 한 사람을 찾았으나 내가 발견하지 못하였다고 하신다.

예루살렘에는 의인 한 사람이 없어서 망하게 되었다는 것이다(렘 5:1 참조). 오늘 우리가 예수님을 믿는 한 사람이 되어 가정을 살리고 나라를 살리는 사람들이 되어야 할 것이다.

겔 22:31. 내가 내 분노를 그들 위에 쏟으며 내 진노의 불로 멸하여 그들 행위대로 그들 머리에 보응하였느니라 주 여호와의 말씀이니라.

나 주 여호와가 말하기를, "그러므로 나는 그들에게 내 분노를 쏟아 부었고, 내 격노의 불길로 그들을 멸절시켰다. 나 여호와는 그들의 행실을 따라 그들의 머리 위에 갚아 주었다"고 하신다.

"내 진노의 불로 멸하였다"는 말은 바벨론 군대의 침략을 통하여 현실화될 하나님의 맹렬한 진노를 상징한다(20:47; 21:3).

"그들 행위대로 그들 머리에 보응하였다"는 말은 '25-30절에서 살펴보았던 대로 남쪽 유다의 모든 백성들은 자신들의 악행에 대한 보응으로 멸망할 수밖에 없게 되었다'는 뜻이다.

제 23 장

6. 예루살렘 심판을 언급하는 두 가지 비유 23:1-24:14

23장은 음란한 두 여인 오홀라와 오홀리바 비유를 진술하고 있고, 24장은 끓는 가마 비유(1-14절)와 에스겔 아내의 죽음에 대해 언급하고 있다(15-27절).

ㄱ. 음란한 두 여인 오홀라와 오홀리바 비유 23:1-49

1-49절의 내용은 자매(유다와 이스라엘)의 죄(1-21절), 자매에 대한 심판(22-49절)으로 양분되고 있다.

a) 음란한 두 여인의 정체 23:1-4

<오홀라와 오홀리바의 행음>

겔 23:1. 또 여호와의 말씀이 내게 임하여 이르시되.

본 절은 유다와 예루살렘의 죄(1-21절)에 대해 언급하기 위하여 표제로 쓰인 것이다.

겔 23:2. 인자야 두 여인이 있었으니 한 어머니의 딸이라.

인자야(여호와께서 에스겔을 부르시는 호칭)! 두 여자가 있었으니, 그들 두 여인들은 한 어미의 딸들이었다는 것이다.

여기 "두 여인들"이란 4절에 나오는 오홀라(사마리아)와 오홀리바(예루살렘)를 비유한다. 사마리아는 이스라엘의 10지파를 대표하는 이름이고, 오홀리바는 유다와 베냐민을 대표하는 이름이다. 이들은 한 여인 사라의 딸들이었다는 것이다.

겔 23:3. 그들이 애굽에서 행음하되 어렸을 때에 행음하여 그들의 유방이 눌리며 그 처녀의 가슴이 어루만져졌나니.

그들이 애굽에서 음행하였으되, 어릴 때(이스라엘 역사의 초창기) 이미 음행하였다는 것이다(우상 숭배를 했다는 것이다). 애굽에서 그들의 유방이 눌렸고(우상 숭배를 했고), 거기서 사람들이 그 처녀의 가슴을 만졌다는 것이다(이스라엘이 애굽에 있을 때 우상 숭배를 했다는 뜻).

겔 23:4. 그 이름이 형은 오홀라요 아우는 오홀리바라 그들이 내게 속하여 자녀를 낳았나니 그 이름으로 말하면 오홀라는 사마리아요 오홀리바는 예루살렘이니라.

그들 두 여인들의 이름은 언니가 오홀라(אָהֳלָה-"그녀의 장막"이란 뜻이다)였고, 동생이 오홀리바(אָהֳלִיבָה-"나의 장막이 그녀에게 있다"는 뜻이다)였다. 그들이 나 여호와에게 속하여 아들들과 딸들을 낳았는데, 그들의 이름 중 오홀라는 사마리아이고, 오홀리바는 예루살렘이었다는 것이다.

"사마리아"는 예루살렘 북방 56km, 지중해에서 내륙으로 35km 들어간 곳으로서 91m 가량의 높은 구릉지역이다. 이 지역은 이스라엘이 남북 두 나라로 갈라지기 전부터 존재했던 성읍 지역으로(왕상 13:32), 북 이스라엘 오므리 왕에 의해 본격적으로 건설되었고(왕상 16:23, 24), 북쪽 나라 이스라엘의 수도로 정해졌으며 북 왕국이 멸망당할 때(주전 722년)까지 융성했다.

"예루살렘"은 사마리아가 북쪽의 이스라엘을 대표한다면 예루살렘은 남쪽 나라 유다를 대표하고 있다.

b) 이스라엘의 음행 23:5-10

겔 23:5. 오홀라가 내게 속하였을 때에 행음하여 그가 연애하는 자 곧 그의 이웃 앗수르 사람을 사모하였나니.

나 여호와에게 속한 오홀라가 음행하였으니, 자신의 연인, 곧 그 이웃 앗수르 사람을 사랑하였다는 것이다.

이스라엘이 하나님만 바라보았어야 했는데 이웃 나라 앗수르 나라와 가까이해서 유익을 보려했다는 것이다(민 5:19). 이것이 이스라엘의 간음이었다(왕하 15:19; 16:7, 9; 17:3; 호 5:13; 7:11; 8:9). 우리는 개인적으로나 국가적으로 세상을 바라보지 말고 하나님만 바라보아야 한다.

겔 23:6. 그들은 다 자색 옷을 입은 고관과 감독이요 준수한 청년이요 말 타는 자들이라.

앗수르인들은 자주색 옷을 입은 총독들과 지휘관들이었으며(삿 8:26), 그들은 모두 준수한 젊은이들로 말 타는 앗수르의 기마병들이었다는 것이다. 앗수르는 아주 매력 있는 나라였다는 것이다.

오늘 우리는 세상이 아무리 매력이 있다 해도 절대로 세상에 마음을 빼앗겨서는 안 될 것이다. 세상은 어디까지나 세상이다.

겔 23:7. 그가 앗수르 사람들 가운데에 잘 생긴 그 모든 자들과 행음하고 누구를 연애하든지 그들의 모든 우상으로 자신을 더럽혔으며.

그 여자가 앗수르 사람들 중 뽑힌 모든 자들로 더불어 행음하였으니, 누구를 연애하든지 그들의 모든 우상들로 자신을 더럽혔다는 것이다.

이스라엘 사람들은 앗수르의 군대에 매력을 느껴 동맹을 맺으려고 애를 썼으며 또 앗수르의 아스다롯(하늘의 여왕)이라는 우상도 숭배했다(왕하 17:1-6).

겔 23:8. 그가 젊었을 때에 애굽 사람과 동침하매 그 처녀의 가슴이 어루만져졌으며 그의 몸에 음란을 쏟음을 당한 바 되었더니 그가 그 때부터 행음함을 마지아니하였느니라.

본 절은 이스라엘의 영적 음행의 역사적 유래를 지적한다. 즉, 이스라엘이 애굽에 있을 때부터 자기의 음란함을 버리지 아니하였으니, 이유는 이스라엘이 어렸을 때, 이미 사람들이 그 여자와 동침했고, 그 처녀의 가슴을 만졌으며, 그들의 음란함을 그 여자에게 쏟았기 때문이다.

겔 23:9. 그러므로 내가 그를 그의 정든 자 곧 그가 연애하는 앗수르 사람의 손에 넘겼더니.

이스라엘이 영적으로 놀라울 정도로 음행했으므로 나 여호와가 이스라엘을 그의 정든 자 곧 그가 연애하는 앗수르 사람의 손에 넘겨버렸다고 하신다.

이렇게 이스라엘이 앗수르 사람들을 좋아했기 때문에 여호와께서는 이스라엘을 앗수르 군대에 의해 망하게 하셨다는 것이다.

겔 23:10. 그들이 그의 하체를 드러내고 그의 자녀를 빼앗으며 칼로 그를 죽여 여인들에게 이야깃거리가 되게 하였나니 이는 그들이 그에게 심판을 행함이니라.

앗수르인들이 그 여자 이스라엘의 하체(下體)를 드러내고, 그 여자의 아들들과 딸들을 빼앗아갔고, 그 여자를 칼로 죽였으므로 여자들에게 이야깃거리가 되었으니, 이는 앗수르인들이 이스라엘에게 심판을 행한 것이라(주전 722년, 왕하 17:1-6)는 내용이다.

c) 유다의 음행 23:11-35

11-21절. 오홀리바(예루살렘)의 음란죄

겔 23:11. 그 아우 오홀리바가 이것을 보고도 그의 형보다 음욕을 더하며 그의 형의 간음함보다 그 간음이 더 심하므로 그의 형보다 더 부패하여졌느니라.

이스라엘의 동생 오홀리바(예루살렘-유다를 대표하는 성읍)는 이스라엘이 앗수르와 간음하다가 망하는 것을 보고도 음욕 때문에 언니인 사마리아보다 더 타락하고 언니보다 더 음행하였다는 것이다.

사람들은 남들의 약점을 보고도 깨닫지 못하고 대든다. 남들의 약점을 보았으면 조심조심 처신해야 할 일이지 조심하지 않고 살다가 역시 같은 함정에 빠지고 만다.

겔 23:12. 그가 그의 이웃 앗수르 사람을 연애하였나니 그들은 화려한 의복을 입은 고관과 감독이요 말 타는 자들과 준수한 청년이었느니라.

유다가 앗수르 사람들에게 음욕을 품었으니, 앗수르의 아들들은 싸움에 능하고 화려하게 옷 입은 총독들과 지휘관들로서 모두 말 타는 기마병들이며 준수한 젊은이들이었다는 것이다.

유다 나라도 친앗수르 정책을 취했다는 뜻이다. 유다 아하스 왕이 친앗수르 정책을 취했던 때가 있었다(왕하 16:10-18).

겔 23:13. 그 두 여인이 한 길로 행하므로 그도 더러워졌음을 내가 보았노라.

유다 나라가 부정하게도 친앗수르 정책을 취하게 된 것을 나 여호와가 보았으니, 두 자매(오홀라와 오홀리바, 즉 이스라엘과 유다가 함께 친앗수르 정책을 시행)가 다 같은 길을 갔다는 것이다.

겔 23:14. 그가 음행을 더하였음은 붉은 색으로 벽에 그린 사람의 형상 곧 갈대아 사람의 형상을 보았음이니(But she carried her whoring further, she saw men portrayed on the wall, the images of the Chaldeans portrayed in vermilion-ESV)**.**

유다 나라가 자기 음란함을 더하였다. 유다 나라가 벽에 새긴 남자들, 곧 붉은 색으로 새긴 갈대아 사람들의 형상을 보고 음행을 더 했다는 것이다.

"붉은 색으로 벽에 그린 사람의 형상 곧 갈대아 사람의 형상을 보았음이니"란 말은 '유다 나라 사람들이 붉은 색으로 그린 갈대아 군대의 위세를 나타내는 그림이 왕궁의 벽에 붙어 있었던 것을 본 유다 왕의 마음에 바벨론을 의지하려는 생각이 일어났던 것'으로 보인다. 그 당시 유다인들이 하나님을 믿는 믿음이 약화되어 있었기 때문에 세상 세력을 의지하려는 생각이 계속해서 들었을 것이다.

"갈대아"는 원래 바벨론 남부 지역을 지칭하는 말이었다. 그러나 주전 612년 신 바벨론 제국이 앗수르의 수도 니느웨를 멸하고 메소포타미아의 패권을 차지한 이후부터는 느부갓네살이 통치하던 전 지역을 지칭하고 혹은 그 백성 전체를 지칭하는 말이 되었다.

겔 23:15. 그 형상은 허리를 띠로 동이고 머리를 긴 수건으로 쌌으며 그의 용모는 다 준수한 자 곧 그의 고향 갈대아 바벨론 사람 같은 것이라.

붉은 색으로 벽에 그린 사람의 형상 곧 갈대아 사람의 형상(14절)은 허리에 띠를 두르고 머리는 수건으로 쌌으며, 용모는 모두 존귀한 자들로 갈대아 땅에서 태어난 바벨론 사람들의 모양이었다는 것이다.

"그의 용모는 다 준수한 자"라는 말은 '바벨론 사람들의 용모가 군장이나 방백같이 다 존귀한 자 같았다'는 것이다. 이런 벽화를 예루살렘 왕궁의 벽에 그려두고 숭배했다는 것이다.

겔 23:16. 그가 보고 곧 사랑하게 되어 사절을 갈대아 그들에게로 보내매.

유다 나라 왕과 유다인들이 눈으로 갈대아 군대의 벽화를 보고 그들을 연애하여 갈대아의 그들에게 사신들을 보냈다는 것이다.

오늘날 사람들은 아무리 훌륭한 붉은 색 벽화를 본다고 해도 마음에 동요를 느끼거나 끌리지 않을 것이지만 옛날 사람들은 아마도 붉은 색 벽화를 보고 동요했던 것으로 보인다. 아마도 오늘날 사람들은 돈을 보면 마음이 움직일 것이다.

갈그미스 전쟁(주전 605년) 이후 여호야김 왕은 바벨론에 복종하고 말았다(왕하 24:1).

겔 23:17. 바벨론 사람이 나아와 연애하는 침상에 올라 음행으로 그를 더럽히

매 그가 더럽힘을 입은 후에 그들을 싫어하는 마음이 생겼느니라.

바벨론 사람들이 유다 나라에 찾아가서 연애하는 침상으로 들어가서 그들의 음행으로 유다를 더럽히니 유다 나라가 바벨론 사람들 때문에 더럽혀진 후에 유다 사람들의 마음이 바벨론 사람들에게서 떠났다는 것이다.

유다 나라의 왕들이 바벨론과의 동맹을 싫어하게 된 이유는 조건이 너무 굴욕적이었기 때문이다. 그래서 유다 왕들(유다 말기)은 친애굽 정책으로 돌아서게 되었다.

오늘 우리는 세상 그 어떤 좋은 것들도 우리를 만족시킬 수 없음을 알고 오직 하나님만 바라보아야 할 것이다.

겔 23:18. 그가 이같이 그의 음행을 나타내며 그가 하체를 드러내므로 내 마음이 그의 형을 싫어한 것 같이 그를 싫어하였으나.

유다 나라가 자기의 추함을 드러내고 자기의 벌거벗음을 드러내었으므로 나 여호와의 마음이 유다의 언니 이스라엘(사마리아)에게서 멀어진 것처럼 유다에게서도 멀어지고 말았다고 하신다.

사람이 세상을 사랑하면 하나님은 세상을 사랑하는 사람에게서 멀어지신다. 하나님으로부터 멀어진다는 것은 얼마나 큰 슬픔인지 모른다.

겔 23:19. 그가 그의 음행을 더하여 젊었을 때 곧 애굽 땅에서 행음하던 때를 생각하고.

그러나 유다 나라는 애굽 땅에서 음행하였던 자기의 젊은 시절을 기억하고는 지금은 자기의 음란함을 더하여 애굽과 음행하고 있다는 것이었다.

사람은 세상에 살면서 세상의 이것저것을 좋아하다가 패가망신한다는 것을 알 수 있다.

겔 23:20. 그의 하체는 나귀 같고 그의 정수는 말 같은 음란한 간부를 사랑하

였도다.

유다 나라의 하체는 그 정부들(애굽)에게 음욕을 품었는데, 애굽 사람들의 하체는 나귀들의 육체 같았고, 그들의 정액은 말의 정액 같았다는 것이다. 본 절 주해를 위해서는 16:26의 주해를 참조하라.

"그의 하체는 나귀 같고 그의 정수는 말 같은"이란 말은 '유다인의 왕성한 육욕을 묘사하는 말'이다. 에스겔은 특히 애굽을 혐오했고 애굽인과의 결탁을 규탄했다(17:15 참조).

"음란한 간부를 사랑하였도다"라는 말은 '유다 왕국이 바벨론을 의뢰하던 친바벨론 정책으로부터 벗어나 애굽을 의뢰하는 친애굽 정책을 편 것을 묘사'하는 말이다(16-18절).

남쪽 나라 유다는 북쪽에 위치한 바벨론을 의식해서 남쪽에 위치했던 애굽을 의존하여 군사, 문화, 경제적인 힘에 의존하려는 경향을 자주 나타냈다(왕상 17:4; 사 23:17; 나 3:4). 그 결과 오히려 바벨론을 자극시켜 유다 나라가 큰 해(害)만 당하게 되었다.

겔 23:21. 네가 젊었을 때에 행음하여 애굽 사람에게 네 가슴과 유방이 어루만져졌던 것을 아직도 생각하도다.

유다 민족이 네 젊었을 때(이 때는 유다가 아직은 이스라엘과 나누어지지 않았던 때였다)의 음란한 행위, 곧 네 어린 유방으로 말미암아 애굽 사람들이 유다 나라의 가슴을 어루만지던 때를 그리워하였다는 것이다. 본 절 주해를 위해 3절 주해를 참조하라.

유다가 애굽에 있을 때(이 때는 유다가 이스라엘과 나누어지지 않았던 때였다)에 애굽과 행음했는데 그 시절의 일을 지금도 기억하고 다시 옛 생각으로 돌아갔다는 것이다.

22-35절. 오홀리바(예루살렘)가 받을 심판이 언급된다. 유다가 바벨론을 배신하고 애굽을 택해서 돌아섰으므로 바벨론 군이 와서 유다를 멸망시킨다

는 내용이 언급된다.

<오홀리바가 받은 재판>

겔 23:22. 그러므로 오홀리바야 주 여호와께서 이같이 말씀하셨느니라 나는 네가 사랑하다가 싫어하던 자들을 충동하여 그들이 사방에서 와서 너를 치게 하리니.

그러므로 오홀리바야(예루살렘을 일컫는 소리)! 주 여호와께서 이와 같이 말씀하시기를 보라! 너(예루살렘)의 마음이 멀어졌던 네 연인들(바벨론)을 나 여호와가 깨워 그들(바벨론 군대)이 사방에서 네게 쳐들어오게 하겠다고 하신다.

"그러므로 오홀리바야"라는 말은 '유다가 바벨론을 배신하고 애굽을 동맹 삼아서 돌아섰기 때문에'라는 뜻이다. 유다 민족은 한분 하나님만 바라보고 섬겨야 하는데, 바벨론을 바라보다가 애굽이 나을까 하여 바벨론을 배신하고 애굽을 의지한 것이 참 어리석은 일이었다.

"나는 네가 사랑하다가 싫어하던 자들을 충동하여 그들이 사방에서 와서 너를 치게 하리라"는 말씀은 '나 여호와는 유다 네가 한 동안 바벨론을 사랑하다가 싫어하고 애굽을 의지했는데(왕하 24:1, 20), 그러므로 나 여호와가 바벨론 군을 충동하여 그들이 유다 사방으로 몰려와서 너 유다를 치게 만들겠다'고 하신다. 성도가 하나님이 아닌 세상의 이 세력 저 세력을 의지하고 붙잡아 동맹한다는 것은 결코 지혜로운 자세가 아닐 뿐더러 매우 악하고 위험한 일이므로 그런 일은 아예 시도도 하지 말아야 할 처세법이다.

겔 23:23. 그들은 바벨론 사람과 갈대아 모든 무리 브곳과 소아와 고아 사람과 또 그와 함께 한 모든 앗수르 사람 곧 준수한 청년이며 다 고관과 감독이며 귀인과 유명한 자요 다 말 타는 자들이라.

그들(유다를 공격해 온 동맹들)은 바벨론 사람들과 모든 갈대아 사람들, 곧 브곳과 소아와 고아 사람들이며, 또 그들과 함께한 모든 앗수르 사람들이었다. 유다를 공격해 온 사람들은 모두 준수한 젊은이들로 총독들과 지휘관들이며, 유명한 자들로 모두 말을 타는 자들이었다는 것이다.

"브곳 사람들"이란 말은 '감독자'라는 뜻을 가지고 있고, 티그리스 강 동편에 살던 푸구두 족(Pukudu)을 이름이다.

그리고 "소아 사람들"이란 말은 '부요함'이란 뜻을 가지고 있고, 역시 티그리스 강 동편에 살던 수투 족(Sutu)을 이름이다.

"고아 사람들"이란 말은 '존귀함'이란 뜻을 가지고 있고, 역시 소아와 함께 살던 구투 족(Kutu)이었다. 이 족속들은 모두 바벨론의 느부갓네살의 휘하에 든 족속들로서 예루살렘 공략에 동참한 자들이었다. 우리가 세상을 사랑하다가 배신하면 여호와께서는 우리로 하여금 크게 다치게 하신다는 것을 알아야 할 것이다. 돈을 사랑하다가 다치지 않은 사람이 어디 있는가. 그리고 명예를 좋아하다가 다치지 않은 사람이 어디 있는가. 세상을 사랑하면 누구든지 반드시 다친다는 것을 알아야 한다.

겔 23:24. 그들이 무기와 병거와 수레와 크고 작은 방패를 이끌고 투구 쓴 군대를 거느리고 치러 와서 너를 에워싸리라 내가 재판을 그들에게 맡긴즉 그들이 그들의 법대로 너를 재판하리라.

유다 나라를 공략하는 자들이 병기와 병거와 수레와 긴 방패와 작은 방패로 무장하고, 투구를 쓴 백성들의 무리를 이끌고 너를 치러 와서 너를 둘러싸겠고, 나 여호와가 그들에게 재판을 맡겨, 그들이 자기들의 판결대로 너를 재판할 것이라고 하신다.

"내가 재판을 그들에게 맡긴즉 그들이 그들의 법대로 너를 재판하리라"는 말은 '나 여호와가 유다를 공략하는 바벨론 군대에게 재판을 맡겨서 재판을 진행하게 하시겠다는 것이고, 바벨론 군대가 그들의 법에 따라서 재판을 하도록 맡기시겠다'는 것이다. 바벨론 군대를 재판관으로 맡기시면 그 재판이 얼마나 험할 것을 알 수 있다.

겔 23:25. 내가 너를 향하여 질투하리니 그들이 분내어 네 코와 귀를 깎아 버리고 남은 자를 칼로 엎드러뜨리며 네 자녀를 빼앗고 그 남은 자를 불에 사르며.

나 여호와가 유다 나라를 투기할 것이니(신 4:24; 6:15), 동맹군들이 분노 가운데 네게 행하여, 네 코와 귀를 자르고 남은 자를 칼로 넘어뜨릴 것이며, 유다의 아들들과 딸들을 빼앗고 남은 자를 불에 살라 죽일 것이라는 뜻이다.

"내가 너를 향하여 질투하리니"라는 말은 '여호와께서 배신한 유다 나라를 향하여 투기하시겠다'는 것이다(신 4:24; 6:15).

"네 코와 귀를 깎아 버린다"는 말은 앗수르나 바벨론에서 포로에게 가한 가혹한 형벌이었다(왕하 25:7).

바벨론 군은 포로들을 가혹하게 대했고, 남은 자는 칼로 죽였으며, 그 자녀를 빼앗고, 예루살렘 성은 불태웠다(왕하 25:8-12).

겔 23:26. 또 네 옷을 벗기며 네 장식품을 빼앗을지라.

바벨론 동맹군들이 유다 나라 사람들의 옷들을 벗기고, 장식품들을 빼앗을 것이라고 하신다(왕하 25:13-17).

겔 23:27. 이와 같이 내가 네 음란과 애굽 땅에서부터 행음하던 것을 그치게 하여 너로 그들을 향하여 눈을 들지도 못하게 하며 다시는 애굽을 기억하지도 못하게 하리라.

나 여호와가 유다 백성들의 음란한 행위와 애굽 땅에서부터 하던 음행을 유다 백성들에게서 그치게 하여, 네(유다 백성)가 그들에게 눈을 들지 못하고, 다시는 애굽을 기억하지도 못하게 할 것이라고 하신다.

하나님의 심판은 성도들로 하여금 다시는 우상 숭배를 못하게 만드는 것이었다. 버릇을 고쳐 놓는 것이었다.

겔 23:28. 주 여호와께서 이같이 말씀하셨느니라 나는 네가 미워하는 자와

네 마음에 싫어하는 자의 손에 너를 붙이리니.

주 여호와께서 이같이 말씀하시기를, "보라! 나 여호와가 유다 나라를 유다 나라 백성들이 미워하는 바벨론의 손, 곧 네 마음이 멀어진 바벨론의 손에 넘겨주겠다"고 하신다. 이렇게 하시는 것이 바로 하나님의 방법이었다.

겔 23:29. 그들이 미워하는 마음으로 네게 행하여 네 모든 수고한 것을 빼앗고 너를 벌거벗은 몸으로 두어서 네 음행의 벗은 몸 곧 네 음란하며 행음하던 것을 드러낼 것이라.

바벨론 동맹군들이 유다 나라를 미워하여, 유다 백성들이 수고한 모든 것을 빼앗고, 유다를 벌거벗은 맨몸으로 버려둘 것이니, 유다 나라의 음행의 벌거벗음과 음란한 네 행위가 드러나게 할 것이라고 하신다.

본 절은 바벨론이 유다의 모든 시설을 파괴하고 불태우며, 모든 재물을 탈취해 가며 벌거숭이가 되게 한다는 내용이다.

겔 23:30. 네가 이같이 당할 것은 네가 음란하게 이방을 따르고 그 우상들로 더럽혔기 때문이로다.

유다 나라가 이와 같이 당할 수밖에 없는 이유는 너 유다 나라가 여러 민족들을 좇아 음행하며 그들의 우상들로 더럽혔기 때문이라는 것이다.

우상 숭배를 하면 그 결과 꼭 비참하게 된다는 것을 알아야 한다. 물질을 탐하는 사람, 명예를 탐하는 사람, 이성을 좋아하는 사람, 세상을 좋아하는 사람은 그 결과 이렇게 비참하게 된다.

겔 23:31. 네가 네 형의 길로 행하였은즉 내가 그의 잔을 네 손에 주리라.

너 유다가 네 언니 이스라엘(사마리아)의 길을 본받아 음행하였으니, 나 여호와가 네 언니 이스라엘이 당했던 잔(운명)을 네 손에 넘겨주겠다고 하신다.

겔 23:32. 주 여호와께서 이같이 말씀하셨느니라 깊고 크고 가득히 담긴 네 형의 잔을 네가 마시고 코웃음과 조롱을 당하리라.

주 여호와께서 이와 같이 말씀하시기를, "너 유다가 네 언니 이스라엘(사마리아)의 깊고 넓은 잔에 가득히 담긴, 잔을 마실 것이니, 너 유다가 사람들로부터 웃음거리와 조롱거리가 될 것이라"는 뜻이다.

겔 23:33. 네가 네 형 사마리아의 잔 곧 놀람과 패망의 잔에 넘치게 취하고 근심할지라.

너 유다가 술 취함과 근심으로 가득 차게 될 것이니 공포와 폐허의 잔이요, 네 언니, 곧 사마리아가 마셨던 잔의 결국을 동일하게 맞이한다는 것이다. 유다는 패망을 당하지 않을 수 없게 된다는 것이다.

겔 23:34. 네가 그 잔을 다 기울여 마시고 그 깨어진 조각을 씹으며 네 유방을 꼬집을 것은 내가 이렇게 말하였음이라 주 여호와의 말씀이니라.

너 유다가 그 잔(사마리아가 마셨던 잔)을 마셔 다 비우고 그 잔의 조각들을 씹으며(시 75:8) 네 가슴을 쥐어뜯을 것이니(렘 25:16), 이는 나 여호와가 말하였기 때문이라고 하신다.

여호와께서 한번 말씀하셨으면 그대로 안 되는 것이 있는가, 다 그대로 된다는 것을 알아야 한다.

겔 23:35. 그러므로 주 여호와께서 이같이 말씀하셨느니라 네가 나를 잊었고 또 나를 네 등 뒤에 버렸은즉 너는 네 음란과 네 음행의 죄를 담당할지니라 하시니라.

그러므로 주 여호와께서 이와 같이 말씀하시기를 너 유다가 나 여호와를 마음에서 잊어버렸고 또 나 여호와를 네 등 뒤로 던져버렸으니, 너 유다 역시 네 음란한 행위와 네 음란함을 감당해야 할 것이라고 하신다(30절; 16:43, 52, 58). 여호와를 등 뒤로 던진다는 것은 있을 수 없는 죄악이다.

d) 유다와 이스라엘에 임할 심판 23:36-49

36-49절은 먼저 이스라엘과 유다의 죄를 밝히고(36-42절), 그 죄들에 대한 심판을 선언한다(43-49절).

<오홀라와 오홀리바가 받은 재판>

겔 23:36. 여호와께서 또 내게 이르시되 인자야 네가 오홀라와 오홀리바를 심판하려느냐 그러면 그 가증한 일을 그들에게 말하라.

여호와께서 내게 말씀하시기를, “인자야(여호와께서 에스겔을 부르시는 호칭)! 너 에스겔이 오홀라와 오홀리바를 심판하려 하느냐? 그러면 그들에게 그 역겨운 일들을 알리라”고 하신다.

유다와 이스라엘을 심판하려 한다면 먼저 그 두 나라 백성들이 무슨 죄를 지었는지 알게 해주어야 한다는 것이다. 그래야 죄를 자백하든지 혹시 자백하지 않으면 그 죄 때문에 심판을 받는 줄을 알게 된다는 것이다.

겔 23:37. 그들이 행음하였으며 피를 손에 묻혔으며 또 그 우상과 행음하며 내게 낳아 준 자식들을 우상을 위하여 화제로 살랐으며.

그들(이스라엘 백성들과 유다 백성들)이 똑같이 간음을 했고, 또 손으로 피를 흘렸으며 자기 우상들과 간음했고 그들이 내게 낳아 준 그들의 자식들조차 불 가운데로 지나게 하여 우상들이 삼키게 하였다고 하신다(16:21-22).

겔 23:38. 이 외에도 그들이 내게 행한 것이 있나니 당일에 내 성소를 더럽히며 내 안식일을 범하였도다.

37절의 범죄 이외에도 이스라엘과 유다가 여호와께 범한 죄가 있는데 그것은 바로 몰록을 숭배한 당일에 여호와의 성소에 들어가 여호와를 숭배해서 성소를 더럽혔고 또 여호와의 안식일을 범하였다는 것이다(20:13, 21, 24; 22:8 참조). 참으로 철면피한 죄를 저지른 것이었다.

겔 23:39. 그들이 자녀를 죽여 그 우상에게 드린 그 날에 내 성소에 들어와서 더럽혔으되 그들이 내 성전 가운데에서 그렇게 행하였으며.

그들(이스라엘 백성과 유다 백성)이 우상들을 위하여 자기 자녀들을 도살했던 바로 그 날에 내 성소에 들어와서 더럽혔으니 보라! 그들이 이같이 내 성전 가운데서 그런 짓을 행하였다고 하신다. 본 절은 37-38절을 강조한 말이다.

이스라엘과 유다 백성이 똑같이 몰록신 숭배와 여호와 숭배를 같이 했다. 몰록신과 여호와 숭배를 동시에 한 기상천외한 죄를 범하였던 것이다.

이 두 나라 사람들은 여호와를 몰록신 정도로 낮추어 본 것이었다. 일본 불신자들이 일생을 통하여 세(三) 신을 섬긴다고 한다. 즉, 그들은 공자교에도 찾아가고 교회도 찾아오며 절에도 찾아간다는 것이다. 그런데 언약 백성(이스라엘과 유다)이 불신자들의 삶과 큰 차이 없는 죄악의 삶을 산다는 사실이 참으로 안타깝다.

겔 23:40. 또 사절을 먼 곳에 보내 사람을 불러오게 하고 그들이 오매 그들을 위하여 목욕하며 눈썹을 그리며 스스로 단장하고(They even sent for men to come from afar, to whom a messenger was sent; and behold, they came. For them you bathed yourself, painted your eyes, and adorned yourself with ornaments-ESV).

그들(이스라엘 백성과 유다 백성)이 심지어 군사 동맹을 맺기 위해 멀리 사신들을 보내 사람들을 오게 하였고, 보라! 사람들이 오자, 그들을 위해 목욕하고 눈을 화장하며 장신구를 달았다고 하신다.

하나님을 의뢰하지 않고 세상의 군사 동맹을 원하는 것은 참으로 가증스러운 짓이다.

겔 23:41. 화려한 자리에 앉아 앞에 상을 차리고 내 향과 기름을 그 위에 놓고.

그들(이스라엘 백성과 유다 백성)이 화려한 의자에 앉아 앞에 놓인 탁자 위 여호와 앞에 향과 기름을 차려 놓았다. 우리는 오로지 여호와의 권능과 지혜만 의지해야 할 것이다.

겔 23:42. 그 무리와 편히 지껄이고 즐겼으며 또 광야에서 잡류와 술 취한 사람을 청하여 오매 그들이 팔찌를 그 손목에 끼우고 아름다운 관을 그 머리에 씌웠도다.

이스라엘 백성들과 유다 백성들의 집에 많은 탕아들의 무리들을 초청하여 그 여자들과 함께하고, 부랑자들과 술 취한 자들을 광야로 초청하여 그들의 머리 위에 아름다운 관을 씌워주고 이스라엘과 유다가 외국의 원조를 바라고 외교 정책에 치중했다는 것이다.

"또 광야에서 잡류와 술 취한 사람을 청하여"란 말은 '이스라엘 백성과 유다 백성이 잡류와 술 취한 사람들, 즉 앗수르, 바벨론, 애굽 등 이스라엘과 유다 나라를 망하게 할 여러 나라를 청하여 외교적 추파를 보낸 것'을 묘사하는 말이다. 우리는 세상의 그 어느 나라에도 추파(사람의 눈길을 끌기 위하여 보내는 눈짓)를 보내지 말고 오로지 하나님만을 바라보아야 한다.

우리는 세상 세력을 바라고 세상 세력을 끌어들여 세상 세력을 의지해서는 안 되고, 오로지 하나님만이 우리 개인의 힘이 되고 국력이 되게 해야 할 것이다.

겔 23:43. 내가 음행으로 쇠한 여인을 가리켜 말하노라 그가 그래도 그들과 피차 행음하는도다(Then I said of her who was worn out by adultery, Now they will continue to use her for a whore, even her!-ESV).

이에(then-이스라엘과 유다가 음행으로 피곤해진 때) 나 여호와가 음행으로 피곤해진 여자에 대해 말하기를 지금도 사람들이 그 여자와 음란한 행위를 계속할 것이라고 했다(K.&D., Hitzig, 이상근, 그랜드 종합 주석).

본 절의 "음행으로 쇠한 여인"이란 말은 '하나님을 등지고 세상 세력을 의지하여 피곤해진 여인'을 비유한 말씀이다. 이 죄악은 유다와 이스라엘에게 오래 전부터 있어 온 것이었다. 그것은 그들에게 유익을 주지 않았고 도리어 손해를 주어 그들을 쇠약하게 만들었다. 그럼에도 불구하고 그들은 끝내 그 습성을 버리지 않았다. 죄악이란 이렇게 무섭게 사람을 사로잡고 놓지 않는다(박윤선).

겔 23:44. 그들이 그에게 나오기를 기생에게 나옴 같이 음란한 여인 오홀라와 오홀리바에게 나왔은즉.

그들(앗수르, 애굽, 바벨론)이 창기에게 가는 것처럼 음란한 여자인 오홀라와 오홀리바에게 갔다는 것이다.

본 절은 그들, 즉 앗수르, 애굽, 바벨론 세력들이 이스라엘과 유다를 창녀 취급한다는 뜻이다. 이스라엘이나 유다는 하나님께서 귀하게 대해 주시는 것을 버리고 그만 세상 세력에게 매달렸다가 창녀 취급을 받은 것이다. 우리는 하나님의 자녀로 귀한 몸으로 살아야 할 것이다.

겔 23:45. 의인이 간통한 여자들을 재판함 같이 재판하며 피를 흘린 여인을 재판함 같이 재판하리니 그들은 간통한 여자들이요 또 피가 그 손에 묻었음이라.

의로운 사람들(바벨론)이 간음한 여자에게 대한 법과 피를 흘린 여자에 대한 법으로 그들을 심판할 것이니, 이는 그들이 간음한 여자들이며, 그들의 손에 피가 있기 때문이라고 하신다.

본 절의 "의인"이란 말은 문맥에 의하여 '바벨론'으로 취급할 수밖에 없다. 그러나 바벨론이 실제로 종교적으로나 도덕적으로 의로워서 의인이라고 말하는 것이 아니라 범죄한 유다 나라를 심판한다는 점에서 의인의 자리에 있기 때문에 의인이라고 하는 것이다.

겔 23:46. 주 여호와께서 이같이 말씀하셨느니라 (그가) 그들에게 무리를 올려 보내 그들이 공포와 약탈을 당하게 하라(For thus says the Lord GOD: Bring up a vast host against them, and make them an object of terror and a plunder-ESV).

주 여호와께서 이와 같이 말씀하시기를, "바벨론의 무리가 올라와 유다인들을 치게 하여 그들이 공포에 사로잡히며 약탈당하게 하겠다"고 하신다.

본 절을 해석하는데 있어서 혹자는 앗수르가 이스라엘을 치는 것을 말하기도 하나 에스겔이 말하는 이때에는 앗수르가 이스라엘을 친 것이 주전 722년, 즉 오래전 일이라는 것이다. 그런고로 본 절은 바벨론이 유다를 친 것만을 말하는 것이 옳은 것으로 보인다.

겔 23:47-48. 무리가 그들을 돌로 치며 칼로 죽이고 그 자녀도 죽이며 그 집들을 불사르리라. 이같이 내가 이 땅에서 음란을 그치게 한즉 모든 여인이 정신이 깨어 너희 음행을 본받지 아니하리라.

바벨론의 군대가 유다인들을 돌로 치고 칼로 쪼갤 것이며, 유다인들의 아들들과 딸들을 죽이고 그들의 집을 불로 사를 것이다. 그렇게 해서 나 여호와가 이 유다 땅에서 음란한 행위를 그치게 할 것이니, 모든 여자들이 훈계를 받아 너희의 음란한 행위대로 행하지 않을 것이라는 내용이다.

47-48절 내용은 16:40-41 내용과 같다. 여호와의 징계가 경종이 되어 사람들이 다시는 우상 숭배를 하지 않게 된다는 것이다.

겔 23:49. 그들이 너희 음란으로 너희에게 보응한즉 너희가 모든 우상을 위하던 죄를 담당할지라 내가 주 여호와인 줄을 너희가 알리라 하시니라.

본 절은 본 장에 기록된 오홀라와 오홀리바 비유의 결론이다. 선민 이스라엘의 패망은 그들 자신의 범죄에 대한 하나님의 공의로우신 판결이었다. 즉, 사람들이 너희 음란한 행위를 너희에게 돌림으로 너희가 너희 우상들로 말미암은 죄를 담당할 것이니, 너희는 내가 주 여호와인 것을 알게 될 것이라고 하신다.

"너희가 모든 우상을 위하던 죄를 담당할지라"는 말은 '너희가 열국에서 수입해 온 각종 우상을 섬긴 것으로 이스라엘과 유다가 패망한 것은 하나님의 공의로우신 보응이라'는 것이다. 제 도끼에 제 발이 찍혔다는 것이다.

제 24 장

ㄴ. 끓는 가마 비유 24:1-14

1-14절은 끓는 가마의 비유로서 바벨론 군대의 포위망 속의 예루살렘은 끓는 가마와 같다는 것이다.

<녹슨 가마 예루살렘>

겔 24:1. 아홉째 해 열째 달 열째 날에 여호와의 말씀이 내게 임하여 이르시되.

여호와의 말씀이 제9년 10월 10일에 나 에스겔에게 임하셨다는 것이다. "제9년 10월 10일"이라고 날짜를 기록해 보인 것은 여호와의 말씀이 에스겔에게 임한 것이 역사적 사실이라는 것을 드러내는 말씀이다. 이때는 주전 588년 1월에 해당하는 날이다. 이때는 느부갓네살이 예루살렘을 포위한 날(왕하 25:1-12; 렘 39:1)이다.

겔 24:2. 인자야 너는 날짜 곧 오늘의 이름을 기록하라 바벨론 왕이 오늘 예루살렘에 가까이 왔느니라.

인자야(여호와께서 에스겔을 부르시는 호칭)! 너 에스겔은 날짜, 바로 오늘 날짜를 기록해 놓아라. 바벨론 왕이 바로 이날에 예루살렘에 들이닥쳤다.

바로 오늘 날짜(제9년 10월 10일)를 기록하라는 이유는 오늘이라는 날에 바벨론의 느부갓네살이 예루살렘 성을 포위하기 시작한 날이라는 것이다.

겔 24:3. 너는 이 반역하는 족속에게 비유를 베풀어 이르기를 주 여호와께서 이같이 말씀하시기를 가마 하나를 걸라.

주 여호와께서 이와 같이 말씀하시기를, "너 에스겔이 이 반역하는 유다 족속에게 비유를 들어 말하여라. 너 에스겔은 가마솥을 설치하여 놓고 그 안에 물을 부으라"고 하신다.

본 절에서 여호와께서 예루살렘을 한 가마에 비유(11:5-7; 렘 1:13)하신다. 렘 1:13에서는 예루살렘에 임할 바벨론의 화를 북으로부터 기울어진 끓는 가마에 비했다.

겔 24:4-5. 건 후에 물을 붓고 양 떼에서 한 마리를 골라 각을 뜨고 그 넓적다리와 어깨 고기의 모든 좋은 덩이를 그 가운데에 모아 넣으며 고른 뼈를 가득히 담고 그 뼈를 위하여 가마 밑에 나무를 쌓아 넣고 잘 삶되 가마 속의 뼈가 무르도록 삶을지어다.

너 에스겔은 가마에 고깃덩어리들, 곧 좋은 고깃덩어리들을 모두 모아 넣고 넓적다리와 어깨 고기와 잘 고른 뼈들로 채우라(4절). 그리고 너 에스겔은 양 떼들 중에 좋은 것을 잡아넣고, 땔감들을 그것 아래 쌓아 뼈들이 그 가운데서 물러지도록 그것을 펄펄 끓이라(5절)고 하신다.

11:5-7의 비유에서는 가마 속의 고기의 안전함을 말했으나 본 절에서는 그 가마가 녹이 슬어버린 것이기 때문에 그 속에 있는 것을 완전히 태워버리라고 하신다.

가마에 고깃덩어리들, 곧 좋은 고깃덩어리들을 모두 모아 넣고 넓적다리와 어깨 고기와 잘 고른 뼈들로 채우라는 말만 들어도 끔찍해서 몇날 며칠 죄를 자백할 것 같다. 그러나 죄로 범벅이 된 백성들은 꿈쩍도 하지 않는 것을 볼 수 있다.

겔 24:6. 그러므로 주 여호와께서 이같이 말씀하셨느니라 피를 흘린 성읍, 녹슨 가마 곧 그 속의 녹을 없이하지 아니한 가마여 화 있을진저 제비 뽑을 것도 없이 그 덩이를 하나하나 꺼낼지어다.

그러므로 주 여호와께서 이와 같이 말씀하시기를, "화가 있을진저! 피

흘린 성읍, 곧 녹이 슬었으나 그 녹을 없애지 아니한 가마솥아! 제비 뽑을 것도 없이 덩어리를 차례대로 다 꺼내라"고 하신다.

"피를 흘린 성읍"이란 '우상을 숭배하기 위해 인신(人身) 제사를 드리고 또 잘못된 재판을 하여 사람들을 괴롭히며 살육을 일삼은 무리들로 가득 찼던 예루살렘 도성'이란 뜻이다.

"녹슨 가마 곧 그 속의 녹을 없이하지 아니한 가마여!"라는 말은 '죄로 가득한 가마 곧 그 속의 녹슨 것을 없이하지 아니한 성읍이여!'라는 것이다. 예루살렘 거민 전체가 죽거나 포로가 되어야 한다는 것이었다.

"제비 뽑을 것도 없이 그 덩이를 하나하나 꺼낼지어다"란 말은 '예루살렘 성이 바벨론 군에 의해 함락된 후에는 대부분의 사람들이 죽거나 포로로 끌려갈 것이므로 승전국에 반항하지 못하도록 제비 뽑아 10명 중에 1명을 골라 사형을 시킬 필요도 없이 되었다'는 것이다.

겔 24:7. 그 피가 그 가운데에 있음이여 피를 땅에 쏟아 티끌이 덮이게 하지 않고 맨 바위 위에 두었도다.

본 절 초두에는 이유를 말해주는 접속사(for)가 있어 본 절이 앞 절의 이유를 제공하고 있다. 다시 말해 예루살렘 성읍이 피의 성읍이라고 한(6절) 이유가 본 절에서 밝혀지고 있다. 즉, 예루살렘 성읍의 피가 그 가운데 그냥 있으니, 성읍이 피를 벌거숭이 바위 위에 두고 땅 위에 쏟지 않아, 흙이 덮이지 않게 하였다는 것이다.

이와 같이 예루살렘 성읍이 살인을 공공연히 했으니 예루살렘 주민들에게 피의 복수도 공공연하게 닥친다는 것이다.

겔 24:8. 내가 그 피를 맨 바위 위에 두고 덮이지 아니하게 함은 분노를 나타내어 보응하려 함이로라.

나 여호와가 분노를 일으켜 보복하려고 예루살렘 성의 피를 벌거숭이 바위 위에 두어 덮이지 않게 하였다고 하신다.

예루살렘 성에 피의 보복이 임한 것은 바벨론 군대의 침략으로 이루어졌는데, 따라서 그 반석 위에 고착된 피가 바로 예루살렘이란 가마에 슨 녹이었다.

겔 24:9. 그러므로 주 여호와께서 이같이 말씀하셨느니라 화 있을진저 피를 흘린 성읍이여 내가 또 나무 무더기를 크게 하리라.

본 절은 6절을 반복한 것이다. 즉, 그러므로 주 여호와께서 이와 같이 말씀하시기를 화가 있을진저! 피 흘린 성읍이여! 나 여호와가 또 장작더미를 또 크게 쌓겠노라고 하신다(22;3; 23:37).

"나무 무더기를 크게 하리라"는 말씀은 '불을 더욱 강하게 태워 벌을 내리신다는 뜻으로 바벨론 군이 군력을 증강시키고 예루살렘 성 공격을 더욱 맹렬히 한다'는 뜻이다.

겔 24:10. 나무를 많이 쌓고 불을 피워 그 고기를 삶아 녹이고 국물을 졸이고 그 뼈를 태우고.

나무를 많이 쌓아 불을 피우고, 고기를 삶아 국물을 졸이고 그 뼈들은 타게 하라고 하신다.

나무 무더기를 크게 하여 불길을 맹렬하게 해서 그 가마솥의 고기를 완전히 삶고, 뼈도 완전히 태우라는 것이며, 예루살렘 거민을 전멸시키라는 명령이다.

겔 24:11. 가마가 빈 후에는 숯불 위에 놓아 뜨겁게 하며 그 가마의 놋을 달궈서 그 속에 더러운 것을 녹게 하며 녹이 소멸되게 하라.

그 빈 가마솥을 숯불 위에 올려놓아 뜨겁게 하라. 그 놋이 뜨겁게 달궈지게 하고, 그 속에 있는 더러운 것이 녹게 해서 그 녹이 완전히 없어지게 하라고 하신다.

가마 속의 고기를 모두 태운 후 빈 가마 자체를 숯불 위에 더 두어 그 속의 녹을 소멸시키라는 명령이다. 예루살렘의 죄를 제거하기 위해서는 예루살렘 자체를 소멸시켜야 하는 것이다(왕하 25:8-10).

겔 24:12. 이 성읍이 수고하므로 스스로 피곤하나 많은 녹이 그 속에서 벗겨지지 아니하며 불에서도 없어지지 아니하는도다(She has wearied herself with toil; its abundant corrosion does not go out of it. Into the fire with its corrosion!-ESV).

이 예루살렘 성읍이 수고하므로 지쳤으나, 그 많은 녹이 거기서 벗겨지지 아니하고, 불에서도 그 녹이 없어지지 않았다는 것이다.

"이 성읍이 수고하므로 스스로 피곤하게 되었다"는 말의 뜻을 두고 견해가 갈린다. 1) 본 절은 전 절(11절)의 반복이라는 견해(Cooke), 2) 우상숭배 행위가 계속되므로 예언자는 괴롭기만 하다는 뜻이라는 견해(Hengsternberg, Plumptre), 3) 보다 부드러운 방법으로 성을 깨끗하게 하려하나 성공하지 못했다는 견해(K.&D.) 등이다. 하반절 문맥을 보아 3)번의 견해가 가장 합당한 것으로 보인다. 예루살렘 성은 스스로 정결하게 되어 보려고 애를 썼으나 여전히 녹은 벗겨지지 않았다는 것이다. 심지어 불에서도 없어지지 않았다는 것이다.

오늘 우리는 아무리 힘을 써 보아도 우리의 죄를 없앨 수 없다. 죄는 주께 자백할 때 해결되는 것이다.

겔 24:13. 너의 더러운 것들 중에 음란이 그 하나이니라 내가 너를 깨끗하게 하나 네가 깨끗하여지지 아니하니 내가 네게 향한 분노를 풀기 전에는 네 더러움이 다시 깨끗하여지지 아니하리라.

예루살렘의 더러움들 속에는 음란이 있다. 내가 너를 정결하게 하려 했으나 네가 정결하게 되지 않았다. 내가 너를 향한 내 분노를 가라앉힐 때까지 다시는 네가 네 더러움에서 깨끗하게 되지 아니할 것이라고 하신다.

"너의 더러운 것들 중에 음란이 그 하나이니라"는 말은 '예루살렘이 심판 받을만한 더러운 것들 가운데에는 음란이라는 것이 있다'는 뜻이다. 여기 음란이란 말은 영적 음란 곧 우상 숭배를 뜻하는 것이다(8:3-18; 16:15-22).

"내가 네게 향한 분노를 풀기 전에는 네 더러움이 다시 깨끗하여지지 아니하리라"는 말은 '여호와께서 예루살렘을 향한 분노를 풀기 전에는 네 더러움이 다시 깨끗해지지 아니하리라'는 것이다. 다시 말해 예루살렘을 심판하신 후에야 예루살렘에 대한 분노가 풀어지신다는 뜻이다. 아니면 예루살렘 사람들이 죄를 완전히 자백하면 여호와의 진노가 풀어지신다는 것이다. 우리는 매일 우리의 죄를 자백하는 삶을 살아서 큰 은총을 받아야 할 것이다.

겔 24:14. 나 여호와가 말하였은즉 그 일이 이루어질지라 내가 돌이키지도 아니하고 아끼지도 아니하며 뉘우치지도 아니하고 행하리니 그들이 네 모든 행위대로 너를 재판하리라 주 여호와의 말씀이니라.

주 여호와께서 말씀하시기를, "나 여호와가 말하였으니 예루살렘 심판이 반드시 이루어질 것이다. 내가 이루되 소홀히 여기거나 봐주거나 마음을 바꾸지 아니하겠다. 내가 예루살렘이 행한 길과 예루살렘의 행위대로 예루살렘을 심판하겠다"고 하신다.

7. 에스겔 아내의 죽음을 통한 예루살렘 멸망 예언 24:15-27

에스겔은 그의 아내의 죽음을 통하여 예루살렘의 멸망을 실감나게 예언한다.

<에스겔의 아내가 죽다>

겔 24:15. 여호와의 말씀이 또 내게 임하여 이르시되.

본 절은 16-27절까지의 언급을 하기 위한 표제의 말씀이다.

겔 24:16. 인자야 내가 네 눈에 기뻐하는 것을 한 번 쳐서 빼앗으리니 너는

슬퍼하거나 울거나 눈물을 흘리거나 하지 말며.

인자야(여호와께서 에스겔을 부르시는 호칭)! 보라! 나 여호와가 네 눈에 소중한 것(에스겔의 아내와 예루살렘, 21절)을 한 번 쳐서 너 에스겔에게서 빼앗을 것이니 너 에스겔은 통곡하거나 울거나 눈물을 흘리지 말라고 하신다.

"내가 네 눈에 기뻐하는 것을 한 번 쳐서 빼앗으리니"란 말씀은 '나 여호와가 에스겔 네 눈에 기뻐하는 아내를 한 번 쳐서 빼앗을 것이라'는 말씀이다. 여기 에스겔 눈에 기뻐하는 아내를 빼앗을 것이라고 하신 말씀은 예루살렘을 멸망시킬 예언을 말씀하신 것이다.

"너는 슬퍼하거나 울거나 눈물을 흘리거나 하지 말라"는 말은 '너 에스겔은 슬퍼하거나 울거나 눈물을 흘리거나 하지 말라'는 금기 명령이다. 이 명령은 앞으로 유다와 예루살렘에 큰 환란이 임할 것을 말한 것인데(21절), 그것이 에스겔의 아내로 상징되었다(18절). 그런 때에도 에스겔은 슬픔을 보여서는 안 된다는 것이었다. 이유는 그 환난은 하나님께서 보내신 환난인 만큼 경건한 성도들은 그것이 당연한 환난인줄 알고 하나님 앞에서 회개할 뿐이지 슬퍼하거나 눈물을 흘릴 일은 아니라는 것이다. 이런 유사한 말씀을 하나님께서 일찍이 예레미야에게도 주셨다(렘 16:1-9).

겔 24:17. 죽은 자들을 위하여 슬퍼하지 말고 조용히 탄식하며 수건으로 머리를 동이고 발에 신을 신고 입술을 가리지 말고 사람이 초상집에서 먹는 음식물을 먹지 말라 하신지라.

주 여호와께서 말씀하시기를, "너 에스겔은 조용히 탄식하고, 죽은 자들을 애도하지 말며, 네 두건을 두르고, 네 발에 신을 신으며, 수염을 가리지 말고, 사람들이 초상집에서 먹는 음식도 먹지 말라"고 하신다.

당시 이스라엘 사람들은 아내가 죽는 경우 평소에 쓰던 수건을 벗어야 했고, 신도 벗어야 했으며, 얼굴 아래쪽을 수건으로 싸매야 했고, 죽은 자 옆에서 애찬(愛餐)을 먹어야 했다(렘 16:5-8; 호 9:4). 에스겔은 이런 장례의 풍속을 일체 금지 당한 것이다. 다시 말해 죽은 자를 위해 슬퍼하지 말아야 했고, 머리를 그대로 수건으로 동여야 했으며, 신도 벗지 말아야 했고, 얼굴 아래쪽과 입술도 가리지 말아야 했으며, 애찬도 먹지 말아야 했다는 것이다.

겔 24:18. 내가 아침에 백성에게 말하였더니 저녁에 내 아내가 죽었으므로 아침에 내가 받은 명령대로 행하매.

나 에스겔이 아침에 백성에게 말하였는데, 마침 저녁에 내 아내가 죽었으므로 내가 다음날 아침에 명령받은 그대로 일체 슬퍼하지 않고 평소대로(17절의 말씀처럼) 행했다는 것이다.

에스겔은 그의 아내가 죽는 것을 보고 그것을 그가 선포할 환난의 상징으로 사용했다. 예언자의 가족은 하나님의 일을 위하여 희생되어야 한다는 진리가 여기 나타난다.

겔 24:19. 백성이 내게 이르되 네가 행하는 이 일이 우리와 무슨 상관이 있는지 너는 우리에게 말하지 아니하겠느냐 하므로.

아내가 죽었는데도 슬퍼하지도 않고 곡을 하지 않으니(18절), 백성들이 나 에스겔에게 말하기를 당신이 이렇게 하는 것이 우리에게 무엇을 의미하는지 알려 주지 않겠느냐고 의문을 던졌다. 하나님은 백성들로 하여금 이상하게 여기게 하셔서 묻게 하신 것이었다.

겔 24:20. 내가 그들에게 대답하기를 여호와의 말씀이 내게 임하여 이르시되.

나 에스겔이 질문한 백성들(19절)에게 이와 같이 대답하기를, "여호와의 말씀이 내게 임하셨다"고 입을 뗐다. 에스겔은 하나님께서 주신 말씀대로 백성들에게 대답한 것이다. 에스겔은 하나님께 철두철미 순종하는 선지자였다.

겔 24:21. 너는 이스라엘 족속에게 이르기를 주 여호와의 말씀에 내 성소는 너희 세력의 영광이요 너희 눈의 기쁨이요 너희 마음에 아낌이 되거니와 내가 더럽힐 것이며 너희의 버려 둔 자녀를 칼에 엎드러지게 할지라.

주 여호와께서 말씀하시기를, "너 에스겔은 이스라엘(유다 족속도 이스라엘 족속이라고 말해도 되는 것이다) 족속에게 말하라. 보라! 나 여호와의 성소(너희 권세의 자랑이고 너희 눈에 소중한 것이며 너희 마음의 기쁨 되는 성소)를 나 여호와가 바벨론 군대를 통하여 더럽힌다는 것이었다. 그리고 너희가 남겨 둔 너희 아들들과 딸들이 칼에 쓰러지고 말 것이라"고 하신다.

"너희의 버려 둔 자녀를 칼에 엎드러지게 할지라"는 말은 바벨론에 포로로 잡혀간 포로민들 중에는 자녀를 예루살렘 성에 남겨둔 사람들이 있었는데, 이제는 그 자녀들도 전쟁으로 죽는다는 것이었다.

겔 24:22-23. 너희가 에스겔이 행한 바와 같이 행하여 입술을 가리지 아니하며 사람의 음식물을 먹지 아니하며(22절) 수건으로 머리를 동인 채, 발에 신을 신은 채로 두고 슬퍼하지도 아니하며 울지도 아니하되 죄악 중에 패망하여 피차 바라보고 탄식하리라(23절).

너희는 나 에스겔이 했던 것처럼 해야 할 것이다. 너희가 수염을 가리지 않고 사람들의 음식도 먹지 않아야 할 것이다(22절). 그리고 너희 수건을 너희 머리에 두르고 너희 신을 너희 발에 신은 채 너희가 통곡하거나 울지 않아야 할 것이니, 너희가 너희 죄악 때문에 쇠하고, 서로 바라보며 탄식해야 할 것이라고 말한다(23절).

예루살렘 함락과 남은 거민들의 전멸이라는 충격적인 보도를 들을 때 바벨론에 포로가 되어 잡혀간 사람들은 에스겔이 행한 대로 17-18절에 언급된 대로 해야 한다는 것이다.

겔 24:24. 이같이 에스겔이 너희에게 표징이 되리니 그가 행한 대로 너희가 다 행할지라 이 일이 이루어지면 내가 주 여호와인 줄을 너희가 알리라 하라 하셨느니라.

에스겔이 너희에게 표징이 될 것이니, 에스겔이 행한 대로 너희가 다 행하라. 이 일이 이루어지면 너희는 나 여호와가 주 여호와인 것을 알게 될 것이라고 하신다.

에스겔이 그랬던 것처럼 유다인들도 가족이나 친지가 죽어도 슬퍼하거나 죽은 자를 위하여 어떤 격식도 갖추어서는 안 된다는 것이었다.

겔 24:25. 인자야 내가 그 힘과 그 즐거워하는 영광과 그 눈이 기뻐하는 것과 그 마음이 간절하게 생각하는 자녀를 데려가는 날.

여호와께서 말씀하시기를, "너 인자야(여호와께서 에스겔을 부르시는 호칭)! 나 여호와가 그 날에 그들의 피난처(예루살렘)와 그 기뻐하는 영광(예루살렘)과 그들의 눈에 기쁜 것(자녀들)과 그들의 마음을 둔 그들의 아들들과 딸들을 데려가는 날은 예루살렘 멸망의 날을 말한다"고 하신다.

겔 24:26. 곧 그 날에 도피한 자가 네게 나와서 네 귀에 그 일을 들려 주지 아니하겠느냐.

그 날에 한 도망자가 너 에스겔에게 와서 네 귀에 예루살렘의 멸망에 대해 들려줄 것이라고 하신다.

에스겔이 예루살렘의 멸망에 대해서 알 필요가 있으니 여호와께서 한 도망자를 쓰신 것이다.

겔 24:27. 그 날에 네 입이 열려서 도피한 자에게 말하고 다시는 잠잠하지 아니하리라 이같이 너는 그들에게 표징이 되고 그들은 내가 여호와인 줄

알리라.

도망자가 에스겔에게 와서 예루살렘이 멸망한 사실을 알려준 날 에스겔의 입이 열려서 도피한 자들에게 말했고 그 후에도 다시는 잠잠하지 아니하고 말했다는 것이다. 이와 같이 너 에스겔은 포로들에게 표징이 되었기에 그 포로들은 나 여호와가 하나님인줄 알게 될 것이라는 뜻이다. 예언이 성취되는 것은 바로 여호와의 위대하심이 알려지는 계기가 된다는 것이다.

제 25 장

제 III부: 이방들을 향하여 심판을 예언하다 25:1-32:32

이 부분(25:1-32:32)은 열방에 대한 심판이 예언되고 있다. 유다와 예루살렘의 심판을 마쳤으니 이제는 유다와 예루살렘의 심판에 동원되었던 열방이 심판을 받는 것이다. 이 부분의 내용은 주변 7족에 대한 심판 예언으로 암몬, 모압, 에돔, 블레셋, 두로, 시돈 및 애굽에 대한 심판 예언이다.

1. 암몬에 대하여 심판을 예언하다 25:1-7

<암몬이 받을 심판>

겔 25:1. 여호와의 말씀이 또 내게 임하여 이르시되.

본 절은 암몬이 받을 심판에 대하여 언급하기 위하여 그 표제를 말하는 것이다.

겔 25:2. 인자야 네 얼굴을 암몬 족속에게 돌리고 그들에게 예언하라.

인자야(여호와께서 에스겔을 부르시는 호칭)! 네 얼굴을 암몬 자손들에게 향하고 그들을 대적하여 예언하라고 하신다.

암몬 족속은 아브라함의 조카 롯의 두 딸 중 둘째 딸의 자손이었다. 그들이 살던 곳은 사해의 동북 편이었고 요단 강 동편이었다. 이스라엘과는 대체적으로 우호적이었다(삿 11:4; 삼상 11장; 삼하 10:1; 11:14; 암 1:13-15). 유다와의 관계는 처음에는 바벨론 군과 연합하여 유다를 공격했고, 다음에는 에돔, 모압, 두로, 시돈 등과 함께 유다 말기 왕 시드기야를 권하여 반바벨론 동맹을 형성했다(렘 27:1-3). 예루살렘이 망한 후에는 다시 바벨론 편에 서서 유다의 땅을 점령했다(렘 49:2).

겔 25:3. 너는 암몬 족속에게 이르기를 너희는 주 여호와의 말씀을 들을지어다 주 여호와께서 이같이 말씀하셨느니라 내 성소가 더럽힘을 받을 때에 네가 그것에 관하여, 이스라엘 땅이 황폐할 때에 네가 그것에 관하여, 유다 족속이 사로잡힐 때에 네가 그들에 대하여 이르기를 아하 좋다 하였도다.

에스겔 네가 암몬 자손들에게 말하기를, "너희는 주 여호와의 말씀을 들어라. 주 여호와께서 말씀하시기를 내 여호와의 성소가 더러워졌을 때 너 암몬 족속이 그것을 향하여, 이스라엘 땅이 황폐해졌을 때 너 암몬 족속이 황폐한 땅을 향하여, 또 유다 족속이 포로로 잡혀갈 때 너 암몬 족속이 포로로 잡혀가는 포로들을 향하여 '아하! 잘됐다'고 말하였다"는 것이다.

우리는 남들이 불행해지는 것을 보고 조소(嘲笑)하는 일을 하지 말아야 할 것이다.

겔 25:4. 그러므로 내가 너를 동방 사람에게 기업으로 넘겨 주리니 그들이 네 가운데에 진을 치며 네 가운데에 그 거처를 베풀며 네 열매를 먹으며 네 젖을 마실지라.

본 절은 암몬 족속이 유다 사람들의 불행한 현실을 보고 기뻐한 것에 대해 내려진 심판이다. 즉, "보라! 나 여호와가 너 암몬 족속을 동방 자손들(아랍인들, 미디안인들)의 소유로 내어줄 것이니, 동방 자손들이 암몬 국경 안에 그들의 진을 치고, 네 안에 그들의 거처를 둘 것이다. 그들이 네 실과를 먹고 그들이 네 젖을 마실 것이라"고 하신다.

여호와의 이 예언은 그대로 성취되어 느부갓네살이 암몬을 정복한 후(렘 49:28), 이 땅은 황폐되었고, 그 후에 아랍인들이 암몬 족속의 땅에 들어와서 이 땅을 그들의 목축장이 되게 했다.

겔 25:5. 내가 랍바를 낙타의 우리로 만들며 암몬 족속의 땅을 양 떼가 눕는 곳으로 삼은즉 내가 주 여호와인 줄을 너희가 알리라.

나 여호와가 랍바(암몬의 수도)를 낙타들의 초장으로, 암몬 자손의 땅을 양 떼의 우리로 만들겠으니, 너희 암몬 족속은 나 여호와가 하나님인 줄을 알 게 될 것이라고 하신다(6:7 참조).

겔 25:6. 주 여호와께서 이같이 말씀하셨느니라 네가 이스라엘 땅에 대하여 손뼉을 치며 발을 구르며 마음을 다하여 멸시하며 즐거워하였나니.

본 절의 주해를 위해 3절 주해를 참조하라. 주 여호와께서 이와 같이 말씀하시기를, "너희 암몬 족속이 손뼉을 치고 발을 구르며 이스라엘 땅에 대해 온전히 멸시하며 마음으로 기뻐하였다"고 하신다.

"손뼉을 치며 발을 구르며"라는 말은 암몬 족속이 기뻐하는 동작을 묘사하는 말이다(6:11 주해 참조).

겔 25:7. 그런즉 내가 손을 네 위에 펴서 너를 다른 민족에게 넘겨 주어 노략을 당하게 하며 너를 만민 중에서 끊어 버리며 너를 여러 나라 가운데에서 패망하게 하여 멸하리니 내가 주 여호와인 줄을 너희가 알리라 하셨다 하라.

그러므로 보라! 나 여호와가 내 손을 너 암몬 족속에게 뻗어 너 암몬 족속을 여러 민족들에게 노략물로 주겠다(21:30-32 참조). 그리고 내가 너를 여러 민족들 중에서 끊어버리고 나 여호와가 너 암몬 족속을 멸하여 땅에서 황폐하게 할 것이니, 그러면 너희는 나 여호와가 하나님인 것을 알게 될 것이라고 하신다.

본 절의 예언대로 암몬 족속은 느부갓네살의 침략을 받아 1차 멸망했으며(4절) 이후 잠시 독립을 유지했으나(주전 539-300년경) 알렉산더와 톨레미 왕조, 그리고 로마 등에 의해 정복된 끝에 주후 3세기경 암몬 족속이라는 이름 자체가 없어지고 말았다.

이런 실례는 하나님의 백성들을 조롱하는 자들은 최후가 비참해진다는 것을 보여주고 있다. 우리는 하나님의 백성들이 잘못될 때 그것을 전감만 삼아야지 그것을 두고 비난하고 심판하면 우리가 하나님의 심판을 받을 것이라는 것을 알아야 할 것이다.

2. 모압에 대하여 심판을 예언하다 25:8-11

모압 족속은 아브라함의 조카 롯의 자손이다(창 19:37-38). 이들이 살던 곳은 요단 강 동편이었다. 모압 역시 암몬 족속들처럼 유다 나라가 망할 때 유다 나라를 무시한 죄를 범했다. 이들이 받았던 벌도 암몬 족속이 받았던 벌과 동일하게 동방 사람들의 기업이 되고 말았다(사 15-16장; 렘 48장; 암 2:1-3 참조).

<모압과 세일이 받을 심판>

겔 25:8. 주 여호와께서 이같이 말씀하셨느니라 모압과 세일이 이르기를 유다 족속은 모든 이방과 다름이 없다 하도다.

주 여호와께서 이와 같이 말씀하시기를, "모압과 세일이 말하기를 보라! 유다 족속도 모든 다른 민족들과 같다"고 말한다. "모압과 세일"(세일은 에돔을 일컫는 말이다)은 성경에 함께 등장한다(대하 20:23; K.&D., Plumptre).

"유다 족속은 모든 이방과 다름이 없다"는 말은 모압 족속이 한 말로, 유다 족속의 하나님은 다른 나라의 신들과 같고, 따라서 유다의 운명도 동일하다고 하면서 비웃었다. 모압은 유다인들이 믿는 여호와를 조소했고, 또 유다 족속을 무시했다. 비웃는 일은 심판받을 만한 죄임을 알 수 있다.

겔 25:9. 그러므로 내가 모압의 한편 곧 그 나라 국경에 있는 영화로운 성읍들 벧여시못과 바알므온과 기랴다임을 열고.

모압 족속이 유다 족속을 비웃었으므로 여호와께서 모압 족속을 심판하신다는 말씀이다. 즉, 보라! 나 여호와가 모압의 한편에 있는 성읍들, 곧 변방의 성읍들로부터 아름다운 땅 벧여시못과 바알므온과 기랴다임까지 길을 열어서 10절의 말씀과 같이 동방 사람들에게 넘겨주겠다고 하신다.

"벧여시못과 바알므온과 기랴다임을 열고"란 말의 "열고"란 말은 '길을 열어서 적의 침입을 자유롭게 해준다'는 뜻이다. 모압에 대한 적의 침입을 자유롭게 해준다는 것이다.

여기 "벧여시못"은 여리고 동편, 사해 동편 5km 지점에 위치해 있다. 그리고 "바알므온"은 '브온'(민 32:3), '벧 바알 므온'(수 13:17), '벧므온'(렘 48:23)으로도 불린다. 이곳은 사해 동편 12km지점에 위치한다. 그리고 "기랴다임"은 사해 동쪽 약 14km 지점에 위치하고 있다(14:5; 민 32:37; 수 13:19; 렘 48:1, 23).

겔 25:10. 암몬 족속과 더불어 동방 사람에게 넘겨 주어 기업을 삼게 할 것이라 암몬 족속이 다시는 이방 가운데에서 기억되지 아니하게 하려니와.

암몬 자손들과 함께 모압을 동방 자손들에게 넘겨주어 암몬 자손들이 여러 민족들 가운데 더 이상 기억되지 않게 하겠다는 것이다.

이 예언대로 모압과 암몬이 모두 없어져 다시 기억되지 않게 되리라는 것이다.

겔 25:11. 내가 모압에 벌을 내리리니 내가 주 여호와인 줄을 너희가 알리라.

나 여호와가 모압을 심판하겠으니 모압 족속은 나 여호와가 하나님인 것을 알게 될 것이라고 하신다. 7절 주해 참조.

3. 에돔에 대하여 심판을 예언하다 25:12-14

에돔 족속은 야곱의 쌍둥이 형 에서의 자손으로 이스라엘의 서남 지방, 세일 산을 중심하여 살면서 이스라엘과는 항상 원한 관계에 있었다. 그런 에돔 족속이 심판을 받아 황무지가 되고 말았다.

<에돔과 블레셋이 받을 심판>

겔 25:12. 주 여호와께서 이같이 말씀하셨느니라 에돔이 유다 족속을 쳐서 원수를 갚았고 원수를 갚음으로 심히 범죄하였도다.

주 여호와께서 말씀하시기를, "에돔이 유다 족속에게 보복하여 원수를 갚았고, 그들에게 원수를 갚음으로 크게 범죄하였다"는 것이다.

예루살렘이 함락될 때 에돔은 바벨론 편에 서서 유다의 도망자를 죽였다(옵 1:10-14; 시 137:7). 이와 같이 에돔은 이스라엘과 오랜 동안 원한 관계가 형성되어 있었다. 그것이 바로 에돔의 죄가 되었다(민 20:14; 신 2:4).

겔 25:13. 그러므로 주 여호와께서 이같이 말씀하셨느니라 내가 내 손을 에돔 위에 펴서 사람과 짐승을 그 가운데에서 끊어 데만에서부터 황폐하게 하리니 드단까지 칼에 엎드러지리라.

그러므로 주 여호와께서 이와 같이 말씀하시기를, "나 여호와가 에돔에게 내 손을 뻗어 거기서 사람이나 짐승이나 할 것 없이 다 끊어 버리고, 내가 데만에서부터 드단까지 폐허로 만들 것이니, 그들이 칼에 엎드러질 것이라"고 하신다.

"데만"은 에돔의 북부 지역에 있는 성읍이며, 에돔의 대표적인 성읍이었다(렘 47:7, 20; 욥 2:11). "드단"은 에돔의 남쪽 지대를 지칭한다. 이곳은 아브라함의 후처 그두라의 자손이 사는 지역이었다(창 25:3). "데만에서부터 드단까지"라는 말은 에돔의 '북에서 남까지'라는 뜻이다.

겔 25:14. 내가 내 백성 이스라엘의 손으로 내 원수를 에돔에게 갚으리니 그들이 내 진노와 분노를 따라 에돔에 행한즉 내가 원수를 갚음인 줄을 에돔이 알리라 주 여호와의 말씀이니라.

주 여호와께서 말씀하시기를 나 여호와가 내 백성 이스라엘(유다 매코비로 말미암아 심판한 것이다)의 손에 맡겨 에돔인에게 내 심판을 할 것이다. 그들이 나 여호와의 진노와 내 분노대로 에돔에게 행할 것이니, 에돔인들이 나 여호와의 보복을 알게 될 것이라고 하신다.

4. 블레셋에 대하여 심판을 예언하다 25:15-17

블레셋은 이스라엘 나라의 서편 지중해 연안에 위치한 족속으로 이스라엘의 사무엘 이래 이스라엘 최대의 숙적이었다. 하나님께서는 블레셋에게 보복하신다고 하신다.

겔 25:15. 주 여호와께서 이같이 말씀하셨느니라 블레셋 사람이 옛날부터 미워하여 멸시하는 마음으로 원수를 갚아 진멸하고자 하였도다.

주 여호와께서 이와 같이 말씀하시기를 블레셋 사람들이 복수심을 가지고 행하였고, 그들이 영원한 적개심으로 멸망시키고자 경멸하는 마음으로 철저히 보복하였다고 하신다(대하 26:6; 왕하 18:8; 사 11:14; 습 2:5; 암 1:8).

블레셋의 5대 도시는 가사, 아스돗, 아스글론, 갓 및 에글론이었다.

겔 25:16. 그러므로 주 여호와께서 이같이 말씀하셨느니라 내가 블레셋 사람 위에 손을 펴서 그렛 사람을 끊으며 해변에 남은 자를 진멸하되.

그러므로 주 여호와가 이와 같이 말씀하시기를, "보라! 나 여호와가 블레셋 사람들에게 나 여호와의 손을 뻗어, 그렛 사람들을 끊어 버리고, 바닷가에 남은 자들을 진멸하겠다"고 하신다.

"그렛 사람"은 블레셋 족속의 한 지파로서 처음에는 가나안 서남쪽에 정주했다(습 2:5).

"블레셋 사람 위에 손을 펴서 그렛 사람을 끊으며"라는 말을 보면 '블레셋 사람과 그렛 사람'은 동일시되고 있다. 하나님은 블레셋 위에 심판의 손을 펴서 심판하시겠다고 하신다.

겔 25:17. 분노의 책벌로 내 원수를 그들에게 크게 갚으리라 내가 그들에게 원수를 갚은즉 내가 여호와인 줄을 그들이 알리라 하시니라.

나 여호와가 블레셋인들에게 분노의 징벌로 큰 보복을 행하겠으나, 나 여호와가 그들에게 보복할 때 그들은 나 여호와가 하나님인 것을 알게 될 것이라고 하신다.

하나님의 심판의 목적은 심판 받는 자가 회개하고 하나님을 알며 하나님 앞으로 돌아오게 하기 위함이다. 블레셋은 장차 메시아 왕국의 복에 동참하게 되어 있다(슥 9:7 참조).

제 26 장

5. 두로에 대하여 심판을 예언하다 26:1-28:19

이 부분(26:1-28:19)은 주로 두로가 심판 받을 것을 예언했고, 두로 예언 중에 구약의 사단론이 보인다(28:1-19).

이 부분(26:1-28:19)의 내용은 두로가 심판 받을 일(26장), 두로를 두고 애가를 말한 일(27장), 두로 왕에 대하여 예언한 일(28:1-19) 등으로 구성되어 있다.

ㄱ. 두로의 멸망을 선포하다 26:1-21

26:1-21은 두로가 멸망할 일(1-14절), 두로가 망할 때 주변의 다른 나라 왕들이 두려워 한 일(15-18절), 두로가 황폐화 된 일들(19-21절)이 예언되고 있다.

<두로가 받을 심판>

겔 26:1. 열한째 해 어느 달 초하루에 여호와의 말씀이 내게 임하여 이르시되.

제11년 어느 달 제1일에 여호와의 말씀이 나 에스겔에게 임하셨다는 것이다.

본 절의 제11년이란 말은 유다 왕 여호야긴이 바벨론 왕 느부갓네살의 2차 예루살렘 공격으로 인해 바벨론으로 포로 되어 간 주전 597년으로부터 11년째 되는 해인 주전 586년을 지칭한다. 바로 이 해에 예루살렘이 바벨론 군에 의해 정복당하여 망했다(렘 39:2; 52:5, 6).

"어느 달"이란 말은 예루살렘 성이 주전 586년 4월에 함락되어 그 해 5월에 성전과 왕궁이 훼파되고 많은 집들이 불에 타서 망하고 말았다(왕하

25:3; 렘 39:2; 52:6, 12-13). 때문에 학자들은 본문의 "어느 달"을 4월 혹은 5월로 어림잡으나 확신할 수는 없다.

"여호와의 말씀이 내게 임하여 이르시되"란 말은 본문의 내용이 새롭게 시작된다는 것을 드러내는 표제로 사용된 말이다.

겔 26:2. 인자야 두로가 예루살렘에 관하여 이르기를 아하 만민의 문이 깨져서 내게로 돌아왔도다 그가 황폐하였으니 내가 충만함을 얻으리라 하였도다.

주께서 말씀하시기를, "인자야(여호와께서 에스겔을 부르시는 호칭)! 두로가 예루살렘에 대해 '아하! 잘됐다. 백성들의 문이 부서져 내게로 넘어왔다. 그것이 황폐하게 되었으니, 내가 충만하게 될 것이라'고 두로가 말했다" 고 하셨다.

본 절의 "두로"는 고대 세계의 베니스라고 불릴 만큼 번성했던 상업 도시로 다윗(삼하 5:11)과 솔로몬(왕상 5:1) 시대 이후로부터 선지자들이 자주 언급해 왔다. 두로는 사마리아로부터 북쪽으로 100여 km지점의 지중해 연안에 위치한 도시와 그로부터 1km 떨어진 바다 위의 많은 작은 섬들로 구성되어 있다.

"예루살렘에 관하여 이르기를"이란 말은 두로가 예루살렘과 적대 관계에 있음을 말해준다.

"아하! 좋다"란 말은 두로가 유다의 멸망을 조소하고 기뻐한 것을 드러내는 말이다(25:2, 3 주해 참조).

"만민의 문이 깨져서 내게로 돌아 왔도다 그가 황폐하였으니 내가 충만함을 얻으리라"는 말은 '예루살렘의 성문이 바벨론 군에 의해 깨어졌기 때문에 외국의 상인들이 이곳에 와서 관세를 지불했는데 이제는 관세를 지불할 필요가 없게 되어 그 이익금이 두로로 돌아왔다'는 뜻이다. 이와 같이 두로는 예루살렘을 대적하며 하는 말이 예루살렘의 황무함이 두로의 충만함이 되었다고 말했다.

겔 26:3. 그러므로 주 여호와께서 이같이 말씀하셨느니라 두로야 내가 너를 대적하여 바다가 그 파도를 굽이치게 함 같이 여러 민족들이 와서 너를 치게 하리니.

두로가 예루살렘을 대적했기 때문에(2절), 주 여호와께서 이와 같이 말씀하시기를, "두로야! 나 여호와가 두로 너를 대적하여 바다가 그 파도를 굽이치게 함과 같이 여러 민족들이 와서 두로를 치게 하겠다"고 하신다.

이제 바다의 파도처럼 느부갓네살이 열국 군대를 거느리고(렘 34:1) 두로를 침략할 것이라는 말이다.

겔 26:4. 그들이 두로의 성벽을 무너뜨리며 그 망대를 헐 것이요 나도 티끌을 그 위에서 쓸어 버려 맨 바위가 되게 하며.

바벨론의 연합군들이 두로의 성벽들을 파괴하고 그 망대들을 헐 것이며 나 여호와도 거기서 바람 같은 자연 현상을 이용하여 티끌을 쓸어 그것을 벌거숭이 바위로 만들겠다고 하신다.

"맨 바위가 되게 한다"는 말은 성벽을 훼파하며 망대를 헐뿐만 아니라 티끌을 쓸어버릴 정도로 철저하게 심판하시겠다는 뜻이다.

겔 26:5. 바다 가운데에 그물 치는 곳이 되게 하리니 내가 말하였음이라 주 여호와의 말씀이니라 그가 이방의 노략거리가 될 것이요.

주 여호와께서 말씀하시기를, "두로가 바다 가운데서 그물 치는 곳(어업을 하는 장소)이 될 것이니, 두로가 여러 민족들에게 노략물이 될 것이라"고 하신다.

본 절의 예언은 바벨론의 느부갓네살과 헬라의 알렉산더가 두로를 침략하여 초토화됨으로 성취되었다.

겔 26:6. 들에 있는 그의 딸들은 칼에 죽으리니 그들이 나를 여호와인 줄을 알리라.

그리고 들에 있는 두로 사람들의 딸들이 칼에 죽임을 당할 것이니, 그 딸들은 나 여호와가 하나님인 것을 알게 될 것이라고 하신다.

"들에 있는"이란 말은 '해상에 있는'이란 뜻으로 견고한 방위 시설을 갖춘 두로와는 달리 아무런 방위 시설이 되어 있지 않은, 침략군에게 노출되어 있는 베니게 내륙 지역을 뜻한다(Aalders).

그리고 "딸들"이란 두로에 부속된 모든 성읍과 그 성읍의 거민들을 지칭한다.

겔 26:7. 주 여호와께서 이같이 말씀하셨느니라 내가 왕들 중의 왕 곧 바벨론의 느부갓네살 왕으로 하여금 북쪽에서 말과 병거와 기병과 군대와 백성의 큰 무리를 거느리고 와서 두로를 치게 할 때에.

주 여호와께서 이와 같이 말씀하시기를, "보라! 내가 왕들의 왕인 바벨론 왕 느부갓네살이 북방에서 말과 병거와 기마병과 무리와 큰 군대를 거느리고 두로를 치러 오도록 만들겠다"고 하신다.

"왕들 중의 왕 곧 바벨론의 느부갓네살 왕"이란 에스겔이 바벨론 왕 느부갓네살을 '왕들 중의 왕'이라고 불렀고, 다니엘도 그를 '왕의 왕'이라고 불렀다(단 2:37).

"말과 병거와 기병과 군대와 백성의 큰 무리를 거느리고"란 말은 '느부갓네살이 정복한 여러 나라의 군대와 온갖 군비를 갖춘 군대를 거느리고 두로를 공격했다'는 뜻이다. 이 모든 일들은 여호와께서 하시는 일이었다.

겔 26:8. 그가 들에 있는 너의 딸들을 칼로 죽이고 너를 치려고 사다리를 세우며 토성을 쌓으며 방패를 갖출 것이며.

느부갓네살의 군대가 들에 있는 두로의 딸들을 칼로 죽이고, 두로를 치려고 포위 담을 쌓고, 공격 경사로를 만들고, 너를 대적하여 긴 방패를 세울 것이라고 하신다. 본 절 주해를 위해서는 4:2; 7:17 주해를 참조하라.

본 절은 느부갓네살과 그의 연합군이 두로를 대적하여 공격 태세를 갖추고 공격했다는 것을 의미한다.

겔 26:9. 공성퇴를 가지고 네 성을 치며 도끼로 망대를 찍을 것이며.

느부갓네살의 연합군이 성을 부수는 무기를 가지고 두로의 성벽을 치고 두로의 망대를 쇠막대로 부술 것이다.

"공성퇴"란 긴 나무 끝에 쇠뭉치를 달아서 이를 흔들어 성을 파괴하는 무기이다(4:2 주해 참조).

겔 26:10. 말이 많으므로 그 티끌이 너를 가릴 것이며 사람이 무너진 성 구멍으로 들어가는 것 같이 그가 네 성문으로 들어갈 때에 그 기병과 수레와 병거의 소리로 말미암아 네 성곽이 진동할 것이며.

바벨론 연합군의 말들이 달릴 때 그 숫자가 많아서 먼지가 두로의 방어벽을 덮을 것이며 성의 무너진 곳으로 들어오듯이 바벨론의 연합군들이 두로의 성문으로 들어올 때 기마병과 수레와 병거 소리들로 두로의 성벽들이 진동할 것이라는 내용이다.

겔 26:11. 그가 그 말굽으로 네 모든 거리를 밟을 것이며 칼로 네 백성을 죽일 것이며 네 견고한 석상을 땅에 엎드러뜨릴 것이며.

바벨론의 연합군들이 그의 말발굽들로 두로의 모든 거리를 짓밟고 칼로 두로의 백성을 죽일 것이며, 두로의 튼튼한 돌기둥들이 땅에 무너질 것이라고 하신다.

여기 "견고한 석상"이란 말은 '힘 있는 기둥들'이란 뜻인데, 이 기둥들은 두로인들이 그들의 힘과 영광 그리고 민족적 역량을 과시하기 위해 섬기던 우상이었던 멜카르트(Melkarth)를 위해 건립한 바 신전에 각각 황금과 에메랄드로 장식하여 세워놓은 두 기둥을 지칭한다. 따라서 이 두 기둥을 무너뜨리겠다는 말씀은 두로인들이 절대적인 신으로 섬기고 있던 우상을 훼파함으로써 두로인들의 교만을 무너뜨리겠다는 의미를 가지고 있다(그랜드 종합 주석).

겔 26:12. 네 재물을 빼앗을 것이며 네가 무역한 것을 노략할 것이며 네 성을 헐 것이며 네가 기뻐하는 집을 무너뜨릴 것이며 또 네 돌들과 네 재목과 네 흙을 다 물 가운데에 던질 것이라.

바벨론의 연합군들이 두로의 재물을 약탈하고, 두로의 모든 물품을 빼앗으며, 또 두로의 성벽을 허물고, 두로의 소중한 집들을 무너뜨리며, 두로의 석재와 두로의 재목과 두로의 흙을 바닷물 가운데 던져 버릴 것이라고 하신다.

역사가 요세푸스(Josephus, Ant X. 11)에 의하면 두로는 바다 가운데 건설된 섬 도시였으므로 느부갓네살이 13년간이나 포위한 끝에 함락시켰다는 것이다.

겔 26:13. 내가 네 노래 소리를 그치게 하며 네 수금 소리를 다시 들리지 않게 하고(And I will stop the music of your songs, and the sound of your lyres shall be heard no more-ESV)**.**

그리고 나 여호와가 두로의 노랫소리를 그치게 하고, 두로의 수금 소리가 더 이상 들리지 않게 하겠다고 하신다.

두로는 그 명성에 못지않게 오페라의 도시로 유명했다는 것이다. 그런데 이제는 그 유명한 오페라 소리도 다시 들을 수 없게 된 것이다.

겔 26:14. 너를 맨 바위가 되게 한즉 네가 그물 말리는 곳이 되고 다시는 건축되지 못하리니 나 여호와가 말하였음이니라 주 여호와의 말씀이니라.

나 여호와가 너 두로를 벌거숭이 바위로 만들겠으니, 너 두로가 그물 펴는 마른 곳이 되어 다시는 재건되지 못할 것이다. 이렇게 될 이유는 주 여호와께서 말씀하셨기 때문이다.

여호와께서 말씀하셨기 때문에 두로는 바벨론 연합군에 의해서 완전히 멸망하여 말간 반석만 남는 곳이 되며 그물 말리는 곳이 된다는 것이다.

15-18절. 두로가 망할 때 주변의 다른 나라 왕들이 두려워 할 것이라고 한다.

겔 26:15. 주 여호와께서 이같이 두로에 대하여 말씀하시되 네가 엎드러지는 소리에 모든 섬이 진동하지 아니하겠느냐 곧 너희 가운데에 상한 자가 부르짖으며 죽임을 당할 때에라.

주 여호와께서 이같이 두로에게 말씀하시기를, "너 두로가 엎드러지는 소리에 모든 섬나라들이 신음하지 아니하겠느냐. 곧 두로 중에 상한 자가 부르짖으며 죽음을 당할 때에 모든 섬나라들이 신음할 것이라"는 뜻이다.

두로는 무역의 중심지였으므로 두로와의 무역으로 유익을 보았던 나라들이 더 이상 무역을 할 수 없게 되었기 때문에 큰 소동이 일어날 것이라는 뜻이다.

겔 26:16. 그 때에 바다의 모든 왕이 그 보좌에서 내려 조복을 벗으며 수 놓은 옷을 버리고 떨림을 입듯 하고 땅에 앉아서 너로 말미암아 무시로 떨며 놀랄 것이며(Then all the princes of the sea will step down from their thrones, and remove their robes, and strip off their embroidered garments. They will clothe themselves with trembling; they will sit on the ground and tremble every moment, and be appalled at you-ESV, Then all the princes of the sea shall step down from their thrones; they shall remove their robes and strip off their embroidered garments. They shall clothe themselves with trembling, and shall sit on the ground; they shall tremble every moment, and be appalled at you-RSV).

바다의 모든 높은 자들이 그들의 보좌에서 내려오며 그들의 겉옷을 벗고, 그들의 수 놓은 옷들을 벗으며, 그들이 두려움으로 옷 입고, 땅 위에 앉아 수시로 떨며, 두로를 보고 놀랄 것이라고 하신다.

본 절의 "바다의 모든 왕"이란 말은 '해변 지대 나라들의 왕들'을 뜻한다(K.&D., Cooke, 박윤선, 이상근).

그리고 "조복"(robes)이란 말은 '왕들이 평소에 입던 예복'을 뜻한다. 그리고 또 "수 놓은 옷"은 '화려한 옷'을 뜻한다.

그리고 "땅에 앉아서 너로 말미암아 무시로 떨며 놀랄 것이라"는 말은 '땅에 앉아서 두로가 망했기에 이제는 자기들의 통상의 길이 끊어져서 슬퍼하게 되었다'는 뜻이다.

이 세상 사람들은 영적 손해를 당해서는 울 줄 모르고 육적 손해만 위하여 운다(박윤선). 우리는 영적 손해가 더 중요한 줄 알아야 한다.

겔 26:17. 그들이 너를 위하여 슬픈 노래를 불러 이르기를 항해자가 살았던 유명한 성읍이여 너와 너의 주민이 바다 가운데에 있어 견고하였도다 해변의 모든 주민을 두렵게 하였더니 어찌 그리 멸망하였는고.

해변 지대 나라들의 왕들이 두로에 대하여 애가를 부르며 이렇게 말할 것이라고 한다. "바다의 거주자, 유명한 두로 성아, 어찌 네가 멸망하였느냐? 두로 성이 주민들과 함께 있어 바다에서 견고하므로, 두로 성이 육지의 모든 주민들에게 공포를 주었는데 어찌 그리 멸망했는가!"라고 한다는 것이다.

본 절의 "슬픈 노래"라는 말을 위해 19:1 주해를 참조하라. "애가"란 말은 죽은 사람을 위하여 부르는 만가(挽歌)를 지칭한다(2:10; 26:17; 27:2; 삼하 1:19-27; 3:3-34; 암 5:1).

두로는 해상 통상 국가였으므로 통상하는 자들 사이에 유명했던 자요, 그들 가운데서 든든하게 서서 번창했던 자이며, 또한 해변의 모든 나라 거민들에게 두려움의 존재였는데 그런 나라가 어떻게 망했는가 하는 것이다(이상근).

겔 26:18. 네가 무너지는 그날에 섬들이 진동할 것임이여 바다 가운데의

섬들이 네 결국을 보고 놀라리로다 하리라.

너 두로가 무너지는 날에 섬들이 진동하며, 너 두로의 종말 때문에 바다의 섬들이 놀랄 것이라고 하신다.

여기 두로의 멸망에 그의 휘하 나라 백성들이 해방을 기뻐한 것이 아니라 오히려 애가를 부른 것은 두로의 지혜가 강압적이 아니었다는 것을 말하는 것이다(Plumptre).

겔 26:19. 주 여호와께서 이같이 말씀하셨느니라 내가 너를 주민이 없는 성읍과 같이 황폐한 성읍이 되게 하고 깊은 바다가 네 위에 오르게 하며 큰 물이 너를 덮게 할 때에.

주 여호와께서 이와 같이 말씀하시기를, "나 여호와가 너 두로를 사람들이 살지 못할 성읍들처럼 황폐한 성읍이 되게 하고, 깊은 바닷물을 네 위로 올라오게 하여 많은 물이 너를 덮어 버리게 하겠다"고 하신다.

"황폐한 성읍이 되게 한다"는 말은 '사람 살 곳이 되지 못할 곳이 되게 한다'는 뜻이다.

본 절은 두로가 완전히 망하고 깊은 바다 아래로 내려가서 사람 살 곳이 되지 못할 것을 말한 것이다.

겔 26:20. 내가 너를 구덩이에 내려가는 자와 함께 내려가서 옛적 사람에게로 나아가게 하고 너를 그 구덩이에 내려간 자와 함께 땅 깊은 곳 예로부터 황폐한 곳에 살게 하리라 네가 다시는 사람이 거주하는 곳이 되지 못하리니 살아 있는 자의 땅에서 영광을 얻지 못하리라.

나 여호와가 너 두로를 구덩이에 내려가는 자들과 함께 옛날 백성들에게 내려가게 하겠다. 나 여호와가 너 두로를 구덩이에 내려가는 자들과 함께 땅의 깊은 곳, 곧 옛날의 폐허와 같은 곳에 살게 하여, 너 두로라는 땅에서 사람이 살지 못하리니 산 자들의 땅에서 영광을 얻지 못하게 할 것이라고 하신다.

본 절의 “땅 깊은 곳”이란 말은 ‘지하의 세계’를 지칭하며 죽은 자들이 있을 세계를 가리킨다. 이 말은 음부 또는 무덤이란 뜻이다(시 86:22; 사 32:22).

“살아 있는 자의 땅에서 영광을 얻지 못하리라”는 말은 ‘두로가 더 이상 산 자의 땅의 영광에서 빛나지는 못한다’는 뜻이다.

본 절의 뜻은 두로인들이 죽어서 땅 아래 깊은 곳으로 내려가고 그곳에 이미 가 있는 옛적 사람과 함께 거하면서 다시는 산 자의 땅에 오지 못한다는 뜻이다.

겔 26:21. 내가 너를 패망하게 하여 다시 있지 못하게 하리니 사람이 비록 너를 찾으나 다시는 영원히 만나지 못하리라 주 여호와의 말씀이니라.

주 여호와께서 말씀하시기를, “나 여호와가 너 두로를 멸망시켜, 두로가 더 이상 존재하지 못하게 할 것이니, 사람들이 너를 찾아도 네가 영원히 발견되지 아니할 것이라”고 하신다.

아무튼 두로는 완전히 망하고 사람들은 다시 두로를 보지 못하게 된다는 것이다. 오늘날 두로는 사람이 살 수 없는 곳이 되었다고 한다.

제 27 장

ㄴ. 두로를 위한 애가를 부르라 27:1-36

이 부분(1-36절)의 내용은 두로의 영광을 언급한 일(1-11절), 두로의 무역을 언급한 일(12-25절), 두로가 패망할 일(26-36절)로 구성되어 있다.

1-11절. 이 부분은 두로의 영광을 언급하고 있다.

<두로에 대한 애가>

겔 27:1. 여호와의 말씀이 내게 임하여 이르시되.

본 절은 두로의 영광을 말하기 위해 새롭게 시작하는 표제의 말씀이다.

겔 27:2. 인자야 너는 두로를 위하여 슬픈 노래를 지으라.

여호와께서는 에스겔을 인자야(여호와께서 에스겔을 부르시는 호칭)!라고 부르시면서 두로를 위하여 슬픈 노래를 지어 부르라고 하신다.

"슬픈 노래"란 말은 사람이 죽었을 때 부르는 노래라는 뜻이다(19:1 주해 참조; 26:17).

겔 27:3. 너는 두로를 향하여 이르기를 바다 어귀에 거주하면서 여러 섬 백성과 거래하는 자여 주 여호와께서 이같이 말씀하시되 두로야 네가 말하기를 나는 온전히 아름답다 하였도다.

"에스겔아! 너는 바다 어귀에 살면서 많은 해안의 백성들과 무역하는 자들에게 네가 말하여라." 주 여호와께서 말씀하시기를, "두로야! 너 두로가 나는 완벽하게 아름답다"고 스스로 말하는구나.

"바다 어귀에 거주하면서"라는 말은 '바다의 두 어귀들에 살면서'라는 뜻이다. 그런데 여기 "어귀"라는 낱말이 복수로 묘사된 것을 감안하면 최소

한 어귀가 두 개가 있는 것으로 볼 수 있다. 그래서 북쪽 항구는 '시돈 항구'라 하고 남쪽 항구는 '애굽 항구'라 불린 것이다(Cooke, Plumptre). 이런 두 항구는 극히 아름다워 그들은 그 두 항구를 자랑했던 것이다.

"나는 온전히 아름답다 하였도다"라는 말은 두로의 아름다움을 자랑하는 말이다. 두로는 바다를 자랑했고, 그 국제적인 통상의 위치를 자랑했다. 그들은 그렇게 아름다운 것을 주신 하나님을 자랑해야 했다. 그들은 교만했다.

겔 27:4. 네 땅이 바다 가운데에 있음이여 너를 지은 자가 네 아름다움을 온전하게 하였도다.

여호와께서 말씀하시기를, "네 두로의 영토가 바다의 중심에 있으며, 너 두로를 세운 건축자들이 네 아름다움을 완벽하게 하였구나!"라고 하신다.

두로는 섬 도시로 바다 한 가운데 있었고, 극히 아름다웠다. 에스겔은 두로의 아름다움을 배에 비했다.

"너를 지은 자가 네 아름다움을 온전하게 하였다"는 말은 '두로가 바다 가운데 있으면서 참으로 아름다웠다'는 뜻이다. 이것을 두고 두로 사람들은 아름답게 만들어준 하나님 앞에 영광을 돌렸어야 했는데, 그 영광을 자기들이 차지하고 말았다.

겔 27:5. 스닐의 잣나무로 네 판자를 만들었음이여 너를 위하여 레바논의 백향목을 가져다 돛대를 만들었도다.

5-7절은 두로를 바다의 배로 비유하고, 그 튼튼하고도 찬란한 구조를 묘사한다. 즉, 두로를 건축한 건축자들이 스닐의 잣나무로 네 판자를 만들었고, 레바논의 백향목을 가져다가 네 돛대를 만들었다는 것이다.

여기 "스닐"은 헐몬(Hermon) 산(신 3:9; 아 4:8; 대상 5:23)을 뜻한다. 헐몬 산의 잣나무로 두로의 판자를 만들었다는 것이다.

"레바논의 백향목"은 최고급의 나무인데 그것으로 두로의 돛대를 만들었다는 것이다.

겔 27:6. 바산의 상수리나무로 네 노를 만들었음이여 깃딤 섬 황양목에 상아로 꾸며 갑판을 만들었도다.

두로를 건축한 건축자들은 바산의 상수리나무로 두로의 노를 만들었고, 상아와 깃딤 섬의 황양목으로 갑판을 만들었다는 것이다.

"바산"은 갈릴리 바다와 요단 강의 동편 공원 지대로 목축과 목재로 유명한 곳이다(시 22:12; 68:15). 이곳 상수리나무로 놋을 만들었다는 것이다.

"깃딤 섬 황양목에 상아로 꾸며 갑판을 만들었다"는 말은 '구브로 섬의 황양목에 상아로 꾸며 갑판을 만든 것'을 말하는데 이 배는 아주 고급스런 배였다.

겔 27:7. 애굽의 수 놓은 가는 베로 돛을 만들어 깃발을 삼았음이여 엘리사 섬의 청색 자색 베로 차일을 만들었도다.

애굽의 수 놓은 아마포가 두로의 돛이며, 그것이 두로의 깃발이 되었고, 엘리사 섬들의 자주색, 홍색 천이 두로의 덮개였다는 것이다.

애굽은 특히 세마포로 유명했는데(16:10 주해 참조), 이 세마포로 제사장의 제복도 만들었고 또 성막을 만들었는데(출 25:4; 26:36; 41:42), 그것으로 배의 돛대를 만든 것이었다.

"엘리사 섬의 청색 자색 베로 차일을 만들었다"는 말은 라코니아, 구데라, 아비도스 등 이고니아 바다에 있는 섬들을 가리키는 것으로 이해하는데(Jerome, K.&D.), 고대로부터 염료가 특히 발달했던 이 지방에서는 차일(햇볕을 가리기 위해 치는 포장)을 만들어 수출했는데, 그 질이 뛰어나기로 매우 유명했다. 본문은 자색 염료로 염색된 베로 차일을 만든 것으로 이해할 수 있다. 고대 세계에서 자색은 고귀한 색으로 여겨졌다는 점에서 볼 때 이 배는 그 호화로움이 극치에 이르렀음을 알 수 있다.

겔 27:8. 시돈과 아르왓 주민들이 네 사공이 되었음이여 두로야 네 가운데에 있는 지혜자들이 네 선장이 되었도다.

시돈과 아르왓 주민들이 네 사공이었으며, 두로야! 네게 있는 숙련된 자들이 네 선원들이었다는 것이다.

"시돈"은 두로 북방 40km 지점에 있으며, 베니게의 수도였다. 이 시돈은 두로에 종속된 성읍이었다(창 10:15; 사 23:2, 12).

그리고 "아르왓"은 시돈의 북쪽에 위치해 있으며 육지에서 약 3km 떨어진 섬 지방이고, 용감한 선원으로 유명했다(창 10:18). 시돈과 아르왓 같은 항도에서 우수한 사공들이 고용되었다는 것이다.

"네 가운데에 있는 지혜자들이 네 선장이 되었다"는 본 장에서 두로 왕국의 해양 무역에 고용된 일꾼들은 모두 외국인으로 묘사되어 있다(8-11절).

겔 27:9. 그발의 노인들과 지혜자들이 네 가운데에서 배의 틈을 막는 자가 되었음이여 바다의 모든 배와 그 사공들은 네 가운데에서 무역하였도다.

그발의 노인들과 숙련된 자들이 네게 있어서 배의 틈을 막는 자가 되었고, 바다의 모든 배와 뱃사람들이 네게 있어서 네 물품을 교역했다는 것이다.

"그발의 노인들과 지혜자들이 네 가운데에서 배의 틈을 막는 자가 되었음이여"라는 말은 '그발은 베이루트와 트리포리 중간에 있고 이곳의 선배들과 지혜 있는 자들이 배의 수리공이 되었다'는 뜻이다.

"바다의 모든 배와 그 사공들은 네 가운데에서 무역하였다"는 말은 '당시 두로가 해상 무역의 중심지로서 차지하고 있던 지위를 반영하고 있는데, 두로는 주전 10세기경 솔로몬과 동시대의 인물이었던 히람 1세 때부터 약 200년간 팔레스틴, 홍해, 오빌, 인도를 잇는 무역 항로의 중심부로서 중근동 세계의 무역의 주도권을 장악했다'는 것이다.

겔 27:10. 바사와 룻과 붓이 네 군대 가운데에서 병정이 되었음이여 네

가운데에서 방패와 투구를 달아 네 영광을 나타냈도다.

본 절은 두로의 군대를 말하는 것으로 각국에서 용병을 모아 군대를 만들고 두로의 영광을 드러냈다는 뜻이다. 즉, 바사(페르시아)와 룻(리디아)과 붓(리비아) 사람들이 네 군대에서 병정들(전사들)이 되었고, 방패와 투구를 네게 걸어 주어 네 영광을 드러냈다는 것이다.

겔 27:11. 아르왓 사람과 네 군대는 네 사방 성 위에 있었고 용사들은 네 여러 망대에 있었음이여 네 사방 성 위에 방패를 달아 네 아름다움을 온전하게 하였도다(Men of Arvad and Helech were on your walls all around, and men of Gamad were in your towers. They hung their shields on your walls all around; they made perfect your beauty-ESV).

아르왓에 대해서는 8절 주해를 참조하라. 아르왓 사람들과 두로의 군대들이 두로의 사면 성벽 위에 있고, 용사들이 두로의 여러 망대들 속에 있었고, 두로의 사면 성벽에 그들의 방패를 걸어 놓았으니, 그들마저도 두로의 아름다움을 온전하게 하였다는 것이다.

여기 개역개정판 번역 "네 군대"라는 단어에 맞먹는 히브리어 "헬렉크"(חֵילֵךְ)와 이어 등장하는 "가마딤"(גַּמָּדִים)이라는 단어를 어떻게 볼 것이냐를 두고 견해가 갈린다. 1) 개역개정판 번역 "네 군대"라는 단어에 맞먹는 히브리어 "헬렉크"(חֵילֵךְ)는 고유 명사로 보아 '헬레크'(הַשְּׁלֵה)로 보거나(NIV, RSV), '헤들론'(נלהדה)으로 보는 학자들이 있다(Cooke, Wycliffe). 이렇게 보면 '헬레크'는 길리기아 지방을 지칭하며, '해들론'은 이스라엘의 북방 하맛 인근 지역을 가리키는 것으로 보는 것이다. 이어 등장하는 "가마딤"(גַּמָּדִים)이라는 단어는 북 수리아의 '구미디'(Kumidi)를 지칭하는 고유 명사로 이해하는 입장이 있다(KJV, RSV, K.&D.). 그 당시 두로가 심히 부요했다는 점을 염두에 둔다면 이처럼 '헬레크'와 '가마딤'을 고유 명사로 이해할 수도 있다는 견해이다. 2) 그러나 우리 한글 개역 개정판 성경과 같이 이를 모두 보통 명사로 보는 시각이 있다는 것이다. 다시 말해 '네 군대'는 두로 사람들만으로 구성된 군대를 일컬으며, '용사들'은 10절에서 말한 외국인들로 구성된 용병들을 지칭한다고 보는 견해이다. 그렇다면 본문은 본국인들로 구성된 주력군은 가장 중요한 성인 두로 성을 지켰고, 용병들은 국경이나 그 밖의 외곽성들을 지켰다는 뜻으로 이해된다(K.&D., Plumptre). 이 두 견해 중에 둘째 견해를 취하는 것이 더 무난한 것으로 보인다.

본 절의 "네 사방 성 위에 방패를 달아"라는 말은 성벽을 아름답게 장식하는 것은 두로 자신들의 위용을 과시하는 베니게인들의 전통적 관습으로 보아야 할 것이다.

12-25절. 두로가 무역을 한 일을 언급한다. 이 부분은 두로와 통상 교역을 한 나라들이 언급되고 있다. 다시스는 스페인 남부의 해안 지방에 있던 항구 도시였다.

겔 27:12. 다시스는 각종 보화가 풍부하므로 너와 거래하였음이여 은과 철과 주석과 납을 네 물품과 바꾸어 갔도다.

두로에게 온갖 보화가 풍부하여 다시스가 두로와 교역하였으니, 다시스가 은과 철과 주석과 납을 주고 두로의 물품들을 사갔다는 것이다.

"다시스"는 스페인의 남쪽에 위치한 최대의 무역항으로(38:13; 왕상 10:22, 48; 사 2:16), 각종 물자가 풍부한 곳이었다.

겔 27:13. 야완과 두발과 메섹은 네 상인이 되었음이여 사람과 놋그릇을 가지고 네 상품을 바꾸어 갔도다.

야완과 두발과 메섹이 두로와 무역하였으니, 그들(야완과 두발과 메섹)이 노예와 놋 기물을 주고 두로의 상품들을 사갔다는 것이다.

"야완"은 두로와 무역한 소아시아의 한 민족이다(19절; 사 66:19-20, 바이블렉스). 헬라인의 일반적인 명칭이다.

"두발"과 "메섹"은 시 120:5, 사 66:19을 제외하고는 언제나 함께 나타난다. '두발'과 '메섹'은 현재의 흑해와 카스피아 해 사이의 산악 지역에서 거주했던 족속들을 지칭한다.

"사람과 놋그릇을 가지고 네 상품을 바꾸어 갔다"는 말은 노예를 파는 인신매매를 가리킨다. 두로 사람들은 한 나라를 무역으로 정복하거나 혹은 타국끼리 의 전쟁이 끝난 후 패배한 나라의 백성들을 팔아서 막대한 이익을 취했다. 두로인들이 하나님의 형상대로 지음 받은 사람들을 팔아넘겨 이익을 취했다는 사실만 보아도 이들이 얼마나 악한 자들이었는가를 짐작할 수가 있다.

겔 27:14. 도갈마 족속은 말과 군마와 노새를 네 물품과 바꾸었으며.

도갈마 족속은 말과 군마와 노새를 주고 두로의 물품들을 사갔다는 것이다. "도갈마"는 '고멜'의 자손으로(창 10:3) 도갈마의 후손들이다. 에스겔은 도갈마 족속을 곡과 마곡의 전쟁을 일으킬 것으로 예견된 북방 민족의 왕인 곡의 동맹군으로 기록하고 있다(38:6). 이 북방 민족은 아르메니아(Armenia)로 인정되고 있다(Hengsternberg, K.&D., Lange, Whitelaw). 도갈마 족속은 말과 군마와 노새 등 동물을 가지고 두로와 무역했다.

겔 27:15. 드단 사람은 네 상인이 되었음이여 여러 섬이 너와 거래하여 상아와 박달나무를 네 물품과 바꾸어 갔도다.

드단 자손들이 두로와 무역하였다. 많은 해안 지방들이 두로와 통상하였으니, 해안 지방 사람들이 상아와 흑단나무로 두로에게 값을 지불하고 두로의 물품과 바꾸어갔다는 것이다. 오목(흑단 나무)은 상아와 더불어 사치품이었다.

겔 27:16. 너의 제품이 풍부하므로 아람은 너와 거래하였음이여 남보석과 자색 베와 수 놓은 것과 가는 베와 산호와 홍보석을 네 물품과 바꾸어 갔도다.

두로의 생산품이 풍부하여 아람이 두로와 교역하였으니, 아람 사람들이 녹옥과 홍색 베와 오색 천과 고운 베와 산호와 홍옥을 주고 두로의 물품들을 사갔다는 것이다.

두로는 산업과 상술이 발달하여 온갖 다양한 물품을 가지고 여러 나라들과 교역했다.

여기 "아람"은 셈의 다섯째 아들의 후손이 거주하는 지역(창 10:22; 25:20)으로 팔레스틴 동북부에서 티그리스 강과 유프라테스 강의 상류에 이르는 지역으로 수리아로 불리기도 한다(마 4:24). 그러나 본서를 연구한 학자들은 "아람"을 '에돔'으로 기록한 70인역(LXX)의 표기를 따라 '에돔'이라고 주장한다(K.&D., Ewald, Hitzig, Whitelaw). 이유는 18절에 아람의 대표적인 도시인 다메섹이 다시 언급되기 때문이기도 하고, 또 본 구절에서 언급되는 남보석, 자색 베, 가는 베, 산호, 홍보석 등이 아람보다는 에돔의 특산물이라는 이유 때문이다(Hitzig).

"남보석"은 28:13에 다시 등장하고(출 28:18), 홍보석과 같은 종류이다.

"자색 베"는 색깔이 자색을 띤 베를 이름이고, "수 놓은 것"에 대해서는 7절 주해를 참조하라. "홍보석"은 남보석과 더불어 상류 계층들이 사용하는 귀금속이었다.

겔 27:17. 유다와 이스라엘 땅 사람이 네 상인이 되었음이여 민닛 밀과 과자와 꿀과 기름과 유향을 네 물품과 바꾸어 갔도다.

유다와 이스라엘 땅 사람이 너와 무역하였으니, 그들(유다와 이스라엘 땅 사람)이 민닛의 밀과 과자와 꿀과 기름과 유향을 주고 네 상품을 사갔다는 것이다. "민닛"이란 헤스본에서 필라델피아 쪽으로 약 6km 정도의 거리에 위치하고 있는 곳으로 암몬 족속의 한 성읍의 이름으로 여겨진다(삿 11:33). 민닛은 밀의 산지로 유명했던 것으로 알려져 있다(왕상 5:9, 11).

"꿀과 기름과 유향"은 특히 팔레스타인의 산물로 유명했다(창 37:25).

겔 27:18. 너의 제품이 많고 각종 보화가 풍부하므로 다메섹이 너와 거래하였음이여 헬본 포도주와 흰 양털을 너와 거래하였도다.

두로의 생산품이 풍부하고 두로에 온갖 보화가 풍부하여 다메섹이 두로와 교역하였으니, 다메섹이 헬본 포도주와 자할의 양털을 가지고 와서 두로와 무역하였다는 것이다.

"다메섹"은 아람(수리아)의 수도이고, 세계에서 가장 오래된 도시 중 하나이다.

"헬본"은 다메섹의 북쪽에 바로 가까이 있었던 지역이다. 헬본은 '비옥함'이란 뜻의 이름으로 골짜기마다 포도나무가 심겨져 있었으며, 질 좋은 포도주 산지로 유명했다.

겔 27:19. 워단과 야완은 길쌈하는 실로 네 물품을 거래하였음이여 가공한 쇠와 계피와 대나무 제품이 네 상품 중에 있었도다(and casks of wine from Uzal they exchanged for your wares; wrought iron, cassia, and calamus were bartered for your merchandise-ESV).

워단과 야완은 길쌈하는 실을 주고 두로의 물품들을 사갔다. 그리고 가공한 철과 계피와 창포가 두로의 상품들 중에 있었다는 것이다.

"워단과 야완"은 모두 각종 향품의 산지로 유명했던 아라비아의 한 지역을 가리키는 것으로 보는 견해가 유력하다(K.&D., Lange, Whitelaw, Brown, Jamieson, Faussett).

"가공한 쇠"는 칼을 제조하는 데 사용하는 무쇠를 지칭한다. 아라비아 지역의 예멘이 주산지로 유명했다(Whitelaw).

"계피와 창포"는 아라비아 지방이 주산지인 고급 향품들이었다. 계피는 창포와 함께 여호와께 드리는 관유의 재료로도 사용되었다(출 30:23-24).

그런데 여기 "창포"(קָנֶה)라는 낱말을 두고 해석이 갈린다. 1) "대나무 제품"이나 "대나무 재목"으로 이해하는 견해(개역 개정판 성경, NASB, NKJV, YLT), 2) "창포"(菖蒲-창포의 뿌리)라고 이해하는 견해(개역판 성경

, 표준 새 번역, 바른 성경, ASV, Darby, KJV, NIV, RSV, K.&D., 이상근, 그랜드 종합 주석, 풀핏 성경 주석, 호크마 종합 주석)인데, 2)번의 견해가 문맥에 더 맞는 것으로 여겨진다.

겔 27:20. 드단은 네 상인이 되었음이여 말을 탈 때 까는 천을 너와 거래하였도다.

드단은 두로를 위한 상인으로서 말을 탈 때 안장에 까는 천을 가지고 와서 두로와 무역하였다는 것이다.

"드단"은 15절의 드단과는 다르나, 아라비아의 한 지역이다(Cooke, Plumptre). 드단 사람들은 말을 탈 때 안장에 까는 천을 가지고 와서 두로와 무역했다.

겔 27:21. 아라비아와 게달의 모든 고관은 네 손아래 상인이 되어 어린 양과 숫양과 염소들, 그것으로 너와 거래하였도다.

아라비아와 게달의 모든 높은 자들이 두로의 손아래에서 상인들이 되어, 어린 양과 숫양과 숫염소를 가지고 와서 두로와 교역하였다는 것이다.

"아라비아"란 말은 아라비아 광야의 백성을 총칭하는 말이다. "게달"은 아라비아 족속들의 대표적인 족속이었다. 아브라함의 서자인 이스마엘의 둘째 아들이었다(창 25:13). 게달 족속은 베드윈 족들처럼 북 아라비아 지역에서 유목 생활을 했다. 그들의 주산물은 가축이었다(사 60:7; 렘 49:28).

겔 27:22. 스바와 라아마의 상인들도 너의 상인들이 됨이여 각종 극상품 향 재료와 각종 보석과 황금으로 네 물품을 바꾸어 갔도다.

스바와 라아마의 상인들이 두로와 무역하였으니, 모든 향신료 중 최상급과 각종 보석과 금을 주고 두로의 물품들을 사갔다는 것이다.

"스바와 라아마의 상인들"은 함의 아들인 구스의 자손들이며(창 10:7), 남부 아라비아에 거주했다. 저들은 극상품 향 재료와 각종 보석과 황금으로 두로와 무역했다.

겔 27:23. 하란과 간네와 에덴과 스바와 앗수르와 길맛의 장사꾼들도 너의 상인들이라.

하란과 간네와 에덴과 스바의 무역상들과 앗수르의 무역상들과 길맛의 장사꾼들도 두로와 무역하였다는 것이다.

"하란"은 갈그미스(서쪽으로 100km쯤), 다메섹, 니느웨 등으로 통하는 교통의 요충지로, 아브라함의 제2의 고향이었다(창 11:31; 12:4).

그리고 "간네"는 티그리스 강변에 있는 앗수르의 성읍이다. 그리고 "에덴"은 하란 남방으로 유브라데 강의 양쪽 언덕의 주민이었다(왕하 19:12; 사 37:12; 암 1:5).

그리고 "스바"도 22절에 나오는 스바이다. 그리고 "앗수르"는 나라 이름이 아니라 티그리스 서쪽에 있는 한 성읍이었다. "길맛"도 앗수르의 한 성읍으로 보인다. 이런 지역에 있는 지역들의 주민들도 모두 두로와 교역을 했던 것이다.

겔 27:24. 이들이 아름다운 물품 곧 청색 옷과 수 놓은 물품과 빛난 옷을 백향목 상자에 담고 노끈으로 묶어 가지고 너와 거래하여 네 물품을 바꾸어 갔도다.

그들(전 절의 하란과 간네와 에덴과 스바와 앗수르와 길맛의 상인들)이 두로와 무역하였으니, 화려한 옷들과 청색 옷과 수 놓은 천들과 두 가지 색실로 짠 양탄자와 견고하게 꼰 밧줄로 두로와 무역하였다는 것이다.

겔 27:25. 다시스의 배는 떼를 지어 네 화물을 나르니 네가 바다 중심에서 풍부하여 영화가 매우 크도다.

다시스의 배들이 떼를 지어 두로의 교역 물건들을 싣고 항해하였으며, 두로가 바다 중심에서 풍부하여 영화가 매우 컸다는 것을 밝힌다.

"네가 바다 중심에서 풍부하여 영화가 매우 컸다"는 말은 12-25절에 나열된 각 도시와 그 도시들의 상품들은 두로가 바다의 중심에 서서 널리 세계적으로 큰 무역을 했고, 그 무역을 통해 얼마나 큰 부와 물질적 풍요를 누렸는가를 짐작하게 해준다는 것이다. 실로 두로는 당시 그 어떤 도시나 국가도 누리지 못한 물질적 풍요를 극에 달할 만큼 누린 도시였다. 그러나 두로를 번영케 하고 영화가 극에 달하도록 만들어준 그 물질적 풍요가 끝내는 두로를 파멸로 이끄는 안내자 역할을 하고 말았다(26-36절).

26-36절. 두로가 패망한 일을 진술하고 있다. 두로의 호화선은 바다 한가운데서 바람을 맞아 단번에 침몰했고, 화물은 바다에 빠졌으며, 선원들도 바다에서 몰살했고, 남은 자들은 언덕에서 애가를 불렀다는 내용이다.

겔 27:26. 네 사공이 너를 인도하여 큰 물에 이르게 함이여 동풍이 바다 한가운데에서 너를 무찔렀도다.

두로의 사공들이 두로를 많은 물 가운데로 인도하였으니, 동풍이 두로를 바다 가운데서 파선시켜 버리고 말았다는 것이다.

이 이상 더 비참할 수는 없는 일이었다. 세상의 영화란 이런 것이다. 이런데도 사람들은 세상의 영화를 탐하는 것이다.

겔 27:27. 네 재물과 상품과 바꾼 물건과 네 사공과 선장과 네 배의 틈을 막는 자와 네 상인과 네 가운데에 있는 모든 용사와 네 가운데에 있는 모든 무리가 네가 패망하는 날에 다 바다 한가운데에 빠질 것임이여.

두로가 엎드러지는 날에 두로의 보화와 그 물품들과 그 교역 물건들과 그 뱃사람들과 그 선원들과 틈을 메우는 자들과 네 교역 물건들을 교역하는 자들과 네게 있는 모든 병사들과 네 가운데 있는 모든 무리가 바다 한가운데 빠질 것이라는 내용이다.

두로가 엎드러지는 날 두로를 위해 수고했던 모든 일꾼들과 물품들은 함께 운명을 같이 할 것이라는 내용이다. 참으로 생각만 해도 끔찍한 일이다.

겔 27:28. 네 선장이 부르짖는 소리에 물결이 흔들리리로다.

두로의 선원들의 부르짖는 소리에 해변 땅이 흔들릴 것이라는 말이다.

겔 27:29-31. 노를 잡은 모든 자와 사공과 바다의 선장들이 다 배에서 내려 언덕에 서서 너를 위하여 크게 소리 질러 통곡하고 티끌을 머리에 덮어쓰며 재 가운데에 뒹굴며 그들이 다 너를 위하여 머리털을 밀고 굵은 베로 띠를 띠고 마음이 아프게 슬피 통곡하리로다.

노를 젓는 모든 자들과 뱃사람들과 바다의 모든 선원들이 자기 배에서 내려와 땅에 서서(29절), 두로에게 크게 소리 내어 비통하게 울부짖고, 티끌을 자기 머리에 뿌리며 재 가운데서 뒹굴 것이다(30절). 29절에 언급된 사람들이 두로를 위해 머리털을 밀고, 베옷을 두르며, 마음이 아파, 비통하게 탄식하며 두로를 위해 울 것이란 내용이다(31절).

하나님께서 망하게 하신 것을 사람들이 어떻게 막겠는가. 사람들은 그저 비통하게 울부짖는 일밖에 할 일이 없는 것이다.

"티끌을 머리에 덮어쓰는" 일은 슬픔을 표현하는 일이었다(수 7:6; 욥 2:11).

"재 가운데에 뒹구는" 것도 슬픔을 표시하는 일이며, 회개하는 마음을 표시하는 일이었다(렘 6:26; 욥 3:6).

"머리털을 밀고 굵은 베로 띠를 띠"는 일 역시도 슬픔을 표시하는 일이며, 회개의 자세였다(7:18 주해 참조).

겔 27:32. 그들이 통곡할 때에 너를 위하여 슬픈 노래를 불러 애도하여 말하기를 두로와 같이 바다 가운데에서 적막한 자 누구인고.

노를 젓는 모든 자들과 뱃사람들과 바다의 모든 선원들이 자기 배에서 내려와 땅에 서서(29절), 두로를 위해 비탄에 잠겨 애가를 부를 것이니, 두로를 위해 슬피 울 것이다. 그들이 내는 음성을 들어보면 두로와 같이 바다 한 가운데서 멸망한 자가 누구냐고 안타까워 울어댄다. 참으로 울어주어야 할 대상은 바로 두로와 같이 된 신세이다.

겔 27:33. 네 물품을 바다로 실어 낼 때에 네가 여러 백성을 풍족하게 하였음이여 네 재물과 무역품이 많으므로 세상 왕들을 풍부하게 하였었도다.

두로의 물품들이 바다에서 올라올 때, 두로가 많은 백성들을 만족시켰고, 두로의 많은 보화와 두로의 물건들로 세상의 왕들을 부유하게 만들었다는 것이다.

겔 27:34. 네가 바다 깊은 데에서 파선한 때에 네 무역품과 네 승객이 다 빠졌음이여.

이제 두로가 바다에서 파선하여, 두로의 교역 물건들과 두로의 모든 무리가 두로와 함께 바다 깊은 곳으로 빠져 버렸다.

두로가 바다 깊은 곳에 빠졌을 때 거기에 속한 모든 것들이 함께 바다에 빠졌다는 것이다. 그렇게 될 수밖에 없는 것이다.

겔 27:35. 섬의 주민들이 너로 말미암아 놀라고 왕들이 심히 두려워하여 얼굴에 근심이 가득하도다.

섬의 모든 주민들이 두로가 바다에 빠진 것을 보고 놀랐고, 그들의 왕들이 크게 두려워하여 얼굴에 근심이 나타날 것이라는 말이다.

겔 27:36. 많은 민족의 상인들이 다 너를 비웃음이여 네가 공포의 대상이 되고 네가 영원히 다시 있지 못하리라 하셨느니라.

백성들 중 상인들이 다 두로를 비웃을 것이다. 멸망이 두로에게 임하였으니, 두로가 영원히 다시는 존재하지 못할 것이라고 한다.

두로의 상인들은 오히려 좋아하며 두로를 조소하고, 또 두로처럼 패망하지 않도록 두로를 경계한다. 그리고 두로가 다시 또 존재하지 않으리라고 말한다.

제 28 장

28:1-19은 두로 왕의 교만한 죄를 규탄하고 그에 대한 심판을 선언한다. 이 부분의 내용은 두로 왕은 사람일 뿐이다(1-10절)와 두로 왕의 망령된 죄(11-19절)로 나눌 수 있다.

ㄷ. 두로 왕에게 임할 심판 28:1-19

1-10절. 두로 왕은 사람일 뿐이다.

<두로 왕이 받을 심판>

겔 28:1. 또 여호와의 말씀이 내게 임하여 이르시되.

본 절은 두로 왕에게 임할 심판에 대해 언급하기 위해 앞에 내세운 표제의 말씀이다.

겔 28:2. 인자야 너는 두로 왕에게 이르기를 주 여호와께서 이같이 말씀하시되 네 마음이 교만하여 말하기를 나는 신이라 내가 하나님의 자리 곧 바다 가운데에 앉아 있다 하도다 네 마음이 하나님의 마음 같은 체할지라도 너는 사람이요 신이 아니거늘.

인자야(여호와께서 에스겔을 부르시는 호칭)! 즉, 너 에스겔은 두로의 통치자에게 말하라. 주 여호와께서 말씀하시기를 네 왕의 마음이 교만하여 나는 신이라. 내가 신들의 자리, 곧 바다 중심에 앉아 있다고 말하며, 왕의 마음이 신들의 마음과 같다고 여길지라도, 너는 사람이지 신이 아니라고 하신다.

"하나님의 자리 곧 바다 가운데에 앉아 있다"는 말은 '두로 왕의 모습이 바다 한 가운데에 솟아난 반석 보좌에 하나님이 앉아 계신 듯하다'는 뜻이다.

그러나 두로 왕은 사람이지 하나님은 아닌 것이다.

겔 28:3. 네가 다니엘보다 지혜로워서 은밀한 것을 깨닫지 못할 것이 없다 하고.

너 두로 왕이 다니엘보다 더 지혜로워서, 어떤 비밀이라도 깨닫지 못할 것이 없다고 하고 큰 소리하는구나.

두로 왕의 죄는 교만함이었다. 그는 자기의 지혜가 다니엘 수준이었던 것으로 말한다. 다니엘은 신 바벨론 제국 시대(주전 605-539년) 이후의 열국의 흥망성쇠와 세상 종말에 있을 구속사적 사건이나 하나님 나라의 도래 등 여러 가지 비밀한 하나님의 섭리를 통찰하는 지혜를 하나님으로부터 받은 자였다(단 1:17; 5:12 참조). 두로 왕은 자신이 다니엘보다 더 지혜로워서 은밀한 것을 깨닫지 못할 것이 없다고 했다.

겔 28:4. 네 지혜와 총명으로 재물을 얻었으며 금과 은을 곳간에 저축하였으며.

두로 왕의 지혜와 총명으로 두로 왕이 스스로 재물을 얻어 금과 은을 두로 왕의 보물 창고에 쌓아두게 되었다고 했다.

두로 왕은 자기의 창고에 재물이 많이 쌓인 것을 보고 교만이 생기게 되었다. 우리는 재물을 보고 교만할 것이 아니라 재물을 주시는 하나님을 바라보아야 한다.

겔 28:5. 네 큰 지혜와 네 무역으로 재물을 더하고 그 재물로 말미암아 네 마음이 교만하였도다.

두로가 무역할 때, 두로의 풍부한 지혜로 재물을 늘렸고, 그 재물로 말미암아 두로 왕의 마음이 교만하게 되었다는 것이다.

재물이 많아지는 것이 문제가 아니라 재물이 많아지는 것을 보고 그 재물 때문에 하나님을 멀리하고 마음이 교만해지는 것이 문제이다.

겔 28:6. 그러므로 주 여호와께서 이같이 말씀하셨느니라 네 마음이 하나님의 마음 같은 체하였으니.

그러므로 주 여호와가 이같이 말씀하시기를 너 두로 왕이 마치 하나님의 마음 같은 체했다는 것이다.

두로 왕은 자기의 지혜를 자랑하고 재산을 자랑하다가 결국은 자신이 하나님이나 된 것처럼 했다.

겔 28:7. 그런즉 내가 이방인 곧 여러 나라의 강포한 자를 거느리고 와서 너를 치리니 그들이 칼을 빼어 네 지혜의 아름다운 것을 치며 네 영화를 더럽히며.

그런즉 보라! 나 여호와가 두로 왕 너에게 이방인, 곧 가장 포학한 민족(바벨론 군대)을 데려올 것이니, 그들이 칼을 뽑아 두로 왕 너의 탁월한 지혜를 치고 두로 왕의 영화를 더럽힐 것이라고 하신다.

교만하면 하나님으로부터 얻어맞을 일밖에 없다는 뜻이다. 교만하면 지혜도 침을 받고 영화도 얻어맞는다는 것이다.

겔 28:8. 또 너를 구덩이에 빠뜨려서 너를 바다 가운데에서 죽임을 당한 자의 죽음 같이 바다 가운데에서 죽게 할지라.

여호와께서는 또 두로 왕을 음부에 빠뜨려서 두로 왕을 바다 가운데에서 여러 번 죽음을 당한 자의 죽음 같이 바다 가운데에서 죽게 만들겠다고 하신다.

겔 28:9. 네가 너를 죽이는 자 앞에서도 내가 하나님이라고 말하겠느냐 너를 치는 자들 앞에서 사람일 뿐이요 신이 아니라.

두로 왕 네가 너를 죽이는 자(바벨론 군) 앞에서 나는 신(神)이라고 참으로 말할 수 있겠느냐? 두로 왕 너는 너 자신을 살육하는 자들의 손 안에 있는 사람이지 분명히 신(神)이 아니다.

우리 모두는 세상의 강력한 세력 앞에서도 맥을 추지 못하는 한낱 피조물일 수밖에 없는 존재임을 알아야 한다.

겔 28:10. 네가 이방인의 손에서 죽기를 할례 받지 않은 자의 죽음 같이 하리니 내가 말하였음이니라 주 여호와의 말씀이니라 하셨다 하라.

두로 왕 네가 외국 사람들의 손에서 죽기를 할례 받지 못한 사람과 같이 죽을 것이다. 그 이유는 나 여호와가 말하였기 때문이라고 하신다.

히브리인들은 무할례자들을 무시했는데, 두로 왕이 무할례자의 죽음같이 죽을 것이라는 뜻이다. 두로 왕은 히브리인들한테도 무시를 당할 정도이니 하나님 앞에야 오죽하겠느냐는 것이다.

11-19절. 두로 왕의 망령된 죄.

겔 28:11. 여호와께서 이같이 말씀하시되 또 내게 임하여 이르시되.

본 절은 두로 왕이 망령된 죄를 저지르고 있음을 말하는 이 부분(11-19절)의 시작을 말하는 표제이다.

겔 28:12. 인자야 두로 왕을 위하여 슬픈 노래를 지어 그에게 이르기를 주 여호와의 말씀에 너는 완전한 도장이었고 지혜가 충족하며 온전히 아름다웠도다.

인자야(여호와께서 에스겔을 부르시는 호칭)! 너 에스겔은 두로 왕에 대한 애가를 부르며 그에게 말하여라. 주 여호와께서 이와 같이 말씀하시기를 너 두로 왕은 완전하게 만든 도장(signet)이었으며, 지혜가 충만하고 완벽하게 아름다웠다고 하시는 말씀이다. 본 절의 말씀은 물론 풍자적인 언사이다.

"너는 완전한 도장"이라는 말은 '두로 왕이 완전을 인쳤다'는 뜻이니, 두로의 왕국이 이상적 국가였다는 것을 드러내는 말씀이다. 두로를 수도(首都)로 가진 베니게라는 고대 왕국은 세계적으로 시장(市場)을 가지고 세계

경제를 좌우하던 나라였다.

겔 28:13. 네가 옛적에 하나님의 동산 에덴에 있어서 각종 보석 곧 홍보석과 황보석과 금강석과 황옥과 홍마노와 창옥과 청보석과 남보석과 홍옥과 황금으로 단장하였음이여 네가 지음을 받던 날에 너를 위하여 소고와 비파가 준비되었도다.

너 두로 왕이 하나님의 동산 에덴에 있었고, 각종 보석, 곧 홍옥과 황수정과 다이아몬드와 녹주석과 줄마노와 벽옥과 청옥과 터키옥과 녹옥과 금으로 단장하고 있었다. 두로 왕이 창조되던 날에 두로 왕을 위해 이미 두로 왕의 아름다움과 작은 북과 비파가 준비되어 있었다는 것이다.

"네가 옛적에 하나님의 동산 에덴에 있었다"는 말은 '두로 왕이 옛적에 하나님의 동산 에덴에 있었다'는 것을 말함인데, 두로가 살던 환경이 에덴과 비슷했다는 뜻이다. 아담이 살던 에덴에 보석이 있었던 것처럼(창 2:12) 두로 왕이 살던 환경도 모든 보석들로 장식된 곳이었다는 것이다. 두로 왕의 살던 곳은 아주 화려했다는 것을 말하는 것이다.

"각종 보석 곧 홍보석과 황보석과 금강석과 황옥과 홍마노와 창옥과 청보석과 남보석과 홍옥과 황금으로 단장하였음이여"라는 말은 여기 기록된 모든 보석들은 모두 대제사장의 판결 흉패에 달린 열 두 보석 가운데 포함되어 있다. 판결 흉패는 한 줄에 세 개씩 모두 네 줄로 열두 개의 보석을 달게 되어 있었는데, 그 보석에는 이스라엘 열두 지파 각각의 이름을 하나씩 써넣었다. 따라서 본문에 기록된 보석은 판결 흉패에 달린 보석보다 세 개가 부족하며 판결 흉패에 달린 보석보다 세 개가 부족하며 판결 흉패의 셋째 줄의 보석 곧 호박, 백마노, 자수정이 바로 본문에는 나타나지 않는 보석들이다(그랜드 종합 주석).

"네가 지음을 받던 날에 너를 위하여 소고와 비파가 준비되었다"라는 말은 두로 왕이 지음을 받던 날은 '태어나던 날'(Herrmann), '생일'(Ziegler) 혹은 '왕으로 즉위하던 날'(Plumptre) 등으로 이해할 수 있다(15절 주해 참조). 그리고 "소고와 비파"는 모두 예배 때나 즐거운 잔치 때 사용되던 악기였다. 따라서 본문은 두로 왕과 관계된 어떤 축제일이 마치 신께 예배드리듯이 성황을 이루었음을 드러내고 있다.

겔 28:14. 너는 기름 부음을 받고 지키는 그룹임이여 내가 너를 세우매 네가 하나님의 성산에 있어서 불타는 돌들 사이에 왕래하였도다.

본 절은 기름 부음을 받은 두로 왕의 자격을 말한다. 즉, 두로 왕은 기름 부음을 받고 지키는 그룹이다. 나 여호와가 두로 왕을 하나님의 성스러운 산에서 살게 하여, 두로 왕이 불타는 돌 사이로 왕래할 수 있었다는 것이다.

"너는 지키는 그룹이라"는 말은 '두로 왕이 에덴의 생명수 길을 화염검으로 지켜야 하는 사명을 맡은 그룹(천사)이라는 것이다(창 3:24). 두로 왕의 영광은 매우 놀라웠던 것을 풍자적으로 표현한 것으로 보인다.

"내가 너를 세우매 네가 하나님의 성산에 있었다"는 말은 '여호와께서 두로 왕을 세워주었는데 두로 왕이 시온 산에 있었다는 뜻이 아니라, 그의 처소가 시온 산 같이 신성불가침이었던 것을 풍자하는 것'뿐이다.

"불타는 돌들 사이에 왕래하였도다"라는 말은 '두로 왕이 하나님의 영광 안에 거하였음을 보여준다(K.&D., Plumptre, Hofmann). 두로 왕은 자신의 처소를 부와 권력을 근거로 화려하고 사치스럽게 치장했음'을 보여준다.

15-19절. 두로 왕이 하나님의 벌을 받아서 불행해졌음을 묘사한다.

겔 28:15. 네가 지음을 받던 날로부터 네 모든 길에 완전하더니 마침내 네게서 불의가 드러났도다.

너 두로 왕이 창조된 날부터 행위가 온전하였으나 마침내 너 두로 왕에게서 불의가 드러났다는 것이다. 두로 왕의 불의는 교만으로부터 드러난 불의였다.

겔 28:16. 네 무역이 많으므로 네 가운데에 강포가 가득하여 네가 범죄하였도다 너 지키는 그룹아 그러므로 내가 너를 더럽게 여겨 하나님의 산에서 쫓아냈고 불타는 돌들 사이에서 멸하였도다.

두로 왕의 무역이 풍성함으로 교만하게 되자 두로 가운데 폭력이 가득하였으니, 두로 왕이 죄를 지었다. 지키는 그룹아! 나 여호와가 두로 왕을 더럽게 여겨 하나님의 산에서 내쫓아 불타는 돌 사이에서 멸망시켰다는 것이다.

사람에게 물자가 많으면 교만하게 되어 범죄하게 된다는 것이다. 사람은 차라리 가난하여 하나님만 바라보는 것이 복되다.

겔 28:17. 네가 아름다우므로 마음이 교만하였으며 네가 영화로우므로 네 지혜를 더럽혔음이여 내가 너를 땅에 던져 왕들 앞에 두어 그들의 구경거리가 되게 하였도다.

두로 왕의 아름다움 때문에 두로 왕의 마음이 높아졌으며 두로 왕의 영화로움 때문에 두로 왕의 지혜를 더럽혔으니, 나 여호와가 너 두로 왕을 땅에 던져 왕들 앞에서 너 두로 왕을 구경거리로 만들어 버리겠다고 하신다.

"네가 아름다우므로 마음이 교만하여졌다"는 말과 "네가 영화로우므로 네 지혜를 더럽혀졌다"는 말은 동의절로 사용되었다. 사람이 한 가지 장점이 있으면 그것 때문에 교만해진다는 것을 보여준다.

"내가 너를 땅에 던져 왕들 앞에 두어 그들의 구경거리가 되게" 한다는 말은 '나 여호와가 두로 왕을 땅에 던져 다른 여러 왕들 앞에 두어 구경거리로 삼겠다'는 것이다.

겔 28:18. 네가 죄악이 많고 무역이 불의하므로 네 모든 성소를 더럽혔음이여 내가 네 가운데에서 불을 내어 너를 사르게 하고 너를 보고 있는 모든 자 앞에서 너를 땅 위에 재가 되게 하였도다.

너 두로 왕은 죄악이 많고 불의한 방법으로 무역하여 두로 왕이 네 모든 성소를 더럽혔다. 그러므로 나 여호와가 두로 왕 가운데서 불을 내어 너를 사르고, 모든 사람이 보는 앞에서 너를 땅 위의 재가 되게 했다는 것이다.

사람이 죄악이 많으면 불의를 행함으로 결국은 하나님의 심판을 받는다는 것이다. 사람의 죄악이 심령에서 깨끗이 지워지도록 죄를 많이 자백해야 한다.

겔 28:19. 만민 중에 너를 아는 자가 너로 말미암아 다 놀랄 것임이여 네가 공포의 대상이 되고 네가 영원히 다시 있지 못하리로다 하셨다 하라.

민족들 중에 두로 왕을 아는 자들이 두로 왕 때문에 다 놀랄 것이며, 두로 왕이 멸망한 자가 되어 두로 왕이 영원토록 존재하지 못할 것이라고 에스겔이 전파해야 한다는 것이다.

과거 두로 왕이 교역을 할 때 두로 왕과 교역하던 자들이 두로 왕의 갑작스럽고도 철저한 심판 당함을 보고 놀랄 것이라는 말이다. 우리 한 사람의 멸망은 우리 한 사람에게만 영향을 주는 것이 아니라 주위에 상당한 영향력을 끼친다.

6. 시돈에 대하여 심판을 예언하다 28:20-26

20-26절에서 시돈의 심판에 대하여는 아주 간략히 언급하고(21-24절), 이스라엘의 회복을 말한다(25-26절).

<시돈이 받을 심판>

겔 28:20. 여호와의 말씀이 또 내게 임하여 이르시되.

본 절은 시돈이 심판 받을 것을 말씀하시기 위하여 앞에 내놓는 표제이다.

겔 28:21. 인자야 너는 얼굴을 시돈으로 향하고 그에게 예언하라.

인자야(여호와께서 에스겔을 부르시는 호칭)! 네 얼굴을 시돈으로 향하고 그 성읍을 대적하여 예언하라고 하신다.

"시돈"은 가나안의 장자로 말미암아 건설된 도시인데(창 10:15) 어업으로 유명했다. 이 도시는 두로 북방 40km, 베이룻 남방 48km 지점에 위치해 있다. 이 도시는 베니게의 수도였으나 두로가 번창함에 따라 그 족속의 성읍이 된 것이다. 시돈과 두로는 성경에서 함께 나타나는 경우가 많았다(27:8; 렘 25:22; 욜 3:4; 슥 9:2 등).

겔 28:22. 너는 이르기를 주 여호와께서 이같이 말씀하시되 시돈아 내가 너를 대적하나니 네 가운데에서 내 영광이 나타나리라 하셨다 하라 내가 그 가운데에서 심판을 행하여 내 거룩함을 나타낼 때에 무리가 나를 여호와인 줄을 알지라.

주 여호와께서 이같이 말씀하시기를, "너 에스겔은 이르기를 보라! 시돈아! 나 여호와가 너 시돈을 대적하여 네 가운데서 영광을 받겠다. 나 여호와가 시돈에게 심판을 행하여 나 여호와의 거룩함을 시돈에게 나타낼 때, 시돈 사람들이 내가 여호와인 것을 알 것이다"라고 하신다.

여호와의 영광은 한 지방을 심판할 때나 또는 한 지방에 복을 주실 때도 나타나신다. 시돈의 죄가 무엇인지 본 절에 나타나지는 않았지만, 시돈 사람들을 심판하신다는 것이다. 하나님께서는 공연히 심판하시지는 않으신다. 분명히 죄가 있으니까 심판하신다는 것이다.

겔 28:23. 내가 그에게 전염병을 보내며 그의 거리에 피가 흐르게 하리니 사방에서 오는 칼에 상한 자가 그 가운데에 엎드러질 것인즉 무리가 나를 여호와인 줄을 알겠고.

나 여호와가 "시돈 사람들에게 전염병을 보내겠고 시돈 사람들이 사는 거리에 피가 흐르게 하겠으며 사방에서 몰려오는 칼에 다친 자가 그 가운데 엎드러지게 할 것이니, 그들은 나 여호와가 하나님인 것을 알게 될 것이다"라고 말씀하신다.

시돈 사람들은 적의 공격을 받아 전쟁 무기에 죽고, 전염병에 죽는다는 것이다. 그래서 시돈 사람들은 여호와가 하나님이신 줄을 알게 된다는 것이다.

겔 28:24. 이스라엘 족속에게는 그 사방에서 그들을 멸시하는 자 중에 찌르는 가시와 아프게 하는 가시가 다시는 없으리니 내가 주 여호와인 줄을 그들이 알리라.

이스라엘 족속에게는 그들을 멸시하던 모든 주변 나라 두로나 시돈 같은 사람들의 찌르는 찔레와 아프게 하는 가시가 다시는 없을 것이니, 이스라엘 나라 사람들은 나 여호와가 원수들을 없애는 주 하나님인 것을 알게 될 것이라는 말이다.

<이스라엘이 복을 받으리라>

겔 28:25. 주 여호와께서 이같이 말씀하셨느니라 내가 여러 민족 가운데에 흩어져 있는 이스라엘 족속을 모으고 그들로 말미암아 여러 나라의 눈 앞에서 내 거룩함을 나타낼 때에 그들이 고국 땅 곧 내 종 야곱에게 준 땅에 거주할지라.

주 여호와가 이같이 말씀하시기를, "나 여호와가 이스라엘 족속을 그들이 흩어져 갔던 여러 나라에서 모아 오고, 여러 민족들의 눈 앞에서 그들 가운데 내 거룩함(위대함)을 나타낼 것이니 이스라엘 족속들은 나 여호와가 내 종 야곱에게 준 그들의 땅에서 살게 될 것이라"고 하신다.

이방에 대한 여호와의 예언은 그 나라 자체만을 위한 예언이 아니라, 하나님 백성의 구원을 위한 예언이기도 하다.

겔 28:26. 그들이 그 가운데에 평안히 살면서 집을 건축하며 포도원을 만들고 그들의 사방에서 멸시하던 모든 자를 내가 심판할 때에 그들이 평안히 살며 내가 그 하나님 여호와인 줄을 그들이 알리라.

이스라엘 족속들이 땅에서 편안하게 살며, 집들을 짓고 포도원들을 만들고 살 것이다. 나 여호와가 주변 나라들 가운데 그들(이스라엘)을 멸시하던 모든 자들을 심판하면, 이스라엘 족속들이 편안하게 살게 될 것이니, 이스라엘 족속들은 내가 여호와 그들의 하나님인 것을 알게 될 것이다. 본 절은 렘 23:6; 29:5-6; 32:37과 병행한다.

7. 애굽에 심판을 예언하다 29:1-32:32

29-32장의 내용은 애굽이 심판 받는다는 것(29장), 애굽에 대한 경고를 한 일(30장), 애굽 왕에 대한 애가가 연속된 일(31장), 애굽 왕 바로를 위한 애가(32:1-16)와 애굽을 위한 애가(32:17-32)로 구성되어 있다.

제 29 장

본 장은 애굽의 패망(1-16절), 애굽이 바벨론 느부갓네살의 분깃이 된다는 내용이다(17-21절).

ㄱ. 애굽이 황폐하게 될 것이다 29:1-16

큰 악어로 비유된 애굽이 광야에 버려진 바 되어 패망할 것이며(1-7절), 애굽 땅이 황무지가 되어 그 후에 회복되기는 하나 미약할 것이라는 내용(8-16절)이다.

<애굽이 받을 심판>

겔 29:1. 열째 해 열째 달 열두째 날에 여호와의 말씀이 내게 임하여 이르시되.

제10년 10월 12일(주전 597년)에 여호와의 말씀이 나 에스겔에게 임하셨다는 것이다. 이때는 여호야긴이 포로가 된 지 10년 되는 해이다.

본 장에 기록된 예언은 태양력으로 주전 597년 1월경에 계시를 받은 것으로서 '제11년', 곧 주전 587년에 계시 받은 것으로 기록되고 있는(26:1) 두로에 대한 심판 예언보다 앞선 시기에 주어진 것이다. 이와 같이 본 장의 예언이 26장의 예언보다 앞서서 발하여졌음에도 불구하고 26장보다 뒤에 놓인 이유는 에스겔이 예언을 받은 시기 순서가 아니라 예언 대상의 멸망순으로 배열되었기 때문이다.

"여호와의 말씀이 내게 임하여 이르시되"라는 말씀은 두로 및 시돈을 향한 하나님의 심판 선언에서 애굽을 향한 심판 예언으로 내용이 전환되고 있음을 밝힌다.

겔 29:2. 인자야 너는 애굽의 바로 왕과 온 애굽으로 얼굴을 향하고 예언하라.

인자야(여호와께서 에스겔을 부르시는 호칭)! 너 에스겔은 애굽 왕 바로에게 네 얼굴을 향하고, 애굽 왕과 온 애굽을 대적하여 예언하라(28:21 참조)고 하신다. 이때의 바로는 "호브라"(Hophra. 주전 589-570년 통치)였다. 바로 이때 유다의 시드기야 왕은 그에게 원조를 구했다(렘 37:7; 44:30).

겔 29:3. 너는 말하여 이르기를 주 여호와께서 이같이 말씀하시되 애굽의 바로 왕이여 내가 너를 대적하노라 너는 자기의 강들 가운데에 누운 큰 악어라 스스로 이르기를 나의 이 강은 내 것이라 내가 나를 위하여 만들었다 하는도다.

주 여호와께서 이와 같이 말씀하시기를, "너 에스겔은 애굽 왕 바로야! 보라! 나 여호와가 너 바로를 치겠다. 자기 강들 가운데 누운 큰 괴물아(바다의 큰 물고기는 애굽을 상징한다)! 네가 말하기를 내 나일 강은 내 것이니, 내가 나를 위해 만들었다"고 하는구나.

"이 강은 내 것이라"는 말은 애굽 왕 바로 호브라가 그의 교만을 드러내는 말이었다(단 4:30 참조).

겔 29:4. 내가 갈고리로 네 아가미를 꿰고 너의 강의 고기가 네 비늘에 붙게 하고 네 비늘에 붙은 강의 모든 고기와 함께 너를 너의 강들 가운데에서 끌어내고.

나 여호와가 바로의 아가미를 갈고리들로 꿰고, 애굽 강들의 고기를 네 비늘들에 달라붙게 하여, 네 비늘들에 붙은 강의 모든 고기와 함께 네 강 가운데서 너 바로를 끌어내겠다고 하신다.

옛날에 승전한 군대가 포로들의 입술을 갈고리로 꿰어 끌고 가는 일이 있었다. 하나님께서 애굽 왕에 대하여 그리하시겠다고 함은 그가 침략군을 보내어 정복케 하실 것을 가리킨다.

겔 29:5. 너와 너의 강의 모든 고기를 들에 던지리니 네가 지면에 떨어지고 다시는 거두거나 모으지 못할 것은 내가 너를 들짐승과 공중의 새의 먹이로 주었음이라.

나 여호와가 너 바로와 네 강들의 모든 고기를 광야로 던지겠으니, 네가 들판 위에 떨어져 다시는 너 바로를 거두거나 모을 자가 없을 것이다. 나 여호와가 땅의 짐승과 공중의 새에게 너를 먹이로 주었다고 하신다.

"너의 강의 모든 고기를 들에 던지리니"란 말은 '백성들이 왕에게 붙어서 그와 함께 패망의 길에 떨어질 것을 예언함이다. 이 예언은 훗날 느부갓네살의 침략으로 말미암아 성취'되었다.

겔 29:6. 애굽의 모든 주민이 내가 여호와인 줄을 알리라 애굽은 본래 이스라엘 족속에게 갈대 지팡이라.

그렇게 되면 애굽의 모든 주민이 나 여호와가 하나님인 줄을 알게 될 것이다. 이는 그들이 이스라엘 족속에게 갈대 지팡이였기 때문이라고 하신다.

"애굽은 본래 이스라엘 족속에게 갈대 지팡이라"는 말은 '나일 강 가에는 갈대가 많았고(출 2:3), 갈대는 약하여 지팡이로 사용할 수 없는 것이었으니 이스라엘에게 애굽은 의지할 바가 못 되는 것'을 가리킨 말이었다.

하나님의 심판의 목적은 백성들로 하여금 여호와께서 우주와 인간 역사를 지배하시는 하나님이신 것을 알게 하려 하심인 것이다.

겔 29:7. 그들이 너를 손으로 잡은즉 네가 부러져서 그들의 모든 어깨를 찢었고 그들이 너를 의지한즉 네가 부러져서 그들의 모든 허리가 흔들리게 하였느니라.

이스라엘인들이 애굽의 손을 잡을 때, 네 갈대가 부러져 오히려 그들의 모든 어깨를 찢었으며, 이스라엘인들이 애굽에 기댈 때, 너 애굽이 부러져 오히려 그들의 모든 허리를 휘청거리게 하였다는 것이다.

이스라엘이 애굽을 의지하면 애굽이 멸망할 때, 이스라엘도 함께 해를 받을 것이라는 말이다(사 30:1-5; 렘 37:5-7).

겔 29:8-10. 그러므로 주 여호와께서 이같이 말씀하셨느니라 내가 칼이 네게 임하게 하여 네게서 사람과 짐승을 끊은즉(8절), 애굽 땅이 사막과 황무지가 되리니 내가 여호와인 줄을 그들이 알리라 네가 스스로 이르기를 이 강은 내 것이라 내가 만들었다 하도다(9절). 그러므로 내가 너와 네 강들을 쳐서 애굽 땅 믹돌에서부터 수에네 곧 구스 지경까지 황폐한 황무지 곧 사막이 되게 하리니(10절).

그러므로 주 여호와께서 이와 같이 말씀하시기를, "보라! 나 여호와가 네게 칼을 가져와 네게서 사람과 짐승을 끊어 버리겠다(8절). 애굽 땅이 황무지와 황폐한 곳이 될 것이니, 애굽 인들이 나 여호와가 여호와인 것을 알 것이다. 나 여호와가 나일 강은 내 것이니 내가 만들었다고 하신다(9절). 그러므로 보라! 나 여호와가 너 바로와 네 강들을 쳐서, 애굽 땅을 믹돌에서 수에네, 곧 에티오피아 지경에 이르기까지 완전한 폐허와 황무지로 만들겠다"고 하신다.

"내가 칼이 네게 임하게 하여 네게서 사람과 짐승을 끊은즉(8절), 애굽 땅이 사막과 황무지가 되리니(9절)"란 말은 '나 여호와가 바벨론 군대로 하여금 애굽에 침입하게 하여 애굽에서 사람과 짐승을 끊은즉, 애굽 땅은 사막과 황무지가 되게 할 것이라'는 말씀이다(렘 46:13, 26).

"내가 여호와인 줄을 그들이 알리라 네가 스스로 이르기를 이 강은 내 것이라 내가 만들었다 하도다"(10절)라는 말은 '여호와께서 애굽을 심판하신즉, 애굽인들이 여호와께서 심판주가 되심을 알게 될 것이다. 그리하여 애굽인들이 이 나일 강은 여호와께서 만드신 강이라는 사실을 알게 된다'고 하신다.

"애굽 땅 믹돌에서부터 수에네 곧 구스 지경까지 황폐한 황무지 곧 사막이 되게 하리니"란 말은 애굽 땅 "믹돌"은 애굽의 북방인 삼각주 지방에 있고, "수에네"는 애굽 남방 에티오피아의 국경 지대에 있다. 그러므로 믹돌에서부터 수에네까지란 말은 북에서 남까지란 말로 애굽 전국을 가리키는 말이다. 본 절은 하나님께서 애굽 전국을 치셔서 황무지로 만들겠다고 하시는 말씀이다.

겔 29:11. 그 가운데로 사람의 발도 지나가지 아니하며 짐승의 발도 지나가지 아니하고 거주하는 사람이 없이 사십 년이 지날지라.

사람의 발이 그 가운데로 지나가지 않고 짐승의 발도 지나가지 아니하여, 사십 년 동안 아무 사람도 살지 못할 것이다.

사람이나 짐승이 애굽 땅에서 살지 않고, 40년 동안 애굽에 거주하는 사람이 없을 것이라는 것인데 실제로 이런 때가 있었는지가 의심스럽다. 이를 시적 언어로 보는 경향이 있다(Plumptre).

그러나 40년에 대해서는 느부갓네살이 애굽을 정복할 때부터 그의 나라가 고레스에게 멸망할 때까지로 보는 견해가 유력한 해석으로 보인다(Faussett, Lange, Brown, 박윤선, 이상근).

겔 29:12. 내가 애굽 땅을 황폐한 나라들 같이 황폐하게 하며 애굽 성읍도 사막이 된 나라들의 성읍 같이 사십 년 동안 황폐하게 하고 애굽 사람들은 각국 가운데로 흩으며 여러 민족 가운데로 헤치리라.

나 여호와가 애굽 땅을 황폐해진 나라들 가운데 황폐하게 하여, 폐허가 된 성읍들 가운데 애굽의 성읍들이 사십 년 동안 황폐하게 될 것이다. 내가 애굽 사람들을 여러 민족들에게 흩어 버리고 여러 나라들 중에 헤치겠다고 하신다.

본 절은 여호와께서 애굽을 아라비아처럼 사막같이 되게 하시고 리비아와 같이 사막이 되게 하신다는 내용이다. 또 애굽 백성을 포로가 되게 하셔서 열방 가운데로 헤치실 것이라고 하신다(렘 46:19).

겔 29:13. 주 여호와께서 이같이 말씀하셨느니라 사십 년 끝에 내가 만민 중에 흩은 애굽 사람을 다시 모아 내되.

주 여호와께서 이와 같이 말씀하시기를, "사십(40) 년이 끝나면 나 여호와가 애굽을 그들이 흩어져 갔던 백성들 중에서 다시 모으겠다"고 하신다.

"사십 년 끝에"란 말은 '느부갓네살이 패망한 끝에'란 말이다. 바벨론이 패망한 끝에 애굽이 회복된다는 뜻이다.

겔 29:14. 애굽의 사로잡힌 자들을 돌이켜 바드로스 땅 곧 그 고국 땅으로 돌아가게 할 것이라 그들이 거기에서 미약한 나라가 되되.

나 여호와가 애굽인들 중 사로잡힌 자를 돌이켜 바드로스 땅, 곧 그들의 고향 땅으로 돌아가게 하여, 그들이 거기서 미약한 왕국이 되게 할 것이다.

"바드로스(Pathros) 땅"이란 지금까지 역사적으로 알려진 바에 의하면 이 땅은 남부 애굽, 다시 말해 상애굽의 수도로서 '테베', '노'(렘 46:25), '노아몬'(나 3:8) 등의 이름으로 불렸던 도시를 지칭하는 것으로 여겨진다. 이곳이 애굽의 고토라고 불리는 이유는 이곳이 고대 애굽 문명의 발상지이며 또한 애굽에서 가장 오래 된 지역 중의 하나이기 때문이다(Whitelaw, Leale, Herodotus, K.&D.).

"그 고국 땅으로 돌아가게 할 것이라"는 말은 고레스로 말미암아 그들이 바벨론에서 해방되어 본국으로 돌아갈 것을 예언한 것이다.

"그들이 거기에서 미약한 나라가 되되"란 말은 여호와께서 애굽을 아주 약한 나라로 만드시겠다는 말씀이다. 애굽이 아주 약한 나라가 되는 이유는 그들의 교만으로 말미암아 하나님의 섭리에 의하여 된 일이었다. 이렇게 약해짐으로 이스라엘은 더 이상 애굽을 의지하지 말라는 신호로 볼 수 있는 것이다.

겔 29:15. 나라 가운데에 지극히 미약한 나라가 되어 다시는 나라들 위에 스스로 높이지 못하리니 내가 그들을 감하여 다시는 나라들을 다스리지

못하게 할 것임이라.

애굽이 왕국들 중에서 가장 미약하여, 다시는 나라들 위에 스스로를 높이지 못할 것이다. 나 여호와가 애굽을 작게 만들어 다시는 민족들을 다스리지 못하게 하겠다고 하신다. 애굽은 하나님의 섭리에 의하여 약해져서 옛날에 다른 나라들을 주관하는 일은 생기지 않게 되었다.

겔 29:16. 그들이 다시는 이스라엘 족속의 의지가 되지 못할 것이요 이스라엘 족속은 돌이켜 그들을 바라보지 아니하므로 그 죄악이 기억되지 아니하리니 내가 여호와인 줄을 그들이 알리라 하셨다 하라(And it shall never again be the reliance of the house of Israel, recalling their iniquity, when they turn to them for aid. Then they will know that I am the Lord GOD-ESV, The Egyptians shall never again be the reliance of the house of Israel; they will recall their iniquity, when they turned to them for aid. Then they shall know that I am the Lord GOD-NRSV).

애굽은 다시는 이스라엘 족속이 의지할 나라가 되지 못할 것이다. 이스라엘은 애굽이 당한 것을 보고서, 애굽에 의지하려 한 것이 얼마나 잘못된 것이었는가를 상기하고, 그 때에야 비로소 이스라엘 백성들이 여호와가 주 하나님인 줄 알게 될 것이라고 하신다.

"나 여호와가 여호와인 줄을 그들이 알리라"는 말은 '여호와께서 죄인들을 벌하심으로 그 자신이 하나님이신 줄을 알려 주신다'는 뜻이다.

ㄴ. 바벨론이 애굽을 훼파할 것이다 29:17-21

<느부갓네살이 애굽을 정복하리라>

겔 29:17. 스물일곱째 해 첫째 달 초하루에 여호와의 말씀이 내게 임하여 이르시되.

제27년 1월 1일에 주님께서 나 에스겔에게 말씀하셨다는 것이다.

본 절의 날짜는 앞선 날짜, 즉 주전 571년 4월(29:1, 제10년 10월 12일)보다 16년 3개월 후의 날짜이고, 뒤따르는 날짜(30:20; 제11년 1월 7일)보다도 16년 후의 날짜이다. 즉, 본 절의 날짜는 에스겔서에 나타나는 연대 중 가장 늦은 날짜이다. 이 날짜는 유다 사람들이 바벨론에 사로 잡혀 간 때부터 계수한 연대이다.

겔 29:18. 인자야 바벨론의 느부갓네살 왕이 그의 군대로 두로를 치게 할 때에 크게 수고하여 모든 머리털이 무지러졌고 모든 어깨가 벗어졌으나 그와 군대가 그 수고한 대가를 두로에서 얻지 못하였느니라.

인자야! 바벨론 왕 느부갓네살이 두로를 치기 위해 자기 군대에게 힘든 노동을 시켜, 모두 머리털이 벗겨지고 모두 어깨가 벗겨졌으나 그와 그 군대가 두로를 치려고 애쓴 수고에도 불구하고 두로로부터 아무런 소득도 얻지 못하였다는 것이다. 느부갓네살은 두로를 함락시켰으나 그 수고에 맞는 보수는 얻지 못했다(May, Plumptre)는 것이다. 느부갓네살이 두로 성을 함락했을 때 두로는 이미 황무지가 되었고, 부자들이 모든 보물들을 배에 싣고 도망했기 때문에 침략군은 얻은 것이 없었다.

"그 수고한 대가를 두로에서 얻지 못하였다"는 말은 '느부갓네살은 13년 간이라는 긴 세월동안 두로를 공격하여(주전 585-573년) 마침내 정복하는데 성공은 했으나 전쟁 물자와 인명의 손실만을 얻었을 뿐 별다른 소득을 얻지 못했다'는 것이다.

겔 29:19. 그러므로 주 여호와께서 이같이 말씀하셨느니라 내가 애굽 땅을 바벨론의 느부갓네살 왕에게 넘기리니 그가 그 무리를 잡아가며 물건을 노략하며 빼앗아 갈 것이라 이것이 그 군대의 보상이 되리라.

그러므로 주 여호와께서 이와 같이 말씀하시기를, "보라! 나 여호와가 바벨론 왕 느부갓네살에게 애굽 땅을 넘겨주신다고 말씀하신다. 느부갓네살이 애굽의 재물을 가져가고 그를 약탈하고 노략할 것이며 그의 군대가 소득을 얻게 될 것이라"고 하신다.

겔 29:20. 그들의 수고는 나를 위하여 함인즉 그 대가로 내가 애굽 땅을 그에게 주었느니라 주 여호와의 말씀이니라.

주 여호와께서 말씀하시기를, "느부갓네살이 두로 때문에 수고한 보상으로 나 여호와가 느부갓네살에게 애굽 땅을 주었으니, 이는 그들이 나를 위해 수고하였기 때문이라"고 하신다.

하나님은 그를 위해 수고한 대가를 주신다는 것이다. 결코 무보수로 일하게 하지는 않으신다는 것이다.

겔 29:21. 그 날에 나는 이스라엘 족속에게 한 뿔이 돋아나게 하고 나는 또 네가 그들 가운데에서 입을 열게 하리니 내가 여호와인 줄을 그들이 알리라.

그 날에 나 여호와가 이스라엘 족속에게서 한 뿔이 솟아나게 하고, 이스라엘이 그들 중에서 입을 열게 할 것이니, 그들이 나 여호와가 여호와임을 알게 될 것이라고 하신다.

본 절의 "그 날"이란 말이 구체적으로 어느 날을 말함인가? 이 날에 대해서 여러 견해가 있다. 1) 유다 민족이 바벨론에서 해방되는 날이라는 견해(Aalders, May), 2) 여호와께서 애굽을 느부갓네살에게 주실 날이라는 견해(K.&D., Cooke), 3) 주님의 날이라는 견해(Hengsternberg, Ewald, Schmieder) 등이 있다. 이 세 견해 중에 3)번의 견해가 가장 바람직하다. 이유는 그 날에 이스라엘 족속에게 한 뿔이 돋아난다 했고, 또 바벨론에 있는 유다 민족이 그들 가운데에서 입을 열게 될 것이니 특별한 날인 것이 분명하기 때문이다.

"네가 그들 가운데에서 입을 열게 하리니"라는 말은 '바벨론에 거하던 유다 백성들이 바벨론 가운데서 입을 열게 될 것'이란 뜻이고, 또 '말세에 유다인들이 예수 그리스도를 만방에 전할 것'이란 뜻이다.

"내가 여호와인 줄을 그들이 알리라"는 말은 6:7 주해를 참조하라.

제 30 장

ㄷ. 애굽이 멸망할 것이다 30:1-26

이 부분의 내용은 애굽에 대한 경고(1-19절), 애굽 왕에 대한 경고(20-26절)로 구성되어 있다.

1-9절. 애굽은 여호와의 날에 망한다는 것(1-5절), 그리고 애굽을 돕는 자들도 함께 망한다는 것을 말한다(6-9절).

<여호와께서 애굽을 심판하시다>

겔 30:1. 또 여호와의 말씀이 내게 임하여 이르시되.

본 절은 애굽이 여호와의 날에 망한다는 것을 언급하기 위해 말씀을 시작한다.

겔 30:2. 인자야 너는 예언하여 이르라 주 여호와께서 이와 같이 말씀하시되 너희는 통곡하며 이르기를 슬프다 이 날이여 하라.

인자야(여호와께서 에스겔을 부르시는 호칭)! 너 에스겔은 예언하여 말하라. 주 여호와가 이와 같이 말씀하시기를 너희는 통곡하라. 그날에 화가 있을 것이라고 하신다.

"너희는 통곡하며 이르기를 슬프다 이 날이여 하라"는 말은 애굽의 멸망을 앞두고 애가조로 슬픔을 표현하라는 말씀이다.

겔 30:3. 그 날이 가깝도다 여호와의 날이 가깝도다 구름의 날일 것이요 여러 나라들의 때이리로다.

애굽의 멸망의 날이 가까우니, 곧 여호와께서 애굽을 멸망시키신 날이 가깝도다. 그것은 구름이 낀 날일 것이요 민족들이 망할 때일 것이라고 하신다.

"여호와의 날"이란 구약에 많이 등장하는 말(사 2:12; 13:9; 애 2:22; 암 5:18; 슥 14:1)로 '여호와의 심판의 날'을 지칭한다.

"구름의 날"이란 말은 '환난의 날'을 뜻하며(욜 2:2; 습 1:5), 또 "여러 나라들의 때"란 말은 '애굽을 도와주는 여러 나라들이 심판을 받는 날'이라는 뜻이다.

겔 30:4. 애굽에 칼이 임할 것이라 애굽에서 죽임 당한 자들이 엎드러질 때에 구스에 심한 근심이 있을 것이며 애굽의 무리가 잡혀 가며 그 터가 헐릴 것이요

바벨론 군대의 칼이 애굽에 임할 것이라(29:8). 그 칼이 애굽에 임하여 죽임 당한 자들이 엎드러질 때에 구스(에티오피아)에 공포가 있을 것이니, 애굽에서 살육당한 자들이 잡혀가며, 그 기반들이 헐릴 것이라고 하신다.

바벨론 군대의 전화(戰禍)가 애굽에 임할 때에 애굽 전체에 그 전화가 임할 것은 불을 보듯 뻔한 일이다. 우리는 전화가 임하지 않도록 미리미리 우리의 죄를 자백하며 살아야 한다.

겔 30:5. 구스와 붓과 룻과 모든 섞인 백성과 굽과 및 동맹한 땅의 백성들이 그들과 함께 칼에 엎드러지리라.

구스(에티오피아, 4절)와 붓(소아시아의 리비아인들, 27:10)과 룻(리디아인들)과 모든 섞인 백성(여러 외국인들)과 굽(눕, 이는 누비아인들을 지칭하는 말, 대하 16:8; 나 3:9)과 동맹한 나라의 자손들이 애굽인들과 함께 칼에 엎드러질 것이라고 하신다.

우리는 불의한 백성들과 동맹 맺고 사는 것을 참으로 불의한 것으로 알아 그들과 동맹을 맺지 말아야 한다.

겔 30:6. 여호와께서 이같이 말씀하셨느니라 애굽을 붙들어 주는 자도 엎드

러질 것이요 애굽의 교만한 권세도 낮아질 것이라 믹돌에서부터 수에네까지 무리가 그 가운데에서 칼에 엎드러지리라 주 여호와의 말씀이니라.

여호와께서 이와 같이 말씀하시기를, "애굽(이집트)의 지지자들도 쓰러지고 애굽의 교만한 권세도 낮아질 것이다. 그들이 믹돌에서부터 수에네(북에서부터 남까지라는 말이다. 29:10 참조)에 이르기까지 무리들이 그 가운데서 칼에 엎드러질 것이라"고 하신다.

본 절은 애굽을 지지하는 세력도 쓰러지고, 애굽 자체의 권세도 낮아지리라는 것이다. 우리가 죄를 자백하지 않고 살면 금방 우리의 힘이 약화됨을 알고 항상 죄를 자백하며 살아야 한다.

겔 30:7. 황폐한 나라들 같이 그들도 황폐할 것이며 사막이 된 성읍들 같이 그 성읍들도 사막이 될 것이라.

그들(애굽과 애굽의 지지자들)이 황폐한 나라들 가운데 더욱 황폐할 것이며, 그 성읍들도 폐허가 된 성읍들 가운데 있을 것이라고 하신다.

우리는 불의한 세력 가운데 살아서는 안 될 것이다. 불의한 세력들 가운데 사느니 차라리 홀로 사는 것이 낫다.

겔 30:8. 내가 애굽에 불을 일으키며 그 모든 돕는 자를 멸할 때에 그들이 나를 여호와인 줄 알리라.

나 여호와가 애굽(이집트)에 불(전쟁의 화, 28:18 주해 참조)을 보내고, 그를 돕는 모든 자(애굽을 돕던 모든 자)를 부술 때, 그들(애굽인들이나 애굽을 돕는 나라들)은 나 여호와가 여호와인 줄을 알 것이다.

이는 인류가 불의해서 망할 때, 여호와께서 망하게 하신 사실을 알아본다는 의미이다.

겔 30:9. 그 날에 사절들이 내 앞에서 배로 나아가서 염려 없는 구스 사람을 두렵게 하리니 애굽의 재앙의 날과 같이 그들에게도 심한 근심이 있으리라

이것이 오리로다.

그 날에는 내(여호와)가 보낸 사신들이 배를 타고 나아가 편안한 구스(에티오피아)를 두렵게 할 것이다. 애굽(이집트)의 재앙의 날에 구스(에티오피아) 사람들에게 공포가 있을 것이니, 보라! 그 일이 곧 닥쳐올 것이라고 하신다.

여기 "내 앞에서"란 말은 '여호와께서 보낸 사신들이 배를 타고 나아가 역할을 했다'는 의미이다.

10-19절. 느부갓네살이 애굽을 멸망시킨다는 것(10-12절)과 여호와께서도 애굽을 멸망시키신다는 것(13-19절)을 말씀한다. 여호와께서는 바벨론 군대를 그의 심판의 도구로 사용하신다고 하신다.

겔 30:10. 주 여호와께서 이같이 말씀하셨느니라 내가 또 바벨론의 느부갓네살 왕의 손으로 애굽의 무리들을 끊으리니.

주 여호와께서 이와 같이 말씀하시기를, "바벨론 왕 느부갓네살의 손을 이용하여 나 여호와가 애굽(이집트)의 무리를 끊어 버리겠다"고 하신다.

여호와께서는 일을 하실 때 보통 사람이나 국가를 도구로 사용하신다.

겔 30:11. 그가 여러 나라 가운데에 강포한 자기 군대를 거느리고 와서 그 땅을 멸망시킬 때에 칼을 빼어 애굽을 쳐서 죽임 당한 자로 땅에 가득하게 하리라.

느부갓네살이 민족들 중에 가장 잔인한 군대를 데리고 가서 애굽 땅을 진멸시킬 때에, 느부갓네살의 연합군들이 칼을 뽑아 애굽(이집트)을 대적하여 그 땅을 살육당한 자들로 채울 것이라고 하신다(28:7; 31:12).

겔 30:12. 내가 그 모든 강을 마르게 하고 그 땅을 악인의 손에 팔겠으며 타국 사람의 손으로 그 땅과 그 가운데에 있는 모든 것을 황폐하게 하리라 나 여호와의 말이니라.

나 여호와가 말하기를, "내가 나일 강들(나일 강과 그 지류들, 하류 지방의 삼각주, 그 지류들 사이에 만든 인공 운하들)을 마른 땅으로 만들어 버리고, 그 땅을 악인들의 손에 팔며, 그 땅과 그 땅에 충만한 것들을 타국인들의 손으로 황폐하게 만들겠다"고 하신다.

겔 30:13. 주 여호와께서 이같이 말씀하셨느니라 내가 그 우상들을 없애며 신상들을 놉 가운데에서 부수며 애굽 땅에서 왕이 다시 나지 못하게 하고 그 땅에 두려움이 있게 하리라.

주 여호와께서 이와 같이 말씀하시기를, "나 여호와가 애굽의 우상들을 파괴하고, 이방 신들을 놉(놉은 카이로의 남쪽 17km 지점에 있는 멤피스를 지칭한다)에서 끊어 버리며, 다시는 애굽(이집트) 땅을 다스리는 통치자가 없게 할 것이다. 내가 애굽 땅(이집트 땅)에 두려움을 주겠다"고 하신다.

"애굽 땅에서 왕이 다시 나지 못하게 하고, 그 땅에 두려움이 있게 하리라"는 말은 '애굽이 바벨론에게 패망한 뒤 애굽 본토 출신 중에서는 왕이 나오지 못할 것과 앞으로 약소국가가 되어(29:15 주해 참조) 항상 외세에 대한 두려움 속에서 지내게 될 것'을 뜻한다.

겔 30:14. 내가 바드로스를 황폐하게 하며 소안에 불을 지르며 노 나라를 심판하며.

본 절은 애굽의 중요한 도시를 심판하신다는 것으로 애굽 전국이 황무지가 될 것이라는 뜻이다. 즉, 나 여호와가 바드로스(나일 강 상류 지방의 중요한 성읍, 29:14 주해 참조)를 황폐하게 하고 소안(삼각주 동편에 위치하고 동방 국가와의 교통도 빈번하였으며, 한 때 애굽의 수도이기도 했다. 민 13:22; 시 78:12; 사 19:11; 30:4)에 불을 놓고, 노 나라(테베는 나일 강 강구에서 남쪽 720km지점에서 강 좌우편으로 펼쳐져 주전 2,400년경에는 대도시로 성장해 있었다. 애굽의 중왕국 시대의 제13왕조 이후 약 300년간 힉소스족에게 추방되어 함족은 나일 강 상류 지방인 이곳 테에베에 도읍

했고, 제18왕조 이후 테에베는 전성기가 되었고, 그 후 함족은 힉소스족을 추방하고 멤피스로 천도함으로 쇠약해졌다)를 심판하겠다고 하신다.

겔 30:15. 내 분노를 애굽의 견고한 성읍 신에 쏟고 또 노 나라의 무리를 끊을 것이라.

나 여호와의 분노를 애굽(이집트)의 요새인 신(애굽의 동북부, 나일 강의 동편 지류 늪지대에 건축된 요새로 현재의 이름은 페로미라 한다)에 쏟고, 또 테에베의 무리를 끊어 버리겠다고 하신다.

겔 30:16. 내가 애굽에 불을 일으키리니 신 나라가 심히 근심할 것이며 노 나라는 찢겨 나누일 것이며 놉 나라가 날로 대적이 있을 것이며.

나 여호와가 애굽(이집트)에 불(바벨론 군에 의한 전화)을 놓을 것이니, 신(15절에 언급된 도시)이 심히 고통스러워하고 테베(14절에 언급된 도시)가 찢겨지며 멤피스(13절에 언급된 도시)가 낮에 대적을 만날 것이라는 뜻이다.

겔 30:17. 아웬과 비베셋의 장정들은 칼에 엎드러질 것이며 그 성읍 주민들은 포로가 될 것이라.

아웬(이 도시는 카이로 동북 11km 지점에 있다. 바로 이곳에 애굽에서 가장 오래된 높이 20m의 오벨리스크가 서 있다)과 비베셋(카이로 동북 약 70km 지점인 수에즈 운하 지대에 위치한다)의 젊은이들은 칼에 엎드러지고 포로로 끌려갈 것이라고 하신다.

겔 30:18. 내가 애굽의 멍에를 꺾으며 그 교만한 권세를 그 가운데에서 그치게 할 때에 드합느헤스에서는 날이 어둡겠고 그 성읍에는 구름이 덮일 것이며 그 딸들은 포로가 될 것이라.

나 여호와가 애굽(이집트)의 멍에들을 꺾을 것이고(애굽에게 지워질 멍에가 아니라 애굽이 열방 특히 이스라엘 백성에게 지운 멍에를 꺾을 것이란 뜻이다), 애굽의 교만한 권세를 그치게 할 때에 드합느헤스(이 도시는 15절에서 언급된 신과 이웃하고 있는 요새지였다. 예레미야는 이 성읍을 '다하브네'라는 다른 이름으로 기록하면서 이곳에 왕궁이 있다고 기록하고 있다. 따라서 드합느헤스는 애굽 왕국 자체를 상징하며 드합느헤스가 어둡겠다고 한 본문은 애굽 전체가 어두운 재앙에 휩싸이게 될 것을 의미한다)에서는 낮도 어두울 것이고, 구름이 애굽(이집트)을 덮을 것이며, 그 딸들(애굽의 주변 도시들)은 포로로 끌려갈 것이라고 하신다.

"그 딸들은 포로가 될 것이라"는 말은 '주변 도시들이 바벨론에게 패하여 바벨론의 지배하에 놓이게 될 것이라'는 뜻이다.

겔 30:19. 이같이 내가 애굽을 심판하리니 내가 여호와인 줄을 그들이 알리라 하셨다 하라.

나 여호와가 애굽(이집트)를 심판하겠으니, 애굽인들이 나 여호와가 여호와인 것을 알 것이라고 하신다. 본 절 주해를 위해 6:7 주해를 참조하라.

20-26절. 애굽 왕에 대한 경고가 언급되어 있다.

<애굽 왕의 꺾인 팔>

겔 30:20. 열한째 해 첫째 달 일곱째 날에 여호와의 말씀이 내게 임하여 이르시되.

제11년 1월 7일에 여호와의 말씀이 내게 임하여 말씀하셨다는 것이다. 이 예언은 29:1-16의 예언에 계속하는 것으로 볼 수 있다. 이유는 바로 앞선 29:17의 연대(제27년 1월 1일)와는 무려 16년의 차이가 있으나, 29:1(제10년 10월 12일)과는 불과 3개월 후로 주전 587년 4월이기 때문이다.

이렇게 예언을 받은 날짜를 기록한 이유는 본 예언이 역사적인 사실이라는 것을 말하기 위함이다.

겔 30:21. 인자야 내가 애굽의 바로 왕의 팔을 꺾었더니 칼을 잡을 힘이 있도록 그것을 아주 싸매지도 못하였고 약을 붙여 싸매지도 못하였느니라.

인자야(여호와께서 에스겔을 부르시는 호칭)! 나 여호와가 애굽(이집트) 왕 바로(Pharoh-Hophra, 주전 589-570년 통치)의 팔(힘을 표시하는 말)을 부러뜨렸으니, 보라! 그 팔이 치료받지 못하고 붕대를 감아 싸매지도 못하며, 칼을 잡을 수 있도록 성하게 회복되지 못했다고 하신다. 결국 애굽 왕 바로는 그 세력이 아주 쇠약해졌다는 것이다.

겔 30:22. 그러므로 주 여호와께서 이같이 말씀하셨느니라 내가 애굽의 바로 왕을 대적하여 그 두 팔 곧 성한 팔과 이미 꺾인 팔을 꺾어서 칼이 그 손에서 떨어지게 하고.

그러므로 주 여호와께서 이와 같이 말씀하시기를, "보라! 나 여호와가 애굽(이집트) 왕 바로를 대적하여, 그의 성한 팔과 함께 이미 부러진 팔도 아주 부러뜨려 그 손에서 칼을 떨어뜨리겠다"고 하신다.

본 절은 애굽 왕의 이미 꺾인 팔과 아직 성한 팔을 모두 칼을 아예 잡을 수 없이 꺾어버리시겠다는 말씀이다. 이는 애굽 군대의 철저한 패배를 의미하는 것이다.

겔 30:23. 애굽 사람을 뭇 나라 가운데로 흩으며 뭇 백성 가운데로 헤칠지라.

나 여호와가 애굽(이집트)인들을 여러 나라들 가운데 흩어 버리고 여러 나라들 중에 헤칠 것이라고 하신다.

이는 애굽의 군대를 여러 나라로 흩으시며, 백성을 뭇 백성들 가운데로 헤치실 것이라는 뜻이다.

겔 30:24. 내가 바벨론 왕의 팔을 견고하게 하고 내 칼을 그 손에 넘겨 주려니와 내가 바로의 팔을 꺾으리니 그가 바벨론 왕 앞에서 고통하기를 죽게 상한 자의 고통 하듯 하리라.

나 여호와가 바벨론 왕의 팔들을 강하게 하여줄 것이고, 내 칼을 바벨론 왕의 손에 넘겨주겠으나 바로의 팔들은 부러뜨릴 것이니, 애굽의 바로가 바벨론 왕 앞에서 죽도록 상처 입은 자처럼 신음할 것이라고 하신다.

본 절은 여호와께서 애굽 왕의 팔을 꺾으시는 반면, 바벨론 왕의 팔은 더욱 강하게 해주신다는 것이다. 지구상의 모든 일은 여호와께서 해주시는 대로 되는 것이다.

겔 30:25. 내가 바벨론 왕의 팔은 들어 주고 바로의 팔은 내려뜨릴 것이라 내가 내 칼을 바벨론 왕의 손에 넘기고 그를 들어 애굽 땅을 치게 하리니 내가 여호와인 줄을 그들이 알리라.

본 절은 앞 절의 내용을 반복해서 표현하고 있다. 즉, 나 여호와가 바벨론 왕의 팔들은 강하게 해주고, 바로의 팔들은 떨어뜨리겠다. 나 여호와가 내 칼을 바벨론 왕의 손에 주어, 그가 그 칼을 애굽(이집트) 땅에 뻗칠 때에 애굽인들이 나 여호와가 여호와인 줄을 알 것이라고 하신다.

"내가 여호와인 줄을 그들이 알리라"(6:7주해 참조)는 말은 '나 여호와가 참 하나님인 줄을 애굽인들이 알게 될 것이라'는 뜻이다. 애굽인들은 바벨론 군대에 의하여 망하면서 여호와께서 하나님이신 줄 알게 된다는 것이다. 애굽인들은 바벨론의 전화(戰禍)를 입으면서 이것은 하나님에 의해서 된 줄을 알게 된다는 것이다.

겔 30:26. 내가 애굽 사람을 나라들 가운데로 흩으며 백성들 가운데로 헤치리니 내가 여호와인 줄을 그들이 알리라.

본 절은 23절의 반복이다. 즉, 나 여호와가 애굽(이집트)인들을 여러 나라들 가운데 흩어버리고 여러 나라들 중에 헤치겠으니, 애굽인들이 나 여호와가 참 하나님인 줄을 알 것이란 뜻이다.

제 31 장

ㄹ. 애굽이 앗수르와 같이 멸망할 것이다 31:1-18

앞의 두 장(29-30장)에 이어 본 장(31장)도 역시 애굽 왕에 관한 예언의 계속이다. 앗수르 왕과 그 왕국은 영화로웠지만 애굽 왕은 앗수르 왕에 미치지 못한다는 것이고(1-9절), 앗수르 왕은 교만해서 망한다는 것을 말한다(10-18절).

<한때 백향목 같았던 애굽>

겔 31:1. 열한째 해 셋째 달 초하루에 여호와의 말씀이 내게 임하여 이르시되

제11년 3월 1일에 여호와의 말씀이 내게 임하셨다는 것이다.

본 절의 연대는 주전 587년 6월에 해당한다. 앞선 연대(제11년 1월 7일, 30:20)를 표준해서 보면, 2개월 후가 된다(1:2 주해 참조).

겔 31:2. 인자야 너는 애굽의 바로 왕과 그 무리에게 이르기를 네 큰 위엄을 누구에게 비하랴.

인자야(여호와께서 에스겔을 부르시는 호칭)! 너는 애굽(이집트) 왕 바로와 그의 무리를 향해서 이르라. 너 애굽 왕이 네 위대함을 누구와 비교하겠느냐고 말하라는 것이다.

애굽 왕의 큰 위엄은 앗수르 왕과 비교할 수 있을 정도였다는 것이다. 즉, 애굽 왕은 앗수르 왕과 비교할 수 있는 큰 세력이었으므로 이에 비해 다른 왕이나 다른 세력은 너무 작은 세력에 불과했다는 것이다.

겔 31:3. 볼지어다 앗수르 사람은 가지가 아름답고 그늘은 숲의 그늘 같으며 키가 크고 꼭대기가 구름에 닿은 레바논 백향목이었느니라.

"보라! 앗수르 사람은 레바논의 백향목처럼 아름다운 가지와 숲의 그늘과 높은 키로 그 꼭대기가 큰 가지 사이에 높이 솟아 있었느니라"고 말씀하신다.

본 절은 애굽 왕의 운명을 앗수르의 영광과 몰락에 비해서 말한 것이다. 앗수르 전성기 시대의 왕의 위엄을 묘사하는 것이다.

겔 31:4. 물들이 그것을 기르며 깊은 물이 그것을 자라게 하며 강들이 그 심어진 곳을 둘러 흐르며 둑의 물이 들의 모든 나무에까지 미치매.

물들이 백향목을 자라게 했고, 깊은 물(깊은 못)이 그 백향목의 키를 높게 했으며, 강들(티그리스 강)이 그 심겨진 곳을 둘러 흐르고, 그 물길이 들의 모든 나무에까지 뻗쳤다는 것이다.

본 절은 애굽이나 앗수르의 지리적 조건이 좋은 것을 말한다. 그래서 그런 지리적 장점 때문에 그 나라들이 번창한 것을 말한다.

겔 31:5-6. 그 나무가 물이 많으므로 키가 들의 모든 나무보다 크며 굵은 가지가 번성하며 가는 가지가 길게 뻗어 나갔고 공중의 모든 새가 그 큰 가지에 깃들이며 들의 모든 짐승이 그 가는 가지 밑에 새끼를 낳으며 모든 큰 나라가 그 그늘 아래에 거주하였느니라.

그 백향목이 많은 물 가운데 있어 그 키가 들의 모든 다른 나무들보다 커졌으며, 그 큰 가지들은 번성하고, 가는 가지들은 길게 자랐다는 것이며, 공중의 모든 새들이 그 큰 가지에 깃들였고, 들의 모든 짐승이 그 가는 가지 밑에서 새끼를 낳았으며, 많은 민족들이 모두 그 그늘에서 지냈다는 것이다.

애굽이 초강대국이 되어 많은 백성들이 그 나라에서 살게 되었고, 여러 나라들이 애굽의 지배하에 국권을 유지했다는 것이다.

겔 31:7. 그 뿌리가 큰 물 가에 있으므로 그 나무가 크고 가지가 길어 모양이

아름다우매.

그 백향목 가지가 컸고 가지가 길어져서 모양이 아름다웠으니, 이는 그 뿌리가 물이 풍부한 물 가에 있었기 때문이라는 것이다.

겔 31:8. 하나님의 동산의 백향목이 능히 그를 가리지 못하며 잣나무가 그 굵은 가지만 못하며 단풍나무가 그 가는 가지만 못하며 하나님의 동산의 어떤 나무도 그 아름다운 모양과 같지 못하였도다.

하나님의 동산에 있는 백향목도 애굽(앗수르) 왕의 그 나무를 가릴 수 없었고, 하나님의 동산에 있는 잣나무도 그 애굽 왕(앗수르 왕)의 작은 가지만 못하였으니, 하나님의 동산 어떤 나무도 그와 비길 만큼 아름답지 못했다는 것이다. 본 절의 이 말씀은 애굽 왕의 교만을 말하는 것이었다.

겔 31:9. 내가 그 가지를 많게 하여 모양이 아름답게 하였더니 하나님의 동산 에덴에 있는 모든 나무가 다 시기하였느니라.

나 여호와가 그 백향목의 무성함으로 그를 아름답게 해서, 하나님의 동산 에덴에 있는 모든 나무들이 그를 질투하게 했다고 하신다. 본 절은 앞 절의 반복이고 강조이다.

10-18절. 앗수르 왕은 교만해서 망했다는 것을 말한다. 먼저 하나님은 앗수르 왕이 교만해졌기 때문에 바벨론 왕을 보내어 그를 찍어 넘어지게 하셨다는 것(10-14절), 앗수르의 멸망으로 열방이 애곡하고 놀랐다는 것을 말한다(15-18절).

겔 31:10. 그러므로 주 여호와께서 이같이 말씀하셨느니라 그의 키가 크고 꼭대기가 구름에 닿아서 높이 솟아났으므로 마음이 교만하였은즉.

그러므로 주 여호와께서 이와 같이 말씀하시기를, "너 앗수르가 키가 높이 솟아났고 그 꼭대기가 큰 가지 사이에 놓여 있었으므로, 높은 키 때문에 그 마음이 교만해졌다"고 하신다.

이 앗수르의 교만이 곧 앗수르 왕을 망하게 했다는 것이다(잠 16:18). 한 개인이나 한 국가가 망하는 것은 대부분 교만 때문에 일어나는 현상이다.

겔 31:11. 내가 여러 나라의 능한 자의 손에 넘겨 줄지라 그가 임의로 대우할 것은 내가 그의 악으로 말미암아 쫓아내었음이라.

나 여호와가 앗수르를 여러 민족들 중 가장 강한 자(바벨론 왕)의 손에 넘겨주겠다. 바벨론 왕의 사악함대로 앗수르 왕에게 반드시 갚겠으니, 이는 나 여호와가 그를 쫓아내었기 때문이라고 하신다.

"그가 임의로 대우했다"는 말은 바벨론 왕이 피정복자들을 임의로(마음대로) 대우했다는 뜻이다.

겔 31:12. 여러 나라의 포악한 다른 민족이 그를 찍어 버렸으므로 그 가는 가지가 산과 모든 골짜기에 떨어졌고 그 굵은 가지가 그 땅 모든 물 가에 꺾어졌으며 세상 모든 백성이 그를 버리고 그 그늘 아래에서 떠나매.

이방인, 곧 여러 민족들 중 가장 잔인한 자들이 그를 잘라 내버렸으므로 그 작은 가지들은 산들과 모든 골짜기들에 떨어졌고, 그 큰 가지들은 부러져 그 땅 모든 계곡에 있게 되었으며, 그 땅 모든 민족들은 그 그늘을 떠나 그를 버려두었다는 것이다.

"여러 나라의 포악한 다른 민족"이란 앗수르를 정복한 바벨론을 지칭하는 말이다. 본 절은 그 민족이 강포하다고 진술함으로써 그들이 앗수르를 정복한 후 앗수르 사람들을 어떻게 다루었는가를 말해주고 있다. 11절 주해 참조.

"그 가는 가지가 산과 모든 골짜기에 떨어졌고 그 굵은 가지가 그 땅 모든 물 가에 꺾어졌다"는 말은 '열국 위에 군림했던 앗수르의 파멸을 너무나 크고 아름다워 칭송을 받던 레바논의 백향목이 훼손당하는 것과 같은 적절한 비유를 통해 상징적으로 묘사'하고 있다. 바벨론에게 패하여 수도 니느웨를 점령당한 후(주전 612년), 앗수르는 제국으로서의 힘과 권위를 상실했으며,

그 이후 주전 605년 바벨론 연합군의 공격으로 그나마 유지하고 있던 명맥마저 끊어져 인간의 손으로 이룩한 제국의 필연적인 종말을 다시 한 번 확인해 준 것이다.

"세상 모든 백성이 그를 버리고 그 그늘 아래에서 떠났다"는 말은 앗수르의 전성기에 그 강한 힘과 찬란한 문화의 혜택을 누렸던 여러 민족들이 앗수르를 배반한 사실을 뜻한다.

겔 31:13. 공중의 모든 새가 그 넘어진 나무에 거주하며 들의 모든 짐승이 그 가지에 있으리니.

그 쓰러진 나무에 공중의 모든 새들이 머물고, 그 가지에서는 들의 모든 짐승이 살 것이라고 하신다.

백향목에 비유되었던 제국 앗수르의 그늘에서 얻을 수 있는 온갖 군사, 경제, 문화적 혜택들을 얻기 위해 모여 들었던 열국들이 앗수르가 무너진 후에는 폐허가 된 앗수르에서 조금의 이익이라도 얻기 위해 다시 모여들었다. 이는 실로 약육강식의 원리만이 존재했던 국제 사회의 냉엄한 현실을 그대로 반영한 상황이며 많은 나라들의 맹주(盟主)로 군림하고 있던 애굽이 곧 당할 일이기도 했다.

겔 31:14. 이는 물 가에 있는 모든 나무는 키가 크다고 교만하지 못하게 하며 그 꼭대기가 구름에 닿지 못하게 하며 또 물을 마시는 모든 나무가 스스로 높아 서지 못하게 함이니 그들을 다 죽음에 넘겨 주어 사람들 가운데에서 구덩이로 내려가는 자와 함께 지하로 내려가게 하였음이라.

이 모든 것은 물 가에 있는 모든 나무들이 자기의 키로 인하여 교만하지 않게 하고, 그 꼭대기가 큰 가지들 사이로 뻗지 못하게 하며, 물을 빨아들이는 모든 나무가 스스로 높아지지 못하게 하려는 것이었다. 이 모든 것은 그들 모두가 지하 세계, 곧 구덩이로 내려가는 인간들과 함께 죽음에 넘겨졌기 때문이라는 것이다.

위와 같이 높은 나무를 거꾸러지게 한 것은 다른 나무들에게 경계하기 위함이었다는 것이다. 세상에 높으신 분은 오직 여호와 한 분뿐이시다. 세상의 모든 인생들은 모두 지하로 내려가게 되어 있는 것이다.

"구덩이로 내려가는 자와 함께 지하로 내려가게 하였음이라"는 말은 '앗수르를 심판하시되 다시 회복할 수 없을 만큼 철저하게 징벌하셨다는 사실을 기록하여 애굽에 임할 심판이 어떠할지를 강하게 암시'하고 있다.

겔 31:15. 주 여호와께서 이같이 말씀하셨느니라 그가 스올에 내려가던 날에 내가 그를 위하여 슬프게 울게 하며 깊은 바다를 덮으며 모든 강을 쉬게 하며 큰 물을 그치게 하고 레바논이 그를 위하여 슬프게 울게 하며 들의 모든 나무를 그로 말미암아 쇠잔하게 하였느니라.

주 여호와께서 이와 같이 말씀하시기를, "앗수르의 수도 니느웨가 스올로 내려가던 날에 나 여호와가 그로 인하여 슬피 울고, 그를 위해 깊음을 덮으며 큰 물을 막아 그 강줄기들을 멈추게 하였고, 레바논이 그를 위하여 슬픈 눈물을 흘리게 하였으며, 들의 모든 나무들이 그로 말미암아 쇠잔하도록 만들었다"고 하신다.

"그가 스올에 내려가던 날"이란 말은 '앗수르 제국의 수도 니느웨가 바벨론 왕 나보폴라살과 메대 왕 키악 사레스 연합군의 공격에 의해 멸망당하였던 때'(주전 612년)를 말한다. 이후 앗수르는 그 수도를 하란(Haran)으로 옮겨 애굽의 도움을 받으며 바벨론, 메대에 대항하였으나 주전 605년에 벌어진 갈그미스 전투(대하 35장)에서 패하여 완전히 멸망하고 말았다. 14절 주해 참조.

"깊은 바다를 덮었다"는 말은 '역사의 기록에 의하면 앗수르의 수도 니느웨가 바벨론과 메대의 연합군에 포위되어 공격을 받으면서도 2년이라는 긴 세월동안 함락되지 않고 버틸 수 있었다'는 것이다. 그러나 3년이 되던 해에 많은 비로 인해 티그리스 강의 제방이 터지면서 범람하였고, 그 영향으로 바벨론 군이 성으로 들어갈 수 있는 길이 나게 되어 멸망했다는 것이다.

본문은 그와 같은 전혀 예상치 못했던 니느웨의 멸망 사건을 상징적으로 나타내고 있다(Duncker).

"강을 쉬게 하며 큰 물을 그치게 했다"는 말은 '강'과 '큰 물'은 에스겔이 본 장에서 레바논의 백향목으로 비유했던(3절) 앗수르를 강성케 한 원동력이었다(4, 7절). 따라서 그 물들을 메마르게 한다는 것은 앗수르에게 공급되던 모든 자연적, 사회적 혜택을 끊어 앗수르를 쇠망케 한다는 뜻을 내포하고 있다.

"레바논이 그를 위하여 슬프게 울게 하며 들의 모든 나무를 그로 말미암아 쇠잔하게 하였느니라"는 말씀에서 '레바논'이나 '들의 모든 나무'는 모두 앗수르와 동맹을 맺고 앗수르의 보호 아래에서 혜택을 누리던 주변 국가들을 지칭한다(Hitzig). 따라서 본문은 앗수르의 갑작스러운 멸망으로 말미암아 앗수르와 동맹 관계에 있던 나라들이 큰 슬픔을 당하였고, 국력마저 쇠약해졌다는 사실을 나타내고 있다. 에스겔이 이처럼 과거의 일을 언급하는 이유는 앞에서 밝혔던 대로 범죄한 애굽에게 곧 임할 하나님의 징벌로 인한 결과를 암시하기 위함이다.

겔 31:16. 내가 그를 구덩이에 내려가는 자와 함께 스올에 떨어뜨리던 때에 백성들이 그 떨어지는 소리로 말미암아 진동하게 하였고 물을 마시는 에덴의 모든 나무 곧 레바논의 뛰어나고 아름다운 나무들이 지하에서 위로를 받게 하였느니라.

"나 여호와가 앗수르를 구덩이에 내려가는 자와 함께 스올에 내려가게 할 때, 그 쓰러지는 나무(앗수르)의 소리 때문에 민족들이 두려움에 떨게 하였으니, 물을 대어 레바논에서 가장 빼어나게 자란 나무와 에덴의 모든 좋은 나무들이 지하에서 위로를 받게 하였느니라"고 하신다.

"내가 그를 구덩이에 내려가는 자와 함께 스올에 떨어뜨리던 때"란 말은 '여호와께서 앗수르를 역사에서 망하게 할 때'를 지칭하는 말이다.

"백성들이 그 떨어지는 소리로 말미암아 진동하게 하였다"는 말은 '여호와께서 앗수르를 역사에서 망하게 하는 것을 본 당시 열국의 왕들에게 큰 충격이 임했다'는 뜻이다.

"레바논의 뛰어나고 아름다운 나무들이 지하에서 위로를 받게 하였느니라"는 말은 '레바논의 나무들은 앗수르 왕을 위하여 충성하던 고위층의 귀족들을 지칭한다. 그들이 벌써 음부에 가 있다가 이제 앗수르 왕을 그 지옥에서 만나게 되어 위로를 받았다'는 것이다(17절).

겔 31:17. 그러나 그들도 그와 함께 스올에 내려 칼에 죽임을 당한 자에게 이르렀나니 그들은 옛적에 그의 팔이 된 자요 나라들 가운데에서 그 그늘 아래에 거주하던 자니라.

본 절은 16절에서 언급된 바 앗수르의 멸망을 보고 위로를 받던 자들의 정체를 보다 자세히 밝혀준다. 즉, 그들도 함께 스올(지하)로 내려가 칼에 살육을 당한 자들에게 갔으며, 그들은 그의 팔이었으며 여러 민족들 가운데서 그의 그늘에서 살던 자들이었다는 것이다.

"그들은 옛적에 그의 팔이 된 자"란 말은 '위에 언급한 바 앗수르 왕의 동지들로서 앗수르 왕을 돕던 자들'이란 뜻이다.

겔 31:18. 너의 영광과 위대함이 에덴의 나무들 중에서 어떤 것과 같은고 그러나 네가 에덴의 나무들과 함께 지하에 내려갈 것이요 거기에서 할례를 받지 못하고 칼에 죽임을 당한 자 가운데에 누우리라 이들은 바로와 그의 모든 군대니라 주 여호와의 말씀이니라 하라.

에스겔은 본 절에서 예언의 직접적인 대상인 애굽의 바로를 향하여 말문을 돌린다. 즉, 주 여호와께서 말씀하시기를, "애굽의 영화와 위대함이 에덴의 나무들 중 어떤 것과 비교되겠느냐? 그러나 애굽이 에덴의 나무들과 함께 지하로 떨어져 칼에 살육당한 자들과 할례 받지 못한 자들 가운데 누울 것이다. 바로와 그 모든 무리가 이와 같이 될 것이라"고 하신다.

"너의 영광과 위대함이 에덴의 나무들 중에서 어떤 것과 같은가"라는 말은 '애굽 왕의 처지가 결국 앗수르 왕의 처지와 같아질 것이라는 말이다. 이것은 애굽 왕을 경고하는데 있어서 비교적 부드러운 방법'인 것이다(삼하 12:1-15 참조).

"할례를 받지 못하고 칼에 죽임을 당한 자 가운데에 누우리라"는 말은 '하나님을 모르는 자로서 죽어서 음부에 떨어진 자'를 가리킨다.

제 32 장

ㅁ. 애굽의 바로에 대하여 애가를 부르다 32:1-32

32장은 두 개의 애가로 구성되어 있다. 하나는 애굽 왕 바로를 위해 불려진 애가이고(1-16절), 또 하나는 애굽을 위한 애가이다(17-32절).

1-16절. 애굽 왕 바로를 위해 애가를 부르라고 하신다.

<큰 악어 애굽 왕>

겔 32:1. 열두째 해 열두째 달 초하루에 여호와의 말씀이 내게 임하여 이르시되,

제12년 12월 1일에 여호와의 말씀이 나 에스겔에게 임하셨다.

이때는 주전 585년 3월에 해당한다. 예루살렘 함락(주전 586년 7월)을 중심해서 보면, 8개월 후의 일이다. 그리고 앞선 연대(31:1, 제11년 3월 1일)보다는 1년 9개월 후의 일이다.

겔 32:2. 인자야 너는 애굽의 바로 왕에 대하여 슬픈 노래를 불러 그에게 이르라 너를 여러 나라에서 사자로 생각하였더니 실상은 바다 가운데의 큰 악어라 강에서 튀어 일어나 발로 물을 휘저어 그 강을 더럽혔도다.

인자야(여호와께서 에스겔을 부르시는 호칭)! 너 에스겔은 애굽(이집트) 왕 바로에 대해 애가를 지어 부르며 그에게 말하라. 너 애굽 왕은 여러 민족들 중 젊은 사자와 견주지만, 너는 바다 가운데 있는 괴물과 같다. 너의 강들에서 물기둥을 일으키고, 너의 발들로 물을 휘저으며, 그 강들을 더럽혔다고 하신다.

"너를 여러 나라에서 사자로 생각하였더니 실상은 바다 가운데의 큰 악어"라는 말은 '너 애굽 왕은 여러 민족들 중 젊은 사자와 견주어 왔지만,

너는 바다 가운데 있는 괴물과 같다'는 것이다. 따라서 본문은 애굽 통치자가 과거에는 열국에 위엄을 떨치며 뛰어난 통치력을 발휘하였지만 점차 보잘 것 없는 존재가 되었다는 것을 의미한다(K.&D., Whitelaw).

"강에서 튀어 일어나 발로 물을 휘저어 그 강을 더럽혔도다"란 말은 '악어가 강에서 튀어 일어나 물을 요동시켜 강을 더럽히듯이 바로 왕도 스스로 교만하여 전쟁을 일으키며 사람들을 학대하여 근동 지역 및 북아프리카 일대의 여러 나라에 큰 혼란을 야기시켰다'는 것이다(Kliefoth, Philippson).

겔 32:3. 주 여호와께서 이같이 말씀하셨느니라 내가 많은 백성의 무리를 거느리고 내 그물을 네 위에 치고 그 그물로 너를 끌어오리로다.

주 여호와가 이와 같이 말씀하시기를, "나 여호와가 많은 백성들과 함께 내 그물을 네 위에 펼칠 것이니, 그 백성들이 내 그물로 너를 끌어올릴 것이라"고 하신다.

"내가 많은 백성의 무리"란 말은 '여호와께서 애굽을 치기 위하여 이미 정복한 여러 주변 국가의 군대와 연합해서 큰 세력을 이룬 바벨론 군대'를 지칭한다. 하나님은 한 나라를 치시기 위하여 어려울 것이 없으시다.

"내 그물을 네 위에 치고 그 그물로 너를 끌어오리로다"라는 말은 '여호와의 그물을 애굽 왕의 위에 치고 그 그물로 애굽 왕 바로를 정복하시겠다'는 뜻이다.

겔 32:4. 내가 너를 뭍에 버리며 들에 던져 공중의 새들이 네 위에 앉게 할 것임이여 온 땅의 짐승이 너를 먹어 배부르게 하리로다.

"나 여호와가 너 애굽 왕을 땅에 내버리고, 너 애굽 왕을 들판에 내던져서, 공중의 모든 새들로 네 위에 깃들게 하고, 온 땅의 짐승이 너를 먹어 배부르게 할 것이라"고 하신다.

"내가 너를 뭍에 버리며 들에 던진다"는 말은 '하나님께서 애굽을 마치 악어를 땅 위에 내동댕이쳐서 힘을 잃게 만들듯이 아주 멸망케 할 것'을 비유하고 있다. 악어는 물에 있어야지 뭍에 버려지면 맥을 추지 못하는 것을 비유하고 있는 것이다.

"온 땅의 짐승"이란 말은 '바벨론 군대와 그에 합류하여 애굽을 침략하여 모든 재물을 약탈하고 거민을 노예로 끌고 갈 바벨론 연합군'을 지칭한다.

겔 32:5. 내가 네 살점을 여러 산에 두며 네 시체를 여러 골짜기에 채울 것임이여.

나 여호와가 네 악어의 고기를 여러 산들에 널어 두며 네 악어의 시체로 골짜기들을 채울 것이라고 하신다.

바다 가운데에서 큰 위력을 떨쳤던 악어가 뭍으로 끌어올려져 죽임을 당하며 그 고기와 시체가 원래 있던 곳과는 전혀 관계가 없는 산과 골짜기에 버려지는 것은 실로 비참한 일이 아닐 수 없다.

겔 32:6. 네 피로 네 헤엄치는 땅에 물 대듯 하여 산에 미치게 하며 그 모든 개천을 채우리로다.

네 악어로부터 흘러나온 피를 산들에 이르기까지 땅에 적시게 할 것이니, 계곡들이 네 피로 가득 채워질 것이라고 하신다.

애굽이 하나님의 진노를 받아 바벨론에게 멸망당하는 때에는 나일 강물 대신 애굽의 왕 바로와 그 신하들의 피가 애굽 땅을 적시게 될 것이라는 실로 무서운 예언이다.

겔 32:7. 내가 너를 불 끄듯 할 때에 하늘을 가리어 별을 어둡게 하며 해를 구름으로 가리며 달이 빛을 내지 못하게 할 것임이여.

나 여호와가 너 애굽을 불 끄듯 할 때 하늘을 가려서 그 별들을 어둡게 하며, 나 여호와가 구름으로 해를 가리고 달로 그 빛을 비추지 못하게 할 것이라고 하신다.

“내가 너를 불 끄듯 할 때에”란 말은 ‘나 여호와가 애굽의 군사, 경제, 문화적인 영향력이 다시는 주위에 미치지 못할 것이며 문화적으로도 열국의 중심의 역할을 하지 못할 것’을 의미한다.

“별을 어둡게 하며 해를 구름으로 가리며 달이 빛을 내지 못하게 한다”는 말은 ‘해, 달, 별들이 바로의 영광을 상징하므로 바로가 다시는 자기 백성 위에 절대적인 존재로서 군림하지 못하도록 하신다’는 것이다.

겔 32:8. 하늘의 모든 밝은 빛을 내가 네 위에서 어둡게 하여 어둠을 네 땅에 베풀리로다 주 여호와의 말씀이니라.

주 여호와께서 말씀하시기를, “하늘의 모든 빛나는 광채들을 나 여호와가 네 애굽 왕 위에서 어둡게 하며 흑암을 네 땅에 베풀 것이라”고 하신다. 바로가 비추었던 빛이 소멸될 때에 애굽 전체가 흑암에 쌓이리라는 것이다. 본 절은 7절과 거의 동일한 내용을 지니고 있다.

겔 32:9. 내가 네 패망의 소문이 여러 나라 곧 네가 알지 못하는 나라들에 이르게 할 때에 많은 백성의 마음을 번뇌하게 할 것임이여.

나 여호와가 열국, 곧 너 애굽이 알지 못했던 나라들에게 애굽의 멸망의 소식을 전하여, 나 여호와가 많은 백성들의 마음을 요동케 할 것이라고 하신다.

애굽이 처참하게 몰락한 사실이 애굽 사람으로서는 잘 알지도 못하는 열방에까지 미치며 이로 말미암아 많은 백성들이 큰 슬픔과 분노 그리고 두려움을 가지게 될 것이라고 한다(K.&D.).

“많은 백성의 마음을 번뇌하게 할 것이라”는 말은 ‘애굽의 패망 소식을 들은 열국 백성들이 애굽의 패망 소식을 듣고 마음이 번뇌할 것이라’는 뜻이다.

겔 32:10. 내가 그 많은 백성을 너로 말미암아 놀라게 할 것이며 내가

내 칼이 그들의 왕 앞에서 춤추게 할 때에 그 왕이 너로 말미암아 심히 두려워할 것이며 네가 엎드러지는 날에 그들이 각각 자기 생명을 위하여 무시로 떨리로다.

나 여호와가 너 애굽으로 말미암아 많은 민족들을 경악케 하며, 나 여호와가 그들 앞에서 내 칼을 휘두를 때, 그들의 왕들이 너 애굽 때문에 심히 두려워할 것이다. 네가 쓰러지는 날에 그들 각자는 자기 목숨을 위해 계속 떨 것이라고 하신다.

여기서 "내가 내 칼이 그들의 왕 앞에서 춤추게 할 때에"란 말은 '나 여호와가 바벨론의 군대로 하여금 애굽을 심판할 때에'란 뜻이다.

겔 32:11. 주 여호와께서 이같이 말씀하셨느니라 바벨론 왕의 칼이 네게 오리로다.

주 여호와께서 참으로 이와 같이 말씀하시기를, "바벨론 왕의 칼이 애굽 왕에게 닥칠 것이라"고 하신다.

바벨론 왕의 침략이 애굽에 미칠 것이라는 말씀이다. 즉, 여호와께서 바벨론 왕을 보내시면서 바벨론 왕이 애굽 왕에게 임할 것이라고 경고해 주신다.

겔 32:12. 나는 네 무리가 용사 곧 모든 나라의 무서운 자들의 칼에 엎드러지게 할 것임이여 그들이 애굽의 교만을 폐하며 그 모든 무리를 멸하리로다.

나 여호와는 너 애굽의 무리를 바벨론 용사들의 칼로 쓰러뜨릴 것이니, 그들 바벨론 용사들 모두는 민족들 중 가장 잔인한 자들이다. 그들이 애굽(이집트)의 교만을 멸할 것이니 그 모든 무리를 멸할 것이라고 하신다.

"모든 나라의 무서운 자들"이란 말은 31:11과 31:12의 여러 나라의 포악한 다른 민족이란 말로 피정복민에 대해 강포하고 잔인했던 바벨론 군대를 지칭한다. "교만을 폐하며 그 모든 무리를 멸하리로다"라는 말은 '여호와께서 애굽의 무리를 멸함으로써 애굽의 교만을 멸한다'는 뜻이다.

하나님은 바벨론을 시켜서 애굽을 멸함으로써 애굽의 교만을 멸하신다는 것이다. 하나님은 인간의 교만을 순식간에 멸하실 수 있으시다.

겔 32:13. 내가 또 그 모든 짐승을 큰 물 가에서 멸하리니 사람의 발이나 짐승의 굽이 다시는 그 물을 흐리지 못할 것임이여.

나 여호와가 그 모든 짐승(나일 강을 더럽힌 악어로서 바로 왕과 더불어 애굽의 신민들)을 많은 물 가에서 죽일 것이니, 사람의 발이 다시는 물을 흐리게 하지 못하며, 들짐승의 굽들이 다시는 물을 더럽히지 못하게 할 것이라고 하신다.

"사람의 발이나 짐승의 굽이 다시는 그 물을 흐리지 못할 것임이여"라는 말은 '하나님께서 애굽 땅을 엄하게 심판하셔서 사람들로 하여금 하나님의 공의를 깨닫게 하심은 물론 죄악된 무리를 그 땅에서 몰아내어 그 땅이 더 이상 죄악으로 오염되지 않도록 하신다'는 뜻이다.

겔 32:14. 그 때에 내가 그 물을 맑게 하여 그 강이 기름 같이 흐르게 하리로다. 주 여호와의 말씀이니라.

그 때 주 여호와께서 말씀하시기를, "나 여호와가 애굽 나일 강의 물을 맑게 하고, 그들의 강들이 기름같이 흐르게 할 것이라"고 하신다.

본 절을 두고 혹자들은 나일 강의 수량이 감소하여 다시는 애굽을 비옥하게 하는 원인이 되었던 나일 강의 범람이 일어나지 않으리라는 징벌의 선언으로 이해한다. 그러나 본 절은 여호와께서 나일 강의 물을 맑게 한다는 말이나 기름 같이 흐르게 한다는 말을 두고 심판 이후의 미래에 주어질 애굽에 대한 복의 예언으로 이해한다(K.&D., Ewald). 이 두 견해 중 후자의 견해가 더 설득력을 가지고 있다.

겔 32:15. 내가 애굽 땅이 황폐하여 사막이 되게 하여 거기에 풍성한 것이 없게 할 것임이여 그 가운데의 모든 주민을 치리니 내가 여호와인 줄을

그들이 알리라.

나 여호와가 애굽(이집트) 땅을 황폐하게 만들며 그 땅에 가득하던 것들이 사라지게 하고, 내가 그 땅의 모든 주민을 칠 때 그들이 나 여호와가 하나님인 것을 알게 될 것이라고 하신다.

하나님께서 그 화려하던 애굽을 멸하셔서 사막이 되게 하시고, 모든 풍성한 것이 없어질 때 사람들은 그런 무서운 심판을 내리신 이가 여호와이신 것을 알게 된다는 것이다. 무서운 심판은 결코 우연이 아니고, 하나님의 심판 신호인 것이다.

겔 32:16. 이는 슬피 부를 노래이니 여러 나라 여자들이 이것을 슬피 부름이여 애굽과 그 모든 무리를 위하여 이것을 슬피 부르리로다 주 여호와의 말씀이니라(This is a lamentation that shall be chanted; the daughters of the nations shall chant it; over Egypt, and over all her multitude, shall they chant it, declares the Lord GOD-ESV)**.**

주 여호와께서 말씀하시기를, "이것은 슬피 부를 애가이니, 여러 민족들의 딸들이 그 노래를 슬피 부를 것이다. 그들이 애굽(이집트)과 그 모든 무리를 위하여 애가를 부를 것이라"고 하신다.

"이는 슬피 부를 노래이니"(This is a lamentation which shall be chanted)란 말은 '지금까지 선지자가 말한 모든 불행한 일들은 그냥 지나갈 일들이 아니라 슬픈 노래를 만들어 불러야 할 노래'라는 것이다. 오늘도 사람이 죽으면 슬픔을 표현하기 위해서 애가를 부르는 것과 같다.

"여러 나라 여자들이 이것을 슬피 부름이여"라는 말은 '대체적으로 여자들이 애가를 부른다'는 것이다(삼하 1:24; 대하 35:25; 렘 9:17). 남자들도 애가를 불러야 하나 대체적으로 여자들의 임무로 되어 있다.

"애굽과 그 모든 무리를 위하여 이것을 슬피 부르리로다"라는 말은 '애굽과 그 모든 사람들이 그 슬픈 노래를 불러야 하는 목적은 그 노래를 부르다가 실제로 그 노래의 내용과 같은 심판이 닥치게 되면 그 심판을 하나님께서 하신 것이고 또 노래의 작자(作者)가 여호와 하나님이심을 알게 하려는 것이라'는 뜻이다. 슬픔은 우연히 우리에게 오는 것이 아니다. 슬픔의 대부분은 우리의 죄로 말미암아 하나님께서 우리의 죄 자백을 위해 주신 것이다.

17-32절. 이 부분에는 애굽을 위한 애가가 진술되어 있다. 애굽 왕 바로와 애굽의 군중을 장례하면서 부른 애가를 기록한 것이다. 지하의 음부의 세계에는 바로와 애굽 백성들만 있는 것이 아니라 세계 여러 나라 사람들(앗수르, 엘람, 두발, 에돔, 시돈 등)도 있어 바로가 그곳에 가서 위로를 받을 것이란 말이다.

<죽은 자들의 세계>

겔 32:17. 열두째 해 어느 달 열다섯째 날에 여호와의 말씀이 내게 임하여 이르시되

제12년 그 달 15일에 여호와의 말씀이 내게 임하셨다는 것이다.

본 절의 연대에는 무슨 달에 에스겔이 여호와의 말씀을 받았는지 기록되지 않았다. 그런고로 학자들은 본 장의 1절(제12년 12월 1일에 여호와의 말씀이 나 에스겔에게 임하셨다)에 기록된 것처럼 12년 12월 15일로 추측한다.

그런고로 본 절의 시간은 1절의 시간보다 두 주간이 늦으니 선지자는 그 두 주간 동안 애굽의 멸망에 대해서 음미했을 것이다.

겔 32:18. 인자야 애굽의 무리를 위하여 슬피 울고 그와 유명한 나라의 여자들을 구덩이에 내려가는 자와 함께 지하에 던지며

인자야(여호와께서 에스겔을 부르시는 호칭)! 애굽(이집트)의 무리에 대해 슬피 울며, 애굽(이집트)과 영화로운 민족들의 딸들을 구덩이에 내려가는 자와 함께 지하로 내려가게 하라고 하신다.

"그와 유명한 나라의 여자들을 구덩이에 내려가는 자와 함께 지하에 던지라"는 말은 '애굽과 또 애굽과 동맹한 나라의 여자들을 음부에 내려가는 자와 함께 음부에 던지라'는 뜻이다. 음부에 던지라는 말은 지하 세계로 가는 것을 그냥 두라는 말이다.

겔 32:19. 이르라 너의 아름다움이 어떤 사람들보다도 뛰어나도다 너는 내려가서 할례를 받지 아니한 자와 함께 누울지어다(Whom do you surpass in beauty? Go down and be laid to rest with the uncircumcised-ESV).

도대체 애굽이 누구보다 더 아름답다는 거냐? 너 애굽은 아래로 내려가서 할례 받지 못한 자들과 함께 음부에 누우라고 말한다.

"너의 아름다움이 어떤 사람들보다도 뛰어나도다"란 말은 '애굽이 어떤 다른 나라보다도 뛰어나단 말인가. 너도 다른 할례 받지 못한 사람들과 함께 음부에 내려가 함께 누우라'는 것이다. 이 할례 받지 못한 자들이란 말은 아주 모욕적인 말이다.

겔 32:20. 그들이 죽임을 당한 자 가운데에 엎드러질 것임이여 그는 칼에 넘겨진 바 되었은즉 그와 그 모든 무리를 끌지어다.

"애굽 사람들은 칼에 살육당한 자들 가운데 쓰러질 것이다. 애굽(이집트)이 칼(바벨론의 칼)에 넘겨졌으니, 애굽(이집트)과 그 모든 무리를 끌어가거라"고 하신다.

애굽인들과 그 동조자들이 함께 바벨론의 전화(戰禍)로 살육당하여 지하로 내려간다는 것이다.

겔 32:21. 용사 가운데에 강한 자가 그를 돕는 자와 함께 스올 가운데에서 그에게 말함이여 할례를 받지 아니한 자 곧 칼에 죽임을 당한 자들이 내려와서 가만히 누웠다 하리로다.

가장 강한 용사들이 스올 가운데서 그와 그를 돕는 자들에게 말하기를 할례 받지 못한 자들, 곧 칼에 살육당한 자들이 내려와 누었다고 말할 것이라고 하신다.

"용사 가운데에 강한 자"란 말은 군인들 중에서 특히 강한 군인들을 지칭한다. 이들도 모두 죽어 음부에 내려가 그들의 동료들과 지하에서 대화를 하는 것이다. 대화의 내용은 "할례를 받지 아니한 자 곧 칼에 죽임을 당한 자들이 내려와서 가만히 누웠다"고 말하는 것이다.

겔 32:22. 거기에 앗수르와 그 온 무리가 있음이여 다 죽임을 당하여 칼에 엎드러진 자라 그 무덤이 그 사방에 있도다.

앗수르와 그의 모든 무리가 음부에 존재했고, 그 사방에 그의 무덤들이 있었다. 그들 모두는 살육당하여 칼에 쓰러진 자들이다.

본 절과 다음 절(23절)은 앗수르 왕과 일반 시민들이 음부에 내려간 것을 밝히고 있다.

겔 32:23. 그 무덤이 구덩이 깊은 곳에 만들어졌고 그 무리가 그 무덤 사방에 있음이여 그들은 다 죽임을 당하여 칼에 엎드러진 자 곧 생존하는 사람들의 세상에서 사람을 두렵게 하던 자로다.

그의 무덤들은 가장 깊숙한 구덩이(가장 후미진 곳)에 마련되었고, 그의 무리는 그의 무덤들 주변에 있으니, 그들 모두는 살육을 당한 자들이고, 칼에 쓰러진 자들이며, 산 자의 땅에서 공포의 대상이었던 자들이라는 것이다.

본문은 멸망하기 전에는 가장 큰 권세를 휘둘렀던 앗수르의 폭군이 음부의 가장 깊은 곳에 떨어져 가장 큰 고통을 당하고 있다는 것을 말한다.

"생존하는 사람들의 세상에서 사람을 두렵게 하던 자로다"라는 말은 '현재의 앗수르가 처한 상황의 비참함을 더욱 강조하는 역할을 하고 있는데, 강자였던 앗수르가 이처럼 비참한 모습으로 묘사되고 있는 본문은 세상에서 아무리 큰 힘을 가지고 있어 주변 사람들로 하여금 두려움을 가지게 하는 자라 할지라도 하나님을 두려워 아니하는 자는 참으로 두려워할만한 자가 아니라'는 것을 알려준다.

겔 32:24. 거기에 엘람이 있고 그 모든 무리가 그 무덤 사방에 있음이여 그들은 다 할례를 받지 못하고 죽임을 당하여 칼에 엎드러져 지하에 내려간 자로다 그들이 생존하는 사람들의 세상에서 두렵게 하였으나 이제는 구덩이에 내려가는 자와 함께 수치를 당하였도다.

본 절과 다음 절(25절)은 엘람의 왕들과 백성들이 소개되고 있다. 즉, 엘람과 그의 모든 무리가 거기, 곧 그의 무덤들 주변에 있으니, 그들 모두는 살육을 당했고, 칼에 쓰러져, 할례 받지 못하고 지하로 내려간 자들이었다. 그들은 산 자의 땅에서 공포를 주었으나, 구덩이에 내려간 자들과 함께 수치를 당하고 말았다는 것이다.

본 절의 엘람은 셈 지파로 티그리스 강 동편 바사만 북방의 대평원에 살면서 고대에는 앗수르 다음가는 강대국이었으나 주전 650년, 앗수르에게 정복되고 나서 바사의 고레스 시대에는 그 휘하 부대였다(창 10:22; 14:1, 19; 사 11:11; 21:2; 22:6).

"할례를 받지 못했다"는 말은 구약 시대 할례의 중요성을 말하는 것이다.

겔 32:25. 그와 그 모든 무리를 위하여 죽임을 당한 자 가운데에 침상을 놓았고 그 여러 무덤은 사방에 있음이여 그들은 다 할례를 받지 못하고 칼에 죽임을 당한 자로다 그들이 생존하는 사람들의 세상에서 두렵게 하였으나 이제는 구덩이에 내려가는 자와 함께 수치를 당하고 죽임을 당한 자 가운데에 뉘었도다.

그들은 그와 그 모든 무리를 위해 살육당한 자들 가운데 침상을 놓았고, 그 무덤들이 주변에 있으니, 그들 모두 할례 받지 못한 자들이요, 칼에 살육당한 자들이었다. 그들이 산 자의 땅에서는 공포의 대상이었으나, 구덩이에 내려간 자들과 함께 수치를 당했고, 침상은 살육당한 자들 가운데 놓여 있었다는 것이다.

본 절은 전 절의 반복이다. 세상에서는 큰소리치고 산다 하여도 일단 할례 받지 못하고 죽으면, 할례 받지 못하고 죽은 사람들이 가 있는 음부로

가서 비참하게 된다는 것을 보여준다.

겔 32:26. 거기에 메섹과 두발과 그 모든 무리가 있고 그 여러 무덤은 사방에 있음이여 그들은 다 할례를 받지 못하고 칼에 죽임을 당한 자로다 그들이 생존하는 사람들의 세상에서 두렵게 하였으나.

본 절은 24절과 문자적으로 동일하다. 즉, 메섹과 두발과 그 모든 무리가 거기 곧 그 무덤들 주변에 있으니, 그들 모두 할례 받지 못한 자들이요, 칼에 살육당한 자들이었다. 그들이 산 자의 땅에서는 공포의 대상이었다는 것이다. 본 절의 두발과 메섹에 관해서는 27:13 주해를 참조하라.

겔 32:27. 그들이 할례를 받지 못한 자 가운데에 이미 엎드러진 용사와 함께 누운 것이 마땅하지 아니하냐 이 용사들은 다 무기를 가지고 스올에 내려가서 자기의 칼을 베개로 삼았으니 그 백골이 자기 죄악을 졌음이여 생존하는 사람들의 세상에서 용사의 두려움이 있던 자로다.

그리고 그들은, 전쟁 무기를 가지고 음부로 내려가 칼을 베개 삼아 베고 방패를 이불로 삼아 덮고 자는 고대의 전몰 용사들과 함께 눕지는 못하였다. 그들은 살아 있는 사람들의 세상에서는 사람들에게 겁을 주던 자들이었다는 것이다.

"무기를 가지고 스올에 내려갔다"는 말은 죽은 용사의 병기를 함께 묻어 주는 고대의 관습을 염두에 둔 표현이다.

"그 백골이 자기 죄악을 졌다"는 말은 '그들의 죽음이 자신들이 저지른 죄과에 대한 당연한 결과'임을 강조한다(사 18-20).

겔 32:28. 오직 너는 할례를 받지 못한 자와 함께 패망할 것임이여 칼에 죽임을 당한 자와 함께 누우리로다.

오직 너 애굽 왕은 할례 받지 못한 자들 가운데서 부서질 것이며, 칼에 살육당한 자들과 함께 누울 것이라고 하신다.

애굽 왕 바로는 바벨론 군에 의하여 죽임을 당하여 앗수르, 엘람, 메섹과 두발 사람들처럼 할례 받지 못한 자들과 함께 음부에 누워있을 것이다.

겔 32:29. 거기에 에돔 곧 그 왕들과 그 모든 고관이 있음이여 그들이 강성하였었으나 칼에 죽임을 당한 자와 함께 있겠고 할례를 받지 못하고 구덩이에 내려간 자와 함께 누우리로다.

에돔과 그의 왕들과 그의 모든 통치자들이 음부에 있으니, 그들이 용맹하였으나, 칼에 살육당한 자들과 함께 있을 것이며, 할례 받지 못하고 구덩이에 내려간 자들과 함께 누울 것이라는 말이다. 에돔에 관하여 25:12-14 주해를 참조하라.

"에돔 족속" 역시 이스라엘을 끊임없이 대적하고 괴롭혔으므로 심판의 대상이었다.

"그들이 강성하였었다"는 말의 주해를 위해서 23절 주해를 참조하라.

"칼에 죽임을 당한 자와 함께 있겠다"는 말의 주해를 위해 20, 28절 주해를 참조하라.

겔 32:30. 거기에 죽임을 당한 자와 함께 내려간 북쪽 모든 방백과 모든 시돈 사람이 있음이여 그들이 본래는 강성하였으므로 두렵게 하였으나 이제는 부끄러움을 품고 할례를 받지 못하고 칼에 죽임을 당한 자와 함께 누웠고 구덩이에 내려가는 자와 함께 수치를 당하였도다.

그 음부에 북방의 모든 우두머리들과 모든 시돈 사람들이 있으니, 그들이 본래 용맹하여 남들을 두렵게 하였으나 이제는 살육당한 자들과 함께 내려가 수치를 당하고 있고, 할례 받지 못하고 칼에 살육당한 자들과 함께 누워있으며, 구덩이에 내려간 자들과 함께 치욕을 당하고 있을 것이라는 뜻이다.

"북쪽 모든 방백"이 누구를 지칭하느냐 하는 데는 몇 가지 견해가 있다. 1) 앗수르, 바벨론 등 메소포타미아 지역을 정복했던 대제국을 지칭한다는 견해, 2) 팔레스타인의 북방 지역 이북 지방을 지칭하는 것으로, 두발, 메섹,

도갈마 등의 족속이 거주하는 땅을 지칭한다는 견해, 3) 팔레스타인과 인접한 북쪽 지역으로, 아람 족속이 살던 지역을 가리킨다는 견해, 즉 다메섹, 하맛, 아르박 등 북수리아 지역을 가르킨다는 견해이다(K.&D., Lange, Whitelaw, Havernack, 이상근, 그랜드 종합 주석, 호크마 주석). 이 견해들 중 3)번의 견해가 가장 합당한 것으로 보인다. 이러한 해상 세력들이 같은 운명에 처해 있으니 위로가 된다는 내용이다.

우리는 남들이 당한 불행을 보고 위로를 받을 것이 아니라, 나 자신이 불행에 떨어진 것을 보고 탄식해야 할 것이다.

겔 32:31. 바로가 그들을 보고 그 모든 무리로 말미암아 위로를 받을 것임이여 칼에 죽임을 당한 바로와 그 온 군대가 그러하리로다 주 여호와의 말씀이니라.

주 여호와께서 말씀하시기를, "애굽 왕 바로가 다메섹, 하맛, 아르박 등 북수리아 지역 사람들이 음부에 누워있는 것을 보고(30절) 위로를 받을 것이라"고 하신다.

이왕에는 바로의 멸망이 다른 열국에게 위로가 되었는데(31:16절 참조), 이제는 다른 강대국들의 멸망이 바로에게 위로가 된다는 것이다.

겔 32:32. 내가 바로로 하여금 생존하는 사람들의 세상에서 사람을 두렵게 하게 하였으나 이제는 그가 그 모든 무리와 더불어 할례를 받지 못한 자 곧 칼에 죽임을 당한 자와 함께 누이리로다 주 여호와의 말씀이니라.

주 여호와께서 말씀하시기를, "나 여호와가 바로로 하여금 산 자의 땅 사람들에 공포를 주게 했으나, 이제는 상황이 바뀌어 바로와 그의 모든 무리들이 할례 받지 못한 자들 가운데 칼에 살육당한 자들과 함께 눕게 될 것이라"는 내용이다.

제 33 장

제 IV부: 이스라엘이 회복될 것이다 33:1-39:29

이 부분의 내용은 파수꾼의 사명(33장), 이스라엘이 회복될 일 예언(34-37장), 곡의 침략(38장), 여호와의 최후 승리(39장)로 구성되어 있다.

1. 에스겔에게 파수꾼의 사명이 부여되다 33:1-33

1-33절의 내용은 파수꾼의 사명(1-9절), 개인에게 맡겨진 책임(10-20절), 예루살렘 함락 소식(21-22절), 유다의 남은 자에게 경고한 일(23-29절), 포로민에게 교훈을 준다(30-33절)는 내용이다.

ㄱ. 파수꾼의 사명은 무엇인가 33:1-9

<여호와께서 에스겔을 파수꾼으로 삼으시다(겔 3:16-21)>

겔 33:1. 여호와의 말씀이 내게 임하여 이르시되.

본 절은 파수꾼의 사명이 무엇인가를 말하는 새로운 부분의 시작이다.

겔 33:2. 인자야 너는 네 민족에게 말하여 이르라 가령 내가 칼을 한 땅에 임하게 한다 하자 그 땅 백성이 자기들 가운데의 하나를 택하여 파수꾼을 삼은.

인자야(여호와께서 에스겔을 부르는 호칭)! 너 에스겔은 네 백성의 자손들에게 말하여 만일 나 여호와가 어떤 땅에 전쟁의 소식이 임하게 했을 때, 그 땅 백성들이 그들 중에 한 사람을 택하여 자기들의 파수꾼으로 삼았는데 그 사람이 다음 절(3절)처럼 대비하면 잘하는 일이라고 하신다.

에스겔은 신령한 파수꾼으로 그의 백성 가운데서 세움을 입어 유다 백성들의 영적인 위기가 닥칠 때 이를 백성들에게 알리며 경계하는 사명을 맡은 것이다(3:17).

겔 33:3. 그 사람이 그 땅에 칼이 임함을 보고 나팔을 불어 백성에게 경고하되.

파수꾼이 그 땅에 칼이 임한 것을 보고 나팔을 불어 그 백성에게 경고해야 할 것이라고 하신다.

만일 파수꾼이 파수의 사명을 소홀히 하면 백성의 위험에 대하여 책임을 져야 하는 것이다(렘 4:5; 6:1; 암 3:6; 호 3:1).

겔 33:4. 그들이 나팔 소리를 듣고도 정신차리지 아니하므로 그 임하는 칼에 제거함을 당하면 그 피가 자기의 머리로 돌아갈 것이라.

사람이 나팔 소리를 듣고도 경고를 받아들이지 않아 칼이 닥쳐 그를 친다면 그 피가 자기 머리에 돌아갈 것이라고 하신다.

"나팔 소리를 듣고도 정신차리지 아니하므로"라는 말은 '위험이 닥쳐왔다는 파수꾼의 신호를 듣고도 위험에서 벗어나려 하지 않는 자는 진정 어리석은 자라는 비난을 면할 수 없다'는 것이다.

"그 피가 자기의 머리로 돌아갈 것이라"는 말은 '자신의 생명을 잃어버린데 대한 책임을 스스로 져야 함'을 의미한다.

겔 33:5. 그가 경고를 받았던들 자기 생명을 보전하였을 것이나 나팔 소리를 듣고도 경고를 받지 아니하였으니 그 피가 자기에게로 돌아가리라.

그가 나팔 소리를 듣고도 경고를 받아들이지 않으면 그 피가 자기에게 돌아갈 것이나 경고를 받아들이는 자는 자기 목숨을 보전할 것이라는 것이다.

겔 33:6. 그러나 칼이 **임함을 파수꾼이 보고도 나팔을 불지 아니하여 백성에**

게 경고하지 아니하므로 그 중의 한 사람이 그 임하는 칼에 제거 당하면 그는 자기 죄악으로 말미암아 제거되려니와 그 죄는 내가 파수꾼의 손에서 찾으리라.

그러나 만일 파수꾼이 그 전쟁의 소식이 임한 것을 보고도 나팔을 불어 백성에게 경고하지 않아서 실제로 전쟁이 임하여 그들 중에 한 목숨을 죽게 한다면, 그 죽은 자는 자기 죄악으로 죽은 것이나 그 피는 나 여호와가 파수꾼의 손에서 찾을 것이라고 하신다.

겔 33:7. 인자야 내가 너를 이스라엘 족속의 파수꾼으로 삼음이 이와 같으니라 그런즉 너는 내 입의 말을 듣고 나를 대신하여 그들에게 경고할지어다.

인자야(여호와께서 에스겔을 부르시는 호칭)! 나 여호와가 너 에스겔을 유다 족속을 위한 파수꾼으로 세웠으니, 너 에스겔이 나 여호와의 입의 말을 듣고 내 대신 그들에게 경고하라고 하신다. 본 절은 3:17-19의 반복이다.

겔 33:8. 가령 내가 악인에게 이르기를 악인아 너는 반드시 죽으리라 하였다 하자 네가 그 악인에게 말로 경고하여 그의 길에서 떠나게 하지 아니하면 그 악인은 자기 죄악으로 말미암아 죽으려니와 내가 그의 피를 네 손에서 찾으리라.

나 여호와가 악인에게 말하기를, "악인아! 네가 반드시 죽을 것이라고 하였는데, 만약 너 에스겔이 악인에게 그의 행위에 대해 말로 경고하지 아니하면, 그 악인은 자기 죄악 중에 죽을 것이지만 나 여호와가 그 피를 너 에스겔의 손에서 찾을 것이라"고 하신다.

겔 33:9. 그러나 너는 악인에게 경고하여 돌이켜 그의 길에서 떠나라고 하되 그가 돌이켜 그의 길에서 떠나지 아니하면 그는 자기 죄악으로 말미암아 죽으려니와 너는 네 생명을 보전하리라.

그러나 만일 너 에스겔이 악인에게 그의 행위에서 돌이키도록 경고하였으나, 그 악인이 자기 행위에서 돌이키지 아니하면, 그 악인이 자기 죄악 중에서 죽을 것이고 너 에스겔은 네 목숨을 건질 것이라고 하신다.

ㄴ. 개인에게 맡겨진 사명 33:10-20

10-20절은 바벨론에 있는 유다의 포로민들이 자신들의 죗값을 받는 줄을 알고 절망 상태에 있을 때에 각자의 책임은 개인적이기 때문에 현재 그들이 회개하면 구원받을 것이라고 교훈하는 것이다.

<의인의 범죄와 악인의 회개>

겔 33:10. 그런즉 인자야 너는 이스라엘 족속에게 이르기를 너희가 말하여 이르되 우리의 허물과 죄가 이미 우리에게 있어 우리로 그 가운데에서 쇠퇴하게 하니 어찌 능히 살리요 하거니와.

"그런즉 너 인자야(여호와께서 에스겔을 부르시는 호칭)! 유다 족속(유다 족속도 이스라엘 족속이다)에게 말하여라. 너희가 말하기를 우리의 허물과 죄가 우리에게 있고, 그로 인하여 우리가 쇠하게 되니 어찌 살 수 있을까?" 라고 하였다는 것이다.

겔 33:11. 너는 그들에게 말하라 주 여호와의 말씀이니라 나의 삶을 두고 맹세하노니 나는 악인이 죽는 것을 기뻐하지 아니하고 악인이 그의 길에서 돌이켜 떠나 사는 것을 기뻐하노라 이스라엘 족속아 돌이키고 돌이키라 너희 악한 길에서 떠나라 어찌 죽고자 하느냐 하셨다 하라.

주 여호와께서 에스겔에게 말씀하기기를, "유다 백성들에게 말하라. 나 여호와가 내 삶을 두고 맹세하노니 나 여호와는 악인이 죽는 것을 기뻐하지 아니하고, 악인이 자기의 행위에서 돌이켜 생명을 얻는 것을 기뻐하노라. 돌이키고 돌이켜라. 너희 악한 행위에서 떠나라. 유다 족속아! 어찌하여 너희가 죽고자 하느냐"고 하신다.

주 여호와 하나님은 악인이 죄 가운데서 망하는 것을 원하지 않으시고,

회개하여 구원 받는 것을 기뻐하신다고 하신다.

“돌이키고 돌이키라”(שׁוּבוּ שׁוּבוּ)는 말은 ‘돌아서고 돌아서라’는 말이다. 이는 구약에서 회개를 권고하는 대표적인 말로 쉽게 말해 평상시에 가던 길을 멈추고 180도 회전해서(U-turn) 예수님을 바라보고 전진하라는 말이다. 우리는 한 생애를 예수님만 바라보고 전진해야 하는 것이다.

겔 33:12. 인자야 너는 네 민족에게 이르기를 의인이 범죄하는 날에는 그 공의가 구원하지 못할 것이요 악인이 돌이켜 그 악에서 떠나는 날에는 그 악이 그를 엎드러뜨리지 못할 것인즉 의인이 범죄하는 날에는 그 의로 말미암아 살지 못하리라.

너 인자야(여호와께서 에스겔을 부르시는 호칭)! 너 에스겔은 네 백성의 자손들에게 말하여라. 의인이 죄를 범하는 날에는 그가 아무리 한 동안 의롭게 살았다 해도 그 자신을 구원하지 못하고, 악인이 자기의 사악함에서 돌이키는 날에는 한 동안 자신이 사악하게 살았다 하더라도 구원에서 빗나가지 않을 것이다. 그러므로 의인도 범죄하는 날에는 그가 한 동안 의롭게 살았다 하더라도 그 의로 말미암아 살지는 못할 것이라고 하신다.

겔 33:13. 가령 내가 의인에게 말하기를 너는 살리라 하였다 하자 그가 그 공의를 스스로 믿고 죄악을 행하면 그 모든 의로운 행위가 하나도 기억되지 아니하리니 그가 그 지은 죄악으로 말미암아 곧 그 안에서 죽으리라.

가령 나 여호와가 의인에게 그가 반드시 살게 될 것이라고 말했다 할지라도, 그 의인이 자기의 의를 믿고 불의(不義)를 행하면, 자기 모든 의들이 기억되지 않을 것이고, 그가 행한 자기 불의로 인하여 죽을 것이라고 하신다.

겔 33:14. 가령 내가 악인에게 말하기를 너는 죽으리라 하였다 하자 그가 돌이켜 자기의 죄에서 떠나서 정의와 공의로 행하여.

가령 나 여호와가 악인에게 너는 반드시 죄를 범했으니 죽게 될 것이라고 말하였어도, 그가 자기 죄악에서 돌이켜 공평과 정의를 행하여 다음 절(15절) 처럼 살면 살고 죽지 않을 것이라고 하신다.

12-14절은 18:21-29절의 반복이니 그 곳 주해를 참조하라. 의(義)라는 것은 개인적이고 현재적인 의를 말하는 것이다.

겔 33:15. 저당물을 도로 주며 강탈한 물건을 돌려 보내고 생명의 율례를 지켜 행하여 죄악을 범하지 아니하면 그가 반드시 살고 죽지 아니할지라.

그 악인이었던 사람이 전당잡은 물건을 돌려주며, 빼앗은 물건을 보상하고, 생명의 율례 가운데 행하여 다시는 불의를 행치 않으면, 그는 반드시 살고 죽지 않을 것이라고 하신다.

"생명의 율례"란 '생명의 율례를 행함으로 생명을 얻게 하는 율례'를 지칭한다(20:11 참조).

겔 33:16. 그가 본래 범한 모든 죄가 기억되지 아니하리니 그가 반드시 살리라 이는 정의와 공의를 행하였음이라 하라.

악인이 지은 모든 죄악은 하나님 앞에서 기억되지 않으리니, 그 악인이 공평과 정의를 행하였으므로 반드시 살 것이라고 하신다.

겔 33:17. 그래도 네 민족은 말하기를 주의 길이 바르지 아니하다 하는도다 그러나 실상은 그들의 길이 바르지 아니하니라.

위와 같은 엄연한 진리가 있음에도 불구하고 유다 백성의 자손들은 말하기를 여호와의 길이 공평하지 않다고 말한다. 그러나 사실은 그들의 길이 공평치 않다고 하신다.

겔 33:18. 만일 의인이 돌이켜 그 공의에서 떠나 죄악을 범하면 그가 그 가운데에서 죽을 것이고.

만일 의인이 자기 의에서 돌이켜 불의를 행하면 그 의인은 그 불의를 행했으므로 말미암아 죽을 것이라고 하신다.

겔 33:19. 만일 악인이 돌이켜 그 악에서 떠나 정의와 공의대로 행하면 그가 그로 말미암아 살리라.

만일 악인이 자기의 사악함에서 돌이켜 공평과 정의를 행하면 그 악인은 돌이켰으므로 말미암아 살 것이라고 하신다. 18-24-29의 반복이다.

겔 33:20. 그러나 너희가 이르기를 주의 길이 바르지 아니하다 하는도다 이스라엘 족속아 나는 너희가 각기 행한 대로 심판하리라 하시니라.

여호와는 말씀하시기를, "너희는 여호와의 길이 공평하지 않다고 불평하고 있으나 유다 족속아(유다 족속도 이스라엘 족속이라고 부를 수 있다)! 나 여호와가 너희 유다 족속을 각각 행위대로 심판할 것이라"고 하신다.

ㄷ. 예루살렘 함락 소식 33:21-22

에스겔의 예언은 예루살렘 함락 이전에는 그 함락을 예언했고, 함락 뒤에는 그 회복을 예언한다.

<예루살렘의 함락 소식>

겔 33:21. 우리가 사로잡힌 지 열두째 해 열째 달 다섯째 날에 예루살렘에서부터 도망하여 온 자가 내게 나아와 말하기를 그 성이 함락되었다 하였는데.

우리가 포로된 지 12년째 되는 10월 5일에 예루살렘에서부터 온 생존자가 나 에스겔에게 나아와 예루살렘 성이 함락되었다고 전해주었다.

"우리가 사로잡힌 지 12년 10월 5일에"란 말은 주전 585년 1월에 해당하고, 32:1의 연대(12년 12월 1일)보다는 2개월 앞선다. 여기 문제가 되는 것은 예루살렘 함락이 시드기야 왕의 11년 4월 9일이었고(왕하 25:3; 렘 39:2; 52:5-7), 시드기야의 11년은 또한 여호야긴이 사로잡힌 지 11년이므로 (1:2), 결국 예루살렘 함락의 소식은 예루살렘이 함락된 후 1년 반이나 되었다는 점이다. 에스라의 경우 바벨론에서 예루살렘까지의 여행에 불과 108일을 소요된 셈이었다(스 7:9; 8:31).

위의 문제를 해결하기 위해 1) 12년 대신 11년으로 보는 견해(LXX, Syriac, Albright, Howie; 이럴 경우 간격은 6개월이 된다), 2) 예레미야나 열왕기서의 계산은 가나안법으로 가을에서 가을에 이르는 것이고, 에스겔의 계산은 바벨론법으로 봄으로부터 봄에 이르는 것이므로 그 차이에서 위의 간격은 단축된다는 견해(Steuernagel, Cooke) 등이 있으나 만족한 해답은 되지 못한다. 아무튼 예루살렘 함락을 주전 586년 4월(현재의 7월)로, 에스겔이 그 함락 소식을 들은 때를 586년 10월(현재의 주전 585년 1월)로 보고 그 간격을 6개월로 생각하는 것이 좋을 것으로 보인다(이상근).

겔 33:22. 그 도망한 자가 내게 나아오기 전날 저녁에 여호와의 손이 내게 임하여 내 입을 여시더니 다음 아침 그 사람이 내게 나아올 그 때에 내 입이 열리기로 내가 다시는 잠잠하지 아니하였노라.

그 도망한 자가 나아오기 전날 저녁, 여호와의 손이 내게 임하여 내 입을 여셨고, 다음 날 아침 그 사람이 내게 오기 전에 내 입은 열렸으므로, 내가 다시는 잠잠하지 아니하였다는 것이다.

그간 에스겔은 조용히 집에 거하면서 예루살렘에서 찾아오는 유다의 장로들에게 대체로 환상이나 상징 등의 방법으로 예루살렘의 함락을 예언했으나 이제 그의 예언이 성취된 뒤에는 입을 열어 보다 적극적으로 예언한 것이다.

ㄹ. 유다의 남은 자에게 경고한다 33:23-29

예루살렘이 함락된 후에도 유다에 남아 있던 유다인들은 그 땅에서 그대로 번성할 줄 기대했으나 에스겔은 유다인들이 죄 때문에 멸망할 것이라고 경고한다.

<백성의 죄와 여호와의 맹세>

겔 33:23. 여호와의 말씀이 내게 임하여 이르시되.

본 절은 유다의 남은 자들에게 경고하시기 위해서 여호와께서 말씀을 주시는 시작을 알리는 말씀이다.

겔 33:24. 인자야 이 이스라엘의 이 황폐한 땅에 거주하는 자들이 말하여 이르기를 아브라함은 오직 한 사람이라도 이 땅을 기업으로 얻었나니 우리가 많은즉 더욱 이 땅을 우리에게 기업으로 주신 것이 되느니라 하는도다.

인자야(여호와께서 에스겔을 부르시는 호칭)! 유다의 폐허에 사는 이 사람들이 유다(이스라엘이라고 말해도 된다. 이유는 유다도 이스라엘이기 때문이다) 땅에 대해 말하기를 아브라함은 한 사람이었어도 이 땅을 소유했다면, 우리는 숫자가 많으니 이 땅이 더욱 우리의 소유로 주어질 것이라고 떠들고 있다.

겔 33:25. 그러므로 너는 그들에게 이르기를 주 여호와께서 이같이 말씀하시되 너희가 고기를 피째 먹으며 너희 우상들에게 눈을 들며 피를 흘리니 그 땅이 너희의 기업이 될까보냐.

유다 백성들이 위와 같이(24절) 떠드니 에스겔은 유다 백성들에게 말하라. 너희는 고기를 피째 먹고, 너희 우상들에게 눈을 들어 피를 쏟으니 너희가 그 땅을 소유하겠느냐고 하신다.

겔 33:26. 너희가 칼을 믿어 가증한 일을 행하며 각기 이웃의 아내를 더럽히니 그 땅이 너희의 기업이 될까보냐 하고.

너희 유다인들이 너희 칼을 의지하여 역겨운 일을 하며 각자 자기 이웃의 아내를 더럽히니 너희가 그 땅을 소유하겠느냐고 하신다.

"너희가 칼을 믿어 가증한 일을 행한다"는 말씀은 '너희 유다인들이 하나님의 율법이나 공의는 잊은 채 오로지 폭력으로 모든 일을 행하니 유다 땅이 유다인들의 소유가 될 것으로 생각하느냐'는 것이다.

겔 33:27. 너는 그들에게 이르기를 주 여호와께서 이같이 말씀하시되 내가 나의 삶을 두고 맹세하노니 황무지에 있는 자는 칼에 엎드러뜨리고 들에 있는 자는 들짐승에게 넘겨 먹히게 하고 산성과 굴에 있는 자는 전염병에 죽게 하리라.

주 여호와께서 말씀하시기를, "에스겔 너는 유다인들에게 이같이 말하여라. 나 여호와가 내 삶을 두고 맹세하니, 폐허에 있는 자는 칼(하나님의 전쟁의 화)에 쓰러지며, 들판에 있는 자는 내가 들짐승에게 밥으로 주고, 산성과 굴에 있는 자들은 전염병으로 죽게 할 것이라"고 하신다.

겔 33:28. 내가 그 땅이 황무지와 공포의 대상이 되게 하고 그 권능의 교만을 그치게 하리니 이스라엘의 산들이 황폐하여 지나갈 사람이 없으리라.

나 여호와가 유다 땅을 황무지와 황폐한 곳(사 33:8; 렘 9:12; 슥 7:14)으로 만들고, 그 교만한 권력을 그치게 할 것이니, 유다의 산들은 황폐하여 지나갈 자가 없을 것이라고 하신다.

겔 33:29. 내가 그들이 행한 모든 가증한 일로 말미암아 그 땅을 황무지와 공포의 대상이 되게 하면 그 때에 내가 여호와인 줄을 그들이 알리라 하라.

유다인들이 행한 모든 역겨운 일들로 말미암아 나 여호와가 유다 땅을 황무지와 황폐한 곳으로 만들면 유다인들은 나 여호와가 하나님인 것을 알 것이라고 하신다(6:7 참조).

ㅁ. 포로민에게 교훈을 주다 33:30-33

바벨론에 포로로 잡혀간 유다인들은 에스겔의 예언이 너무나 분명하게 성취된 것을 보고 이제는 에스겔의 말씀을 듣고자 했다.

<선지자의 말과 백성>

겔 33:30. 인자야 네 민족이 담 곁에서와 집 문에서 너에 대하여 말하며 각각 그 형제와 더불어 말하여 이르기를 자, 가서 여호와께로부터 무슨

말씀이 나오는가 들어 보자 하고.

인자야(여호와께서 에스겔을 부르시는 호칭)! 유다 백성의 자손들이 담 곁이나 집 문에서 너 에스겔에 대해 서로 자기 형제와 더불어 말하기를 자! 가서 여호와께로부터 어떤 말씀이 에스겔의 입에서 나오는지 들어 보자 한다고 말씀하신다.

예루살렘 함락 소식을 들은 유다 백성들(21-22절)은 서로들 모여서 에스겔이 무슨 말씀을 하는지 듣고자 했다.

겔 33:31. 백성이 모이는 것 같이 네게 나아오며 내 백성처럼 네 앞에 앉아서 네 말을 들으나 그대로 행하지 아니하니 이는 그 입으로는 사랑을 나타내어도 마음으로는 이익을 따름이라.

유다 백성들이 모여들 듯 그들이 너 에스겔에게 나아올 것이다. 백성들은 너 에스겔 앞에 앉아 네 말을 듣고도 그것들을 행치는 않을 것이니, 이는 그들이 자기 입으로는 사랑을 나타내어도 자기 마음은 욕심을 따라 행하기 때문이라고 하신다.

"그 입으로는 사랑을 나타내어도 마음으로는 이익을 따름이라"는 말은 '유다 백성들의 입으로는 에스겔의 예언이 좋다고 하고 은혜도 받았다고 한다고는 하지만 그들의 마음으로는 에스겔의 말씀이 자기들에게 불리하면 행하지 않는다'는 뜻이다.

겔 33:32. 그들은 네가 고운 음성으로 사랑의 노래를 하며 음악을 잘하는 자 같이 여겼나니 네 말을 듣고도 행하지 아니하거니와.

보라! 너 에스겔의 음성이 유다 백성들에게 아름다운 소리와 현악기를 잘 연주하는 사랑의 노래 같을지라도, 그들은 네 말을 듣고 아무도 행하지 않을 것이라고 하신다.

오늘날 사람들도 목사의 설교를 듣고 대부분 은혜는 받았다고 하면서도 실제로 행동에 옮기지 않는다.

겔 33:33. 그 말이 응하리니 응할 때에는 그들이 한 선지자가 자기 가운데에 있었음을 알리라.

보라! 하나님의 심판 예언의 말씀(10-20절)이 이루어질 것이니, 이루어질 때, 유다 백성들은 한 선지자가 그들 중에 있었다는 것을 알게 될 것이라고 하신다.

제 34 장

2. 이스라엘 정치, 종교 지도자들에게 대하여 메시지가 주어지다 34:1-31

ㄱ. 악한 지도자들에게 대하여 경고가 주어지다 34:1-10

1-10절은 유다의 악한 지도자들에게 임한 심판 선언이다. 악한 지도자들은 양을 먹이는데 신경 쓰지 않는다. 그래서 양들은 먹이를 찾아 흩어져 결국 야수의 밥이 된다(1-6절). 그러므로 하나님은 양들을 그들의 손에서 찾아내신다는 것이다(7-10절).

1-6절. 악한 지도자들은 양을 먹이지 않으므로 양들이 뿔뿔이 흩어져 야수의 밥이 되게 하는 거짓 목자들이다.

<자기만 먹는 이스라엘 목자들>

겔 34:1. 여호와의 말씀이 내게 임하여 이르시되,

본 절은 여호와께서 악한 지도자들에게 경고(1-10절)를 하시기 위해서 앞에 내세운 표제의 말씀이다.

겔 34:2. 인자야 너는 이스라엘 목자들에게 예언하라 그들 곧 목자들에게 예언하여 이르기를 주 여호와께서 이같이 말씀하시되 자기만 먹는 이스라엘 목자들은 화 있을진저 목자들이 양 떼를 먹이는 것이 마땅하지 아니하냐.

인자야(여호와께서 에스겔을 부르시는 호칭)! 너 에스겔은 유다의 목자들을 대적하여 예언하라. 그들 곧 목자들에게 예언하여 말하라. 주 여호와가 이와 같이 말씀하시기를 자기만 먹는 유다(유다 목자들도 이스라엘 목자들이라고 해도 되는 것이다) 목자들에게 화가 있을 것이다. 목자들이 양 떼를 먹여야 하지 않겠느냐고 하신다.

겔 34:3. 너희가 살진 양을 잡아 그 기름을 먹으며 그 털을 입되 양 떼는 먹이지 아니하는도다.

너희 유다의 목자들이 양 떼의 기름을 먹으며 그 양 떼의 털로 옷 입고 살진 양을 잡아먹으나 너희가 양 떼는 먹이지 않는다고 하신다.

겔 34:4. 너희가 그 연약한 자를 강하게 아니하며 병든 자를 고치지 아니하며 상한 자를 싸매 주지 아니하며 쫓기는 자를 돌아오게 하지 아니하며 잃어버린 자를 찾지 아니하고 다만 포악으로 그것들을 다스렸도다.

너희 목자들이 양 떼 중 연약한 자를 강하게 하지 아니했고, 병든 자를 고치지 않았으며, 또 상한 자를 싸매 주지 아니했고, 쫓겨난 자를 돌아오게 하지 아니했으며, 잃어버린 자를 찾지 아니했고, 도리어 너희는 폭력과 잔혹함으로 그들을 다스렸다고 하신다.

위와 같은 양 떼들은 특히 목자의 관심과 보호가 필요한 양들이었다(시 78:71; 사 40:11; 눅 14:4). 그러나 거짓 목자들은 이런 양들을 방치하고 돌아보지 않았던 것이다.

겔 34:5. 목자가 없으므로 그것들이 흩어지고 흩어져서 모든 들짐승의 밥이 되었도다.

목자들이 없으므로 그 빈약한 양들이 흩어지고 흩어져서, 모든 들짐승의 밥이 되었다고 하신다. 본 절은 왕상 22:17에 역력히 진술되어 있다.

겔 34:6. 내 양 떼가 모든 산과 높은 멧부리에마다 유리되었고 내 양 떼가 온 지면에 흩어졌으되 찾고 찾는 자가 없었도다.

나 여호와의 양 떼가 모든 산과 모든 높은 언덕에서 헤맸고, 내 양 떼가 온 땅에 흩어졌으나 찾고 찾는 자가 없다고 하신다.

“내 양 떼가 온 지면에 흩어졌으되 찾고 찾는 자가 없었도다”라는 말은 ‘여호와의 양 떼, 즉 유다 백성이 앗수르나 바벨론이나 애굽으로나 외국으로 흩어진 사실을 지칭할 것이다. 이들을 찾기 위해 기도하는 사람이 없었다’는 것이다.

7-10절. 하나님은 양들을 그들의 손에서 찾아내신다.

<여호와께서 양 떼를 구원하시리라>

겔 34:7. 그러므로 목자들아 여호와의 말씀을 들을지어다.

본 절 초두의 “그러므로”란 말은 ‘1-6절에서 지적된 바 거짓 지도자들이 죄를 지었으므로’란 뜻이다. 그 거짓 지도자들이 죄를 지었으므로 여호와께서는 목자들을 향하여 여호와의 심판의 말씀을 들으라고 하신다.

겔 34:8. 주 여호와의 말씀에 내가 나의 삶을 두고 맹세하노라 내 양 떼가 노략거리가 되고 모든 들짐승의 밥이 된 것은 목자가 없기 때문이라 내 목자들이 내 양을 찾지 아니하고 자기만 먹이고 내 양 떼를 먹이지 아니하였도다.

주 여호와께서 말씀하시기를, “나 여호와가 내 삶을 두고 맹세하니, 나 여호와의 양 떼가 노략거리가 되고, 내 양 떼가 모든 들짐승의 밥이 된 것은 지도자들이 양들을 잘 지도하지 않았기(4절) 때문이다. 내 목자들이 여호와의 양 떼들이 노략거리가 되어 흩어져도 그들을 찾지 않았으며, 자기 자신들만 먹고 나 여호와의 양 떼를 먹이지 아니하였다”고 하신다.

겔 34:9. 그러므로 너희 목자들아 여호와의 말씀을 들을지어다.

그러므로 목자들아! 여호와의 말을 들으라고 하신다. 본 절은 7절과 같은 내용이다.

그 거짓 지도자들이 죄를 지었으므로 여호와께서는 목자들을 향하여 여호와의 심판의 말씀을 들으라고 하신다.

겔 34:10. 주 여호와께서 이같이 말씀하시되 내가 목자들을 대적하여 내 양 떼를 그들의 손에서 찾으리니 목자들이 양을 먹이지 못할 뿐 아니라 그들이 다시는 자기도 먹이지 못할지라 내가 내 양을 그들의 입에서 건져내어서 다시는 그 먹이가 되지 아니하게 하리라.

주 여호와께서 이와 같이 말씀하시기를, "보라! 나 여호와가 유다의 지도자들을 대적하여 내 양 떼를 그들의 손에서 빼앗을 것이며, 그 지도자들이 더 이상 양 떼를 먹이지 못하게 할 것이다. 유다의 지도자들이 다시는 자기를 먹이지 못할 것이며, 나 여호와가 내 양을 지도자들의 입에서 건져낼 것이니, 내 양이 다시는 그들의 밥이 되지 않을 것이라"고 하신다.

유다의 지도자들이 그들의 책임을 다 하지 못하니 먼저는 여호와께서 그 지도자들의 직위를 폐하신다는 것이며, 더 나아가 양 떼로부터 유익을 전혀 받지 못하게 하신다는 것이다.

ㄴ. 하나님은 참 목자이시다 34:11-31

11-16절. 참 목자이신 여호와. 거짓 목자들에 대한 심판이 선언된 후 여호와 자신께서 친히 참 목자가 되셔서 양들을 먹이신다고 하신다.

겔 34:11. 주 여호와께서 이같이 말씀하셨느니라 나 곧 내가 내 양을 찾고 찾되.

참으로 주 여호와께서 이와 같이 말씀하시기를, "보라! 나 곧 나 여호와가 내 양 떼를 찾아서 보살필 것이라"고 하신다.

"나 곧 내가 내 양을 찾고 찾되"란 말은 '하나님 자신이 하나님의 양들을 찾으시겠다'는 뜻이다. 양들을 찾아 새로운 목자를 세워 주시겠다는 뜻이다. 여기 새로운 목자란 바벨론 포로 귀환 후 새 지도자를 세워주신다는 뜻도 되지만 무엇보다도 여호와께서 친히 이 땅에 오셔서 양들을 돌보시겠다는 것을 드러내신 말씀이다. 예수 그리스도께서 사람의 몸을 입으시고 친히 이 땅에 오셨다.

겔 34:12. 목자가 양 가운데에 있는 날에 양이 흩어졌으면 그 떼를 찾는 것 같이 내가 내 양을 찾아서 흐리고 캄캄한 날에 그 흩어진 모든 곳에서 그것들을 건져낼지라.

목자들이 자기 양 떼가 흩어졌을 때 목자가 그 양 떼를 돌보는 것 같이, 나 여호와도 역시 내 양 떼를 돌보아 흐리고 캄캄한 날에 그 흩어진 모든 곳에서 그들을 구원할 것이라고 하신다.

"흐리고 캄캄한 날"은 '예루살렘의 함락과 같은 국민적 심판을 받는 재앙의 날'을 지칭한다(욜 2:2; 습 1:15).

"그 흩어진 모든 곳에서 그것들을 건져낸다"는 말은 '여호와께서 유다가 재앙을 만나 양 떼들이 바벨론이나 애굽 또는 다른 열방으로 흩어진 그 모든 곳에서 그들을 건져내시며 본토로 모으신다'는 뜻이다.

겔 34:13. 내가 그것들을 만민 가운데에서 끌어내며 여러 백성 가운데에서 모아 그 본토로 데리고 가서 이스라엘 산 위에와 시냇가에와 그 땅 모든 거주지에서 먹이되.

나 여호와가 그들을 여러 민족들 중에서 이끌어 내며, 여러 나라들 가운데서 그들을 모아 그 본토로 데리고 가서, 유다(이스라엘) 산들과 골짜기와 그 땅 모든 거주지에서 그들을 먹일 것이라고 하신다.

본 절은 여호와께서 사방으로 흩어진 유다 백성을 모으시고, 다시 그들의 본토인 가나안의 산야에서 먹이실 것이라고 하신 말씀이다.

겔 34:14. 좋은 꼴을 먹이고 그 우리를 이스라엘 높은 산에 두리니 그것들이 그 곳에 있는 좋은 우리에 누워 있으며 이스라엘 산에서 살진 꼴을 먹으리라.

나 여호와가 좋은 꼴(말씀)로 그들을 먹이고 그들의 초장을 이스라엘 높은 산(안전한 산) 위에 둘 것이다. 그들이 거기 좋은 초장(푸른 초장)에 누우며 이스라엘 산 위에서 살진 꼴(여호와의 말씀)을 먹게 할 것이라고 하신다.

겔 34:15. 내가 친히 내 양의 목자가 되어 그것들을 누워 있게 할지라 주 여호와의 말씀이니라.

주 여호와께서 말씀하시기를, "나 여호와가 친히 내 양 떼를 먹여주며 내가 그들을 눕게 할 것이라"고 하신다.

본 절은 여호와께서 사람의 몸을 입으시고 그리스도로 오셔서 친히 신약 성도들을 먹이실 것이라는 것을 말씀하신 것이다(사 40:11; 요 10:11; 히 13:20; 벧전 2:25; 5:4; 계7:17).

겔 34:16. 그 잃어버린 자를 내가 찾으며 쫓기는 자를 내가 돌아오게 하며 상한 자를 내가 싸매 주며 병든 자를 내가 강하게 하려니와 살진 자와 강한 자는 내가 없애고 정의대로 그것들을 먹이리라.

여호와께서 말씀하시기를, "나 여호와가 그 잃어버린 양들을 찾으며, 그 흩어진 양들을 돌아오게 하고, 상한 양들을 싸매어 주며, 병든 양들을 강하게 할 것이나, 살진 것과 강한 것은 내가 도태시키며 공의로 그들을 먹일 것이라"고 하신다. 여기 "잃어버린 자, 쫓기는 자, 상한 자, 병든 자"들은 거짓 목자들 아래서 구박받던 자들이었다(4절). 참 목자이신 예수 그리스도는 이런 자들을 찾으며, 돌아오게 하며, 싸매어 주며, 강하게 해주신다는 것이다.

"살진 자와 강한 자는 내가 없앤다"는 말은 '양 떼들을 강압하고 착취하는 지배층, 곧 거짓 목자들을 없앤다'는 뜻이다. 이런 자들은 여호와께서 친히 없애버리신다는 것이다.

"정의대로 그것들을 먹이리라"는 말은 '낮고 약한 자를 강하게 해주시고 올려주시며, 높고 강한 자는 낮추시는 것이 하나님의 공의'라는 뜻이다.

17-22절. 여호와께서 양과 양 사이를 심판하시다.

겔 34:17. 주 여호와께서 이같이 말씀하셨느니라 나의 양 떼 너희여 내가 양과 양 사이와 숫양과 숫염소 사이에서 심판하노라.

주 여호와께서 이와 같이 말씀하시기를, "나 여호와의 양 떼인 너희들이여, 보라! 내가 양들과 양들 사이와 숫양들과 숫염소들 사이를 심판하겠다"고 하신다.

"내가 양과 양 사이와 숫양과 숫염소 사이에서 심판하신다"는 말씀은 '같은 백성들 사이에 벌어지는 여러 모양의 압제를 심판하신다'는 뜻이다. 다시 말해 '백성 중에 강한 압박자와 약한 압박자 사이에 심판하시겠다'는 뜻이다.

에스겔은 17-22절에서 비록 목자만큼 강력한 권한을 가지지는 못하였지만 동료 양들을 괴롭혔던 다른 양 및 숫양과 숫염소들을 향하여 하나님의 심판을 선고하고 있다. 그런데 여기서 양은 일반 백성을, 그리고 숫양과 숫염소는 정치 권력자들과 결탁하여 일반 백성들을 착취했던 부자와 상인들 중의 중간 계층을 지칭하는 것으로 보인다(K.&D., Matthew Henry, Barlow, Whitelaw). 실제로 남북 왕국 부자들이 끼친 해악은 매우 컸던 것으로 보인다(18-19절; 암 6:1-8).

겔 34:18. 너희가 좋은 꼴을 먹는 것을 작은 일로 여기느냐 어찌하여 남은 꼴을 발로 밟았느냐 너희가 맑은 물을 마시는 것을 작은 일로 여기느냐 어찌하여 남은 물을 발로 더럽혔느냐.

너희가 가장 좋은 초장에서 먹는 것을 어찌 작은 일로 여겼느냐? 어찌하여 너희 남은 초장을 발로 밟았느냐? 너희가 맑은 물을 마신 뒤에 어찌하여 남은 물을 너희 발로 더럽혔느냐고 하신다.

여기 "너희"는 앞에서 지적한 일반 백성들로서 압박자들을 지칭한다. 저들은 자신들만 좋은 꼴을 먹고 맑은 물을 마시면서 약한 자들은 마시지도 못하게 했던 것이다. 백성들 중 권력자와 부자가 약하고 가난한 서민들을 압박하는 것을 가리킨다(암 3:9; 4:1; 5:11 참조). 오늘 우리는 하나님의 세밀한 판단을 심히 환영하고 있는 바이다.

겔 34:19. 나의 양은 너희 발로 밟은 것을 먹으며 너희 발로 더럽힌 것을 마시는도다 하셨느니라.

여호와께서 말씀하시기를, "나의 양 떼(위에서 언급된 압박당하는 양 떼)는 너희가 발로 밟은 것을 먹으며, 너희가 발로 더럽힌 것을 마시고 있다"고 탄식하신다.

하나님은 피압박자 편에 서신다. 우리는 우리 주위의 아무도 압박해서는 안 될 것이다.

겔 34:20. 그러므로 주 여호와께서 그들에게 이같이 말씀하시되 나 곧 내가 살진 양과 파리한 양 사이에서 심판하리라.

그러므로 주 여호와가 이와 같이 그들에게 말씀하시기를, "보라! 나 곧 내가 살진 양과 마른 양 사이에 심판할 것이라"고 하신다.

여기 "살진 양"은 '너무 잘 먹어서 살이 찌게 된 압박자', "파리한 양"은 '사회적 약자'를 지칭한다. 하나님은 사회적 비리를 보시고 사회를 심판하시는 것이다.

겔 34:21. 너희가 옆구리와 어깨로 밀어뜨리고 모든 병든 자를 뿔로 받아 무리를 밖으로 흩어지게 하는도다.

너희 강자들이 약자들을 옆구리와 어깨로 밀어내고 모든 병든 자들을 너희 뿔로 받아 무리를 밖으로 흩어지게 했다고 하신다.

압제자는 사회에서 약자들을 아주 자기 밥인 줄 알고 함부로 대했다. 그러다가 하나님의 심판을 받는다. 오늘도 압제자들은 약자들을 자기의 밥인 줄 알고 마구 압제하다가 크게 혼이 난다.

겔 34:22. 그러므로 내가 내 양 떼를 구원하여 그들로 다시는 노략거리가 되지 아니하게 하고 양과 양 사이에 심판하리라.

나 여호와가 약한 양 떼를 구원하여 그들이 다시는 노략물이 되지 않게 하고 양과 양 사이를 심판할 것이라고 하신다.

하나님의 역사로 말미암아 역사에는 강한 자가 망하고 약한 자가 살아남는 것을 자주 목격하게 된다. 이런 현상을 두고 하나님의 역사적인 심판이라고 부른다. 사람들은 현 역사상에서는 심판이 없을 줄 알고 마구 행동한다. 그러나 현 역사상에서도 하나님의 심판이 뚜렷이 존재한다. 그것을 하나님의 역사의 심판이라고 한다. 우리는 얼마나 조심해야 하는지 모른다.

23-24절. 이상적인 목자이신 메시아. 여호와께서는 이 사회에 이상적인 메시아를 보내셔서 통치하게 하신다. 지금은 여호와께서 메시아 대신으로 성령님을 보내셔서 심판하신다.

겔 34:23. 내가 한 목자를 그들 위에 세워 먹이게 하리니 그는 내 종 다윗이라 그가 그들을 먹이고 그들의 목자가 될지라.

나 여호와가 그들을 먹이는 한 목자, 곧 내 종 다윗(여기 다윗은 그리스도의 예표였다)을 그들 위에 세울 것이니, 그리스도가 그들을 먹이고 그는 그들에게 목자가 될 것이라고 하신다.

메시아가 구약 백성들의 궁극적인 목자이시며, 다윗의 자손으로 오신다는 것은 구약의 정설이다(삼하 7:12; 렘 23:5; 30:9; 겔 37:22-25; 암 9:11; 슥 11:16; 12:10).

겔 34:24. 나 여호와는 그들의 하나님이 되고 내 종 다윗은 그들 중에 왕이 되리라 나 여호와의 말이니라.

주 여호와께서 말씀하시기를, "나 여호와는 구약 백성들의 하나님이 되고, 내 종 다윗, 곧 메시아께서 그 백성의 중보자이시며 따라서 그들을 먹이시며 거느리시는 목자이시기 때문에 그가 영원한 왕이라"고 하신다.

25-31절. 화평의 언약. 회복된 나라의 평화로운 모습을 말한다. 야수가 없어지고 비가 풍부하여 결실이 풍성하며, 종의 멍에를 벗어나 이방의 노략거리

가 되지 않을 것이고, 기근이 없어지며 백성들이 여호와를 알게 된다는 것이다. 이와 같이 회복된 나라는 메시아 왕국의 그림자인 것이다.

겔 34:25. 내가 또 그들과 화평의 언약을 맺고 악한 짐승을 그 땅에서 그치게 하리니 그들이 빈 들에 평안히 거하며 수풀 가운데에서 잘지라.

나 여호와가 하나님 백성들과 화평의 언약을 맺으며, 악한 짐승을 그 땅에서 제거할 것이니, 그들이 광야에서 안전하게 지내며, 숲 속에서 잠을 자게 될 것이라고 하신다. 본 절은 레 26:6; 호 2:20과 유사하다.

하나님 백성들의 죄가 사함 받고 따라서 하나님과의 적대 상태도 끝나며 이제는 하나님과 그 백성 사이에 평화가 성취된 것이다. 하나님의 백성들이 사는 땅에 맹수가 없어지고, 양 떼들이 들에나 수풀에서 안전하게 살게 된다는 것이다.

겔 34:26. 내가 그들에게 복을 내리고 내 산 사방에 복을 내리며 때를 따라 소낙비를 내리되 복된 소낙비를 내리리라.

나 여호와가 하나님 백성들과 나 여호와의 언덕 사방에 복을 주어 때를 따라 이른 비(10월과 11월에 오는 비)와 늦은 비(3월과 4월에 오는 비)를 내릴 것이니, 그것이 복된 소낙비가 될 것이라(렘 6:3; 호 6:3; 약 5:7)고 하신다.

겔 34:27. 그리한즉 밭에 나무가 열매를 맺으며 땅이 그 소산을 내리니 그들이 그 땅에서 평안할지라 내가 그들의 멍에의 나무를 꺾고 그들을 종으로 삼은 자의 손에서 그들을 건져낸 후에 내가 여호와인 줄을 그들이 알겠고.

들판의 나무가 자기 열매를 맺으며 땅이 자기 소산을 낼 것이니, 식물들이 자기 땅에서 잘 성장할 것이다. 나 여호와가 하나님 백성들의 목에서 멍에를 부수고 종을 삼은 자들의 손에서 그들을 건져낼 때, 그들은 나 여호와가 하나님인 것을 알게 될 것이라고 하신다.

본 절이 보여주는 사회는 메시아 왕국의 사회이다(36:34; 47:1-12).

겔 34:28. 그들이 다시는 이방의 노략거리가 되지 아니하며 땅의 짐승들에게 잡아먹히지도 아니하고 평안히 거주하리니 놀랠 사람이 없으리라.

하나님의 백성들이 다시는 다른 민족들의 노략물이 되지 아니하며, 땅의 짐승이 그들을 삼키지 아니할 것이다. 그들이 안전하게 지낼 것이니, 그들을 두렵게 할 자가 없을 것이라고 하신다.

지금까지 언급한 25-28절은 메시아 왕국을 말한 레 26:4-6, 13과 매우 유사하다.

겔 34:29. 내가 그들을 위하여 파종할 좋은 땅을 일으키리니 그들이 다시는 그 땅에서 기근으로 멸망하지 아니할지며 다시는 여러 나라의 수치를 받지 아니할지라.

나 여호와가 하나님 백성들을 위해 파종할 좋은 농토를 줄 것이니 그들이 다시는 그 땅에서 기근으로 망하지 아니하며 다시는 다른 민족들에게 수치를 당하지 않을 것이라고 하신다.

하나님의 백성들은 다시 기근을 만나지 않을 것이며 외국의 침입으로 수치를 당하지도 않을 것이다.

겔 34:30. 그들이 내가 여호와 그들의 하나님이며 그들과 함께 있는 줄을 알고 그들 곧 이스라엘 족속이 내 백성인 줄 알리라 주 여호와의 말씀이라.

주 여호와께서 말씀하시기를, "나 여호와 그들의 하나님이 하나님 백성들과 함께 하며, 그들 곧 유다 족속(유다 족속도 이스라엘 족속이다)이 내 백성인 것을 그들이 알게 될 것이라"고 하신다(사 51:16; 호 2:23).

하나님께서 우리들과 함께 하신다는 것을 알 때처럼 행복한 때는 없다. 그것이 지상 최고의 행복이다.

헹복이라는 이름으로 수많은 행복론이 나오지만 그 많은 행복론들은 실제로 행복론이 아니다. 여호와께서 우리와 함께 하신다는 사실이야말로 진정한 행복이 아닐 수 없다.

겔 34:31. 내 양 곧 내 초장의 양 너희는 사람이요 나는 너희 하나님이라 주 여호와의 말씀이니라.

주 여호와께서 말씀하시기를, "너희는 내 양 떼 곧 내 초장의 양 떼이다. 너희는 내 초장에서 먹는 사람들이고, 나 여호와는 너희 하나님이라"고 하신다.

여호와는 유다(이스라엘)의 목자이시고, 유다(이스라엘)는 여호와의 양 떼이며, 또 여호와는 유다(이스라엘)의 하나님이시요, 유다(이스라엘)는 그의 백성이라고 하신다.

이 관계가 건전하게 유지되는 것이 곧 회복된 유다(이스라엘)의 복된 상태이다(사 51:16; 호 2:23; 슥 13:9; 계 21:3).

제 35 장

3. 에돔이 멸망할 것이다 35:1-15

1-15절의 내용은 에돔의 죄(1-9절)와 에돔이 심판 받을 것(10-15절)을 말한다.

ㄱ. 에돔이 망할 수밖에 없는 죄 35:1-9

<세일 산과 에돔이 황무하리라>

겔 35:1. 또 여호와의 말씀이 내게 임하여 이르시되.

본 절은 에돔이 망할 수밖에 없는 이유들(2-9절)의 언급을 시작하기 위하여 앞에 내놓은 표제이다(12:17주해 참조).

겔 35:2. 인자야 네 얼굴을 세일 산으로 향하고 그에게 예언하여.

여호와께서 말씀하시기를, "인자야(여호와께서 에스겔을 부르시는 호칭)! 너 에스겔의 얼굴을 세일 산으로 향하고, 세일 산을 대적하여 예언하라"고 하신다(25:2; 29:2; 34:2).

여기 "세일 산"이란 팔레스타인의 사해와 아카바(Aquaba)만 사이, 아라비아 광야 동편의 산맥을 이름이다. 세일 산은 에돔인의 거주지였다(창 32:3).

겔 35:3. 이르기를 주 여호와께서 이같이 말씀하시되 세일 산아 내가 너를 대적하여 내 손을 네 위에 펴서 네가 황무지와 공포의 대상이 되게 할지라.

주 여호와께서 말씀하시기를, "너 에스겔은 세일 산에게 말하라. 세일 산아! 나 여호와가 세일 산을 치리니(6:14; 14:9, 13; 25:17; 출 7:5) 나 여호와의 손을 세일 산에게 뻗어 너를 황무지와 황폐한 곳으로 만들 것이라"

고 하신다.

겔 35:4. 내가 네 성읍들을 무너뜨리며 네가 황폐하게 되리니 네가 나를 여호와인 줄을 알리라.

나 여호와가 너 에돔의 성읍들을 폐허로 만들 것이니, 너 에돔이 황무지가 되어 내가 여호와인 것을 네가 알게 될 것이라고 하신다.

에돔이 심판을 받아 황무지가 될 때 에돔인들은 여호와께서 그 심판을 행하신 것을 알게 되며, 또 여호와께서 천지의 주재시요, 역사의 주인이 되시는 것을 알게 되는 것이다(6:7, 13; 7:4, 9; 11:10, 12; 13:9, 14, 21, 23; 14:8; 15:7; 출 6:7; 7:5, 17; 29:46; 31:13).

겔 35:5. 네가 옛날부터 한을 품고 이스라엘 족속의 환난 때 곧 죄악의 마지막 때에 칼의 위력에 그들을 넘겼도다.

여호와께서 말씀하시기를, "너 에돔이 옛날부터 마음에 한을 품고(조상 에서가 동생 이스라엘을 향하여 한을 품었다는 것, 창 27:41), 또 그 자손들도 이스라엘에 대해 원한을 품고 대했으며(25:12; 삼하 8:13, 14; 왕상 11:14; 왕하 14:7; 대하 28:17; 암 1:11), 이스라엘 족속이 환난을 당할 때마다 죄악을 지어 마지막 죗값을 받을 때에 이스라엘 민족을 전쟁의 위력에 넘겼다고 하신다.

"이스라엘 족속의 환난 때 곧 죄악의 마지막 때에 칼의 위력에 그들을 넘겼다"는 말은 '느부갓네살 군대에 예루살렘이 함락될 때, 에돔이 느부갓네살 군에 가담하여 유다를 칼로 친 것'을 지칭한다(옵 1:10-14 참조).

겔 35:6. 그러므로 주 여호와의 말씀이니라 내가 나의 삶을 두고 맹세하노니 내가 너에게 피를 만나게 한즉 피가 너를 따르리라 네가 피를 미워하지 아니하였은즉 피가 너를 따르리라.

그러므로 주 여호와께서 말씀하시기를, "나 여호와가 나의 삶을 두고 맹세하노니(18:3 주해 참조) 나 여호와가 너 에돔에게 피를 만나게 할 것인즉, 전쟁의 피가 너 에돔을 따를 것이다. 너 에돔이 피를 미워하지 아니하였은즉 피가 너 에돔을 따를 것이라"고 하신다.

겔 35:7. 내가 세일 산이 황무지와 폐허가 되게 하여 그 위에 왕래하는 자를 다 끊을지라.

나 여호와가 세일 산을 황무지와 공포의 장소로 만들어 그곳에 왕래하는 자들을 끊어버릴 것이라고 하신다.

여호와께서 에돔을 완전히 멸망시켜 에돔인이 살육을 당하여 그 시신들이 여러 산과 산꼭대기와 산골짜기에 차게 되고 에돔이 황무하여 그곳을 왕래하는 자들도 없어지게 하신다는 것이다(33:38; 슥 7:14; 9:8, 10).

겔 35:8. 내가 그 죽임 당한 자를 그 여러 산에 채우되 칼에 죽임 당한 자를 네 여러 멧부리와, 골짜기와, 모든 시내에 엎드러지게 하고.

나 여호와가 에돔의 산을 살육당한 자들로 채우리니, 세일 산의 여러 꼭대기와 골짜기와 세일 산의 모든 계곡에는 칼에 살육당한 자들이 쓰러져 있을 것이라고 하신다.

겔 35:9. 너를 영원히 황폐하게 하여 네 성읍들에 다시는 거주하는 자가 없게 하리니 내가 여호와인 줄을 너희가 알리라.

나 여호와가 에돔을 영원히 황폐하게 하여, 에돔의 성읍들에 더 이상 사람들이 살지 못하게 할 것이니(26:20; 29:11; 36:33), 에돔인들은 나 여호와가 심판을 행하시는 여호와인 것을 알게 될 것이라(6:7 주해 참조)고 하신다.

ㄴ. 에돔의 죄가 심판을 불러오다 35:10-15

하나님께서는 에돔인들이 이스라엘과 유다에게 행한 대로 에돔을 심판하신다는 것이다.

겔 35:10. 네가 말하기를 이 두 민족과 두 땅은 다 내 것이며 내 기업이 되리라 하였도다 그러나 여호와께서 거기에 계셨느니라.

너 에돔이 말하기를 두 민족(이스라엘과 유다)과 두 나라(이스라엘과 유다)가 에돔에게 속했고 에돔의 기업이 되리라고 하신다. 그러나 여호와께서 거기 계셔서 그렇게 되지 못하게 하셨다고 하신다(레 25:23; 왕하 5:17; 시 85:2; 호 9:3; 욜 2:18).

에돔은 도둑의 심리를 가지고 이런 소리를 했으나 하나님께서 간섭하셔서 그렇게 되지 못하게 하셨다는 것이다.

겔 35:11. 그러므로 주 여호와의 말씀이니라 내가 나의 삶을 두고 맹세하노니 네가 그들을 미워하여 노하며 질투한 대로 내가 네게 행하여 너를 심판할 때에 그들이 나를 알게 하리라(therefore, as I live, declares the Lord GOD, I will deal with you according to the anger and envy that you showed because of your hatred against them. And I will make myself known among them, when I judge you-ESV)**.**

그러므로 주 여호와께서 말씀하시기를, "나 여호와가 나의 삶을 두고 맹세하노니, 너 에돔이 미움과 분노와 질투를 품고 그들에게 행했던 대로 내가 네게 행할 것이다. 내가 너를 심판할 때 그들에게 나를 알릴 것이라"고 하신다.

"너를 심판할 때에 그들이 나를 알게 하리라"는 말은 '에돔이 바벨론 군과 함께 이스라엘 백성을 공격했던 것은 이스라엘 백성의 죄악을 징계하시기 위한 하나님의 섭리에서 비롯된 일이었는데, 그 도구로 사용된 에돔은 결국 선민을 지나치게 학대한 것에 대한 심판을 받게 되고, 그 심판으로 인해 다시 이스라엘 민족이 하나님의 위대하심과 전능하심을 알게 된다는 것을 가르치고 있다'는 것이다.

겔 35:12. 네가 이스라엘 산들을 가리켜 말하기를 저 산들이 황폐하였으므로 우리에게 넘겨 주어서 삼키게 되었다 하여 욕하는 모든 말을 나 여호와가 들은 줄을 네가 알리로다.

그러면 너희는 내가 여호와인 것을 알게 될 것이다. 너 에돔이 이스라엘 산들에게 그것들이 황폐하였으니, 우리에게 먹이로 주어졌다고 말하는 네 모든 비방을 나 여호와가 들었다는 것을 알게 될 것이라고 하신다.

에돔이 느부갓네살 군대를 따라서 예루살렘을 함락시켰으니 이스라엘의 산야는 당연히 에돔의 전리품이 될 것이라고 했다는 것이다. 그러나 여호와께서는 에돔의 이런 모독적인 말을 들으시고(10절) 에돔을 심판하시는 것이다.

겔 35:13. 너희가 나를 대적하여 입으로 자랑하며 나를 대적하여 여러 가지로 말한 것을 내가 들었노라.

너희 에돔인들이 너희들의 입으로 나 여호와를 대적하여 자랑하고 나 여호와를 대적하여 많이 말한 것을 나 여호와가 들었다고 하신다(습 2:8).

겔 35:14. 주 여호와께서 이같이 말씀하셨느니라 온 땅이 즐거워할 때에 내가 너를 황폐하게 하되.

주 여호와께서 이와 같이 말씀하시기를, “온 세상이 속죄 받아 즐거워할 때, 나 여호와가 너 에돔을 황폐케 만들 것이라”고 하신다(K.&D., Plumptre).

“온 땅이 즐거워할 때에 내가 너를 황폐하게 하겠다”는 말은 ‘에돔이 멸망하는 것을 보고 그 징벌의 타당성을 보고 세상 모든 나라들이 하나님의 공의가 실현됨을 보고 기뻐하게 될 때 여호와께서 에돔을 황폐하게 만들 것’이란 뜻이다.

겔 35:15. 이스라엘 족속의 기업이 황폐하므로 네가 즐거워한 것 같이 내가 너를 황폐하게 하리라 세일 산아 너와 에돔 온 땅이 황폐하리니 내가 여호와

인 줄을 무리가 알리라 하셨다 하라.

너 에돔이 이스라엘 족속의 유업이 황폐하게 될 때 즐거워한 것같이, 내가 너 에돔에게 그와 같이 행할 것이다. 세일 산과 에돔의 모든 것들이 황폐하게 될 것이니, 그러면 그들은 내가 여호와인 것을 알 것이라고 하신다.

예루살렘이 함락될 때에 에돔인들이 기뻐한 것과 같이 하나님께서는 에돔을 황폐하게 만드시겠다고 하신다. 다시 말해 여호와께서 이스라엘과 유다를 위해 에돔에게 보복하신다는 것이다.

제 36 장

4. 선민 이스라엘이 회복될 것이다 36:1-37:28

36장은 이스라엘 산의 회복(1-15절), 이스라엘 백성의 회복(16-38절), 37장은 백골이 부활하는 환상으로 이스라엘의 회복을 보이고(1-14절), 두 막대기의 예언으로 회복된 이스라엘의 통일을 보여준다(15-28절).

ㄱ. 이스라엘 영토가 회복될 것이다 36:1-15

본문에 나오는 "산들"이란 말은 이스라엘(유다)의 국토를 말한다. 과거에 이스라엘(유다) 국토를 황폐하게 했던 이방이 심판을 받는다는 것이고(1-7절), 이스라엘(유다)의 국토는 풍요롭게 회복되어 사람과 짐승이 번성하게 된다는 것을 진술한다(8-15절).

1-7절. 이스라엘(유다 포함) 국토를 황폐하게 했던 이방이 심판 받는다는 것을 진술한다.

<이스라엘이 받을 복>

겔 36:1. 인자야 너는 이스라엘 산들에게 예언하여 이르기를 이스라엘 산들아 여호와의 말씀을 들으라.

여호와께서 말씀하시기를, "인자야(여호와께서 에스겔을 부르시는 호칭)! 너 에스겔은 이스라엘 산들(국토), 곧 백성들에게 예언하여 말하라. 이스라엘(유다) 백성들아! 너희는 여호와의 말씀을 들으라"고 하신다.

겔 36:2. 주 여호와께서 이같이 말씀하시기를 원수들이 네게 대하여 말하기를 아하 옛적 높은 곳이 우리의 기업이 되었도다 하였느니라.

주 여호와께서 이와 같이 말씀하시기를, "원수들(에돔인들)이 너희 이스라엘(유다)에게 아하! 잘됐다. 옛적 높은 곳(가나안 땅의 높은 산지)이 우리의 유업이 되었다고 말하였다(25:3, 8, 15; 26:2)"는 것이다.

에돔인들은 유다 땅이 바벨론 군에 의하여 멸망했을 때, 그 땅이 마치 자기들의 땅이나 된 것처럼 기뻐했다. 남이 잘못되었을 때 기뻐하는 것은 벌 받을 일이다.

겔 36:3. 그러므로 너는 예언하여 이르기를 주 여호와께서 이같이 말씀하시기를 그들이 너희를 황폐하게 하고 너희 사방을 삼켜 너희가 남은 이방인의 기업이 되게 하여 사람의 말거리와 백성의 비방거리가 되게 하였도다.

여호와께서 이와 같이 말씀하시기를, "그러므로 너 에스겔은 예언하여 말하라. 에돔 등 주위 국가의 사람들이 너희 유다를 황폐케 했고, 사방에서 너희 유다를 삼켜서 너희 유다가 다른 민족들의 소유가 되게 했고, 사람들의 말거리와 백성의 이야깃거리가 되게 했다"고 하신다.

여러 나라 민족들이 유다를 황폐하게 했고, 유다를 삼켜서 자기들의 소유가 되게 했다는 것이다.

겔 36:4. 그러므로 이스라엘 산들아 주 여호와의 말씀을 들을지어다 산들과 멧부리들과 시내들과 골짜기들과 황폐한 사막들과 사방에 남아 있는 이방인의 노략거리와 조롱거리가 된 버린 성읍들에게 주 여호와께서 이같이 말씀하셨느니라.

그러므로(주위 민족들이 유다를 괴롭게 했기 때문에) 유다 백성들아! 주 여호와의 말씀을 들으라. 주 여호와께서 이와 같이 유다의 산들과 언덕들과 계곡들과 골짜기들과 황폐한 폐허들과 사방 다른 민족들의 노략거리와 조롱거리가 된 채 버려진 성읍들에게 다음과 같이 말씀하신다고 한다.

겔 36:5. 주 여호와께서 이같이 말씀하시기를 내가 진실로 내 맹렬한 질투로

남아 있는 이방인과 에돔 온 땅을 쳐서 말하였노니 이는 그들이 심히 즐거워 하는 마음과 멸시하는 심령으로 내 땅을 빼앗아 노략하여 자기 소유를 삼았음이라.

그러므로 주 여호와께서 이와 같이 말씀하시기를, "진실로 나 여호와가 내 불같은 질투(불같은 뜨거운 사랑으로)로 나머지 민족들과 에돔 모두에게 말한다. 그들이 전적으로 즐거워하는 마음과 멸시하는 혼으로, 내 땅을 자기 소유로 삼고 그 목초지를 노략물로 삼았다"고 하신다.

겔 36:6. 그러므로 너는 이스라엘 땅에 대하여 예언하되 그 산들과 멧부리들과 시내들과 골짜기들에 관하여 이르기를 주 여호와께서 이같이 말씀하시기를 내가 내 질투와 내 분노로 말하였나니 이는 너희가 이방의 수치를 당하였음이라.

주 여호와께서 말씀하시기를, "그러므로 너 에스겔은 이스라엘(유다) 땅에 대해 예언하여 유다 백성들(산들, 언덕들, 계곡들, 골짜기들)에게 말하라. 보라! 너희가 다른 민족들로부터 모욕을 당했으므로, 내가 내 질투와 분노 가운데서 말하는 것이라"고 하신다.

본 절은 4절과 5절의 반복이다. 유다가 다른 민족으로부터 당했으니 여호와께서 유다를 위해 보복해주시겠다고 하시는 것이다.

겔 36:7. 그러므로 주 여호와께서 이같이 말씀하시기를 내가 맹세하였은즉 너희 사방에 있는 이방인이 자신들의 수치를 반드시 당하리라.

그러므로 주 여호와께서 이와 같이 말씀하시기를, "나 여호와가 손을 들고 맹세했으니, 유다의 사방에 있는 민족들이 같은 모욕을 당하게 될 것이라"고 하신다.

유다 민족은 여호와께서 맹세까지 하시면서 보복해 주신다고 하시니 얼마나 감사한 일인가. 오늘 우리가 보복할 것이 없다. 여호와께 맡겨놓기만 하면 여호와께서 반드시 돌보아 주신다고 하신다.

8-15절. 이스라엘(유다)의 국토는 풍요하게 회복되어 사람과 짐승이 번성하게 될 것이다.

겔 36:8. 그러나 너희 이스라엘 산들아 너희는 가지를 내고 내 백성 이스라엘을 위하여 열매를 맺으리니 그들이 올 때가 가까이 이르렀음이라(But you, O mountains of Israel, shall shoot forth your branches and yield your fruit to my people Israel, for they will soon come home-ESV,
But you, O mountains of Israel, shall shoot out your branches, and yield your fruit to my people Israel; for they shall soon come home-RSV).

그러나 너희 이스라엘 산들아, 너희가 가지를 내어 내 백성 이스라엘에게 과일을 맺을 것이니, 그들이 올 때가 가깝기 때문이다.

여기 "너희 이스라엘 산들"이란 말은 '이스라엘(유다) 백성들을 뜻하지 않고 이스라엘(유다) 땅'을 지칭한다.

"너희는 가지를 내고 내 백성 이스라엘을 위하여 열매를 맺으라"는 말은 '너희 땅들은 가지를 내고 여호와의 백성 이스라엘(유다) 백성들을 위하여 열매를 맺으라'는 뜻이다.

"그들이 올 때가 가까이 이르렀음이라"(for they will soon come home)는 말은 '유다 백성들이 바벨론 포로에서 머지않아 귀환할 때가 이르렀다'는 뜻이다. 그들이 본국으로 돌아와서 땅들을 개간하고 식물을 재배할 때가 이르렀다는 뜻이다.

에스겔은 바벨론 포로에서 유다 백성들이 곧 귀환할 것을 알았던 것이다. 에스겔은 예레미야 선지자를 통한 바벨론 70년간의 포로 기간을 깨닫고, 그 기간이 벌써 많이 지나간 때에 본 절의 예언을 하는 것으로 보인다.

겔 36:9. 내가 돌이켜 너희와 함께 하리니 사람이 너희를 갈고 심을 것이며(For behold, I am for you, and I will turn to you, and you shall be tilled and sown-ESV, See now, I am for you; I will turn to you, and you shall be tilled and sown;-NRSV).

본 절 초두에는 이유를 말하는 접속사(כִּי)가 있어서 본 절이 전 절의 이유를 제시하고 있음을 알려준다. 즉, 전 절은 유다 민족이 곧 돌아와서 땅들을 경작할 것을 말했는데 이제 그 이유를 본 절에서 제공하고 있다. 즉, 여호와께서 유다 민족을 돌보시기 때문이라는 것이다.

그리고 본 절 초두에는 또 "보라!"라는 단어가 나타나 본 절은 아주 중요한 절이므로 유심히 살필 것을 권고하고 있다. 즉, 보라! 나 여호와가 너희를 위하여 너희에게 돌이켜 너희를 도울 것이니 너희가 경작하고 씨를 뿌릴 것이기 때문이라고 하신다.

겔 36:10. 내가 또 사람을 너희 위에 많게 하리니 이들은 이스라엘 온 족속이라 그들을 성읍들에 거주하게 하며 빈 땅에 건축하게 하리라.

나 여호와가 너희 위에 사람을 많게 할 것이니, 이스라엘(유다) 모든 족속이 많아질 것이다. 그들이 성읍에 살아서 황폐한 곳들이 재건될 것이라고 하신다.

겔 36:11. 내가 너희 위에 사람과 짐승을 많게 하되 그들의 수가 많고 번성하게 할 것이라 너희 전 지위대로 사람이 거주하게 하여 너희를 처음보다 낫게 대우하리니 내가 여호와인 줄을 너희가 알리라.

나 여호와가 너희 유다 땅에 사람과 짐승을 많게 하되 그들의 수가 많아지고 번성하게 할 것이다. 유다 땅이 예전처럼 사람이 거주하게 하여 유다 민족을 처음보다 낫게 대우하는 것을 보고(16:55; 20:40; 사 44:26; 54:3) 너희는 그렇게 대우해주는 내가 여호와인줄 알게 될 것이라고 하신다.

겔 36:12. 내가 사람을 너희 위에 다니게 하리니 그들은 내 백성 이스라엘이라 그들은 너를 얻고 너는 그 기업이 되어 다시는 그들이 자식들을 잃어버리지 않게 하리라(I will let people walk on you, even my people Israel. And they shall possess you, and you shall be their inheritance, and you shall no longer bereave them of children-ESV).

나 여호와가 이스라엘(유다) 백성들을 돌아오게 하여 너희 위에 다니게 하고, 그 백성들이 그 땅을 소유하게 되며 그 땅은 백성들의 유업이 될 것이니, 그들이 자식들을 더 이상 잃어버리지 아니할 것이라고 하신다.

"다시는 그들이 자식들을 잃어버리지 않게 하리라"는 말은 '전쟁과 기근이 없는 평화와 풍요로운 세상이 오게 하시겠다'는 의미이다.

겔 36:13. 주 여호와께서 이같이 말씀하셨느니라 그들이 너희에게 이르기를 너는 사람을 삼키는 자요 네 나라 백성을 제거한 자라 하거니와.

주 여호와께서 이와 같이 말씀하시기를, "사람들이 너 유다(이스라엘)를 두고 사람을 삼키는 땅이요, 제 백성에게서 자식을 빼앗아 간 땅이라고 말을 한다"는 것이었다.

본 절은 가뭄이나 황충이 등의 각종 재앙으로 인해 땅이 소출을 내지 않고 사람이 죽어가는 현상을 지적하는 말이다(렘 14:1-6; 암 4:7, 9; 욜 1:1).

겔 36:14. 네가 다시는 사람을 삼키지 아니하며 다시는 네 나라 백성을 제거하지 아니하리라 주 여호와의 말씀이니라.

주 여호와께서 말씀하시기를, "그러므로 네가 다시는 사람을 삼키지 않고, 다시는 네 민족에게서 자식을 빼앗아 가지 않게 될 것이라"고 하신다.

본 절의 의미는 다시는 백성들이 재앙으로 죽음을 당하지 않는다는 것이다. 유다 백성이 회개하고 고국으로 돌아온 후에는 범죄로 인해 당했던 불행의 일들을 이제는 더 이상 당하지 않게 되리라는 내용이다.

겔 36:15. 내가 또 너를 여러 나라의 수치를 듣지 아니하게 하며 만민의 비방을 다시 받지 아니하게 하며 네 나라 백성을 다시 넘어뜨리지 아니하게 하리라 주 여호와의 말씀이니라 하셨다 하라.

주 여호와께서 말씀하시기를, "나 여호와가 이스라엘(유다)로 하여금 다시는 다른 민족들에게서 모욕의 말을 듣지 않게 하며, 다시는 다른 민족들의 조롱을 당하지 않게 할 것이니, 내가 네 민족을 다시는 넘어뜨리지 않을 것이라"고 하신다.

아무튼 포로 귀환 후의 이스라엘(유다) 땅은 복을 받아 누리게 된다는 내용이다.

ㄴ. 이스라엘(유다) 백성이 회복될 것이다 36:16-38

이스라엘(유다) 백성이 포로가 되었던 원인이 무엇이었나를 돌아보고(16-23절), 여호와께서 저들을 맑은 물로 정결하게 하신다고 하시며(24-31절), 황무지가 에덴 동산처럼 변화된다는 내용이다(32-38절).

<이스라엘을 정결하게 하시다>

겔 36:16. 여호와의 말씀이 또 내게 임하여 이르시되.

본 절은 이스라엘(유다) 백성에게 회복의 복이 임할 것이라는 내용을 말하기 위하여 시작하는 표제의 말씀이다.

겔 36:17. 인자야 이스라엘 족속이 그들의 고국 땅에 거주할 때에 그들의 행위로 그 땅을 더럽혔나니 나 보기에 그 행위가 월경 중에 있는 여인의 부정함과 같았느니라.

인자야(여호와께서 에스겔을 부르시는 호칭)! 이스라엘(유다) 족속이 옛날에 본토에서 살 때, 그들의 길과 행위로 그 땅을 더럽혔으니, 내 앞에서 그들의 행위는 생리 중에 있는 여자의 부정함[7]과 같았다는 것이다.

겔 36:18. 그들이 땅 위에 피를 쏟았으며 그 우상들로 말미암아 자신들을

7) 모세의 율법의 결례법에는 월경 중의 여인은 부정하고, 그를 가까이하는 남자도 부정한 것으로 규정하고 있다(레 15:19-24). 과거 이스라엘은 불신앙, 우상 숭배 등의 더러움으로 그들이 포로가 되었던 것이다.

더럽혔으므로 내가 분노를 그들 위에 쏟아.

이스라엘 사람들이 그 땅 위에 폭력으로 피를 흘리고, 자기의 우상들로 그 땅을 부정케 했으므로, 나 여호와가 그들 위에 내 분노를 쏟았다고 하신다.

폭력으로 피를 흘린 것은 인륜적인 죄였고, 우상 숭배는 신앙적인 죄였다. 이런 죄들로 인하여 이스라엘은 앗수르의 포로로, 유다는 바벨론의 포로로 잡혀 끌려간 것이었다.

겔 36:19. 그들을 그 행위대로 심판하여 각국에 흩으며 여러 나라에 헤쳤더니.

여호와께서 이스라엘(유다)의 길과 행위대로 심판하여 여러 나라에 흩으며 여러 민족에 헤쳤다고 하신다.

이스라엘(유다)이 포로가 된 원인은 위와 같은 무죄한 피를 흘린 일과 우상 숭배 죄 때문이라는 것을 밝힌다.

겔 36:20. 그들이 이른바 그 여러 나라에서 내 거룩한 이름이 그들로 말미암아 더러워졌나니 곧 사람들이 그들을 가리켜 이르기를 이들은 여호와의 백성이라도 여호와의 땅에서 떠난 자라 하였음이라.

그들이 쫓겨 간 여러 나라에서 여호와의 거룩한 이름이 더러워졌으니, 이는 이방 사람들이 이스라엘(유다) 사람들에 대하여 말하기를 이들은 여호와의 백성이라도 여호와의 땅에서 쫓겨난 자라고 하였기 때문이라는 것이다.

겔 36:21. 그러나 이스라엘 족속이 들어간 그 여러 나라에서 더럽힌 내 거룩한 이름을 내가 아꼈노라.

그러나 나 여호와가 이스라엘(유다) 족속이 쫓겨 가서 민족들 중에서 더럽힌 여호와의 거룩한 이름을 여호와께서 아꼈다고 하신다.

"그 여러 나라에서 더럽힌 내 거룩한 이름을 내가 아꼈다"는 말은 '여호와께서 이스라엘(유다) 백성들을 그 여러 나라에서 빨리 돌아오게 하시겠다'

는 뜻이다.

겔 36:22. 그러므로 너는 이스라엘 족속에게 이르기를 주 여호와께서 이같이 말씀하시기를 이스라엘 족속아 내가 이렇게 행함은 너희를 위함이 아니요 너희가 들어간 그 여러 나라에서 더럽힌 나의 거룩한 이름을 위함이라.

주 여호와께서 말씀하시기를, "그러므로 너 에스겔은 이스라엘 족속에게 말하라. 이스라엘 족속아! 내가 너희 때문에 이렇게 행하는 것이 아니라 너희가 다른 민족들에게 가서 더럽힌 나의 거룩한 이름 때문이라"고 하신다.

여호와께서는 에스겔을 통하여 말씀하시기를, "여호와께서 이스라엘(유다) 민족을 구원하시려 하는 이유는 이스라엘(유다) 민족이 외국에서 고생해서가 아니라 이스라엘(유다) 민족이 외국에서 고통 받으므로 하나님의 이름이 더러워지기 때문이라"고 하신다. 먼저 하나님의 이름이고, 다음이 백성들을 돌보시는 것이다.

겔 36:23. 여러 나라 가운데에서 더럽혀진 이름 곧 너희가 그들 가운데에서 더럽힌 나의 큰 이름을 내가 거룩하게 할지라 내가 그들의 눈 앞에서 너희로 말미암아 나의 거룩함을 나타내리니 내가 여호와인 줄을 여러 나라 사람이 알리라 주 여호와의 말씀이니라.

주 여호와께서 말씀하시기를, "너희 이스라엘(유다)이 더럽혔으므로, 민족들 중에서 더럽혀진 내 큰 이름을 나 여호와가 거룩하게 할 것이다. 나 여호와가 그들의 눈 앞에서 너희에게 거룩함을 나타낼 때, 여러 민족들이 나 여호와가 주 여호와인 것을 알게 될 것이라"고 하신다.

이스라엘(유다) 백성들이 더럽힌 여호와의 이름을 여호와께서 이방의 땅에서 다시 거룩하게 하시겠다고 하신다.

24-32절. 여호와께서 저들을 맑은 물로 정결하게 하시겠다고 하신다.

겔 36:24. 내가 너희를 여러 나라 가운데에서 인도하여 내고 여러 민족

가운데에서 모아 데리고 고국 땅에 들어가서.

나 여호와가 이스라엘(유다) 백성들을 여러 민족들 중에서 데려오고, 너희를 모든 나라들에서 모아 가나안 땅으로 데려올 것이라고 하신다.

일단 바벨론에서 포로들을 빼내 오시고 다음으로 정결하게 하신다는 것이다(25절).

겔 36:25. 맑은 물을 너희에게 뿌려서 너희로 정결하게 하되 곧 너희 모든 더러운 것에서와 모든 우상 숭배에서 너희를 정결하게 할 것이며.

너희 위에 정결한 물을 뿌릴 것이니, 너희가 깨끗하게 될 것이다. 내가 너희를 너희 모든 부정함과 너희 모든 우상들에게서 정결케 할 것이라고 하신다.

여기 "맑은 물을 너희에게 뿌려서 너희로 정결하게 한다"는 말은 단순히 하나님의 사죄를 상징적으로 묘사한 것이다(K.&D., Cooke, Hitzig).

겔 36:26. 또 새 영을 너희 속에 두고 새 마음을 너희에게 주되 너희 육신에서 굳은 마음을 제거하고 부드러운 마음을 줄 것이며.

나 여호와가 너희에게 새 마음을 주고 너희 가운데 새 영을 줄 것이니, 내가 너희 육신으로부터 돌 같은 마음을 없애고, 너희에게 살 같은 마음을 줄 것이라고 하신다.

새 마음을 주신다는 것, 새 영을 주신다는 것, 살 같은 부드러운 마음을 주신다는 것은 그의 백성들에게는 엄청난 은혜가 아닐 수 없다. 사람이 이렇게 되는 것은 예수님과 연합하는 데서만 가능하다.

겔 36:27. 또 내 영을 너희 속에 두어 너희로 내 율례를 행하게 하리니 너희가 내 규례를 지켜 행할지라.

여호와의 영을 하나님 백성들 가운데 두어 하나님의 백성들이 여호와의 율례 안에서 행하고 여호와의 법도를 지켜 행하게 할 것이라고 하신다.

오늘 우리의 굳은 마음을 그대로 가지고는 도무지 여호와의 율례 안에서 행할 수가 없고 여호와의 규례를 지킬 수가 없는 것이다.

겔 36:28. 내가 너희 조상들에게 준 땅에서 너희가 거주하면서 내 백성이 되고 나는 너희 하나님이 되리라.

너희 이스라엘(유다) 백성들은 나 여호와가 너희 조상들에게 준 땅에 살면서 여호와의 백성이 되고, 나 여호와는 너희 하나님이 될 것이라고 하신다.

구원의 완성은 첫째 포로 생활로부터 귀환하는 일, 용서받는 일, 여호와의 영을 받는 일이 필요한 것이다. 여호와의 영을 받아야 여호와의 율례를 지킬 수 있는 것이다.

겔 36:29. 내가 너희를 모든 더러운 데에서 구원하고 곡식이 풍성하게 하여 기근이 너희에게 닥치지 아니하게 할 것이며.

나 여호와가 너희를 너희 모든 더러운 것에서 구원할 것이며, 곡식을 풍성하게 하여 너희에게 기근을 주지 않을 것이라고 하신다.

여호와께서 일단 이스라엘(유다) 백성들을 죄로부터 구원해 주시고 다음으로는 곡식을 풍성하게 주실 것이라고 하신다.

여호와께서는 누구든지 죄로부터 구원하여 주신 다음에는 육신도 돌보아 주신다.

겔 36:30. 또 나무의 열매와 밭의 소산을 풍성하게 하여 너희가 다시는 기근의 욕을 여러 나라에게 당하지 아니하게 하리니.

그리고 나 여호와가 나무의 과일과 밭의 소산이 많이 나게 할 것이니, 너희이스라엘(유다) 백성들이 민족들 중에서 다시는 기근 때문에 수치를 받지 않을 것이라고 하신다.

겔 36:31. 그 때에 너희가 너희 악한 길과 너희 좋지 못한 행위를 기억하고 너희 모든 죄악과 가증한 일로 말미암아 스스로 밉게 보리라.

여호와께서 모든 것을 풍성하게 주실 때에 너희 이스라엘(유다) 백성들은 너희의 악한 길과 행위들을 기억하고, 너희가 너희 죄악들과 역겨운 일들로 인하여 스스로 자신들을 밉게 보게 될 것이라고 하신다. 본 절은 20:43의 반복이다.

겔 36:32. 주 여호와의 말씀이니라 내가 이렇게 행함은 너희를 위함이 아닌 줄을 너희가 알리라 이스라엘 족속아 너희 행위로 말미암아 부끄러워하고 한탄할지어다.

주 여호와께서 말씀하시기를, "나 여호와가 이렇게 구원하여 주는 것이 너희를 위함이 아닌 것을 너희가 깨닫게 될 것이다. 이스라엘 족속아! 너희는 부끄러워하고 너희 행위들을 수치스럽게 여기라"고 권하신다.

33-38절. 황무지가 에덴 동산처럼 변화된다는 내용이다.

겔 36:33. 주 여호와께서 이같이 말씀하셨느니라 내가 너희를 모든 죄악에서 정결하게 하는 날에 성읍들에 사람이 거주하게 하며 황폐한 것이 건축되게 할 것인즉.

주 여호와께서 이와 같이 말씀하시기를, "나 여호와가 너희 이스라엘(유다) 백성들을 너희 모든 죄악에서 정결케 하는 그 날에, 내가 성읍에 사람이 살게 할 것이고 황폐한 성읍과 국토를 재건하실 것이라"고 하신다.

겔 36:34. 전에는 지나가는 자의 눈에 황폐하게 보이던 그 황폐한 땅이 장차 경작이 될지라.

옛날의 황무지가 경작될 것이니, 지나는 모든 자의 눈에 더 이상 황무지로 남아 있지 않을 것이라고 하신다.

겔 36:35. 사람이 이르기를 이 땅이 황폐하더니 이제는 에덴 동산 같이 되었고 황량하고 적막하고 무너진 성읍들에 성벽과 주민이 있다 하리니.

사람들이 말하기를 이 황무지가 에덴 동산같이 되었고, 삭막하고 황폐하여 무너진 성읍들이 견고해지고 사람들이 살게 되었다고 할 것이다.

황무했던 이스라엘(유다) 땅이 복구되어 에덴 동산과 같다고들 말할 것이다.

겔 36:36. 너희 사방에 남은 이방 사람이 나 여호와가 무너진 곳을 건축하며 황폐한 자리에 심은 줄을 알리라 나 여호와가 말하였으니 이루리라.

이스라엘(유다)이 복구되면 너희 주위의 다른 민족들이 나 여호와가 복구한 것을 알게 될 것이니, 나 여호와가 무너진 곳을 재건하고 황폐한 곳을 경작할 것이다. 나 여호와가 말했으니 반드시 실행할 것이라고 하신다.

겔 36:37. 주 여호와께서 이같이 말씀하셨느니라 그래도 이스라엘 족속이 이같이 자기들에게 이루어 주기를 내게 구하여야 할지라 내가 그들의 수효를 양 떼 같이 많아지게 하되.

주 여호와께서 이와 같이 말씀하시기를, "나 여호와가 모든 일을 해주기로 되어 있지만 그래도 이스라엘 족속이 내게 구(기도)해야만, 내가 그들에게 행할 것이니, 내가 그들을 양 떼같이 많게 할 것이라"고 하신다.

하나님의 예정과 역사는 하나님 백성들의 기도와 항상 조화되어야 하는 것이고, 백성들의 기도는 하나님의 역사의 한 부분이기도 하다.

우리는 성경에 기록되어 있는 하나님의 수많은 약속을 붙잡고 그 약속이 이루어지기를 위해 기도하면 형언할 수 없는 수많은 복을 받는다.

겔 36:38. 제사 드릴 양 떼 곧 예루살렘이 정한 절기의 양 무리 같이 황폐한 성읍을 사람의 떼로 채우리라 그리한즉 그들이 나를 여호와인 줄 알리라 하셨느니라.

거룩한 양 떼, 곧 예루살렘 절기의 양 떼같이, 황량한 수많은 성읍들이 사람으로 가득할 것이니, 내가 여호와인 것을 그들이 알 것이다.

본 절은 37절 하반절의 내용을 보충하여 반복한 것이다. 다시 말해 에스겔은 사람들이 특별한 절기를 맞이하여 하나님께 제물을 드리려고 많은 양을 가지고 오는 것처럼(대하 35:7) 유다인들이 많이 귀환하여 성읍들이 여호와의 백성들로 가득찰 것을 내다 본 것이다.

제 37 장

ㄷ. 선민 이스라엘의 회복을 보여주는 환상 37:1-28

37장은 두 부분으로 나누어진다. 첫째 부분은 마른 뼈들이 소생하는 환상을 통하여 이스라엘이 회복된다는 것을 보여주고 있고(1-14절), 둘째는 두 막대기가 연합하는 환상으로 이스라엘과 유다가 통일할 것임을 보여주고 있다(15-28절).

1-14절. 마른 뼈들이 소생하는 환상을 통하여 이스라엘(유다)이 회복할 것임을 보여준다. 해골이 가득한 골짜기의 해골이 부활하는 환상(1-10절)과 그 해석을 보여준다(11-14절).

<마른 뼈들이 살아나다>

겔 37:1. 여호와께서 권능으로 내게 임재하시고 그의 영으로 나를 데리고 가서 골짜기 가운데 두셨는데 거기 뼈가 가득하더라.

여호와의 손이 내게 임하시고 여호와의 영이 나를 데리고 나가 골짜기 가운데 두셨는데, 거기에 뼈들이 가득한 것이 보였다는 것이다.

"여호와께서 권능으로 내게 임재하셨다"는 말씀은 '여호와의 손(KJV, NIV, RSV, ESV)이 나 에스겔에게 임하셨다'는 뜻이다.

"그의 영으로 나를 데리고 가셨다"는 말은 '여호와께서 에스겔의 영을 어떤 골짜기로 데리고 가셨다'는 뜻이다.

"골짜기 가운데 두셨다"는 말은 3:22에 기록된 낱말이고, 또 관사가 있어 바로 3:22의 동일한 장소인 것을 암시한다. 에스겔은 바벨론의 넓은 평원으로 에스겔이 거주했던 그발 강 가 델아빕(1:1; 3:15) 부근의 평원 골짜기일 것이다(Cooke, Plumptre).

"거기 뼈가 가득했다"는 말은 '에스겔이 골짜기에 뼈가 가득한 것을 보았다'는 뜻이다. 다시 말해 에스겔은 육신의 눈으로는 골짜기를 보았고, 영의 눈으로는 그 골짜기에 뼈가 가득한 것을 본 것이다.

겔 37:2. 나를 그 뼈 사방으로 지나가게 하시기로 본즉 그 골짜기 지면에 뼈가 심히 많고 아주 말랐더라.

여호와께서 나 에스겔을 그 뼈들 주위 사방으로 지나가게 하셨는데, 보라! 뼈들이 골짜기에 매우 많았고, 매우 말라 있는 것을 보았다는 것이다.

"나를 그 뼈 사방으로 지나가게 하셨다"는 말은 '여호와께서 나 에스겔로 하여금 그 뼈 사방으로 다니면서 관찰하게 하셨다'는 뜻이다. 관찰하게 하심으로 뼈들이 아주 많은 것을 보게 되었고, 또 매우 말라 있는 것을 보게 하셨다는 것이다. 에스겔은 이 많은 뼈들을 보면서 유다 포로들의 처참함과 유다 백성들을 연상했을 것이다.

겔 37:3. 그가 내게 이르시되 인자야 이 뼈들이 능히 살 수 있겠느냐 하시기로 내가 대답하되 주 여호와여 주께서 아시나이다.

여호와께서 나 에스겔에게 말씀하시기를, "인자야(여호와께서 에스겔을 부르시는 호칭)! 이 뼈들이 살겠느냐?" 하시기로 나 에스겔이 대답하기를, "주 여호와시여! 주께서 아시나이다"라고 대답했다.

"그가 내게 이르시되 인자야 이 뼈들이 능히 살 수 있겠느냐?"는 질문은 '여호와께서 나 에스겔에게 질문하시기를 이 마른 뼈들이 능히 살겠느냐?'는 질문으로서, 에스겔의 포기를 기다리는 질문이었다. 즉, 우리는 이런 질문 앞에 우리는 모르겠다고 답해야 한다. 우리는 항상 하나님의 엄청난 질문 앞에 항복하는 대답을 해야 하는 것이다.

"내가 대답하되 주 여호와여 주께서 아시나이다"라는 대답은 '내가 대답하기를 주 여호와여 주님께서 아십니다'라는 대답으로 에스겔이 정확하게 대답한 것이다. 우리는 범사에 주 여호와께서는 아시고, 우리는 모른다는 대답을 드려야 한다. “신앙이란 인간의 지식을 하나님 앞에 포기하는 것이다”(Moody). 신앙이란 인간의 무능을 하나님 앞에 아뢰는 것이다.

겔 37:4. 또 내게 이르시되 너는 이 모든 뼈에게 대언하여 이르기를 너희 마른 뼈들아 여호와의 말씀을 들을지어다.

여호와께서는 에스겔의 “주께서 아시나이다”라는 대답을 들으시고(3절), 나 에스겔에게 말씀하시기를, “너 에스겔은 이 수많은 뼈들에게 대해 예언하여 말하기를 너희 마른 뼈들아, 여호와의 말씀을 들으라”고 하신다.

여호와께서는 직접 마른 뼈들에게 말씀하시지 않고 에스겔을 대언의 사자로 사용하신다. 오늘 목사들도 여호와의 말씀의 대언자로 사용되어야 한다. 말씀의 대언자로 사용될 때에는 하나님의 말씀을 정확히 알아야 하고, 또 많은 기도를 드린 다음 대언해야 하는 것이다.

겔 37:5. 주 여호와께서 이 뼈들에게 이같이 말씀하시기를 내가 생기를 너희에게 들어가게 하리니 너희가 살아나리라.

주 여호와께서 이 뼈들에게 이같이 말씀하시기를, “보라! 내가 너희 안에 생기가 들어가게 할 것이니, 너희가 살아날 것이라”고 하신다.

여기 “보라!”는 말은 본 절 내용이 아주 중요한 내용을 포함하고 있으니 주의해서 관찰하라는 권고를 담은 것이다.

“내가 생기를 너희에게 들어가게 하리니 너희가 살아나리라”는 말씀은 ‘에스겔이 여호와의 말씀을 대언(代言)할 때에 여호와께서 그 말씀을 듣는 자에게 성령이 임하게 하셔서 사람의 영이 살아나게 된다’는 내용이다. 그러니까 말씀이 가는 곳에 성령께서 함께 가셔서 역사하시므로 심령이 살아나는 것이다(엡 6:17 참조). 말씀이 계시는 곳에 성령께서 함께 계시는 것이다.

겔 37:6. 너희 위에 힘줄을 두고 살을 입히고 가죽으로 덮고 너희 속에

생기를 넣으리니 너희가 살아나리라 또 내가 여호와인 줄 너희가 알리라 하셨다 하라.

나 여호와가 너희 뼈들 위에 힘줄을 입혀 주고 살이 올라오게 하며 피부로 덮어주고 너희 뼈들 안에 생기를 줄 것이니 너희가 살 것이다. 그러면 너희는 내가 여호와인 것을 알 것이라고 하신다.

"너희 위에 힘줄을 두고 살을 입히고 가죽으로 덮는 것은" 육체의 형성 과정이다.

그리고 "너희 속에 생기를 넣으리니"라는 말은 '여호와께서 너희들 시체 속에 생기(성령)를 넣는다'는 뜻이니 사람이 된다는 것이다. 사람이란 육체와 생기로 이루어지는 것이다.

"내가 여호와인 줄 너희가 알리라"는 말은 '육체 속에 생기가 들어간 사람은 여호와를 알아본다'는 뜻이다. 사람 속에 생령이 없으니 여호와를 몰라보는 것이다.

겔 37:7-8. 이에 내가 명령을 따라 대언하니 대언할 때에 소리가 나고 움직이며 이 뼈, 저 뼈가 들어 맞아 뼈들이 서로 연결되더라. 내가 또 보니 그 뼈에 힘줄이 생기고 살이 오르며 그 위에 가죽이 덮이나 그 속에 생기는 없더라.

그래서 나 에스겔은 여호와로부터 명을 받은 대로 대언(代言)하였다. 내가 대언할 때에 무슨 소리가 났는데 그것은 뼈들이 서로 이어지는 요란한 소리였다.

7-8절은 다시 시체가 되는 순서를 보여주고 있다. 먼저 뼈들이 서로 연락하는 일(7절), 힘줄이 생기는 일(8절), 살이 오르는 일(8절), 가죽이 덮이는 일(8절)의 순서 등이 있다.

그러나 아직 "그 속에 생기는 없더라"는 것이다. 즉, 7-8절은 시신이 형성된 것이지 아직 산 사람은 형성되지 않았다. 산 사람은 9절에 가서야 형성되는 것이었다.

겔 37:9. 또 내게 이르시되 인자야 너는 생기를 향하여 대언하라 생기에게 대언하여 이르기를 주 여호와께서 이같이 말씀하시기를 생기야 사방에서부터 와서 이 죽음을 당한 자에게 불어서 살아나게 하라 하셨다 하라.

여호와께서 나 에스겔에게 말씀하시기를, "너 에스겔은 생기(하나님의 말씀)에게 대언하라. 인자야(여호와께서 에스겔을 부르시는 호칭)! 너 에스겔은 그 생기(성령)에게 대언하여 말하라. 주 여호와께서 이같이 말씀하시기를 생기야! 너 생기는 사방으로부터 와서, 이 죽임을 당한 자들에게 불어서 그들이 살아나게 하라"고 하신다.

바짝 마른 뼈들에게 여호와의 말씀을 대언하여 생기가 들어가게 하는 작업은 다섯 번째 작업이었다. 이 작업은 말씀을 대언하는 선지자나 목사들이 하는 작업이다.

겔 37:10. 이에 내가 그 명령대로 대언하였더니 생기가 그들에게 들어가매 그들이 곧 살아나서 일어나 서는데 극히 큰 군대더라.

이에(여호와의 명령을 받고서) 내가 받은 명령대로 대언했더니, 그 생기가 그들 안에 들어가므로, 그들이 살아나 자기 발로 서는데, 지극히 큰 군대의 무리였다는 내용이다.

다시 살아난 군대들은 바벨론에서 포로 생활을 하는 백성들이었을 것이다. 포로 생활을 하던 이스라엘(유다)은 다시 강대국이 되고 다윗 시대처럼 강력한 군대를 가진 나라가 된다는 것을 가리킬 것이다.

11-14절. 앞서 언급한 환상에 대한 하나님의 해설이다. 이는 이스라엘(유다)이 회복하여 가나안 땅으로 돌아간다는 내용이다.

겔 37:11. 또 내게 이르시되 인자야 이 뼈들은 이스라엘 온 족속이라 그들이 이르기를 우리의 뼈들이 말랐고 우리의 소망이 없어졌으니 우리는 다 멸절되었다 하느니라.

여호와께서 나 에스겔에게 말씀하시기를, "인자야(여호와께서 에스겔을 부르시는 호칭)! 이 뼈들은 온 이스라엘(유다) 족속이다. 보라! 그들이 말하기를 '우리 뼈들은 말랐고 우리 소망도 사라졌으니, 우리가 멸망하였다'고 말한다"는 것이다.

"이 뼈들은 이스라엘 온 족속이라"는 말은 '이 골짜기에 있는 마른 뼈들은 소망 없이 포로가 되어 있는 이스라엘과 유다 족속이라'는 뜻이다.

"그들이 이르기를 우리의 뼈들이 말랐고 우리의 소망이 없어졌으니 우리는 다 멸절되었다"는 말은 '이스라엘 족속과 유다 족속이 포로가 되어 소망이 없어졌다'는 뜻이다.

겔 37:12. 그러므로 너는 대언하여 그들에게 이르기를 주 여호와께서 이같이 말씀하시기를 내 백성들아 내가 너희 무덤을 열고 너희로 거기에서 나오게 하고 이스라엘 땅으로 들어가게 하리라.

그러므로 여호와께서 너 에스겔은 대언(代言)하여 그들에게 말하기를 보라! 내 백성아. 내가 너희 무덤들을 열어 너희를 무덤에서 올라오게 하여 이스라엘 땅으로 데려갈 것이라고 하신다.

본 절의 에스겔의 대언은 "내 백성들아 내가 너희 무덤(포로의 절망상태)을 열고 너희로 거기에서 나오게 하고(포로 상태에서 해방시킴을 뜻한다), 이스라엘 땅으로 들어가게 한다"는 내용이다.

겔 37:13. 내 백성들아 내가 너희 무덤을 열고 너희로 거기에서 나오게 한즉 너희는 내가 여호와인 줄을 알리라.

내 백성들아(이스라엘과 유다 백성들 모두를 뜻한다)! 나 여호와가 너희 무덤들을 열고(바벨론의 포로 상태에서 해방시킴을 뜻한다), 너희를 무덤에서 올라오게 할 때 내가 여호와인 것을 너희가 알 것이라고 하신다.

유다 족속은 아무 소망 없이 바벨론 포로 중에 지내는 중 여호와께서 메대 바사의 고레스를 들어 쓰셔서 이스라엘과 유다 족속을 해방시켜 고국으로 돌려보내셨다.

"너희는 내가 여호와인 줄을 알리라"는 말은 '여호와의 기적적인 일들을 보고 이스라엘과 유다 족속은 여호와께서 자기들을 해방시킨 것을 알고 여호와께서 하나님 되심을 알게 된다'는 뜻이다.

겔 37:14. 내가 또 내 영을 너희 속에 두어 너희가 살아나게 하고 내가 또 너희를 너희 고국 땅에 두리니 나 여호와가 이 일을 말하고 이룬 줄을 너희가 알리라 여호와의 말씀이니라.

여호와께서 말씀하시기를, "나 여호와가 내 영(성령)을 너희 속에 두어 너희로 살아나게 하고, 내가 또 너희를 너희 땅에서 살게 할 것이니, 너희는 내가 여호와인 것을 알 것이다. 내가 말했으니 실행할 것이라"고 하신다.

여호와께서는 마른 뼈들에게 성령을 주어 소망 있게 하고 이스라엘과 유다 민족을 고국 땅으로 옮겨주시겠다고 하신다.

여호와께서는 이스라엘과 유다 민족에게 성령을 주시고, 고국 땅에 옮겨 주시는 일을 반드시 이루신다고 하신다.

15-28절. 두 막대기가 연합하는 환상으로 이스라엘과 유다가 통일할 것임을 보여주고 있다.

<유다와 이스라엘의 통일>

겔 37:15. 여호와의 말씀이 또 내게 임하여 이르시되.

본 절은 이스라엘과 유다의 통일을 말하기 위해 앞에 내놓은 표제의 말씀이다.

겔 37:16. 인자야 너는 막대기 하나를 가져다가 그 위에 유다와 그 짝 이스라엘 자손이라 쓰고 또 다른 막대기 하나를 가지고 그 위에 에브라임의 막대기 곧 요셉과 그 짝 이스라엘 온 족속이라 쓰고.

인자야(여호와께서 에스겔을 부르시는 호칭)! 너 에스겔은 막대기 하나를 가져다가 그 위에 '유다와 그의 짝 이스라엘 자손'이라고 쓰라. 그리고 너 에스겔은 또 다른 막대기를 가져다가 그 위에 '요셉 곧 에브라임의 나무와 그의 짝 이스라엘 온 족속'이라 쓰라고 하신다.

"너는 막대기 하나(첫째 막대기)를 가져다가 그 위에 유다와 그 짝 이스라엘 자손이라 쓰라"고 하신다. 첫째 막대기에는 남쪽 왕국 유다의 이름을 쓰게 하셨고 또 그 짝이었던 이스라엘 자손의 이름을 쓰게 하셨다.

"다른 막대기(둘째 막대기) 하나를 가지고 그 위에 에브라임의 막대기 곧 요셉과 그 짝 이스라엘 온 족속이라 쓰라"고 하신다. 이 둘째 막대기에는 남 왕국의 두 지파를 제외한 모든 지파의 이름을 쓰게 하신 것이다.

결국 15-28절에 나타나는 두 막대기의 연합 비유에서 두 막대기는 남쪽의 유다와 북쪽의 이스라엘이라는 이름을 쓴 것이다.

겔 37:17. 그 막대기들을 서로 합하여 하나가 되게 하라 네 손에서 둘이 하나가 되리라.

그 막대기들을 서로 붙여 한 막대기가 되게 하라. 그 두 막대기가 네 손에서 하나가 될 것(통일 될 것)이라고 하신다.

겔 37:18. 네 민족이 네게 말하여 이르기를 이것이 무슨 뜻인지 우리에게 말하지 아니하겠느냐 하거든.

네 백성의 자손들이 네게 이것이 무엇을 의미하는지 우리에게 알려주지 않겠는가라고 말하거든.

겔 37:19. 너는 곧 이르기를 주 여호와께서 이같이 말씀하시기를 내가 에브라임의 손에 있는 바 요셉과 그 짝 이스라엘 지파들의 막대기를 가져다가 유다의 막대기에 붙여서 한 막대기가 되게 한즉 내 손에서 하나가 되리라 하셨다 하고.

주 여호와께서 말씀하시기를, "너 에스겔은 그들에게 말하라. 보라! 나 여호와가 에브라임의 손에 있는 요셉의 막대기와 그의 친구 이스라엘 지파들의 막대기를 가져다가, 그들을 유다의 막대기와 함께 한 막대기로 만들 것이니, 그들이 내 손에서 하나가 될 것이라"고 하신다.

남북 분열은 인간의 죄로부터 시작한 된 것이지만 남북통일은 하나님의 손에서 이루어지는 것이다.

겔 37:20. 너는 그 글 쓴 막대기들을 무리의 눈 앞에서 손에 잡고.

그리고 너 에스겔이 글을 쓴 막대기들을 백성들(이스라엘 백성들과 유다 백성들)의 눈 앞에서 네 손에 잡으라고 하신다.

겔 37:21. 그들에게 이르기를 주 여호와께서 이같이 말씀하시기를 내가 이스라엘 자손을 잡혀 간 여러 나라에서 인도하며 그 사방에서 모아서 그 고국 땅으로 돌아가게 하고.

그들(이스라엘 백성들과 유다 백성들)에게 말하여라. 주 여호와가 이같이 말한다. 보라! 내가 이스라엘 자손들을 그들이 갔던 민족들 가운데서 데려오고, 그들을 사방에서 모아 그들의 땅으로 데리고 갈 것이라고 하신다.

본 절은 12절의 반복이고, 또 36:24절의 반복이다. 그 주해들을 참조하라.

겔 37:22. 그 땅 이스라엘 모든 산에서 그들이 한 나라를 이루어서 한 임금이 모두 다스리게 하리니 그들이 다시는 두 민족이 되지 아니하며 두 나라로 나누이지 아니할지라.

나 여호와가 그들을 그 땅, 곧 이스라엘 산들(가나안 땅)에서 한 나라로 만들 것이니, 한 왕이 그들 모두의 왕이 될 것이다. 그들은 더 이상 두 나라가 되지 않을 것이니, 다시는 두 왕국으로 나뉘지 않을 것이라고 하신다.

"한 임금이 모두 다스리게 하리니"라는 말은 '예수 그리스도께서 모두의 왕이 되신다'는 뜻이다.

"그들이 다시는 두 민족이 되지 아니하며 두 나라로 나누이지 아니할지라"는 말은 '예수 그리스도를 시인하는 모든 교파는 하나로 존재하는 것'을 뜻한다.

겔 37:23. 그들이 그 우상들과 가증한 물건과 그 모든 죄악으로 더 이상 자신들을 더럽히지 아니하리라 내가 그들을 그 범죄한 모든 처소에서 구원하여 정결하게 한즉 그들은 내 백성이 되고 나는 그들의 하나님이 되리라.

그들(이스라엘과 유다의 통일된 성도들)이 더 이상 자기 우상들과 자기의 혐오스러운 것들과 자기의 모든 죄악들로 더러워지지 않을 것이니, 그들이 범죄한 모든 장소에서 내가 그들을 구원하여 그들을 정결케 할 것이며 그들은 내 백성이 되고, 나는 그들의 하나님이 될 것이라고 하신다.

그들(통일된 성도들)이 "우상들과 가증한 물건과 그 모든 죄악으로 더 이상 자신들을 더럽히지 아니하리라"는 말은 바벨론 포로 생활에서 돌아온 성도들이 다시 우상 숭배를 하지 않는 것으로 확증된다.

"내가 그들을 그 범죄한 모든 처소에서 구원하여 정결하게 하겠다"는 말은 '우상 숭배하던 모든 장소에서 구원하여 정결하게 하겠다'(K.&D.)는 뜻이다.

"그들은 내 백성이 되고 나는 그들의 하나님이 되리라"는 말의 주해를 위해서는 11:20 주해를 참조하라.

겔 37:24. 내 종 다윗이 그들의 왕이 되리니 그들 모두에게 한 목자가 있을 것이라 그들이 내 규례를 준수하고 내 율례를 지켜 행하며.

내 종 다윗이 그들 위에 왕이 될 것이니, 그들 모두에게 한 목자가 있을 것이다. 그들이 내 법도 가운데 행하고, 내 율례를 지켜 행할 것이라고 하신다.

"내 종 다윗이 그들의 왕이 되리니"란 말은 '여호와의 종 다윗은 메시아의 예표이니 본 절은 예수 그리스도가 성도들의 왕이 된다(34:23)'는 뜻이다.

"그들이 내 규례를 준수하고 내 율례를 지켜 행한다"는 말은 '예수 그리스도를 왕으로 모시고 사는 성도들은 모두 여호와의 규례를 준수하고 여호와의 율례를 지켜 행한다'는 뜻이다(마 5:17).

겔 37:25. 내가 내 종 야곱에게 준 땅 곧 그의 조상들이 거주하던 땅에 그들이 거주하되 그들과 그들의 자자 손손이 영원히 거기에 거주할 것이요 내 종 다윗이 영원히 그들의 왕이 되리라.

나 여호와가 내 종 야곱에게 준 땅 곧 자기 조상들이 살던 땅에서 그들이 살게 될 것이니, 그들과 그들의 아들들과 그들의 아들의 아들들이 영원토록 거기서 살 것이며, 내 종 다윗(34:23-24; 시 78:70; 89:3, 20; 144:10; 렘 33:21-22, 26)이 영원히 그들의 왕이 될 것이라고 하신다.

겔 37:26. 내가 그들과 화평의 언약을 세워서 영원한 언약이 되게 하고 또 그들을 견고하고 번성하게 하며 내 성소를 그 가운데에 세워서 영원히 이르게 하리니.

나 여호와가 그들과 화평의 언약을 맺어서, 그들에게 영원한 언약이 되게 하며 그들을 세우고 번성케 하고, 내 성소를 영원히 그들 가운데 둘 것이라고 하신다.

이스라엘 백성이 모세를 통해 받은 옛 언약은 이스라엘의 범죄로 파기되어 그들은 포로가 되었는데, 이제는 여호와께서 회복된 백성들과 더불어 새 언약을 맺으시는 것이다(렘 31:31). 새 언약은 여호와 하나님과 백성들과의 화평의 언약이요, 다시는 파기되지 않는 영원한 언약인 것이다(16:60; 34:25; 민 25:12; 사 54:10). "내 성소를 그 가운데에 세워서 영원히 이르게 한다"는 말은 레 26:9, 11을 염두에 둔 표현으로 여호와께서 이스라엘 가운데에 거하신다는 사실을 강조하기 위한 의도에서 쓰여진 것으로 보인다(K.&D.). 이런 점에서 본 절은 이스라엘의 회복과 함께 주어질 하나님의 영적 복에 대한 서술이다. 본 절에 기록된 대로 하나님께서는 회복될 이스라엘 백성 가운데 성소를 두시고 그곳을 영원히 보존하실 것을 선언하심으로써 그들과 영원히 함께 계시며 보호하실 것을 약속하셨다.

겔 37:27. 내 처소가 그들 가운데에 있을 것이며 나는 그들의 하나님이 되고 그들은 내 백성이 되리라.

나 여호와의 처소(일정한 곳에 머문 이동하지 않는 거주지)가 그들에게 있을 것이며, 내가 그들의 하나님이 되고 그들은 내 백성이 될 것이라고 하신다.

본 절은 하나님께서 회복된 선민 이스라엘과 함께 계시고 그들을 보호하시며 하나님의 백성으로서 제사장적인 역할을 온전히 감당하도록 지속적으로 이끄실 것을 의미하는 것이다(Hengsternberg, K.&D., Schroder).

겔 37:28. 내 성소가 영원토록 그들 가운데에 있으리니 내가 이스라엘을 거룩하게 하는 여호와인 줄을 열국이 알리라 하셨다 하라.

나 여호와의 성소가 영원히 그들 가운데 있을 것이니, 나 여호와가 이스라엘을 거룩하게 하는 여호와인 것을 열국이 알게 될 것이라고 하신다.

새 언약의 상징인 메시아 왕국의 성전은 영원히 하나님 백성 가운데서 있다. 그런고로 하나님과 그의 백성과의 관계는 영원불변한 것이고, 열국이 여호와 하나님은 그의 백성들을 성별하시는 분임을 인정하게 된다는 것이다.

제 38 장

5. 곡과의 전쟁 예언 38:1-39:29

본 장과 다음 장은 하나님 백성의 원수인 "곡"과 "마곡"에 대한 예언이다. 이 부분(38:1-39:29)의 내용은 곡의 침략(38장)과 여호와의 최후 승리(39장)로 나누어진다.

제 38 장

ㄱ. 회복된 이스라엘에게 곡이 침입하다 38:1-16

1-16절에서는 곡과 이방 동맹군의 이스라엘(유다) 백성들에 대한 침략이 시행된다. 앞선 37장에서는 마른 뼈가 생기를 얻어 새 생명체로 부활하는 환상과 두 막대기의 연합을 통한 상징적 예언으로서 포로가 되었던 이스라엘(유다)의 완전한 회복과 또 이스라엘과 유다의 연합이라는 벅찬 소망을 제시하였다.

이제 38장과 39장은 회복된 이스라엘을 궤멸시키려는 악한 세력의 위협과 이에 대한 여호와의 완전한 승리의 메시지를 예언하고 있다.

<하나님의 도구 곡>

겔 38:1. 여호와의 말씀이 내게 임하여 이르시되.

본 절은 회복된 이스라엘에게 곡이 침입하려는 내용을 언급하는 표제로 기술한 것이다.

겔 38:2. 인자야 너는 마곡 땅에 있는 로스와 메섹과 두발 왕 곧 곡에게로 얼굴을 향하고 그에게 예언하여.

여호와께서 말씀하시기를, "인자야(여호와께서 에스겔을 부르시는 호칭)! 너는 마곡 땅의 로스와 메섹과 두발의 우두머리 왕에게 네 얼굴을 향하고 그에게 예언하라"고 하신다.

"마곡 땅"이란 말은 '지명'이고, "곡"[8])이란 말은 '왕명'을 지칭하는 말이다. 그러니까 "마곡 땅"이란 말은 '곡이 점령하고 있는 땅'을 말한다.

마곡은 노아의 손자이며, 야벳의 아들로서 아르메니아 지방의 코오카스 지방 주민이다(창 10:2).

"마곡 땅에 있는 곡"이라는 말에 대해서는 여러 견해들이 있다. 1) 바벨론 왕이라는 견해(Ewald), 2) 스키디안(Scythian)인이라는 견해(Josephus, Knobel, Hitzig), 3) 안티오커스 에피파네스(Anthiochus Epiphanes)의 그리스(Grotius)라는 견해, 4) 터키(Turks)라는 견해(Luther), 5) 마곡(창 10:2에 등장하는 야벳의 후손)과 그의 후손들이 살았던 스키디안 지역(K.&D., Plumptre)에서 살았던, 하나님의 백성들을 대적한 악한 세력의 우두머리를 지칭한다(계 20:8 참조, 그랜드종합주석)는 견해이다. 이 여러 견해 중에 5)번의 견해가 가장 유력해 보인다.

그리고 본 절의 "로스인"은 역시 야벳 계통으로 보이며 오늘날의 러시아인으로 추측된다(Jamieson, Faussett, Brown).

"메섹과 두발"은 보통 함께 나타나며(39:1; 창 10:2; 사 66:19), 역시 야벳자손으로 소아시아의 동부 지방, 타우르스 산맥 양편에 살았던 것으로 본다(27:13; 32:26 주해 참조).

본 절의 "곡과 마곡"은 가나안을 중심해서 볼 때 극북지대(極北地帶)에 위치한 강대국으로 이스라엘의 최후의 적으로 간주되었다(계 20:8-9). 계 20:8-9에서는 "곡과 마곡"은 사단의 하수인으로 성도들의 최후의 적으로 활동하다가 패배하여 유황불에 던져지는 것이다.

---

8) "곡"-에스겔은 이 왕을 바사, 구스, 붓, 고멜 그리고 벳도갈마의 백성들을 포함하는 무수히 많은 무장 군사들의 지도자로 생각한다. 그들은 하나님의 백성들이 그들의 땅으로 돌아와서 아무런 방비 없이 아주 평화롭게 살 때, 이스라엘로 진격할 것이다. 그러나 여호와는 그들 가운데서 자기의 거룩함을 나타내기 위해 이 모든 것을 허용해 줄 것이다. 하나님 자신이 곡의 군사들을 무찌를 것이므로, 하나님의 백성들은 싸움을 할 필요가 없을 것이다.

"얼굴을 향하고 그에게 예언하여"라는 말은 '네 얼굴을 그를 대적하여 그를 심판하라'(6:2; 25:2; 29:2 참조)는 뜻이다.

겔 38:3. 이르기를 주 여호와께서 이같이 말씀하시기를 로스와 메섹과 두발 왕 곡아 내가 너를 대적하여.

말하라. 주 여호와께서 이와 같이 말씀하시기를, "보라! 나 여호와가 메섹과 두발의 우두머리 왕인 너 곡을 대적할 것이라"고 하신다.

곡이 이스라엘을 침략하는 것은 결국 이스라엘의 하나님이신 여호와께 대한 대적인 고로 하나님은 곡을 대적하여 멸하시려 하신다. 다시 말해 곡의 이스라엘 침략은 바로 곡이 망하는 길이었다.

겔 38:4. 너를 돌이켜 갈고리로 네 아가리를 꿰고 너와 말과 기마병 곧 네 온 군대를 끌어내되 완전한 갑옷을 입고 큰 방패와 작은 방패를 가지며 칼을 잡은 큰 무리와.

나 여호와가 너(곡)를 돌아서게 하고 네 턱에 갈고리를 꿸 것이다. 나 여호와가 너(곡)와 함께 네 모든 군대, 곧 말들과 화려하게 옷 입은 모든 기마병들과 긴 방패와 작은 방패를 갖추고 칼로 단단히 무장한 큰 무리를 이끌어낼 것이라고 하신다.

곡의 연합군이 이스라엘을 치지만 여호와께서는 그들을 막으시고, 갈고리로 그의 아가리를 꿰어 그들을 돌이키게 하신다는 것이다.

겔 38:5-6. 그들과 함께 한 방패와 투구를 갖춘 바사와 구스와 붓과, 고멜과 그 모든 떼와 북쪽 끝의 도갈마 족속과 그 모든 떼 곧 많은 백성의 무리를 너와 함께 끌어내리라.

5-6절은 곡의 연합군이다. 즉, 그들과 함께 한 방패와 투구를 갖춘 동방의 바사와 남방의 구스(에티오피아)와 붓(리비아, 이상 5절)과 고멜과 그의 모든 군대와, 최북단의 도갈마 족속과 그의 모든 군대 곧 많은 민족들이

너와 함께할 것이라고 하신다(이상 6절).

세상의 연합군이 이렇게 많지만 여호와 보시기에는 그 힘이 한 줌에 지나지 않는다. 우리 주위에 사단의 연합군이 많지만 여호와 보시기에는 아무 것도 아니다.

겔 38:7. 너는 스스로 예비하되 너와 네게 모인 무리들이 다 스스로 예비하고 너는 그들의 우두머리가 될지어다.

너(곡을 지칭하는 대명사)는 스스로 준비하라. 너(곡)와 너를 위해 모인 네 모든 무리들은 스스로 준비하고, 네(곡)가 그들의 대장이 되라고 하신다.

겔 38:8. 여러 날 후 곧 말년에 네가 명령을 받고 그 땅 곧 오래 황폐하였던 이스라엘 산에 이르리니 그 땅 백성은 칼을 벗어나서 여러 나라에서 모여 들어오며 이방에서 나와 다 평안히 거주하는 중이라.

여러 날 후, 곧 말년에 네(곡)가 소집 명령을 받을 것이다. 네(곡)가 오랫동안 폐허로 있었던 이스라엘 산에 쳐들어갈 것이니, 그 땅에는 칼에서 회복되어 많은 민족들에게서 돌아온 사람들이 모두 안전하게 살고 있을 것이라고 하신다.

본 절의 "말년"(אַחֲרִית הַשָּׁנִים)이란 말은 '말일(末日)'이란 뜻이다. 말일은 종말적인 시기를 뜻하고, 보통 그리스도의 초림부터 재림까지의 기간을 지칭한다(K.&D.).

"그 땅 백성은 칼을 벗어나서 여러 나라에서 모여 들어오며 이방에서 나와 모두 평안히 거주하는 중이라"는 말은 '이스라엘은 이제 포로가 되었던 바벨론으로부터 돌아와 나라를 회복하고(33-37장), 백성들은 평안하게 살던 때였다'는 뜻이다.

겔 38:9. 네가 올라오되 너와 네 모든 떼와 너와 함께 한 많은 백성이 광풍 같이 이르고 구름 같이 땅을 덮으리라.

너(곡)와 네게 있는 모든 군대와 많은 백성들이 이스라엘로 올라갈 것이니, 네(곡)가 폭풍같이 쳐들어가 구름같이 이스라엘 땅을 덮을 것이라고 하신다(사 10:3; 렘 4:13).

겔 38:10. 주 여호와께서 이같이 말씀하셨느니라 그 날에 네 마음에서 여러 가지 생각이 나서 악한 꾀를 내어.

주 여호와께서 이와 같이 말씀하시기를, "이스라엘을 침략하는 말일에 네(곡) 마음에 생각들이 떠오를 것이니, 네가 악한 계획을 고안하고 다음 절과 같이 행동할 것이라"고 하신다.

겔 38:11. 말하기를 내가 평원의 고을들로 올라 가리라 성벽도 없고 문이나 빗장이 없어도 염려 없이 다 평안히 거주하는 백성에게 나아가서.

말할 것이다(곡이 말할 것이라는 뜻이다). 내(곡)가 성벽이 없는 마을로 올라 가겠다. 편안히 조용하게 살며, 그들 모두 담과 빗장과 문도 없이 사는 사람들에게로 쳐들어가겠다는 것이다.

"평원의 고을들로 올라 가리라"는 말은 '평화로운 도시로 침략하여 들어가리라'는 뜻이다.

겔 38:12. 물건을 겁탈하며 노략하리라 하고 네 손을 들어서 황폐하였다가 지금 사람이 거주하는 땅과 여러 나라에서 모여서 짐승과 재물을 얻고 세상 중앙에 거주하는 백성을 치고자 할 때에.

곡은 노략질을 하고 약탈을 할 것이다. 네(곡)가 폐허였다가 사람들이 다시 살게 된 곳들과 여러 나라들에서 돌아온 백성, 곧 가축과 재물을 얻고 그 땅 중앙에 사는 자들에게 네 손을 들어 치려고 했다는 것이다.

"세상 중앙에 거주하는 백성을 치고자 했다"는 말은 '히브리인들의 생각은 이스라엘 땅이 세계의 중앙이고, 높은 곳이며, 가장 비옥하고 가장 아름다운 곳이라는 것인데 이 땅을 치고자 했다'는 것이다.

겔 38:13. 스바와 드단과 다시스의 상인과 그 부자들이 네게 이르기를 네가 탈취하러 왔느냐 네가 네 무리를 모아 노략하고자 하느냐 은과 금을 빼앗으며 짐승과 재물을 빼앗으며 물건을 크게 약탈하여 가고자 하느냐 하리라.

스바와 드단과 다시스의 상인들과 그 권력자들이 네(곡)게 말하기를 네가 노략질하러 왔느냐? 네가 약탈하여 은과 금을 가져가고, 가축과 재물을 빼앗아 크게 노략질하려고 네 무리를 소집했느냐고 할 것이다.

스바와 드단과 다시스의 백성들은 가나안의 남방, 동방, 서방의 교역 민족들이다. 이들 민족들이 곡의 이스라엘 침략을 큰 관심사로 삼아 우리의 본문과 같이 말한다는 것이다. 이들 나라들에 대해서 27:12, 15, 20, 22, 25절의 주해 참조.

겔 38:14. 인자야 너는 또 예언하여 곡에게 이르기를 주 여호와께서 이같이 말씀하시기를 내 백성 이스라엘이 평안히 거주하는 날에 네가 어찌 그것을 알지 못하겠느냐.

그러므로 인자야, 너 에스겔은 곡에게 예언하여 말하라. 주 여호와께서 이와 같이 말씀하시기를, "여호와의 백성 이스라엘이 편안히 사는 그날을 어찌 네가 알지 못하겠느냐!"라고 말씀하신다.

이스라엘이 고국에 돌아와 안정되게 살고 있는 것을 곡이 알지 못하느냐 하는 것이었다. 물론 그들이 알고 있었을 것이다. 알고 있으면서 그들이 이스라엘의 평안을 깨뜨리려 했던 것이다.

겔 38:15. 네가 네 고국 땅 북쪽 끝에서 많은 백성 곧 다 말을 탄 큰 무리와 능한 군대와 함께 오되.

너(곡)와 네(곡)게 있는 많은 백성들이 네 처소, 곧 최북단에서 쳐들어올 것이니, 그들은 모두 말 타는 자들이며, 큰 무리의 군대들이라고 하신다.

곡의 백성들은 티그리스 강 북방, 흑해 부근에 거주했는데, 가나안을 표준해서는 "북쪽 끝"으로 여겨진 것이었다.

곡의 백성들은 "다 말을 탄 큰 무리와 능한 군대와 함께 왔다"는 말은 '곡의 백성들이 모두 기병대를 이루어 이스라엘을 침략한다'는 뜻이다.

겔 38:16. 구름이 땅을 덮음 같이 내 백성 이스라엘을 치러 오리라 곡아 끝 날에 내가 너를 이끌어다가 내 땅을 치게 하리니 이는 내가 너로 말미암아 이방 사람의 눈 앞에서 내 거룩함을 나타내어 그들이 다 나를 알게 하려 함이라.

너(곡)는 땅을 덮는 구름처럼 내 백성 이스라엘을 치러 올라올 것이니, 마지막 날에 이 일을 행할 것이다. 나 여호와가 너(곡의 군대)를 데려와 내 땅(이스라엘 땅)을 치게 할 것이니, 곡아! 나 여호와가 여러 민족들 앞에서 나 여호와의 거룩함을 네(곡)게 나타낼 때, 여러 민족들이 나 여호와의 위대함을 알게 될 것이라고 하신다.

"곡아! 끝 날에 내가 너를 이끌어다가 내 땅을 치게 하리니 이는 내가 너로 말미암아 이방 사람의 눈 앞에서 내 거룩함을 나타내어 그들이 다 나를 알게 하려 함이라"는 말은 '곡이 자기네들 뜻대로 이스라엘을 치러 올라온 것이지만 그들이 그렇게 한 것은 하나님께서 그들로 하여금 그렇게 하도록 만드셨다'는 것이다. 하나님은 사람을 통하여 많은 일을 하신다.

ㄴ. 이스라엘이 곡을 크게 승리하다 38:17-39:29

a). 곡이 심판 받다 38:17-23

곡이 이스라엘을 침략하러 와서 이스라엘에서 지진, 온역, 폭우, 우박, 유황불 등으로 멸망할 것이라는 내용이다.

<곡의 심판>

겔 38:17. 주 여호와께서 이같이 말씀하셨느니라 내가 옛적에 내 종 이스라엘 선지자들을 통하여 말한 사람이 네가 아니냐 그들이 그 때에 여러 해 동안 예언하기를 내가 너를 이끌어다가 그들을 치게 하리라.

주 여호와께서 이와 같이 말씀하시기를, "너(곡)는 나 여호와가 옛날에 나의 종 이스라엘의 선지자들을 통해 말했던 그 사람이 아니냐? 그 선지자들은 그 당시에 오랫동안 나 여호와가 이스라엘을 치기 위해 너(곡)를 데려올 것이라"고 예언했다.

곡을 이스라엘로 이끌어다가 이스라엘을 칠 것을 옛날의 선지자들이 이미 예언했다는 것이다(사 10:6; 17:4; 25:5, 10; 렘 30:23, 25; 욜 4:2, 11; 미 5:11).

겔 38:18. 그 날에 곡이 이스라엘 땅을 치러 오면 내 노여움이 내 얼굴에 나타나리라 주 여호와의 말씀이니라.

주 여호와께서 말씀하시기를, "곡이 이스라엘을 치러 오는 날이 말일에 이루어질 것이다. 곡이 이스라엘 땅을 치러 오는 그 날에, 내 분노와 내 진노가 함께 치솟을 것이라"고 하신다.

곡이 이스라엘 땅을 치러 오면 여호와께서 진노하셔서 곡을 치실 것을 뜻한다.

겔 38:19. 내가 질투와 맹렬한 노여움으로 말하였거니와 그 날에 큰 지진이 이스라엘 땅에 일어나서.

나 여호와의 질투와 나의 불타는 진노로 나 여호와가 말하였으니, 그 날에 이스라엘 땅에 큰 지진이 있을 것이라고 하신다.

그 날에 하나님의 큰 진노가 곡에 나타난다는 것인데(21:31; 35:11; 36:5), 그 진노가 우선 큰 지진의 형태로 나타난다는 것이다(37:7; 암 1:1). 여기 지진은 이스라엘 땅에 나타나는 지진으로 본다. 천지의 주관자이신 하나님께서는 지진을 통해서 악에 대한 하나님의 분노를 나타내시기도 한다.

겔 38:20. 바다의 고기들과 공중의 새들과 들의 짐승들과 땅에 기는 모든 벌레와 지면에 있는 모든 사람이 내 앞에서 떨 것이며 모든 산이 무너지며 절벽이 떨어지며 모든 성벽이 땅에 무너지리라.

바다의 고기들과 공중의 새들과 들의 짐승들과 땅에서 기는 것들과 땅 위에 있는 모든 사람들이 여호와 내 앞에서 떨게 될 것이고, 모든 산들이 부서지고 절벽이 무너지며 모든 성벽들이 땅에 무너져 내릴 것이라고 하신다.

하나님의 진노가 나타날 때 바다의 고기들, 공중의 새들, 들의 짐승들, 땅에서 기는 것들, 땅 위에 있는 모든 사람들이 여호와 앞에서 떨게 될 것이고, 그리고 생물만이 아니라 비생물인 산과 절벽과 성벽도 무너진다는 것이다.

겔 38:21. 주 여호와의 말씀이니라 내가 내 모든 산 중에서 그를 칠 칼을 부르리니 각 사람이 칼로 그 형제를 칠 것이며.

주 여호와께서 말씀하시기를, "나 여호와가 곡을 치도록 내 모든 산에 칼을 부를 것이니, 각 사람이 서로에게 칼을 겨눌 것이라"고 하신다.

본 절에서는 곡을 징벌하는 하나님의 심판의 칼이 그들의 내부로부터 일어날 것임을 말한다. 다시 말해 곡과 동맹국 사람들이 스스로 내분을 일으켜 동맹군끼리 살육함으로써 서로가 진멸한다는 것이다(삿 7:22; 대하 20:23).

겔 38:22. 내가 또 전염병과 피로 그를 심판하며 쏟아지는 폭우와 큰 우박덩이와 불과 유황으로 그와 그 모든 무리와 그와 함께 있는 많은 백성에게 비를 내리듯 하리라.

나 여호와가 전염병과 피로 곡을 심판하고, 장대비와 폭우와 돌 같은 우박과 불과 유황을 곡과 그의 군대와 그와 함께한 많은 백성들에게 퍼부을 것이라고 하신다.

하나님은 또 천재지변으로 곡의 군대를 치신다고 하신다. 다시 말해 온역과 피로 저들을 치시며(5:17; 13:13; 14:9), 또 폭우와 우박과 불과 유황불로 그들을 치신다는 것이다(창 7:12; 19:24; 출 9:13; 사 28:18;

욜 2:30).

겔 38:23. 이같이 내가 여러 나라의 눈에 내 위대함과 내 거룩함을 나타내어 나를 알게 하리니 내가 여호와인 줄을 그들이 알리라.

나 여호와가 나의 위대함과 거룩함을 나타내고 나를 많은 민족들의 눈에 알게 할 것이니, 그들이 내가 여호와인 것을 알 것이라고 하신다.

본 절은 여호와께서 곡을 심판하시는 목적을 말씀하신다. 여호와께서는 곡을 이스라엘로 유인하셔서 곡을 격멸하심으로 열방들로 하여금 하나님의 위대하심을 알게 하신다는 것이다(6:7 주해 참조).

제 39 장

본 장은 여호와의 최후 승리를 말한다. 38장에서는 곡의 침략 자체를 드러냈고 본 장은 곡의 패배를 드러낸다. 본 장의 내용은 곡의 연합군이 패망한 일(1-16), 여호와의 향연이 벌어진 일(17-24절) 및 이스라엘이 회복된다는 내용이다(25-29절).

b). 곡이 멸망할 것이다 39:1-16

<침략자 곡의 멸망>

겔 39:1. 그러므로 인자야 너는 곡에게 예언하여 이르기를 주 여호와께서 이같이 말씀하시되 로스와 메섹과 두발 왕 곡아 내가 너를 대적하여.

여호와께서 말씀하시기를, "인자야(여호와께서 에스겔을 부르시는 호칭)! 너는 곡을 대적하여 예언하여 말하라. 보라! 나 여호와가 메섹과 두발의 우두머리 왕인 너 곡을 칠 것이라"고 하신다. 본 절의 주해를 위해서는 38:2 주해를 참조하라.

겔 39:2. 너를 돌이켜서 이끌고 북쪽 끝에서부터 나와서 이스라엘 산 위에 이르러.

나 여호와가 너(곡)를 돌이키게 하고, 너(곡)를 천천히 몰아 최북단에서 인도하여, 이스라엘 산들로 데려갈 것이라고 하신다. 본 절은 38:4, 6, 8의 반복이다.

겔 39:3. 네 활을 쳐서 네 왼손에서 떨어뜨리고 네 화살을 네 오른손에서 떨어뜨리리니.

3-5절은 여호와께서 곡의 군대들로 하여금 전쟁하지 못하도록 만드신다는 것이다. 즉, 나 여호와가 네(곡의) 왼손에서 활을 쳐서 떨어뜨리고, 또 네 오른손의 화살을 떨어지게 할 것이라고 하신다.

여호와께서 곡을 치시니 그들이 패배를 당하여 활과 살을 땅에 떨어뜨린다는 것이다. 여호와께서 전쟁에서 패배케 하신다면 별 수 없이 패전하는 수밖에 없다. 전쟁은 여호와께 속한 것이라고 구약에서 많이 말하고 있다.

겔 39:4. 너와 네 모든 무리와 너와 함께 있는 백성이 다 이스라엘 산 위에 엎드러지리라 내가 너를 각종 사나운 새와 들짐승에게 넘겨 먹게 하리니.

너(곡)와 네 모든 군대와 너와 함께한 백성들이 이스라엘 산들 위에서 쓰러질 것이니, 나 여호와가 너(곡)를 각종 사나운 새들과 들짐승에게 먹이로 내줄 것이라고 하신다.

곡의 연합군이 예루살렘 부근에서 죽어 시체가 그 부근 산과 들에 흩어지고 공중의 새와 들짐승의 밥이 된다는 것이다(5:17; 슥 14:3-4).

겔 39:5. 네가 빈 들에 엎드러지리라 이는 내가 말하였음이니라 주 여호와의 말씀이니라.

나 여호와가 말하였으므로 네(곡)가 들판에 쓰러질 것이라고 하신다.

곡과 그의 연합군이 새와 짐승의 먹이가 될 이유는 그들의 시체가 땅에 묻히지 못하고 노천에 버려졌기 때문이다(29:5).

겔 39:6. 내가 또 불을 마곡과 및 섬에 평안히 거주하는 자에게 내리리니 내가 여호와인 줄을 그들이 알리라.

나 여호와가 마곡과 여러 섬들에서 평안히 사는 사람들에게 불을 보낼 것이니, 그들이 불을 보내는 나 여호와가 여호와인 줄을 알 것이라고 하신다.

마곡과 및 주위의 섬에 평안히 거주하는 백성들에게 불을 보내어 주민들을 불사를 것이라고 하신다(호 8:14; 암 1:5).

겔 39:7. 내가 내 거룩한 이름을 내 백성 이스라엘 가운데에 알게 하여 다시는 내 거룩한 이름을 더럽히지 아니하게 하리니 내가 여호와 곧 이스라엘의 거룩한 자인 줄을 민족들이 알리라 하라.

나 여호와가 내 거룩한 이름을 내 백성 이스라엘 가운데 알리고, 다시는 내 거룩한 이름을 더럽히지 못하게 할 것이니, 여러 민족들이 내가 이스라엘 중에서 거룩한 여호와인 것을 알게 할 것이라고 하신다.

이스라엘이 하나님의 능력 있는 구원을 받은 후에는 하나님을 진실하게 믿고 그의 이름만 믿게 되는 것이다. 따라서 모든 다른 민족들도 이스라엘의 하나님이 참 하나님이신 줄을 알게 된다는 것이다.

겔 39:8. 주 여호와의 말씀이니라 볼지어다 그 날이 와서 이루어지리니 내가 말한 그 날이 이 날이라(Behold, it is coming and it will be brought about, declares the Lord GOD. That is the day of which I have spoken-ESV)**.**

주 여호와께서 말씀하시기를, "보라! 그것이 임하여 이루어질 것이니, 그 날이 바로 내가 말한 날이라"고 하신다.

"그 날이 와서 이루어지리니"란 말(בָאָה וְנִהְיָתָה)은 '왔고 이루었다(it is coming and it will be brought about-ESV)'는 말이다. 이렇게 미래의 일을 이미 된 일로 표현하는 문투는 그 성취의 확실성을 말하기 위한 것이다.

"내가 말한 그 날이 이 날이라"는 말은 하나님께서 선지자들을 통하여 늘 말씀하시는 말씀에 "여호와의 날"(심판의 날)이란 것이 "이 날"("곡"이 망하는 날)이란 뜻이다(박윤선). 곡의 몰락의 날이 바로 이 날이라는 확언이다.

겔 39:9. 이스라엘 성읍들에 거주하는 자가 나가서 그들의 무기를 불태워 사르되 큰 방패와 작은 방패와 활과 화살과 몽둥이와 창을 가지고 일곱 해 동안 불태우리라.

이스라엘 성읍에 사는 사람들이 나와서 불을 피우고, 병기 곧 큰 방패와 작은 방패, 활과 화살, 곤봉과 창을 태울 것이니, 그들이 칠년 동안 그것들을 불사를 것이라고 한다.

여기 "일곱 해 동안 불태우리라"는 말은 패망하고 달아난 곡과 그 동맹군들로부터 거둔 엄청난 양의 온갖 무기와 전리품을 통해 아주 실증적으로 보여준다. 에스겔은 그 무기의 양이 얼마나 많았던지 자그마치 7년이나 불땔감으로 삼을 수 있을 정도라고 말하고 있다. 여기 7년이란 문자 그대로 일곱 해를 뜻한다기보다는 이어 12절에 나오는 일곱 달과 마찬가지로 하나님의 심판이 충분히 완벽하게 성취되기에 부족함이 없는 긴 기간을 상징한다 (K.&D.).

겔 39:10. 이같이 그 무기로 불을 피울 것이므로 그들이 들에서 나무를 주워 오지 아니하며 숲에서 벌목하지 아니하겠고 전에 자기에게서 약탈하던 자의 것을 약탈하며 전에 자기에게서 늑탈하던 자의 것을 늑탈하리라 주 여호와의 말씀이니라.

주 여호와께서 말씀하시기를, "이스라엘 사람들이 들에서 땔감을 가져오거나, 숲에서 벌목하지 않을 것이니, 곡이 버리고 간 병기로 불을 피우기 때문이다. 이스라엘인들이 자기를 노략하는 자들을 노략하며, 자기를 약탈하는 자들을 약탈할 것이라"고 하신다.

겔 39:11. 그 날에 내가 곡을 위하여 이스라엘 땅 곧 바다 동쪽 사람이 통행하는 골짜기를 매장지로 주리니 통행하던 길이 막힐 것이라 사람이 거기에서 곡과 그 모든 무리를 매장하고 그 이름을 하몬곡의 골짜기라 일컬으리라.

그 날에 나 여호와가 곡에게 한 장소, 곧 이스라엘 안에 있는 바다 동편 행인들의 골짜기를 무덤으로 줄 것이니, 행인들의 길이 막힐 것이며, 거기서 사람들이 곡과 그의 모든 무리를 매장하고 '하몬곡의 골짜기'라 부를 것이라고 하신다.

곡이 망하게 된 날 여호와께서 곡의 시체들을 매장할 장소를 주시겠다고 하신다. 그 장소는 "이스라엘 땅 곧 바다 동쪽 사람이 통행하는 골짜기를 매장지"로 주신다고 하신다. 여기 "바다 동편 골짜기"란 곳이 어디냐는 것을 두고 견해가 갈린다. 1) 감람산 골짜기일 것이라는 견해(Hitzig), 2) 여호사밧 골짜기일 것이라는 견해(Kliefoth), 3) 므깃도 골짜기일 것이라는 견해(Hengsternberg), 4) 지중해와 평행하여 북에서 남으로 뻗어 나간 골짜기일 것이라는 견해(G. Ch, Alders), 5) 사해 동편의 골짜기일 것이라는 견해(K.&D., Ewald, Cooke, 이상근, 그랜드 종합 주석, 호크마 종합 주석) 등이 있다. 이들 견해 중 5)번의 견해가 가장 합당한 듯이 여겨진다. 이 지역은 길르앗으로부터 이스라엘로 들어가는 입구에 위치한 지리적 요충지로 골짜기의 지형이 넓어서 많은 곡 연합군의 매장지로 막혀버릴 것이라는 예고를 통해 하나님의 엄중한 권능을 재삼 주지시키고 있다고 볼 수 있다.

여기 또 "사람이 통행하는 골짜기"란 말씀의 해석에 대해서도 견해가 갈린다. 1) 일반 나그네들이 통행하던 길이었다는 견해(K.&D.), 2) 곡의 연합군이 지나가려 했던 길이라는 견해(Hitzig), 3) 곡의 연합군의 시체를 찾기 위해 사신들이 지나가려 했던 길이라는 견해(Ewald), 4) 애굽과 메소포타미아의 두 단체 간에 있었던 대상들의 무역로라는 견해(그랜드 종합 주석), 이들 견해 중에 4)번의 견해가 가장 합리적인 견해로 보인다. 이 무역로가 시체의 매장으로 인해 통행마저 단절된다는 것은 그 전투가 얼마나 치열했고, 곡과 그 연합군이 얼마나 완전한 파멸을 당했는지를 짐작하게 해준다.

"하몬곡의 골짜기"(גֵּיא הֲמוֹן גּוֹג)란 말은 '곡의 무리들의 골짜기'라는 의미이다. 골짜기의 이름마저 바뀔 정도로 곡과 그 연합군의 파멸은 극심했다는 것을 보여준다.

겔 39:12. 이스라엘 족속이 일곱 달 동안에 그들을 매장하여 그 땅을 정결하게 할 것이라.

이스라엘 족속이 그 땅을 정결케 하기 위해 일곱 달 동안 그들을 매장할 것이라고 하신다.

"일곱 달 동안에 그들을 매장"한다는 것은 곡의 연합군의 희생이 심히도 컸던 것을 보여준다. 곡의 연합군의 시체가 너무 많아 그 시체를 다 장사하고 또 그들의 피로 더러워진 땅을 깨끗하게 하는데 7달이나 걸린다는 것은 그들의 희생이 얼마나 컸던가를 잘 보여주고 있다. 여기 7개월은 만수에 속하는 말(단 3:19; 4:23)로 곡의 연합군의 희생이 아주 많은 것을 가리킨다고 할 수 있다.

겔 39:13. 그 땅 모든 백성이 그들을 매장하고 그로 말미암아 이름을 얻으리니 이는 나의 영광이 나타나는 날이니라 주 여호와의 말씀이니라(All the people of the land will bury them, and it will bring them renown on the day that I show my glory, declares the Lord GOD-ESV).

주 여호와께서 말씀하시기를, "그 땅의 모든 백성이 그들을 매장할 것이니, 나 여호와가 내 영광을 나타내는 날에 그 백성이 큰 이름을 얻을 것이라"고 하신다.

"그 땅 모든 백성이 그들을 매장할 것이라"는 말은 '이스라엘이 나서서 곡과 그 연합군의 시체를 장사할 것이다'란 뜻이다. 곡의 연합군을 매장하는 일은 작은 일이 아니라 이스라엘 전체가 나서야 할 만큼 큰 작업이라는 것이다.

"그로 말미암아 이름을 얻으리니 이는 나의 영광이 나타나는 날이니라"는 말은 '이스라엘 전체가 나서서 곡의 연합군의 시체를 장사함으로 이스라엘은 주위 나라로부터 굉장한 민족이라는 이름을 얻게 된다'는 것이다. 이스라엘이 이렇게 영광을 얻는 것은 이스라엘이 믿는 여호와께도 큰 영광이 돌아간다는 것이다. 그러니까 우리의 영광은 여호와께 영광이고 여호와의 영광은 우리의 영광인 것이다. 우리는 이 땅에 살면서 여호와께 영광을 돌려야 하는 것이다.

겔 39:14. 그들이 사람을 택하여 그 땅에 늘 순행하며 매장할 사람과 더불어 지면에 남아 있는 시체를 매장하여 그 땅을 정결하게 할 것이라 일곱 달 후에 그들이 살펴 보되.

그들이 그 땅에 정기적으로 지나가는 사람들을 택하여 그 땅을 돌아다니며 땅 위에 남아 있는 시체들을 매장하여, 그 땅을 정결케 할 것이며 일곱째 달 끝에도 그들이 조사하게 될 것이라고 한다.

본 절 초두의 "그들"은 사람들을 택하기도 하고, 또 이스라엘 땅을 돌아다니며 땅 위에 아직도 남아 있는 곡의 연합군의 시체들을 매장하기도 하여 이스라엘 땅을 정결하게도 하며 또 일곱째 달 끝에 가서도 시체가 완전히 매장되었는지 조사하는 일을 감당하는 사람들을 지칭한다.

"늘 순행하며 매장할 사람과 더불어 지면에 남아 있는 시체를 매장하여"란 말은 특별한 책임을 맡아가지고 이스라엘 땅을 늘 순행하며 또 매장할 사람과 더불어 이스라엘 땅 위에 남아 있는 시체를 매장하는 일을 감당하는 역할을 하는 것을 보니 곡의 패망이 얼마나 심각했는지를 알게 한다.

겔 39:15. 지나가는 사람들이 그 땅으로 지나가다가 사람의 뼈를 보면 그 곁에 푯말을 세워 매장하는 사람에게 가서 하몬곡 골짜기에 매장하게 할 것이요.

행인들이 그 땅을 지나다가 사람의 뼈를 보면, 그 옆에 표지판을 세워 매장꾼들이 '하몬곡 골짜기'에 그것을 매장하게 할 것이라고 한다.

행인들도 이스라엘 땅을 그냥 다니지 않고 사람들의 뼈를 보면 그 뼈 곁에 푯말을 세워가지고 표시를 하여 매장하는 사람에게 이 뼈들을 하몬곡 골짜기에 매장하게 했다는 것이다.

겔 39:16. 성읍의 이름도 하모나라 하리라 그들이 이같이 그 땅을 정결하게 하리라.

이와 같이 성읍의 이름도 하모나라 하여, 그들이 그 땅을 정결하게 할 것이라고 한다.

하몬곡 골짜기의 묘지 부근에 성읍을 만들어 그 성읍 이름을 "하모나"(הֲמוֹנָה-"무리"라는 뜻)라 불렀다. 죽은 사람들의 큰 무리를 가리키는 것이다. 이와 같은 "하몬곡의 골짜기"라는 무덤이나 "하모나"라는 성읍의 이름들은 하나님께서 크신 능력으로 이스라엘을 높여주신 것을 기념한다. 우리 하나님은 오늘도 우리를 위해서 크고 멋진 일을 행해주신다.

c). 여호와의 향연이 벌어지다 39:17-24

겔 39:17. 주 여호와께서 이같이 말씀하셨느니라 너 인자야 너는 각종 새와 들의 각종 짐승에게 이르기를 너희는 모여 오라 내가 너희를 위한 잔치 곧 이스라엘 산 위에 예비한 큰 잔치로 너희는 사방에서 모여 살을 먹으며 피를 마실지어다.

주 여호와께서 말씀하시기를, "너 인자야(여호와께서 에스겔을 부르시는 호칭)! 너 에스겔은 날개를 가진 각종 새와 들의 모든 짐승들에게 너희들은 사방에서 함께 몰려와서, 나 여호와가 너희를 위해 도살할 내 희생 제물, 곧 이스라엘 산들 위에 있는 큰 희생 제물에게로 모여 그 살을 뜯어먹고 피를 마시라고 말하라고 하신다.

공중의 새들과 들에 있는 짐승들에게 여호와의 잔치를 즐기라고 광고하라는 것이었다. 하나님은 잔치를 벌여도 크게 벌이신다.

겔 39:18. 너희가 용사의 살을 먹으며 세상 왕들의 피를 마시기를 바산의 살진 짐승 곧 숫양이나 어린 양이나 염소나 수송아지를 먹듯 할지라.

너희들(공중의 새들, 들짐승들)은 용사들(곧 연합군들)의 살을 먹고, 그 땅의 통치자들의 피를 마셔라. 그들 모두는 숫양과 어린 양과 염소와 수송아지와 바산의 살진 짐승들을 먹듯 하라고 말한다.

겔 39:19. 내가 너희를 위하여 예비한 잔치의 기름을 너희가 배불리 먹으며

그 피를 취하도록 마시되.

너희(공중의 새들, 들짐승들)는 나 여호와가 너희를 위해 도살한 내 희생 제물 중 기름진 것을 배불리 먹고 취하도록 피를 마시라고 하신다.

"기름진 것"을 배불리 먹고 취하도록 "피"를 마시라는 것이다. 여호와께서 벌여놓으신 잔치이니 아주 풍성한 잔치가 되는 것이다.

겔 39:20. 내 상에서 말과 기병과 용사와 모든 군사를 배부르게 먹일지니라 하라 주 여호와의 말씀이니라.

주 여호와께서 말씀하시기를, "너희(공중의 새들과 들짐승들)는 나 여호와가 차려놓은 풍성한 상에서 말과 기마병과 용사와 모든 군사로 배를 채우라"고 하신다.

21-24절. 위와 같이 하나님께서 곡의 연합군을 심판하심으로 이스라엘 백성들은 여호와를 자기들의 위대하신 하나님으로 알게 되고, 이방 열국들도 과거에 이스라엘이 바벨론에 포로가 되었던 것이 이스라엘의 범죄 때문이었던 것을 알게 된다는 것이다.

<이스라엘의 회복>

겔 39:21. 내가 내 영광을 여러 민족 가운데에 나타내어 모든 민족이 내가 행한 심판과 내가 그 위에 나타낸 권능을 보게 하리니.

나 여호와가 내 영광(여호와의 위대하심과 전능하심)을 여러 민족들 중에 나타내어 모든 민족들이 나 여호와가 시행한 심판과 그들에게 나타낸 내 권능을 보게 할 것이라고 하신다.

겔 39:22. 그 날 이후에 이스라엘 족속은 내가 여호와 자기들의 하나님인 줄을 알겠고.

그 날 이후로는 이스라엘 족속이 나 여호와가 여호와 자기들의 하나님인 것을 알게 될 것이라고 하신다.

나 여호와가 이스라엘의 하나님인 것을 알게 되므로, 그들이 더욱 더 여호와를 잘 섬길 것이라는 것이다. 여호와를 잘 알게 되니 더 잘 섬기는 것이다.

겔 39:23. 여러 민족은 이스라엘 족속이 그 죄악으로 말미암아 사로잡혀 갔던 줄을 알지라 그들이 내게 범죄하였으므로 내 얼굴을 그들에게 가리고 그들을 그 원수의 손에 넘겨 다 칼에 엎드러지게 하였으되.

이스라엘 주위의 여러 민족들은 이스라엘 족속이 과거 자기들의 죄악으로 말미암아 포로로 끌려간 것을 알게 될 것이다. 이유는 그들이 나 여호와에게 신실치 못하게 범죄하였으므로 나 여호와가 그들에게서 내 얼굴을 숨겼고, 그들을 대적의 손에 넘겨 칼에 쓰러지게 하였기 때문이라고 하신다.

이스라엘이 과거에 바벨론에 포로가 되어 간 것은 이스라엘이 무능해서 그렇게 된 일도 아니었고 또 여호와 자신이 무능해서도 아니며, 순전히 이스라엘이 범죄를 했기 때문에 포로로 끌려갔다는 것을 알게 되었다는 것이다.

겔 39:24. 내가 그들의 더러움과 그들의 범죄한 대로 행하여 그들에게 내 얼굴을 가리었었느니라.

나 여호와가 그들의 부정함과 그들의 범죄대로 행하여, 그들에게서 내 얼굴을 숨겼다고 하신다(신 31:17-18; 사 8:17; 54:8; 렘 33:5).

d). 이스라엘이 회복하다(25-29절)

여기 회복을 말하는 이 부분(25-29절)은 33:21의 결론이기도 하고(Hengsternberg), 또 35:1 이하의 결론이기도 하다(K.&D.). 회복을 말하는 이 부분은 다시 이스라엘의 회복을 예언한다.

겔 39:25. 그러므로 주 여호와께서 이같이 말씀하셨느니라 내가 이제 내 거룩한 이름을 위하여 열심을 내어 야곱의 사로잡힌 자를 돌아오게 하며

이스라엘 온 족속에게 사랑을 베풀지라.

그러므로 주 여호와께서 이와 같이 말씀하시기를, "이제 나 여호와가 야곱(이스라엘의 전체 백성)의 사로잡힌 자를 돌아오게 할 것이니, 온 이스라엘 족속을 불쌍히 여기며, 내 거룩한 이름을 위하여 질투할 것이라"고 하신다.

여호와께서 이스라엘 전체를 불쌍히 여기신다면 못하실 것이 없으시다. 오늘 우리 역시 여호와의 긍휼히 여기심을 받기 위하여 진정의 기도를 드려야 할 것이다.

겔 39:26. 그들이 그 땅에 평안히 거주하고 두렵게 할 자가 없게 될 때에 부끄러움을 품고 내게 범한 죄를 뉘우치리니.

이스라엘 백성들이 이스라엘 땅에서 평안히 살며 그들을 두렵게 하는 자가 없게 될 때에, 이스라엘 백성들은 자기들의 수치와 나 여호와에게 행했던 모든 죄를 뉘우칠 것이라고 하신다.

사람은 누구나 여호와께 복을 더 받을 때 과거에 잘못한 일을 더욱 부끄러워하고 뉘우친다는 것이다.

겔 39:27. 내가 그들을 만민 중에서 돌아오게 하고 적국 중에서 모아 내어 많은 민족이 보는 데에서 그들로 말미암아 나의 거룩함을 나타낼 때라.

나 여호와가 이스라엘 백성들을 여러 백성들 중에서 돌아오게 하고, 그들의 원수의 나라들로부터 모아들여, 많은 민족들의 눈 앞에서 그들에게 여호와의 거룩함을 나타낼 때에 그들은 더욱 과거의 죄를 깨닫고 부끄러워하게 된다는 것이다.

겔 39:28. 전에는 내가 그들이 사로잡혀 여러 나라에 이르게 하였거니와 후에는 내가 그들을 모아 고국 땅으로 돌아오게 하고 그 한 사람도 이방에 남기지 아니하리니 그들이 내가 여호와 자기들의 하나님인 줄을 알리라.

나 여호와가 이스라엘 백성들을 여러 민족들에게 포로로 끌려가게 했으나, 그들을 그들의 땅, 가나안으로 다시 모으고 그들 중 아무도 더 이상 그곳에 남겨 놓지 아니할 것이니, 내가 여호와 그들의 하나님인 것을 그들이 알게 될 것이라고 하신다.

포로로 끌려가게 하시는 일이나 또 포로의 신세에서 다시 데려와 가나안 땅으로 데려오는 일을 여호와께서 하시는 것을 보고 이스라엘 백성들은 여호와의 역사를 알고 여호와가 바로 자기들의 하나님인 줄 알게 될 것이라는 내용이다.

"그 한 사람도 이방에 남기지 아니하리니"라는 말을 보면 여호와 구원의 완전 성취가 아직 이루어지지 않았고, 진행 중임을 알게 된다.

겔 39:29. 내가 다시는 내 얼굴을 그들에게 가리지 아니하리니 이는 내가 내 영을 이스라엘 족속에게 쏟았음이라 주 여호와의 말씀이니라.

주 여호와께서 말씀하시기를, "나 여호와가 다시는 내 얼굴을 이스라엘 백성들에게서 숨기지 않을 것이니, 이유는 나 여호와가 내 영을 이스라엘 족속 위에 부었기 때문이라"고 하신다.

하나님은 벌써 이스라엘 백성들에게 성령을 약속하셨다(36:27; 37:14). 하나님께서 이스라엘 백성들에게 성령을 주신다는 것은 다시는 이스라엘 백성들을 버리지 않으시겠다는 것을 보장하는 약속이었다. 하나님의 이 약속은 요엘 선지자를 통해 주셨고, 이후에 스가랴 선지자를 통하여 확인하셨으며(슥 12:10), 더구나 신약 시대에는 오순절 때에 놀랍게 성취되었다(행 2:1-4, 17). 결국 신약 시대의 교회에서 완전히 성취된 것이었다.

제 40 장

제 V부: 메시아 왕국의 영광이 나타나다 40:1-48:35

40-48장은 에스겔서의 마지막 부분이다. 에스겔은 이미 31-37장에서 포로 중이었던 이스라엘의 회복을 예언했다. 그리고 회복된 이스라엘에게 하나님은 성령을 부으실 것을 예언했고, 여호와를 중심한 새 나라를 건설하게 하신다는 것을 예언했다.

40-48장의 내용은 새 성전(40-43장), 새 예배(44-46장), 새 성지(47-48장)로 구분된다.

1. 새 성전의 환상 40:1-43:27

40-43장은 새 성전의 모습이 상세하게 설명되고 있다. 이 부분의 내용은 새 성전의 구조(40-42장)와 여호와의 영광이 새 성전에 들어온다는 것(43장)을 말하고 있다.

ㄱ. 새 성전의 구조 40:1-42:20

이 부분의 내용은 a) 에스겔이 새 성전으로 이동한 일(40:1-4), b) 성전 바깥뜰의 세 개의 문(40:5-27), c) 성전 안뜰의 세 개의 문(40:28-38), d) 제사 도구와 제사장들의 방(40:39-47), e) 성전의 현관(40:48-49), f) 성전의 규모와 장식(41:1-26), g) 제사장들의 방과 성전의 외곽 담(42:1-20)의 순서로 나열되어 있다.

a) 에스겔이 새 성전으로 이동하다 40:1-4

에스겔은 환상 중에 이스라엘 땅으로 인도되고, 성읍 형상 같은 것을 보았으며, 한 사람을 만나 에스겔이 본 것을 이스라엘 집에 고하라는 명령을 받는다.

<이상 중에 본 성읍>

겔 40:1. 우리가 사로잡힌 지 스물다섯째 해, 성이 함락된 후 열넷째 해 첫째 달 열째 날에 곧 그 날에 여호와의 권능이 내게 임하여 나를 데리고 이스라엘 땅으로 가시되.

우리가 포로로 사로잡힌 지 25년 곧 예루살렘 성이 함락된 후 14년째 되던 해의 첫째 달 10일, 바로 그 날에 여호와의 권능이 내게 임하여, 나를 데리고 이스라엘 땅으로 가셨다는 것이다.

이스라엘 백성이 여호야긴 왕 때 바벨론으로 사로잡힌 지(주전 597년) 25년, 예루살렘 성이 함락된 지(주전 586년) 14년으로 주전 573년이며, 29:1의 연대(제27년 1월 1일)보다 2년 앞선 때였다.

"정월 십일"은 바벨론 월력으로는 니산(Nisan)월이고 유다 월력으로는 7월인 티쉬리(Tishri) 월이었다. "7월 10일"은 속죄일이었고, 신년이었다(레 25:9). 태양력으로 10월경에 해당한다.

"여호와의 권능이 내게 임하여 나를 데리고 이스라엘 땅으로 가셨다"는 말은 8:3처럼 에스겔은 황홀 상태에서 이상 중에 이스라엘에 이른 것이었다(이상근).

겔 40:2. 하나님의 이상 중에 나를 데리고 이스라엘 땅에 이르러 나를 매우 높은 산 위에 내려놓으시는데 거기에서 남으로 향하여 성읍 형상 같은 것이 있더라.

하나님의 이상 중에 하나님께서 나를 이스라엘 땅으로 데리고 가셔서, 나를 매우 높은 산에 내려놓으셨는데 산 위 남쪽에 성읍의 건축물 같은 것이 있었다는 것이다.

에스겔은 갈대아의 그발 강 가에서 예루살렘까지 여행하였는데 예루살렘의 높은 시온 산 위에서 성전을 바라보았다. 에스겔이 남을 향하여 성문에 에워싸인 성전이 성읍 형상으로 보였다.

"매우 높은 산"이란 하나님께서 택하시고 임재하시는 산으로 생각되었던 시온 산을 뜻한다(욜 2:32, K.&D., Cooke). 시온 산이란 예루살렘 전체를 지칭하는 용어로 사용되었다.

"남으로 향하여"란 말은 에스겔이 이스라엘의 북쪽으로부터 이끌려 왔기 때문에 취해진 표현이다(K.&D., Plumptre).

"성읍 형상 같은 것"이란 말의 해석에 따른 견해의 차이가 있다. 1) 혹자들은 여기 "성읍 형상 같은 것"이란 말이 '새로운 예루살렘'을 지칭한다고 말한다(Ewald, Kliefoth, Havernick). 2) 이 표현이 45:6; 48:15, 30에나 가서야 비로소 성읍에 관한 내용이 언급되고 있기 때문에 본 절의 "성읍 형상 같은 것"이란 말은 새 예루살렘이 아니고 단순히 '새 성전'이라고 주장한다(K.&D., Plumptre). 이 두 견해 중에 본문 이하의 내용 전개에 비추어 볼 때 2)번의 견해가 더 바른 것으로 보인다.

겔 40:3. 나를 데리시고 거기에 이르시니 모양이 놋 같이 빛난 사람 하나가 손에 삼줄과 측량하는 장대를 가지고 문에 서 있더니.

여호와께서 나를 데리고 거기에 이르시니, 보라! 모양이 놋같이 빛난 사람 하나가 손에 삼으로 만든 줄과 측량 장대를 가지고 문에 서 있었다는 것이다.

"모양이 놋 같이 빛난 사람"이란 '하나님의 권능을 가지고 나타난 계시의 중보자인 여호와의 천사'를 지칭한다(K.&D., Plumptre, Lange). 여기 "놋"이란 '강력함', '힘'등을 상징한다. 따라서 "놋 같이 빛난 제사장"이란 여호와의 천사의 초자연적인 특성을 드러낸다(1:7).

"삼 줄과 측량하는 장대"란 문자 그대로 긴 잣대를 말하는데 "삼 줄"은 '일종의 줄자'를 가리킨다(Plumptre). 천사는 이 줄자를 가지고 새 성전을 측량하려는 것이다.

겔 40:4. 그 사람이 내게 이르되 인자야 내가 네게 보이는 그것을 눈으로 보고 귀로 들으며 네 마음으로 생각할지어다 내가 이것을 네게 보이려고

이리로 데리고 왔나니 너는 본 것을 다 이스라엘 족속에게 전할지어다 하더라.

그 사람(천사)이 나 에스겔에게 말씀하기를, "인자야(천사가 에스겔을 부르는 호칭)! 내가 네게 보여 주는 모든 것을 네 눈으로 보고, 네 귀로 들으며 네 마음에 두어라. 내가 네게 보여 주려고 너 에스겔을 이리로 데리고 왔으니, 너 에스겔은 네가 보는 모든 것을 이스라엘 족속에게 말하라"고 했다.

"눈으로 보고 귀로 들으며 네 마음으로 생각할지어다"라는 말은 '에스겔이 이스라엘 민족에게 잘 전하기 위해 새 성전을 눈으로 보고 귀로 들으며 마음으로 생각하라'는 것이었다.

b) 성전 바깥뜰의 세 개의 문 40:5-27

성전 바깥뜰의 동문(5-16절), 바깥뜰(17-19절)의 북문과 남문의 척수를 말한다. 5-16절은 바깥뜰의 동문의 척수를 겸하여 알려준다.

<동쪽을 향한 문>

겔 40:5. 내가 본즉 집 바깥 사방으로 담이 있더라 그 사람의 손에 측량하는 장대를 잡았는데 그 길이가 팔꿈치에서 손가락에 이르고 한 손바닥 너비가 더한 자로 여섯 척이라 그 담을 측량하니 두께가 한 장대요 높이도 한 장대며.

보라! 그 성전 바깥을 담이 둘러 있고, 그 사람의 손에 재는 장대를 가지고 있는데 그 길이가 한 규빗에 한 뼘을 더한 규빗으로 여섯 규빗인데 그 담의 두께를 재니 한 장대이고, 높이도 한 장대였다는 것이다.

본 절의 내용은 아주 중요한 것을 품고 있다는 것을 드러내기 위해 문장 초두에 "보라"(הִנֵּה)라는 단어가 나타나고 있다.

"집 바깥 사방으로 담이 있더라"는 말은 '회복될 이스라엘을 위해 세워질 새 성전 주위에 대적이나 부정을 막아주는 방어벽이 있었다'는 것을 말한다. 이는 오늘 신약 교회가 어떤 악한 세력의 공격에도 안전하게 보호받을 것을 암시해준다. 오늘날 신약 교회가 예수님만 바라보면 그 어떤 세력(공산주의나 사회주의 등)도 건드리지 못한다. 그리고 어떤 세속주의도 침입하지 못할 것을 보여준다.

"그 길이가 팔꿈치에서 손가락에 이르고 한 손바닥 너비가 더한 자로 여섯 척이라"는 말은 히브리 왕실에서 사용했던 규빗을 말하는 것으로 팔꿈치에서 손가락에 이르고 거기다가 손바닥 너비가 더한 규빗으로 여섯 척이었다는 것이다. 당시 솔로몬 성전을 잰 규빗은 일반적인 규빗으로 팔꿈치에서 손가락 끝에 이르는 규빗으로 쟀다(대하 3:3). 한 규빗의 길이는 약 45cm였다.

"두께가 한 장대요 높이도 한 장대였다"는 말은 '왕실에서 사용하던 규빗으로 성전 사면의 담이 두께가 한 장대요 높이도 한 장대였다'는 뜻이다. 한 장대는 6규빗이니 약 3.3m정도가 된다. 새 성전의 담의 두께와 높이가 한 장대였으니 아주 두껍고 높았던 것이다. 이는 그 안에 있는 성전이 안전하게 보호될 것을 보여준다. 신약 시대의 예수님의 교회는 예수님께서 보호해주시니 아주 안전한 것이다.

겔 40:6. 그가 동쪽을 향한 문에 이르러 층계에 올라 그 문의 통로를 측량하니 길이가 한 장대요 그 문 안쪽 통로의 길이도 한 장대며.

천사가 새 성전의 동쪽으로 난 문으로 가서, 계단에 올라가 그 문지방을 측량하니, 폭이 한 장대(6규빗)였으며, 다른 문지방의 폭이 한 장대(6규빗)였다는 것이다.

천사가 "동쪽을 향한 문에 이른" 이유는 이 문이 성전으로 통하는 정문이었고, 또 사람들이 많이 통행하는 문이었기 때문이다(Cooke, Plumptre). 그런데 천사는 이 동쪽 문 층계가 몇 개인지를 밝히지 않았다. 북문 층계(22절)와 남문 층계(26절)가 모두 7개였으므로, 동문 층계도 7층계였을 것으로 보는 것이 바를 것이다.

여기 "문의 통로"란 '문턱'을 뜻한다. 문턱의 장(長)이 한 장대였으니 담의 두께(5절)와 동일하다.

겔 40:7. 그 문간에 문지기 방들이 있는데 각기 길이가 한 장대요 너비가 한 장대요 각방 사이 벽이 다섯 척이며 안쪽 문 통로의 길이가 한 장대요 그 앞에 현관이 있고 그 앞에 안 문이 있으며.

문간방은 길이가 한 장대이고, 너비가 한 장대이며, 그 문간방들 사이는 다섯 규빗이었다. 그리고 안쪽 문 현관의 문지방은 한 장대였다는 것이다.

"그 문간에 문지기 방들이 있다"는 말은 '새 성전에 문간방들이 있다'는 뜻이다. 하나님께서 성전을 지켜주시지만 하나님은 또 사람을 세우셔서 성전을 지키신다는 것을 보여준다. 문지기 방은 길이와 넓이가 다 같이 한 장대인 정방형이었다.

"각방 사이 벽이 다섯 척이라"는 말은 '방과 방 사이는 5척 곧 약 2.75m의 간격으로 떨어져 있었다'는 것이다.

"안 문통"에서 문통은 앞 절에서 문지방이라고 했다. 그리고 '안 문통'이란 전절에서 말한 문지방 다음의 문지방, 곧 문지기 방들을 지나서 도달하는 둘째 문지방을 일컫는다(Plumptre).

"현관이 있고 그 앞에 안 문이 있으며"에서 현관은 둘째 문지방 앞에 있는 현관을 지칭하며 '안 문'이란 그 현관 안쪽에 있는 문을 가리킨다. 그러므로 성전 안으로 들어가는 문은 바깥문과 안 문이라는 이중문으로 되어 있음을 알 수 있다.

겔 40:8. 그가 또 안 문의 현관을 측량하니 한 장대며.

천사가 안쪽 문의 현관을 측량하니 한 장대였다는 것이다. 5절에 의하면 한 장대는 육척이었다.

이 8절의 말씀이 많은 히브리어 원본에 없다. 다만 몇몇 학자들만(Schumpp, Zigler, Fisch)이 8절을 본래의 원문이라고 지지한다.

겔 40:9. 안 문의 현관을 또 측량하니 여덟 척이요 그 문 벽은 두 척이라 그 문의 현관이 안으로 향하였으며.

그 문의 현관을 측량하니 여덟 규빗이었으며, 그 기둥들은 두 규빗이었다. 그리고 그 문의 현관은 안쪽에 있었다.

본 절의 8척은 앞 절의 1장대와 맞지 않는다. 그런고로 앞 절 끝에서 본 절 초까지("한 장대며 안 문의 현관을 또 측량하니")를 생략하는 읽기(많은 사본들, LXX, Syriac 등)가 있다. 그렇게 되면 8-9절은 "그가 또 안 문의 현관을 측량하니 8척이요...."로 되는 것이다. 그러나 여기 "현관"은 전 절과는 다른 것이고 안 문 바로 앞에 있는 현관으로 보는 것이다. 그렇게 되면 이상 동편 입구에서 서편까지는(문턱, 문지기 방, 안쪽 문의 현관) 50규빗에 달하는 것이다(15절 참조, 이상근).

겔 40:10. 그 동문간의 문지기 방은 왼쪽에 셋이 있고 오른쪽에 셋이 있으니 그 셋이 각각 같은 크기요 그 좌우편 벽도 다 같은 크기며.

동쪽 문의 문간방들은 이쪽에 세 개, 저쪽에 세 개가 있었는데, 그들 셋은 같은 치수요, 이쪽과 저쪽의 기둥들도 같은 치수였다는 것이다.

본 절은 문지기 방(7절)에 대한 보충 설명이다. 좌우편에 방이 3개씩 모두 6개가 있었고, 모두 똑같은 크기였으며 좌우편 벽도 다 같은 크기였다.

겔 40:11. 또 그 문 통로를 측량하니 너비가 열 척이요 길이가 열세 척이며.

여호와의 천사가 문의 입구를 재니 너비(동문 입구인 남쪽에서 북쪽에 이르는 척수를 이름이다)가 열 규빗인데, 그 문의 너비는 십삼 규빗이었다.

여기 너비가 "13척"이라는 것이 무엇을 의미하는 것인지 정확하게 알 수가 없다. 아마도 좌우 문지기 방 사이의 거리를 가리킨다고 보는 것이 좋을 것이다(Cooke).

겔 40:12. 방 앞에 칸막이 벽이 있는데 이쪽 칸막이 벽도 한 척이요 저쪽

칸막이 벽도 한 척이며 그 방은 이쪽도 여섯 척이요 저쪽도 여섯 척이며.

그 방들 앞에는 칸막이 벽이 양쪽으로 하나씩 있었는데, 높이가 한 자, 두께도 한 자였다. 방들은, 양쪽에 있는 것들이 다 같이 길이와 너비가 저마다 여섯 자가 되는 정사각형이었다.

"칸막이 벽"이라는 말이 한글개역판에는 "퇴"라는 말로 번역되어 있다. 앞 절에서 문의 너비가 13규빗이라 했으니 양편 칸막이 벽을 제하면 11규빗이 되는 셈이다.

겔 40:13. 그가 그 문간을 측량하니 이 방 지붕 가에서 저 방 지붕 가까지 너비가 스물다섯 척인데 방문은 서로 반대되었으며.

또 그가 이쪽 문지기 방의 지붕에서 저쪽 문지기 방의 지붕까지 재어보니, 너비가 스물다섯 자였다. 방의 문들은 서로 마주 보고 있었다.

문 전체의 폭을 말하는 것인데, 두 방의 12척과 통로 13척 합해서 25척이 된다는 것이다.

겔 40:14. 그가 또 현관을 측량하니 너비가 스무 척이요 현관 사방에 뜰이 있으며(He measured also the vestibule, twenty cubits. And around the vestibule of the gateway was the court-ESV).

그가 또 현관을 재니, 너비가 스무 자이고, 바깥뜰의 벽기둥이 있는 곳에서는 사방으로 문과 통하였다.

본 절에서 말하는 "현관"이란 말은 9절에서 말하는 현관이라는 말과 같은 단어이지만 그러나 본 절에서 말하는 현관이란 말은 9절과 같은 현관은 아니다. 이유는 본 절에서 말하는 단어는 '기둥들'이라는 뜻도 가지고 있으며, 또한 9절의 현관의 길이와 본 절이 말하는 현관의 길이가 다르기 때문이다. 본 절에서 말하는 기둥의 높이는 20척이 아니라 60척이다(K.&D., Kliefoth, Plumptre).

"현관 사방에 뜰이 있다"는 말은 현관 안에 뜰이 있었다는 말이 아니라 기둥이 바깥뜰 안에 위치해 있다는 말이다(K.&D.). 다시 말하면 기둥이 포함되어 있는 동쪽 문에 부속된 건물이 바깥뜰 안에 위치해 있다는 의미이다.

겔 40:15. 바깥 문 통로에서부터 안 문 현관 앞까지 쉰 척이며.

바깥문의 통로에서부터 안 문의 현관 앞면까지는 쉰 자였다. 본 절은 문 통로와 부속 시설 전체를 나타내주고 있다. 다시 말해 본 절에서 말하는 50척은 바깥문턱 6척(6절), 문지기 방 세 개 18척(7절), 방 사이의 두 공간 10척(7절), 문벽 2척(9절), 현관 8척(9절), 문 안쪽 통로 6척(6절)을 모두 합한 수치이다(그랜드 종합 주석).

겔 40:16. 문지기 방에는 각각 닫힌 창이 있고 문 안 좌우편에 있는 벽 사이에도 창이 있고 그 현관도 그러하고 그 창은 안 좌우편으로 벌여 있으며 각 문 벽 위에는 종려나무를 새겼더라.

또 문지기 방에는 각각 닫힌 창이 나 있고, 방의 벽기둥에도 창이 나 있었다. 현관의 사면에도 창이 있었다. 그 창들은 모두 바깥에서 보면 좁고 안에서 보면 안쪽으로 들어오면서 점점 좌우로 넓게 넓어지는, 틀만 있는 창이었다. 양쪽의 벽기둥에는 각각 종려나무가 새겨져 있었다.

"문 벽 위에는 종려나무를 새겼더라"는 말의 여기 벽도 '기둥'을 말하는 단어이다(14절 참조). 그 기둥에는 종려나무 장식이 있었다. 종려나무는 신성한 나무로 솔로몬의 성전에도 새겨져 있다(왕상 6:29).

17-19절. 이 부분은 바깥뜰에 대해서 진술하고 있다.

<바깥뜰>

겔 40:17. 그가 나를 데리고 바깥뜰에 들어가니 뜰 삼면에 박석 깔린 땅이 있고 그 박석 깔린 땅 위에 여러 방이 있는데 모두 서른이며.

그런 다음에 그 천사가 나 에스겔을 데리고 바깥뜰로 들어갔는데, 그 바깥뜰에는 사방으로 행랑방들이 있고, 길에는 돌을 깔아 놓았는데, 그 돌이 깔린 길을 따라, 서른 채의 행랑이 붙어 있었다는 것이다.

동문을 지나 안으로 들어가면 거기 주위에 담이 있는 바깥뜰이 있다. 그 뜰은 박석으로 포장되어 있었고, 그 주위에 30개의 방들이 있다. 다시 말해 동, 남, 북의 삼면에 10개씩 합 30개의 방이 있었는데 이 방들은 예배하는 자들이 사용하는 방들이었다. 이 방들은 도구나 식물을 두는 방이었다(삼상 9:22).

겔 40:18. 그 박석 깔린 땅의 위치는 각 문간의 좌우편인데 그 너비가 문간 길이와 같으니 이는 아래 박석 땅이며.

그 돌(박석)이 깔린 길은 대문들의 옆에까지 이르렀고, 그 길이는 문들의 길이와 같았다. 그것은 아래쪽의 길이었다.

박석(돌)이 깔린 땅은 문간 길이와 같이 50척이고, 담의 너비 6척을 제하면 44척이 된다(5절 참조).

본 절의 "아래 박석"이란 말은 여기서부터 여덟 층계 위의 안뜰(31절)에 대한 이름으로 본다.

겔 40:19. 그가 아래 문간 앞에서부터 안뜰 바깥 문간 앞까지 측량하니 그 너비가 백 척이며 동쪽과 북쪽이 같더라.

그 천사가 아래 문 앞에서부터 안뜰 바깥문 앞까지 재니, 너비가 백 규빗이며 동쪽과 북쪽이 같았다. 다시 말해 박석의 부분을 제한 바깥뜰의 폭인 것이다.

20-27절. 이 부분은 북문(20-23절)과 남문(24-26절)의 구조에 대해 진술한 것으로 동문과 같은 것이다.

<북쪽을 향한 문>

겔 40:20. 그가 바깥뜰 북쪽을 향한 문간의 길이와 너비를 측량하니.

또 그 사람(천사)이 나를 바깥뜰에 붙은 북쪽으로 난 문으로 데리고 가서, 바깥뜰의 북을 향한 문 길이와 너비를 쟀다는 것이다.

겔 40:21. 길이는 쉰 척이요 너비는 스물다섯 척이며 문지기 방이 이쪽에도 셋이요 저쪽에도 셋이요 그 벽과 그 현관도 먼저 측량한 문간과 같으며.

북문의 길이가 오십 규빗이고(15절), 너비가 이십오 규빗이며(13절) 문지기 방이 이쪽에도 셋이고 저쪽에도 셋이며, 그 벽과 현관도 먼저 잰 문과 같았다는 것이다(10절).

겔 40:22. 그 창과 현관의 길이와 너비와 종려나무가 다 동쪽을 향한 문간과 같으며 그 문간으로 올라가는 일곱 층계가 있고 그 안에 현관이 있으며.

그 창과 현관과 종려나무가 다 동쪽을 향한 문과 치수가 같았고, 그 문으로 올라가는 일곱 계단이 있으며 그 안에 현관이 있었다.

채광(採光-햇빛을 받아들여 실내를 밝게 하는 일)을 위한 창문(16절)과 기둥의 종려나무(16절)도 동문의 것과 같았다. 본 절에는 그 문간으로 올라가는 일곱 층계가 있음을 밝히고 있고, 남문도 “일곱”이 밝혀짐으로(26절), 동문에는 몇 층계가 있는지가 생략되었으나(6절) 다 같이 7층으로 보는 것이 바를 것이다.

겔 40:23. 안뜰에도 북쪽 문간과 동쪽 문간과 마주 대한 문간들이 있는데 그가 이 문간에서 맞은쪽 문간까지 측량하니 백 척이더라.

안뜰에도 북쪽 문과 동쪽 문과 마주 대한 문들이 있었는데 천사가 그 문에서 맞은편 문까지 재니 백 규빗이었다는 것이다.

본 절의 내용은 안뜰의 문은 동문과 같이 북문과 마주 대한다는 뜻이다. “이 문간에서 맞은쪽 문간까지”, 즉 바깥뜰 문의 안쪽에서 안뜰 문의 바깥쪽까지는 100규빗이었다는 것이다(19절).

24-26절. 이 부분은 남문의 척수를 언급한다.

<남쪽을 향한 문>

겔 40:24. 그가 또 나를 이끌고 남으로 간즉 남쪽을 향한 문간이 있는데 그 벽과 현관을 측량하니 먼저 측량한 것과 같고.

그 천사(3절)가 또 나를 이끌고 남쪽으로 갔는데, 보라! 남쪽을 향한 문이 있는데 그 벽과 현관을 재니 먼저 잰 것과 같았다는 것이다.

남문의 척수가 동문과 북문의 척수와 같았고 그 벽과 현관이 앞선 북문과 같았다는 것이다(21절).

겔 40:25. 그 문간과 현관 좌우에 있는 창도 먼저 말한 창과 같더라 그 문간의 길이는 쉰 척이요 너비는 스물다섯 척이며.

그 문과 그 현관 좌우에 창문들이 있었는데, 창도 전에 말한 창과 같았으며 그 문의 길이가 50규빗이요, 너비가 25규빗이었다는 것이다.

남문의 햇빛을 받아들이는 창문이나(16, 22절), 문간의 길이가 50규빗이었고, 너비가 25규빗인 것(21절)도 앞선 북문 및 동문과 같았다는 것이다.

겔 40:26. 또 그리로 올라가는 일곱 층계가 있고 그 안에 현관이 있으며 또 이쪽 저쪽 문 벽 위에 종려나무를 새겼으며.

또 그리로 올라가는 7계단이 있고, 그 안에 현관(주된 출입구에 나 있는 문간)이 있으며 또 이쪽 저쪽 기둥들 위에 종려나무를 새겼더라는 것이다.

본 절의 7층계나 그 안의 현관(21절), 또 양편 벽기둥의 종려나무가 새겨진 것(16, 22절)도 북문과 같았다는 것이다.

겔 40:27. 안뜰에도 남쪽을 향한 문간이 있는데 그가 남쪽을 향한 그 문간에서 맞은쪽 문간까지 측량하니 백 척이더라.

본 절의 주해를 위하여 23절 주해를 참조하라.

c) 성전 안뜰의 세 개의 문 40:28-38

28-31절. 28-31절은 안뜰 남문의 척수를 언급하고 있는데 바깥뜰의 문들과 같았다는 것이다. 다시 말해 안뜰의 남문(28-31절), 동문(32-34절), 북문(35-37절)의 척수가 나타나는데 바깥뜰의 척수와 거의 같았다는 것이다.

<안뜰 남쪽 문>

겔 40:28. 그가 나를 데리고 그 남문을 통하여 안뜰에 들어가서 그 남문의 너비를 측량하니 크기는.

그 천사(3절)가 나 에스겔을 데리고 그 남문을 통하여 안뜰에 들어가서 그 남문을 재니 그 크기가 29절 이하와 같았다는 것이다.

천사(3절)는 바깥뜰의 남문(24-27절)을 측량한 다음 거기서 바로 본절의 남문에 이르러 남문을 측량한 것이다.

겔 40:29. 길이가 쉰 척이요 너비가 스물다섯 척이며 그 문지기 방과 벽과 현관도 먼저 측량한 것과 같고 그 문간과 그 현관 좌우에도 창이 있으며.

안뜰의 남문의 길이가 50규빗이요 너비가 25규빗이며 그 문지기 방과 벽과 현관도 먼저 잰 것과 같고, 그 문과 그 현관 좌우에도 창이 있었다는 것이다.

다시 말해 안뜰의 남문의 장광을 위시하여 문지기의 방들, 그 벽과 현관 및 창 등이 바깥뜰의 문들의 척수들과 같았다는 것이다(7, 21-25절 참조).

겔 40:30. 그 사방 현관의 길이는 스물다섯 척이요 너비는 다섯 척이며(And there were vestibules all around, twenty-five cubits long and five cubits broad-ESV).

그 사면으로 현관이 있었는데 길이는 25규빗이었고, 너비는 5규빗이었다. 본 절 주해를 위해서는 29절 주해를 참조하라.

겔 40:31. 현관이 바깥뜰로 향하였고 그 문 벽 위에도 종려나무를 새겼으며

그 문간으로 올라가는 여덟 층계가 있더라.

그 대문의 현관은 바깥뜰로 나 있고, 그 벽기둥 위에는 종려나무가 새겨져 있었으며, 그 중문으로 들어가는 어귀에는 여덟 계단이 있었다.

"현관이 바깥뜰로 향하였다"는 말은 바깥뜰의 현관이 안쪽을 향하여 있었던 것과 반대로 안뜰 문의 현관은 바깥쪽을 향하고 있어 결국 두 문은 대칭을 이루고 있었다는 뜻이다. 그러므로 안뜰로 들어갈 때에는 바깥뜰로 들어설 때와는 역순으로 현관을 먼저 거치고 그 후 문지기 방과 문 통을 거쳐 안뜰로 진입할 수 있다는 것을 알 수 있다(6-16주해 참조). 본 절의 "종려나무를 새겼다"는 말의 뜻을 위해서 16절 주해를 참조하라.

"여덟 층계가 있더라"는 말은 '안뜰 문으로 들어가기 위해서는 바깥뜰 문보다 한 계단이 더 많은 여덟 층계를 거쳐야 한다'는 뜻이다. 이것은 성소 건물과 한 걸음 더 가까워진 안뜰의 거룩함과 성결함을 한층 더 강조하고 있는 것으로 이해할 수 있다(K.&D., Whitelaw, Plumptre).

<안뜰 동쪽 문>

겔 40:32-34. 그가 나를 데리고 안뜰 동쪽으로 가서 그 문간을 측량하니 크기는(32절) 길이가 쉰 척이요 너비가 스물다섯 척이며 그 문지기 방과 벽과 현관이 먼저 측량한 것과 같고 그 문간과 그 현관 좌우에도 창이 있으며(33절) 그 현관이 바깥뜰로 향하였고 그 이쪽, 저쪽 문 벽 위에도 종려나무를 새겼으며 그 문간으로 올라가는 여덟 층계가 있더라(34절).

또 그 천사가 나 에스겔을 데리고 안뜰 동쪽으로 가서 그 문의 치수를 재니 그 길이가 50규빗이고 너비가 25규빗이었으며 그 문지기 방과 기둥들과 현관이 먼저 잰 것들과 같고 그 문과 현관 좌우에도 창이 있었으며 그 중문의 현관은 바깥뜰로 향하였고, 그 이쪽과 저쪽 기둥들 위에도 종려나무를 새겼으며 그 문으로 올라가는 여덟 계단이 있었다는 것이다.

이 부분에 기록하고 있는 안뜰 동문의 구조 및 크기 등의 내용은 앞에서 살펴본 안뜰 남문의 그것과 동일하다. 그러므로 28-31절 주해를 참조하라.

35-37절. 이 부분의 안뜰 북문의 구조, 크기 등의 주해에 대해서는 28-31절의 주해를 참조하라.

<안뜰 북쪽 문>

겔 40:35-37. 그가 또 나를 데리고 북문에 이르러 측량하니 크기는(35절). 길이가 쉰 척이요 너비가 스물다섯 척이며 그 문지기 방과 벽과 현관이 다 그러하여 그 좌우에도 창이 있으며(36절). 그 현관이 바깥뜰로 향하였고 그 이쪽, 저쪽 문 벽 위에도 종려나무를 새겼으며 그 문간으로 올라가는 여덟 층계가 있더라(37절).

또 그 천사가 나 에스겔을 데리고 북문에 이르러 치수를 재니, 이전 문들의 치수들과 같았는데, 길이가 50규빗이고 너비가 25규빗이며 거기에 문지기 방과 기둥들과 그 사면에 창들이 있고, 현관은 바깥뜰로 향했는데, 그 기둥 이쪽과 저쪽은 종려나무로 장식되어 있었다. 그리고 그 문으로 올라가는 여덟 계단이 있었다는 것이다.

38-43절. 이 부분은 번제물을 씻는 방(38절), 희생제물을 잡는 상(39-42절), 갈고리(43절)가 준비된 것을 기록한다.

<안뜰 북쪽 문의 부속 건물들>

겔 40:38. 그 문 벽 곁에 문이 있는 방이 있는데 그것은 번제물을 씻는 방이며.

안뜰 북쪽 중문 곁에는 문이 달린 방이 하나 있었는데, 그 방은 번제물을 씻는 방이었다는 것이다.

안뜰 북쪽 중문 곁의 "문"이 어떤 문인지가 밝혀지지 않아 해석에 있어서 견해의 차이가 난다. 1) 동문이라는 견해가 있고(Ewald, Hitzig, Cooke, 이상근), 2) 북문일 것이라는 견해(Hengsternberg, K.&D., Plumptre, 박윤선)도 있다. 1)번의 근거로는 39-40절이다. 이 부분에 "문"(!yrI[;V)이라는 말이 복수로 되어 있기 때문이라는 것이다. 2)번의 근거로는 바로 앞에 북문의 기사가 있었고, 또 제단 북쪽에서 제물을 잡았기 때문이라는 것이다

(레 1:11; 6:18; 7:2). 여기에서는 2번의 견해가 더 바람직스럽다.

"번제물을 씻는 방"이란 말은 문지기 방들과는 구별되는 방이고, 아마도 6규빗에 이르는 벽의 광을 이용한 골방이었을 것이다. 번제물의 내장이나 발의 더러워진 것을 씻는 방(레 1:9)이었다.

d) 제사 도구와 제사장들의 방 40:39-47

겔 40:39. 그 문의 현관 이쪽에 상 둘이 있고 저쪽에 상 둘이 있으니 그 위에서 번제와 속죄제와 속건제의 희생제물을 잡게 한 것이며.

그 문의 현관 이쪽에는 상이 두 개가 있고, 저쪽에도 상이 두 개가 있었는데, 그 위에서 번제 제물과 속죄 제물과 속건 제물을 잡았다. "번제"는 제물을 모두 태우는 제사이고(레 1장), "속죄제"는 범죄건을 속하는 제사이며(레 4장), "속건제"는 과실을 범했을 때 죄를 속하는 제사였다(레 5:14-16).

겔 40:40. 그 북문 바깥 곧 입구로 올라가는 곳 이쪽에 상 둘이 있고 문의 현관 저쪽에 상 둘이 있으니(And off to the side, on the outside as one goes up to the entrance of the north gate, were two tables; and off to the other side of the vestibule of the gate were two tables-ESV).

이 북쪽 문의 어귀, 현관의 바깥쪽으로 올라가는 양쪽에도 상이 각각 두 개씩 있었다는 것이다.

에스겔은 39-42절에서 희생 제사를 드릴 때에 사용하는 상들에 관해 언급하고 있다. 이 부분에서 나타나는 상은 이스라엘의 지파 수와 같은 12개로서 그 중에서 8개는 그 위에서 희생 제물을 잡거나 잡은 제물을 얹는 용도로 사용되었고 나머지 4개는 희생 제물을 잡는 도구들을 얹는 용도로 사용되었던 것으로 기록하고 있다. 특별히 후자의 상 4개는 그 재질이 돌로 되어 있어 고기를 잡는 도구를 진열하기에 알맞았다.

한편 본문에서 솔로몬의 성전에서는 찾아볼 수 없었던 이러한 상이 12개씩이나 등장하고 있는 것은 그만큼 하나님께 드려지는 제물의 양이 풍성하였다는 것을 나타내며, 이 사실은 그리스도의 속죄 사역을 통해 하나님의 백성이 된 성도들이 하나님께 끊임없이 영적 예배를 드리게 될 것임을 시사해 준다고 할 수 있다(요 4:23, 24; 롬 12:1, 2 그랜드 종합 주석).

겔 40:41. 문 곁 이쪽에 상이 넷이 있고 저쪽에 상이 넷이 있어 상이 모두 여덟 개라 그 위에서 희생제물을 잡았더라.

문의 측면 벽 이쪽에 상이 네 개, 저쪽에 상이 네 개, 모두 여덟 개의 상이 있었는데, 사람들이 그 위에서 제물을 잡았다는 것이다.

본 절은 39-40절의 요약이다. 다시 말해 희생제물을 잡는 상이 8개가 있었다는 것을 말한다.

겔 40:42. 또 다듬은 돌로 만들어 번제에 쓰는 상 넷이 있는데 그 길이는 한 척 반이요 너비는 한 척 반이요 높이는 한 척이라 번제의 희생제물을 잡을 때에 쓰는 기구가 그 위에 놓였으며.

그 번제에 쓰는 다듬은 돌로 만든 상 넷이 있었는데 각 길이가 한 규빗 반이고, 너비가 한 규빗 반이며, 높이가 한 규빗 반인데 번제의 희생제물을 잡을 때 쓰는 기구가 그 위에 놓였다는 것이다.

본 절의 내용은 앞선 8개의 희생제물을 잡는 상들과는 별개로 번제의 희생제물을 잡을 때 쓰는 기구들을 두었던 상들이다. 그 길이는 1규빗 반이고 너비도 1규빗 반이요 높이가 1규빗이었다.

겔 40:43. 현관 안에는 길이가 손바닥 넓이만한 갈고리가 사방에 박혔으며 상들에는 희생제물의 고기가 있더라(And hooks, a handbreadth long, were fastened all around within. And on the tables the flesh of the offering was to be laid-ESV)**.**

현관 안에는 길이가 손바닥 너비만한 갈고리가 사면에 박혔으며, 상들에는 희생제물의 고기가 있었다는 것이다.

"갈고리"는 '못'으로 이해된다(Kimchi, Gesenius, K.&D.). 이것은 희생제물을 잡을 때 사용된 도구로 보인다.

겔 40:44. 안문 밖에 있는 안뜰에는 노래하는 자의 방 둘이 있는데 북문 곁에 있는 방은 남쪽으로 향하였고 남문 곁에 있는 방은 북쪽으로 향하였더라(On the outside of the inner gateway there were two chambers in the inner court, one at the side of the north gate facing south, the other at the side of the south gate facing north-ESV).

또 안뜰의 바깥쪽에는 방 두 개가 있는데, 하나는 북쪽 중문의 한쪽 모퉁이 벽 곁에 있어서 남쪽을 향해 있고, 다른 하나는 남쪽 중문의 한쪽 모퉁이 벽 곁에 있어서 북쪽을 향하여 있었다는 것이다.

본 절의 방 두 개는 북문과 남문 곁에 있었다. 본 절의 "방"은 히브리 원문에는 '노래하는 자의 방들이 있는데'로 되어 있어 45-46절의 '제사장의 방'과 조화가 문제된다. "노래하는 자의 방"이 솔로몬 성전에는 있었으나(대하 6:33-47; 대하 20:19), 에스겔이 본 환상에서는 노래하는 직무가 레위인의 독점 직무가 아니었기 때문일 것이라는 해석이 있다(Hengsternberg, Kliefoth). .

겔 40:45. 그가 내게 이르되 남쪽을 향한 이 방은 성전을 지키는 제사장들이 쓸 것이요.

천사가 나 에스겔에게 말씀하기를 남쪽을 향한 이 방은 성전 직무를 담당하는 제사장들을 위한 것이라고 했다.

"남쪽을 향한 이 방"은, 즉 북문 곁에 있는 방이다(앞 절). 이 방은 성전 전체를 수직하는 제사장들이 사용한 방이었다. 그러나 44:14-31에서는 이 직무를 레위인이 담당한 것으로 되어 있다.

겔 40:46. 북쪽을 향한 방은 제단을 지키는 제사장들이 쓸 것이라 이들은 레위의 후손 중 사독의 자손으로서 여호와께 가까이 나아가 수종드는 자니라 하고.

그리고 천사는 북쪽을 향한 방은 제단의 직무를 담당하는 제사장들을 위한 것이라고 했다. 그 제사장들은 레위의 자손 중 사독의 자손들로, 여호와께 나아가 섬기는 자들이라고 했다.

북향한 방은 남문 곁의 방이었다(44절). "제단을 지키는 제사장들"이란 말은 여호와께 제사하는 일을 맡은 제사장들을 지칭하는 말이다(민 18:5-7). 특히 사독계통의 제사장들이었다(44:15-31). 여기 "사독"은 솔로몬 시대의 대제사장이었다(왕하 2:35).

겔 40:47. 그가 또 그 뜰을 측량하니 길이는 백 척이요 너비는 백 척이라 네모 반듯하며 제단은 성전 앞에 있더라.

천사가 그 뜰을 재니 정사각형이었는데, 길이가 백 규빗이었고 너비가 백 규빗이었다. 그리고 제단이 그 성전 앞에 있었다.

안 뜰은 100규빗(약 46m) X 100규빗(약 46m)의 네모반듯한 것이었고, 성전 앞이며, 그 뜰의 중앙에 제단이 있었다(43:13-17 참조).

e) 성전의 현관 40:48-49

<성전 문의 현관>

겔 40:48. 그가 나를 데리고 성전 문 현관에 이르러 그 문의 좌우 벽을 측량하니 너비는 이쪽도 다섯 척이요 저쪽도 다섯 척이며 두께는 문 이쪽도 세 척이요 문 저쪽도 세 척이며.

천사가 나 에스겔을 데리고 그 성전의 현관에 이르러 그 현관의 기둥 사이를 재니, 이편이 5규빗이었고 저편이 5규빗이었으며, 그 문 입구의 너비는 14규빗이었고, 그 문 측면 벽의 두께는 이쪽이 3규빗, 문 저쪽이 3규빗이었다는 것이다. 48-49절은 성전 현관의 척수를 기록한 것이다.

에스겔은 안뜰 중앙에 있는 성전 동쪽 측에 인도되어 성전 현관에 이른다. 그 현관문의 벽은 좌우가 5척씩이었고, 그 벽의 두께는 3척씩이었다.

겔 40:49. 그 현관의 너비는 스무 척이요 길이는 열한 척이며 문간으로 올라가는 층계가 있고 문 벽 곁에는 기둥이 있는데 하나는 이쪽에 있고 다른 하나는 저쪽에 있더라.

그 현관의 너비는 20규빗이었고, 길이는 11규빗이었다. 현관으로 들어가는 어귀에는 계단이 있었다. 그리고 문간 양쪽으로 있는 벽기둥 외에 기둥이 양쪽에 하나씩 있었다.

"현관의 너비가 스무 척이요 길이가 열한 척이었다"는 말은 성전 현관의 너비가 20척(14+3+3=20)이었고, 그 길이가 11규빗이었다는 것이다. 솔로몬 성전의 현관은 길이가 20척, 너비가 10척이었다(왕상 6:3).

"문간으로 올라가는 층계가 있고 문 벽 곁에는 기둥이 있었다"는 말은 성전 지대의 높이는 바깥뜰의 7층계(16절), 안뜰의 8층계(31절)에 성전 층계를 합한 것이다. 본 절의 층계의 수는 나타나지 않으나 41:8에 의하면 6척이다. 그리고 현관 문 벽 곁에 기둥이 좌우에 있었다. 한편 건물을 지탱하고 또 일편 장식용이었을 것이다(왕상 7:17-22 참조).

제 41 장

f) 성전의 규모와 장식 41:1-26

에스겔은 천사를 따라 성전 안으로 들어갔다. 에스겔은 성전 안에서 성전(1-11절)과 그 부속 건물(12-15절)의 척수를 알게 되고, 성전의 내부 구조(16-26절)를 진술한다.

1-11절. 이 부분은 성전 건물의 척수가 드러난다. 성전은 성소와 지성소로 나누어진다(왕상 6장 참조).

<성소와 지성소와 골방들>

겔 41:1. 그가 나를 데리고 성전에 이르러 그 문 벽을 측량하니 이쪽 두께도 여섯 척이요 저쪽 두께도 여섯 척이라 두께가 그와 같으며(Then he brought me to the nave and measured the jambs. On each side six cubits was the breadth of the jambs-ESV,

Then he brought me to the nave, and measured the pilasters; on each side six cubits was the width of the pilasters-NRSV)**.**

그런 다음에 천사가 나 에스겔을 데리고 성전으로 들어가서 벽을 재니, 그 벽 두께가 양쪽이 각각 여섯 자였다. 즉, 이쪽 너비가 여섯 규빗이었고, 저쪽 너비도 여섯 규빗이었다는 것이다.

여기 "성전"(הֵיכָל)은 '성소'(왕하 24:13; 대하 3:17; 렘 1:28; 학 2:15; 슥 6:14-15)를 가리키는 말이다. 이 낱말은 지성소를 가리키는 말은 아니다.

그리고 "문 벽"(אֵילִים-the jambs)은 성소의 모퉁이의 기둥(40:9)을 뜻한다. 기둥 두께는 양편이 모두 6척씩이었다.

겔 41:2. 그 문 통로의 너비는 열 척이요 문 통로 이쪽 벽의 너비는 다섯

척이요 저쪽 벽의 너비는 다섯 척이며 그가 성소를 측량하니 그 길이는 마흔 척이요 그 너비는 스무 척이며.

그 입구(문 통로)의 너비는 10규빗이었고, 그 입구의 측면 벽들은 이쪽이 5규빗, 저쪽이 5규빗이었다. 천사가 성소의 길이를 재니 40규빗이었으며, 너비는 20규빗이었다.

"그 문 통로의 너비는 열 척이요 문 통로 이쪽 벽의 너비는 다섯 척이라"는 말은 '성소 현관의 너비가 10규빗이었고, 양편 기둥의 너비는 5규빗씩이었다'는 것이다.

본 절의 "그가 성소를 측량하니 그 길이는 마흔 척이요 그 너비는 스무 척이었다"는 말은 솔로몬 성전의 척수와 일치한다(왕상 6:2).

겔 41:3. 그가 안으로 들어가서 내전 문 통로의 벽을 측량하니 두께는 두 척이요 문 통로가 여섯 척이요 문 통로의 벽의 너비는 각기 일곱 척이며.

천사가 안(지성소)[9]으로 들어가 지성소 입구의 기둥들 사이를 재니 2규빗이었고, 그 입구는 6규빗이었으며 그 입구의 측면 벽들은 7규빗이었다는 것이다.

"내전 문 통로의 벽을 측량하니 두께는 두 척이라"는 말은 '지성소 입구의 두 기둥의 두께는 2척씩이었다는 것이다.

"문 통로가 여섯 척이요 문 통로의 벽의 너비는 각기 일곱 척이라"는 말은 '문 통로의 너비가 6척과 7척이 함께 나타나 혼돈을 일으킨다. 아마도 높이가 6척이요, 너비가 7척이라'는 뜻으로 보는 것이다(K.&D., Kliefoth).

겔 41:4. 그가 내전을 측량하니 길이는 스무 척이요 너비는 스무 척이라 그가 내게 이르되 이는 지성소니라 하고.

---

9) "안"은 지성소이고 지성소는 대제사장만이 1년에 1차씩 들어갈 수 있는 곳임으로(출 30:10; 레 16:17; 히 9:7) 측량하던 천사가 홀로 들어가서 측량한 후에 그 척수를 발표하는 것을 에스겔은 기다렸을 것이다(Plumptre).

천사가 성소 맞은편 길이를 측량하니 20규빗이었고 너비가 20규빗이었다. 그가 나 에스겔에게 이것이 지성소라고 말했다.

지성소를 위해서 왕상 6:19-28; 7:50; 출 26:33-37; 민 4:4, 19을 참조하라. 여기 지성소의 척수는 솔로몬 전의 척수와 일치한다.

겔 41:5. 성전의 벽을 측량하니 두께가 여섯 척이며 성전 삼면에 골방이 있는데 너비는 각기 네 척이며.

천사가 성전의 벽을 측량하니 두께가 6규빗이었고, 그 성전 둘레 사방에 있는 골방의 너비는 각기 4규빗이었다.

본 절은 성소와 지성소의 측실(側室-곁방)의 척수를 말하는 것이다. 여기 "성전"이란 지성소와 외소(外所)를 포함하는 성소 전체를 가리킨다.

또한 전의 "벽"이란 성소의 안벽을 말한다. 성소와 지성소의 외부 벽은 두께가 6규빗이었고, 그 밖에 남, 북, 서쪽 3방으로는 30개의 측실(곁방)이 있었다는 것이고, 그 너비는 4규빗이었다는 것이다.

겔 41:6. 골방은 삼 층인데 골방 위에 골방이 있어 모두 서른이라 그 삼면 골방이 성전 벽 밖으로 그 벽에 붙어 있는데 성전 벽 속을 뚫지는 아니하였으며.

곁방들은 삼층으로 되어 있었는데, 각 층마다 삼십 개의 곁방이 있었다. 그런데 그 곁방들은 성전을 돌아가면서 성전의 벽에 부착되어 있어서, 성전의 벽 자체를 파고 들어가지는 않았다는 것이다.

본 절은 성소의 곁방들을 말하고 있는데 3층으로 되었고, 각 층에 30개씩이니 모두 90개의 곁방들이 있었다. 솔로몬의 골방도 3층이었다(왕상 6:5-6). 이 방들은 성전에서 섬기는 제사장들이 사용했다(42:13-14). 하나님은 자기 백성들을 위하여 있을 곳을 많이 예비하신다(요 14:2). 이 곁방들은 성소의 6규빗 두께의 벽(5절)을 파고 지은 것이 아니라 벽 밖에 지은 것이었다.

겔 41:7. 이 두루 있는 골방은 그 층이 높아질수록 넓으므로 성전에 둘린 이 골방이 높아질수록 성전에 가까워졌으나 성전의 넓이는 아래 위가 같으며 골방은 아래층에서 중층으로 위층에 올라가게 되었더라.

그 둘러있는 곁방들은 층이 올라갈수록 넓어졌으므로 곁방이 높아질수록 성전에 가까워졌으며 사람들이 올라갈 때 곁방들을 돌아서 올라가되 사람들은 아래층에서 중간층을 거쳐 위층으로 올라갔다는 것이다.

솔로몬의 성전의 경우는 위로 한 층씩 올라갈수록 1규빗씩 넓어졌다. 이렇게 층을 올라갈수록 1규빗씩 넓어진다고 했으니 이는 신앙 수준이 높아질수록 그 마음도 넓어짐을 비유한다(Matthew Henry). 따라서 성소 벽의 두께는 좁아진 것이다. 그리고 하층에서 중층으로, 중층에서 상층으로 올라가는 길은 나사 모양의 사다리였다(왕상 6:6-8).

겔 41:8. 내가 보니 성전 삼면의 지대 곧 모든 골방 밑 지대의 높이는 한 장대 곧 큰 자로 여섯 척인데(I saw also that the temple had a raised platform all around; the foundations of the side chambers measured a full reed of six long cubits-ESV).

나 에스겔이 보니, 그 성전을 사방으로 둘러서 높은 기초가 있었는데 그 기초의 높이는 한 장대 길이인 6규빗이었다.

에스겔이 본 성전은 땅 위에 바로 건축된 것이 아니라 높이가 약 3.3m 되는 지대 위에 세워졌다는 것이다. 이와 같은 높은 지대로 인하여 성소에 들어가기 위해서는 층계를 이용해야만 했다는 것이다(AV, RSV, ESV, Cooke).

겔 41:9. 성전에 붙어 있는 그 골방 바깥 벽 두께는 다섯 척이요 그 외에 빈 터가 남았으며(The thickness of the outer wall of the side chambers was five cubits. The free space between the side chambers of the temple and the-ESV).

곁방들의 외부에도 담이 있었는데, 그 두께가 5규빗이었다. 또 성전의 곁방들 밖에는 빈 터가 있었다는 것이다.

"골방 바깥 벽"은 5절에서 언급했던 성전의 내벽과 마주보고 있는 성전의 외벽을 의미한다. 여기서 골방 바깥 벽은 바로 이 골방들을 둘러싸고 있는 성전 바깥 벽을 지칭한다.

본 절의 "빈 터"란 말은 앞에서 언급한 바깥 벽의 끝 부분으로부터 8절에 언급된 지대가 끝나는 부분까지 사이의 공간을 의미한다. 이 공간은 5규빗 넓이로 성소 건물 전체를 빙 둘러 있었다(11절).

겔 41:10. 성전 골방 삼면에 너비가 스무 척 되는 뜰이 둘려 있으며(other chambers was a breadth of twenty cubits all around the temple on every side-ESV).

바깥방들 사이의 공간은 폭이 20규빗으로 그 성전 사방을 빙 둘러 있었다는 것이다.

"성전 골방 삼면에 너비가 스무 척 되는 뜰"이란 지대가 끝나는 지점으로부터 성전 구역의 최외곽부까지 사이를 두르고 있는 넓은 공간을 지칭한다. 이 "뜰"은 제단이 있는 넓은 뜰을 가진 성전 동편을 제외한 3면을 두르고 있었다.

겔 41:11. 그 골방 문은 다 빈 터로 향하였는데 한 문은 북쪽으로 향하였고 한 문은 남쪽으로 향하였으며 그 둘려 있는 빈 터의 너비는 다섯 척이더라.

그 곁방 입구는 공간 쪽으로 트였는데, 하나는 북쪽을 향하고 있었고, 다른 입구는 남쪽을 향하고 있었다. 그 둘러 있는 공간의 너비는 5규빗이었다는 것이다.

다시 말해 30개의 골방들의 문은 북쪽과 남쪽에 하나씩 있었고, 그것이 빈 터를 향하였으며 빈 터는 너비가 5규빗이었다는 것이다.

12-15절. 성전의 척수에 대한 진술.

<서쪽 건물과 성전의 넓이>

겔 41:12. 서쪽 뜰 뒤에 건물이 있는데 너비는 일흔 척이요 길이는 아흔 척이며 그 사방 벽의 두께는 다섯 척이더라.

서쪽 뒷마당에 있는 그 건물은 너비가 70규빗이요, 그 건물의 사면 벽은 두께가 5규빗이었고, 그 길이는 90규빗이었다는 것이다.

성소 밖의 20척 너비의 서편 뜰 뒤에 별관이 있었는데 대상 26:18의 낭실로 보는 것이다(K.&D., Cooke, Plumptre). 이 건물은 별관이었다. 이 낭실의 크기는 너비가 70규빗에 길이가 90규빗이며, 그 사면 벽의 두께는 5규빗이었다는 것이다.

겔 41:13-14. 그가 성전을 측량하니 길이는 백 척이요 또 서쪽 뜰과 그 건물과 그 벽을 합하여 길이는 백 척이요(13절) 성전 앞면의 너비는 백 척이요 그 앞 동쪽을 향한 뜰의 너비도 그러하며(14절).

천사가 성전을 측량하니 길이가 100규빗이고 또 서쪽 뜰과 그 건물과 그 벽을 합하여 길이가 100규빗이었다는 것이다. 그 성전의 앞, 곧 동쪽 앞마당의 너비는 100규빗이었다.

13절과 14절은 성소와 지성소를 합한 성전 전체의 크기를 언급하고 있는데, 성전의 크기는 사방이 각각 100규빗이었다.

이와 같이 성전 전체가 100규빗으로 네모반듯하다는 것은 지성소의 모습을 통해서 본 것과 마찬가지(4절)로 하나님의 성전이 지극한 안정성을 가지고 있다는 것을 보여준다. 그리고 또한 하나님의 성전이 이처럼 완벽하게 건축되어 있다는 것을 보여줌으로써 하나님의 백성을 향한 구원 계획 자체가 완전하다는 것을 보여주고 있다고 할 수 있다.

겔 41:15a. 그가 뒤뜰 너머 있는 건물을 측량하니 그 좌우편 회랑까지 백 척이더라(Then he measured the length of the building facing the yard that was at the back and its galleries on either side, a hundred cubits-ESV).

천사가 이어서 성전 뒤뜰 너머에 있는 건물을 그 양편의 다락까지 함께 재니, 그 길이도 100규빗이었다.

15b-26절. 성전의 내부 구조에 대한 진술.

겔 41:15b. 내전과 외전과 그 뜰의 현관과.

15절 하반절부터 26절까지는 성전 건물의 각 부분의 특성을 언급했고, 세부적인 내부를 자세히 언급하고 있다.

"내전과 외전과 그 뜰의 현관"에서 여기 "내전"은 4절에 언급된 지성소를 말하고, "외전"은 1절에서 언급한 성소를 언급한 것이다. 그리고 "뜰의 현관"은 40:48에서 언급한 성전 문 현관을 지칭한다. 이러한 세 시설은 에스겔이 본 성전 안에서 가장 넓은 공간을 차지하고 있는 중심 시설이다.

겔 41:16. 문 통로 벽과 닫힌 창과 삼면에 둘려 있는 회랑은 문 통로 안쪽에서부터 땅에서 창까지 널판자로 가렸고 (창은 이미 닫혔더라)(the thresholds and the narrow windows and the galleries all around the three of them, opposite the threshold, were paneled with wood all around, from the floor up to the windows (now the windows were covered)-ESV).

문 통로의 벽과 창문과 삼면에 둘러 있는 다락에는, 바닥에서 창문에 이르기까지, 돌아가며 나무판자를 대 놓았다. 그러나 창문은 틀만 있는 것이었다.

여기 "문 통로 벽"이란 말은 '성전 현관의 벽'을 뜻하고, "닫힌 창"이란 말은 '채광을 위한 창문'을 말할 것이며(40:16), "다락"은 '제사장의 방들'을 말함이다. "삼면에 둘려 있는 회랑은 문 통로 안쪽에서부터 땅에서 창까지 널판자로 가렸다"는 말은 '창문과 복도 등이 널판으로 가려져 있다'는 뜻이다.

겔 41:17. 문 통로 위와 내전과 외전의 사방 벽도 다 그러하니 곧 측량한 크기대로며(to the space above the door, even to the inner room, and on the outside. And on all the walls all around, inside and outside, was a measured pattern-ESV, to the space above the door, even to the inner room, and on the outside. And on all the walls all around in the inner room and the nave there was a pattern-NRSV).

문 통로 위와 성전 내부와 외부의 벽까지 재어 본 곳은 다 판자를 대 놓았다는 것이다.

에스겔은 자신이 본 성전이 어느 것 하나도 소홀하게 만들어지지 않았고, 정확하게 측량되어 가장 적당한 구조 및 크기, 규모로 한 치의 오차도 없이 만들어졌다는 것을 나타냄으로써 그 성전 및 하나님의 사역의 완전성을 암시하고 있다. 그리고 이 같은 사실은 성도를 구속하시어 완전한 우주적 교회 공동체와 및 하나님의 나라를 만드시는 하나님의 사역이 선하시고 완전하신 예정에 의해 그 뜻하심 그대로 이루어질 것임을 강력히 시사해 주고 있다.

겔 41:18-19. 널판자에는 그룹들과 종려나무를 새겼는데 두 그룹 사이에 종려나무 한 그루가 있으며 각 그룹에 두 얼굴이 있으니 하나는 사람의 얼굴이라 이쪽 종려나무를 향하였고 하나는 어린 사자의 얼굴이라 저쪽 종려나무를 향하였으며 온 성전 사방이 다 그러하여.

그 판자에는 그룹들과 종려나무들을 새겼는데, 두 그룹 사이에 종려나무가 하나씩 있고, 그룹마다 두 얼굴이 있었다. 사람의 얼굴이 이쪽 종려나무를 향했고, 사자의 얼굴이 저쪽 종려나무를 향하고 있었으며, 성전 사면이 다 그러하였다는 것이다.

에스겔이 본 새 성전 안벽의 널판에는 그룹(천사들)과 종려나무들이 교대로 새겨져 있었다. 이는 솔로몬 성전의 경우와 마찬가지였다(왕상 6:29). 하늘의 영광과 성결을 상징하는 그룹들과 땅의 영광과 승리를 상징하는 종려나무가 함께 새겨진 것은 하늘의 하나님과 땅의 성도가 거룩한 가운데 하나가 되어 승리와 영광을 얻을 것이라는 사실을 암시해 준다(계 21:2-3).

그리고 "각 그룹에 두 얼굴이 있으니 하나는 사람의 얼굴이라 이쪽 종려나무를 향하였고 하나는 어린 사자의 얼굴이라"는 말은 널판에 새겨진 그룹의 환상에 대한 설명인데, 그룹들은 사람의 얼굴과 사자의 얼굴 두 얼굴을 가지고 있었으며 그 두 얼굴은 서로 반대 방향을 향하여 종려나무를 바라보는 형태로 새겨져 있었다. 여기 두 얼굴, 곧 사람의 얼굴은 이성과 지혜를, 사자의 얼굴은 힘과 용기를 상징한다. 그러한 의미를 지닌 그룹의 얼굴들이 승리를 상징하는 종려나무를 바라보고 있다는 것은 새 성전이 예표하는 바 본체가 되시는 그리스도께서 그의 백성들과 함께 지혜와 능력으로 악의 세력에게 넉넉히 승리하실 것을 의미한다고 할 수 있다.

겔 41:20. 땅에서부터 문 통로 위에까지 그룹들과 종려나무들을 새겼으니 성전 벽이 다 그러하더라.

바닥에서부터 입구 위까지 그룹들과 종려나무들을 성소의 벽에 새겨 놓았다는 것이다. 이와 같은 조각(彫刻)은 성전 내부의 아름다움을 보여주는 것이니 그것은 신약 교회의 영적 미(美)를 보여주는 것이다.

<나무 제단과 성전의 문들>

겔 41:21. 외전 문설주는 네모졌고 내전 전면에 있는 양식은 이러하니.

외전 곧 성소의 기둥들은 정사각형이었는데, 내전인 지성소 입구 문설주의 모양도 같았다는 것이다.

겔 41:22. 곧 나무 제단의 높이는 세 척이요 길이는 두 척이며 그 모퉁이와 옆과 면을 다 나무로 만들었더라 그가 내게 이르되 이는 여호와의 앞의 상이라 하더라.

나무 제단의 높이가 3규빗, 길이가 2규빗, 너비가 2규빗이며 그 모퉁이들과 그 받침과 벽들은 나무로 되어 있었다. 천사가 나 에스겔에게 말하기를 이것이 여호와 앞에 놓는 상이라 하였다고 한다.

본 절은 성소 앞 곧 지성소 입구에 놓인 분향단을 설명한다(출 30:1). 번제단은 성소의 밖 뜰에 두었으나, 분향단은 성소 내부에 두었던 것이다. 번제단은 솔로몬의 성전에서는 조각목으로 만들었고, 구리로 덮었으며(대하 4:1), 회막에서는 조각목으로 만들었다(출 27:1). 분향단은 솔로몬의 성전에서나 회막에서 모두 나무로 만들었고 금으로 덮었으나(출 30:1; 왕상 7:48), 본 절에서는 오직 나무로 만들었다고 한다.

분향단의 척수도 회막에서는 사방으로 1규빗, 높이가 2규빗이었다. 솔로몬의 성전에서는 척수 표시가 없었으나 회막과 같았을 것으로 본다. 본 절의 분향단의 높이가 3규빗이었고, 길이가 2규빗 반이었으며 너비는 없으나 길이와 같이 2규빗이었을 것으로 본다(LXX).

"이는 여호와의 앞의 상이라"는 말은 본래 성소에는 진설병 상과 분향단을 함께 두어 이스라엘 백성의 하나님께 대한 헌신을 표시하도록 했다(출 37:10-29). 그런데 본 구절에서 나타나는 바 에스겔이 본 성전의 성소에는 단지 나무 제단만이 놓여 있었으며, 이를 여호와의 상이라 부른 것을 볼 때 이 단이 진설병과 분향단의 역할을 함께 감당하였을 것으로 추정된다(Boettcher).

겔 41:23. 내전과 외전에 각기 문이 있는데.

본 절은 내전(지성소)과 외전(성소)에는 각기 문이 있음을 밝혀둔다. 지성소에 들어가려면 성소의 문과 지성소의 문을 통과해야 한다는 것을 밝힌다. 이러한 사실은 오직 양의 문이 되시는 그리스도를 통하지 않고는 그 누구도 하나님께 나아갈 수 없음을 보여준다.

겔 41:24. 문마다 각기 두 문짝 곧 접는 두 문짝이 있어 이 문에 두 짝이요 저 문에 두 짝이며(The double doors had two leaves apiece, two swinging leaves for each door-ESV).

그 두 개의 문은 각각 접히는 문짝 두 개로 되어 있었는데, 이 문에 두 짝, 저 문에 두 짝이 있었다는 것이다.

"문마다"란 말은 '지성소와 성소로 들어가는 문 모두'를 지칭한다. 여기 또 "두 문짝 곧 접는 두 문짝"이란 말은 '성소와 지성소에 문이 있었는데 모두 두 문짝씩인 문이 있었다'는 것이다.

겔 41:25. 이 성전 문에 그룹과 종려나무를 새겼는데 벽에 있는 것과 같고 현관 앞에는 나무 디딤판이 있으며.

성전의 문들에는 벽에 새겨진 것과 같이 그룹들과 종려나무들이 새겨져 있었다. 그리고 바깥쪽 현관 앞에는 나무로 된 디딤판이 있었다는 것이다.

하늘의 영광과 성결을 상징하는 그룹들과 땅의 영광과 승리를 상징하는 종려나무가 함께 새겨져 있는 것은 하늘의 하나님과 땅의 성도가 거룩한 가운데 하나가 되어 승리와 영광을 얻게 되는 사실을 암시해 준다(18, 19절; 계 21:2-3).

"현관 앞에는 나무 디딤판이 있었다"는 말에 대해서는 여러 견해가 있으나 그 중에서는 우리 개정개역판 성경의 번역과 같이 '디딤판'으로 보는 것이 가장 좋을 것이다(K.&D.).

겔 41:26. 현관 좌우편에는 닫힌 창도 있고 종려나무도 새겨져 있고 성전의 골방과 디딤판도 그러하더라.

또 현관의 양쪽 벽(2절; 40:48)에는 빛 가리개를 위해서 닫힌 창문들도 있었고 또 종려나무 장식이 있었는데, 이런 장식들은 성전의 골방들(5-9절)과 디딤판들에도 있었다는 것이다.

제 42 장

g) 제사장들의 방과 성전의 외곽 담 42:1-20

1-14절. 이 부분은 성전 좌우(남북)에 있는 제사장의 방들의 척수를 말한다.

<제사장 방>

겔 42:1. 그가 나를 데리고 밖으로 나가 북쪽 뜰로 가서 두 방에 이르니 그 두 방의 하나는 골방 앞 뜰을 향하였고 다른 하나는 북쪽 건물을 향하였는데.

천사가 또 에스겔을 데리고 바깥뜰 북쪽 뜰로 가서 두 방에 이르니 방 하나는 성전 뜰을 마주하고 있고, 또 하나는 북쪽 건물을 마주하고 있었다는 것이다. "두 방", 즉 에스겔이 지금부터 설명하고자 하는 이 두 개의 방들은 북편 바깥뜰에도 있었고, 남편 바깥뜰에도 있었다. 북편 뜰에 있는 제사장의 방들과 남편 뜰에 있는 제사장들의 방들의 외형 및 구조, 용도 등이 동일함으로 먼저 북편 방들에 대해 상세하게 설명한 후(1-9절), 남편 방들에 대해서는 간략하게 설명하고 있다(10-12절). 또 학자에 따라 이 방들을 성전과 연결된 건물로 보기도 하며(Ewald, Kliefoth, Smend), 혹은 성전과는 별개의 독립된 건물로 보기도 한다(Hengsternberg, K.&D., Schroeder, Plumptre). 또한 이 방들을 40:44에 언급된 두 방들과 동일한 방으로 보는 견해와 이에 반대하는 견해로 인해 논란이 계속되고 있다. 이를 정리해 보면 먼저 첫 번째 논란에 대해 답을 제시한다면 41:12에서 살펴본 바와 같이 "뜰"에 해당하는 '기즈라'(גִּזְרָה)가 '따로 떨어진 장소'라는 뜻을 의미하기 때문에 성전과는 따로 떨어진 독립된 건물로 보는 것이 타당하다. 또한 두 번째 논란의 경우 40:44의 두 방이 안뜰에 있는 반면 두 방은 바깥뜰에 있기 때문에 별개의 방으로 보는 것이 타당하다고 볼 수 있다(그랜드 종합 주석).

겔 42:2. 그 방들의 자리의 길이는 백 척이요 너비는 쉰 척이며 그 문은 북쪽을 향하였고.

북쪽을 마주한 그 방을 재니, 길이가 성전의 그것과 같이 100규빗이었고, 너비가 두 방이 다 같이 50규빗이었다는 것이다.

겔 42:3. 그 방 삼층에 회랑들이 있는데 한 방의 회랑은 스무 척 되는 안뜰과 마주 대하였고 다른 한 방의 회랑은 바깥뜰 박석 깔린 곳과 마주 대하였으며.

20규빗 되는 안뜰의 맞은쪽과 돌을 깔아 놓은 바깥뜰의 맞은쪽에는, 3층으로 된 다락이 있었다는 것이다.

"그 방 삼층에 회랑들이 있는데"란 본문은 성전 바깥뜰에 있는 방들이 성전 내부에 있던 골방들과 같이 3층으로 되어 있었음을 말한다. 3층으로 되어 있었다는 말은 노아의 방주가 3층으로 되어 있었다는 것과 연관하여 에스겔이 본 성전이 인류 구원을 위하여 하나님께서 설립하신 거룩한 교회 공동체를 상징하고 있음을 말한다. 여기 "회랑들"이란 말은 방 앞으로 돌출된 일종의 발코니로 생각된다.

"한 방의 회랑은 스무 척 되는 안뜰과 마주 대하였고 다른 한 방의 회랑은 바깥뜰 박석 깔린 곳과 마주 대하였다"란 말씀에서 "스무 척 되는 안뜰"의 주해를 위해서는 41:10의 주해를 참조하고, "박석 깔린 곳과 마주 대하였다"는 말의 주해를 위해서는 41:17 주해를 참조하라.

겔 42:4. 그 두 방 사이에 통한 길이 있어 너비는 열 척이요 길이는 백 척이며 그 문들은 북쪽을 향하였으며.

그 방들 앞에는 너비가 10규빗 되는 통로가 있었는데, 안쪽으로 거리가 100규빗 되는 길이었다. 그 입구들은 북쪽을 향하고 있었다는 것이다.

"그 두 방 사이에 통한 길이 있다"는 말은 두 방이 위치한 모양을 설명한다. 다시 말해 두 방 사이에 10규빗 되는 통로를 두고 양쪽으로 갈라져 있었다는 것이다.

여기 "그 문들은 북쪽을 향하였다"는 말은 성전 안뜰과 인접한 방의 문들은 북쪽, 곧 두 방 사이의 복도를 향하여 나 있다는 것을 알 수 있다. 그러나 바깥뜰 쪽의 방문은 복도 쪽이 아닌 반대쪽으로 나 있었다.

겔 42:5. 그 위층의 방은 가장 좁으니 이는 회랑들로 말미암아 아래층과 가운데 층보다 위층이 더 줄어짐이라.

위층의 방들은 그 건물의 아래층이나 중간층의 방들보다 좁았으니, 그 이유는 다락들이 공간을 차지했기 때문이다. 다시 말해 각층의 툇마루를 따로 내지 않고 위층은 아래층 면적의 일부를 툇마루로 사용하였기 때문이라는 것이다(Hengsternberg, K.&D.).

겔 42:6. 그 방은 삼층인데도 뜰의 기둥 같은 기둥이 없으므로 그 위층이 아래층과 가운데 층보다 더욱 좁아짐이더라.

본 절은 전 절에 이어 계속해서 위층이 아래층보다 면적이 좁아질 수밖에 없었던 이유를 말해 주고 있다. 즉, 그 방들은 삼층이었는데, 바깥마당의 기둥들과 같은 기둥들이 없었다. 그래서 위층이 아래층이나 중간층보다 좁아졌다는 것이다.

전 절에서는 위층이 아래층 면적의 일부를 툇마루로 사용했기 때문에 위층이 아래층보다 면적이 좁아졌다는 것을 살펴보았다. 이렇게 아래층의 면적의 일부를 툇마루로 사용했던 이유는 이 건물에 기둥이 없었기 때문이다. 즉, 이 건물에는 상층부를 지지해줄만한 기둥이 없었기 때문에 이층 이상으로 건물을 올리기 위해서는 지대를 확보하기 위해서 부득이 상층부를 좁게 지어야만 했다(K.&D.).

겔 42:7. 그 한 방의 바깥 담 곧 뜰의 담과 마주 대한 담의 길이는 쉰 척이니.

그 방들의 바깥 담, 곧 바깥뜰의 담과 마주하여 길이가 50규빗 되는 담이 있었다는 것이다. 다시 말해 그 방의 바깥에 동서로 통하는 담이 있는데 그 길이는 방의 담과 같이 50규빗이었다는 내용이다.

겔 42:8. 바깥뜰로 향한 방의 길이는 쉰 척이며 성전 앞을 향한 방은 백 척이며.

본 절은 성전의 바깥뜰에 접한 방(이는 1절에 언급되었던 두 방 가운데 북편 건물을 향한 방을 말한다)으로 그 동서의 길이는 50규빗이고, 성전 앞을 향한 방은 골방 앞 뜰을 향한 방으로 남북의 너비는 100규빗이라는 내용이다.

겔 42:9. 이 방들 아래에 동쪽에서 들어가는 통행구가 있으니 곧 바깥뜰에서 들어가는 통행구더라.

이 방들 아래에는 동쪽에서 들어가는 입구가 있으니, 곧 성전 바깥쪽에서 안으로 들어가는 입구였다는 것이다.

겔 42:10. 남쪽 골방 뜰 맞은쪽과 남쪽 건물 맞은쪽에도 방 둘이 있는데.

본 절(10절)부터 12절까지는 남편 뜰에 있는 두 개의 방들을 언급하고 있는데 이 방들은 그 모양과 크기, 구조, 위치, 출입구의 위치 등 모든 것이 북편 뜰(1-9절)에 있었던 두 개의 방들과 동일하다. 때문에 에스겔은 남편 뜰의 두 방에 대해서는 세밀한 언급을 피했다. 그러므로 남편 바깥뜰에 있는 이 두 방에 대한 자세한 내용은 1-9절에 있는 두 방에 대한 내용과 그 주해들을 참조하라.

겔 42:11. 그 두 방 사이에 길이 있고 그 방들의 모양은 북쪽 방 같고 그 길이와 너비도 같으며 그 출입구와 문도 그와 같으며.

그 두 방들 앞에는 길이 있고 그 방들의 모양은 북쪽 방들과 같고 그 길이나 너비가 같으며 모든 출입구와 문도 똑같았다는 내용이다.

겔 42:12. 이 남쪽 방에 출입하는 문이 있는데 담 동쪽 길 어귀에 있더라.

이 남쪽 방에도 출입하는 문이 있는데 담 동쪽 앞으로 통하는 길 어귀에 있었다는 것이다.

겔 42:13. 그가 내게 이르되 좌우 골방 뜰 앞 곧 북쪽과 남쪽에 있는 방들은 거룩한 방이라 여호와를 가까이 하는 제사장들이 지성물을 거기에서 먹을 것이며 지성물 곧 소제와 속죄제와 속건제의 제물을 거기 둘 것이니 이는 거룩한 곳이라.

천사는 13-14절에서 북편과 남편에 있는 제사장 방의 용도를 말해준다. 즉, 천사가 나 에스겔에게 말하기를, "좌우 곁방 뜰 앞, 곧 북쪽과 남쪽에 있는 방들은 거룩한 방들이다. 거기서 여호와를 가까이하는 제사장들이 지성물을 먹을 것이며 지성물 곧 곡식 제물과 속죄 제물과 속건 제물을 거기에 둘 것이니, 이유는 그곳이 거룩하기 때문이라"고 한다.

"제사장들이 지성물을 거기에서 먹을 것이라"는 말은 '제사장들이 거룩한 것 중에서도 거룩한 것을 먹을 수 있게 분리된 것이라'는 뜻이다(41:4; 43:12; 45:3; 48:12; 레 2:3; 6:17; 7:1; 10:12). 제사장들이 여기서 제물을 먹었고 또 거기에 제물을 간직했다. 소제의 주해를 위해서는 레 2장을 참조하고, 속죄제, 속건제를 위해서는 40:39 주해를 참조하라.

겔 42:14. 제사장의 의복은 거룩하므로 제사장이 성소에 들어갔다가 나올 때에 바로 바깥뜰로 가지 못하고 수종드는 그 의복을 그 방에 두고 다른 옷을 입고 백성의 뜰로 나갈 것이니라 하더라.

천사가 또 에스겔에게 말하기를, "제사장들이 성소에 들어갔다가 나올 때에는 바깥뜰로 곧바로 나가지 말고, 직무를 행할 때 입던 옷들을 거기에 벗어 두어야 한다. 이유는 그 옷들이 거룩하기 때문이다. 그들은 다른 옷을 입고 백성들이 있는 곳으로 나아가야 한다"고 말한다.

15-20절. 에스겔은 성전 밖으로 나와 성전 구내 전역을 측량한다. 에스겔은 동으로부터 시작하여 북, 남, 서의 순서로 측량했는데, 모두 3,000규빗이었고, 그 면적은 모두 9백만 평방 규빗이었다.

<성전의 사면 담을 측량하다>

겔 42:15. 그가 안에 있는 성전 측량하기를 마친 후에 나를 데리고 동쪽을 향한 문의 길로 나가서 사방 담을 측량하는데.

천사(40:3)가 성전 내부를 재는 일을 마치자, 동쪽을 향해 난 문으로 나 에스겔을 데리고 나가, 사면의 담을 쟀다는 것이다.

겔 42:16-19. 그가 측량하는 장대 곧 그 장대로 동쪽을 측량하니 오백 척이요(16절) 그 장대로 북쪽을 측량하니 오백 척이요(17절) 그 장대로 남쪽을 측량하니 오백 척이요(18절) 서쪽으로 돌이켜 그 장대로 측량하니 오백 척이라(19절).

천사(40:3)가 재는 장대를 가지고 동쪽 담을 재니, 재는 장대로 둘레가 500규빗이었고(16절), 북쪽 담을 재니, 재는 장대로 둘레가 500규빗이었고(17절), 남쪽 담을 재니, 재는 장대로 500규빗이었으며(18절), 천사가 돌이켜 서쪽 담을 재니, 재는 장대로 500규빗이었다는 것이다(19절). 새 성전의 외곽을 둘러싸고 있는 사면의 담은 그 길이가 각각 500규빗(약 275m)인 네모형이었다.

겔 42:20. 그가 이같이 그 사방을 측량하니 그 사방 담 안 마당의 길이가 오백 척이며 너비가 오백 척이라 그 담은 거룩한 것과 속된 것을 구별하는 것이더라.

천사(40:3)가 이와 같이 그 사방을 재니 그 사방의 담 안 마당의 길이와 너비가 오백 장대씩이었다. 그 담은 거룩한 것과 속된 것 사이를 구별하는 것이었다. “그 담은 이 거룩한 것과 속된 것을 구별하는 것이더라”는 말은 ‘성전 외곽 담의 설치 목적이 거룩한 것과 속된 것을 구별하는 것이었다’는 말이다.

제 43 장

ㄴ. 새 성전의 영광 43:1-27

a) 새 성전에 임재한 여호와의 영광 43:1-12

천사가 성전 측량을 끝낸 것은 에스겔의 새 성전의 완성을 뜻하는 것이었다. 이제 여호와의 영광이 새 성전에 들어오신 것은 그 성전의 봉헌을 뜻하는 것이었다.

1-12절의 내용은 여호와의 영광이 성전에 들어오신 일(1-5절), 이스라엘 백성이 모든 더러움과 불의에서 떠나면 여호와께서 함께 하시겠다고 약속하신 일(6-9절), 또 여호와께서 성전의 도본을 백성들에게 알게 하라는 명령을 내리신 일(10-12절)로 구성되어 있다.

1-5절. 여호와의 영광이 성전에 들어오시다.

<여호와께서 성전에 들어가시다>

겔 43:1. 그 후에 그가 나를 데리고 문에 이르니 곧 동쪽을 향한 문이라.

천사(42:15; 43:5)가 나 에스겔을 데리고 동쪽을 향한 문에 이르렀다. 동쪽을 향한 문에서 성전 측량이 시작되었고(40:6), 이제는 그 측량이 끝나고 다시 이 문으로 이르러 여호와의 영광이 돌아오시는 광경을 본 것이다. 이제 이 동쪽을 향한 문을 통하여 여호와의 영광이 돌아오심으로 이 문의 뜻은 더 명확히 빛나게 되었다는 것이다.

겔 43:2. 이스라엘 하나님의 영광이 동쪽에서부터 오는데 하나님의 음성이 많은 물 소리 같고 땅은 그 영광으로 말미암아 빛나니(And behold, the glory of the God of Israel was coming from the east. And the sound of his coming was like the sound of many waters, and the earth shone with his glory-ESV).

보라! 이스라엘의 하나님의 영광이 동쪽에서 왔는데, 그 소리는 많은 물이 흐르는 소리 같았고, 땅은 그의 영광으로 빛났다.

히브리 원문에 보면 문장 초두에 "보라"(הִנֵּה)라는 말이 등장하여 본 절을 아주 유심히 관찰할 것을 권고하고 있다.

"이스라엘 하나님의 영광이 동쪽에서부터 오는데"라는 말씀은 한 때 하나님의 영광이 동쪽 문에 머무셨는데 이스라엘이 패역해서 이스라엘을 떠나셨는데(10:18,19; 11:22, 23), 떠나셨던 하나님의 영광이 성전 문을 통하여 다시 들어오신다는 뜻이다. 이와 같이 하나님의 영광이 문을 통해 다시 성전으로 들어오신다는 것은 하나님께서 다시 통치하신다는 뜻이니 얼마나 기쁜 일인지 모른다. 이제 이렇게 새로운 성전에 임재하시는 하나님의 영광은 영원히 떠나시지 않으신다는 것을 의미한다. 왜냐하면 이 새로운 성전은 우주적 교회 공동체와 하나님의 나라를 상징하기 때문이다(계 21:2-4).

"하나님의 음성이 많은 물 소리 같다"는 말은 '하나님의 음성이 우렁차다'는 뜻이다. 하나님의 음성은 세상을 뒤흔드는 존재임을 보여준다.

"땅은 그 영광으로 말미암아 빛난다"는 말은 '인간이 살고 있는 모든 지역이 하나님의 영광을 받아 빛난다'는 뜻이다(요 3:16).

겔 43:3. 그 모양이 내가 본 환상 곧 전에 성읍을 멸하러 올 때에 보던 환상 같고 그발 강 가에서 보던 환상과도 같기로 내가 곧 얼굴을 땅에 대고 엎드렸더니.

그 모양이, 내가 본 환상, 곧 주님께서 예루살렘 도성을 멸하러 오실 때에 본 모습과 같았으며(8-11장; 11:22-25), 또 내가 그발 강 가에서 본 모습과도 같았다(1:28; 3:12, 23). 그래서 나는 얼굴을 땅에 대고 엎드렸다.

"내가 곧 얼굴을 땅에 대고 엎드렸다"는 말은 '누구든지 하나님을 본 자는 죽는다는 신념을 가진 자는 하나님의 영광을 볼 때 땅에 엎드리기 마련이라'는 것이다.

겔 43:4-5. 여호와의 영광이 동문을 통하여 성전으로 들어가고(4절) 영이 나를 들어 데리고 안뜰에 들어가시기로 내가 보니 여호와의 영광이 성전에 가득하더라(5절).

여호와의 영광이 동쪽으로 난 문을 통해 그 성전으로 들어오서서(4절) 여호와의 영이 나 에스겔을 들어 안뜰로 데리고 가셨으므로 보니, 여호와의 영광이 그 성전을 가득 채웠다는 것이다.

에스겔은 성령의 충만함을 입어 황홀 상태에 접어든 것이었다. 2:2; 8:3(Ewald, Plumptre).

6-9절. 이스라엘 백성이 모든 불의에서 떠나면 여호와께서 함께 하시겠다고 약속하시다.

겔 43:6. 성전에서 내게 하는 말을 내가 듣고 있을 때에 어떤 사람이 내 곁에 서 있더라(While the man was standing beside me, I heard one speaking to me out of the temple-ESV,
While the man was standing beside me, I heard someone speaking to me out of the temple-NRSV)**.**

나 에스겔은 그 성전에서 내게 말하는 소리를 들었는데, 어떤 사람이 내 곁에 서 있었다는 것이다.

여기 에스겔 곁에서 에스겔에게 말씀했던 분이 누구냐 하는 것이 매우 중요한데, 그 말씀하셨던 주체는 바로 성전의 주인이신 여호와 하나님이셨다는 것이다.

그리고 또 에스겔 곁에 있던 사람은 누구냐 하는 것도 우리가 알아야 되는데, 에스겔 곁에 있던 사람은 하나님의 말씀을 에스겔에게 말해주던 천사로 보인다는 것이다(K.&D., Plumptre, Lange).

겔 43:7. 그가 내게 이르시되 인자야 이는 내 보좌의 처소, 내 발을 두는 처소, 내가 이스라엘 족속 가운데에 영원히 있을 곳이라 이스라엘 족속

곧 그들과 그들의 왕들이 음행하며 그 죽은 왕들의 시체로 다시는 내 거룩한 이름을 더럽히지 아니하리라.

여호와께서 나 에스겔에게 말씀하시기를, "인자야(여호와께서 에스겔을 부르시는 호칭)! 이(이 성전)는 내 보좌의 처소, 곧 내 발을 두는 처소이므로 내가 이스라엘 족속들 가운데 영원히 거할 곳이다. 이스라엘 족속, 곧 그들과 그 왕들이 다시는 음란이나 그들의 산당에 있는 왕들의 시체로 내 거룩한 이름을 더럽히지 아니할 것이라"고 하신다.

"이는 내 보좌의 처소, 내 발을 두는 처소, 내가 이스라엘 족속 가운데에 영원히 있을 곳이라"는 말은 '이 성전은 여호와의 처소, 여호와의 발을 두는 처소, 나 여호와가 이스라엘 족속 가운데에 영원히 있을 곳이라'(37:26, 28; 출 25:8; 29:45)는 말이다. 여기 "내 발을 두는 처소"란 말은 '여호와의 발을 두는 발등상'이란 뜻이다.

"그 죽은 왕들의 시체로 다시는 내 거룩한 이름을 더럽히지 아니하리라"는 말은 이스라엘 백성들이 일반적으로 짓는 죄를 말함이 아니라 구체적으로 왕들의 시체로 성전이 더럽혀지는 죄를 짓지 말라는 의미로 본다. 본 절은 신약 교회가 더럽혀지는 일이 없게 하라는 말씀이다.

겔 43:8. 그들이 그 문지방을 내 문지방 곁에 두며 그 문설주를 내 문설주 곁에 두어서 그들과 나 사이에 겨우 한 담이 막히게 하였고 또 그 행하는 가증한 일로 내 거룩한 이름을 더럽혔으므로 내가 노하여 멸망시켰거니와.

솔로몬이 그 문지방을 내 문지방 곁에 두었고 또 그 문설주를 내 문설주 곁에 두어 솔로몬과 나 여호와 사이에 겨우 한 담을 두어서 행하는 역겨움으로 나 여호와의 거룩한 이름을 더럽혔으므로 나 여호와가 노하여 그들을 멸하였다고 하신다.

겔 43:9. 이제는 그들이 그 음란과 그 왕들의 시체를 내게서 멀리 제거하여 버려야 할 것이라 그리하면 내가 그들 가운데에 영원히 살리라.

이제 솔로몬과 이스라엘 백성들이 자기들의 음행과 자기 왕들의 시체를 내게서 멀리해야 할 것이다. 그러면 나 여호와가 그들과 함께 영원히 살 것이라고 하신다.

본 절은 시체를 멀리할 것과 정결을 강조해야 할 것이 주목된다. 이스라엘이 정결을 힘쓰면 여호와께서 영원히 이스라엘 위에 임재할 것이라고 하신다.

10-12절. 이 부분은 새 성전의 도본을 모든 백성들에게 알게 하라는 것이다.

겔 43:10. 인자야 너는 이 성전을 이스라엘 족속에게 보여서 그들이 자기의 죄악을 부끄러워하고 그 형상을 측량하게 하라.

주 여호와께서 말씀하시기를, "너 인자야(여호와께서 에스겔을 부르시는 호칭)! 너 에스겔은 이스라엘 족속에게 이 성전을 설명하여 주라. 그렇게 해서 그들이 그들의 죄악을 부끄럽게 여겨 자기들의 죄악을 자백하게 해야 할 것이라"고 하신다.

겔 43:11. 만일 그들이 자기들이 행한 모든 일을 부끄러워하거든 너는 이 성전의 제도와 구조와 그 출입하는 곳과 그 모든 형상을 보이며 또 그 모든 규례와 그 모든 법도와 그 모든 율례를 알게 하고 그 목전에 그것을 써서 그들로 그 모든 법도와 그 모든 규례를 지켜 행하게 하라.

주 여호와께서 에스겔에게 만일 이스라엘 백성들이 자기들이 행한 모든 것을 부끄러워하면, 그 성전의 설계와 모형과 그 출구와 입구와 그 모든 설계, 곧 그 모든 규정과 그 모든 설계와 지시들을 알게 하고 그들의 눈 앞에서 그것들을 기록하여, 그들로 하여금 그 모든 설계와 그 모든 규정을 지키고, 그것을 행하게 하라고 하신다.

본 절은 여호와께서 이스라엘 백성들을 향하여 죄를 자복하는 요구를 하시고 죄를 자복하는 약속도 주신다. 여기 약속이란 메시아 왕국의 새 성전의 제도와 양식 등을 알게 하신다는 것이다. 그리고 동시에 메시아 왕국의 복에 동참하며, 새 성전에서의 여호와 경배에 참여한다는 것이다.

겔 43:12. 성전의 법은 이러하니라 산 꼭대기 지점의 주위는 지극히 거룩하리라 성전의 법은 이러하니라.

이것이 그 성전의 법이니라. 그 산 꼭대기 위의 모든 지역은 지극히 거룩하니, 보라! 이것이 그 성전의 법이니라고 하신다.

"성전의 법은 이러하니라"는 말이 본 절 초두와 말미에 두 번 나타나 강조되고 있다. 여기 "성전의 법"이란 에스겔이 본 새로운 성전과 관련된 각종 규례와 율례들을 뜻한다(40-42장, K.&D.). 이 법은 이스라엘 백성들에게 자신들이 죄인들임을 깨닫게 하는데 그쳤던 모세의 율법과 대조되는 것으로 그리스도께서 완성하실 새 법을 상징한다(렘 31:32-33; 요 1:17; 13:34; 히 8:8-12; 10:16, 17).

"산 꼭대기 지점의 주위는 지극히 거룩하리라"는 말은 에스겔이 계시(啓示)에 의하여 보게 된 새 성전이 "산 꼭대기"에 있었는데(40:2), 그 성전의 지대가 "지극히 거룩하다"는 의미이다. 그 성전이 산 꼭대기에 자리 잡은 것은 바로 그것이 세상에서 탁월하게 성별된 사실을 무언(無言)중에 보여준다. 인간들을 구원하실 수 있는 비결은 하나님 자신의 성결이다. 이 일 때문에 하나님 자신이신 그리스도께서 이 땅에 강림하신 것이다(박윤선). 이런 사실이 새 성전의 계시에 의하여 예언적으로 상징되었다.

b) 번제단의 규모와 제사 규례 43:13-27

13-27절의 내용은 번제단의 규격에 대한 진술(13-17절)과 그것을 봉헌한 일(18-27절)로 구성되어 있다.

13-17절. 번제단의 규격을 진술한다. 이 부분은 40:47의 연속이다.

<번제단의 모양과 크기>

겔 43:13. 제단의 크기는 이러하니라 한 자는 팔꿈치에서부터 손가락에 이르고 한 손바닥 넓이가 더한 것이라 제단 밑받침의 높이는 한 척이요

그 사방 가장자리의 너비는 한 척이며 그 가로 둘린 턱의 너비는 한 뼘이니 이는 제단 밑받침이요.

제단의 크기는 이러하다. 한 규빗은 팔꿈치에서부터 손가락에 이르고 한 손바닥 넓이를 더한 것이다. 제단 밑받침의 높이가 한 규빗이고 그 사면 가장자리의 너비가 한 규빗이며, 그 가로 둘린 턱의 너비는 한 뼘이니 이는 제단 밑받침이라고 하신다.

"제단"이란 말은 '번제단'을 이르는 말이다(40:47). "한 규빗은 팔꿈치에서부터 손가락에 이르고 한 손바닥 넓이를 더한 것이다"는 말씀에서 "팔꿈치에서부터 손가락에 이르는 길이"는 정상적인 규빗(약 46cm)이고, 여기에 "한 손바닥 넓이"를 더한 것이 큰 규빗이다(40:5 참조).

"제단 밑받침의 높이는 한 척이요 그 사방 가장자리의 너비는 한 척이며 그 가로 둘린 턱의 너비는 한 뼘이니"에서 이 본문은 제단 밑받침의 척수를 말하는 것이다. 밑받침의 높이가 1규빗이고, 너비가 1규빗이며, 사면 가장자리는 1뼘이다(K.&D.).

겔 43:14. 이 땅에 닿은 밑받침 면에서 아래층의 높이는 두 척이요 그 가장자리의 너비는 한 척이며 이 아래층 면에서 이 층의 높이는 네 척이요 그 가장자리의 너비는 한 척이며.

제단은 땅에 닿은 밑받침과 아래층, 그리고 2층, 합해서 총 3층의 구조로 되어 있다. 즉, 바닥에 닿은 밑받침으로부터 아래층의 높이가 2규빗이고, 그 가장자리의 너비가 1규빗이며, 이 아래층으로부터 이층의 높이가 4규빗이고, 그 가장자리의 너비가 1규빗이다. 본 절 제단의 전체적인 형태와 각 부분의 치수에 대한 내용은 16절의 그림을 참조하라.

겔 43:15. 그 번제단 위층의 높이는 네 척이며 그 번제하는 바닥에서 솟은 뿔이 넷이며.

그 번제단 위층의 높이는 네 규빗이요, 번제를 드리는 그 바닥 위에 솟은 뿔 넷이 있다. 위층은 2층으로부터 높이가 4규빗이 되고, 거기 4모퉁이에 4뿔이 있었다. 뿔이 있다는 말은 권능이 있다는 뜻이다.

모세 때의 회막의 제단(출 27:2)에나 솔로몬의 성전의 제단(시 118:27)에도 뿔들이 있었다.

43:14-27을 위한 도표

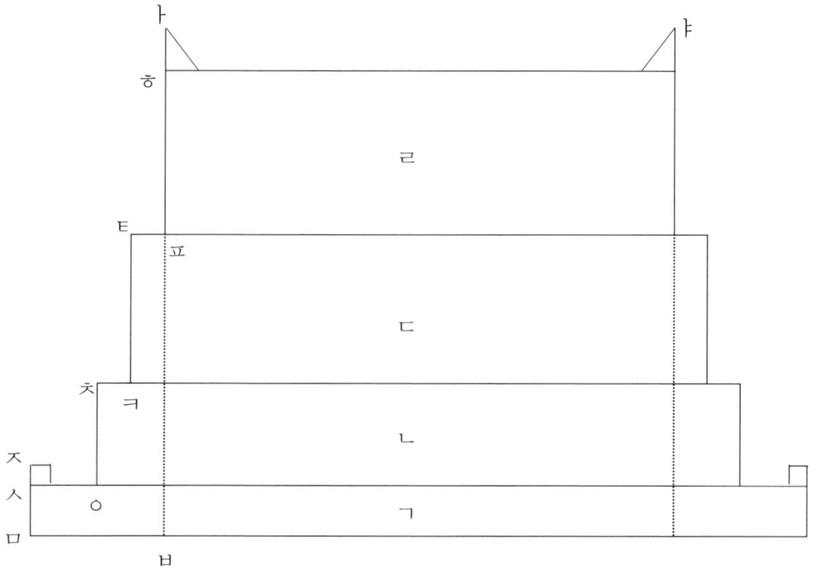

ㄱ .... 밑받침	ㅇ ~ ㅊ ...... 아래층 높이
ㄴ .... 아래층	ㅊ ~ ㅋ ...... 아래층 가장자리 넓이
ㄷ .... 이 층	ㅋ ~ ㅌ ...... 이층 높이
ㄹ .... 윗 층	ㅌ ~ ㅍ ...... 이층 가장자리 넓이
ㅁ ~ ㅅ .... 밑받침 높이	ㅍ ~ ㅎ ...... 윗층 높이
ㅅ ~ ㅇ .... 밑받침 가장자리 넓이	ㅎ ~ ㅏ ...... 뿔
ㅅ ~ ㅈ .... 턱의 높이	ㅏ ~ ㅑ ...... 번제하는 바닥

겔 43:16. 그 번제하는 바닥의 길이는 열두 척이요 너비도 열두 척이니 네모 반듯하고.

희생을 태워드리는 단의 바닥의 길이와 너비는 다 같이 12규빗으로 정방형이었다. 정방형이라는 말은 견고성, 안정성, 지구성을 의미한다(박윤선). 이 세 가지 성격은 그리스도께서 이루실 속죄의 성격을 예언한다.

겔 43:17. 그 아래층의 길이는 열네 척이요 너비는 열네 척이니 네모 반듯하고 그 밑받침에 둘린 턱의 너비는 반 척이며 그 가장자리의 너비는 한 척이니라 그 층계는 동쪽을 향하게 할지니라(The ledge also shall be square, fourteen cubits long by fourteen broad, with a rim around it half a cubit broad, and its base one cubit all around. The steps of the altar shall face east-ESV).

"그 아래층의 길이는 열네 척이요 너비는 열네 척이니 네모 반듯하고"란 말씀에서 "아래층"이란 앞 절에서 언급한 맨 위층의 바로 아랫단, 곧 단의 가운데 층을 지칭한다. 맨 위층의 길이가 12규빗이었고(16절), 가장자리의 넓이가 1규빗이었으므로(2절 주해 참조) 가운데 층의 길이와 너비가 14규빗인 것은 당연하다.

"그 밑받침에 둘린 턱의 너비는 반 척이며 그 가장자리의 너비는 한 척이니라"는 말씀은 "밑받침에 둘린 턱"이란 '난간'을 뜻하는 것으로 '난간'의 너비가 반 척이며, 그 가장자리의 너비가 한 척이란 말이다. "밑받침"에 둘린 "턱"은 수직하는 제사장을 보호하기 위해 만들어져 있는 것이 아니고 어디까지나 장식을 위해 만들어져 있는 것이었다(Plumptre).

"그 층계는 동쪽을 향하게 할지니라"란 말은 회막에서는 층계가 금지(출 20:26)되었으나 여기서는 동쪽을 향하여 설치되게 했다는 뜻이다.

18-27절. 이 부분에서는 13-17절에서 명하신 대로 제작을 완성한 제단을

하나님께 봉헌하는 의식 규례를 언급하고 있다.

<번제단의 봉헌>

겔 43:18. 그가 내게 이르시되 인자야 주 여호와께서 이같이 말씀하셨느니라 이 제단을 만드는 날에 그 위에 번제를 드리며 피를 뿌리는 규례는 이러하니라.

주 여호와께서 나 에스겔에게 말씀하시기를, "인자야(여호와께서 에스겔을 부르시는 호칭)! 이것들이 완성되는 날에 그 위에서 번제를 드리고, 그 위에 피를 뿌릴 제단에 대한 규례들이라"는 것이다.

광야에서 성막을 완성했을 때와 솔로몬 성전 건립을 완성했을 때에도 이와 같이 봉헌 절차가 행하여졌다(레 8:11-33; 왕상 8:62-66; 대하 7:4-10).

겔 43:19. 주 여호와의 말씀이니라 나를 가까이 하여 내게 수종드는 사독의 자손 레위 사람 제사장에게 너는 어린 수송아지 한 마리를 주어 속죄제물을 삼되.

주 여호와께서 말씀하시기를, "너 에스겔은 사독 자손 중 나 여호와를 섬기기 위해 나아오는 레위 제사장들에게 어린 수송아지 한 마리를 속죄제물로 주라"고 하신다. 본 절의 주해를 위해 40:46 주해를 참조하라.

겔 43:20. 네가 그 피를 가져다가 제단의 네 뿔과 아래층 네 모퉁이와 사방 가장자리에 발라 속죄하여 제단을 정결하게 하고.

너 에스겔은 그 피를 가져다가 제단의 네 뿔 위와 아래층의 네 모퉁이와 사면 가장자리에 발라서, 그것으로 속죄하여 제단을 정결케 해야 할 것이라고 하신다. 에스겔은 여호와의 명령을 따라 피로써 제단을 속죄하되 그 위의 4뿔과 아래층 네 모퉁이, 그리고 그 밑받침에 둘린 반 규빗 짜리 턱에 발라 속죄하여 정결하게 했다.

겔 43:21. 그 속죄제물의 수송아지를 가져다가 성전의 정한 처소 곧 성소 밖에서 불사를지며.

너 에스겔은 속죄제를 위하여 어린 수송아지를 가져다가, 사람들로 하여금 성소 바깥, 곧 성전의 정해진 곳에서 그것을 태우게 하라고 하신다.

모세의 제사법전에서도 성소 밖에서 송아지의 고기와 가죽과 똥을 불태우게 되어 있었다(출 29:14; 레 4:12, 21). 이는 공적인 속죄제였다. 제물은 제사장의 소유가 되었다(44:29).

겔 43:22. 다음 날에는 흠 없는 숫염소 한 마리를 속죄제물로 삼아 드려서 그 제단을 정결하게 하기를 수송아지로 정결하게 함과 같이 하고.

둘째 날에 너 에스겔은 흠 없는 숫염소를 속죄제로 드려서, 사람들이 어린 황소로 정결케 하는 것처럼 제단을 정결케 하라고 말씀하신다.

번제단을 정결하게 하는 제사는 7일간 계속되었다(26절). 둘째 날에는 숫염소로 제사를 드렸다(레 9:3, 15; 민 7:16).

겔 43:23. 정결하게 하기를 마친 후에는 흠 없는 수송아지 한 마리와 떼 가운데에서 흠 없는 숫양 한 마리를 드리되.

너 에스겔이 속죄하기를 마치면, 너 에스겔은 흠 없는 어린 수송아지와 양 떼 중에서 흠 없는 숫양 한 마리를 드리라고 하신다.

속죄제가 끝나면 번제(희생을 태워드리는 제사)를 드리라는 것이다.

겔 43:24. 나 여호와 앞에 받들어다가 제사장은 그 위에 소금을 쳐서 나 여호와께 번제로 드릴 것이며.

너 에스겔은 그것들을 여호와 앞에 드리되, 제사장들이 그 위에 소금을 뿌려서 여호와께 번제로 드리게 하여라.

번제에 소금을 뿌리는 것은 모세의 번제법에는 없는 것이나 일반적인 관습에서 생긴 듯이 보인다.

겔 43:25. 칠 일 동안은 매일 염소 한 마리를 갖추어 속죄제물을 삼고 또 어린 수송아지 한 마리와 떼 가운데에서 숫양 한 마리를 흠 없는 것으로 갖출 것이며.

칠 일 동안 너 에스겔은 매일 염소 한 마리를 속죄제로 드리고, 사람들은 어린 수송아지 한 마리와 양 떼 중에서 숫양 한 마리를 흠 없는 것으로 드리도록 하라고 하신다.

제단을 성별하는 제사는 7일간 계속되었다. 그 첫날에는 수송아지로 속죄제를 드려야 했고, 둘째 날에는 숫염소로 번제를 드려야 했으며, 그 다음 날부터는 염소 한 마리씩을 속죄제로 계속 드린 것으로 보인다(K.&D., Cooke, Currey). 여기에서 7일간 드렸다는 것은 만수(滿數)를 의미한다. 이와 같이 7일간 만수로 드린 것은 그 속죄제를 보다 완전케 한 것이다. 그것은 그리스도의 완전한 속죄의 그림자였다. 오늘날 우리는 그리스도의 완전한 속죄의 덕으로 살고 있는 것이다.

겔 43:26. 이같이 칠 일 동안 제단을 위하여 속죄제를 드려 정결하게 하며 드릴 것이요.

이와 같이 너 에스겔은 칠 일 동안 사람들이 제단을 대속하고 정결케 하여 그것을 거룩하게 드리라고 말씀하신다.

본 절은 앞선 절들의 결론으로 7일간 속죄제와 번제를 드려 제단을 정결하게 하여 제단을 하나님께 봉헌한다는 내용이다. 정결하게 하지 않으면 하나님께 봉헌하지 못하는 것이다. 오늘 우리도 그리스도의 속죄를 입지 않고는 하나님께 바쳐지지 못한다.

겔 43:27. 이 모든 날이 찬 후 제팔일과 그 다음에는 제사장이 제단 위에서 너희 번제와 감사제를 드릴 것이라 그리하면 내가 너희를 즐겁게 받으리라 주 여호와의 말씀이니라.

본 절은 7일간의 성전 제단 봉헌식을 마친 이후의 일상적인 모든 제사 업무에 관해 언급을 하고 있는 것이다. 즉, 주 여호와께서 말씀하시기를 제8일과 그 이후부터는 제사장들이 그 제단 위에 너희의 번제와 감사제를 드리게 하여라. 그러면 나 주 여호와가 너희를 기쁘게 받아들이겠다고 하신다.

8일 이후에 드리는 번제와 감사제는 46:2, 12에도 함께 나타난다(출 20:24; 32:6; 신 27:6; 삼하 6:17). "번제"란 자신을 하나님께 온전히 바치는 헌신의 제사이고, 감사제는 하나님과 화목 되었다는 뜻으로 드리는 감사제이다. 이 제사를 하나님께 바친 후에 이 제물은 다시 제사장의 소유가 되는 것이다.

실로 감사하지 않는 삶이나 예배는 하나님께서 결코 열납 하지 않으신다. 그것은 감사가 하나님께 대한 믿음과 사랑과 순종을 나타내는 귀중한 열매이기 때문이다.

제 44 장

2. 새로운 예배 규례 44:1-46:24

이 부분은 새 성전(40-43장)에서 새 예배를 드리는 것(44-46장)에 대해 진술한다. 그러면 메시아 왕국의 복을 받는 것이다. 이 부분의 내용은 새 제사장(44장)과 새 제사와 생활(45-46장)로 구분된다.

ㄱ. 새 제사장에 대한 규례 44:1-31

44장의 내용은 동문이 닫혀 있어야 한다는 것(1-3절), 레위인 제사장(4-14절), 제사장의 규정(15-27절), 제사장의 기업(28-31절)으로 구성되어 있다.

a) 닫혀져 있는 성전 동문 44:1-3

여호와의 영광이 동쪽 문을 통하여 성소로 들어간 후에는 그 문을 닫아야 했고, 아무도 동문을 통하여 들어가지 못한다고 말씀하신다. 왕은 성소 안에서 여호와 앞에서 식사하며 여호와와 교제하도록 되어 있다.

<성전 동쪽 문은 닫아 두라>

겔 44:1. 그가 나를 데리고 성소의 동쪽을 향한 바깥 문에 돌아오시니 그 문이 닫혔더라.

그 천사(1-3절)가 나 에스겔을 동쪽으로 향한 성소의 바깥 문 쪽으로 데려갔는데, 그 문은 아무도 드나들지 못하게 닫혀 있었다.

여기 본 절의 광경은 40-42장, 43:1-3과 밀접하게 연관되어 있다. 즉, 먼저 바깥 동쪽 문(43:1)으로부터 안뜰로 인도되고(43:3), 다시 돌아서 바깥 뜰에서 바깥 동문으로 인도된 것이다. 그러나 그 동문은 닫혀 있었다. 여호와께서 이 문을 통하여 성소에 들어가셨으므로(43:4), 이 동문은 지극히 거룩한 곳이 되어(43:7) 아무도 이 문을 드나들지 못하게 하신 것이다.

겔 44:2. 여호와께서 내게 이르시되 이 문은 닫고 다시 열지 못할지니 아무도 그리로 들어오지 못할 것은 이스라엘 하나님 나 여호와가 그리로 들어왔음이라 그러므로 닫아 둘지니라.

여호와께서 내게 말씀하시기를, "이 문은 닫힌 채로 다시 열지 아니해야 할 것이다. 아무도 그 문을 통해 들어오지 못할 것이니, 이는 여호와 이스라엘의 하나님께서 그 문을 통해 들어오셨기 때문이다. 그러므로 그것이 닫힌 채로 있어야 할 것이라"고 하신다.

여호와께서 친히 바깥 동문을 닫고 다시 열지 못할 것을 명하신다. 이 문을 닫아 두어야 하는 것은 여호와께서 새 성전에 영원히 계시고 다시 나가지 않으실 것을 보장하신 때문이다(Lightfoot).

겔 44:3. 왕은 왕인 까닭에 안 길로 이 문 현관으로 들어와서 거기에 앉아서 나 여호와 앞에서 음식을 먹고 그 길로 나갈 것이니라.

오직 왕은 왕이기 때문에, 그 문에 앉아 여호와 앞에서 빵을 먹을 수 있다. 그가 그 문의 현관을 통해 들어오고 같은 길로 나갈 것이라고 하신다.

본 절을 얼핏 보면 왕은 '성소의 동향한 문'으로 출입하는 것이 허용된 것처럼 보인다. 그러나 본문은 왕이 동문으로 들어오는 것을 허용한다는 말이 아니다.본문은 단지 동문 현관으로 들어오는 것을 허용한다는 말이다. 비록 왕이라 할지라도 성전으로 들어올 때는 반드시 남문이나 북문으로 들어온 뒤, 비로소 동문 현관으로 들어갈 수가 있었다. 46:2 주해 참조. 한편 왕이 '여호와 앞에서 음식을 먹는다'는 것은 그가 백성의 대표자로서 제사를 드린 뒤에 그 제물을 먹는 것을 가리키며(45:17-25), 이것은 제물을 드린 왕 자신이 마치 제물과 같이 하나님께 철저하게 헌신되어져야 한다는 것을 암시한다. 또 일부 학자들은 본 절이 언급하고 있는 왕이 단순히 이스라엘 백성의 대표자로서의 의미뿐만 아니라 궁극적으로 다윗 왕권을 이어 하나님 나라의 왕이 되실 메시아를 상징한다고 주장하기도 한다(Cooke, Haevernick, Smend). 실제로 이러한 견해는 제사장들에게만 허용된 제물을 먹는 것이 왕에게도 허용되었다는 사실을 볼 때 타당하다고 할 수 있다.

b) 이방인은 출입을 금지하다 44:4-9

이방인이 성소 안으로 들어오지 못하게 하고, 오직 레위인 제사장만 성전에서 시중들게 할 것이다.

<여호와의 영광이 성전에 가득하다>

겔 44:4. 그가 또 나를 데리고 북문을 통하여 성전 앞에 이르시기로 내가 보니 여호와의 영광이 여호와의 성전에 가득한지라 내가 얼굴을 땅에 대고 엎드리니.

그리고 북문을 통해서 천사가 나 에스겔을 그 성전 앞으로 데리고 갔다. 나 에스겔이 보니, 여호와의 영광이 여호와의 성전에 가득하였다. 나 에스겔은 얼굴을 땅에 대고 엎드렸다.

"그가 또 나를 데리고 북문을 통하여 성전 앞에 이르시기로"란 말은 '천사가 또 에스겔을 데리고 동편 바깥문에서 바깥뜰을 통하여 북향한 문에 이르고 거기에서 안뜰로 들어가게 했다'는 뜻이다. 그래서 들어간 에스겔은 성소에 가득한 여호와의 영광을 본 것이다. 천사가 이렇게 빙 둘러 돌아서 간 것은 동문이 닫혀 있었기 때문이다.

"여호와의 영광이 여호와의 성전에 가득한지라 내가 얼굴을 땅에 대고 엎드리니" 본문은 43:3-5의 기사와 동일한 글이다. 에스겔은 또 한 번 여호와의 영광의 충만을 보았고, 또 한 번 그 앞에 엎드린 것이다. 여호와의 영광을 접할 때 몇 번인들 이와 똑같은 현상이 일어날 것이다.

겔 44:5. 여호와께서 내게 이르시되 인자야 너는 전심으로 주목하여 내가 네게 말하는 바 여호와의 성전의 모든 규례와 모든 율례를 귀로 듣고 또

성전의 입구와 성소의 출구를 전심으로 주목하고.

여호와께서 내게 말씀하시기를, "인자야(여호와께서 에스겔을 부르시는 호칭)! 네 마음에 두고, 네 눈으로 보아라. 여호와 성전의 모든 규례와 그 모든 율례들에 대해 내가 네게 말하는 모든 것을 들어라. 성전에 들어가는 것과 성소에서 나가는 모든 것을 네 마음에 두라"고 하신다.

"여호와의 성전의 모든 규례와 모든 율례를 귀로 들으라"고 하신다. 내용은 43:11과 같다. 에스겔은 여호와께서 가르쳐주시는 모든 규례와 율례를 깨달아 익숙해져야 했다(40:4; 43:11, 12).

"성전의 입구와 성소의 출구를 전심으로 주목하라"고 하신다. 여호와께서는 에스겔에게 성전의 출입구를 각별히 경계할 것을 당부하신다. 이유는 다음 절부터 이 성전에 출입하지 못할 자들에 대한 내용을 기록하고 있는 것과 관련된다.

겔 44:6. 너는 반역하는 자 곧 이스라엘 족속에게 이르기를 주 여호와께서 이같이 말씀하시기를 이스라엘 족속아 너희의 모든 가증한 일이 족하니라.

주 여호와께서 말씀하시기를, "너 에스겔은 반역하는 자, 곧 이스라엘 족속에게 말하여라. 이스라엘 족속아! 너희 모든 역겨운 것들이 너희에게 족하다"고 하신다.

이스라엘 족속은 과거에 우상 숭배를 한 것이 족하니 이제부터는 더 이상 우상 숭배를 하거나 죄를 짓지 말라고 하신다.

겔 44:7. 너희가 마음과 몸에 할례 받지 아니한 이방인을 데려오고 내 떡과 기름과 피를 드릴 때에 그들로 내 성소 안에 있게 하여 내 성전을 더럽히므로 너희의 모든 가증한 일 외에 그들이 내 언약을 위반하게 하는 것이 되었으며.

너희 제사장들은 이방인들, 곧 마음에 할례를 받지 못한 자들과 몸에 할례를 받지 못한 자들을 내 성소에 들어오게 하여(레 26:41; 신 10:6; 렘

4:4; 9:25) 내 성전을 더럽히지 않았느냐. 너희가 내 음식과 기름과 피를 내게 바치면서도, 너희는 너희 모든 역겨운 일들을 행하여 내 언약을 파기하지 않았느냐고 말씀하신다.

겔 44:8. 너희가 내 성물의 직분을 지키지 아니하고 내 성소에 사람을 두어 너희 직분을 대신 지키게 하였느니라.

너희 제사장들은 나 여호와의 성물들에 대한 직무를 수행하지 않고, 너희 제사장들 대신 여호와의 성소에서 직무를 수행할 자들을 세웠다고 하신다.

9-14절. 제사 직분은 오직 레위인 제사장만이 수행해야 한다는 것이다.

<레위 사람들의 제사장 직분을 박탈하다>

겔 44:9. 주 여호와께서 이같이 말씀하셨느니라 이스라엘 족속 중에 있는 이방인 중에 마음과 몸에 할례를 받지 아니한 이방인은 내 성소에 들어오지 못하리라.

주 여호와께서 이와 같이 말씀하시기를, "모든 이방인들, 곧 마음에 할례를 받지 못한 자들과 몸에 할례 받지 못한 자들은 여호와의 성소에 들어오지 못한다. 심지어 이스라엘 자손과 함께 사는 이방인이라도 여호와의 성소에 들어오지 못할 것이라"고 하신다.

c) 레위인 제사장의 책임 44:10-14

겔 44:10. 이스라엘 족속이 그릇 행하여 나를 떠날 때에 레위 사람도 그릇 행하여 그 우상을 따라 나를 멀리 떠났으니 그 죄악을 담당하리라.

이스라엘 족속이 나 여호와에게서 떠나 그릇 행했을 때(6:3-6; 14:3-11; 16:18-21), 자기 우상들을 따라 내게서 떠나 그릇 행한 레위인들도 자기 죄를 담당해야 할 것이라고 하신다.

겔 44:11. 그러나 그들이 내 성소에서 수종들어 성전 문을 맡을 것이며 성전에서 수종들어 백성의 번제의 희생물과 다른 희생물을 잡아 백성 앞에 서서 수종들게 되리라.

본 절은 직임을 온전히 수행하지 못했던 레위인 제사장들을 다시 회복시킬 것을 말하는데, 다만 이들은 일반 레위인들이 감당하던 직무만을 수행하는 제한적인 직무를 맡게 될 것을 기록하고 있다. 즉, 레위인 제사장들이 여호와의 성소에서 시중들고, 성전의 문들을 관리하고, 성전에서 시중들게 될 것이며, 백성을 위해 번제와 희생제물을 잡고, 또 그 백성들 앞에 서서 그들을 시중들게 될 것이라고 하신다.

이를 통해 여호와는 범죄한 자들에게 무한 자비를 베푸시나 동시에 죄를 지은 것에 대해서는 벌을 면치 못한다는 것을 보여주신다.

겔 44:12. 그들이 전에 백성을 위하여 그 우상 앞에서 수종들어 이스라엘 족속이 죄악에 걸려 넘어지게 하였으므로 내가 내 손을 들어 쳐서 그들이 그 죄악을 담당하였느니라 주 여호와의 말씀이니라.

10절에서 언급했던 레위인들의 범죄 사실이 다시 한 번 강조 되고 있다. 즉, 주 여호와께서 말씀하시기를 레위인 제사장들이 자기 우상들 앞에서 백성들을 섬겨, 우상들이 이스라엘 족속에게 죄의 기회가 되었으므로 나 여호와가 그들을 대적하여 내 손을 들어 맹세하였으니, 그들이 자기 죄악의 대가(代價)를 치를 것이라고 하신다.

겔 44:13. 그들이 내게 가까이 나아와 제사장의 직분을 행하지 못하며 또 내 성물 곧 지성물에 가까이 오지 못하리니 그들이 자기의 수치와 그 행한 바 가증한 일을 담당하리라.

레위인 제사장들은 나 여호와의 제사장이 되지 못하고, 나 여호와의 어떤 성물이나 지성물에도 가까이 접근하지 못할 것이니, 자기들이 행한 수치와 역겨운 일들을 담당해야 할 것이라고 하신다.

레위인 제사장들은 여호와께 바치는 지극히 거룩한 제물에 가까이 하지 못한다는 것이다.

겔 44:14. 그러나 내가 그들을 세워 성전을 지키게 하고 성전에 모든 수종드는 일과 그 가운데에서 행하는 모든 일을 맡기리라.

본 절 주해를 위해 11절 주해를 참조하라.

d) 사독 계열 제사장들의 규범 44:15-27

<제사장들>

겔 44:15. 이스라엘 족속이 그릇 행하여 나를 떠날 때에 사독의 자손 레위 사람 제사장들은 내 성소의 직분을 지켰은즉 그들은 내게 가까이 나아와 수종을 들되 내 앞에 서서 기름과 피를 내게 드릴지니라 주 여호와의 말씀이니라.

주 여호와께서 말씀하시기를, "이스라엘 자손이 나 여호와에게서 떠나 그릇 행했을 때에도, 나 여호와의 성소의 직무를 수행했던 사독 자손들인 레위 제사장들은 나 여호와에게 나아와 나 여호와를 섬기며, 내 앞에 서서 내게 기름과 피를 바칠 것이라"고 하신다.

과거 이스라엘 자손이 우상 숭배를 하여 여호와를 떠났을 때에도 사독 자손들은 여호와를 떠나지 않고 본무에 충실했다는 것이다. 참으로 아름다운 일이다.

겔 44:16. 그들이 내 성소에 들어오며 또 내 상에 가까이 나아와 내게 수종들어 내가 맡긴 직분을 지키되.

본 절은 범죄한 다른 레위 자손과 달리 충성스럽게 직임을 감당했던 사독 자손이 여호와께 가까이 나아가 섬기게 될 것을 보다 구체적으로 표현하고 있다. 즉, 사독 자손이 나 여호와의 성소에 들어가고, 내 상에 가까이 나아와 나를 섬기며, 내 직무를 수행할 것이라고 하신다.

겔 44:17. 그들이 안뜰 문에 들어올 때에나 안뜰 문과 성전 안에서 수종들 때에는 양털 옷을 입지 말고 가는 베 옷을 입을 것이니.

17-27절은 성소에서 제사장 직분을 수행할 사독의 자손들이 지켜야 할 각종 규례를 언급하고 있다. 즉, 사독의 자손들이 안뜰 문 안으로 들어갈 때, 그들은 베옷을 입어야 한다. 안뜰 문들이나 그 안쪽에서 섬길 때, 양털 옷은 걸치지 말아야 한다고 하신다. 여호와께서 굳이 양털 옷을 입지 못하게 하시고 베옷을 입게 하신 이유는 18절이 암시해주고 있듯이 양털 옷을 입게 될 경우 육신을 불결하게 하는 땀이 흐르게 될 것이기 때문이다(K.&D., Whitelaw).

겔 44:18. 가는 베 관을 머리에 쓰며 가는 베 바지를 입고 땀이 나게 하는 것으로 허리를 동이지 말 것이며.

사독의 자손들은 베로 만든 관을 자기 머리 위에 쓰고, 베로 만든 속옷을 허리에 둘러야 하며, 땀이 나게 하는 것은 어떤 것이라도 두르지 말아야 한다고 하신다.

겔 44:19. 그들이 바깥뜰 백성에게로 나갈 때에는 수종드는 옷을 벗어 거룩한 방에 두고 다른 옷을 입을지니 이는 그 옷으로 백성을 거룩하게 할까 함이라.

사독 자손 제사장들이 바깥뜰 곧 백성이 있는 바깥뜰로 나갈 때, 그들은 입고 섬기던 자기 옷을 벗어 거룩한 방들에 두고, 다른 옷들을 입어야 한다. 그들이 자기 옷으로 백성을 거룩하게 만들어서는 안 된다고 하신다.

"그 옷으로 백성을 거룩하게 할까 함이라"는 본문은 단지 하나님께 제사를 드릴 때에 입는 옷을 부주의하게 다루지 말 것을 의도하고 있는 것으로 이해하고 있는 것이 바람직하다.

겔 44:20. 그들은 또 머리털을 밀지도 말며 머리털을 길게 자라게도 말고 그 머리털을 깎기만 할 것이며.

제사장들은 머리털을 밀지도 말고, 자기 머리털이 길게 자라게 하지도 말아야 한다. 늘 자기 머리털을 깔끔하게 다듬어야 한다는 것이다.

겔 44:21. 아무 제사장이든지 안뜰에 들어갈 때에는 포도주를 마시지 말 것이며.

어떤 제사장이라도 안뜰에 들어가 하나님을 섬기러 들어갈 때에는 포도주를 마시지 말라고 하신다.

이 계명은 모세의 계명에도 있다(레 10:9). "음행과 술은 사람의 마음을 빼앗기" 때문이라고 하신다(호 4:11).

겔 44:22. 과부나 이혼한 여인에게 장가 들지 말고 오직 이스라엘 족속의 처녀나 혹시 제사장의 과부에게 장가 들 것이며.

본 절은 제사장의 결혼에 관해 진술한다. 즉, 제사장은 과부나 이혼녀를 아내로 삼지 말고, 이스라엘 족속의 처녀나 이전에 제사장과 결혼했던 과부를 선택해야 한다고 한다.

겔 44:23. 내 백성에게 거룩한 것과 속된 것의 구별을 가르치며 부정한 것과 정한 것을 분별하게 할 것이며.

본 절은 제사장이 이스라엘 백성에게 행해야 할 임무를 진술한다. 즉, 제사장은 이스라엘 백성에게 거룩한 것과 속된 것을 구별할 줄 알게 하고, 그들에게 부정한 것과 정한 것을 분별하게 해야 한다고 하신다.

제사장은 과부나 이혼 당한 여자가 아니라 이스라엘 족속의 처녀나 제사장의 과부를 아내로 취하라는 것이다.

겔 44:24. 송사하는 일을 재판하되 내 규례대로 재판할 것이며 내 모든 정한 절기에는 내 법도와 율례를 지킬 것이며 또 내 안식일을 거룩하게 하며.

제사장이 해야 하는 일을 진술한다. 즉, 송사가 있으면 제사장들은 재판관이 되어 여호와의 율례대로 그것을 판결하고, 여호와의 모든 회중 가운데서 여호와의 율법과 규례들을 지키며, 내 안식일들을 거룩하게 할 것이라고 하신다. 제사장은 백성들로 하여금 절기와 안식일을 거룩하게 엄수하도록 해야 했다. 이스라엘의 포로기 이후에는 제사장이 이런 직무를 소홀이 했다(말 2:7-9).

25-27절. 죽음은 하나님과 인간의 관계를 파괴했던 죄의 결과로 발생한 것이므로 죽은 자의 시체는 의식법상 부정한 것으로 규정되었다(민 6:6, 7; 19:11-19).

겔 44:25. 시체를 가까이 하여 스스로 더럽히지 못할 것이로되 부모나 자녀나 형제나 시집 가지 아니한 자매를 위하여는 더럽힐 수 있으며.

제사장들은 죽은 자 곁에 가서 자기를 더럽히지 말아야 한다. 그러나 아버지나 어머니나 아들이나 딸이나 형제나 남편이 없는 자매를 위해서는 스스로를 더럽게 할 수 있다고 하신다.

"부모나 자녀나 형제나 시집 가지 아니한 자매를 위해서는 더럽힐 수 있으며"라는 본 절은 모세 율법에서 규정한 것보다 많이 완화된 모습을 보이고 있다. 모세 율법에서는 본 절에서보다 더욱 엄격한 법을 적용하여 대제사장의 경우 부모의 시체를 비롯하여 그 어떤 시체에도 손을 대지 못하도록 규정하고 있다(레 21:11).

겔 44:26. 이런 자는 스스로 정결하게 한 후에 칠 일을 더 지낼 것이요.

제사장은 정결케 된 후에도 칠 일을 더 지내야 한다고 하신다. 모세의 법에서는 사람이 시체에 접한 후 7일간 결례를 행함으로 정결하게 되었다(민 19:11-12; 31:19). 그러나 제사장은 그렇게 정결하게 된 후 7일을 더 지낸 후에 제사장의 직무를 행하라는 것이다.

겔 44:27. 성소에서 수종들기 위해 안뜰과 성소에 들어갈 때에는 속죄제를 드릴지니라 주 여호와의 말씀이니라.

주 여호와께서 말씀하시기를, "가족의 죽음으로 더러워진 것을 정결하게 하고(26절), 그의 임무를 수행하기 위해서 제사장이 성소에서 섬기려고 성소 안뜰과 성소로 들어가는 날에는 제사장은 자기를 위해 속죄제를 드려야 한다"고 하신다(레 4:3; 민 6:11).

e) 제사장들의 기업 44:28-31

여호와께서 제사장들의 기업이 되신다는 것이다. 즉, 여호와를 섬기는 것이 바로 제사장들의 기업이 되는 것이고, 또 제물은 제사장들의 소유가 되는 것이다.

겔 44:28. 그들에게는 기업이 있으리니 내가 곧 그 기업이라 너희는 이스라엘 가운데에서 그들에게 산업을 주지 말라 내가 그 산업이 됨이라.

제사장들에게 유업이 있으니, 나 여호와가 곧 그들의 유업이다. 너희는 이스라엘에서 그들에게 아무 소유도 주지 마라. 내가 그들의 소유라고 하신다.

제사장들이 가나안 땅에서 단 한 뼘의 토지조차 받지 않은 것은 아니었다. 45:4에 의하면 제사장들도 자기 집을 짓고 성소를 세울 구역을 제공받았다. 그러나 그 구역은 거주하고 하나님을 섬기기 위한 용도로 사용되는 구역이었지 농사를 지어 산물을 내거나 하는 따위의 산업은 아니었다. 이런 의미에서 제사장들은 이스라엘 가운데서 그들의 기업 또는 산업을 받지 못했다고 할 수 있다.

겔 44:29. 그들은 소제와 속죄제와 속건제의 제물을 먹을지니 이스라엘 중에서 구별하여 드리는 물건을 다 그들에게 돌리며.

제사장들은 백성들이 드리는 곡식 제사와 속죄제 그리고 속건제의 제물을 먹을 것이며(40:39; 43:21-27), 이스라엘에서 구별하여 바친 모든 것은 그들의 것이 될 것이라고 하신다(민 18:14; 레 2:3; 6:16-18, 26; 민 18:9).

겔 44:30. 또 각종 처음 익은 열매와 너희 모든 예물 중에 각종 거제 제물을 다 제사장에게 돌리고 너희가 또 첫 밀가루를 제사장에게 주어 그들에게 네 집에 복이 내리도록 하게 하라.

모든 종류의 처음 난 것 중 최상품(출 23:19; 34:26)과 무슨 종류든지 이스라엘의 헌물 중의 모든 거제 예물(들어서 바쳐서 드리는 제물, 출 25:2; 30:13; 민 15:19)은 제사장의 몫이 될 것이다. 너희들은 제사장들에게 너희 첫 밀가루를 드려서 그들이 네 집을 축복하도록 하라고 하신다.

겔 44:31. 새나 가축이 저절로 죽은 것이나 찢겨서 죽은 것은 다 제사장이 먹지 말 것이니라.

본 절은 제사장이 먹지 못할 식물에 대해 진술한다. 즉, 제사장들은 새나 짐승이나 무론하고 저절로 죽은 것이나 찢겨진 것은 먹지 말아야 한다고 하신다(레 7:24; 17:15; 22:8).

제 45 장

ㄴ. 제사장에 대한 배려 45:1-17

1-17절의 내용은 a) 레위인들에게 돌아가야 할 새 기업(1-8절), b) 공의 실현하기를 권면하신 일(9-12절), c) 왕께 바칠 제물들(13-17절)로 구성되어 있다.

a) 레위인들에게 돌아가야 할 새 기업 45:1-8

이스라엘 땅 가운데 일정한 구역을 정했고, 그 중심에 성전을 세웠으며, 성전 가까운 곳에 제사장이 살게 했으며, 그 이웃에 다른 레위인들과 왕이 살게 했다.

<거룩한 구역>

겔 45:1. 너희는 제비 뽑아 땅을 나누어 기업으로 삼을 때에 한 구역을 거룩한 땅으로 삼아 여호와께 예물로 드릴지니 그 길이는 이만 오천 척이요 너비는 만 척이라 그 구역 안 전부가 거룩하리라.

주 여호와께서 말씀하시기를, "너희가 제비를 뽑아(레 16:7-10; 민 26:55; 삼상 10:22; 욜 1:7) 그 땅을 나누어 유업으로 삼을 때(신 4:21; 수 11:23), 그 땅의 일부를 여호와께 거룩한 예물로 드리라. 그 길이는 2만 5천 척이요 너비는 만 척이라. 그 사방 모든 땅은 거룩할 것이라고 하신다.

"제비 뽑아 땅을 나누어 기업으로 삼을 때에"를 통해 새 땅에서의 기업 분배가 가나안 정복 당시의 땅 분배와 동일한 방법으로 시행될 것임을 보여준다(민 26장 참조).

"한 구역을 거룩한 땅으로 삼아 여호와께 예물로 드릴지니"라는 본문은 하나님의 성소와 제사장들의 거주할 집을 짓기 위해 바쳐지는 땅은 곧 하나님께 바쳐지는 제물과 같은 거룩한 땅이라는 것을 암시해준다. 성경은 언제든지 하나님 제일주의요, 하나님 중심주의임을 알 수 있다.

"이만 오천 척이요 너비는 만 척이라"에서 이 땅은 유다 지파와 베냐민 지파의 땅 사이에 있는 좁고 긴 구역으로 그 길이는 2만 5천 규빗이고 너비는 1만 규빗이었다. 여기서 말하는 '척'은 왕실 규빗으로 약 55cm에 해당한다. 40:5 주해 참조. 그리고 장(長)은 동서의 길이를, 광(廣)은 남북의 길이를 가리킨다. 따라서 거룩한 땅이라 함은 동서로 13.75km, 남북으로 5.5km의 직사각형 넓이의 땅임을 알 수 있다.

겔 45:2. 그 중에서 성소에 속할 땅은 길이가 오백 척이요 너비가 오백 척이니 네모가 반듯하며 그 외에 사방 쉰 척으로 전원이 되게 하되.

본 절은 거룩히 구별된 땅 중에서도 성전 지역의 척수에 대한 것을 말한다. 이는 성전 외곽 담의 척수와 일치한다. 42:15-20 주해를 참조하라. 여기서 다른 어떤 땅보다도 먼저 성전의 척수가 언급된 것은 새 땅의 궁극적 소유주가 하나님이심을 나타내는 것이다.

이 중에서 사방 500규빗씩 네모 반듯한 땅이 성소가 될 것이며, 그 사방으로는 50규빗 너비의 빈 터가 있어야 한다고 하신다.

겔 45:3. 이 측량한 가운데에서 길이는 이만 오천 척을 너비는 만 척을 측량하고 그 안에 성소를 둘지니 지극히 거룩한 곳이요.

이 구역 중에서 길이 25,000척과 너비는 10,000장대의 구역을 재라. 그것이 성소이니, 지극히 거룩한 곳이라고 하신다. 이 지역 중앙에 500척 정방형의 성소가 있는 것이다(2절).

겔 45:4. 그 곳은 성소에서 수종드는 제사장들 곧 하나님께 가까이 나아가서 수종드는 자들에게 주는 거룩한 땅이니 그들이 집을 지을 땅이며 성소를 위한 거룩한 곳이라.

성소는 그 땅 중에서 거룩하니, 이는 성소에서 시중들고 나아가 여호와를 섬기는 제사장들에게 속할 것이다. 그것이 그들에게 집을 위한 장소와 성소를 위한 거룩한 곳이 될 것이라 하신다.

3절에서 측량한 지역은 거룩한 구역이고, 본 절의 구역은 제사장의 기업이 된다는 것이다. 제사장들은 안뜰에 들어가 성소에서 섬기는 특권을 가지므로(44:15; 출 23:43; 30:20; 민 16:5, 40), 이와 같이 제사장들은 거룩한 구역을 기업으로 받아 이곳에 집을 짓고 살아야 하는 것이다.

겔 45:5. 또 길이는 이만 오천 척을 너비는 만 척을 측량하여 성전에서 수종드는 레위 사람에게 돌려 그들의 거주지를 삼아 마을 스물을 세우게 하고.

길이는 25,000척과 너비 10,000장대, 구역은 그 성전에서 섬기는 레위인들의 소유로서, 이는 그들이 거주할 수 있는 이십 개의 방들이 될 것이라고 하신다.

성전 가까이에는 제사장의 기업이 있고, 그 다음 25,000척 X 10,000척의 구역에는(1절) 레위인의 기업이 있다. 본 절의 "마을 20"이란 20방을 의미한다.

겔 45:6. 구별한 거룩한 구역 옆에 너비는 오천 척을 길이는 이만 오천 척을 측량하여 성읍의 기지로 삼아 이스라엘 온 족속에게 돌리고.

너희는 거룩한 예물로 드린 땅 옆에 너비 5,000과 길이 25,000장대의 구역을 정하여 그 성읍의 소유가 되게 하라. 그것이 이스라엘의 온 족속에게 속하게 될 것이라고 하신다.

본 절에서 말하는 성읍의 소유는 거룩한 구역의 절반이다. 거룩한 구역에는 제사장의 기업, 레위인의 기업이 있고 그 거룩한 구역 옆에 그 절반이 되는 지역을 측량하여 일반 백성의 성읍의 땅이 되는 것이다. 이와 같이 새 나라는 철저하게 성전 중심이 되어야 하는 것이다.

겔 45:7. 드린 거룩한 구역과 성읍의 기지 된 땅의 좌우편 곧 드린 거룩한 구역의 옆과 성읍의 기지 옆의 땅을 왕에게 돌리되 서쪽으로 향하여 서쪽 국경까지와 동쪽으로 향하여 동쪽 국경까지니 그 길이가 구역 하나와 서로 같을지니라.

본 절은 왕의 기업에 대해 진술한다. 왕의 기업은 동서로 나누어진다. 즉, 제사장, 레위인, 일반 백성의 순이고, 그 다음이 왕의 영토인데 왕의 영토는 양분되어 있다. 과거 왕궁은 성전과 인접하여 있었고(43:8), 전제군주로 백성을 학대했으나, 메시아 왕국의 왕은 단순히 성읍의 외곽에 살면서 성전과 백성의 수호자로 살아야 한다는 것을 보여준다.

본 절을 다시 정리해 보면, 거룩하게 구별하여 예물로 바친 땅과 그 성읍의 소유지의 양쪽으로 펼쳐진 구역은, 왕의 몫이다. 이 구역은 서쪽으로 서쪽의 해안선까지이고, 동쪽으로 동쪽의 국경선에 이르기까지이다. 그 길이는, 서쪽의 경계선에서 동쪽의 경계선에 이르기까지, 들의 구역과 같아야 한다고 하신다.

겔 45:8. 이 땅을 왕에게 돌려 이스라엘 가운데에 기업으로 삼게 하면 나의 왕들이 다시는 내 백성을 압제하지 아니하리라 그 나머지 땅은 이스라엘 족속에게 그 지파대로 줄지니라.

그것이 이스라엘에서 왕의 소유가 될 것이다. 나의 왕들이 다시는 내 백성을 압제하지 아니할 것이며, 그들의 나머지 땅은 지파별로 이스라엘 족속에게 나누어주어야 할 것이라고 하신다.

전 절과 같이 왕을 변두리에 그나마 분할된 땅을 받게 하고, 왕은 다시 백성을 학대하는 폭군으로서 권력을 행사하지 않아야 할 것이라고 하신다.

b) 공의 실현하기를 권면하다 45:9-12

9-12절은 이스라엘의 통치자들이 정치를 공정하게 해야 하고, 또 공평한 도량형을 사용해야 한다는 권면을 하고 있다.

<통치자들의 통치 법칙>

겔 45:9. 주 여호와께서 이같이 말씀하셨느니라 이스라엘의 통치자들아 너희에게 만족하니라 너희는 포악과 겁탈을 제거하여 버리고 정의와 공의를 행하여 내 백성에게 속여 빼앗는 것을 그칠지니라 주 여호와의 말씀이니라.

주 여호와가 이와 같이 말씀하시기를, "이스라엘을 다스리는 자들아! 그것으로 너희는 족하다. 폭력과 약탈을 중지하고, 공평과 정의를 베풀어라(렘 6:7; 22:3; 암 3:10). 너희 다스리는 자들아! 내 백성 착취하기를 중단하라"고 하신다.

겔 45:10. 너희는 공정한 저울과 공정한 에바와 공정한 밧을 쓸지니.

너희 통치자들아! 공평한 저울들과 공평한 에바(한 에바는 약 23리터)와 공평한 밧(액량으로 에바와 같고 6힌에 해당한다)을 사용하라고 하신다(신 25:13-16; 레 19:35-37; 암 8:5).

겔 45:11. 에바와 밧은 그 용량을 동일하게 하되 호멜의 용량을 따라 밧은 십분의 일 호멜을 담게 하고 에바도 십분의 일 호멜을 담게 할 것이며.

에바와 밧은 같은 크기가 되게 하여, 밧이 한 호멜의 십분의 일을 담도록 하고, 에바도 한 호멜의 십분의 일을 담도록 하라. 호멜을 표준으로 삼고, 에바와 밧을 사용해야 한다고 하신다.

호멜은 에바나 밧의 10배로 약 230리터이고, 2레섹이며 최대의 용량으로 그 표준이 된다(이상근).

겔 45:12. 세겔은 이십 게라니 이십 세겔과 이십오 세겔과 십오 세겔로 너희 마네가 되게 하라.

본 절은 저울에 대한 진술이다. 한 세겔이 20게라가 되게 하고, 20세겔, 25세겔, 15세겔을 합하면 1마네가 되게 해야 한다고 하신다.

인간이 속임수가 많으니 하나님께서 이렇게 엄격히 정해주시는 것이다.

이렇게 정해주셨는데도 여전히 속이고 있다.

"세겔"은 대략 11.5g, 2베가이며, 20게라에 해당한다. 게라는 최하의 무게로 0.57g 정도이다.

"이십 세겔과 25세겔과 15세겔로 너희 마네가 되게 하라"는 말은 '20세겔과 25세겔 및 15세겔은 60세겔로서 1마네가 된다'는 것이다. 하나님께서 이렇게 도량형에 대하여 자세하게 말씀하신 목적은 그 행정가가 공평과 공의를 정확히 실시해야 될 것을 보여주시기 위한 것이다(박윤선).

c) 백성들이 왕께 바칠 제물들 45:13-17

13-17절은 이스라엘 백성들이 그들의 주요 산물이었던 밀, 보리, 기름, 양들 가운데서 하나님께 드릴 공적 예배의 제사를 위해 왕에게 바쳐야 할 예물의 일정량을 명시해 주고 있다.

겔 45:13. 너희가 마땅히 드릴 예물은 이러하니 밀 한 호멜에서는 육분의 일 에바를 드리고 보리 한 호멜에서도 육분의 일 에바를 드리며.

이것이 이스라엘 백성이 드릴 예물이니 밀은 1호멜 당 6분의 1에바를 드리고, 보리도 1호멜 당 6분의 1에바를 드리라고 하신다. 곡식은 그 수확의 60분의 1이었다.

겔 45:14. 기름은 정한 규례대로 한 고르에서 십분의 일 밧을 드릴지니 기름의 밧으로 말하면 한 고르는 십 밧 곧 한 호멜이며 (십 밧은 한 호멜이라).

기름에 대한 규정은 한 고르 당 십분의 일 밧을 드려야 한다. 열 밧은 한 호멜이니, 한 호멜은 열 밧이기 때문이라고 하신다. 기름은 100분의 1일이었다.

겔 45:15. 또 이스라엘의 윤택한 초장의 가축 떼 이백 마리에서는 어린 양 한 마리를 드릴 것이라 백성을 속죄하기 위하여 이것들을 소제와 번제와 감사 제물로 삼을지니라 주 여호와의 말씀이니라.

여호와께서 말씀하시기를, “양 떼의 경우는, 이스라엘의 윤택한 목장에서 이백 마리마다 한 마리 양을 골라 그들을 속죄하기 위해 곡식 제물과 번제 제물과 화목 제물로 드려야 한다. 가축(양)은 200분의 1을 바치는 것이다. 이 양들로 소제와 번제와 감사제를 드려야 한다”는 것이다.

겔 45:16. 이 땅 모든 백성은 이 예물을 이스라엘의 군주에게 드리고

그 땅의 모든 백성은 이 예물을 이스라엘 왕에게 줄 것이다. 백성이 왕을 통해 하나님께 바치는 것이다(다음 절을 보고 결정한 말).

겔 45:17. 군주의 본분은 번제와 소제와 전제를 명절과 초하루와 안식일과 이스라엘 족속의 모든 정한 명절에 갖추는 것이니 이스라엘 족속을 속죄하기 위하여 이 속죄제와 소제와 번제와 감사 제물을 갖출지니라.

왕은 명절과 초하루와 안식일과 이스라엘 족속의 모든 절기를 당하여 번제와 곡식 제사와 부어 드리는 제사를 드릴 책임이 있다. 왕은 이스라엘 족속을 속죄하기 위해 속죄제물과 곡식제물과 번제물과 화목제물을 드려야 할 것이라고 하신다.

“번제와 소제”의 주해를 위해 15절 주해를 참조하라. “전제”란 제물 위에 부어드리는 제사로 번제와 함께 드린다(민 15:5).

“명절과 초하루와 안식일과 이스라엘 족속의 모든 정한 명절”에서 ‘명절을 당하여 제사를 드렸고, 매달 초하루를 당하여 드리는 제사를 드렸다. 그리고 매 주마다 안식일을 당하여 제사를 드렸으며, 또 이스라엘 백성들이 모든 정한 명절을 당하여 제사를 드렸다’는 의미이다.

ㄷ. 제물에 대한 규례들 45:18-46:24

각종 절기의 제물에 관한 규례(45:18-25), 안식일과 월삭 제사 규정(46:1-8), 성전 출입과 각종 제사에 대한 규례(46:9-15) 및 왕의 기업과 제물 준비에 대한 규례(46:16-24)에 대해 언급한다.

a) 절기의 제물들 45:18-25

18-25절은 정해진 절기 때에 행해야 할 제사 규정들을 진술하고 있다.

<유월절과 일곱째 달 열다섯째 날(출 12:1-20; 레 23:33-43)>

겔 45:18. 여호와께서 이같이 말씀하셨느니라 첫째 달 초하룻날에 흠 없는 수송아지 한 마리를 가져다가 성소를 정결하게 하되.

주 여호와께서 이와 같이 말씀하시기를, "정월 첫날(신년을 맞이하여)에 너희(이스라엘 백성들)는 흠 없는 수송아지를 골라서 성소를 정결케 해야 할 것이라"고 말씀하신다.

이스라엘 백성들은 해마다 두 차례에 걸쳐 큰 속죄의 제사를 드려야 했는데, 한 번은 정초에 성전을 정결하게 하기 위해 드려야 했고, 또 한 번은 7월에 백성들을 정결하게 하기 위해 대속죄제를 드려야 했다.

겔 45:19. 제사장이 그 속죄제 희생제물의 피를 가져다가 성전 문설주와 제단 아래층 네 모퉁이와 안뜰 문설주에 바를 것이요.

본 절은 18절에 이어 성소를 정결하게 하기 위한 구체적인 규정이 언급되고 있다. 즉, 제사장은 그 속죄제물의 피를 가져다가 성전의 문기둥들(성소와 지성소를 구분하는 문의 기둥들, 41:21) 위와, 제단 아래층 네(四) 모서리(43:14)와, 안뜰 문기둥들(동문과 북문과 남문의 세 문설주, 40:29, 33, 36) 위에 발라야 한다고 하신다. 이렇게 발라야 하는 이유는 지난 한 해 동안 성소에서 혹 범죄하여 부정해진 것을 정결케 하는 것을 상징하는 의식이다.

겔 45:20. 그 달 칠일에도 모든 과실범과 모르고 범죄한 자를 위하여 역시 그렇게 하여 성전을 속죄할지니라.

이스라엘 백성은 그 달 칠일(1월 7일)에도 실수로 혹은 알지 못하고 범죄한 사람을 위해 그같이 행하여 그 성전을 깨끗하게 해야 할 것이라고 하신다. 이는 속건제를 바치라는 명령이다(레 5:15-18 주해 참조).

본문은 앞부분에서 설명한 대로 범죄한 백성들을 위하여 드리는 정결예식으로 보인다(41:6; 42:20 주해 참조).

21-25절. 이 부분은 왕이 유월절과 장막절 제사를 드려야 할 것을 말씀한다.

겔 45:21. 첫째 달 열 나흗날에는 유월절을 칠 일 동안 명절로 지키며 누룩 없는 떡을 먹을 것이라.

본 절은 정월 십사일(니산월 14일) 이스라엘 백성이 유월절을 명절로 지키며, 7일 동안 무교병을 먹어야 한다는 것을 말씀한다. 무교병을 먹어야 했기 때문에 무교절이라는 이름이 붙었다.

유월절과 무교절은 민족의 구원을 기념하는 절기이다. 이스라엘 백성은 2대 절기를 지킴으로 신년을 시작했다.

겔 45:22. 그 날에 왕은 자기와 이 땅 모든 백성을 위하여 송아지 한 마리를 갖추어 속죄제를 드릴 것이요.

정월 14일에 왕은 자기와 이스라엘 온 백성을 위해 수송아지를 속죄의 제물로 드려야 한다고 하신다. 이 제사의 집례는 물론 제사장이 행했다(레 16:6).

겔 45:23. 또 명절 칠 일 동안에는 그가 나 여호와를 위하여 번제를 준비하되 곧 이레 동안에 매일 흠 없는 수송아지 일곱 마리와 숫양 일곱 마리이며 또 매일 숫염소 한 마리를 갖추어 속죄제를 드릴 것이며.

그 명절의 칠 일 동안 이스라엘 백성은 번제물을 여호와께 드리되, 매일 흠 없는 수송아지 7마리와 숫양 7마리를 드리고, 염소 새끼 1마리를 매일 속죄제의 제물로 드려야 한다고 하신다.

유월절을 지킨 후에 7일 동안 무교절을 지켜야 한다는 것이다(민 28:19-22). 다시 말해 모세 5경에는 수송아지 둘과 숫양 하나와 일 년 된 숫양 일곱으로 번제를 드리게 되어 있으나 본 절에서는 매일 수송아지 7마리와 숫양 7마리로 번제를 드리고 숫염소 하나로 속죄제를 드리라는 것이다.

겔 45:24. 또 소제를 갖추되 수송아지 한 마리에는 밀가루 한 에바요 숫양 한 마리에도 한 에바며 밀가루 한 에바에는 기름 한 힌씩이며.

그는 곡식 제물을 드려야 했는데, 수송아지 1마리에 1에바와 숫양 1마리에 1에바를 드리고, 곡식 제물 1에바에 기름 1힌을 드려야 한다고 하신다. "에바"라는 말의 주해를 위해 11절 주해 참조. "힌"이란 말은 6분의 1밧을 말한다. 힌은 에바와 같은 양이다.

겔 45:25. 일곱째 달 열다섯째 날에 칠 일 동안 명절을 지켜 속죄제와 번제며 그 밀가루와 기름을 드릴지니라.

"일곱째 달 열다섯째 날", 곧 7월(티스리 월) 15일 절기는 장막절을 말한다. 이 장막절은 이스라엘의 절기에 속했다(출 23:16; 레 23:34; 신 16:13; 왕상 8:2; 대하 5:3; 느 8:14). 장막절도 7일 동안 계속해서 준행했다. 제사 절차는 유월절의 절차와 동일했다. 즉, 칠월 십오일은 명절이니, 이스라엘 백성은 이와 같이 칠 일 동안 속죄 제물과 번제물과 곡식 제물과 기름을 드려야 한다고 하신다.

제 46 장

b) 안식일과 월삭의 제물들　46:1-8

<안식일과 초하루>

겔 46:1. 주 여호와께서 이같이 말씀하셨느니라 안뜰 동쪽을 향한 문은 일하는 엿새 동안에는 닫되 안식일에는 열며 초하루에도 열고.

주 여호와가 이와 같이 말씀하시기를, "동쪽으로 난 안뜰 문은 일하는 6일 동안은 닫을 것이나, 안식일에는 열 것이며, 초하루에도 열 것이라"고 하신다.

동쪽을 향한 문은 언제나 닫아 두어야 하나(44:1), 안뜰 동문은 6일간 닫되 안식일에는 열고 또 월삭일(매달 초하루)에도 열어 여호와를 경배해야 한다는 것이다.

겔 46:2. 군주는 바깥 문 현관을 통하여 들어와서 문 벽 곁에 서고 제사장은 그를 위하여 번제와 감사제를 드릴 것이요 군주는 문 통로에서 예배한 후에 밖으로 나가고 그 문은 저녁까지 닫지 말 것이며(The prince shall enter by the vestibule of the gate from outside, and shall take his stand by the post of the gate. The priests shall offer his burnt offering and his peace offerings, and he shall worship at the threshold of the gate. Then he shall go out, but the gate shall not be shut until evening-ESV).

왕은 바깥뜰에서, 즉 밖에서부터 그 문의 현관을 통해 안으로 들어와 그 문기둥 곁에 서고, 제사장은 왕을 위해 번제와 화목제를 드리고, 그 동안 왕은 문지방에서 여호와를 경배한 후에 바깥뜰 쪽으로 나가고, 그 문은 저녁까지 닫지 말아야 할 것이라고 하신다.

겔 46:3. 이 땅 백성도 안식일과 초하루에 이 문 입구에서 나 여호와 앞에 예배할 것이며.

이스라엘 땅의 백성은 그 문 입구에서 안식일과 초하루에 여호와 앞에서 경배해야 한다고 하신다.

여기 "그 문"이란 왕이 들어간 안뜰의 동문이다(K.&D., Cooke). 왕은 그 문을 통과하여 문 서쪽 끝에서 여호와께 경배했으나 일반 백성은 그 문으로 들어서지 않고 문 입구 가까운 바깥뜰에 서서 안뜰의 제단에서 제사 드리는 제사장을 바라보면서 여호와께 경배한 것이다.

겔 46:4. 안식일에 군주가 여호와께 드릴 번제는 흠 없는 어린 양 여섯 마리와 흠 없는 숫양 한 마리라.

본 절은 왕이 바칠 번제에 대해 진술한다. 즉, 왕이 안식일에 여호와께 드리는 번제물은 흠 없는 어린 양 6마리와 흠 없는 숫양 1마리라고 하신다.

민 28:9에는 안식일에 1년 된 흠 없는 숫양 2마리와 고운 가루 10분의 2에 기름을 섞었다.

겔 46:5. 그 소제는 숫양 하나에는 밀가루 한 에바요 모든 어린 양에는 그 힘대로 할 것이며 밀가루 한 에바에는 기름 한 힌씩이니라.

숫양 한 마리에는 한 에바의 곡식 제물을, 어린 양들의 경우는 자기 힘닿는 대로 곡식 제물을 드려야 하며, 한 에바에는 한 힌의 기름을 더해야 한다고 하신다. 45:24 주해 참조.

겔 46:6. 초하루에는 흠 없는 수송아지 한 마리와 어린 양 여섯 마리와 숫양 한 마리를 드리되 모두 흠 없는 것으로 할 것이며.

본 절은 왕이 월삭(매달 초하루)에 드리는 제물에 관해서 진술한다.

즉, 초하루에 왕은 흠 없는 수송아지 1마리와 어린 양 6마리와 흠 없는 숫양 1마리를 드려야 한다.

민 28:11-15에는 수송아지 2마리와 숫양 1마리와 흠 없는 숫양 7마리로 되어 있다.

겔 46:7. 또 소제를 준비하되 수송아지에는 밀가루 한 에바요 숫양에도 밀가루 한 에바며 모든 어린 양에는 그 힘대로 할 것이요 밀가루 한 에바에는 기름 한 힌씩이며.

본 절은 월삭에 드리는 소제에 대하여 진술한다. 즉, 수송아지에는 한 에바를, 숫양에도 한 에바를 곡식 제물로 드리고, 어린 양들의 경우는 자기의 힘닿는 대로 곡식 제물을 드려야 하며, 한 에바에 한 힌의 기름을 더해야 할 것이라고 하신다.

겔 46:8. 군주가 올 때에는 이 문 현관을 통하여 들어오고 나갈 때에도 그리할지니라.

본 절은 안식일과 월삭 때 왕의 성전 출입 규례를 2절에 이어 다시 한 번 반복한다. 즉, 왕이 성전 안으로 들어올 때에는 그 문의 현관을 통해 들어오고, 나갈 때에는 같은 길로 나가야 한다고 하신다(44:3; 46:2 참조).

안식일과 월삭 때의 예배가 아닌 일반 절기 때의 성전 출입 규례는 9-12까지에 진술되어 있다.

c) 절기의 제물들 46:9-12

겔 46:9. 그러나 모든 정한 절기에 이 땅 백성이 나 여호와 앞에 나아올 때에는 북문으로 들어와서 경배하는 자는 남문으로 나가고 남문으로 들어오는 자는 북문으로 나갈지라 들어온 문으로 도로 나가지 말고 그 몸이 앞으로 향한 대로 나갈지며(When the people of the land come before the LORD at the appointed feasts, he who enters by the north gate to worship shall go out by the south gate, and he who enters by the south gate shall go out by the north gate: no one shall return by way of the gate by which he entered, but each shall go out straight ahead-ESV).

위에 거론된 안식일이나 월삭 등의 제사 외에 유월절, 오순절, 장막절 등 절기에 제물을 바칠 때(45:21, 23; 출 23:7; 34:25; 신 16:16)에는 다시 말해 그 땅의 백성이 절기에 여호와 앞에 나올 때에는, 경배하기 위해 북문으로 들어오는 자는 남문으로 나가고, 남문으로 들어오는 자는 북문으로 나가야 한다고 하신다. 누구나 자기가 들어온 그 문으로 되돌아가지 말고 곧장 앞으로 나가야 한다고 하신다.

겔 46:10. 군주가 무리 가운데에 있어서 그들이 들어올 때에 들어오고 그들이 나갈 때에 나갈지니라.

왕은 백성들이 들어올 때 그들 가운데에서 함께 들어오고, 그들이 나갈 때 함께 나가야 한다고 하신다.

절기 때(유월절, 오순절, 장막절)는 왕이 일반 백성과 같이 출입해야 하는 것이다.

겔 46:11. 명절과 성회 때에 그 소제는 수송아지 한 마리에 밀가루 한 에바요 숫양 한 마리에도 한 에바요 모든 어린 양에는 그 힘대로 할 것이며 밀가루 한 에바에는 기름 한 힌씩이며.

본 절 주해를 위해서는 45:24; 46:5 주해를 참조하라.

겔 46:12. 만일 군주가 자원하여 번제를 준비하거나 혹은 자원하여 감사제를 준비하여 나 여호와께 드릴 때에는 그를 위하여 동쪽을 향한 문을 열고 그가 번제와 감사제를 안식일에 드림 같이 드리고 밖으로 나갈지며 나간 후에 문을 닫을지니라.

본 절은 왕이 안식일이나 절기 이외에 자원하여 번제와 감사제를 드릴 때의 규례를 말한다. 자원하여 바치는 제사는 하나님을 기쁘시게 하는 것이다(암 4:5). 왕이 번제든지 화목제든지 자원제, 곧 여호와께 자원제를 드릴 때에 그는 동쪽 문을 열 것이며, 자기의 번제나 화목제를 안식일에 드리듯 드려야 한다. 그리고 왕은 나가고, 왕이 나간 후에는 그 문을 닫을 것이라고 하신다.

d) 매일 아침 제사의 제물들 46:13-15

13-15절은 매일 아침 드리는 제사에 관해 진술한다.

<매일 드리는 제사>

겔 46:13. 아침마다 일년 되고 흠 없는 어린 양 한 마리를 번제를 갖추어 나 여호와께 드리고.

왕은 흠 없는 일년 된 어린 양 한 마리를 여호와께 번제물로 매일 드려야 하니, 아침마다 그것을 드려야 한다고 하신다.

모세의 법전에 의하면 매일 아침저녁으로 드리게 되어 있다(출 29:38-42; 민 28:1-8).

겔 46:14. 또 아침마다 그것과 함께 드릴 소제를 갖추되 곧 밀가루 육분의 일 에바와 기름 삼분의 일 힌을 섞을 것이니 이는 영원한 규례로 삼아 항상 나 여호와께 드릴 소제라.

왕은 그 외에도 아침마다 고운 가루 6분의 1에바와 기름 3분의 1힌을 곡식 제물로 드려야 한다(13-14절). 이것이 영원한 규례로, 여호와께 항상 드리는 곡식 제물이라고 하신다. 매일 드리는 제사는 이스라엘이 남북으로 갈라진 후에도 남북 왕조에서 모두 행했다(왕하 16:15; 18:29, 36).

겔 46:15. 이같이 아침마다 그 어린 양과 밀가루와 기름을 준비하여 항상 드리는 번제물로 삼을지니라.

본 절은 13-14절의 결론이다. 즉, 사람들은 어린 양과 곡식 제물과 기름을 매일 아침 항상 드리는 제물로 드릴 것이라고 하신다.

e) 왕의 기업에 대한 보충적 규례들 46:16-18

16-18절은 보충적인 기사로 왕의 기업에 대한 규정이다.

<군주와 그의 기업>

겔 46:16. 주 여호와께서 이같이 말씀하셨느니라 군주가 만일 한 아들에게 선물을 준즉 그의 기업이 되어 그 자손에게 속하나니 이는 그 기업을 이어 받음이어니와.

주 여호와께서 이와 같이 말씀하시기를, "만약 왕이 자기 아들 중 누구에게 자기 유업에서 선물을 준다면, 그것이 자기 아들들에게 속할 것이고, 그것이 그들의 소유로 유업이 될 것이라"고 하신다(45:1-8; 48:8-15).

겔 46:17. 군주가 만일 그 기업을 한 종에게 선물로 준즉 그 종에게 속하여 희년까지 이르고 그 후에는 군주에게로 돌아갈 것이니 군주의 기업은 그 아들이 이어 받을 것임이라.

주 여호와께서 말씀하시기를, "만약 왕이 자기 종들 중 하나에게 자기 유업에서 선물한다면, 그 유업은 희년(레 25:10-15; 렘 8:15-17)까지 그 종에게 속할 것이다. 그 후에는 그것이 그 왕에게 돌아갈 것이니, 반드시 왕의 아들들이 그의 유업을 이어받을 것이라"고 하신다.

겔 46:18. 군주는 백성의 기업을 빼앗아 그 산업에서 쫓아내지 못할지니 군주가 자기 아들에게 기업으로 줄 것은 자기 산업으로만 할 것임이라 백성이 각각 그 산업을 떠나 흩어지지 않게 할 것이니라.

왕은 백성의 유업을 빼앗아 백성들을 그들의 소유에서 몰아내지 말 것이다. 내 백성 중 누구라도 자기 소유를 잃고 흩어져 헤매지 않도록, 왕은 자기 아들들에게 줄 유업을 자기 소유 가운데서만 줄 것이라고 하신다.

f) 제물 준비에 필요한 보충적 규례들 46:19-24

19-24절은 성전 구조에 대한 보충적 기사로 주로 식사를 준비하는 취사장의 구조에 대해 진술한 것이다.

<성전 부엌>

겔 46:19. 그 후에 그가 나를 데리고 문 곁 통행구를 통하여 북쪽을 향한 제사장의 거룩한 방에 들어가시니 그 방 뒤 서쪽에 한 처소가 있더라.

그 후에 천사(40:3)가 문 쪽에 있는 입구를 통해, 제사장들이 있는 북쪽을 향한 거룩한 방들로 나 에스겔을 데리고 갔다. 그런데 보라! 그 서쪽 끝에 한 장소 곧 취사장이 있었다.

겔 46:20. 그가 내게 이르시되 이는 제사장이 속건제와 속죄제 희생제물을 삶으며 소제 제물을 구울 처소니 그들이 이 성물을 가지고 바깥뜰에 나가면 백성을 거룩하게 할까 함이니라 하시고.

천사가 나 에스겔에게 말하기를, “이 취사장은 제사장들이 바깥뜰로 가져가서 백성을 거룩하게 만들지 않도록 속죄 제물과 속건 제물을 끓이고 곡식 제사 제물을 볶는 곳이라”고 말한다.

“바깥뜰에 나가면 백성을 거룩하게 할까 함이니라”는 말은 제사장이 제물을 가지고 바깥뜰로 나가면(42:13; 44:29), 제물이 거룩한 것이기 때문에 백성들이 거룩한 것을 함부로 대하는 모독죄가 될까 두려워하라는 것이다(44:19 주해 참조, 이상근).

겔 46:21. 나를 데리고 바깥뜰로 나가서 나를 뜰 네 구석을 지나가게 하시는데 본즉 그 뜰 매 구석에 또 뜰이 있는데.

천사가 나 에스겔을 인도하여 바깥뜰로 데리고 나가 그 뜰의 네 모퉁이로 지나가게 했는데, 보라! 그 뜰의 사방 각 모퉁이에 또 다른 뜰이 있는 것을 보게 되었다는 것이다.

겔 46:22. 뜰의 네 구석 안에는 집이 있으니 길이는 마흔 척이요 너비는 서른 척이라 구석의 네 뜰이 같은 크기며.

그 뜰의 사방 모퉁이에 작은 뜰이 있는데, 길이(동서)가 40규빗, 너비(남북)가 30규빗이었다. 이 네 모퉁이의 뜰들은 같은 크기였다고 한다.

겔 46:23. 그 작은 네 뜰 사방으로 돌아가며 부엌이 있고 그 사방 부엌에 삶는 기구가 설비되었는데.

사방에 있는 네 뜰 각각에는 사방을 둘러 돌담이 있었고, 그 돌담 밑으로 돌아가며 고기를 삶는 솥이 걸려 있었다는 것이다.

겔 46:24. 그가 내게 이르시되 이는 삶는 부엌이니 성전에서 수종드는 자가 백성의 제물을 여기서 삶을 것이니라 하시더라.

천사가 나 에스겔에게 일러주기를 이곳은 성전에서 시중드는 사람들(레위인들, 44:11-12)이 백성의 희생제물(고기)을 삶는 부엌이라고 했다.

제 47 장

3. 거룩한 새 땅 47:1-48:35

47:1-48:35 부분은 ㄱ. 새 성전[10]에서 흐르는 생명 강(47:1-12), ㄴ. 새 성지의 경계(47:13-23), ㄷ. 새 성지의 분배(48:1-29), ㄹ. 12성문의 출입구들(48:30-35)로 구성되어 있다.

ㄱ. 새 성전에서 흐르는 생명수 47:1-12

성전 문지방 밑에서 물이 흘러나와 동으로 흐르는데 점점 큰 강이 되어 헤엄칠 강이 되고, 강 좌우에 각종 실과나무가 무성하고 그 강은 결국 사해에 이르러 사해를 소생케 한다는 것이다.

<성전에서 나오는 물>

겔 47:1. 그가 나를 데리고 성전 문에 이르시니 성전의 앞면이 동쪽을 향하였는데 그 문지방 밑에서 물이 나와 동쪽으로 흐르다가 성전 오른쪽 제단 남쪽으로 흘러 내리더라.

에스겔을 인도하던 천사(40:3)가 에스겔을 데리고 다시 성전 문으로 갔는데, 보니, 성전 정면이 동쪽을 향하여 있었는데, 문지방 밑에서 물이 솟아 나와, 동쪽으로 흐르다가, 성전의 오른쪽에서 밑으로 흘러 내려가서, 제단의 남쪽으로 지나갔다는 것이다.

문지방 밑에서 나온 물은 성전의 방향을 따라 동쪽으로 흐르고 안뜰

---

10) 에스겔이 본 회복된 새 이스라엘, 다시 말해 메시아 왕국의 환상은 세 단계였다. 첫째 단계는 벌써 앞에서 상세하게 측량되었고(40-43장), 둘째 단계는 새 예배를 위해 제사를 집례한 제사장과 제사의 규정을 선포했다(44-46장). 이제는 셋째 부분으로 새 성지로서 그 새 성전 예배가 새 이스라엘인 메시아 왕국의 생활의 중심이 되고, 그 예배에서 하나님의 은혜가 흘러내려 왕국 전체에 미칠 것을 보여주고 있다.

중앙에 있는 번제단(40:47) 남쪽(성전에서는 우편)으로 흘러 밖으로 나갔다는 것이다.

"동쪽으로 흐르다가 성전 오른쪽 제단 남쪽으로 흘러 내리더라"는 이 본문은 성소 가운데 임재하신 하나님께서 성도의 삶을 풍성케 하시는 모든 복의 근원이시며 또한 하나님으로부터 발원되는 복이 모자람 없는 지극히 풍성한 것임을 나타내 준다.

겔 47:2. 그가 또 나를 데리고 북문으로 나가서 바깥 길로 꺾여 동쪽을 향한 바깥 문에 이르시기로 본즉 물이 그 오른쪽에서 스며 나오더라.

성소의 동문은 항상 닫혀 있으므로(44:1, 2), 에스겔이 성전 밖으로 흐르는 물의 흐름을 보기 위해서는 동문이 아닌 다른 문을 통해 밖으로 나가야 했다. 그래서 천사는 북문을 통해 에스겔을 데리고 바깥으로 나가 동쪽을 향하고 있는 바깥쪽 문으로 데리고 가니, 보라! 물이 남쪽에서 흘러 나왔다는 것이다.

"물이 그 오른쪽에서 스며 나오더라"는 말에서 여기 "스며 나온다"는 말은 쏟아 붓듯이 물살을 일으키며 세차게 흘러나온다는 뜻이다. 물이 이렇게 세차게 흘러나오는 시점이 이미 성전 안에서 흐르기 시작한 것을 알 수 있다.

겔 47:3. 그 사람이 손에 줄을 잡고 동쪽으로 나아가며 천 척을 측량한 후에 내게 그 물을 건너게 하시니 물이 발목에 오르더니.

그 천사가 손에 줄을 잡고 동쪽으로 나가면서 1,000규빗(550m)을 재어, 나에게 물을 건너가게 하시니, 그 물은 발목 높이 정도의 물이 되었다는 것이다.

겔 47:4. 다시 천 척을 측량하고 내게 물을 건너게 하시니 물이 무릎에 오르고 다시 천 척을 측량하고 내게 물을 건너게 하시니 물이 허리에 오르고

또 그가 1,000규빗을 재어, 나 에스겔에게 물을 건너가게 하시니, 무릎 높이의 물이 되었다. 그가 또 1,000규빗을 재어 나에게 건너가게 하시니, 허리 높이의 물이 되었다는 것이다. 3절과 4절에서 물의 깊이를 에스겔 자신의 신체의 높이와 비교하면서 서술하는 행동이 반복되고 있음을 볼 때 이는 선지자 에스겔이 직접 경험한 사실을 기록한 것으로 볼 수 있다.

겔 47:5. 다시 천 척을 측량하시니 물이 내가 건너지 못할 강이 된지라 그 물이 가득하여 헤엄칠 만한 물이요 사람이 능히 건너지 못할 강이더라.

그리고 천사가 1,000규빗을 재니, 나 에스겔이 건널 수 없는 강이 되었다. 이는 물이 수영해야 할 만큼 불어, 건널 수 없는 강이 되었기 때문이라는 것이다. 이 물이 하나님께서 그의 백성들에게 허락하시는 사랑과 은혜를 상징한다는 사실을 고려할 때(1절), 이 물의 수위가 점점 깊어졌다는 것은 그의 백성들을 향한 하나님의 무한하신 사랑과 은총을 나타낸다고 할 수 있다.

겔 47:6. 그가 내게 이르시되 인자야 네가 이것을 보았느냐 하시고 나를 인도하여 강 가로 돌아가게 하시기로.

천사(46:19 주해 참조)가 나 에스겔에게 인자야(천사가 에스겔을 부르는 호칭)! 이것을 자세히 보았느냐고 물었다. 그리고 천사가 나 에스겔을 인도하여 강둑으로 돌아가게 했다.

"나를 인도하여 강 가로 돌아가게 하시기로"란 말씀에서 '천사는 강이 너무 깊어서 에스겔을 삼킬 듯이 되어버린 물 한가운데 있던 에스겔(5절)을 강 가로 인도했다'는 것이다. 그 이유는 두 가지였다. 하나는 물 가운데 있는 에스겔을 건지는 동시에 또 하나는 강 좌우편에 심겨진 나무를 보여주기 위해서였다.

겔 47:7. 내가 돌아가니 강 좌우편에 나무가 심히 많더라(As I went back,

I saw on the bank of the river very many trees on the one side and on the other-ESV).

나 에스겔이 되돌아왔을 때, 강둑 이쪽과 저쪽을 바라보니 나무가 매우 많이 있었다. 예루살렘에서 사해에 이르는 곳은 소위 유다 광야라 불리는 황막한 곳인데 이곳이 변하여 옥토가 되었다는 것이다.

겔 47:8. 그가 내게 이르시되 이 물이 동쪽으로 향하여 흘러 아라바로 내려가서 바다에 이르리니 이 흘러 내리는 물로 그 바다의 물이 되살아나리라.

천사가 나 에스겔에게 말하기를, "이 물은 동쪽 지역으로 흘러내려 아라바는 황폐한 곳(사 51:3)을 뜻하며, 갈릴리 바다에서 홍해에 이르는 저지대를 가리킨다(신 3:17; 4:49)"고 한다.

"그 바다의 물이 되살아나리라"에서 여기 "그 바다"란 '사해' 또는 '염해'라 불린다. 이 바다의 소금 함유량은 25%에 달하여 다른 바다(소금의 함유량은 약 4-6%)의 5배에 달한다는 것이다. 그러므로 이 사해에서는 고기가 살지 못하고 그 해변에서는 나무도 살지 못하여 사해(死海-죽음의 바다)라 불리는 것이다. 이런 죽은 바다에 생명강수가 흘러 들어가면 강이 소생하는 것이다.

겔 47:9. 이 강물이 이르는 곳마다 번성하는 모든 생물이 살고 또 고기가 심히 많으리니 이 물이 흘러 들어가므로 바닷물이 되살아나겠고 이 강이 이르는 각처에 모든 것이 살 것이며.

이 강물이 흘러들어가는 곳마다 모든 생물이 번성하여 살게 되리니, 물고기가 매우 많을 것이다. 이는 이 물이 들어가면 바닷물이 치유되고, 이 강물이 들어가는 곳에서는 모든 것들이 살 수 있기 때문이라고 한다.

겔 47:10. 또 이 강 가에 어부가 설 것이니 엔게디에서부터 에네글라임까지 그물 치는 곳이 될 것이라 그 고기가 각기 종류를 따라 큰 바다의 고기

같이 심히 많으려니와.

또 이 강 가에 어부가 설 것이니 엔게디에서부터 에네글라임까지 어부들이 강 가에서 그물 치는 곳이 될 것이며, 물고기가 큰 바다(지중해를 지칭한다)의 물고기처럼 각각 종류대로 매우 많아질 것이다.

겔 47:11. 그 진펄과 개펄은 되살아나지 못하고 소금 땅이 될 것이며.

진펄과 개펄(습지대를 지칭한다)은 되살아나지 못하고, 소금 땅이 될 것이라고 한다.

이는 일편으로는 사해가 살아나서 소금의 공급을 이 습지들이 담당한다는 뜻이 있고 또 다른 일편으로는 영적으로 죽은 영들이 여호와의 은혜를 받지 못해 여전히 타락 상태로 있는 자에 대한 교훈이 된다.

겔47:12. 강 좌우 가에는 각종 먹을 과실나무가 자라서 그 잎이 시들지 아니하며 열매가 끊이지 아니하고 달마다 새 열매를 맺으리니 그 물이 성소를 통하여 나옴이라 그 열매는 먹을 만하고 그 잎사귀는 약 재료가 되리라.

그 강 이쪽과 저쪽 둑에는 온갖 먹을 과일나무가 자랄 것이니, 그 잎사귀는 시들지 않고 그 열매도 그치지 않을 것이며 매달 새 열매를 맺을 것인데, 그 물이 성소에서 나오기 때문이다. 그 열매는 음식이 되고 그 잎은 치료제가 될 것이라고 한다.

여호와의 성전에서 흘러내리는 강 좌우의 나무들은 달마다 실과를 맺으며 그 나무 잎은 약재료가 되는 생명의 강이라 한다. 오늘날 우리는 여호와에게로부터 흘러나오는 복을 한없이 받으면 살 수 있음을 알아야 한다. 세상에서 다른 이들과 아옹다옹할 필요가 없다.

ㄴ. 새 땅의 경계 47:13-23

이 부분(13-23절)은 새 성지의 경계를 말하고, 48:1-29은 그 성지의 분배를 지시한다.

<땅의 경계선과 분배>

겔 47:13. 주 여호와께서 이같이 말씀하셨느니라 너희는 이 경계선대로 이스라엘 열두 지파에게 이 땅을 나누어 기업이 되게 하되 요셉에게는 두 몫이니라.

주 여호와께서 이와 같이 말씀하시기를, "이것이 너희가 이스라엘의 열두 지파대로 그 땅을 유업으로 나눌 경계선이다. 그런데 요셉은 두 몫이라"고 하신다. "이 경계선대로 이스라엘 열두 지파에게 이 땅을 나누어 기업이 되게 하되"는 새 성지의 경계를 말하고, 그 땅을 12지파에게 분배하라는 말이다. 본문은 47:13-48:29의 서론이다.

"요셉에게는 두 몫이니라"는 말은 요셉이 므낫세와 에브라임 두 지파로 나누어졌으므로(창 48:1-7), 그들에게 "두 분깃"을 주어야 할 것을 전제적으로 밝힌 것이다(K.&D.).

겔 47:14. 내가 옛적에 내 손을 들어 맹세하여 이 땅을 너희 조상들에게 주겠다고 하였나니 너희는 공평하게 나누어 기업을 삼으라 이 땅이 너희의 기업이 되리라.

너희는 내가 내 손을 들어 너희 조상들에게 주리라고 맹세한 그것을 유업으로 분배하게 될 것이니, 이 땅이 너희 유업이 될 것이라고 하신다. 새 성지 분배의 첫째 원칙은 평등이었다.

15-17절. 먼저 성지의 북방의 경계가 언급된다.

겔 47:15. 이 땅 경계선은 이러하니라 북쪽은 대해에서 헤들론 길을 거쳐 스닷 어귀까지니.

이 땅의 경계는 이러하니 북쪽으로는 지중해로부터 헤들론을 거쳐 스닷 입구까지라고 하신다.

민 34:7-9에는 남방과 서방 다음으로 북방 경계가 지시되었다. 본 절의 "대해"란 말은 '지중해'를 지칭하며, "헤들론"이라는 말은 48:1에 다시 나타난다.

겔 47:16. 곧 하맛과 브로다며 다메섹 경계선과 하맛 경계선 사이에 있는 시브라임과 하우란 경계선 곁에 있는 하셀핫디곤이라.

다메섹 경계와 하맛 경계 사이에 있는 하맛과 브로다와 시브라임과 그리고 하우란의 경계에 있는 하셀핫디곤이라 하신다.

"하맛"은 수리아의 오론테스 강변에 있는 도시(수 13:5; 삿 3:3)로 다메섹 북쪽 180km 지점에 위치하여 있다.

"브로다"는 한때 '군'(Gun)으로 불리기도 했던(대상 18:8) 베로대(Berothai)와 동일한 곳으로 여겨진다(삼하 8:8). 이곳은 아람 소바 왕국에 속한 도시였다(삼하 8:5). 이 도시는 하맛과 다메섹 사이에 있되 하맛에 더 가까이 위치하고 있었던 도시로 추측된다.

"시브라임과 하우란 경계선 곁에 있는 하셀핫디곤"에서 "시브라임"은 아마도 다메섹 가까운 지역에 있는 '시브론'으로 추측된다. "하우란"은 다메섹의 남방, 갈릴리 바다의 동북에 위치해 있는 것으로 보며, "하셀핫디곤"은 요단 강의 수원지로 지목되는 '하살에논'으로 본다. 이는 성지 동북의 경계가 된다(이상근).

겔 47:17. 그 경계선이 바닷가에서부터 다메섹 경계선에 있는 하살에논까지요 그 경계선이 또 북쪽 끝에 있는 하맛 경계선에 이르렀나니 이는 그 북쪽이요.

본 절은 16절의 반복으로 이스라엘의 북방 경계선이다. 곧 그 좌편은 지중해로부터 우편은 하살에논(요단 강의 원지류)까지니, 북쪽으로 다메섹 경계와 하맛 경계가 있다. 이것이 북쪽 경계라고 하신다.

겔 47:18. 동쪽은 하우란과 다메섹과 및 길르앗과 이스라엘 땅 사이에 있는 요단 강이니 북쪽 경계선에서부터 동쪽 바다까지 측량하라 이는 그

동쪽이요.

새 이스라엘의 동쪽 경계는 요단 강이다. 즉, 동쪽으로는 하우란과 다메섹 사이에서 시작하여 길르앗과 이스라엘 땅 사이의 경계인 요단 강을 따라 동쪽 바다(동해)의 다말까지 경계를 이룬다. 이것이 동쪽 경계라고 하신다.

겔 47:19. 남쪽은 다말에서부터 므리봇 가데스 물에 이르고 애굽 시내를 따라 대해에 이르나니 이는 그 남쪽이요.

남쪽은 다말('종려나무'라는 뜻이다)에서부터 므리봇 가데스 샘을 지나 애굽 시내를 따라 큰 바다(지중해)에 이른다. 이것이 남쪽 경계라고 하신다. 이 남방 경계는 솔로몬 전성기의 남방 경계와 일치한다(민 34:3-5; 수 15:1-4; 왕상 8:65).

겔 47:20. 서쪽은 대해라 남쪽 경계선에서부터 맞은쪽 하맛 어귀까지 이르나니 이는 그 서쪽이니라.

서쪽 경계는 대해(지중해)이며, 르보 하맛 입구 맞은편까지 이른다. 이것이 서쪽 경계라고 하신다.

겔 47:21. 그런즉 너희가 이스라엘 모든 지파대로 이 땅을 나누어 차지하라.

여호와께서 이스라엘의 사방 경계를 정해 주셨은즉 너희는 이 땅을 너희 이스라엘 지파들을 위해 분배하라고 하신다. 여호와께서 사방 경계를 정하셨으니 이제는 사람들이 할 일을 해야 한다는 것이다.

겔 47:22. 너희는 이 땅을 나누되 제비 뽑아 너희와 너희 가운데에 머물러 사는 타국인 곧 너희 가운데에서 자녀를 낳은 자의 기업이 되게 할지니 너희는 그 타국인을 본토에서 난 이스라엘 족속 같이 여기고 그들도 이스라엘 지파 중에서 너희와 함께 기업을 얻게 하되.

너희는 너희와 너희 가운데 머물며 자식을 낳은 이방인들을 위해 그것을 제비 뽑아 유업이 되게 하여라. 이방인들은 이스라엘 자손 중 본토인과 같을 것이니, 이스라엘 지파들 가운데서 너희와 함께 제비 뽑아 유업을 가질 것이라고 하신다.

제비 뽑는 것은 신약 시대의 성령 강림 전까지 가장 정확한 방법으로 알았다. 성령님이 강림하신 후에는 성령님의 지시에 따라서 행동했다.

겔 47:23. 타국인이 머물러 사는 그 지파에서 그 기업을 줄지니라 주 여호와의 말씀이니라.

주 여호와께서 말씀하시기를, "이방인들이 머물러 살고 있는 이스라엘의 지파에서 이방인들에게 유업을 주라"고 하신다.

그리스도의 교회에서는 유다인과 이방인의 차이가 없어지고 다 함께 구원받아 하나님 나라의 백성이 되는 것이다(요 10:16; 롬 2:10-11; 9:24).

제 48 장

ㄷ. 새 땅을 분배하다 48:1-29

여호수아가 분배한 이스라엘의 첫 분배(수 18-21장)에 비해 이 부분에 제시된 새로운 분배는 수정된 점들이 많이 있다.

내용은 북방 7지파의 기업(1-7절), 거룩한 지역(8-22절), 남방 5지파의 기업(23-29절)으로 구성되어 있다.

1-7절. 단, 아셀, 납달리, 므낫세, 에브라임, 르우벤, 유다 등 7지파의 기업이 중앙 거룩한 지역의 북방에 위치한다.

<각 지파의 몫과 거룩한 땅>

겔 48:1. 모든 지파의 이름은 이와 같으니라 북쪽 끝에서부터 헤들론 길을 거쳐 하맛 어귀를 지나서 다메섹 경계선에 있는 하살에논까지 곧 북쪽으로 하맛 경계선에 미치는 땅 동쪽에서 서쪽까지는 단의 몫이요.

이스라엘 지파들의 이름들은 이와 같다. 가장 북쪽에서 시작하여 하맛에 이르는 헤들론으로 난 길을 따라 다메섹 옆에 있는 하살에논까지, 즉 북쪽으로 하맛 경계선에 이르는 동쪽에서 서쪽까지의 땅은 단의 몫이라고 하신다. 제일 북쪽에 있는 지파는 단의 기업이다(삿 18:7, 27).

겔 48:2. 단 경계선 다음으로 동쪽에서 서쪽까지는 아셀의 몫이요.

단 지파 다음으로 동쪽에서 서쪽까지는 아셀의 몫이라고 하신다. 여호수아 분배 시대 때의 아셀의 기업은 갈멜산에서 베니게에 이르는 띠 모양의 해안 지대였다(수 19:24-31).

겔 48:3. 아셀 경계선 다음으로 동쪽에서 서쪽까지는 납달리의 몫이요.

아셀 지파의 경계선 다음으로 동쪽에서 서쪽까지는 납달리 지파의 몫이라고 하신다.

여호수아 때의 납달리 지파의 기업은 아셀 지파의 동편에 남북으로 있었고, "갈릴리 지방"으로 불린 지대였다(수 19:32-39).

겔 48:4. 납달리 경계선 다음으로 동쪽에서 서쪽까지는 므낫세의 몫이요.

납달리 지파의 경계선 다음으로 동쪽에서 서쪽까지는 므낫세 지파의 몫이라고 하신다.

여호수아 때는 납달리 지파 다음으로 스불론 지파와 잇사갈 지파의 기업이 있었고(수 19:10-23), 그 다음으로 "므낫세" 지파의 기업이 거룩한 중앙 지대에서 요단 강의 동서로 걸쳐 있었다(수 17장). 아무튼 새 성지의 분배에서는 요단 강 동편에 있었던 르우벤 지파와 므낫세 반 지파가 서편으로 옮겨졌고, 르우벤 지파는 유다 지파와 에브라임 지파 사이에 들어갔고, 스불론 지파와 잇사갈 지파와 베냐민 지파들은 거룩한 구역 남방으로 옮겨졌다(이상근).

겔 48:5. 므낫세 경계선 다음으로 동쪽에서 서쪽까지는 에브라임의 몫이요.

므낫세 지파의 경계 다음으로 동쪽에서 서쪽까지는 에브라임 지파의 몫이라고 하신다.

므낫세 지파와 에브라임 지파는 요셉 자손 형제 지파로 정답게 이웃이 되었다.

겔 48:6. 에브라임 경계선 다음으로 동쪽에서 서쪽까지는 르우벤의 몫이요.

에브라임 지파의 경계 다음으로 동쪽에서 서쪽까지는 르우벤 지파의 몫이라고 하신다.

르우벤 지파의 기업은 여호수아 때는 사해 동편, 즉 옛 모압 땅이었으나

(수 13:15-23), 이제 새 구역에서는 서편으로 옮겨지고, 에브라임과 유다 사이에 삽입되었다.

겔 48:7. 르우벤 경계선 다음으로 동쪽에서 서쪽까지는 유다의 몫이요.

르우벤 지파의 경계 다음으로 동쪽에서 서쪽까지는 유다 지파의 몫이라고 하신다.

여호수아의 분배 때에는 유다의 경계 내에 예루살렘이 있었고, 또 그 가운데 성전이 있었으나(수 15장) 새로운 성지에서는 거룩한 구역(성역)은 별도로 있고 유다의 기업은 바로 그 북편에 인접하여 있게 된 것이다.

8-22절. 거룩한 지역은 유다 지파 기업의 남방에 위치해 있으며, 거룩한 지역의 중앙에 성전이 있고(8절), 거기 제사장의 기업이 있으며(9-12절), 다음에 레위인의 기업(13-14절), 그 다음에 일반인들이 거하는 속된 땅이 있고(15-20절), 그 다음에 왕의 기업이 있게 되었다(21-22절).

겔 48:8. 유다 경계선 다음으로 동쪽에서 서쪽까지는 너희가 예물로 드릴 땅이라 너비는 이만 오천 척이요 길이는 다른 몫의 동쪽에서 서쪽까지와 같고 성소는 그 중앙에 있을지니.

유다 지파의 경계 다음으로 동쪽에서 서쪽까지는 이스라엘 백성이 바쳐야 할 예물(성물이라는 뜻, 45:1)이다. 그 너비(남북의 길이)가 25,000규빗이고, 길이는 동쪽에서 서쪽까지 각 지파의 몫 중 하나와 같을 것이니, 성소가 그 가운데 있을 것이라고 하신다.

이 25,000규빗 중에서 제사장의 기업이 10,000규빗(9절), 레위인의 기업이 10,000규빗(13절) 및 속된 땅 5,000규빗(15절)으로 나누어져 있다. 거룩한 구역의 동서의 길이는 다른 지파들의 동서의 길이와 같았다. 즉, 새 성지는 정확한 네모형인 것이다.

본 절에서 말하는 "예물로 드릴 땅"(거룩한 구역)이 천사가 에스겔에게 보여준 새 성지의 중심이며, 여기 성역(거룩한 구역)의 중심에 성전이 있다.

겔 48:9. 곧 너희가 여호와께 드려 예물로 삼을 땅의 길이는 이만 오천 척이요 너비는 만 척이라.

너희가 여호와께 바칠 예물은 길이가 25,000규빗이고, 너비가 10,000규빗이라고 하신다. 본 절의 "예물로 삼을 땅"은 전 절의 "예물로 드릴 땅"과 동일한 것을 뜻한다. 그러니까 본 절과 전 절은 동일한 것을 말한다.

겔 48:10. 이 드리는 거룩한 땅은 제사장에게 돌릴지니 북쪽으로 길이가 이만 오천 척이요 서쪽으로 너비는 만 척이요 동쪽으로 너비가 만 척이요 남쪽으로 길이가 이만 오천 척이라 그 중앙에 여호와의 성소가 있게 하고.

거룩한 예물로 바친 이 땅은 제사장들에게 돌릴 것이니 북쪽으로 길이가 25,000규빗이고, 서쪽으로 너비가 10,000규빗이며, 동쪽으로 너비가 10,000규빗이요, 남쪽으로 길이가 25,000규빗이니, 여호와의 성소가 그 가운데 있을 것이라고 한다.

겔 48:11. 이 땅을 사독의 자손 중에서 거룩하게 구별한 제사장에게 돌릴지어다 그들은 직분을 지키고 이스라엘 족속이 그릇될 때에 레위 사람이 그릇된 것처럼 그릇되지 아니하였느니라.

이 땅을 사독의 자손들 중에서 거룩하게 구별된 제사장들에게 속할 것이라고 하신다. 사독의 자손들 제사장들은 이스라엘 자손이 잘못 행했을 때, 레위 사람들이 잘못했던 것과는 달리 잘못 행하지 않았고, 여호와께 대한 직무를 지켰다고 하신다.

오늘날의 목사들이 여호와께 대한 직무를 바로 지킨다는 것이 얼마나 중요한지 모른다.

겔 48:12. 땅의 예물 중에서 그들이 예물을 받을지니 레위인의 접경지에 관한 가장 거룩한 예물이니라.

그러므로 사독 자손 제사장들은 거룩하게 바친 땅 가운데서도 가장 거룩한 땅을 받아야 하고, 레위 지파의 경계선과 인접해 있어야 한다고 하신다.

겔 48:13. 제사장의 경계선을 따라 레위 사람의 몫을 주되 길이는 이만 오천 척이요 너비는 만 척으로 할지니 이 구역의 길이가 이만 오천 척이요 너비가 각기 만 척이라.

13-14절은 제사장의 기업 다음으로 레위인의 기업이 있어야 한다는 것을 진술한다. 레위 사람들이 제사장들의 경계를 따라 받을 땅은 길이가 25,000규빗이고, 너비는 10,000규빗이니, 곧 그 전체 길이가 25,000규빗이며 너비가 10,000규빗이라고 하신다.

겔 48:14. 그들이 그 땅을 팔지도 못하며 바꾸지도 못하며 그 땅의 처음 익은 열매를 남에게 주지도 못하리니 이는 여호와께 거룩히 구별한 것임이라.

제사장들과 레위인들은 그 땅을 팔거나 바꾸지도 못하며, 또한 그 땅 중 가장 좋은 부분을 남에게 넘겨주어서도 안 된다. 이유는 그것이 여호와께 거룩히 구별된 땅이기 때문이라고 하신다.

15-20절. 일반 시민들이 거주하는 "속된 땅"으로 25,000규빗 x 5,000규빗의 땅의 중앙에 도성이 있고, 그 양측에 들이 있다는 것이다.

겔 48:15. 이 이만 오천 척 다음으로 너비 오천 척은 속된 땅으로 구분하여 성읍을 세우며 거주하는 곳과 전원을 삼되 성읍이 그 중앙에 있게 할지니.

너비가 5,000규빗이요, 길이가 25,000규빗인 나머지 땅은, 성읍을 세울 속된 땅이다. 그 한가운데 있는 땅은 성읍을 세워서 거주지로 사용하고, 그 나머지는 빈 터로 사용하라고 하신다.

제사장의 기업인 지극히 거룩한 땅 남쪽에 일반인이 거할 수 있는 속된 땅이 있다. 이 속지 동서의 장은 제사장의 땅과 같이 25,000규빗이고, 남북의 광은 5,000규빗이며, 그 중앙에 성읍이 있고, 성읍 양편에 농사하여 양식을 얻을 들(목초지)이 있다는 것이다(45:6 주해 참조).

겔 48:16. 그 크기는 북쪽도 사천오백 척이요 남쪽도 사천오백 척이요 동쪽도 사천오백 척이요 서쪽도 사천오백 척이며.

그 성읍의 크기는 다음과 같다. 북쪽의 길이도 4,500규빗, 남쪽의 길이도 4,500규빗, 동쪽의 길이도 4,500규빗, 서쪽의 길이도 4,500규빗이라고 하신다.

겔 48:17. 그 성읍의 들은 북쪽으로 이백오십 척이요 남쪽으로 이백오십 척이요 동쪽으로 이백오십 척이요 서쪽으로 이백오십 척이며.

그 성읍의 목초지(들-공유지)는 북쪽으로 250규빗이고, 남쪽으로 250규빗이며, 동쪽으로 250규빗이고, 서쪽으로 250규빗이라고 하신다.

겔 48:18. 예물을 삼아 거룩히 구별할 땅과 연접하여 남아 있는 땅의 길이는 동쪽으로 만 척이요 서쪽으로 만 척이라 곧 예물을 삼아 거룩하게 구별할 땅과 연접하였으며 그 땅의 소산을 성읍에서 일하는 자의 양식을 삼을지라.

거룩하게 바친 땅과 인접한 나머지 땅의 길이는 동쪽으로 10,000규빗이고, 서쪽으로도 10,000규빗이다. 그 땅은 거룩하게 바친 땅과 인접하여야 하며, 그 농산물은 성읍에서 일하는 사람들의 먹거리로 삼아야 한다고 하신다.

겔 48:19. 이스라엘 모든 지파 가운데에 그 성읍에서 일하는 자는 그 땅을 경작할지니라.

본 절은 전 절의 "일하는 자"를 설명한다. 즉, 이스라엘 모든 지파에서 뽑혀 와서 성읍에서 일하는 사람들은 그 땅을 경작해야 할 것이라고 하신다. 여기 일하는 자들은 성읍 양편의 농경지에서 일하여 식량을 생산하는 자들이다.

겔 48:20. 그런즉 예물로 드리는 땅의 합계는 길이도 이만 오천 척이요 너비도 이만 오천 척이라 너희가 거룩히 구별하여 드릴 땅은 성읍의 기지와 합하여 네모 반듯할 것이니라.

여기서 "예물로 드리는 땅"은 레위인들에게 줄 분깃(9-12), 제사장들의 지계(地界, 13, 14절), 성읍이 있는 땅(15-20절)을 포함한다. 그리고 그 세 땅은 모두 동서의 길이가 25,000규빗에, 너비가 25,000규빗이니, 세 땅의 폭은 각기 10,000규빗, 10,000규빗(13절), 5,000규빗이므로 그것을 합한 남북의 총 너비 역시 동서의 길이와 같은 25,000규빗이 된다. 따라서 세 땅을 합하면 길이도 너비도 25,000규빗인 정사각형으로 그 거룩한 예물을 성읍의 소유지와 함께 드릴 것이라고 하신다.

21-22절. 왕(군주)의 기업을 진술한다.

겔 48:21. 거룩하게 구별할 땅과 성읍의 기지 좌우편에 남은 땅은 군주에게 돌릴지니 곧 거룩하게 구별할 땅의 동쪽을 향한 그 경계선 앞 이만 오천 척과 서쪽을 향한 그 경계선 앞 이만 오천 척이라 다른 몫들과 연접한 땅이니 이것을 군주에게 돌릴 것이며 거룩하게 구별할 땅과 성전의 성소가 그 중앙에 있으리라.

그 남은 것은 왕에게 속할 것이다. 거룩한 예물과 성읍 소유지의 이쪽과 저쪽, 곧 동쪽으로는 동쪽 경계까지 25,000규빗, 서쪽으로는 서쪽 경계까지 25,000규빗의 땅이 다른 지파의 몫들과 인접해 있는데, 이 땅이 왕에게 속할 것이다. 그리고 거룩한 예물과 그 성전의 성소가 그 가운데 자리할 것이라고 하신다. 본 절 주해를 위해서 45:7-8 주해를 참조하라.

위의 제사장의 기업과 레위인의 기업인 거룩한 땅과 그 남쪽에 있는 속된 땅을 합한 거룩한 구역의 좌우에 남은 땅은 왕의 기업이 된다는 것이다.

다시 말해 지중해로부터 요단 강에 이르는 사이에, 유다의 기업과 베냐민의 기업 사이에 25,000규빗 너비 직선으로 그은 땅에서 중앙에 25,000규빗 너비를 제하고, 그 동편에서 요단 강까지와 서편에서 지중해에 이르는 두 필지의 땅은 왕의 기업이 된다는 것이다.

겔 48:22. 그런즉 군주에게 돌려 그에게 속할 땅은 레위 사람의 기업 좌우편과 성읍의 기지 좌우편이며 유다 지경과 베냐민 지경 사이에 있을지니라.

그런즉 레위 지파의 유산과 성읍에 딸린 소유지는 왕의 소유지의 한가운데 있게 된다. 왕의 소유지는 유다 지파의 경계선과 베냐민 지파의 경계선 사이에 있게 된다는 것이다.

본 절은 전 절의 반복으로 나온 것이다. 왕의 기업의 땅은 거룩한 구역의 좌우편에 있게 되고, 유다 지파와 베냐민 지파 사이에 있다는 것이다.

23-29절. 이 부분은 남방에 분배된 베냐민, 시므온, 잇사갈, 스불론, 갓 5지파의 땅이 있게 된다는 것이다.

<나머지 지파들의 몫>

겔 48:23. 그 나머지 모든 지파는 동쪽에서 서쪽까지는 베냐민의 몫이요.

나머지 지파들은 이와 같으니 동쪽에서 서쪽까지는 베냐민의 몫이라고 하신다.

거룩한 구역의 남방에 접경하여 베냐민 지파의 기업 역시 거룩한 구역 북방의 7지파의 기업들처럼 동서로 가로놓여 있었다. 여호수아 때의 베냐민 지파의 기업은 예루살렘 북방에 있었다.

겔 48:24. 베냐민 경계선 다음으로 동쪽에서 서쪽까지는 시므온의 몫이요.

베냐민 경계 다음으로 동쪽에서 서쪽까지는 시므온의 몫이라 하신다. 여호수아 때 시므온 지파의 기업은 유다 지파의 남방에 있었고(수 19:1-9), 그들은 유다 지파 사람들과 행동을 함께 했다(삿 1:3).

겔 48:25. 시므온 경계선 다음으로 동쪽에서 서쪽까지는 잇사갈의 몫이요.

시므온 지파 경계 다음으로 동쪽에서 서쪽까지는 잇사갈 지파의 몫이라고 하신다. 여호수아 때는 잇사갈 지파는 북부, 스불론 지파와 므낫세 지파의 중간에 있었으나(수 19:17-23), 새 성지의 분배에 있어서는 남방으로 옮겨진 것이다.

겔 48:26. 잇사갈 경계선 다음으로 동쪽에서 서쪽까지는 스불론의 몫이요.

잇사갈 지파의 경계 다음으로 동쪽에서 서쪽까지는 스불론의 몫이라고 하신다.

여호수아의 첫 분배 때 스불론 지파의 기업은 북방 갈릴리 지방에 있었으나(수 19:10-16; 마 4:13), 새 분배 때는 거의 남단을 차지하게 되었다.

겔 48:27. 스불론 경계선 다음으로 동쪽에서 서쪽까지는 갓의 몫이며.

스불론 지파의 경계 다음으로 동쪽에서 서쪽까지는 갓 지파의 몫이라고 하신다.

여호수아 때 갓 지파는 원래 요단 강 동편, 므낫세와 르우벤 중간이었으며, 사해(死海) 동 북편에 위치해 있었으나(민 32:34-38), 여기 새 지도에서는 이스라엘의 최남단에 속하게 되었다.

겔 48:28. 갓 경계선 다음으로 남쪽 경계선은 다말에서부터 므리바가데스 샘에 이르고 애굽 시내를 따라 대해에 이르나니.

갓 지파의 경계 다음 남쪽으로 그 경계는 다말로부터 므리바가데스 샘과 큰 바다로 흐르는 애굽 시내에까지 이를 것이라고 하신다. 여기 "남쪽 경계선"에 대해서는 47:19 주해를 참조하라.

겔 48:29. 이것은 너희가 제비 뽑아 이스라엘 지파에게 나누어 주어 기업이 되게 할 땅이요 또 이것들은 그들의 몫이니라 주 여호와의 말씀이니라.

주 여호와께서 말씀하시기를, "지금까지 위에서 말한 모든 것들이 이스라엘 지파들이 받을 유업으로 제비 뽑을 땅이니, 이것들이 그들의 몫이 될 것이라"고 하신다.

거룩한 지역을 가운데 두고 북으로 7지파, 남으로 5지파가 제비를 뽑아(47:22 주해 참조) 기업의 땅을 얻었다. 이 분배는 이상적 토지 분배였고, 메시아 왕국의 질서를 보인 것이라고 할 수 있다.

ㄹ. 성읍의 출입구들 48:30-34

에스겔서의 결론은 메시아 왕국 성읍의 12성문에 대한 설명으로 끝난다. 에스겔의 12성문은 12지파의 이름으로 불리고 있고 계시록의 그것들에는 12사도들의 이름이 새겨져 있다. 그리고 에스겔의 메시아 왕국은 철저하게 성전 중심이나 계시록의 무궁 세계는 새 예루살렘이 중심이고, 그곳에 하나님이 함께 계시고 심지어 그곳에는 성전도 없다고 했다(계 21:22). 여기 메시아 왕국의 성읍은 정방형으로 한편이 4,500규빗씩이고, 각 편에 문이 세 개씩 있다(이상근).

<예루살렘 성읍의 문들>

겔 48:30. 그 성읍의 출입구는 이러하니라 북쪽의 너비가 사천오백 척이라.

여호와께서 말씀하시기를, "그 성읍의 출구들은 이와 같으니라. 북쪽은 그 너비가 4,500규빗이라고 하신다. 천사가 에스겔에게 보여준 새 예루살렘은 4,500규빗 X 4,500규빗의 정방형이고, 그 4,500규빗 밖에 250규빗씩의 들판이 있었다는 것이다(16-17절 주해 참조). 그리고 각 편에 문이 세 개씩 있었다. 그 편은 북-동-남-서의 순서로 소개된다.

겔 48:31. 그 성읍의 문들은 이스라엘 지파들의 이름을 따를 것인데 북쪽으로 문이 셋이라 하나는 르우벤 문이요 하나는 유다 문이요 하나는 레위 문이며.

그 성읍의 문들은 이스라엘 지파들의 이름을 따랐다. 북쪽으로 세 개의 문이 있으니, 곧 르우벤 문, 유다 문, 레위 문(여기 세 지파는 모두 레아의 소생이다)이라고 하신다.

이 북문 세 지파는 이스라엘 지파들 중에서 가장 중요한 지파들이다. 레위는 제사장 지파로 땅 분배 때는 제외되었다. 그래서 레위 지파 대신 요셉 지파의 두 아들인 에브라임과 므낫세가 두 지파의 땅 분배를 받게 되었으나 여기서는 레위가 들어가고 요셉도 한 지파로 간주되고 있다.

겔 48:32. 동쪽의 너비는 사천오백 척이니 또한 문이 셋이라 하나는 요셉 문이요 하나는 베냐민 문이요 하나는 단 문이며.

동쪽의 너비도 4,500규빗이며, 역시 세 개의 문들이 있었다. 하나는 요셉 문이고, 또 하나는 베냐민 문이요, 또 하나는 단 문이라고 한다.

동편의 세 지파는 라헬의 소생인 요셉과 베냐민, 그리고 라헬의 시녀 빌하의 소생인 단이다. 이 세 지파는 북편의 세 지파 다음으로 중요한 지파들이다.

겔 48:33. 남쪽의 너비는 사천오백 척이니 또한 문이 셋이라 하나는 시므온 문이요 하나는 잇사갈 문이요 하나는 스불론 문이며.

남쪽의 너비도 4,500규빗이며, 세 문들이 있으니, 하나는 시므온 문, 하나는 잇사갈 문, 하나는 스불론 문이라고 하신다.

이들 모두는 레아의 아들들이다. 잇사갈, 스불론은 보다 후일의 소생들로 그 중요성에서 약간 떨어진다.

겔 48:34. 서쪽도 사천오백 척이니 또한 문이 셋이라 하나는 갓 문이요 하나는 아셀 문이요 하나는 납달리 문이며.

서쪽의 너비도 4,500규빗이며, 세 문들이 있으니, 하나는 갓 문, 하나는 아셀 문, 하나는 납달리 문이라고 하신다.

이 세 지파 중 처음의 둘은 레아의 시녀 실바의 소생이고, 세 번째는 라헬의 시녀 빌하의 소생이다.

ㅁ. 성읍의 이름 48:35

겔 48:35. 그 사방의 합계는 만 팔천 척이라 그 날 후로는 그 성읍의 이름을 여호와삼마라 하리라.

그 사방의 둘레는 18,000규빗(4,500규빗 X 4)이며, 그 성읍의 이름은 그 날로부터 여호와삼마가 될 것이라고 하신다.

본 절의 "그 날"이란 말은 에스겔이 본서를 통하여 예언하고 있는 바 이스라엘의 구원이 완성되는 날, 즉 최후의 심판이 종결되고 하나님의 나라가 완성되는 날을 지칭한다. 그러므로 "그 날 후"란 말은 신, 구약의 모든 성도가 하나님께서 준비하신 완성된 천국에서 안식을 누리는 영원한 때를 뜻한다.

"그 성읍의 이름을 여호와삼마라 하리라"는 말씀에서 "여호와삼마"(יְהוָה שָׁמָּה])란 말은 '여호와께서 거기에 계신다'는 뜻이다. 회복된 새 이스라엘에 세워질 성읍의 이름이 이렇게 지어진 것은 하나님께서 이스라엘 백성들 가운데 임재하셔서 영원히 떠나지 않으시고, 이스라엘 백성들과 함께 계실 것을 상징한다고 할 수 있다. 하나님은 영원히 그의 백성된 우리들을 영원히 버리지 않으신다. 이 이상의 복은 없다.

-에스겔서 주해 끝-

다니엘 주해

Exposition of Deniel

■ 머리말

다니엘서만큼 좋은 책은 없었다. 다니엘서를 읽을 때 다니엘을 만났고, 세 친구들을 만났다. 얼마나 고무가 되었는지 몰랐다. 많은 은혜를 받았고 많은 힘을 받았다. 필자 역시 다니엘이 되고 싶었고, 다니엘의 세 친구들처럼 되어 보고 싶었다.

그렇게 좋아하던 다니엘서를 이제는 주해(주석+강해를 합친 말이다) 하게 되었으니 얼마나 감개무량한 일인지 몰랐다. 1장, 2장, 3장, 4장, 5장, 6장, 7장, 8장, 9:23까지 얼마나 재미있게 주해했는지 모르겠다. 그러나 9:24-27 부분은 너무 힘이 들었다. 성경 전체에서 이처럼 어려운 곳이 없다고 느낄 정도였다. 한 절을 주해하는데 2일 내지 3일이 걸린 경험도 있었다. 그만큼 난해했다. 그 부분을 지난 후에는 그처럼 힘든 부분이 다시는 없었다. 무엇보다도 다니엘이 받은 계시를 주해할 때는 참으로 흥미가 있었다. 다니엘이 받은 계시를 주해할 때는 필자 역시 놀라운 계시 해석의 은총을 받았으면 좋겠다는 염원이 대단했다. 죄를 자복하고 더욱 성령 충만 하게 되며 지혜가 충만하여 말씀을 더욱 온전하게 해석하는 은총을 기대해 보았다. 아무튼 이 다니엘서를 대하시는 모든 분마다 은총이 넘치시기를 바란다.

2021년 12월
수원 원천동 우거에서
저자 김수홍

■ 총 론

다니엘서의 책 명칭은 어떻게 해서 생겼나

다니엘서의 책 명칭은 본서의 저자요 중심 인물 "다니엘"(laYEnID-1:6)이라는 이름("하나님은 나의 심판자"라는 뜻)에서 온 것이다.

다니엘서의 저자는 누구인가

다니엘이 본서를 기록했다는 것은 유대인의 전통과 기독교 전통이 함께 증거하고 있다. 특히 예수님께서 본서를 다니엘의 저작으로 아시고 이 책에서 인용하신 것을 중대한 증거로 보아야 한다(마 24:15; 단 9:27; 12:11).

그러나 이 전승은 일찍부터(주후 3세기) 반대를 받게 되었는데, 주전 2세기경, 마카비 시대 때 팔레스타인에서 무명의 편집자가 다니엘의 이름을 빌려 저술했다는 설이 형성되었고, 현대에 와서는 비평학자의 다수가 이 학설을 따르고 있다.

반대의 이유는 다음과 같다.

첫째, 본서의 예언 중 마카비 시대 때, 즉 수리아의 안티오커스 에피파네스(Antiocus Epiphanes, 주전 175-164년 통치)에 대한 기사가 너무 정확하다는 것.

둘째, 다니엘서가 히브리어 원전에서 예언서에 들어있지 않은 것.

셋째, 다니엘과 동시대 또는 그 이후의 저작물들 안에 다니엘에 대한 언급이 없다는 것. 에스라, 느헤미야 등에 다니엘에 대한 언급이 없다는 것, 실라의 지혜문에도 다니엘에 대한 언급이 없다는 것, 아리스토불러스의 글에도 다니엘서에 대한 언급이 없다는 것 등을 든다.

넷째, 본서에 역사적 오류가 많다는 것. 1:1의 여호야김이 위에 있은

지 3년이란 말은 원래 4년이 옳다는 것이다. 단 4장의 느부갓네살의 광증은 다른 문서에 일체 나타나지 않는다는 것이다. 그리고 제5장의 벨사살 왕이라는 기록도 착오라는 것이다. 또 5:30의 "메대 사람 다리오"라는 말도 문제가 된다는 것이다. 이 모든 문제들은 자세히 살핀 학자들의 해답으로 모두 해결되었다.

다섯째, 본서의 문체는 주전 6세기 보다 훨씬 후대의 것이라는 것. 이 문제도 역시 비상한 학자들의 연구에 의해 말끔히 해결해 놓았다.

여섯째, 본서의 신학도 역시 포로 귀환기 이후의 것이라는 주장이 있다. 이상과 같은 학자들의 반대설이 있음에도 불구하고 또 한편 강력한 지지설이 있다는 것은 놀라운 일이 아닐 수 없다. 본서가 주전 6세기에 다니엘에 의해 기록되었다는 지지설은 여전히 유력하다(Jerome, Luther, Calvin, Hengsternberg, Keil, Delitzsch, Klieford, Leupold, Young). 위의 반대설에 대해서는 항목마다 대체적인 답변이 첨가되고 있다.

지지자들이 드는 이유를 들어보면 다음과 같다.

(1) 70인역(LXX, 주전 2-3세기 것)은 본서를 간직하고 있다.

(2) 쿰란 사본(주전 2세기 것)에도 본서를 포함하고 있다.

(3) 역사가 요세푸스(Josephus 37-110)도 다니엘에 대해 언급하고 있다.

(4) 예수님께서 다니엘을 언급하신 것(마 24:15에서 단 9:27; 12:11)은 본서에 대한 중요한 외증이 된다.

(5) 신약의 마태복음에서 본서를 반영하는 구절들이 많이 있다(마 10:27; 16:27; 19:28; 24:30; 26:64 등).

(6) 탈무드의 바바 바드라(Baba Bathra 15a(3세기)에는 "대회당(Great Synagogue)사람들이 다니엘서를 기록했다"는 기록이 있다. 이는 다니엘의 기록을 대회당 사람들이 편집한 것으로 이해된다(Young).

위와 같은 외증 뿐 아니라 내증도 분명하다.

(1) 본서의 후편 계시편(7-12장)에는 다니엘이 자신을 제1인칭으로 부르

고 있다.

(2) 본서의 전편인 역사편(1-6장)에는 다니엘을 제3인칭으로 부르고 있다. 이는 전편은 후편의 준비로 보는 것이다.

(3) 다니엘은 본서 저작의 명을 받고 본서를 기술했음을 볼 수 있다(12:4).

다니엘서는 언제 저작 되었는가

다니엘서의 저작 연대를 아주 좁게 추정해 본다면 다니엘이 가장 마지막으로 받은 묵시가 힛데겔 강 가의 묵시인 점을 감안하여(10-12장) 이것이 주어진 시기가 주전 536년으로 명시된 것으로 볼 때 본서의 기록 시기는 주전 536년에서 그의 사망 연대인 주전 530년 사이로 추정된다.

다니엘서는 무슨 내용을 담고 있는가

다니엘서는 두 구분으로 구성되어 있는데, 전편(1-6장)은 다니엘을 중심한 역사로 다니엘과 그의 세 친구가 포로로 잡혀간 바벨론에서 여호와 신앙을 확고하게 수호하고, 특별한 지혜로 위기를 극복하며, 또 바벨론 나라로부터 중용되었다는 내용이다. 그리고 후편(7-12장)은 다니엘이 본 환상을 통하여 세계 역사의 미래를 예언한 것이며, 바벨론의 느부갓네살 왕으로부터 그리스도의 재림 때까지의 이방인의 때를 예언하고 그 이후의 메시아 왕국의 실현을 보여준다.

다니엘서가 보여주는 그리스도

성경은 그 근본 주제나 목적은 모두 다 전 역사를 통해 진행되는 주 예수 그리스도의 구속 사역을 통한 우리 죄인의 구원으로 동일하다. 그러므로 성경은 예수의 구속 사역으로 인한 성도의 구속 사역이라는 한 동일 주제의 여러 측면과 그 전개의 역사를 다양하게 보여주는 책이다. 그러면 이제 이런 관점에서 다니엘이라는 개성 있는 책이 성경 전체의 근본 주제인 예수 그리스도의 구속 사역에 대하여 가르치고 있는 진리를 요약 정리해 보면 다음 네 가지로 축약될 수가 있다.

1) 예수님은 뜨인 돌이시라는 것(2:34, 35, 45).

장구한 세월 동안 이어질 세상 나라들을 상징하는 거대한 신상의 몸체를 무너뜨리시고 새 나라 곧 천국을 새로이 세우실 자로서의 예수 그리스도를 상징적으로 묘사한 표현이다.

2) 예수님은 영원한 나라의 권세를 위임받은 인자가 되신다는 것(7:13, 14).

성부 하나님으로부터 위임을 받아 영원히 천국을 다스리실 자로서의 그리스도의 면모에 대한 설명이다. 이는 이미 구약 시대에도 메시아가 세울 나라는 이 지상의 나라와는 다른 종말론적 나라임이 계시되었음을 보여주는 증거이다. 그럼에도 불구하고 구약의 일부 내용만을 민족주의적이고도 인본주의적인 관점에서 곡해하여 메시아가 자기 민족을 이 땅의 지배자 민족으로 만들어주는 세속적 구원을 줄 것으로 착각한 유대교 지도자들이 참 메시아로 오사 천국 구원을 선포하셨던 예수를 거짓 메시아로 몰아 마침내 십자가 구속 수난의 직접적 원인을 제공한 것은 주지의 사실이다.

3) 9:26에 의하면 메시아는 초림하셔서 사역하시다가 구속 수난을 당하신 후 일단 승천하여 하늘에 오르셔서 다시 재림하여 오실 때까지 이 세상을 떠나실 자로서의 예수님의 면모를 보여주는 예언이다.

4) 다니엘은 인자가 그의 책에서 묵시의 수여자로 직접 등장할 것을 보도하고 있다. 제2의 성자께서 삼위 하나님의 한 위격으로서 태초부터 종말까지 이어지는 인간 구속 사역의 작정과 실행에 전적으로 참여하실 것임을 보여준다. 그리하여 전지전능하신 삼위 하나님의 한 위격으로서 성자께서 주도하시는 구속 사역은 절대 성취될 것임을 강력하게 시사해주고 있다(10:5-9).

다니엘서의 신학은 어떤 것들을 들 수 있는가.

본서는 천사론, 메시아론 및 부활과 심판 등 종말론에서 눈에 띄게 현저하여 신약 신학에 접근하고 신약 신학의 기초가 되고 있다.

천사론에 있어서는 천사의 출현이 빈번하게 나타나고, 특히 천사장 가브리엘(8:15; 9:27)과 미가엘(10:13, 21; 12:1) 등의 이름까지 등장하고 있다.

다음으로는 메시아론이 현저하다. 7:13-14에 "내가 또 밤 환상 중에 보니 인자(메시아) 같은 이가 하늘 구름을 타고 와서 옛적부터 항상 계신 이에게 나아가 그 앞으로 인도되매 그에게 권세와 영광과 나라를 주고 모든 백성과 나라들과 다른 언어를 말하는 모든 자들이 그를 섬기게 하였으니 그의 권세는 소멸되지 아니하는 영원한 권세요 그의 나라는 멸망하지 아니할 것이니라"는 특기할 구절이다. 여기 "인자 같은 이"라는 말의 "인자"는 '메시아 곧 예수 그리스도'를 지칭한다(Ebald, Calvin, Hengsternberg, Keil, Young). 그러므로 인자 같은 이가 오신다는 것은 곧 메시아의 도래와 동시에 하나님 나라의 도래를 상징하는 것이다. 그리고 "하늘 구름을 타고 와서"라는 말은 짐승은 바다에서 올라오는 반면(7:3), 메시아는 하늘에서 오신다는 것을 뜻한다. 이는 짐승으로 상징된 세상 나라와 천상에 속한 메시아 왕국 곧 하나님 나라의 본질적인 차이를 보여주고 있다. 특히 구름은 그리스도의 재림과 밀접한 관련을 가지고 있는 것으로서 인자가 구름을 타고 오신다고 하는 것은 그리스도의 신성을 나타내주는 동시에 그가 재림하심으로 완성될 하나님 나라가 도래할 것을 나타내준다.

다음으로 부활과 심판론에 있어 12:2-4에서 선한 자와 악한 자가 함께 부활하여 하나는 영원한 영광에, 하나는 영원한 수치에 들어간다는 것이다. 그것은 종말에 있을 일반적 부활과 그때에 있을 영원한 심판을 가리키는 것으로 역시 신약에 그대로 계승되고 있다(요 5:29; 계 20:4-6, 11-15). 그리고 본서에는 종말의 징조까지 보이고 있다(9:24; 11:32; 12:4, 11-12).

다니엘서가 보여주는 문학적 특징은 어떤 것들이 있는가.

첫째, 다니엘과 그의 세 친구의 불굴의 신앙 자세는 참 신앙의 표준을 보인 것.

둘째, 히브리어와 아람어의 두 언어로 기록된 것.

셋째, 세계 역사의 전모와 그 역사의 종말에 실현될 메시아 왕국을 보인 것.

넷째, 본서는 예언서인데 히브리어 원전에는 역사서에 소속되어 있는 것.

다섯째, 본서는 종말에 관한 사상이 분명하여 구약 신학으로부터 신약 신학으로의 가교적 역할을 하고 있는 것.

여섯째, 본서는 구약의 대표적 계시 문학을 보인 책으로 요한계시록의 배경이 된 것이다.

다니엘과 세 친구는 현대 성도들에게 어떻게 살라고 말하는가

어떤 환경을 만나도 신앙이 변치 말아야 한다는 것을 외치고 있다. 다니엘은 다신교 사상에 젖어 당장 천하를 제패하고 있던 이방 대제국의 총본산인 바벨론 황실 바로 한 가운데에서 모든 종교, 정치, 문화적 유혹을 물리치고 오로지 여호와 절대 신앙의 지조를 사수함으로써 극복하였을 뿐만 아니라 세계만방에 여호와와 선민의 영광을 펼치는데 더욱 역동적 삶을 살았던 그의 생애가 현대 우리에게 던지는 도전은 실로 엄청나다. 오늘 우리나라는 바벨론 같은 세속적 환경이 아님에도 불구하고 많은 사람들이 신앙을 버리고 맥을 추지 못하는 사람들이 너무 많은 것이다.

우리는 우상 숭배를 극력 피해야 한다. 다니엘은 우상의 음식을 먹지 않았다. 세상이 아무리 좋아 보여도 세상을 택할 것이 아니라 여호와 하나님을 온전히 모셔야 한다. 돈이 아무리 좋아 보여도 돈을 택할 것이 아니고 오로지 여호와 하나님을 제일로 알아야 하고 또 명예가 아무리 좋아 보여도 명예를 택할 것이 아니라 오직 여호와 하나님을 제일로 알아야 한다. 그리고 우리는 이 세상에서 화려하게 보이는 이성(異性)을 좋아할 것이 아니라 오로지 여호와 하나님만을 좋아해야 한다.

그리고 우리는 세상에 살면서 우리의 심령이 밝아져서 세상 돌아가는 것을 알아야 한다. 다니엘은 느부갓네살 왕이 꾼 꿈을 알아냈다(2:1-49; 4:19-27). 그리고 다니엘은 하나님께서 주시는 계시의 내용을 알아냈다.

또한 우리는 세상에서 하나님만을 믿어 모든 시험을 이길 수 있어야 한다. 세상은 우리를 시험하여 넘어뜨리려 한다. 다니엘의 세 친구들은 시험을 받는 중에 풀무 불에서 구원받았다(3:19-27).

우리는 아무리 위험한 곳에서도 하나님만 믿어야 한다. 다니엘은 사자굴에서도 구원을 받았다(6:16-24). 세상은 우리를 죽게 만들려 한다. 아주 위험한 곳에 던져 넣는다. 우리는 그때라도 여호와 하나님만 의지해야 한다. 하나님은 우리를 반드시 구원해주신다.

우리는 죄를 더욱 자백하여 심히 깨끗한 영혼이 되어 항상 메시아를 영안으로 보면서 살아야 한다. 우리의 영안이 깨끗해야 메시아가 보이고 믿어지는 것이다.

■ 내용 분해

【다니엘】

총 론

제 I 부: 다니엘 생애의 주요 사건들 1-6장

A. 다니엘의 성장 배경 1:1-21

1. 유다 포로 다니엘이 부름을 받다 1:1-7
2. 다니엘이 왕의 식물을 거부하다 1:8-16
3. 다니엘이 바벨론의 황실에 입문하다 1:17-20
4. 다니엘의 활동 연대를 요약하다 1:21

B. 다니엘이 느부갓네살의 꿈을 해몽하다 2:1-49

1. 느부갓네살이 큰 신상의 꿈을 꾸다 2:1-13
2. 다니엘이 왕의 꿈을 알아맞히다 2:14-24
3. 다니엘이 왕의 꿈을 해몽해주다 2:25-45
4. 느부갓네살이 다니엘을 중용하다 2:46-49

C. 다니엘의 친구들이 풀무불에 던져지다 3:1-30

1. 느부갓네살이 금 신상을 세우다 3:1-7
2. 다니엘의 친구들이 신상 숭배를 거부하다 3:8-18
3. 다니엘의 친구들이 풀무불에서 구원받다 3:19-27
4. 느부갓네살이 능력을 체험하고 조치를 취하다 3:28-30

D. 느부갓네살이 큰 나무 꿈을 꾸다 4:1-37

1. 느부갓네살이 조서를 내다 4:1-3
2. 느부갓네살이 두 번째 꿈을 꾸다 4:4-18
3. 다니엘이 꿈을 해석해주다 4:19-27

4. 큰 나무 꿈이 성취되다 4:28-33
5. 느부갓네살의 여호와 찬양이 회복되다 4:34-37

E. 교만한 벨사살 왕이 망하다 5:1-31
1. 벨사살이 성전 기명을 모독하다 5:1-4
2. 왕궁 분벽에 손가락이 나타나 글자를 쓰다 5:5-9
3. 다니엘이 그 글자를 해석하다 5:10-29
4. 벨사살이 그 해몽대로 죽다 5:30-31

F. 다니엘이 사자 굴에 던져지다 6:1-28
1. 메대 왕 다리오가 다니엘을 중용하다 1:1-3
2. 다니엘 살해를 위한 궤계를 꾸미다 6:4-15
3. 다니엘이 사자 굴에서 구원 받다 6:16-24
4. 다리오가 여호와의 권능을 체험하고 조서를 내리다 6:25-27
5. 다니엘이 형통하다 6:28

제 II 부: 다니엘이 직접 받은 계시들 7-12장

A. 네 짐승 계시-벨사살 원년에 받은 계시 7:1-28
1. 네 짐승과 작은 뿔이 보여주는 환상 7:1-8
2. 하나님 심판 보좌의 환상 7:9-12
3. 영원한 권세를 받으신 인자의 환상 7:13-14
4. 천사가 네 짐승과 작은 뿔 환상을 해석하다 7:15-28

B. 숫양과 숫염소와 작은 뿔 계시 8:1-27
1. 두 뿔 가진 숫양의 환상 8:1-4
2. 숫염소의 환상 8:5-8
3. 작은 뿔의 환상 8:9-14
4. 해설자 가브리엘 천사가 등장하다 8:15-19
5. 가브리엘이 해석해주다 8:20-27

C. 다니엘이 중보 기도한 일과 70이레의 묵시를 받은 일 9:1-27
1. 다니엘이 포로 기간에 대해 깨달음을 얻다 9:1-2

2. 다니엘이 민족 회복을 위해 기도하다 9:3-19
3. 70이레의 계시를 깨닫다 9:20-27

D. 다니엘이 고레스 3년에 환상을 보다 10:1-12:13
1. 다니엘이 환상을 보다 10:1-11:1
ㄱ. 환상을 본 시기와 장소 10:1-4
ㄴ. 한 인자의 환상 10:5-9
ㄷ. 가브리엘 천사가 방문한 목적을 설명하다 10:10-14
ㄹ. 인자가 다니엘의 입술을 만져주다 10:15-17
ㅁ. 바사를 이은 헬라의 등장에 대한 설명 10:18-11:1
2. 환상의 핵심 내용 설명 11:2-12:4
ㄱ. 바사의 멸망과 헬라국의 분열 11:2-4
ㄴ. 헬라 제국 분봉왕 사이의 전쟁들 11:5-20
ㄷ. 에피파네스의 등장과 발흥 11:21-27
ㄹ. 에피파네스의 성전 모독 사건 11:28-39
ㅁ. 에피파네스의 말년의 전쟁들 11:40-45
ㅂ. 최후의 대(大) 환난과 선민들의 승리 12:1-4
3. 강변의 두 천사의 결론적 예언 12:5-13

■ 참고 도서

아가페 굿모닝 성경(개역개정 제 4판), 서울특별시: 아가페출판사, 2006.

강병도편. 호크마종합주석, *에스겔, 다니엘*, 기독지혜사, 1994.

그랜드종합주석, 에스겔, 다니엘, 제자원, 성서아카데미, 1999.

김수홍. *그리스도의 말씀이 연합에 미친 영향*: 수원시: 도서출판 언약출판사, 2021.

매튜 헨리. *메튜헨리 주석, 에스겔, 다니엘*, 크리스챤다이제스트, 2008.

이상근. *에스겔, 다니엘*, 대구: 성등사, 1993.

박윤선. *성경주석, 에스겔서, 다니엘서*, 서울특별시: 도서출판 영음사, 1967.

에드워드 J. 영. *다니엘서 주석*, 정일오 역, 기독교문서선교회, 1949.

풀핏성경주석. *다니엘*, 풀핏주석번역위원회, 대구시: 보문출판사, 1975.

칼빈 존. *구약성경주석, 24, 다니엘 I*, 성서교재간행사, 존 칼빈 성경주석출판위원회 역편, 1982.

_______. *구약성경주석, 25, 다니엘 I*, 성서교재간행사, 존 칼빈 성경주석출판위원회 역편, 1982.

크리스토퍼 라이트. *다니엘서 강해*, 박세혁 옮김, 서울특별시: 도서출판 CUP, 2020.

Baldwin Joyce G.. *Daniel An Introdution & Commentary*, Inter-Varsity Press, Downers Grove, Illinois, U.S.A. 1978.

Baxter, J. Sidlow. *Explore the Book*. Grand Rapids: Zondervan Publishing House, 1966.

Black, Matthew & Rowley, H.H. *Peake's Commentary on the Bible*, Nashville: Thomas Nelson, 1962.

Guthrie D. & Motyer, J.A. *The New Bible Commentary*, Grand Rapids: Eerdmans, 1970.

Holladay, William. *Jeremiah* (Hermeneia), Fortress, 1986. (two vols.)

Jamieson, R. Fausset, A. R. & Brown D. *Commentary on the Whole Bible,* Grand Rapids: Zondervan, 1976.

Lange, John Peter. *Commentary on the Whole Scripture*, Grand Rapids: Zondervan, 1876.

Leupold H. G.. *Exposition of Daniel,* Baker Book House, Grand Rapids, 1949.

Maclaren, Alexander. *Expositions of Holy Scripture*, Grand Rapids: Baker Book House, 1984.

Morgan, G. Campbell. *An Exposition of the Whole Bible*, Old Tapen: Fleming H. Revell, 1959.

Myer, F. B. *Bible Commentary*, Wheaton: Tyndale, 1984.

Nicoll W. Robertson ed. *The Expositor's Bible*, Chicago: W.P. Blessing Co. n.d.

Walvoord, John F. & Zuck Roy B. ed. *The Bible Knowledge Commentary*, Wheaton: Victor, 1985.

【 사전 】

바이블렉스 8.0

데릭 윌리엄스, *IVP 성경사전.* 이정석 외 한국기독학생회 출판부 역, 한국기독학생회 출판부(IVP), 1992,

Achtemeier, Paul J. *Harper's Bible Dictionary*, New York: A Division of Harper Collins Publishers, 1985.

Baker, David W. *Dictionary of the Old Testament: Pentateuch,* Leichester:

InterVarsity Press, 2003.

Douglas, J. D. *New Bible Dictionary*, (2nd edition), Wheaton: Tyndale House Publishers, 1982.

Tenney, Merrill C. *The Zondervan Pictorial Bible Dictionary,* Grand Rapids: Regency, 1967.

Tregelles, Samuel Prideaux. *Gesenius' Hebrew and Chaldee Lexicon,* Grand Rapids: Eerdmans, 1969.

Unger, M. F. *Unger's Bible Dictionary.* Chicago: Moody, 1957

【 지도 】

Personal Map Insert. Ft. Smith: Son Light Publishers, Inc, 1997.

다니엘 주해

제 I 부: 다니엘 생애의 주요 사건들　1-6장

A. 다니엘이 성장하는 중(1:1-21) 유다 포로 다니엘이 부름을 받은 일(1:1-7), 다니엘이 왕의 식물을 거부한 일(1:8-16), 다니엘이 바벨론의 황실에 입문한 일(1:17-20), 다니엘의 활동 연대(1:21), B. 다니엘이 느부갓네살의 꿈을 해몽한 일(2:1-49), C. 다니엘의 친구들이 풀무불에 던져진 일(3:1-30), D. 느부갓네살이 큰 나무 꿈을 꾼 일(4:1-37), 다니엘이 꿈을 해석해준 일, 다니엘의 큰 나무 꿈이 성취된 일(4:28-33), E. 교만한 벨사살 왕이 망한 일(5:1-31), F. 다니엘이 사자 굴에 던져진 일(6:1-28), 다니엘이 사자 굴에서 구원 받은 일 등으로 구성되어 있다.

제 1 장

A. 다니엘이 성장하는 중(1:1-21) 유다 포로 다니엘이 부름을 받은 일(1:1-7), 다니엘이 왕의 식물을 거부한 일(1:8-16), 다니엘이 바벨론의 황실에 입문한 일(1:17-20), 다니엘의 활동 연대(1:21)가 전개된다.

1. 유다 포로 다니엘이 부름을 받은 일　1:1-7.

다니엘은 유다 왕 여호야김 4년에 바벨론의 포로가 되었으나 바벨론 느부갓네살 왕의 정책에 의해 그의 세 친구와 함께 부름을 받아 바벨론 궁중의 사람이 된 것이다.

<느부갓네살 왕궁의 소년들>

단 1:1. 유다 왕 여호야김이 다스린 지 삼 년이 되는 해에 바벨론 왕 느부갓네살이 예루살렘에 이르러 성을 에워쌌더니.

유다의 왕 여호야김[11]이 유다를 통치한 지 3년[12]이 되는 해에 바벨론 왕 느부갓네살이 예루살렘에 이르러 예루살렘 성을 에워쌌다는 것이다.

여호야김 왕이 유다를 통치한 지 3년이면 짧은 기간은 아니었다. 과거 우상 숭배 한 죄를 자복할 수 있는 충분한 기간이었다. 하룻밤도 죄를 자복할 수 있는 시간인데, 3년의 세월이 흐르는 동안 죄를 자복하지 않았으니 너무 심하게 게으름을 핀 것이었다. 우리는 매일 진정으로 죄를 자복하는 삶을 살아야 할 것이다.

단 1:2. 주께서 유다 왕 여호야김과 하나님의 전 그릇 얼마를 그의 손에 넘기시매 그가 그것을 가지고 시날 땅 자기 신들의 신전에 가져다가 그 신들의 보물 창고에 두었더라.

주(the Lord)께서 유다 왕 여호야김과 하나님의 성전 기물들 중 일부를 그의 손에 넘겨주셨으므로, 그가 그것들을 시날 땅 자기 신들의 신전으로 가져가서 그 보물 창고에 넣어 두었다는 것이다.

"주께서 유다 왕 여호야김과 하나님의 전 그릇 얼마를 그의 손에 넘기시매"의 본 절은 여호와께서 유다 왕 여호야김과 하나님의 성전 그릇 얼마를

---

11) 여호야김 왕은 요시야 왕의 아들(왕하 23:34)로 그의 형제인 제17대 왕 여호아하스가 주전 609년에 애굽의 바로 느고에 의해 애굽으로 잡혀간 뒤 뒤이어 남쪽 나라 유다의 제18대 왕으로서 주전 609-598년까지 통치했다. 요시야 왕이 므깃도 전쟁에서 애굽 왕 바로 느고에게 패하여 죽자 유다 백성들은 그의 아들 여호아하스를 왕으로 세웠다. 그러나 애굽 왕 바로 느고는 요시야의 대적 행위에 대한 보복 조치로서 유다 백성들이 세운 여호아하스를 폐위시키고 그의 이복형제인 엘리아김을 왕으로 세우고 그의 이름을 여호야김으로 바꾸었다(왕하 23:29-34). "여호야김"이라는 이름의 뜻은 '여호와께서 일으키신다'는 뜻으로서 하나님께서 그를 통해 이스라엘 민족을 다시 일으키신다는 뜻을 내포하고 있다. 그러나 애굽의 꼭두각시였던 여호야김은 자신의 이름의 뜻과는 반대로 바벨론을 섬기라는 하나님의 말씀(렘 27:7-11)을 거역하고 애굽에만 충성하였으며 애굽에 조공을 바치기 위해 백성의 고혈을 짜내는 잔혹한 정책을 폈다.

12) "다스린 지 삼 년이 되는 해에." 유다 백성이 느부갓네살의 제1차 침공에 의해 바벨론으로 끌려간 해, 곧 제1차 바벨론 포로 사건이 있던 해는 주전 605년이 확실하다. 그렇다면 본문의 연대는 여호야김 3년이 아니라 렘 46:2의 기록대로 여호야김 4년이 되어야 할 것이다. 본 절의 '다스린 지 3년'은 느부갓네살이 예루살렘 점령을 위해 바벨론을 출발한 연도를 가리키며 렘 46:2에 기록된 '여호야김 제4년'은 예루살렘이 바벨론 군대에 의해 실제 점령된 연도를 가리킨다.

느부갓네살의 손에 넘기셨다고 하신다. 이 일은 주전 606년에 있었던 제1차 포로 때였다. 이 때 다니엘도 포로가 되었다. 여호와의 뜻이 아니고야 이루어지는 것이 없다. 여호야김이 조상들의 본을 받아 우상에게 경배하니 자신도 포로가 되고 예루살렘 성전의 그릇 얼마도 빼앗기게 된 것이다. 자기의 사재를 빼앗기는 것도 부끄러운 일인데, 하나님의 성전의 그릇을 빼앗긴다는 것은 엄청난 부끄러움이 아닐 수 없었다. 다니엘이 이 때 잡혀간 것은 유다인들의 큰 수치가 아닐 수 없었다. 그러나 여호와께서 다니엘을 사용하시려고 잡혀가는 것을 허락하셨다.

"그가 그것을 가지고 시날 땅 자기 신들의 신전에 가져다가 그 신들의 보물 창고에 두었다", 즉 바벨론 왕 느부갓네살이 예루살렘의 성전 기구들을 가져다가 시날 땅에 있는 자기 신들의 신전에 가져다가 신들의 보물 창고에 두었다는 것은 여호야김과 유다인들에게는 말할 수 없는 부끄러움이 아닐 수 없었다.

"시날 땅"이란 말은 '바벨론의 옛 이름'(창 10:10; 11:2; 14:1; 사 11:11)을 지칭하는 말이다.

"자기 신들의 신전"이란 바벨론의 신인 '벨과 말둑 신의 전'(temple)을 말한다. 고대 개선장군은 적으로부터 탈취한 전리품을 그들의 신전에 두는 것이 상례였다. 느부갓네살은 자기의 전리품을 자기 신전에 두었다.

단 1:3. 왕이 환관장 아스부나스에게 말하여 이스라엘 자손 중에서 왕족과 귀족 몇 사람.

느부갓네살 왕이 그의 환관장 아스부나스에게 이스라엘 자손들 중 왕족과 귀족들 가운데서 몇 사람을 중용하려고 환관장에게 본 절의 명령을 내렸다. 본 절의 "환관장"이란 말은 '고자'라는 뜻도 있으나 '정부의 고관'을 뜻하기도 했다. 느부갓네살은 이스라엘 사람들 가운데서 왕족과 귀족 몇 사람을 뽑아서 바벨론의 교육을 시킨 뒤, 자기 왕궁에서 등용시켜 보려고 한 것이었다.

단 1:4. 곧 흠이 없고 용모가 아름다우며 모든 지혜를 통찰하며 지식에 통달하며 학문에 익숙하여 왕궁에 설 만한 소년을 데려오게 하였고 그들에게 갈대아 사람의 학문과 언어를 가르치게 하였고.

흠이 전혀 없고 용모가 좋으며, 모든 지혜에 능숙하고 지식이 뛰어나며 통찰력이 있어 왕궁에 설 수 있는 능력을 갖춘 소년들을 데려와서, 그들에게 갈대아인들의 학문과 언어를 가르치라고 말했다는 것이다.

"흠이 없고 용모가 아름다우며 모든 지혜를 통찰하며 지식에 통달하며 학문에 익숙하여 왕궁에 설 만한 소년을 데려오게 하였다"는 것이다. 다시 말해 외모에 흠이 없고 정신도 온전한 이스라엘 청년들을 뽑아서 바벨론 교육을 시켜서 바벨론 궁중에서 일할 수 있도록 하려는 생각이었다. 주 여호와께서는 다니엘과 세 친구들을 염두에 두시고 느부갓네살을 움직이신 것으로 보인다.

단 1:5. 또 왕이 지정하여 그들에게 왕의 음식과 그가 마시는 포도주에서 날마다 쓸 것을 주어 삼 년을 기르게 하였으니 그 후에 그들은 왕 앞에 서게 될 것이더라.

또 느부갓네살 왕이 이스라엘 청년들 중 뽑힌 청년들에게 매일 먹을 것을 왕의 진미와 왕이 마시는 포도주에서 정해주고, 3년간 그들을 교육한 후에 그들로 왕 앞에 서도록 계획했다는 것이다.

이스라엘 청년들을 3년간 교육하게 한 것은 고대 바사의 교육 기간이었는데, 이런 교육 기간이 바벨론에도 있었을 것이다.

"그 후에 그들은 왕 앞에 서게 될 것이더라"는 말을 통해 느부갓네살이 다니엘과 세 친구를 포함한 이스라엘 청년 포로들을 교육시킨 후에 등용하려는 의도가 있었음을 밝힌다.

단 1:6. 그들 가운데는 유다 자손 곧 다니엘과 하나냐와 미사엘과 아사랴가 있었더니.

뽑힌 이스라엘 청년들 중에는 유다 자손 다니엘과 하나냐와 미사엘과 아사랴가 있었다는 것이다.

여기 "다니엘"은 '하나님은 나의 심판자'라는 뜻이다. 다니엘은 하나님을 자기의 심판자로 알고 살았다. 오늘 우리도 하나님께서 우리의 심판자 되심을 알고 살아야 한다.

또 "하나냐"는 '여호와는 생각이 깊으시다'는 뜻이다. 느 8:4에 이 이름이 보인다. 그런고로 구약 시대에 이 이름이 많았던 것으로 보인다. 하나님은 우리의 모든 것에 생각이 깊으신 분이심을 알고 살아야 한다.

또 "미사엘"이란 이름은 '하나님께 대적할 자가 누구리요'(느 8:4 참조)라는 뜻이다. 세상에는 아무도 하나님께 대적할 자가 없음을 알아야 한다.

또 "아사랴"라는 말은 '여호와는 도움이시다'라는 뜻이다. 이 이름은 흔한 이름으로 스 7:1; 느 3:23에도 보인다. 참으로 여호와는 우리의 도움이시다.

단 1:7. 환관장이 그들의 이름을 고쳐 다니엘은 벨드사살이라 하고 하나냐는 사드락이라 하고 미사엘은 메삭이라 하고 아사랴는 아벳느고라 하였더라.

환관장이 그들의 이름을 고쳐 다니엘은 벨드사살, 하나냐는 사드락, 미사엘은 메삭, 아사랴는 아벳느고라 고쳐서 왕께 보고했다. 모든 이름들이 좋은 이름들이지만 바벨론 사람들에게는 바벨론에서 잘 통할 수 있는 이름으로 고친 것이었다.

"다니엘"은 '벨드사살'이라고 이름을 고쳐서 왕께 보고했다. "벨드사살"이란 이름은 '신은 지키소서'라는 이름이다.

그리고 "하나냐"는 '사드락'이라고 고쳤는데 이 이름의 뜻은 '신의 명령'이라는 뜻이다.

"미사엘"은 '메삭'이라는 이름으로 고쳤는데 이 이름은 '악에 대항할 자가 누구뇨'라는 뜻이다.

"아사랴"는 '아벳느고'라고 고쳤는데 이 이름의 뜻은 '신의 종'이라는 뜻이다.

2. 다니엘이 왕의 식물을 거부하다 1:8-16

이 부분은 다니엘이 왕이 주는 식물을 거부하고 채식만을 고집했다는 것이고, 하나님의 도우심으로 채식만을 했으나 오히려 얼굴이 윤택하여 끝까지 초지를 관철했다는 것이다.

단 1:8. 다니엘은 뜻을 정하여 왕의 음식과 그가 마시는 포도주로 자기를 더럽히지 아니하리라 하고 자기를 더럽히지 아니하도록 환관장에게 구하니.

다니엘은 왕의 음식과 왕이 마시는 포도주로 자신을 더럽히지 않기로 결심하고 자기를 더럽히지 않게 해 달라고 환관장에게 요청했다는 것이다.

다니엘과 세 친구(10절 이하 참조)가 포로로 이방에 잡혀온 처지에 왕의 음식과 왕이 마시는 포도주로 자기를 더럽히지 않게 하리라고 환관장에게 구하기란 쉽지 않은 환경이었다. 그러나 율법에 금지된 부정한 음식과 우상에게 바쳤던 음식을 먹을 수는 없다는 생각으로 뜻을 굳힌 것이었다. 우리는 어디서든지 더러운 것과 우상에게 바쳤던 음식을 거부할 줄 알아야 할 것이다.

단 1:9. 하나님이 다니엘로 하여금 환관장에게 은혜와 긍휼을 얻게 하신지라.

하나님께서 다니엘로 환관장의 호의와 동정을 얻도록 해 주셨다는 것이다. 하나님은 우리의 때와 장소를 불문하고 우리의 좋은 뜻은 기쁨으로 들어주시는 하나님이시다.

단 1:10. 환관장이 다니엘에게 이르되 내가 내 주 왕을 두려워하노라 그가 너희 먹을 것과 너희 마실 것을 지정하셨거늘 너희의 얼굴이 초췌하여 같은 또래의 소년들만 못한 것을 그가 보게 할 것이 무엇이냐 그렇게 되면 너희 때문에 내 머리가 왕 앞에서 위태롭게 되리라 하니라.

환관장이 다니엘에게 말하기를, “나 환관장은 내 주 느부갓네살 왕을 두려워한다. 그분께서 너희 먹을 것과 마실 것을 정해 놓으셨는데, 왜 너희 얼굴이 너희 또래의 소년들보다 못한 것을 그분께서 보시게 할 것이 무엇이냐? 그러면 너희 때문에 내 머리가 왕 앞에서 위태롭게 될 것이라"고 했다.

환관장은 다니엘이나 세 친구가 무엇을 먹고 마시든 상관이 없어 다니엘의 뜻을 들어줄 마음이 있었으나 문제는 이 사람들의 얼굴이 초라한 것을 왕이 보는 날에는 환관장의 머리가 위태하니 환관장은 그것이 문제가 된 것이었다. 세상의 모든 사람들은 먼저 자기의 입장을 생각할 수밖에 없는 것이었다.

단 1:11. 환관장이 다니엘과 하나냐와 미사엘과 아사랴를 감독하게 한 자에게 다니엘이 말하되.

다니엘과 하나냐와 미사엘과 아사랴를 감독하도록 환관장이 임명한 자에게 다니엘이 말했다는 것이다.

다니엘은 환관장이 자기를 포함한 4사람을 감독하는 자에게 다음 절(13절) 이하처럼 청원했다는 것이다. 다니엘은 자기들을 직접 책임지고 있는 자에게 다음 절 이하처럼 말한 것이다.

단 1:12. 청하오니 당신의 종들을 열흘 동안 시험하여 채식을 주어 먹게 하고 물을 주어 마시게 한 후에.

다니엘은 부디 열흘(10일) 동안 당신의 종들을 시험하여 우리에게 야채를 주어 먹게 하시고 물만 주어 마시게 해 주십시오.

그렇게 하고서 자기들과 다른 좋은 것을 먹는 사람들과 비교해 보시라고 청원한다(13절).

단 1:13. 당신 앞에서 우리의 얼굴과 왕의 음식을 먹는 소년들의 얼굴을 비교하여 보아서 당신이 보는 대로 종들에게 행하소서 하매.

본 절은 다니엘의 요청을 기록한 말이다. 즉, "우리 4사람의 용모와 왕의 진미를 먹은 소년들의 용모를 비교해 보시고, 당신이 보시는 대로 당신의 종들에게 행하십시오"라고 말한다.

다니엘은 하나님께서 사람의 건강을 주장하시는 것을 확신하고 있었다. 진실로 우리의 건강은 하나님께서 주장하시는 것이다.

단 1:14. 그가 그들의 말을 따라 열흘 동안 시험하더니.

다니엘과 세 친구를 직접 책임 맡은 책임자가 다니엘의 말을 듣고 그들을 열흘 동안 시험해 보았다는 것이다.

단 1:15. 열흘 후에 그들의 얼굴이 더욱 아름답고 살이 더욱 윤택하여 왕의 음식을 먹는 다른 소년들보다 더 좋아 보인지라.

열흘이 다 된 후에 책임자가 살펴보니 왕의 진미를 먹은 모든 소년들보다 다니엘과 세 친구들의 용모가 더욱 좋으며 윤택하게 보였다는 것이다. 이런 결과를 주신 분은 하나님이셨다.

단 1:16. 그리하여 감독하는 자가 그들에게 지정된 음식과 마실 포도주를 제하고 채식을 주니라.

책임자가 다니엘과 세 친구들에게 지정된 진미와 마실 포도주를 제외하고 야채를 먹도록 식물로 주었다는 것이다.

3. 다니엘이 바벨론의 황실에 입문하다 1:17-20

채식만 먹고도 진수성찬을 먹는 사람들보다 더 건강이 좋고 윤택하게 된 다니엘 등은 하나님께서 동행하신 것을 깨달은 것이다. 더욱이 그들은 특별한 재주에 뛰어난 지혜를 가지게 되었고, 다니엘은 거기에 이상과 몽조까지 아는 초자연적 지혜까지 가지게 되었다.

단 1:17. 하나님이 이 네 소년에게 학문을 주시고 모든 서적을 깨닫게 하시고 지혜를 주셨으니 다니엘은 또 모든 환상과 꿈을 깨달아 알더라.

하나님께서 3년간의 교육 기간을 통하여 다니엘을 포함한 네 소년들에게 지식을 주셨고 모든 학문과 지혜에 능숙하게 하셨으며, 또 거기에다가 다니엘에게는 모든 환상과 꿈들을 깨달아 아는 은총도 주셨다는 것이다.

이렇게 이 네 사람이 특출하게 된 것은 바벨론 교육의 영향이 아니라 하나님께서 친히 행하신 일이었다. 만약 바벨론 교육의 영향이라면 바벨론에서 교육 받은 모든 청년들도 다니엘이나 세 친구들처럼 되어야 할 것이었다.

단 1:18. 왕이 말한 대로 그들을 불러들일 기한이 찼으므로 환관장이 그들을 느부갓네살 앞으로 데리고 가니.

느부갓네살 왕이 말한 대로 그들을 데리고 갈 기한이 차서 환관장이 그들을 느부갓네살 앞으로 데리고 가서 왕을 뵙게 했다는 것이다.

단 1:19. 왕이 그들과 말하여 보매 무리 중에 다니엘과 하나냐와 미사엘과 아사랴와 같은 자가 없으므로 그들을 왕 앞에 서게 하고.

느부갓네살 왕이 다니엘과 세 친구들과 말해 보니, 모든 사람들 가운데서 다니엘과 하나냐와 미사엘과 아사랴와 같은 사람을 찾을 수 없으므로, 그들이 왕 앞에 서게 되었다는 것이다. 이들은 왕의 앞에서 왕의 문제에 답하는 입장(자문하는 역할)이 된 것이다.

단 1:20. 왕이 그들에게 모든 일을 묻는 중에 그 지혜와 총명이 온 나라 박수와 술객보다 십 배나 나은 줄을 아니라(And in every matter of wisdom and understanding about which the king inquired of them, he found them ten times better than all the magicians and enchanters that were in all his kingdom-ESV)**.**

느부갓네살 왕이 다니엘과 세 친구들에게 지혜와 명철에 관하여 모든 일을 물어 보니 그들이 전국의 어떤 마술사들이나 주술가들보다 열 배나 더 낫다는 것을 알게 되었다는 것이다.

다니엘과 세 친구가 마술사들이나 주술가들보다 열 배나 더 낫다는 말은 정확하게 10배를 말하는 것이 아니라 10배는 만수(滿數)로서 훨씬 낫다는 표현이다(창 18:32; 31:7; 43:34; 전 7:19).

오늘 우리가 하나님께 기도하여 받은 지혜와 명철은 세상 철인들보다 비교도 되지 않을 정도로 월등함을 알아야 할 것이다.

4. 다니엘의 활동 연대를 요약하다 1:21

단 1:21. 다니엘은 고레스 왕 원년까지 있으니라.

다니엘은 고레스 왕(주전 559-529년 통치)의 원년을 주전 559년으로 보나 고레스가 바벨론을 멸망시키고 바사 제국을 창립한 주전 538년을 흔히 원년으로 잡는다. 그렇다면 다니엘이 바벨론 포로가 된 때(주전 606년, 1:1)부터 약 70년으로 이스라엘 백성의 바벨론 포로기에 해당한다고 보인다(렘 25:11주해 참조). 실로 다니엘은 이스라엘의 70년 바벨론 포로기의 산 역사였다. 그러나 이 연대에 관해 10:1에 "고레스 3년"에 계시를 받은 기사가 있고, 또 11:1에는 "다리오(주전 521-486년 통치) 원년"이란 기록도 있다. 그런고로 본 절의 "고레스 원년"이란 기사는 "고레스가 바벨론을 멸망시키고, 이스라엘 백성이 고국에 돌아갔을 때에도 있으니라"고 이해해야 할 것이다(이상근).

제 2 장

B. 다니엘이 느부갓네살의 꿈을 해몽하다 2:1-49

1-49절은 느부갓네살이 꿈을 꾸고 잊어버린 것을 다니엘이 느부갓네살이 무슨 꿈을 꾸었는가를 알아냈고, 또 그 꿈이 무엇을 뜻하는가를 알려주었다. 이 사건은 여호와 하나님께서는 모르시는 것이 없으심을 보여준 사건이고, 여호와 하나님께서는 이방신들보다 월등하게 우월하심을 보여준 사건이며, 또 다니엘은 느부갓네살이 꾼 신상 꿈을 통해 인간 역사의 전모를 알려줌과 동시에 메시아의 오심을 예언했다.

본 장의 내용은 느부갓네살의 꿈이 무엇이었는가(1-13절), 다니엘이 왕의 꿈을 알아맞히다(14-24절), 다니엘이 느부갓네살의 꿈을 해몽하다(25-45절), 느부갓네살이 다니엘을 중용한 일(46-49절)로 구성된다.

1. 느부갓네살이 큰 신상의 꿈을 꾸다 2:1-13

느부갓네살이 꿈을 꾸고는 자기가 무슨 꿈을 꾸었는지 갈대아 술사들에게 그 꿈을 알아맞히라고 했으며, 동시에 그 꿈을 해석해 보라고 명했는데 그들은 그 두 가지를 모두 알아맞히지 못하므로 왕이 그들 모두를 죽이라고 명한다.

<느부갓네살의 꿈>

단 2:1. 느부갓네살이 다스린 지 이 년이 되는 해에 느부갓네살이 꿈을 꾸고 그로 말미암아 마음이 번민하여 잠을 이루지 못한지라.

느부갓네살의 통치 제2년에 그가 꿈을 꾸고 그것 때문에 그의 마음이 번민하여 잠을 이루지 못했다는 것이다. 그가 무슨 꿈을 꾸었는지 잊었는데, 자기가 꾼 꿈이 흉몽처럼 느껴져 더욱 번민하였던 것으로 보인다.

여기 통치 제2년이란 말은 1:5, 18에 의하면 느부갓네살이 통치한 지 벌써 3년이 지났다 했으니 본 절의 통치 2년이란 말이 문제가 된다. 그런고로 1:5, 18의 3년을 3년째로 본다면 그 3년은 만 2년이 되는 것이고, 또 느부갓네살의 통치 첫 해는 부왕(父王)이 섭정했으므로 3년은 2년이 되는 것이니 의문이 해결된다.

단 2:2. 왕이 그의 꿈을 자기에게 알려 주도록 박수와 술객과 점쟁이와 갈대아 술사를 부르라 말하매 그들이 들어가서 왕의 앞에 선지라.

느부갓네살 왕이 자기가 꾼 꿈에 대해 자기에게 말하게 하려고 마술사들과 주술가들(1:20주해 참조)과 점술가들(이들은 항상 속이는 자들이었다, 신 13:5; 18:11; 사 47:9)과 갈대아 사람들(원문에는 "갈대아인"으로 되어 있으나 "갈대아 술사"이다)을 불러오도록 명령하니, 그들이 들어와서 왕 앞에 섰다는 것이다.

단 2:3. 왕이 그들에게 이르되 내가 꿈을 꾸고 그 꿈을 알고자 하여 마음이 번민하도다 하니.

느부갓네살 왕이 그들(박수와 술객과 점쟁이와 갈대아 술사)에게 말하기를, "내가 꿈을 꾸었는데, 그 꿈을 잊었기에 그 꿈을 알고자 하여 내 마음이 답답하다"고 말한 것이다.

단 2:4. 갈대아 술사들이 아람 말로 왕에게 말하되 왕이여 만수무강 하옵소서 왕께서 그 꿈을 종들에게 이르시면 우리가 해석하여 드리겠나이다 하는지라.

갈대아 사람들(바벨론 사람들)이 아람 말(히브리어와 아주 유사한 말)로 왕에게 말하기를, "왕이시여, 만수무강을 빕니다. 종들에게 그 꿈을 말씀하시면 우리가 해석하여 드리겠다"고 하였다는 것이다.

"아람 말"은 '동부 아람어'를 이르는 말로서 순수한 셈 방언의 하나이다. 본래 갈대아인들은 아카드어를 사용했으나 그들은 사용하기 어려운 아카드어 대신에 쉬운 아람어 사용하기를 좋아하였고, 그리하여 결국은 아람어는 갈대아인들의 본토어가 되어 버렸다.

"왕이여 만수무강 하옵소서"라는 이 말은 신하가 왕을 대면했을 때 맨 처음 아뢰는 문안 인사이다.

"왕께서 그 꿈을 종들에게 이르시면"이란 말은 박수와 술객과 점쟁이와 갈대아 술사가 왕에게 요청하여 왕이 꾼 꿈을 아람 말로 요청하였기에 왕이 7장 끝까지 아람 말로 말해주었다는 것이다.

또 박수와 술객과 점쟁이와 갈대아 술사가 꿈의 내용을 왕께로부터 듣기를 원한 이유는 그들의 능력으로는 왕이 꾼 꿈의 내용을 알아낼 수 없기 때문이었으며 둘째는 따라서 왕의 입을 통해 꿈의 내용을 들어야 거짓 해석이라도 꾸며 낼 수 있이 때문이었다.

단 2:5. 왕이 갈대아인들에게 대답하여 이르되 내가 명령을 내렸나니 너희가 만일 꿈과 그 해석을 내게 알게 하지 아니하면 너희 몸을 쪼갤 것이며 너희의 집을 거름더미로 만들 것이요.

느부갓네살 왕이 갈대아 술사들에게 대답하여 말하기를 나의 명령은 확고하니, 만일 너희가 그 꿈과 그 해석을 내게 알게 하지 아니하면 너희 몸을 토막 낼 것이며(능지처참의 형벌과 유사한 형벌을 당할 것이라는 뜻이다) 너희 집들은 거름더미가 될 것이라고 했다.

단 2:6. 너희가 만일 꿈과 그 해석을 보이면 너희가 선물과 상과 큰 영광을 내게서 얻으리라 그런즉 꿈과 그 해석을 내게 보이라 하니.

그러나 만일 너희가 나의 꿈과 그 해석을 보여 주면 내가 선물과 보상과 큰 명예를 줄 것이다. 그러므로 너희는 내게 그 꿈과 그 해석을 말하라고 했다.

단 2:7. 그들이 다시 대답하여 이르되 원하건대 왕은 꿈을 종들에게 이르소서

그리하시면 우리가 해석하여 드리겠나이다 하니.

술사들이 다시 대답하여 말하기를, "왕께서는 그 꿈을 종들에게 말씀해 주십시오. 그리하시면 우리가 꿈의 해석을 말씀해드리겠다"고 했다.

단 2:8. 왕이 대답하여 이르되 내가 분명히 아노라 너희가 나의 명령이 내렸음을 보았으므로 시간을 지연하려 함이로다.

왕이 대답하여 말하기를, "내가 분명히 아는데, 너희는 내 명령이 내렸음을 보고 시간을 벌려고 이렇게 꾸물대는 것이라"고 호통을 쳤다.

단 2:9. 너희가 만일 이 꿈을 내게 알게 하지 아니하면 너희를 처치할 법이 오직 하나이니 이는 너희가 거짓말과 망령된 말을 내 앞에서 꾸며 말하여 때가 변하기를 기다리려 함이라 이제 그 꿈을 내게 알게 하라 그리하면 너희가 그 해석도 보일 줄을 내가 알리라 하더라.

만일 너희가 그 꿈을 내게 알려 주지 못한다면 너희를 다스릴 법은 하나이니, 이는 너희가 내 앞에서 거짓말과 잘못된 말을 꾸며 말하여 때가 변하기를 기다리고 있기 때문이다. 그러므로 그 꿈을 내게 말해 보아라. 그러면 너희가 그 해석도 내게 보여줄 수 있다는 것을 내가 알겠다고 했다.

"너희가 만일 이 꿈을 내게 알게 하지 아니하면 너희를 처치할 법이 오직 하나이니"에서 "너희를 처치할 법이 오직 하나"라는 말은 5절의 내용과 같이 오직 사형뿐이라는 뜻이다.

"내 앞에서 꾸며 말하여 때가 변하기를 기다리려 함이라"는 본문은 느부갓네살이 나라의 박수들에게 단호하고 엄하게 행동을 취한 이유였다. 다시 말해 박수들은 과거에도 거짓 예언과 해몽으로 느부갓네살 왕에게 아부하여 왔고, 그런 속에서 적당히 시간을 때워 넘어가려는 무사안일주의의 태도를 취했으며 지금도 느부갓네살 왕의 마음이 변해 꿈의 내용을 이야기 해줌으로써 자신들이 적당한 해석을 꾸며낼 수 있는 근거를 제공해 주거나 그 일에 무관심해지기를 기다리며 최후의 순간에는 느부갓네살에게서 도망하려는 마음을 품고 있다는 것을 왕은 알았기 때문이다.

"그 꿈을 내게 알게 하라 그리하면 너희가 그 해석도 보일 줄을 내가 알리라"고 왕은 박수들이 꿈의 내용을 말하는 것을 그 꿈의 해석을 가능케 하는 담보로 삼고 있다.

단 2:10. 갈대아인들이 왕 앞에 대답하여 이르되 세상에는 왕의 그 일을 보일 자가 한 사람도 없으므로 어떤 크고 권력 있는 왕이라도 이런 것으로 박수에게나 술객에게나 갈대아인들에게 물은 자가 없었나이다.

갈대아 박수들이 왕에게 대답하여 말하기를, "세상에는 왕의 그 일을 보일 수 있는 사람이 아무도 없으므로, 크고 권력 있는 어떤 왕도 이런 일들을 마술사나 주술가나 갈대아인에게 물어 본 역사가 없다"고 했다.

왕이 요구한 것은 무리한 것으로서 과거 바벨론의 어떤 왕도 그런 것을 알아내라고 말한 왕은 없었다는 것이다.

단 2:11. 왕께서 물으신 것은 어려운 일이라 육체와 함께 살지 아니하는 신들 외에는 왕 앞에 그것을 보일 자가 없나이다 한지라.

왕께서 물으신 것은 어려운 일이니, 육체와 함께하지 않는 신들 외에 그것을 왕께 보여 줄 사람은 없다고 했다.

신들이라야 왕의 꿈을 말할 수 있고 해석할 수 있다는 것이었다. 신이 아니면 아무도 해결할 수 없다고 답변한 것이다.

단 2:12. 왕이 이로 말미암아 진노하고 통분하여 바벨론의 모든 지혜자들을 다 죽이라 명령하니라.

왕이 이 일로 말미암아 진노하고 매우 분하여 바빌로니아의 지혜자들(박수와 술객과 점쟁이와 술사들)을 모두 처형하라고 명령하였다.

단 2:13. 왕의 명령이 내리매 지혜자들은 죽게 되었고 다니엘과 그의 친구들도 죽이려고 찾았더라.

왕이 분노하여 지혜자들(박수와 술객과 점쟁이와 술사들)을 죽이라고 명령하매 지혜자들은 모두 죽게 되었고, 심지어 다니엘과 세 친구들도 죽이려고 찾았다는 것이다.

2. 다니엘이 왕의 꿈을 알아맞히다 2:14-24

다니엘이 왕이 벌이려는 살해 계획을 듣고 박사들에 대한 형의 집행을 연기하도록 신청했고(14-16절), 다니엘과 세 친구가 모여 기도하는 중에 다니엘은 하나님의 엄청난 계시를 받는다(17-24절).

<다니엘에게 은밀한 것을 보이시다>

단 2:14. 그 때에 왕의 근위대장 아리옥이 바벨론 지혜자들을 죽이러 나가매 다니엘이 명철하고 슬기로운 말로.

그 때에 왕의 경호대장(사형집행자) 아리옥(창 14:1)이 바벨론의 지혜자들(박수와 술객과 점쟁이와 술사들)을 죽이려고 나오므로 다니엘이 지혜롭고 신중하게 다음 절 이하처럼 대답한다.

단 2:15. 왕의 근위대장 아리옥에게 물어 이르되 왕의 명령이 어찌 그리 급하냐 하니 아리옥이 그 일을 다니엘에게 알리매.

“왕께서 공포하신 명령이 어찌 그리 급하게 추진되어야 하나요?”라고 다니엘이 아리옥에게 물으니, 아리옥이 그렇게 급하게 추진되어야 하는 일을 다니엘에게 알려주었다는 것이다.

단 2:16. 다니엘이 들어가서 왕께 구하기를 시간을 주시면 왕에게 그 해석을 알려 드리리이다 하니라.

다니엘이 왕에게 들어가서 왕에게 구하기를 왕이 자기에게 시간을 주시면 자기가 왕에게 그 해석을 보여드리겠다고 제안하였다.

단 2:17. 이에 다니엘이 자기 집으로 돌아가서 그 친구 하나냐와 미사엘과 아사랴에게 그 일을 알리고.

그 후 다니엘이 자기 집으로 가서 자기 친구 하나냐와 미사엘과 아사랴에게 그 일을 알려주고 하나님께 기도하기를 청했다. 기도하지 않고는 되는 일이 없으므로 다니엘은 세 친구에게 기도하기를 청한 것이다.

단 2:18. 하늘에 계신 하나님이 이 은밀한 일에 대하여 불쌍히 여기사 다니엘과 친구들이 바벨론의 다른 지혜자들과 함께 죽임을 당하지 않게 하시기를 그들로 하여금 구하게 하니라.

다니엘 자신과 그 친구들이 다른 바벨론의 지혜자들(박수와 술객과 점쟁이와 갈대아 술사들)과 함께 처형당하지 않도록, 이 은밀한 것에 대하여 하늘의 하나님께 긍휼을 구하게 하였다.

단 2:19. 이에 이 은밀한 것이 밤에 환상으로 다니엘에게 나타나 보이매 다니엘이 하늘에 계신 하나님을 찬송하니라.

본 절의 "이에"(then)란 말은 '그들의 기도가 끝났을 때에'란 뜻이다. 그 날 밤 다니엘의 환상 가운데 그 은밀한 것(하나님의 신비한 계시)이 다니엘에게 나타났으므로 다니엘이 하늘의 하나님을 찬양하였다는 것이다.

오늘 우리 역시 알지 못하는 것을 하나님께 부르짖을 때 하나님은 어떤 모양으로든지 가르쳐주신다. 그러면 우리도 하나님을 찬양하게 된다.

20-23절. 다니엘은 하나님의 지혜와 권능을 찬미한다. 하나님께서 인간계의 왕들과 역사를 주관하시며 은밀한 계시를 주시는 것을 찬양하고 또 다니엘 자신에게 하나님의 계시를 가르쳐주신 것을 감사하고 있다.

단 2:20. 다니엘이 말하여 이르되 영원부터 영원까지 하나님의 이름을 찬송할 것은 지혜와 능력이 그에게 있음이로다.

다니엘이 찬송하기를, "지혜와 권능이 하나님의 것이니, 영원부터 영원까지 하나님의 이름을 찬송하자"고 했다. 본 절은 시 41:13과 유사하다.

"지혜와 능력이 그에게 있음이로다"라는 본문은 인생이 하나님을 찬양할 이유이다. 하나님의 지혜는 지상의 그 어떤 인간들의 지혜를 능가하신다. 그리고 하나님의 능력은 지상의 어떤 인간들이 가지고 있는 능력도 능가하신다.

단 2:21. 그는 때와 계절을 바꾸시며 왕들을 폐하시고 왕들을 세우시며 지혜자에게 지혜를 주시고 총명한 자에게 지식을 주시는도다.

본 절은 하나님의 권능을 찬양한다. 즉, 하나님은 때와 계절을 바뀌게 하시고, 왕들을 폐하기도 하시고, 세우기도 하신다. 지혜자들에게 지혜를 주시고, 총명한 사람들에게 지식을 주시기 때문에 하나님을 찬양해야 한다는 것이다.

단 2:22. 그는 깊고 은밀한 일을 나타내시고 어두운 데에 있는 것을 아시며 또 빛이 그와 함께 있도다.

하나님은 심오한 것과 비밀을 드러내시고, 어둠 속에 감추어진 것도 아신다. 그리고 하나님은 빛으로 둘러싸인 분이시라는 것이다.

"그는 깊고 은밀한 일을 나타내신다"는 말은 '하나님께서 다니엘에게 느부갓네살의 꿈의 내용과 그에 대한 해석, 그리고 그 꿈을 통하여 하나님께서 보이고자 하셨던 사건들을 드러내 보이셨다'는 것이다.

"어두운 데에 있는 것을 아신다"는 말은 '하나님께서 전지하시다'는 것을 뜻한다(시 139:11, 12; 전 12:14).

"빛이 그와 함께 있다"는 말은 '하나님은 천지의 주재자이심으로 세계의 역사, 그리고 인간 구원에 관한 모든 진리가 하나님께 있다'는 뜻이다(요 14:6).

단 2:23. 나의 조상들의 하나님이여 주께서 이제 내게 지혜와 능력을 주시고

우리가 주께 구한 것을 내게 알게 하셨사오니 내가 주께 감사하고 주를 찬양하나이다 곧 주께서 왕의 그 일을 내게 보이셨나이다 하니라.

"내 조상의 하나님이시여! 나 다니엘이 주께 감사하고 주를 찬양합니다. 주께서는 나에게 지혜와 권능을 주셨으며, 이제 우리(다니엘과 세 친구들)가 주께 간구한 것을 내게 알려 주셨으니 주님을 찬양합니다!"

단 2:24. 이에 다니엘은 왕이 바벨론 지혜자들을 죽이라 명령한 아리옥에게로 가서 그에게 이같이 이르되 바벨론 지혜자들을 죽이지 말고 나를 왕의 앞으로 인도하라 그리하면 내가 그 해석을 왕께 알려 드리리라 하니.

그리하여 다니엘은 왕이 바벨론의 지혜자들을 처형하도록 지명한 아리옥에게 가서 말하기를, "바벨론의 지혜자들을 처형하지 말고 저 다니엘을 왕 앞으로 데려가 주세요. 그러면 제가 왕께 그 해석을 보여드리겠다"고 하였다.

다니엘은 바벨론의 지혜자들을 죽이지 말라고 요청했다. 그들이 죽든지 말든지 아무 상관없을 것으로 보이지만 다니엘은 생명을 사랑하는 마음이 있었다. 오늘 우리는 주위의 모든 사람들이 살아서 예수 그리스도를 아는 것을 원해야 할 것이다.

3. 다니엘이 왕의 꿈을 해몽해주다 2:25-45

다니엘은 왕의 꿈을 해석해주면서 먼저 그 꿈의 계시자가 하나님이신 것을 말씀한다(25-30절). 다음으로 꿈의 내용을 이야기하며(31-35절), 그런 다음 그 꿈을 해석해 준다(36-45절).

<다니엘이 꿈을 해석하다>

단 2:25. 이에 아리옥이 다니엘을 데리고 급히 왕 앞에 들어가서 아뢰되 내가 사로잡혀 온 유다 자손 중에서 한 사람을 찾아내었나이다 그가 그 해석을 왕께 알려 드리리이다 하니라.

아리옥이 급히 다니엘을 왕 앞으로 데리고 가서, "제가 유다에서 사로잡아 온 사람들 중에 왕께 그 해석을 알려드릴 한 사람을 찾았다"고 말하였다.

"아리옥이 다니엘을 데리고 급히 왕 앞에 들어갔다"에서 아리옥이 다니엘을 데리고 급하게 왕 앞에 들어간 이유는 왕이 박수들을 급히 죽이려 했기 때문에 그들을 살리기 위해서 일을 급하게 추진했다.

단 2:26. 왕이 대답하여 벨드사살이라 이름한 다니엘에게 이르되 내가 꾼 꿈과 그 해석을 네가 능히 내게 알게 하겠느냐 하니.

느부갓네살 왕이 벨드사살이라 이름한 다니엘에게 말하기를, "나 느부갓네살이 꾸었던 꿈과 그 해석을 네가 내게 알려 줄 수 있겠느냐"고 물었다.

단 2:27. 다니엘이 왕 앞에 대답하여 이르되 왕이 물으신 바 은밀한 것은 지혜자나 술객이나 박수나 점쟁이가 능히 왕께 보일 수 없으되.

왕의 질문을 받고 다니엘은 왕에게 대답하기를, "왕께서 물으신 은밀한 것은 바벨론의 주술가들이나 마술사들이나 점쟁이들은 알 수가 없어서 왕께 보여 드릴 수 없다는 것은 사실이라"고 대답한다.

다니엘은 하나님의 위대하심을 말하기 위하여 왕이 꾼 꿈은 사람이 알 수 있는 것이 아님을 피력한다.

단 2:28. 오직 은밀한 것을 나타내실 이는 하늘에 계신 하나님이시라 그가 느부갓네살 왕에게 후일에 될 일을 알게 하셨나이다 왕의 꿈 곧 왕이 침상에서 머리 속으로 받은 환상은 이러하니이다.

다니엘은 왕께 대답하기를, "오직 은밀한 것들을 드러내시는 분은 하나님이십니다. 하나님께서 하늘에 계시니, 그분께서 느부갓네살 왕께 후일에 될 일을 알려 주셨습니다. 왕의 꿈, 곧 왕의 침상에서 머릿속에 나타난 환상은 다음과 같다"고 말해 주었다.

본 절의 "후일"이란 말을 두고 견해가 갈린다. 1) 이는 '일반적 의미의 미래'를 뜻한다는 견해(Driver), 2) '현세의 종말'을 의미한다는 견해

(Montgomery, Jeffery, 이상근), 3) '메시아 시대, 즉 신약 시대'(그리스도께서 지상에 초림하시는 시대부터)를 뜻한다고 보는 견해(Otto Zoeckler, Karl Marti, Thomson, K.&D., Harvie Conn, 박윤선)이다. 이 견해 중에 3)번을 바른 견해로 본다.

단 2:29. 왕이여 왕이 침상에서 장래 일을 생각하실 때에 은밀한 것을 나타내시는 이가 장래 일을 왕에게 알게 하셨사오며.

왕이시여, 왕께서 침상에서 장래 일을 생각하실 때에, 은밀한 것들을 드러내시는 하나님께서 장래 일을 왕께 알려 주셨다고 말했다.

다니엘은 하나님께서 느부갓네살 왕에게 장래 일을 알려주셨다고 말하며 또 하나님께서 다니엘에게 장래에 진행될 일을 알려주셨다고 말한 것이다.

단 2:30. 내게 이 은밀한 것을 나타내심은 내 지혜가 모든 사람보다 낫기 때문이 아니라 오직 그 해석을 왕에게 알려서 왕이 마음으로 생각하던 것을 왕에게 알려 주려 하심이니이다.

이 은밀한 것이 저 다니엘에게 드러난 것은 제가 다른 인생들보다 더 지혜로워서가 아니라, 다만 왕께 그 해석을 알려서 왕의 마음에 있는 생각들을 왕께서 아시도록 하기 위함이라고 말한다.

다니엘은 오직 하나님만 높여서 하나님만이 모든 것을 아신다는 것을 왕에게 말해준다. 우리는 오직 여호와 하나님만 높여야 한다.

31-35절. 드디어 다니엘은 느부갓네살의 꿈을 해석해준다.

단 2:31. 왕이여 왕이 한 큰 신상을 보셨나이다 그 신상이 왕의 앞에 섰는데 크고 광채가 매우 찬란하며 그 모양이 심히 두려우니.

왕이시여, 왕께서 한 큰 형상을 보셨습니다. 왕 앞에 서 있는 그 형상은 거대하고 매우 찬란하며, 그 모양이 심히 두려워 보였습니다.

남이 꾼 꿈을 이렇게 자세하게 말할 수 있을까? 그것은 하나님께서 다니엘에게 가르쳐주셨기 때문에 가능했다. 하나님께서는 모르는 것이 없으신 분이시다.

여기 "신상"이란 말은 사람 모양으로 생긴 큰 동상을 가리킨다.

"크고 광채가 매우 찬란하다"는 말은 신상이 커 보인 것을 말하는 것이고 광채가 매우 찬란하다는 말은 세상적으로 표현한 말이다.

"그 모양이 심히 두려우니"라는 말은 '느부갓네살 왕의 꿈에 나타난 신상이 심히 두렵다'는 뜻이다. 그 두려운 신상이 그리스도의 심판으로 부서지고야 마는 신상인 것이다.

단 2:32-33. 그 우상의 머리는 순금이요 가슴과 두 팔은 은이요 배와 넓적다리는 놋이요 그 종아리는 쇠요 그 발은 얼마는 쇠요 얼마는 진흙이었나이다.

32-33절은 신상이 구성된 재료들을 나열한다. 즉, 그 신상의 머리는 순금(純金)이며, 가슴과 팔은 은(銀)이고, 배와 넓적다리는 동(銅)이고, 종아리는 쇠(鐵)이며, 발은 얼마는 쇠(鐵)이고, 얼마는 진흙이라는 것이다.

신상의 재료들이 머리로부터 시작하여 아래로 내려가면서 질(質)이 천하게 되는 것을 보게 된다. 그것은 인간 역사가 점점 타락해가는 현상을 말하는 것으로 보인다(Harvie Conn). 이것은 뒤에 오는 나라들은 앞선 나라보다 국가적 통합의 정도에 있어서나 도덕적 윤리적 측면에서 저열함을 나타내는 것으로 추론해 볼 수 있다(Calvin, K.&D., Young). 이것은 그 국가의 국력이나 영토의 크기와는 무관한 것이다. 예를 들면 로마는 그 어떤 과거의 열강보다 국력에 있어서 강하고 국토는 광대했다. 그러나 그 통일성이나 도덕성에 있어서는 선재한 나라보다 뒤졌다는 것이다. 지금 세상은 도덕적으로, 윤리적으로 점점 약화되고 있음을 볼 수 있다.

단 2:34. 또 왕이 보신즉 손대지 아니한 돌이 나와서 신상의 쇠와 진흙의 발을 쳐서 부서뜨리매(As you looked, a stone was cut out by no human hand, and it struck the image on its feet of iron and clay, and broke them in pieces-ESV).

본 절은 뜨인 돌을 움직이게 한 원동력이 사람이 아닌 하나님께 있음을 말한다. 그러므로 이 말은 종말의 때에 세상의 모든 나라들을 친히 심판하실 심판의 궁극적 주체가 여호와 하나님이심을 드러낸다. 즉, "왕께서 보시는 동안 아무도 손대지 않았으나 산에서 돌 하나가 잘려 나와 그 돌이 철과 진흙으로 된 그 형상의 발을 쳐서 산산조각 내었습니다"라고 다니엘이 말한다.

실로 예수 그리스도는 세상의 모든 나라들을 쳐서 멸망시키고 하나님의 나라를 완성하실 것이다.

단 2:35. 그 때에 쇠와 진흙과 놋과 은과 금이 다 부서져 여름 타작 마당의 겨 같이 되어 바람에 불려 간 곳이 없었고 우상을 친 돌은 태산을 이루어 온 세계에 가득하였나이다.

그 때에 철과 진흙과 동과 은과 금이 모두 부서져서 여름 타작 마당의 겨와 같이 바람에 날려가 흔적도 찾아볼 수 없이 사라져 버렸고 그 형상을 친 돌은 큰 산을 이루어 온 땅을 채웠다고 말한다.

아무튼 신상은 파괴만 된 것이 아니라 겨 같이 되고 가루가 되어 바람에 불려 간곳없이 사라진 것이다. 그 신상을 친 돌은 점점 커져서 태산을 이루고 전 세계에 가득하게 되었다.

36-45절. 다니엘은 왕의 꿈을 해석해준다. 여기 신상의 4부분은 바벨론, 메대 바사, 헬라, 로마로 보는 것이다.

단 2:36. 그 꿈이 이러한즉 내가 이제 그 해석을 왕 앞에 아뢰리이다.

다니엘이 말하기를, "왕이 꾸신 꿈이 이러한즉 나 다니엘이 이제 그 꿈이 무엇을 의미하는지 왕께 아뢰겠다"고 말한다.

다니엘은 왕이 꿈을 꾸기 전에 마음 상태를 알았고(29절), 또 왕이 잊은 꿈도 알았다. 또 그 꿈의 해석을 알려줄 수 있었다. 이 모든 일을 하나님께서 알려주셨기 때문에 가능했다.

단 2:37. 왕이여 왕은 여러 왕들 중의 왕이시라 하늘의 하나님이 나라와 권세와 능력과 영광을 왕에게 주셨고.

왕이시여! 왕께서는 왕 중의 왕이십니다. 하늘의 하나님께서 왕에게 왕국과 영광과 권세와 능력과 명예를 주셨다고 말해준다.

다니엘은 하늘의 하나님께서 느부갓네살 왕에게 나라를 통치하는 왕의 영광과 권세와 능력과 명예를 주셨다고 알려준다. 하나님을 대리해서 국민들을 잘 돌보라고 영광과 권세를 주셨다고 알려준다.

단 2:38. 사람들과 들짐승과 공중의 새들, 어느 곳에 있는 것을 막론하고 그것들을 왕의 손에 넘기사 다 다스리게 하셨으니 왕은 곧 그 금 머리니이다.

"또 사람들과 들짐승들과 공중의 새들이 살고 있는 모든 곳을 하나님께서 왕의 손에 넘겨주셔서 그 모두를 다스리게 하셨습니다. 왕께서는 바로 바벨론의 왕이시니 그 금으로 된 머리 부분에 해당하십니다."

이 말은 왕 개인이 금 머리라는 말이 아니라 바벨론이 금 머리이니 왕도 금 머리에 해당한다는 뜻이다.

단 2:39. 왕을 뒤이어 왕보다 못한 다른 나라가 일어날 것이요 셋째로 또 놋 같은 나라가 일어나서 온 세계를 다스릴 것이며.

왕의 다음에는 왕보다 못한 다른 왕국이 일어날 것이며, 또 놋(泂)으로 된 셋째 왕국이 일어나 온 땅을 다스릴 것이라고 말해주었다.

점점 바벨론 보다 못한 나라가 일어날 것이라 했는데 그것은 도덕적으로, 윤리적으로 못한 나라가 일어날 것이라는 뜻으로 받아들여야 한다.

단 2:40. 넷째 나라는 강하기가 쇠 같으리니 쇠는 모든 물건을 부서뜨리고

이기는 것이라 쇠가 모든 것을 부수는 것 같이 그 나라가 뭇 나라를 부서뜨리고 찧을 것이며.

다니엘은, "넷째 왕국이 철같이 강할 것이니, 철은 모든 것을 부수고 산산조각 냅니다. 모든 것을 부수는 철과 같이 그 왕국이 이 모든 것들을 부수고 산산조각 낼 것이라"고 알려주었다.

본 절은 일찍이 역사상에 나타났던 로마 제국을 예언하는 내용이다. 이 "넷째 나라"[13]에 대한 묘사가 특별히 자세한 이유는 (1) 어떤 의미에서 그 나라의 권세와 힘이 특별히 강한 까닭이며, (2) 그 나라의 미래가 장차 임할 그리스도의 복음 운동과 밀접하게 관계되었기 때문이라고 한다.

단 2:41. 왕께서 그 발과 발가락이 얼마는 토기장이의 진흙이요 얼마는 쇠인 것을 보셨은즉 그 나라가 나누일 것이며 왕께서 쇠와 진흙이 섞인 것을 보셨은즉 그 나라가 쇠 같은 든든함이 있을 것이나.

그리고 "왕께서 그 발과 발가락을 보셨는데 그 일부는 토기장이의 진흙이고 일부는 철이었으므로, 그 왕국은 나뉠 것입니다. 그 왕국이 철같이 단단하나 왕께서 보신 대로 그 철은 진흙과 섞여 있어서 나누어질 것이라"고 말한다.

"그 발과 발가락이 얼마는 토기장이의 진흙이요 얼마는 쇠인 것을 보셨은즉"이란 말은 그 나라, 즉 로마가 혼합국인 것을 말한다. 로마 제국은 많은 나라들과 민족으로 구성된 혼합국인 것을 말한다.

---

13) 네 번째 나라의 특징은 강한 힘과 파괴적인 성향이다. "부서뜨리고", "찧을 것이라"는 말은 군대를 통해 정복한다는 것을 의미하며 잔인하고 무자비하기로 유명했던 로마 제국의 속성을 드러내 준다. 자유주의자들은 본 절의 네 번째 나라는 로마 제국이 아니라 헬라 제국이라고 주장하나 그들의 이러한 주장은 다음과 같은 이유에서 타당성과 논리성이 없다는 것이 드러난다. (1) 두 번째 나라는 메대 나라가 아니고 메대 바사 연합국이다. 따라서 역사 전개 과정에 비추어 볼 때 세 번째 나라는 헬라 제국 그리고 네 번째 나라는 로마 제국으로 보는 것이 타당하다. (2) 다니엘은 넷째 나라가 셋째 나라를 뒤이어 일어난 뒤에 하나님 나라가 시작될 것으로, 곧 그리스도의 초림 사건이 일어날 것으로 예언하고 있는데(44절), 그리스도의 초림사건은 헬라 시대가 아닌 로마 시대에 이루어졌으므로 넷째 나라는 헬라가 아니라 넷째 나라 로마이다.

"그 나라가 나누일 것이라"는 말은 로마의 분열을 말하는 것이다. 로마 대 제국이 데오도시어스 이후 동서로 분국되었다(주후 395년).

단 2:42. 그 발가락이 얼마는 쇠요 얼마는 진흙인즉 그 나라가 얼마는 든든하고 얼마는 부서질 만할 것이며.

또한 그 발들의 발가락 일부는 철이고, 일부는 진흙이듯이 그 왕국이 일부는 강하고 일부는 부서지기 쉬울 것이라고 말한다.

로마가 동서로 분국 되었을 때 양국은 다 같이 강한 면과 진흙같이 약한 면이 있었다. 장자가 차지한 동(東)로마는 콘스탄티노플에 수도를 정하고 헬라 풍을 띠어 비잔틴 제국(Byzantine)이라고 불렀고, 차자(次子)의 서(西)로마는 로마를 수도로 하여 옛 로마의 풍속을 그대로 유지했다. 서로마는 오래 가지를 못해 476년 게르만 족에 의해 멸망당했고, 동로마는 약 1천년을 더 유지하여 터키에 의해 멸망했다(이상근). 다니엘은 멀리 훗날까지를 하나님에 의해 알 수 있었다.

단 2:43. 왕께서 쇠와 진흙이 섞인 것을 보셨은즉 그들이 다른 민족과 서로 섞일 것이나 그들이 피차에 합하지 아니함이 쇠와 진흙이 합하지 않음과 같으리이다.

다니엘은 느부갓네살 왕께서 철과 진흙이 섞인 것을 보신 대로 그들이 다른 종족들과 섞이겠으나, 철과 진흙이 서로 섞일 수 없듯이 그들이 서로 결합되지는 못할 것이라고 말해주었다.

다니엘은 로마 제국 내의 인종이 혼합될 것을 말한다. 42절 주해 참조.

44-45절. 인간 역사의 종말에 메시아 왕국이 실현될 것을 예언한다. 이 예언은 동시에 재림의 그리스도를 예언한다.

단 2:44. 이 여러 왕들의 시대에 하늘의 하나님이 한 나라를 세우시리니 이것은 영원히 망하지도 아니할 것이요 그 국권이 다른 백성에게로 돌아가지

도 아니할 것이요 도리어 이 모든 나라를 쳐서 멸망시키고 영원히 설 것이라.

다니엘은 말하기를, "이 여러 왕들의 시대에 하늘의 하나님께서 망하지 않는 영원한 한 왕국을 세우실 것입니다. 그 왕국은 다른 백성에게 넘어가지 않을 것이며, 그것이 이 모든 왕국들을 쳐서 멸망시키고 영원히 설 것이라"고 말해준다.

본 절은 바벨론-메대 바사-헬라-로마로 잇는 역사의 마지막인 로마 때에 메시아께서 오실 것을 예언한다. 과연 메시아는 로마 시대에 유다 땅에 나셔서 천국 운동을 시작하신 것이다. 이 예언은 동시에 메시아의 재림의 때를 예언한다. 지상 나라들의 종국에 가서 그리스도께서 재림하셔서 지상 나라들을 쳐서 멸하고 영원히 멸망하지 않고 계속될 그의 왕국을 설립하실 것이다.

단 2:45. 손대지 아니한 돌이 산에서 나와서 쇠와 놋과 진흙과 은과 금을 부서뜨린 것을 왕께서 보신 것은 크신 하나님이 장래 일을 왕께 알게 하신 것이라 이 꿈은 참되고 이 해석은 확실하니이다 하니(just as you saw that a stone was cut from a mountain by no human hand, and that it broke in pieces the iron, the bronze, the clay, the silver, and the gold. A great God has made known to the king what shall be after this. The dream is certain, and its interpretation sure-ESV)**.**

다니엘이 말하기를, "왕께서 보신 대로 손대지 않은 채 산에서 돌 하나가 잘려 나와 그 돌이 철과 동과 진흙과 은과 금을 산산조각 내었습니다. 이것은 위대하신 하나님께서 이후에 일어날 일을 왕께 알려 주신 것입니다. 그 꿈은 참되며 그 해석도 틀림없다"고 하였다.

본 절의 "손대지 아니한 돌이 산에서 나왔다"(a stone was cut from a mountain by no human hand-ESV)는 말은 '손대지 않고 산에서 잘려 나온 돌이 산에서 나왔다'는 뜻으로 여기 '손대지 않고 산에서 잘려 나온 돌'이란 메시아께서 인류 역사에 등장하신다는 것을 뜻한다.

"쇠와 놋과 진흙과 은과 금을 부서뜨린다"는 말은 '메시아께서 나타나셔서 인간 나라들을 부서뜨린다'는 뜻이다.

"크신 하나님이 장래 일을 왕께 알게 하신 것이라"는 말은 '위대하신 하나님께서 장래 일을 왕께 알려드린 것이라'는 뜻이다. 하나님은 실로 위대하신 분으로 메시아를 보내셔서 인간 나라들을 분쇄하시고, 또 위대하신 하나님께서 느부갓네살 왕에게 인간의 장래 일을 알려주셨다는 것이다.

4. 느부갓네살이 다니엘을 중용하다 2:46-49

다니엘의 해몽을 들은 왕은 첫째 다니엘에게 경배했고, 또 예물을 드렸으며, 다니엘의 세 친구들을 바벨론의 높은 지휘관으로 삼고 또 바벨론의 박수들의 생명도 구했다.

<왕이 다니엘을 높이다>

단 2:46. 이에 느부갓네살 왕이 엎드려 다니엘에게 절하고 명하여 예물과 향품을 그에게 주게 하니라.

이에 느부갓네살 왕이 엎드려 다니엘에게 절하고 예물과 향품들을 그에게 주도록 명령하였다는 것이다.

느부갓네살은 다니엘과 세 친구들의 기도로 말미암아 위대하신 하나님을 알게 되었다. 하나님은 실로 위대하신 분이시다.

단 2:47. 왕이 대답하여 다니엘에게 이르되 너희 하나님은 참으로 모든 신들의 신이시요 모든 왕의 주재시로다 네가 능히 이 은밀한 것을 나타내었으니 네 하나님은 또 은밀한 것을 나타내시는 이시로다.

느부갓네살 왕이 다니엘에게 대답하여 말하기를, "당신의 하나님 여호와께서 이 은밀한 것을 드러낼 수 있는 것을 보니, 당신의 하나님께서는 신(神)들 중의 신이고 왕들 중의 으뜸이시며, 은밀한 것들을 드러내는 분이심이 분명하다"고 고백했다.

단 2:48. 왕이 이에 다니엘을 높여 귀한 선물을 많이 주며 그를 세워 바벨론 온 지방을 다스리게 하며 또 바벨론 모든 지혜자의 어른을 삼았으며.

이에 느부갓네살 왕이 다니엘을 높였고, 그에게 귀한 선물을 많이 주었으며, 그가 바벨론의 모든 지방을 통치하게 했고, 또 다니엘을 바벨론의 모든 박수와 술객과 점쟁이와 술사들의 우두머리로 삼았다는 것이다.

단 2:49. 왕이 또 다니엘의 요구대로 사드락과 메삭과 아벳느고를 세워 바벨론 지방의 일을 다스리게 하였고 다니엘은 왕궁에 있었더라.

그리고 다니엘이 왕에게 요청하여 사드락과 메삭과 아벳느고를 세워 바벨론 지방의 일들을 관할하게 했으며, 다니엘로 하여금 왕의 궁정에 머물게 했다는 것이다.

제 3 장

C. 다니엘의 친구들이 풀무불에 던져지다 3:1-30

느부갓네살 왕이 큰 금 신상을 세워 전 국민들로 하여금 경배하게 했다(1-7절). 왕은 만왕의 왕이신 하나님께 경배했음에도 또 자기가 높아지려고 금 신상을 세운 것이다. 다니엘의 세 친구는 그 금 신상에게 절하기를 거부하다가 풀무불에 던져졌다(8-13절). 그러나 하나님께서는 기적적으로 그들을 구원해주셨다(14-30절)는 것을 말하는 글이다.

1. 느부갓네살이 금 신상을 세우다 3:1-7

느부갓네살 왕이 두라 평지에 높이 60규빗의 금 신상을 만들어 세워 백성들로 하여금 경배하도록 만들었다.

<금 신상 숭배>

단 3:1. 느부갓네살 왕이 금으로 신상을 만들었으니 높이는 육십 규빗이요 너비는 여섯 규빗이라 그것을 바벨론 지방의 두라 평지에 세웠더라.

느부갓네살 왕이 금으로 신상을 만들었으니 그 높이가 육십 규빗(27m)이고 너비가 여섯 규빗이었다. 왕이 그 신상을 바벨론 지방의 두라 평원에 세웠다는 것이다.

고대 권력자들은 큰 신상을 만들어 백성들로 하여금 경배하게 만들었다. 이는 자신들을 우상화하는 일이었다.

단 3:2. 느부갓네살 왕이 사람을 보내어 총독과 수령과 행정관과 모사와 재무관과 재판관과 법률사와 각 지방 모든 관원을 느부갓네살 왕이 세운 신상의 낙성식에 참석하게 하매.

느부갓네살 왕이 전령들을 보내서, 지방 장관들과 대신들과 총독들과 고문관들과 재무관들과 판사들과 법률가들과 지방 모든 관리들을 느부갓네살 왕이 세운 신상의 제막식에 참석하게 하였다는 것이다.

본 절은 바벨론의 여러 고관들을 신상 낙성 예식에 소집한 것을 진술한다. 여기 "총독"이란 말은 '각 주를 다스리는 지방 장관들'을 지칭하고(스 8:36; 에 3:12), "수령"이란 말은 '대신들'을 지칭하며, "행정관"이란 말은 '총독들'을 뜻한다. "모사"란 말은 '고문관들'을 지칭하고, "재무관"이란 말은 '재무관들'을 지칭하며, "재판관"이란 '판사들'을 뜻한다. 그리고 "법률사"란 '법률가들'을 뜻하고, '각 지방 모든 관원'이란 말은 '각 지방 모든 관리들'을 뜻한다.

느부갓네살 왕은 자신이 세운 신상의 제막식에 모든 직명을 참석하게 하였는데 이는 자신의 이름을 높이기 위함이었다.

단 3:3. 이에 총독과 수령과 행정관과 모사와 재무관과 재판관과 법률사와 각 지방 모든 관원이 느부갓네살 왕이 세운 신상의 낙성식에 참석하여 느부갓네살 왕이 세운 신상 앞에 서니라.

그런고로 총독들과 주지사들과 도지사들과 자문관들과 재무관들과 재판관들과 치안관들과 각 지방의 모든 관리들이 느부갓네살 왕이 세운 신상의 제막식에 모여 느부갓네살이 세운 형상 앞에 섰다는 것이다.

이런 고관들의 자세에 비추어 다니엘의 세 친구가 불참하고 있으니 얼마나 대담한지 알 수가 있다.

단 3:4. 선포하는 자가 크게 외쳐 이르되 백성들과 나라들과 각 언어로 말하는 자들아 왕이 너희 무리에게 명하시나니.

전령관이 큰 소리로 외치기를 백성들과 나라들과 다른 언어들을 말하는 사람들아(여기 3종의 사람들은 바벨론 제국의 지배하에 있는 전체 백성들을 지칭한다)! 왕께서 너희에게 명령하시니 다음 절과 같이 모두 참석하라는 것이었다.

단 3:5. 너희는 나팔과 피리와 수금과 삼현금과 양금과 생황과 및 모든 악기 소리를 들을 때에 엎드리어 느부갓네살 왕이 세운 금 신상에게 절하라.

너희들이 나팔 소리와 피리 소리(휘파람 소리)와 거문고 소리와 삼현금(현악기)과 양금(칠현금-검은고 종류의 악기)과 생황(풍금류의 악기)과 모든 종류의 악기 소리를 들으면 느부갓네살 왕이 세운 그 금 신상에게 엎드려 경배하라고 전령관이 말해준다.

단 3:6. 누구든지 엎드려 절하지 아니하는 자는 즉시 맹렬히 타는 풀무불에 던져 넣으리라 하였더라.

누구든지 엎드려 신상 앞에 경배하지 않는 자는 그 즉시 맹렬히 불타는 용광로 가운데 던져질 것이라고 광고했다. 고대 독재자들의 폭군성을 보이는 명령이었다.

단 3:7. 모든 백성과 나라들과 각 언어를 말하는 자들이 나팔과 피리와 수금과 삼현금과 양금과 및 모든 악기 소리를 듣자 곧 느부갓네살 왕이 세운 금 신상에게 엎드려 절하니라.

그 때에 모든 백성들이 나팔과 피리와 수금과 삼현금과 양금과 모든 종류의 악기 소리를 듣자, 모든 백성들과 나라들과 다른 언어들을 말하는 사람들이 엎드려 느부갓네살 왕이 세운 금 신상에게 경배했다는 것이다.

"백성과 나라들과 각 언어를 말하는 자들"에 관한 주해를 위해서는 4절 주해를 참조하고, 악기명들의 주해를 위해서는 5절 주해를 참조하라.

2. 다니엘의 친구들이 신상 숭배를 거부하다 3:8-18

다니엘의 세 친구는 왕이 세운 신상에게 경배하지 않다가 결국은 고발당한다(8-12절). 그런고로 왕에게 심문을 당하나 굽히지 않았다(13-18절).

<다니엘의 세 친구>

단 3:8. 그 때에 어떤 갈대아 사람들이 나아와 유다 사람들을 참소하니라.

그 때에 어떤 바벨론 사람들이 다가와서 유다 사람들을 참소했다는 것이다. 이 사람들은 원래 유다 사람들을 해칠 기회를 찾고 있었을 것이다. 그러다가 유다 사람들이 금 신상에게 절하지 않으니까 나아와서 참소한 것으로 보인다.

단 3:9. 그들이 느부갓네살 왕에게 이르되 왕이여 만수무강 하옵소서.

느부갓네살 왕에게 나아와서 말하기를 왕이시여! 만수무강(萬壽無疆)을 빈다고 말한다.

단 3:10-11. 왕이여 왕이 명령을 내리사 모든 사람이 나팔과 피리와 수금과 삼현금과 양금과 생황과 및 모든 악기 소리를 듣거든 엎드려 금 신상에게 절할 것이라. 누구든지 엎드려 절하지 아니하는 자는 맹렬히 타는 풀무불 가운데에 던져 넣음을 당하리라 하지 아니하셨나이까.

"왕이시여! 왕께서 칙령을 내려 뿔 나팔과 피리와 수금과 삼현금과 양금과 생황과 모든 종류의 악기 소리를 듣는 자는 누구나 금 신상에게 엎드려 경배하라고 하셨고, 누구든지 엎드려 경배하지 않는 자는 맹렬히 불타는 용광로 가운데 던져질 것이라고 분명히 명령하지 않으셨습니까(5-6절)?"라고 왕명을 그대로 반복한다. 바벨론의 아첨꾼들은 왕에 대해 심히 아첨하는 사람들이었다. 이런 아첨꾼들은 세계 도처에 많이 널려 있다.

단 3:12. 이제 몇 유다 사람 사드락과 메삭과 아벳느고는 왕이 세워 바벨론 지방을 다스리게 하신 자이거늘 왕이여 이 사람들이 왕을 높이지 아니하며 왕의 신들을 섬기지 아니하며 왕이 세우신 금 신상에게 절하지 아니하나이다.

그런데 왕이시여! 유다 사람 사드락과 메삭과 아벳느고는 왕께서 바벨론 지방의 일들을 다스리도록 임명하신 자들인데, 이 사람들이 왕을 존중하지 않으며, 왕의 신들을 섬기지도 않고, 왕께서 세운 그 금 신상에게 경배하지도 않았다고 보고한다.

본 절도 역시 바벨론의 몇 사람들이 왕께 아첨하면서 하는 말은 첫째 유다 사람들이 왕을 높이지 않았다는 것, 둘째 왕의 신을 섬기지 않았다는 것, 셋째 왕이 세우신 금 신상에게 경배하지 않았다는 죄목을 달았다. 이들은 유다 사람들이 갑자기 높아졌기 때문에 시기심이 생겨 못 견딘 것이다. 시기심은 이렇게 일을 만들고 다닌다. 이들이 아무리 시기 질투해도 하나님께서 그를 높이는 다니엘의 세 친구를 기적적으로 돕는 것을 막을 수는 없다.

13-18절. 느부갓네살 왕은 세 친구를 설득하여 다시 금 신상에게 절하도록 권했으나 세 친구는 단호히 거절한다.

단 3:13. 느부갓네살 왕이 노하고 분하여 사드락과 메삭과 아벳느고를 끌어오라 말하매 드디어 그 사람들을 왕의 앞으로 끌어온지라.

아첨꾼들의 보고를 받자 느부갓네살 왕이 매우 진노하여 사드락과 메삭과 아벳느고를 끌어오라 명령하므로 이 사람들을 왕 앞으로 데리고 왔다는 것이다.

단 3:14. 느부갓네살이 그들에게 물어 이르되 사드락, 메삭, 아벳느고야 너희가 내 신을 섬기지 아니하며 내가 세운 금 신상에게 절하지 아니한다 하니 사실이냐.

느부갓네살이 그들에게 말하기를, "사드락, 메삭, 아벳느고야! 너희가 나의 신들을 섬기지도 않고, 내가 세운 그 금 신상을 경배하지도 않는다고 하는 것이 사실이냐?"고 확인한다. 경배하게 하려고 설득한 것이다.

단 3:15. 이제라도 너희가 준비하였다가 나팔과 피리와 수금과 삼현금과

양금과 생황과 및 모든 악기 소리를 들을 때 내가 만든 신상 앞에 엎드려 절하면 좋거니와 너희가 만일 절하지 아니하면 즉시 너희를 맹렬히 타는 풀무불 가운데에 던져 넣을 것이니 능히 너희를 내 손에서 건져낼 신이 누구이겠느냐 하니.

만일 지금이라도 너희들이 뿔 나팔과 피리와 수금과 삼현금과 양금과 생황과 모든 종류의 악기 소리를 들을 때, 내가 만든 형상 앞에 기꺼이 엎드려 경배하면 좋으려니와 만일 너희가 경배하지 않는다면, 너희는 맹렬히 불타는 용광로 가운데 던져질 것이니, 그러면 그 어떤 신이 너희를 내 손에서 구해낼 수 있겠느냐고 위협한다.

맹렬히 불타는 용광로 속에 던져질 것이라고 위협하면서 금 신상에게 경배하라고 위협한다. 왕은 이 세 사람의 배후에 하나님이 계신 줄 잊고 마구 말했다. 세상 사람들은 우리 성도들의 배후에 하나님이 계셔서 간섭하는 줄 의식하지 않고 마구 말한다.

단 3:16. 사드락과 메삭과 아벳느고가 왕에게 대답하여 이르되 느부갓네살이여 우리가 이 일에 대하여 왕에게 대답할 필요가 없나이다.

사드락과 메삭과 아벳느고가 왕에게, "느부갓네살이시여, 우리가 이 일에 대해 왕께 이러쿵 저러쿵 대답할 필요가 없습니다"라고 대답한다.

단 3:17. 왕이여 우리가 섬기는 하나님이 계시다면 우리를 맹렬히 타는 풀무불 가운데에서 능히 건져내시겠고 왕의 손에서도 건져내시리이다.

"만일 그렇게 된다면, 왕이시여! 우리가 섬기는 우리의 하나님께서 맹렬히 불타는 용광로에서 우리를 구해 내실 것이고, 또 왕의 손에서도 구해 주실 것을 아시라"고 대답한다.

왕의 위협이 강해질수록 세 친구의 말은 더욱 강해진다. 우리는 하나님을 강하게 의지해야 한다.

단 3:18. 그렇게 하지 아니하실지라도 왕이여 우리가 왕의 신들을 섬기지도 아니하고 왕이 세우신 금 신상에게 절하지도 아니할 줄을 아옵소서.

"만일 그렇게 하지 않으시더라도 왕이시여! 우리는 왕의 신들을 섬기지도 않고, 왕께서 세우신 금 신상에게 경배하지도 않을 줄 아소서"라고 대답한다.

여호와께서 자신들을 구원해주시지 않아도 세 친구는 왕의 신들을 섬기지도 않고, 왕께서 세우신 금 신상에게 절하지도 않겠다고 단호한 신앙을 발표한다. 오늘 우리는 에스더의 "죽으면 죽으리이다"(에 4:16)라는 신앙을 가지고 살아야 할 것이다.

3. 다니엘의 친구들이 풀무불에서 구원받다 3:19-27

다니엘의 세 친구들이 왕의 명령에 순종하지 않으므로 풀무불에 던져졌으나(19-23절), 하나님으로부터 구원을 받는다(24-30절).

<세 친구를 풀무불에 던지다>

단 3:19. 느부갓네살이 분이 가득하여 사드락과 메삭과 아벳느고를 향하여 얼굴빛을 바꾸고 명령하여 이르되 그 풀무불을 뜨겁게 하기를 평소보다 칠 배나 뜨겁게 하라 하고.

느부갓네살 왕이 분노가 가득하여, 사드락과 메삭과 아벳느고를 향하여 그의 얼굴빛을 바꾸면서 말하기를 용광로를 평소보다 일곱 배나 더 뜨겁게 하라고 명령한다.

여기 "7배"란 말은 만수로서 아주 뜨거움을 극대화하라는 말이다. 이런 똑같은 표현으로는 "10배"란 표현도 있다.

단 3:20. 군대 중 용사 몇 사람에게 명령하여 사드락과 메삭과 아벳느고를 결박하여 극렬히 타는 풀무불 가운데에 던지라 하니라.

본 절은 왕이 사드락과 메삭과 아벳느고를 결박하여 극렬히 타는 풀무불 가운데에 던지라는 명령을 내리는 것이다. 왕은 그의 명령을 맹목적으로 잘 순종하는 몇 사람에게 내렸다.

단 3:21. 그러자 그 사람들을 겉옷과 속옷과 모자와 다른 옷을 입은 채 결박하여 맹렬히 타는 풀무불 가운데에 던졌더라.

왕이 명령을 내리자 군대 중 용사 몇 사람이 다니엘의 세 친구를 겉옷과 속옷과 모자와 다른 옷을 입은 채 결박하여, 즉 풀무불에 잘 탈 수 있는 상태로 불 가운데에 던져 넣었다는 것이다.

이렇게 불에 잘 탈 수 있는 차림으로 불속에 넣었으나 아무 것도 타지 않았다는 것이다. 하나님의 이적이 더욱 분명하게 보인 것이다.

단 3:22. 왕의 명령이 엄하고 풀무불이 심히 뜨거우므로 불꽃이 사드락과 메삭과 아벳느고를 붙든 사람을 태워 죽였고.

왕의 명령이 엄하고 용광로가 매우 달아올랐으므로 사드락과 메삭과 아벳느고를 잡고 있던 사람들이 그 불길에 타 죽었다는 것이었다.

왕의 명령이 엄했고 또 풀무불이 매우 뜨거웠으므로 생각지도 못한 사건이 하나 생긴 것이었다. 그것은 세 친구를 태워 죽이려 결박하여 풀무불에 집어넣던 일꾼들이 그 불길에 타 죽었다는 것이다.

단 3:23. 이 세 사람 사드락과 메삭과 아벳느고는 결박된 채 맹렬히 타는 풀무불 가운데에 떨어졌더라.

이 세 사람, 사드락과 메삭과 아벳느고는 결박된 채 맹렬히 불타는 용광로 가운데 떨어졌다는 것이다.

이렇게 불 가운데 떨어졌으나 그들은 불에 그슬리지도 않았다는 것을 다음 절에 밝힌다. 이를 통해 우리는 하나님께서 오늘 우리를 불같은 시험 중에서도 구원해 주신다는 것을 깨닫게 된다.

24-30절. 하나님은 천사를 보내셔서 세 친구를 구원하셨고, 그들은 조금도

상하지 않았다(24-27절). 결국 느부갓네살 왕은 하나님을 찬송했고, 하나님을 높일 것을 명령했으며, 세 친구를 높이게 되었다(28-30절).

<왕이 세 친구를 높이다>

단 3:24. 그 때에 느부갓네살 왕이 놀라 급히 일어나서 모사들에게 물어 이르되 우리가 결박하여 불 가운데에 던진 자는 세 사람이 아니었느냐 하니 그들이 왕에게 대답하여 이르되 왕이여 옳소이다 하더라.

그 때에 느부갓네살 왕이 불 속에 들어간 세 사람이 불에 그슬리지도 않고 타지도 않고 세 사람을 타지 않게 붙들고 있는 한 사람이 더 있는 것을 보고 깜짝 놀라 급히 일어나 그의 고문관들에게 말하기를, "우리가 결박한 채 불 가운데 던진 사람은 셋이 아니었느냐?"하니, 그들이 왕에게 대답하여 말하기를, "왕이시여! 그렇습니다"라고 대답했다.

단 3:25. 왕이 또 말하여 이르되 내가 보니 결박되지 아니한 네 사람이 불 가운데로 다니는데 상하지도 아니하였고 그 넷째의 모양은 신들의 아들과 같도다 하고.

느부갓네살 왕이 말하기를, "보라! 나 느부갓네살이 보기에는 결박되지 않은 네 사람이 불 속에서 걸어 다니는데, 그들이 상하지도 않았고 그 넷째의 모습은 신들의 아들과 같다"고 했다.

본 절을 순서대로 말해보면 느부갓네살은 불 속에 세 사람을 넣었는데 네 사람이 불 가운데서 다닌다는 것, 그들은 전혀 상하지도 아니하였다는 것, 넷째 사람의 모양은 신들의 아들과 같다는 것이다.

여기 넷째 사람의 모양이 신들의 아들과 같다는 말을 두고 견해가 갈린다. 1) 혹자들은 넷째의 모양을 구약 시대에 자주 나타나셨던 그리스도로 보는 견해이다. 2) 단순히 천사로 보는 견해가 있다(Calvin, Montgomery, 박윤선). 2)번의 견해가 더욱 바른 견해인 것으로 보인다. 하나님은 천사 한 사람만 보내셔도 다니엘의 세 친구를 넉넉히 구원하실 수 있으셨다는 것이다.

단 3:26. 느부갓네살이 맹렬히 타는 풀무불 아귀 가까이 가서 불러 이르되 지극히 높으신 하나님의 종 사드락, 메삭, 아벳느고야 나와서 이리로 오라 하매 사드락과 메삭과 아벳느고가 불 가운데에서 나온지라.

그 때에 느부갓네살이 맹렬히 불타는 용광로 입구에 다가가 외치기를, “지극히 높으신 하나님의 종 사드락과 메삭과 아벳느고야, 이리 나오라”고 하니, 사드락과 메삭과 아벳느고가 불 속에서 나왔다는 것이다.

느부갓네살은 조금 전에 용사들이 타 죽은 지점(22절)까지는 가지 않았을 것이다. 이유는 자기도 불에 타 죽을까 염려해서였을 것이다. 그러니까 조금 멀리서 세 사람의 이름을 불러내었을 것이다.

“지극히 높으신 하나님”이란 말을 느부갓네살의 입으로 말하게 되었다. “너희를 내 손에서 건져낼 신이 어디 있겠느냐”(15절)던 느부갓네살이 이제는 지극히 높으신 하나님이 계신 줄을 인정했다. 느부갓네살 왕만 아니라 오늘 누구도 지극히 높으신 하나님을 인정하고 불러야 하는 것이다.

단 3:27. 총독과 지사와 행정관과 왕의 모사들이 모여 이 사람들을 본즉 불이 능히 그들의 몸을 해하지 못하였고 머리털도 그을리지 아니하였고 겉옷 빛도 변하지 아니하였고 불 탄 냄새도 없었더라.

총독들과 주지사들과 도지사들과 왕의 고문관들이 모여 이 세 사람들을 살펴보니, 불이 그들의 몸을 해치지 않았고, 그들의 머리카락도 그을리지 아니하였으며, 그들의 겉옷도 상하지 않았으며, 그들에게서는 불에 탄 냄새조차 나지 않았다는 것을 확인했다.

바벨론의 4계급이 살핀 결과 불이 세 사람의 몸을 아예 해하지 못했고, 가장 타기 쉬운 머리카락도 그슬리지 하지 못했으며, 세 사람의 겉옷도 상하지 않았을 뿐 아니라, 불 냄새도 없었다는 것이다. 이는 완전 기적이었다. 오늘도 하나님은 우리 성도들을 세상의 해로움에서 이렇게 보호하신다.

4. 느부갓네살이 능력을 체험하고 조치를 취하다 3:28-30

느부갓네살 왕은 세 친구가 구원받은 것을 보고 첫째 하나님을 찬송했다. 그리고 백성들에게 하나님을 찬송할 것을 권했으며, 세 친구를 바벨론 지방에서 높였다.

단 3:28. 느부갓네살이 말하여 이르되 사드락과 메삭과 아벳느고의 하나님을 찬송할지로다 그가 그의 천사를 보내사 자기를 의뢰하고 그들의 몸을 바쳐 왕의 명령을 거역하고 그 하나님 밖에는 다른 신을 섬기지 아니하며 그에게 절하지 아니한 종들을 구원하셨도다.

느부갓네살이 찬송하기를, "사드락과 메삭과 아벳느고의 하나님을 송축하라! 하나님께서 천사를 보내어 자기 종들을 구원하셨으니 그들은 자기 하나님 외에 다른 어떤 신도 섬기거나 경배하지 않고, 하나님을 의지하여 자기들의 몸을 내놓고 왕의 명령을 거역하였다"고 하나님을 찬송한다.

단 3:29. 그러므로 내가 이제 조서를 내리노니 각 백성과 각 나라와 각 언어를 말하는 자가 모두 사드락과 메삭과 아벳느고의 하나님께 경솔히 말하거든 그 몸을 쪼개고 그 집을 거름터로 삼을지니 이는 이같이 사람을 구원할 다른 신이 없음이니라 하더라.

본 절은 느부갓네살 왕이 하나님의 위대하심을 발견하고 백성들에게 하나님을 찬송할 것을 권유한다. 즉, 나 느부갓네살이 칙령을 내리노라. 어느 백성이나 나라나 다른 언어를 말하는 사람이든지 사드락과 메삭과 아벳느고의 하나님을 대적하여 말하면, 그 몸이 토막 나고 그의 집은 거름더미가 될 것이니, 이와 같이 사람을 구원할 수 있는 다른 신이 없기 때문이라고 말한다.

그가 개종하지는 않았으나 여호와의 종교를 인정한 것이었다. 오늘 우리는 이방인들에게 여호와 하나님이 어떤 분이신지 보여주어야 할 것이다.

단 3:30. 왕이 드디어 사드락과 메삭과 아벳느고를 바벨론 지방에서 더욱 높이니라.

왕이 사드락과 메삭과 아벳느고를 바벨론 지방에서 더욱 높여 주어 높은 직책에 올려준 것이었다. 우리가 하나님을 높일 때 우리도 함께 높아지는 것을 알 수 있다.

제 4 장

D. 느부갓네살이 큰 나무 꿈을 꾸다 4:1-37

느부갓네살 왕이 하나님의 이적에 대해 간증했고(1-3절), 그가 다시 꿈을 꾸었으며(4-18절), 다니엘이 요구를 받고 그 꿈을 해석해주었으며(19-27절), 그 꿈이 실제로 실현되어 왕이 발광했다가 다시 회복되었다(28-37절)는 내용이다.

1. 느부갓네살이 하나님의 이적에 대해 간증하다 4:1-3

<느부갓네살 왕의 두 번째 꿈>

단 4:1. 느부갓네살 왕은 천하에 거주하는 모든 백성들과 나라들과 각 언어를 말하는 자들에게 조서를 내리노라 원하노니 너희에게 큰 평강이 있을지어다.

느부갓네살 왕이 온 땅에 사는 모든 백성들과 나라들과 다른 언어들을 말하는 사람들에게 조서를 내리기를 당신들에게 평강이 넘치기를 바란다고 했다.

이렇게 복을 선언한다고 해서 실제로 복이 임하는 것은 아니다. 높은 지위에 있는 군주가 하나의 형식을 보이는 것일 수 있다. 사실 목회자가 손을 들고 축도하는 것(Benediction) 이외에는 별로 기대할 형식은 없다.

단 4:2. 지극히 높으신 하나님이 내게 행하신 이적과 놀라운 일을 내가 알게 하기를 즐겨 하노라.

나 느부갓네살 왕은, "지극히 높으신 하나님(3:26)께서 내게 이루신 표적과 기사를 선포하기를 즐겨 하노라"고 말한다.

단 4:3. 참으로 크도다 그의 이적이여, 참으로 능하도다 그의 놀라운 일이여, 그의 나라는 영원한 나라요 그의 통치는 대대에 이르리로다.

하나님의 표적들이 얼마나 위대한가. 하나님의 기사들이 얼마나 놀라운가. 하나님의 왕국은 영원한 왕국이고, 그분의 통치는 대대로 이어질 것이라고 알려준다. 왕은 인간계와 하나님을 비교해서 하는 말이다.

2. 느부갓네살이 두 번째 꿈을 꾸다 4:4-18

4-9절. 왕이 꿈을 꾸고 그 해몽을 바벨론 박수들에게 부탁했으나 하지 못했으므로 왕은 다시 다니엘에게 해몽을 요구한다.

단 4:4. 나 느부갓네살이 내 집에 편히 있으며 내 궁에서 평강할 때에.

나 느부갓네살이 내 집에서 편히 쉬며 내 궁에서 평강할 때에 다음 절(4절)과 같이 다시 꿈을 꾸었다는 것이다.

사람이 편히 쉬며 평강을 누릴 때에 마음이 높아지면 문제가 생기는 것이다. 우리는 편히 쉴 때, 평강할 때에도 하나님을 찬양하고 감사해야 하는 것이다.

단 4:5. 한 꿈을 꾸고 그로 말미암아 두려워하였으니 곧 내 침상에서 생각하는 것과 머리 속으로 받은 환상으로 말미암아 번민하였었노라.

내가 한 꿈을 꾸고 두려워하였으니 내 침상에서 상상하는 것들과 내 머릿속에 나타난 환상들이 나를 번민하게 하였노라고 말한다.

느부갓네살의 이번 꿈은 지난번 꿈과는 달랐다. 지난번 꿈은 꿈을 꾸고 난 후 그 꿈의 내용을 잊은 것이었고(2:1), 이번 꿈은 잊은 것이 아니라 흉몽(凶夢)이라 고민이 된 것이었다. 다시 말해 해몽을 할 수 없어 고민이 된 것이었다.

하나님은 기분 좋은 꿈을 주시기도 하시고 혹은 사람의 기분을 상하게 하는 꿈도 주신다.

단 4:6. 이러므로 내가 명령을 내려 바벨론의 모든 지혜자들을 내 앞으로 불러다가 그 꿈의 해석을 내게 알게 하라 하였더라.

그러므로 나 느부갓네살이 칙령을 내려 바벨론의 모든 지혜자들(바벨론의 박수를 포함해서 술객과 갈대아 술사와 점쟁이들, 2:2 참조)을 내게 데려와 그들로 그 꿈의 해석을 내게 알게 하라 하였다는 것이다.

왕은 지난번 경험도 있으니 다니엘을 먼저 불러 꿈을 해몽하라 했을 법 한데, 바벨론의 주술가들을 먼저 불렀다. 아마도 그 이유는 바벨론 민족을 먼저 생각해서인 듯하다.

단 4:7. 그 때에 박수와 술객과 갈대아 술사와 점쟁이가 들어왔으므로 내가 그 꿈을 그들에게 말하였으나 그들이 그 해석을 내게 알려 주지 못하였느니라.

마술사들과 주술가들과 갈대아인들과 점쟁이들이 들어왔을 때에 나 왕이 그들 앞에서 그 꿈을 이야기하였으나, 그들은 내게 그 해석을 알려 주지 못하였다는 것이다.

바벨론의 지혜자들이 해몽하지 못한 것은 왕이 꾼 꿈이 하나님께서 주신 꿈인 고로 하나님께서 다니엘을 더욱 쓰시기 위하여 그들의 꿈 해몽을 막으신 뜻도 있을 것으로 보인다.

단 4:8. 그 후에 다니엘이 내 앞에 들어왔으니 그는 내 신의 이름을 따라 벨드사살이라 이름한 자요 그의 안에는 거룩한 신들의 영이 있는 자라 내가 그에게 꿈을 말하여 이르되,

그 후에 다니엘이 내 앞에 왔는데, 그의 이름은 바벨론 신의 이름을 따라 벨드사살이라 하였으며, 그의 안에는 거룩한 신들의 영이 있었음으로 나 왕이 그에게 내가 꾼 꿈을 말해 주었다는 것이다.

느부갓네살은 지난번의 경험도 있어서 다니엘 속에는 거룩한 신들의 영이 있는 줄 알았다(창 41:38 참조).

단 4:9. 박수장 벨드사살아 네 안에는 거룩한 신들의 영이 있은즉 어떤 은밀한 것이라도 네게는 어려울 것이 없는 줄을 내가 아노니 내 꿈에 본 환상의 해석을 내게 말하라.

"마술사들의 우두머리인 벨드사살아! 네 안에는 거룩한 신들의 영이 있어 어떤 비밀이라도 네게 어려움이 없는 줄을 내가 알고 있으니, 내가 본 꿈의 환상들(이상들)과 그 해석을 말해 보기를 바란다"고 왕이 말했다.

여기 "박수장 벨드사살"이란 말을 위해서 2:48; 5:11 주해를 참조하라. "어떤 은밀한 것이라도 네게는 어려울 것이 없는 줄을 내가 아노니"란 말에서 왕은 다니엘이 어떤 은밀한 일이라도 풀 수 있을 줄을 알았다.

우리 하나님은 오늘도 그 어떤 어려움도 다 풀어주신다. 아무리 어려운 일도 우리 하나님에게는 어려운 것이 아니다.

이 필자의 경험으로도 하나님께는 아무 어려움도 없으셨다. 단 한 가지 하나님의 뜻이 아닌 것은 해결해주시지 않으신다. 2020-2021년도 세계적으로 코로나 19가 유행하여 모든 사람들이 마스크를 쓰고 살 때, 또 많은 환자가 생길 때 필자는 3시간을 계속해서 코로나 19를 치워주시라고 기도했을 때 2시간 55분쯤 기도했을 때 하나님은 필자에게 다른 은혜를 덧입혀 주셨으나, 코로나 19를 치워주시지 않으셨다.

단 4:10-12. 내가 침상에서 나의 머리 속으로 받은 환상이 이러하니라 내가 본즉 땅의 중앙에 한 나무가 있는 것을 보았는데 높이가 높더니, 그 나무가 자라서 견고하여지고 그 높이는 하늘에 닿았으니 그 모양이 땅 끝에서도 보이겠고, 그 잎사귀는 아름답고 그 열매는 많아서 만민의 먹을 것이 될 만하고 들짐승이 그 그늘에 있으며 공중에 나는 새는 그 가지에 깃들이고 육체를 가진 모든 것이 거기에서 먹을 것을 얻더라.

나 느부갓네살 왕이 침상에서 내 머릿속으로 받은 이상들은 이러했다. 내가 보니, 땅 가운데 한 나무가 있었는데 그 높이가 매우 높았다(10절). 그 나무가 크게 자라 튼튼해지고 그 꼭대기는 하늘에 닿아 온 땅 끝에서도 보였다(11절). 그 잎사귀가 무성하고 그 열매가 많아 모두에게 양식이 되었다. 들짐승들이 그 그늘 아래 거하고 있었고 공중의 새들도 그 가지에 깃들이며 모든 동물이 거기서 먹이를 얻는 꿈이었다는 것이다.

왕의 꿈은 땅 중앙에 한 큰 나무를 보았다는 것이다(10절). 본문은 겔 31:3-14과 비교된다. 이 비유의 기사들은 모두 전제 군왕의 흥기와 멸망을 가리키는 것이었다.

왕의 세력이 한없이 높고, 한없이 넓다는 것이다(11절). "땅 끝"이란 말에 대해 신 33:17; 욥 28:24; 시 22:27; 48:10 등 참조.

잎사귀는 보기에 아름답고, 또 이 나무에는 많은 열매를 맺어 만민은 물론 들짐승과 새들까지 이 나무에서 식물을 얻으며 또 거기에서 산다는 내용이다(12절).

13-16절. 이 부분은 10-12절에 언급된 한 나무를 심판한다는 내용이다.

단 4:13. 내가 침상에서 머리 속으로 받은 환상 가운데에 또 본즉 한 순찰자, 한 거룩한 자가 하늘에서 내려왔는데.

내(느부갓네살)가 침상에서 내 머릿속으로 받은 환상들 가운데 또 본즉 하늘에서 거룩한 파수꾼이 내려왔다는 것이다. 이 파수꾼은 "거룩한 자" 곧 천사였다. 다시 말해 그는 천사 파수꾼이었다. 이 천사 파수꾼은 17, 23절에 다시 나타난다.

단 4:14. 그가 소리 질러 이처럼 이르기를 그 나무를 베고 그 가지를 자르고 그 잎사귀를 떨고 그 열매를 헤치고 짐승들을 그 아래에서 떠나게 하고 새들을 그 가지에서 쫓아내라.

천사 파수꾼(13절)이 크게 외치며 말하기를, "그 나무를 베고 가지를 자르며 잎사귀를 떨어 버리고 열매를 흩어 짐승들이 그 아래에서, 새들도 그 가지에서 도망하게 하라"고 외친다.

천사 파수꾼의 외침으로 그 무성했던 나무는 아주 볼품없는 모양이 되고, 그를 의지해서 살던 사람이며, 동물들과 새들도 다 떠나게 된다. 나무는 천사의 외침으로 형편없는 모양으로 변했다.

단 4:15. 그러나 그 뿌리의 그루터기를 땅에 남겨 두고 쇠와 놋줄로 동이고 그것을 들 풀 가운데에 두어라 그것이 하늘 이슬에 젖고 땅의 풀 가운데에서 짐승과 더불어 제 몫을 얻으리라.

그러나 그 뿌리의 그루터기를 땅에 남겨 두고 철과 동(銅)으로 된 줄로 묶어 들풀 속에 있게 하여, 하늘의 이슬로 젖게 하고 땅의 풀 가운데서 짐승들과 함께 그의 분깃을 얻게 하라고 말한다.

"그 뿌리의 그루터기를 땅에 남겨 두라"는 말은 '이 나무에 회복의 소망이 남아 있다'는 것을 말하는 것이다. 다시 말해 느부갓네살 왕이 하나님의 징계를 받아 잠시 권좌에서 떠나게 되나 그 징계 가운데에서 하나님의 권능과 위엄과 통치권을 깨닫게 되면 정하신 때에 다시 과거의 그의 권좌를 회복할 것을 예언하고 있다.

"쇠와 놋줄로 동이라"는 말은 느부갓네살 왕의 발광 후의 상태를 가리킨다. 다시 말해 느부갓네살에게 내려질 형벌이 한시적인 것이 될 것임을 뜻하는 증거라는 것이다. 그러나 "철과 놋줄"은 발광한 왕을 취급하는 태도가 가혹할 것을 말하는 것이다(신 28:48; 렘 1:18; 미 4:13). 다시 말해 느부갓네살이 장차 처하게 될 정신병자로서의 지극히 암담한 상태를 상징적으로 표현했다는 뜻이다.

"풀 가운데에서 짐승과 더불어 제 몫을 얻으리라"는 말은 발광한 왕이 짐승의 취급을 받는다는 것이다. 이는 느부갓네살이 제국의 왕으로서의 권위와 권세를 잃고 보통 사람들의 생활에도 미치지 못하는 짐승과 같은 생활을 할 것임을 의미한다.

단 4:16. 또 그 마음은 변하여 사람의 마음 같지 아니하고 짐승의 마음을

받아 일곱 때를 지내리라.

왕의 마음이 변하여 사람의 마음 같지 않고 그가 짐승의 마음을 받아 일곱 때를 지내게 하라는 것이다.

여기 일곱 때를 지내게 하라는 말에 대해서는 몇 가지 견해가 있으나 그 중에도 느부갓네살로 하여금 자신의 교만을 뉘우치고 하나님의 절대성과 위대성을 믿도록 하기 위해 하나님께서 정하신 기나긴 징계의 기간이라고 할 수 있다.

단 4:17. 이는 순찰자들의 명령대로요 거룩한 자들의 말대로이니 지극히 높으신 이가 사람의 나라를 다스리시며 자기의 뜻대로 그것을 누구에게든지 주시며 또 지극히 천한 자를 그 위에 세우시는 줄을 사람들이 알게 하려 함이라 하였느니라.

이 말씀은 파수꾼들(천사들)의 명령이요, 이 말씀은 거룩한 자들(천사들)의 말이니, 이는 지극히 높으신 분께서 인간들의 왕국을 다스리시고, 그분께서 원하는 자에게 그것을 주시며, 또 가장 낮은 사람을 그 위에 세우시는 줄을 사람들이 알게 하려는 것이라고 말한다.

"지극히 높으신 이가 사람의 나라를 다스리시며 자기의 뜻대로 그것을 누구에게든지 주시며 또 지극히 천한 자를 그 위에 세우시는 줄을 사람들이 알게 하려 함이라"는 말은 주권은 하나님의 장중에 있는 것으로 하나님께서 인간들 중에 누구에게든지 주시고 또 빼앗기도 하신다는 것이다. 지금도 하나님은 그의 뜻대로 운행하시는 것을 보여주신다.

단 4:18. 나 느부갓네살 왕이 이 꿈을 꾸었나니 너 벨드사살아 그 해석을 밝히 말하라 내 나라 모든 지혜자가 능히 내게 그 해석을 알게 하지 못하였으나 오직 너는 능히 하리니 이는 거룩한 신들의 영이 네 안에 있음이라.

이것이 나 느부갓네살 왕이 본 꿈이니, 벨드사살아! 이제 너는 그 해석을 말해 보라! 내 왕국의 모든 지혜자들(바벨론의 박수들과 무속인들)은 그 해석을 내게 알려 주지 못하였으나 너는 할 수 있을 것이니, 거룩한 신들의 영이 네 안에 있기 때문이다.

"거룩한 신들의 영이 네 안에 있음이라"는 말은 '거룩한 하나님의 신이 다니엘에게 있다'는 뜻이다. 성령님이 오늘도 모든 지혜를 주신다.

3. 다니엘이 꿈을 해석해주다 4:19-27

다니엘은 왕의 꿈을 다 해석해준 후에 왕에게 공의를 행하며 선을 행할 것을 권한다.

<다니엘의 꿈 해석>

단 4:19. 벨드사살이라 이름한 다니엘이 한동안 놀라며 마음으로 번민하는지라 왕이 그에게 말하여 이르기를 벨드사살아 너는 이 꿈과 그 해석으로 말미암아 번민할 것이 아니니라 벨드사살이 대답하여 이르되 내 주여 그 꿈은 왕을 미워하는 자에게 응하며 그 해석은 왕의 대적에게 응하기를 원하나이다.

벨드사살이라 이름한 다니엘이 한동안 놀라며 두려운 생각에 사로잡혀 번민하는지라(왕이 꾼 꿈을 생각하고 말하기가 두려워 고민했다). 왕이 그에게 말하기를, "벨드사살아! 너는 내 꿈과 그 해석으로 인하여 두려워하지 마라"하니, 벨드사살이 대답하여 말하기를, "내 주여! 그 꿈은 왕을 미워하는 자들에게, 그리고 그 해석은 왕의 원수들에게 임하기를 원한다"고 말해주었다.

왕이 꾼 꿈이 너무 흉한 꿈이라 다니엘은 왕의 원수들에게 그 꿈이 이루어지기를 바란다고 말해주었다. 흉몽을 주시는 것도 하나님께서 하신 일이었다.

20-21절. 이 부분의 말씀은 10-12절의 반복이다.

단 4:20. 왕께서 보신 그 나무가 자라서 견고하여지고 그 높이는 하늘에 닿았으니 땅 끝에서도 보이겠고.

왕께서 보신 그 나무가 크게 자라 튼튼해지며, 그 꼭대기는 하늘에 닿아 온 땅에서 보일 것이라고 말해준다.

다니엘은 왕이 꾼 꿈을 다시 말해주어 왕이 꾼 꿈 자체를 분명하게 해준다.

단 4:21. 그 잎사귀는 아름답고 그 열매는 많아서 만민의 먹을 것이 될 만하고 들짐승은 그 아래에 살며 공중에 나는 새는 그 가지에 깃들었나이다.

다니엘은 왕이 꾼 꿈에 대해서 자세하게 말해준다. 즉, 그 나무의 잎사귀가 무성하고, 그 열매가 많아 모두에게 양식이 되며, 들짐승들이 그 그늘 아래 거하고 공중의 새들도 그 가지에 깃들였다고 말해준다.

단 4:22. 왕이여 이 나무는 곧 왕이시라 이는 왕이 자라서 견고하여지고 창대하사 하늘에 닿으시며 권세는 땅 끝까지 미치심이니이다.

다니엘은 해몽한다. 다니엘은 10-12절, 20-22절의 왕의 꿈을 해몽한다. 다니엘은 본 절부터 27절까지 실로 대담하게도 왕의 꿈을 해몽해 주고 있다. 즉, "왕이시여! 그 나무는 왕이십니다. 왕께서 크게 자라 강대해지고, 왕의 위대하심이 점점 더하여 하늘에 닿았고, 왕의 통치는 땅 끝까지 이르렀다"고 말해준다.

단 4:23. 왕이 보신즉 한 순찰자, 한 거룩한 자가 하늘에서 내려와서 이르기를 그 나무를 베어 없애라 그러나 그 뿌리의 그루터기는 땅에 남겨 두고 쇠와 놋줄로 동이고 그것을 들 풀 가운데에 두라 그것이 하늘 이슬에 젖고 또 들짐승들과 더불어 제 몫을 얻으며 일곱 때를 지내리라 하였나이다.

다니엘은 13-14절을 반복한다. 그 주해 참조.

단 4:24. 왕이여 그 해석은 이러하니이다 곧 지극히 높으신 이가 명령하신 것이 내 주 왕에게 미칠 것이라.

“왕이시여! 그 해석은 이러합니다. 지극히 높으신 분(하나님, 3:26)께서 명령하신 것이 내 주 왕께 이루어질 것입니다.”

느부갓네살 왕은 다니엘의 해몽을 들으면서 얼마나 떨었겠는가. 오늘 우리 모두도 지극히 높으신 하나님께서 계획하신 것이 이루어진다는 말을 듣고 옷깃을 여며야 한다.

단 4:25. 왕이 사람에게서 쫓겨나서 들짐승과 함께 살며 소처럼 풀을 먹으며 하늘 이슬에 젖을 것이요 이와 같이 일곱 때를 지낼 것이라 그 때에 지극히 높으신 이가 사람의 나라를 다스리시며 자기의 뜻대로 그것을 누구에게든지 주시는 줄을 아시리이다.

다니엘은 하나님께서 주시는 계시를 따라 왕에게 대담하게 해몽한다. 즉, 왕께서 사람들에게서 쫓겨나 들짐승과 함께 지내면서, 소처럼 풀을 뜯고, 하늘의 이슬에 젖으면서 일곱 때를 지내게 되실 것입니다. 그때에야 왕께서는 지극히 높으신 분(하나님)께서 인간들의 왕국을 다스리시며, 그분께서 원하는 자에게 그것을 주신다는 것을 깨닫게 되실 것이라고 해몽해준다.

다니엘은 왕께서 비참한 생활을 하게 될 때 하나님의 존재를 알게 되며 또 하나님의 섭리도 알게 될 것이라고 말해준다. 사람은 누구라도 비참하게 될 때 하나님을 알아가게 되는 것이다.

단 4:26. 또 그들이 그 나무뿌리의 그루터기를 남겨 두라 하였은즉 하나님이 다스리시는 줄을 왕이 깨달은 후에야 왕의 나라가 견고하리이다.

본 절은 그 나무뿌리의 그루터기를 남겨두신 이유를 설명하고 있다. 즉, 또 나무뿌리의 그루터기를 남겨 두라고 명령하셨으니 하늘의 하나님께서 다스리시는 줄을 왕께서 알게 되실 때에야 왕의 나라가 견고해질 것이라고 해몽해준다.

이 땅에 사는 사람 누구든지 하나님의 존재를 인정하고 또 하나님을 알고 믿을 때에 견고하게 서게 된다는 것이다.

단 4:27. 그런즉 왕이여 내가 아뢰는 것을 받으시고 공의를 행함으로 죄를 사하고 가난한 자를 긍휼히 여김으로 죄악을 사하소서 그리하시면 왕의 평안함이 혹시 장구하리이다 하니라.

본 절 초두의 "그런즉"(therefore)이란 말은 "하나님이 인간 나라를 다스리시는 줄을 왕이 깨달은 후에야 왕의 나라가 견고하게 서게 된다"(26절)는 사실을 지칭한다. 다니엘은 왕에게 대담하게도 선한 일을 하기를 권고한다. 즉, "왕이시여! 저(다니엘)의 권고를 받아들여 공의를 행함으로 죄를 끊으시고, 가난한 자들을 긍휼히 여김으로 죄악을 끊으십시오. 만일 그렇게 하신다면 왕의 번영이 길어질 것이라고 봅니다"라고 권고한 것이다.

공의를 행하여 죄를 끊는 것, 가난한 자들을 긍휼히 여겨 죄악을 끊는 일은 세상 불신자들의 번영에도 크게 도움이 되는 것이다.

4. 큰 나무 꿈이 성취되다 4:28-33

왕의 꿈은 다니엘이 해몽한 그대로 1년 후에 성취되어 왕은 발광하게 되어 야수처럼 되었다(28-33절).

단 4:28. 이 모든 일이 다 나 느부갓네살 왕에게 임하였느니라.

이 모든 일이 느부갓네살 왕에게 일어났다. 왕에 대한 꿈이 다니엘의 해몽대로 이루어졌다는 것을 말한다.

단 4:29. 열두 달이 지난 후에 내가 바벨론 왕궁 지붕에서 거닐 새.

본 절의 열두 달은 하나님께서 느부갓네살 왕의 회개를 기다리고 계셨던 기간이었다. 그러나 느부갓네살 왕은 회개하지는 않고 자신의 권력을 자랑하는 의미에서 바벨론 궁의 지붕(삼하 11:2)에서 거닐고 있었다.

세상에서 자기의 업적을 자랑하는 마음을 갖는다는 것은 참으로 위험한 일이 아닐 수 없다.

단 4:30. 나 왕이 말하여 이르되 이 큰 바벨론은 내가 능력과 권세로 건설하

여 나의 도성으로 삼고 이것으로 내 위엄의 영광을 나타낸 것이 아니냐 하였더니.

나 느부갓네살이 말하기를, "이 위대한 바벨론은 나의 힘과 권세로 건설하여, 나의 도성으로 삼고 내 위엄의 영광을 나타낸 것이 아니냐"고 했다는 것이다.

29절은 느부갓네살이 자랑하는 마음을 가지고 왕궁 지붕에서 거닐었다는 것을 말하는데 본 절은 자랑하는 말을 하면서 왕궁 지붕에서 거닐었다는 것을 말한다. 자랑하는 마음이나 자랑하는 말은 모두 다 참으로 위험한 행위가 아닐 수 없다.

단 4:31. 이 말이 아직도 나 왕의 입에 있을 때에 하늘에서 소리가 내려 이르되 느부갓네살 왕아 네게 말하노니 나라의 왕위가 네게서 떠났느니라.

자랑하는 말이 아직 왕의 입에 있는 동안 하늘에서 내려오는 한 음성이 있었으니, "느부갓네살 왕아! 네게 선언한다. 왕권이 네게서 떠났다"는 음성이 들려온 것이었다.

자랑의 끝은 복을 탈취당하는 것이다. 참으로 비참한 결과를 초래한다.

단 4:32. 네가 사람에게서 쫓겨나서 들짐승과 함께 살면서 소처럼 풀을 먹을 것이요 이와 같이 일곱 때를 지내서 지극히 높으신 이가 사람의 나라를 다스리시며 자기의 뜻대로 그것을 누구에게든지 주시는 줄을 알기까지 이르리라 하더라.

너 느부갓네살은 사람 세계에서 쫓겨나 들짐승과 함께 지내겠고, 소처럼 풀을 먹을 것이다. 일곱 때를 지낸 후에야 너는 지극히 높으신 분께서 인간의 왕국을 다스리시며 그분께서 원하시는 사람에게 왕국을 주신다는 것을 알게 될 것이다. 자랑하는 것은 참으로 위험하여 하나님으로부터 짐승 취급을 받는다는 것이다. 하나님을 바로 알 때까지 계속해서 짐승 세계에서 지내게 된다는 것이다. 교만이란 것은 패망의 선봉이 아닐 수 없다. 본 절의 "일곱 때에" 대해서는 4:16 주해를 참조하라.

단 4:33. 바로 그 때에 이 일이 나 느부갓네살에게 응하므로 내가 사람에게 쫓겨나서 소처럼 풀을 먹으며 몸이 하늘 이슬에 젖고 머리털이 독수리 털과 같이 자랐고 손톱은 새 발톱과 같이 되었더라.

바로 그 때에 느부갓네살에 대한 말이 이루어져서 그가 사람에게서 쫓겨나서 소처럼 풀을 먹으며 그의 머리카락이 독수리 깃털처럼 자랐고, 손톱은 새 발톱처럼 자랐으며, 그의 몸은 하늘 이슬에 젖었다는 것이다.

하늘의 소리가 나는 그 순간에 느부갓네살은 짐승같이 변모했다는 것이다. 사람이 짐승같이 되는 것은 교만한 순간에 되는 것이고, 하나님의 명령에 의해 되는 것이었다.

5. 느부갓네살은 1년 후에 회복되어 여호와를 찬양하다 4:34-37

<느부갓네살 왕의 하나님 찬양>

단 4:34. 그 기한이 차매 나 느부갓네살이 하늘을 우러러 보았더니 내 총명이 다시 내게로 돌아온지라 이에 내가 지극히 높으신 이에게 감사하며 영생하시는 이를 찬양하고 경배하였나니 그 권세는 영원한 권세요 그 나라는 대대에 이르리로다.

그 날들(7곱 때의 기간)이 지나가서, 나 느부갓네살이 내 눈을 들어 하늘을 우러러보니 내 총명이 돌아왔으므로 내가 지극히 높으신 분을 송축하고, 영생하시는 분을 찬양하며 그분께 영광을 돌렸다. 그분의 통치는 영원하고 그 왕국은 대대로 이어질 것이라고 찬양했다.

"지극히 높으신 이에게 감사하며 영생하시는 이를 찬양하고 경배하였다"는 말씀은 느부갓네살이 회복되고 난 후 하나님을 찬미한 본문 내용으로 완전히 성경적이다(시 145:13). "지극히 높으신 자"란 말의 주해를 위해서는 4:2 주해를 참조하라. 또 "영생하시는 자"란 말은 '영원히 살아계시는 하나님'을 뜻하는 말이다(6:26; 12:7; 마 16:16; 계 4:9-10; 10:6).

"그 권세는 영원한 권세", 즉 하나님은 영원한 권세를 가지고 계시다는 것이다. 세상 유한적인 왕들의 권세와는 대조되는 권세를 가지고 계시다는 의미이다.

단 4:35. 땅의 모든 사람들을 없는 것 같이 여기시며 하늘의 군대에게든지 땅의 사람에게든지 그는 자기 뜻대로 행하시나니 그의 손을 금하든지 혹시 이르기를 네가 무엇을 하느냐고 할 자가 아무도 없도다.

하나님은 땅의 모든 거민들을 없는 것 같이 여기시고 하늘의 천사들이나 땅의 거민들에게 자신의 뜻대로 행하시나 아무도 하나님의 손을 막거나 하나님께 무엇을 하시느냐고 말할 사람이 없다는 것이다. 본 절은 사 46:17과 유사하다.

하나님은 결코 땅 위의 거민들을 무시하시는 분이 아니시다. 하나님의 권세에 비하면 인간들이 가지고 있는 권세들이란 아무 것도 아니라는 것을 말하는 것이다.

여기 "하늘의 군대"란 말은 하늘의 천사를 일컫는 말이다. 하나님은 하늘의 천사이든, 땅의 사람이든 마음대로 행하신다는 것이다.

단 4:36. 그 때에 내 총명이 내게로 돌아왔고 또 내 나라의 영광에 대하여도 내 위엄과 광명이 내게로 돌아왔고 또 나의 모사들과 관원들이 내게 찾아오니 내가 내 나라에서 다시 세움을 받고 또 지극한 위세가 내게 더하였느니라.

그 때에 내 총명이 내게로 돌아왔고, 내 왕국의 영광에 대한 내 위엄과 광채가 내게 돌아왔으며, 또 나의 고문관들과 귀족들이 내게 문안했으며, 나는 내 왕위에 세움을 받았으니, 지극한 위엄이 내게 더했다는 것이다.

느부갓네살 왕은 개인적으로 광증(미친 증세)이 치유되었고, 제 정신을 되찾았을 뿐더러 그의 왕권까지 되찾았다. 그는 왕위에 복귀했고, 그의 모사들이나 고관들이 그 주위에 모여 왕을 뵈었다. 아무튼 왕의 만년은 전년보다 더욱 영화롭게 되었다는 것이다.

단 4:37. 그러므로 지금 나 느부갓네살은 하늘의 왕을 찬양하며 칭송하며 경배하노니 그의 일이 다 진실하고 그의 행하심이 의로우시므로 교만하게 행하는 자를 그가 능히 낮추심이라.

그러므로 지금 나 느부갓네살은 하늘의 왕을 찬양하고 높이며 영광을 돌린다. 그분의 모든 행사는 옳고 그분의 모든 길은 바르니, 교만하게 행하는 자를 그분께서 낮추시더라는 것이다.

"그의 일이 다 진실하고 그의 행하심이 의로우시므로 교만하게 행하는 자를 그가 능히 낮추심이라"고 왕은 하나님을 바로 묘사한다. 왕은 하나님께서 하시는 일이 다 진실하시다고 말한다. 그리고 하나님의 행하심이 의로우시다고 찬양한다. 그리고 하나님께서는 교만하게 행하는 자를 낮추신다고 찬양한다.

제 5 장

E. 교만한 벨사살 왕이 망하다 5:1-31

1-31절은 하나님의 물건을 연회용으로 사용한 모독죄에 대해 심판을 내린 것을 진술한다. 다시 말해 느부갓네살이 예루살렘 성전에서 탈취해 온 성전 기명으로 벨사살 왕이 술을 마시다가 하나님의 징계를 받은 사실을 진술한 것이다.

1-31절의 내용은 1) 벨사살 왕이 향연을 베풀었고(1-4절), 분벽의 문자를 보고 놀란다(5-9절).

1. 벨사살이 성전 기명을 모독하다 5:1-4

<벨사살 왕이 잔치를 베풀다>

단 5:1. 벨사살 왕이 그의 귀족 천 명을 위하여 큰 잔치를 베풀고 그 천 명 앞에서 술을 마시니라.

벨사살 왕이 귀족들 천 명을 위하여 큰 잔치를 베풀고, 그 천 명 앞에서 술을 마셨다는 것이다.

벨사살 왕이 문제가 되는 것은 벨사살은 왕이 아니라는 것이고, 느부갓네살의 아들도 아니라는 것이다. 느부갓네살을 이은 바벨론의 왕통은 1) 느부갓네살(주전 604-562년 통치), 2) 에윌므로닥(주전 562-560년 통치), 3) 네르갈사레셀(주전 560-556년 통치), 4) 라보르 소알 후드(주전 556년 통치), 5) 나보니더스(주전 556-539년 통치)인데, 벨사살이 이 중에 없다는 것이다.

그런데 본 장에는 분명 벨사살 왕이 살해되었다는 진술(30절), 신 바벨론 제국의 마지막 왕이었다는 진술(31절)을 분명히 가지고 있다. 신 바벨론 제국 역사상 살해당한 왕은 에윌므로닥과 네르갈사레셀 둘 뿐이며, 신 바벨론 제국의 마지막 왕으로 알려져 있는 나보니더스는 본 장에 기록된 바벨론의 패전과는 직접적인 관계가 없는 것으로 증명되었다. 그러나 1854년 옛 바벨론의 갈대아 우르 지방에서 발견된 점토 원통에 기록된 내용은 이러한 난점을 해결할 수 있는 근거를 제공해주었다(Robinson). 처음 벨사살이 가공의 인물이 아닌, 역사적으로 존재했던 인물임이 확증된 것은 1854년 한 영국 영사가 바벨론 왕 나보니더스(Nabonidus 주전 555-539년)가 옛 바벨론의 갈대아 우르 지역의 수호신인 '달의 신'에게 바치기 위해 우르(Ur)에 세운 신전(神殿)의 폐허 속에서 몇 개의 점토 기둥들을 발견함으로써였다. 그 기둥들에는 가로, 세로 10cm 정도의 정방형 글씨가 새겨져 있었는데, 그 글의 내용은 나보니더스와 그의 큰 아들의 건강과 장수를 신께 기원하는 것이었다. 그 내용은 다음과 같았다. "바벨론의 왕인 나 곧 나보니더스가 당신께 죄를 짓지 않도록 해 주소서. 그리고 나의 장남이며 사랑하는 아들인 '벨사살'의 마음에 당신에 대한 경외심이 있게 하소서."(그랜드 종합 주석)

"그의 귀족 천 명을 위하여 큰 잔치를 베풀고 그 천 명 앞에서 술을 마시니라"를 통해 고대 독재자의 잔치는 어마어마하게 크게 배설되었음(에 1:1-4)을 알 수 있다. 또 바벨론의 최후가 연회 중에 멸망했다는 역사가들의 증언(Herodutus)도 본문과 부합한다.

단 5:2. 벨사살이 술을 마실 때에 명하여 그의 부친 느부갓네살이 예루살렘 성전에서 탈취하여 온 금, 은 그릇을 가져오라고 명하였으니 이는 왕과 귀족들과 왕후들과 후궁들이 다 그것으로 마시려 함이었더라.

벨사살이 술을 마시면서 그의 부친 느부갓네살이 예루살렘 성전에서 빼앗아 온 금(金) 그릇, 은(銀) 그릇을 가져오라고 명령했다. 이유는 왕과 귀족들과 왕비들과 후궁들이 그것으로 술을 마시려 했기 때문이다.

"벨사살이 술을 마실 때에" 행했던 벨사살의 불경스러운 모습은 느부갓네살에 의해 증거된 바 여호와가 세계 역사의 절대 주권자라는 사실을 의도적으로 부인하고, 자기의 권세가 절대적이며 고레스의 공격으로부터 바벨론을 얼마든지 수호할 수 있다는 자신감을 과시하기 위한 지극히 교만한 마음이라고 할 수 있다. 교만이란 것이 패망의 선봉이라는 것을 알 수 있다.

"그의 부친 느부갓네살"이란 말은 느부갓네살이 벨사살의 친(親) 부모라는 뜻이 아니라 직계 조상이라는 뜻이다. 유명한 조상을 부친으로 표현하는 것은 고대 근동 지방에서 일반화된 관례였다고 한다(Haevernich).

"예루살렘 성전에서 탈취하여 온 금, 은 그릇을 가져오라고 명하였다"고 했는데, 이는 제1차 예루살렘 침입 때(주전 605년) 느부갓네살 왕이 예루살렘 성전의 기명 일부를 가지고 와서 자기의 신전에 보관해 두었던 일(1:2)과 연결된다.

"이는 왕과 귀족들과 왕후들과 후궁들이 다 그것으로 마시려 함이었더라." 이유는 바벨론의 신들 앞에서 유다인들의 하나님을 모독하기 위함이었다(Haevernich).

단 5:3. 이에 예루살렘 하나님의 전 성소 중에서 탈취하여 온 금 그릇을 가져오매 왕이 그 귀족들과 왕후들과 후궁들과 더불어 그것으로 마시더라.

이에 예루살렘에 있는 하나님의 성전에서 빼앗아 온 금 그릇들을 가져오니, 왕과 귀족들과 왕비들과 후궁들이 그것으로 술을 마셨다는 것이다.

"이에"(then)란 말은 '그 때에'란 뜻이다. 벨사살이 명령했을 때 예루살렘에 있는 하나님의 성전에서 빼앗아 온 금 그릇들을 가져왔다는 것이다. 그리고 벨사살의 명령에 따라서 하나님의 성전에서 가져온 기명들로 귀족들과 왕비들과 후궁들이 술을 마셨다는 것이다.

단 5:4. 그들이 술을 마시고는 그 금, 은, 구리, 쇠, 나무, 돌로 만든 신들을 찬양하니라.

그들이 술을 마시고는 금과 은과 동과 철과 나무와 돌로 만든 자기들의 신들을 찬양하였다는 것이다.

그들은 이중(二重)으로 죄를 범했다. 예루살렘 성전에서 가져온 기명들로 술을 마신 것, 또한 자기들의 우상들을 찬양한 것이었다. 세상 사람들은 죄를 짓는 일에 이렇게 대담한 것을 볼 수 있다.

2. 왕궁 분벽에 손가락이 나타나 글자를 쓰다 5:5-9

단 5:5. 그 때에 사람의 손가락들이 나타나서 왕궁 촛대 맞은편 석회벽에 글자를 쓰는데 왕이 그 글자 쓰는 손가락을 본지라.

여기 "그 때에"란 말은 잔치에 참여한 이들이 이중으로 죄를 저지르고 있을 때를 가리킨다. 바로 그 때에 사람의 손가락들이 나타나서 왕궁의 촛대 맞은편 석회벽(흰 벽)에 글자를 쓰기 시작하니, 왕이 글자 쓰는 손가락을 보았다는 것이다.

그 때에 벨사살은 촛대 곁에 앉아 있었을 것이고, 그 건너편 흰 벽에 손가락과 또 손가락이 글자를 쓰는 것을 분명히 보았을 것이다. 바로 이때에 손가락과 글자가 나타난 것은 이들이 하는 일이 분명한 죄라는 것을 알리기 위함이었다.

단 5:6. 이에 왕의 즐기던 얼굴빛이 변하고 그 생각이 번민하여 넓적다리 마디가 녹는 듯하고 그의 무릎이 서로 부딪친지라.

그때 왕의 얼굴색이 변하고 두려운 생각에 사로잡혀 넓적다리 마디가 풀리는 듯 하고 두 무릎이 통제할 수 없이 계속해서 부딪쳤다는 것이다.

벨사살은 심한 공포에 사로잡힌 것이다. 아마도 그의 생애에 이렇게 심한 공포에 사로잡혔던 때는 없었으리라.

단 5:7. 왕이 크게 소리 질러 술객과 갈대아 술사와 점쟁이를 불러오게 하고 바벨론의 지혜자들에게 말하되 누구를 막론하고 이 글자를 읽고 그 해석을 내게 보이면 자주색 옷을 입히고 금사슬을 그의 목에 걸어 주리니 그를 나라의 셋째 통치자로 삼으리라 하니라.

본 절은 왕이 놀라서 엉겁결에 취한 행동을 언급한 것이다. 즉, 왕이 크게 소리 지르며 주술가들과 갈대아인 술사들과 점쟁이들을 불러오게 하여 바벨론의 지혜자들(주술가들과 갈대아인 술사들과 점쟁이들)에게 말하기를 누구든지 이 글자를 읽고 그 해석을 내게 보여 주는 자에게 자주색 옷(고급 신분인 자가 입는 옷)을 입히고, 그 목에 금 목걸이를 걸어주겠으며, 그가 이 왕국의 셋째 통치자(벨사살의 아버지 나보니더스와 벨사살 다음의 자리일 것이다)가 될 것이라고 공언했다.

벨사살이 자기의 하는 일이 죄라고 여기고 자복했더라면 본 절과 같은 진술은 하지 않았을 것이다.

단 5:8. 그 때에 왕의 지혜자가 다 들어왔으나 능히 그 글자를 읽지 못하며 그 해석을 왕께 알려 주지 못하는지라.

왕이 공언한(7절) 다음에 왕의 모든 지혜자들(주술가들과 갈대아인 술사들과 점쟁이들)이 들어왔으나, 그들은 그 글자를 읽지도 못하고 그 해석을 왕에게 알려 주지도 못했다는 것이다.

다니엘이 들어오기 전에는 아무도 해결할 수 없는 일이 생긴 것이다.

단 5:9. 그러므로 벨사살 왕이 크게 번민하여 그의 얼굴빛이 변하였고 귀족들도 다 놀라니라.

그러므로 벨사살 왕이 크게 두려워하여 안색이 변하고, 귀족들도 두려워하였다는 것이다. 왕이나 귀족들 등 놀라지 않은 사람들이 없었다.

3. 다니엘이 그 글자를 해석하다 5:10-29

글자를 해석하도록 다니엘이 부름을 받았고(10-16절), 다니엘이 글자를 해석한다(17-29절).

단 5:10. 왕비가 왕과 그 귀족들의 말로 말미암아 잔치하는 궁에 들어왔더니 이에 말하여 이르되 왕이여 만수무강 하옵소서 왕의 생각을 번민하게 하지 말며 얼굴빛을 변할 것도 아니니이다.

태후가 왕과 귀족들의 말 때문에 연회장으로 들어와 말하였다. "왕이시여! 만수무강을 빕니다. 왕은 두렵게 생각하지 마시고, 안색이 변하지 않게 하시라"고 위안을 준다.

여기 "태후"라는 말은 왕의 부인이라는 뜻인데, 그러나 본 절이 말하고 있는 태후라는 말은 벨사살 왕의 부인은 아니다. 본 절이 말하는 태후는 나보니더스 이전의 왕들 중 어느 왕의 아내였을 것이다. 아마도 그녀가 다니엘에 대해서 잘 알고 있었고, 다니엘의 능력을 높이 평가하고 있었던 점으로 보아 그녀는 느부갓네살의 아내일 가능성이 매우 높다.

"만수무강(萬壽無疆) 하옵소서"라는 말은 왕을 만나는 모든 사람이 가장 먼저 왕을 향해 건네야 하는 일반적인 인사였다.

"왕의 생각을 번민하게 하지 말며 얼굴빛을 변할 것도 아니니이다"라고 말한 태후는 다니엘의 명철, 총명, 지혜를 잘 알고 있었으며, 특히 이적에 대한 다니엘의 해석 능력을 잘 알고 있었다.

단 5:11. 왕의 나라에 거룩한 신들의 영이 있는 사람이 있으니 곧 왕의 부친 때에 있던 자로서 명철과 총명과 지혜가 신들의 지혜와 같은 자니이다 왕의 부친 느부갓네살 왕이 그를 세워 박수와 술객과 갈대아 술사와 점쟁이의 어른을 삼으셨으니.

본 절의 주해를 위해서는 4:9의 주해를 참조하라. 즉, 왕의 나라에 한 사람이 있으니, 그 사람 안에는 거룩한 신들의 영이 있는 사람입니다. 그는 왕의 부친 때부터 있었으며, 명철과 총명과 신들의 지혜와 같은 지혜가 있어 왕의 부친 느부갓네살 왕께서 그를 마술사들과 주술가들과 갈대아인들과 점쟁이들의 우두머리로 친히 세우셨다고 말하며 다니엘을 이 일을 돕는 자로 소환하려 한다.

단 5:12. 왕이 벨드사살이라 이름하는 이 다니엘은 마음이 민첩하고 지식과 총명이 있어 능히 꿈을 해석하며 은밀한 말을 밝히며 의문을 풀 수 있었나이

다 이제 다니엘을 부르소서 그리하시면 그가 그 해석을 알려 드리리이다 하니라.

"왕이 벨드사살이라 이름하였으니, 다니엘은 꿈을 해석하고, 수수께끼를 풀며, 어려운 문제를 해결하는 영과 지식과 총명이 있기 때문입니다. 이제 다니엘을 부르소서. 다니엘이 그 해석을 왕께 보여 드릴 것입니다"라고 추천한다.

<다니엘이 글을 해석하다>

단 5:13. 이에 다니엘이 부름을 받아 왕의 앞에 나오매 왕이 다니엘에게 말하되 네가 나의 부왕이 유다에서 사로잡아 온 유다 자손 중의 그 다니엘이냐.

이에 다니엘이 왕 앞에 불려오니, 왕이 다니엘에게 물었다. 네가 내 부왕께서 유다에서 포로로 잡아온 유다 자손 다니엘이냐고 정체성을 물었다.

벨사살은 현자를 멸시하고 교만함을 드러내는 등 어리석은 자의 행위를 두루 행하고 있다(잠 1:7; 13:19; 14:3; 23:9).

단 5:14. 내가 네게 대하여 들은즉 네 안에는 신들의 영이 있으므로 네가 명철과 총명과 비상한 지혜가 있다 하도다.

내(벨사살)가 네게 대하여 들으니, 신들의 영이 네 속에 있어 명철과 총명과 특별한 지혜가 네게 있다고 하더라.

벨사살은 다니엘 속에 성령님이 함께 하시는 줄은 몰랐다. 다만 다니엘에게는 신들의 영이 있는 줄을 막연히 알고 있었다. 불신자들은 신자들 속에 계신 성령님을 제대로 알지 못한다.

단 5:15. 지금 여러 지혜자와 술객을 내 앞에 불러다가 그들에게 이 글을 읽고 그 해석을 내게 알게 하라 하였으나 그들이 다 그 해석을 내게 보이지 못하였느니라.

벨사살은 계속해서 막연한 소리를 한다. 즉, 지금 내(벨사살)가 지혜자들과 주술가들을 내 앞에 불러서 이 글자를 읽고 그 해석을 내게 알게 하라고 하였으나, 그들이 그 해석을 보여주지 못했다고 말한다.

민족적 우월감으로 인하여 심히 거만해져 있던 벨사살은 자신을 섬기는 박수들 중 한 사람도 흰 벽에 나타난 글자를 해석하기는커녕 읽지도 못했다는 것을 내심 감추고 싶었을 것이다.

그러나 현실은 바벨론의 박수들이 해석에 실패한 이상 사실 그대로를 밝히고 다니엘의 지혜를 의지할 수밖에 없었던 것이다.

단 5:16. 내가 네게 대하여 들은즉 너는 해석을 잘하고 의문을 푼다 하도다 그런즉 이제 네가 이 글을 읽고 그 해석을 내게 알려 주면 네게 자주색 옷을 입히고 금 사슬을 네 목에 걸어 주어 너를 나라의 셋째 통치자로 삼으리라 하니.

내(벨사살)가 너에 대하여 들으니, 너는 해석을 잘 하고 어려운 문제도 해결할 수 있다고 하는데, 이제 만일 네가 이 글자를 읽고 그 해석을 내게 알려 주면, 내가 네게 자주색 옷을 입히고 네 목에 금 목걸이를 걸어 줄 것이니, 네가 이 왕국에서 셋째 통치자가 될 것이라고 확언한다.

벨사살이 다니엘에게 준다는 상급에 대하여는 7절 주해를 참조하라.

단 5:17. 다니엘이 왕에게 대답하여 이르되 왕의 예물은 왕이 친히 가지시며 왕의 상급은 다른 사람에게 주옵소서 그럴지라도 내가 왕을 위하여 이 글을 읽으며 그 해석을 아뢰리이다.

다니엘이 왕에게 대답하여 말하기를, "왕께서 주실 선물들은 왕 스스로 가지시고, 상들은 다른 사람에게 주시기를 바랍니다. 그렇지만 그 글자는 제가 왕께 읽어드리고 그 해석을 알려 드리겠다"고 말한다.

다니엘은 하나님 나라에 무한한 재물이 있는 줄 알고 아주 청렴하게 행동한다. 성도들은 세상에서 조금이라도 욕심을 부려서는 안 된다.

단 5:18. 왕이여 지극히 높으신 하나님이 왕의 부친 느부갓네살에게 나라와 큰 권세와 영광과 위엄을 주셨고.

다니엘은 왕께 계속해서 말하기를, "왕이시여! 지극히 높으신 하나님께서 왕의 부친 느부갓네살에게 왕국과 위엄과 영광과 영예를 주셨다"고 알려준다.

다니엘은 지극히 높으신 하나님께서 세상 왕에게도 왕국과 위엄과 영광과 영예를 주셨다는 것을 알려준다.

단 5:19. 그에게 큰 권세를 주셨으므로 백성들과 나라들과 언어가 다른 모든 사람들이 그의 앞에서 떨며 두려워하였으며 그는 임의로 죽이며 임의로 살리며 임의로 높이며 임의로 낮추었더니.

다니엘은 하나님께서 느부갓네살 왕께 주신 위엄으로 말미암아 어느 백성이나 민족이나 다른 언어를 말하는 사람들이나 그분 앞에서 떨고 두려워하였으며, 그래서 느부갓네살 왕이 원하시는 대로 사람을 죽이거나 살리기도 했으며, 또 느부갓네살이 원하시는 대로 높이거나 낮추기도 하셨다고 알려준다.

다니엘은 하나님께서 느부갓네살에게 엄청난 권세를 주신 것을 말했고, 동시에 느부갓네살은 겸손하지 않고 세상에서 마음대로 행동했다고 알려준다.

단 5:20. 그가 마음이 높아지며 뜻이 완악하여 교만을 행하므로 그의 왕위가 폐한 바 되며 그의 영광을 빼앗기고.

다니엘은 느부갓네살의 마음이 높아지고 완고해져서 거만하게 행할 때에(신 8:14; 렘 48:29; 겔 31:10; 호 13:6), 느부갓네살이 왕좌에서 쫓겨나고 영광을 빼앗겼다고 말해준다.

단 5:21. 사람 중에서 쫓겨나서 그의 마음이 들짐승의 마음과 같았고 또

들나귀와 함께 살며 또 소처럼 풀을 먹으며 그의 몸이 하늘 이슬에 젖었으며 지극히 높으신 하나님이 사람 나라를 다스리시며 자기의 뜻대로 누구든지 그 자리에 세우시는 줄을 알기에 이르렀나이다.

다니엘은 느부갓네살이 교만하였기에 짐승 수준으로 떨어졌다고 말한다(4:25; 32-33). 즉, 느부갓네살이 사람에게서 쫓겨나서 마음이 짐승처럼 되었고, 그의 거처는 들나귀와 함께 하고, 소처럼 풀을 뜯고, 몸이 하늘의 이슬로 젖었으니, 하나님께서 낮추신 후에야 느부갓네살이 지극히 높으신 하나님께서 인간의 왕국을 다스리시며 하나님께서 원하는 자를 그 위에 세우시는 것을 알게 되었다고 말해준다.

단 5:22. 벨사살이여 왕은 그의 아들이 되어서 이것을 다 알고도 아직도 마음을 낮추지 아니하고.

느부갓네살 왕의 아들(자손)이신 벨사살이시여! 왕께서는 이 모든 일을 알면서도 마음을 낮추지 않으셨다고 말해주었다.

조상 느부갓네살이 교만하다가 하나님으로부터 짐승 취급을 받고 산 것을 벨사살이 알면서도 또 교만하시면 어떻게 견딜 수 있겠느냐고 책망한 것이다.

단 5:23. 도리어 자신을 하늘의 주재보다 높이며 그의 성전 그릇을 왕 앞으로 가져다가 왕과 귀족들과 왕후들과 후궁들이 다 그것으로 술을 마시고 왕이 또 보지도 듣지도 알지도 못하는 금, 은, 구리, 쇠와 나무, 돌로 만든 신상들을 찬양하고 도리어 왕의 호흡을 주장하시고 왕의 모든 길을 작정하시는 하나님께는 영광을 돌리지 아니한지라.

다니엘은 말하기를, "벨사살이 교만하여(22절) 하늘과 땅의 주재 되시는 하나님을 거역하고 그 성전의 그릇들을 왕 앞으로 가져오게 하여, 왕과 귀족들과 왕비들과 후궁들이 그것으로 술을 마셨고, 또 왕께서는 보지도 못하고, 듣지도 못하며, 알지도 못하는 금과 은과 동과 철과 나무와 돌로 만든 신들을 찬양하면서도, 왕의 호흡을 주장하시고 왕의 모든 길을 결정하시는 하나님께는 영광을 돌리지 않으셨다"고 책망한다.

단 5:24. 이러므로 그의 앞에서 이 손가락이 나와서 이 글을 기록하였나이다.

다니엘은 말하기를 벨사살 왕이 22절에 언급된 죄를 지으면서도 전혀 죄를 자복하지 않으시니 하나님 앞에서 이 손가락이 나와서 왕에게 보여준 것이라고 말해주었다.

하나님께서 심판하시는 방법은 여러 가지이다. 오늘도 하나님께 죄를 짓고 죄를 자백하지 않는 사람들은 무슨 심판을 만날는지 알 수 없다.

단 5:25. 기록된 글자는 이것이니 곧 메네 메네 데겔 우바르신이라.

다니엘은 말하기를 흰 벽에 기록된 글자는 이것입니다. 곧 '메네 메네 데겔 우바르신'(מְנֵא מְנֵא תְּקֵל וּפַרְסִין)이라는 글자라고 가르쳐준다(해석은 다음 절에).

단 5:26. 그 글을 해석하건대 메네는 하나님이 이미 왕의 나라의 시대를 세어서 그것을 끝나게 하셨다 함이요.

다니엘은 '메네 메네 데겔 우바르신'(מְנֵא מְנֵא תְּקֵל וּפַרְסִין)이라는 글자를 해석하기를 "메네 메네"는 '세어보고 세어보니'라는 뜻이며, "데겔"은 '무게가 부족해서'라는 뜻이며, "바르신"은 '나눈다'(레 11:4; 58:7; 시 69:32)는 뜻으로 바벨론 나라를 나누어서 메대와 바사에게 준다는 해석이라고 말한다. 한 마디로 벨사살의 나라를 세어보니 부족해서 바벨론을 메대와 바사에게 주게 되었다는 것이다.

단 5:27. 데겔은 왕을 저울에 달아 보니 부족함이 보였다 함이요.

"데겔"은 왕께서 저울에 달리셨는데 부족함이 드러나고 말았다는 뜻이다. 벨사살이 한 일들(성전 기명으로 술을 마신 것, 우상 숭배를 한 것)을 통해 그가 부족한 사람인 사실이 너무 확실하게 드러났다.

단 5:28. 베레스는 왕의 나라가 나뉘어서 메대와 바사 사람에게 준 바 되었다 함이니이다 하니.

"베레스"는 '왕의 나라가 나뉘어 메대와 바사 사람들에게 넘어갔다'는 뜻이라고 해석해 주었다.

단 5:29. 이에 벨사살이 명하여 그들이 다니엘에게 자주색 옷을 입히게 하며 금 사슬을 그의 목에 걸어 주고 그를 위하여 조서를 내려 나라의 셋째 통치자로 삼으니라.

벨사살 왕은 다니엘이 꿈을 해몽해 주니 명하여 다니엘에게 자주색 옷을 입히고, 그의 목에 금 목걸이를 걸어 주고, 그를 왕국의 셋째 통치자로 선포하였다는 것이다.

벨사살은 죄를 지어 죽게 되었으나(30절) 마음은 관대하여 다니엘에게 약속한 보상을 해주었다.

4. 벨사살이 다니엘의 해몽대로 죽다 5:30-31

단 5:30. 그 날 밤에 갈대아 왕 벨사살이 죽임을 당하였고.

연회를 베푼 그날 밤에 벨사살 왕이 죽임을 당하고 만 것이다.

벨사살 왕은 비참한 최후를 맞이한 것이다. 죄악은 항상 역사에 비참한 최후를 맞게 한다.

바벨론의 최후에 대하여 역사가들의 증언도 바벨론은 연회석에서 환락에 빠진 중에 바사 군의 공격을 받고 항전도 해 보지 못한 채 멸망했다는 것이다(Herodotus, Xenophon). 이런 현상은 사 21:1-10; 렘 51:39, 59의 성취였다(이상근). 바벨론을 포위하고 있던 바사 왕 고레스는 그날 밤에 바벨론을 침공하여 벨사살을 죽이고 바벨론 제국을 정복했던 것이다.

단 5:31. 메대 사람 다리오가 나라를 얻었는데 그 때에 다리오는 육십이 세였더라.

메대 사람 다리오(6:1)가 바벨론 왕국을 얻었으니 그의 나이 62세였다.

30절 주해에서는 바벨론을 정복하고 벨사살 왕을 죽인 왕은 바사 왕 고레스인 것으로 언급되었는데, 본 절에서는 메대 사람 다리오를 바벨론의 통치자로 기록하고 있다. 이는 메대 왕 다리오가 바사 왕 고레스와 연합하여 바벨론을 함락시킬 때 군대의 총 지휘권은 고레스에게 있었으며, 고레스가 자신의 외삼촌이기도 한 다리오를 존중하여 자신이 계속해서 세계 정복을 위한 전쟁을 치르는 동안 새롭게 건국된 메대, 바사 연합 제국의 왕으로 세웠기 때문이다. 한편 대략 2년 후 고레스가 다리오의 모든 권한을 이양 받았다(그랜드 종합 주석).

제 6 장

F. 다니엘이 사자 굴에 던져지다 6:1-28

본 장은 3장과 같이 다니엘이 생명을 걸고 신앙을 지킨 용감함을 보여준 기사이다. 3장은 다니엘의 세 친구들의 용감한 신앙에 대한 기사이고, 본 장은 한 사람 다니엘의 용감성을 보인 기사이다. 본 장은 다니엘이 여호와 신앙을 고수하다가 사자 굴에 던져졌으나 구원받고, 다니엘을 모해하던 자들이 멸망한다는 것이다.

본 장의 내용은 바벨론에서 다니엘이 중용되다(1-3절), 다니엘 살해를 위한 궤계를 꾸미다(4-15절), 다니엘이 사자 굴에서 구원 받은 일(16-23절) 및 다리오가 여호와의 권능을 체험하고 조서를 내린 일(25-27절), 다니엘이 형통하게 된 일(28절)로 구성되어 있다.

1. 메대 왕 다리오가 다니엘을 중용(重用)하다 6:1-3

바사에서의 다니엘의 지위가 향상 되다.

<사자 굴 속의 다니엘>

단 6:1. 다리오가 자기의 뜻대로 고관 백이십 명을 세워 전국을 통치하게 하고.

다리오는 자기가 기뻐하는 대로 왕국에 120명의 총독을 세워 온 왕국을 통치하게 하였다는 것이다.

여기 "고관"이란 말은 '각 도를 다스리는 자들'을 지칭하는 말이다. 다니엘은 이 120명 위에 총리가 될 터였다.

단 6:2. 또 그들 위에 총리 셋을 두었으니 다니엘이 그 중의 하나이라 이는

고관들로 총리에게 자기의 직무를 보고하게 하여 왕에게 손해가 없게 하려 함이었더라.

그들 위에 총리 셋을 두었으니, 다니엘도 그들 중 한 사람이었다. 이는 총독들이 왕에게 손해가 없도록 총리들에게 보고하게 하려는 것이었다.

총리 세 명은 왕과 총독들 중간에 있어 120명의 총독들이 왕에게 아무런 손해가 없도록 중간 역할을 하게 한 제도였다.

다니엘이 이방인으로 이렇게 높은 지위에 등용된 것은 놀라운 일이었다. 다니엘은 메대, 바사가 멸망시킨 바벨론 궁중에서 중용된 인물이었는데 이런 인물을 계속해서 중용한다는 것은 바사의 관대한 정책을 보여준다고 할 것이다.

단 6:3. 다니엘은 마음이 민첩하여 총리들과 고관들 위에 뛰어나므로 왕이 그를 세워 전국을 다스리게 하고자 한지라.

다니엘에게는 탁월한 영이 있어 다른 총리들이나 총독들보다 뛰어나므로, 왕이 그를 세워 전체 왕국을 다스리게 할 계획이었다.

다니엘에 대한 왕의 특별대우는 다른 총리들과 총독들의 시기심과 질투심을 불러일으키는 요인이 되었다. 우리가 세상에서 살 때 시기심의 대상이 되는 경우 위험할 수가 있으니 몸과 마음을 낮추어 하나님을 온전히 의지해야 할 것이다.

2. 다니엘 살해를 위한 궤계를 꾸미다 6:4-15

다니엘이 왕의 총애를 입기 때문에 다른 고관들은 그를 시기하게 되어 30일간 왕 이외의 어떤 신도 섬기지 못하게 하는 것이었는데, 그럼에도 불구하고 다니엘은 하루에 세 번씩 여호와께 기도했다.

단 6:4. 이에 총리들과 고관들이 국사에 대하여 다니엘을 고발할 근거를 찾고자 하였으나 아무 근거, 아무 허물도 찾지 못하였으니 이는 그가 충성되어 아무 그릇됨도 없고 아무 허물도 없음이었더라.

이에 총리들과 총독들이 나라 일을 처리함에 있어서 다니엘을 고소할 구실을 찾고자 하였으나, 어떤 구실이나 잘못을 찾아낼 수 없었으니, 이는 다니엘이 신실하여 조금도 그릇됨이 없고, 아무런 잘못도 없었기 때문이다.

우리는 세상에서 하나님만 찾는 중에 아무런 흠점이 없이 살아야 할 것이다.

단 6:5. 그들이 이르되 이 다니엘은 그 하나님의 율법에서 근거를 찾지 못하면 그를 고발할 수 없으리라 하고.

다니엘을 해롭게 하는 사람들이 말하기를, "우리가 다니엘의 흠점을 찾기 위하여 하나님의 율법과 연관된 어떤 구실을 찾지 못하면 다니엘을 고소할 수 없을 것이라"고 하였다.

그래서 모해하는 사람들이 다니엘을 잡기 위하여 7절과 같이 해야 할 것을 말하고 왕 앞에 나아간 것이었다.

단 6:6. 이에 총리들과 고관들이 모여 왕에게 나아가서 그에게 말하되 다리오 왕이여 만수무강 하옵소서.

다니엘을 모해하는 사람들은 왕에게 나아가서 정중하게 인사를 하고 다음 절과 같이 왕에게 말을 한다.

단 6:7. 나라의 모든 총리와 지사와 총독과 법관과 관원이 의논하고 왕에게 한 법률을 세우며 한 금령을 정하실 것을 구하나이다 왕이여 그것은 곧 이제부터 삼십일 동안에 누구든지 왕 외의 어떤 신에게나 사람에게 무엇을 구하면 사자 굴에 던져 넣기로 한 것이니이다.

다니엘을 모해하는 자들(나라의 모든 총리와 지사와 총독과 법관과 관원들)은 왕에게 한 법률을 세우며 한 금령을 정하실 것을 구한다. 세우는 한 법률과 한 금령의 내용은 누구든지 30일 안에 왕 외에 어떤 신이나 사람에게 간구하는 자는 사자 굴에 던지도록 한 것이라고 말한다.

단 6:8. 그런즉 왕이여 원하건대 금령을 세우시고 그 조서에 왕의 도장을 찍어 메대와 바사의 고치지 아니하는 규례를 따라 그것을 다시 고치지 못하게 하옵소서 하매.

"그런즉 왕이시여! 저희들이 의론한 것을 법령이 되게 세워주시고 그 명령에 왕의 도장을 쳐서 메대 사람과 바사 사람들의 변경할 수 없는 법을 따라 그것을 고치지 못하도록 해주시라"고 요청한다.

단 6:9. 이에 다리오 왕이 조서에 왕의 도장을 찍어 금령을 내니라.

이에 다리오 왕이 그 조서와 금지령에 왕의 도장을 찍어 반포했다.

왕 외의 어떤 신에게나 사람에게 무엇을 구하면 사자 굴에 던져 넣기로 한 것은 다리오 왕에게도 싫지 않은 법령이었을 것이다. 그래서 다리오 왕은 다니엘을 모해하는 사람들의 의견을 들어준 것으로 보인다.

단 6:10. 다니엘이 이 조서에 왕의 도장이 찍힌 것을 알고도 자기 집에 돌아가서는 윗방에 올라가 예루살렘으로 향한 창문을 열고 전에 하던 대로 하루 세 번씩 무릎을 꿇고 기도하며 그의 하나님께 감사하였더라.

다니엘은 그 조서(명령서)에 왕의 도장이 찍힌 것을 알고도, 자기 집으로 가서 자기 집 다락방에서 예루살렘을 향하여 창문들을 열고 이전에 하던 대로 하루에 세 번씩 무릎 꿇고 기도하며 하나님께 감사하였다는 것이다.

"예루살렘으로 향한 창문을 열고" 다니엘을 비롯하여 포로기 이후에 이스라엘 사람들은 어디에 있든지 언약에 근거하여 예루살렘을 향하여 기도했다.

"전에 하던 대로 하루 세 번씩 무릎을 꿇고 기도하며"에 나타난 다니엘은 기도하는 일에 신실하게 습관화 되어 있음을 보인다. 우리는 매일 시간을 정해놓고 기도해야 한다.

단 6:11. 그 무리들이 모여서 다니엘이 자기 하나님 앞에 기도하며 간구하는

것을 발견하고.

다니엘을 모해하는 사람들이 모여 다니엘이 자기 하나님 앞에 기도하며 간구하는 것을 목격했다는 것이다.

단 6:12. 이에 그들이 나아가서 왕의 금령에 관하여 왕께 아뢰되 왕이여 왕이 이미 금령에 왕의 도장을 찍어서 이제부터 삼십 일 동안에는 누구든지 왕 외의 어떤 신에게나 사람에게 구하면 사자 굴에 던져 넣기로 하지 아니하였나이까 하니 왕이 대답하여 이르되 이 일이 확실하니 메대와 바사의 고치지 못하는 규례니라 하는지라.

그들이 왕에게 나아가 왕의 금령에 대하여 말하기를, "왕이여! 왕께서 금령에 왕의 도장을 찍어 30일 안에 왕 외에 어떤 신이나 사람에게 기도하는 자는 누구든지 사자 굴에 던지기로 하지 아니하셨습니까?"하니 왕이 대답하여 말하기를, "그 명령은 확고하니, 변경할 수 없는 메대와 바사 사람들의 법대로 된 것이라"고 확인해 준다.

단 6:13. 그들이 왕 앞에서 말하여 이르되 왕이여 사로잡혀 온 유다 자손 중에 다니엘이 왕과 왕의 도장이 찍힌 금령을 존중하지 아니하고 하루 세 번씩 기도하나이다 하니.

그들이 왕께 대답하여 말하기를, "왕이시여! 포로로 잡혀 온 유다 자손 다니엘이 왕과 왕의 도장이 찍힌 그 금령을 존중하지 않고 하루에 세 번씩 여전히 기도한다"고 보고했다.

그들은 다니엘이 매일 끊이지 않고 기도하는 것을 확인했다. 오늘 우리도 매일 기도하는 삶을 살아야 할 것이다.

단 6:14. 왕이 이 말을 듣고 그로 말미암아 심히 근심하여 다니엘을 구원하려고 마음을 쓰며 그를 건져내려고 힘을 다하다가 해가 질 때에 이르렀더라.

왕이 그들의 말을 듣고 크게 근심했으며(욘 4:1; 느 2:10; 13:8), 다니엘을 구하기로 작정하고 해가 지도록 그를 구하려고 노력하였다는 것이다.

왕은 다니엘을 구원하려고 여러 가지로 생각해 보았으나 왕의 도장이 찍힌 명령을 변경할 수 없어서 고민이 되었다. 왕은 고민하다가 결국 하루의 해가 다 가고 말았다. 비록 왕에게 깊은 고민이 되더라도 형 집행을 하지 않거나 내일로 미룰 수는 없는 상황이었다. 이는 자기의 의지대로도 결정할 수 없는 사람이 하늘과 땅의 진정한 왕이 될 수 없음을 여실히 드러내는 말씀이기도 하다.

단 6:15. 그 무리들이 또 모여 왕에게로 나아와서 왕께 말하되 왕이여 메대와 바사의 규례를 아시거니와 왕께서 세우신 금령과 법도는 고치지 못할 것이니이다 하니.

다니엘을 왕께 고소한 사람들이 모여 왕에게 나아가 말하기를, “왕이시여! 왕께서 아시는 대로, 메대와 바사 사람들의 법대로 왕께서 도장을 찍은 금령이나 칙령은 절대 변경될 수 없습니다”라고 확언했다.

3. 다니엘이 사자 굴에서 구원 받다 6:16-24

다니엘이 사자 굴에 던져졌으나(16-18절), 하나님께서 극적으로 다니엘을 구원하셨다(19-24절).

단 6:16. 이에 왕이 명령하매 다니엘을 끌어다가 사자 굴에 던져 넣는지라 왕이 다니엘에게 이르되 네가 항상 섬기는 너의 하나님이 너를 구원하시리라 하니라.

이에 왕이 명령을 내리니, 그들이 다니엘을 끌어다가 사자 굴에 던져 넣었다. 왕이 다니엘에게 말하기를 네가 항상 섬기는 네 하나님께서 너를 구원하시기를 바란다고 격려해 주었다.

다니엘을 사자 굴에 넣은 사건은 다니엘이 하나님의 은혜로 구원받아 하나님의 위대함을 더욱 드러나게 하는 기회를 제공했다. 오늘 우리가 세상에서 무슨 일을 만나든지 그 일을 통해 하나님께서 더욱 드러나시기를 소망

해야 한다.

단 6:17. 이에 돌을 굴려다가 굴 어귀를 막으매 왕이 그의 도장과 귀족들의 도장으로 봉하였으니 이는 다니엘에 대한 조치를 고치지 못하게 하려 함이었더라.

사람들이 돌을 가져다가 다니엘이 뛰쳐나오지 못하도록 그 굴 입구를 막았고, 왕이 자기 도장과 귀족들의 도장을 찍어 굴 입구를 봉하여 다니엘에 관한 일이 변경되지 않도록 하였다는 것이다.

세상 사람들이 아무리 성도들을 어렵게 하고 힘들게 해도 그것은 하나님의 위대하심을 드러내는 계기가 됨을 알아야 한다.

단 6:18. 왕이 궁에 돌아가서는 밤이 새도록 금식하고 그 앞에 오락을 그치고 잠자기를 마다하니라.

왕은 자기 궁으로 돌아가서 그 밤에 금식하며 자기 앞에서 어떤 오락도 그쳤고, 잠도 이루지 못하며 힘든 밤을 보냈다는 것이다.

그러나 성도들은 세상에서 어려움을 당해도 근심할 것도 없고 염려할 것도 없다. 이유는 모든 일을 하나님께서 잘 되게 해주시기 때문이다.

19-23절. 이제 하나님께서 다니엘을 구출하실 시간이 다가왔다.

단 6:19. 이튿날에 왕이 새벽에 일어나 급히 사자 굴로 가서.

왕이 아침 일찍 일어나 다니엘이 어떻게 되었나 보려고 사자 굴로 급히 갔다는 것이다. 혹시 하나님께서 다니엘을 구원해 주시지 않았을까 기대하면서 사자 굴로 급히 간 것이었다.

정상적인 상황에서는 사람이 사자 굴에 떨어지면 수분 내에 전신이 찢겨지고 마는 것이다(이상근). 그러나 하나님은 다니엘을 구원하시기에 아주 능하신 분이시다.

단 6:20. 다니엘이 든 굴에 가까이 이르러서 슬피 소리 질러 다니엘에게

묻되 살아 계시는 하나님의 종 다니엘아 네가 항상 섬기는 네 하나님이 사자들에게서 능히 너를 구원하셨느냐 하니라.

왕은 다니엘이 갇혀 있는 굴에 가까이 이르러 근심 어린 소리로 다니엘을 부르며, "살아 계신 하나님의 종 다니엘아! 네가 그렇게 항상 섬기는 네 하나님께서 너를 사자들에게서 구원하셨느냐?"고 물었다.

다리오 왕은 다니엘을 "살아 계신 하나님의 종 다니엘"이라고 불렀다. 다니엘은 벌써 일국의 왕에게 하나님의 살아계심과 하나님의 존재를 알렸다. 우리 역시 세상에서 사람들에게 하나님의 존재를 알려주며 하나님의 살아 계심을 보여주어야 할 것이다.

단 6:21. 다니엘이 왕에게 아뢰되 왕이여 원하건대 왕은 만수무강 하옵소서.

다니엘이 왕에게 말하기를, "왕이시여! 만수무강 하옵소서!"라고 여유 있게 인사를 한다(6절; 2:4).

우리는 세상에서 항상 하나님을 믿고 여유 있게 남들을 위로하면서 살아야 할 것이다.

단 6:22. 나의 하나님이 이미 그의 천사를 보내어 사자들의 입을 봉하셨으므로 사자들이 나를 상해하지 못하였사오니 이는 나의 무죄함이 그 앞에 명백함이오며 또 왕이여 나는 왕에게도 해를 끼치지 아니하였나이다 하니라.

다니엘은 왕의 문안을 받고, "내 하나님께서 그분의 천사를 보내어 사자들의 입을 막으셨으므로 그것들이 나를 해치지 못했습니다. 이는 내가 그분 앞에서 죄가 없기 때문입니다. 또 왕이시여! 나는 왕 앞에서도 아무 죄를 짓지 않았습니다"라고 말한다.

다니엘은 하나님께서 천사를 보내셔서 사자들을 죽이셨다고 말하지 않고 사자들의 입을 막아주셔서 사자들이 다니엘을 해하지 못하게 해주셨다고 말한다. 이유는 다니엘의 무죄함이 분명하기 때문이며, 또 다니엘이 왕에게도 해를 끼친 바가 없기 때문이라는 것이었다. 우리가 세상에서 살면서 아주 죄가 없다고 할 수는 없다. 그래서 바울 사도도 말하기를 자기가 죄인 중에 괴수라고 말했다(딤전 1:15). 그러나 다니엘이 현행범이 아니었던 것처럼 우리 역시 죄 가운데 거하는 어리석음을 범해서는 안 되겠다.

단 6:23. 왕이 심히 기뻐서 명하여 다니엘을 굴에서 올리라 하매 그들이 다니엘을 굴에서 올린즉 그의 몸이 조금도 상하지 아니하였으니 이는 그가 자기의 하나님을 믿음이었더라.

왕이 매우 기뻐서 다니엘을 굴에서 끌어올리라고 명령하였다. 사람들이 다니엘을 굴에서 끌어올렸는데, 그에게 아무 상처도 없음이 확인되었으니, 이는 그가 자기 하나님을 믿었기 때문이라는 것이다(3:27참조).

단 6:24. 왕이 말하여 다니엘을 참소한 사람들을 끌어오게 하고 그들을 그들의 처자들과 함께 사자 굴에 던져 넣게 하였더니 그들이 굴 바닥에 닿기도 전에 사자들이 곧 그들을 움켜서 그 뼈까지도 부서뜨렸더라.

왕이 명령하여 다니엘을 고소했던 사람들을 끌어오게 하고 그들을 그들의 자녀와 아내들과 함께 사자 굴에 던지게 했더니 그들이 굴의 바닥에 닿기도 전에, 사자들이 그들을 덮쳐 모든 뼈를 부서뜨렸다는 것이다.

왕이 본 절과 같은 명령을 한 것은 왕이 다니엘이 사자 굴에 던져 넣음을 당한 것이 반대자들의 음모에 의해 꾸며진 것을 알고 그들을 처자와 함께 모두 끌어와서 사자 굴에 던져 넣은 것이다. 사자들은 그들을 물어 찢어 뼈까지 부스러뜨리고 말았다. 사자들은 음모자들과 처자들이 굴 바닥에 닿기도 전에 바싹 부셔 버린 것이다. 하나님께서 사자들의 입을 막지 않으신 것이었다.

4. 다리오가 여호와의 권능을 체험하고 조서를 내리다 6:25-27

단 6:25. 이에 다리오 왕이 온 땅에 있는 모든 백성과 나라들과 언어가 다른 모든 사람들에게 조서를 내려 이르되 원하건대 너희에게 큰 평강이 있을지어다.

그때에 다리오 왕이 온 땅에 사는 모든 백성들과 나라들과 다른 언어들을 말하는 자들에게 글을 써서 보내기를 너희에게 평강이 넘치기를 원한다고 썼다. 이런 글을 써서 보낸 이유는 다음 절과 같은 조서(명령) 내리기를 원해서 쓴 것이었다.

단 6:26-27. 내가 이제 조서를 내리노라 내 나라 관할 아래에 있는 사람들은 다 다니엘의 하나님 앞에서 떨며 두려워할지니 그는 살아 계시는 하나님이시요 영원히 변하지 않으실 이시며 그의 나라는 멸망하지 아니할 것이요 그의 권세는 무궁할 것이며(26절), 그는 구원도 하시며 건져내기도 하시며 하늘에서든지 땅에서든지 이적과 기사를 행하시는 이로서 다니엘을 구원하여 사자의 입에서 벗어나게 하셨음이라 하였더라(27절).

내(다리오 왕)가 한 조서를 내리니, 내 왕국에 있는 모든 사람들은 다니엘의 하나님을 떨며 두려워할 것이다. 이유는 그분은 살아 계시고 영원히 변치 않으시기 때문이다. 그분의 왕권은 망하지 않고 그분의 통치는 끝까지 이른다(26절). 하나님은 구원하시고 건지시며, 하늘과 땅에서 이적과 기사를 행하시고 다니엘을 사자의 발톱에서 구원하셨으니 하나님을 찬양하라(27절)고 명령을 내린다.

다리오 왕은 사자의 입을 봉하신 하나님을 목격하고 심히 두려워했을 것이다. 그래서 다리오 왕은 진심으로 이 조서를 내려 하나님을 공경하고 찬양하라고 했을 것이다. 오늘 우리는 참으로 하나님을 공경해야 한다.

5. 다니엘이 형통하다 6:28

단 6:28. 이 다니엘이 다리오 왕의 시대와 바사 사람 고레스 왕의 시대에 형통하였더라.

이 다니엘은 다리오 시대와 바사 사람 고레스가 통치하는 시대 동안 형통하였다.

오늘 우리도 이 무서운 시대에 두려움 없이 평강 중에 살아야 할 것이다.

제 7 장

제 II부: 다니엘이 직접 받은 계시들 7-12장

A. 벨사살 원년에 받은 계시(7:1-28), B. 숫양과 숫염소와 작은 뿔 계시(8:1-27), C. 다니엘이 중보 기도한 일과 70이레의 묵시를 받은 일(9:1-27), D. 다니엘이 고레스 3년에 환상을 본 일(10:1-12:13)로 구성되어 있다.

A. 네 짐승 계시-벨사살 원년에 받은 계시 7:1-28

먼저 네 짐승의 이상이 나타난 일(1-8절), 다음으로 하나님의 영광이 보인 일과 거기서 짐승이 심판 받은 일(9-12절), 인자 같은 이가 강림하셔서 하나님의 나라를 건설하시며(13-14절), 또 이상이 해석된다(15-28절).

1. 네 짐승과 작은 뿔이 보여주는 환상 7:1-8

1-8절은 다니엘의 꿈에 네 짐승이 바다에서 올라오는 것을 본 것을 진술한 것이다. 이 네 짐승은 사자와 곰과 표범과 철(鐵) 이빨을 가진 짐승이었다. 이 네 짐승들이 2장에 진술된 신상(神像)의 네 부분과 통한다는 것이 대부분 학자들의 일치된 견해이다. 그런데 그 넷이 어느 나라들을 가리키느냐 하는 데는 의견이 갈린다.

그 넷을 살펴보면, (1) 2장에 진술된 순금의 머리-본 장에서는 독수리 날개가 있는 사자는 바벨론이라는 것, (2) 2장에 진술된 은으로 된 가슴과 팔-본 장에서는 세 갈빗대를 물고 있는 곰은 메대, 바사라는 것, (3) 2장에 진술된 놋의 배와 넓적다리-본 장에서는 네 날개와 네 머리를 가진 표범은 헬라라는 것, (4) 2장에 진술된 철의 종아리와 진흙의 발-본 장에서는 철 이빨과 열 뿔의 무서운 짐승은 로마라는 것이다.

<네 짐승 환상>

단. 7:1. 바벨론 벨사살 왕 원년에 다니엘이 그의 침상에서 꿈을 꾸며 머리 속으로 환상을 받고 그 꿈을 기록하며 그 일의 대략을 진술하니라.

바벨론 왕 벨사살 원년에 다니엘이 자기 침상에서 꿈을 꾸며 머릿속으로 환상들을 보고, 그 꿈을 기록하고 그 일의 실상에 대해 말했다는 것이다.

"바벨론 벨사살 왕 원년"이라고 연대를 기록한 것은 다니엘이 꾼 꿈이 하나의 역사적인 계시라는 것을 분명히 말하기 위함이다. 환상과 계시의 책이라 불리는 에스겔서가 전편에 걸쳐서 연대를 덧붙이고 있다. 환상이나 계시 등은 허황한 것으로 여겨지기 쉬운 것인데 연대를 붙여 그 역사성을 뒷받침해 주는 것은 아주 중요한 일이다.

오늘날 꿈을 꾸고 계시를 받았다고 하는 이들이 있다. 그러나 오늘날 우리들이 꾸는 꿈은 계시가 아니다. 계시 시대는 이미 끝났다. 계시는 요한계시록으로 끝난 것으로 알아야 한다. 하나님께서 창세기에서 요한계시록까지, 즉 성경 66권을 통해 주시고자 하는 계시를 다 주셨다.

단 7:2. 다니엘이 진술하여 이르되 내가 밤에 환상을 보았는데 하늘의 네 바람이 큰 바다로 몰려 불더니(Daniel declared, "I saw in my vision by night, and behold, the four winds of heaven were stirring up the great sea"-ESV**).**

다니엘이 말하기를, "밤의 환상 중에 내가 보니, 하늘의 네 바람이 큰 바다에 불어 닥쳤다"는 것이다. 본 절 이하에서 다니엘은 자기를 1인칭으로 부르면서 진술을 이어가고 있다.

"내가 밤에 환상을 보았는데"라는 어구는 새로운 환상을 소개할 때 사용하는 문구이다(2, 4, 6, 7, 9, 11, 13, 21절 등).

"하늘의 네 바람"에서 여기 "넷"이란 숫자는 상징적으로 모든 방위(方位), 곧 인간 역사의 전체 영역을 가리킨다. 다시 말해 인간의 전체 역사를 주관하시는 하늘의 권세와 능력을 상징한다. 본 절에서는 특별히 세상 나라에 대한 심판적 의미로 사용되었다(렘 49:16). 이 하늘의 네 바람이란 말은 계시 문학에 친숙한 표현으로(겔 37:9; 슥 2:6; 6:5; 계 7:1), 무슨 큰 사건이 일어날 때의 징조를 말할 때에 사용된다. "다니엘은 유다인들이 바벨론에서 해방될 날이 머지않은 때에 이 계시를 보았다. 일이 그렇게 된 것은 유다인들이 해방될지라도 또 다시 그들 앞에는 환난이 계속적으로 있다는 경고이다. 신자들은 이 세상에서 언제나 평안이 없는 줄 알아야 한다. 그러나 그들이 세상에서도 위로를 받을 수 있는 것은 그런 험악한 나라들을 일으키시며 주장하시는 이가 하나님이심을 알기 때문이다(박윤선).

그리고 "큰 바다로 몰려 불더니"에서의 여기 "큰 바다"란 '이방 세계나 사탄의 세력'으로 하나님을 대적하는 세상의 악한 세력을 가리킨다(Hofmann, K.&D., Thomson). 이 세상 나라들의 흥망성쇠는 마치 바다 물결이 일어났다가 가라앉는 것과 같다(박윤선).

단 7:3. 큰 짐승 넷이 바다에서 나왔는데 그 모양이 각각 다르더라.

네 마리의 큰 짐승들이 바다에서 올라왔는데 모양이 각각 달랐다는 것이다. 여기 "짐승"은 '세상 나라들'을 비유한다. 짐승들로 세상 나라를 비유한 이유는 짐승이 잔인무도한 것처럼 이 세상 나라들도 하나님 나라에 대하여 무지하고 성도들을 핍박하기 때문이다(시 17:12; 74:12-14; 겔 29:3; 32:2). 그러나 그 나라들이 크고 무서운 것 같지만 그 나라들도 하나님의 통제 아래에 있으므로 필경 그의 심판을 받는다는 것이다(사 40:12-17).

"그 모양이 각각 달랐다"는 말씀은 2장에 진술된 신상의 재료가 각각 달랐듯이 본 장에 나오는 짐승도 그 모양이 각각 다르다는 것이다. 여기 바다에서 나온 큰 짐승은 13절의 "하늘 구름을 타고 오시는 인자"와 대조가 된다.

단 7:4. 첫째는 사자와 같은데 독수리의 날개가 있더니 내가 보는 중에 그 날개가 뽑혔고 또 땅에서 들려서 사람처럼 두 발로 서게 함을 받았으며

또 사람의 마음을 받았더라.

독수리의 날개가 달린 사자와 같다는 본 절의 짐승은 느부갓네살이 꿈에서 본 신상의 정금으로 된 머리에 해당하는 바벨론 제국을 비유한다(렘 49:22). 즉, 그 첫째는 사자와 같았는데 독수리의 날개를 가졌으며 내(다니엘)가 보니 그 날개들이 뽑혔고 땅에서 들렸더니 사람처럼 두 발로 서게 되었고 사람의 마음을 받았다는 것이다.

"사람처럼 두 발로 서게 함을 받았으며 또 사람의 마음을 받았더라"는 말은 제국으로서의 바벨론이 멸망한 뒤에 여느 다른 나라처럼 보통의 나라로 될 것을 가리킨다(Calvin).

단 7:5. 또 보니 다른 짐승 곧 둘째는 곰과 같은데 그것이 몸 한쪽을 들었고 그 입의 잇사이에는 세 갈빗대가 물렸는데 그것에게 말하는 자들이 있어 이르기를 일어나서 많은 고기를 먹으라 하였더라.

다니엘이 꿈에 본 다른 짐승 곧 둘째인 곰은 메대, 바사를 가리키는데, 곰이 "몸 한쪽을 들었다"는 말은 메대, 바사의 통솔이 불완전할 것을 가리킨다는 것이다. 즉, 또 살펴보니 다른 짐승 곧 둘째 짐승은 곰과 같았는데, 뒷발로 서 있었다. 그 짐승은 갈빗대 세 개를 물고 있었는데, 누군가가 그에게 이렇게 말하기를 일어나서 고기를 많이 먹으라고 했다는 것이다.

여기 "그 입(곰)의 잇사이에는 세 갈빗대가 물렸다"는 말은 메대, 바사가 정복한 바벨론과 애굽과 리디아의 세 나라를 지칭하는데, "그것에게 말하는 자들이 있어 이르기를 일어나서 많은 고기를 먹으라"고 말했다는 것이다. 이는 하나님께서 말씀하시기를(Calvin) 많은 국가들을 정복하라는 것으로 그 잇사이에 세 갈빗대와 연관된다는 것이다.

단 7:6. 그 후에 내가 또 본즉 다른 짐승 곧 표범과 같은 것이 있는데 그 등에는 새의 날개 넷이 있고 그 짐승에게 또 머리 넷이 있으며 권세를 받았더라.

본 절에 등장한 표범과 같은 짐승은 메대, 바사 제국을 이어 세계적 대제국으로 등장한 알렉산더의 헬라 제국을 가리킨다. 즉, 그 후에 내(다니엘)가 또 보니, 다른 짐승이 있었는데 표범(헬라 제국) 같았으며, 그 등에는 새의 날개가 네 개 달려 있었고, 또 그 짐승은 네 개의 머리를 가졌으며 권세를 받았다.

"그 등에는 새의 날개 넷이 있었다"란 말씀에서 "표범"은 원래 발이 빠른 짐승인데 게다가 새의 날개가 있다는 것은 표범이 아주 빠르다는 것을 의미한다. 이 짐승은 헬라의 알렉산더 대왕을 지칭한다. 그는 20세의 나이 때 그의 아비 "필립"의 마케도니아를 계승하였고 단숨에 헬라를 통일했으며, 바다를 건너가 바사의 다리오의 대군을 주전 334년 격파하여 바사 제국을 멸망시켰으며, 그대로 서편으로 진격하여 애굽까지, 동편으로 진격하여 불과 13년 동안의 공전으로 대제국을 구축하였다. 그는 323년 33세의 젊은 나이로 바벨론에서 일생을 마감했다. 실로 그는 날개 달린 표범이었다.

"또 머리 넷이 있으며 권세를 받았더라"는 말은 '네 개의 머리를 가졌으며 권세를 받았다'는 뜻인데, 이는 실제로 알렉산더가 죽은 후 헬라 제국이 4등분되었다는 것을 비유한다. 애굽, 시리아, 마케도니아, 비두니아의 네 나라로 분열할 것을 비유한다고 해석한다(Jerome, Luther, Calvin, Leupold, K.&D.).

단 7:7. 내가 밤 환상 가운데에 그 다음에 본 넷째 짐승은 무섭고 놀라우며 또 매우 강하며 또 쇠로 된 큰 이가 있어서 먹고 부서뜨리고 그 나머지를 발로 밟았으며 이 짐승은 전의 모든 짐승과 다르고 또 열 뿔이 있더라.

다니엘은 이 네 번째 짐승의 묘사에 있어서는 실제 자연계의 어떤 짐승으로 비유하지 않고 단지 무섭고 놀라운 짐승이라고만 밝히고 있다. 이는 이 네 번째 짐승이 일반적으로 볼 수 있는 어떠한 짐승에도 비유할 수 없을 만큼 엄청난 힘과 파괴력을 가지고 있다는 것을 시사한다. 즉, 그 후에 내(다니엘)가 밤의 환상 가운데 계속 보니, 넷째 짐승이 있는데 두렵고 무섭고 매우 강하였다. 그 짐승이 철로 된 큰 이빨들을 가졌으니, 모든 것을 집어삼켜 산산조각 냈고, 남은 것은 무엇이나 발로 짓밟았다. 그 짐승은 이전의 모든 짐승들과 달랐으며 열 개의 뿔을 가지고 있는 것을 보았다는 것이다.

"쇠로 된 큰 이가 있어서"란 말은 '쇠로 만들어진 큰 이빨이 있다'는 뜻이다. 이 철로 된 이빨이 있는 짐승은 느부갓네살 왕이 꾼 꿈에 보인 큰 신상이 상징하는 제국들 중 네 번째 제국, 곧 로마 제국을 연상하게 한다(2:33, 40). 즉, 이전에 출현했던 그 어떤 짐승보다도 강한 짐승으로 비유되는 이 나라는 다름 아닌 역사상 가장 강했던 로마 제국을 지칭한다.

"먹고 부서뜨리고 그 나머지를 발로 밟았다"는 말은 강력한 로마 제국이 세상 나라들을 정복하고 잔인하게 짓밟을 것을 의미한다. 특히 '그 나머지를 발로 밟았다'는 말은 로마 제국이 앞의 세 제국과는 달리 특별하게 복수심과 탐욕으로 불타 정복한 나라들을 유린하고 학살할 것을 표현하고 있다.

"이 짐승은 전의 모든 짐승과 다르고 또 열 뿔이 있다"는 말은 로마가 열 뿔이 있다는 말로 '로마는 권세를 가지고 있다'는 뜻이다. 이 '열 뿔'은 느부갓네살의 꿈에 보인 큰 신상의 열 발가락과 상응한다(2:41-43).

단 7:8. 내가 그 뿔을 유심히 보는 중에 다른 작은 뿔이 그 사이에서 나더니 첫 번째 뿔 중의 셋이 그 앞에서 뿌리까지 뽑혔으며 이 작은 뿔에는 사람의 눈 같은 눈들이 있고 또 입이 있어 큰 말을 하였더라.

나 다니엘이 그 뿔들을 유심히 관찰하고 있을 때, 그것들 사이에서 다른 작은 뿔이 올라왔고, 처음 뿔들 중 세 개의 뿔이 그 앞에서 뿌리째 뽑혔다. 보라! 이 뿔에는 사람의 눈과 같은 눈들이 있고 거만하게 말하는 입이 있었다.

"다른 작은 뿔이 그 사이에서 나더니 첫 번째 뿔 중의 셋이 그 앞에서 뿌리까지 뽑혔으며"에서 여기 "작은 뿔"이란 종말의 때에 나타날 적그리스도를 지칭한다. 이는 인간적인 성정과 지혜(사람의 눈이 있고, 또 입이 있다는 말), 사탄에게서 부여받은 능력과 권세로 많은 사람들을 미혹할 적그리스도로 본다(마 24:5; 살후 2:3-8; 계 13:4-10). 특별히 7절과 함께 "뿔"이 대체적으로 압제자들을 상징한다는 점에서 본 절의 "작은 뿔"은 궁극적으로 이미 태동된 압제자들을 통합하여 그 위에 서게 되는(먼저 뿔 중에서...뽑혔으며) 악한 압제자의 종말론적인 적그리스도라고 볼 수 있다. 한편 여기 "큰 말"은 '오만한 말'이란 뜻으로 하나님을 대적하며 선민들을 핍박하기 위한 악한 의도에서 기인된 말이다.

3. 하나님 심판 보좌의 환상 7:9-12

다니엘의 꿈에 하나님의 보좌가 나타나 심판을 행하시며 짐승을 멸망시키신다.

<옛적부터 항상 계신 자>

단 7:9. 내가 보니 왕좌가 놓이고 옛적부터 항상 계신 이가 좌정하셨는데 그의 옷은 희기가 눈 같고 그의 머리털은 깨끗한 양의 털 같고 그의 보좌는 불꽃이요 그의 바퀴는 타오르는 불이며.

나 다니엘이 바라보니, 보좌들이 놓였고 옛적부터 계신 분께서 그 한 보좌에 앉으셨는데, 그 옷은 눈같이 희었고, 머리털은 양털같이 깨끗하였으며, 그의 보좌는 타는 불꽃이었으며 그 바퀴는 타는 불이었다.

"그(하나님)의 옷은 희기가 눈 같고 그의 머리털은 깨끗한 양의 털 같다"는 말은 하나님은 영원하신 분이시고, 지혜로우신 분이시며 성결하신 분(시 51:8; 사 1:8)임을 상징한다.

또 "그(하나님)의 보좌는 불꽃이라"는 말은 '성결하셔서 심판하신다'는 것을 뜻한다. 다시 말해 회개하는 자의 죄를 불로 소멸하셔서 성결케 하시고, 죄를 자백하지 않는 자는 불로 심판하시는 분임을 보여주는 것이다.

단 7:10. 불이 강처럼 흘러 그의 앞에서 나오며 그를 섬기는 자는 천천이요 그 앞에서 모셔 선 자는 만만이며 심판을 베푸는데 책들이 펴 놓였더라.

불의 강이 그 앞에서 흘러나오는데, 그를 시중드는 자가 천천이고, 그 앞에 서 있는 자가 만만이었으며, 재판을 베푸시는데 책들이 펼쳐져 있었다.

"불이 강처럼 흘러 그의 앞에서 나온다"는 말은 '하나님의 보좌에서 불의 강이 흘러내린다'는 것이다. 하나님의 심판이 무섭게 그리고 불가항력적으로 행사되는 것을 뜻한다.

"그를 섬기는 자는 천천이요 그 앞에서 모셔 선 자는 만만이라"는 말은 '하나님을 섬기는 자들은 수많은 천사들이요, 하나님 앞에 모셔 선 천사들은 무수하다'는 뜻이다.

"심판을 베푸는데 책들이 펴 놓였더라"는 말은 '각자의 행함이 기록된 책에 있는 대로 하나님께서 심판하신다'는 뜻이다(마 25:31-46; 요 5:22; 롬 14:10).

단 7:11. 그 때에 내가 작은 뿔이 말하는 큰 목소리로 말미암아 주목하여 보는 사이에 짐승이 죽임을 당하고 그의 시체가 상한 바 되어 타오르는 불에 던져졌으며.

내(다니엘)가 보고 있는 동안에, 작은 뿔이 크게 떠드는 소리를 들을 수 있었는데, 내가 살펴보니, 넷째 짐승이 살해되고, 그 시체가 뭉그러져서, 타는 불에 던져지게 되었다.

여기 "타오르는 불"은 '지옥 불'을 지칭한다(계 19:20-21 참조). 종말적인 로마가 사단(적그리스도)의 수족 노릇을 하다가 영원한 불의 심판을 받는다는 것이다.

단 7:12. 그 남은 짐승들은 그의 권세를 빼앗겼으나 그 생명은 보존되어 정한 시기가 이르기를 기다리게 되었더라.

본문의 뜻은, 그 남은 짐승들은 그들의 권세를 박탈당하긴 했으나, 그 생명은 보존되어 정해진 때까지 연장되었다는 것이다.

여기 "그 남은 짐승들"이란 '앞서 진술된 세 짐승들'을 지칭한다. 4짐승의 나라들이 연대순으로 계승되었다면 네 번째 짐승이 멸망할 시기까지 앞선 세 짐승이 어떻게 생존해 있었느냐는 것을 어떻게 설명하느냐 하는 것이다. 이것은 앞서 진술된 3짐승이 패권을 빼앗겼으나 그 민족들은 남아 있다고 보는 것이다. 다시 말해 멸망의 정도에 있어 앞의 세 짐승의 멸망의 상황이 네 번째 짐승의 멸망보다 심하지 않고, 멸망의 기간도 오래 걸렸다는 것을 나타낸다(Leupold, Young). 본문은 로마 제국 이전의 세 제국은 비교적 로마 보다는 쇠퇴 기간이 길었고 멸망할 당시의 상황도 로마 경우와 같이 비참하지는 않았음을 드러내 주는 표현이라고 할 수 있다. 한편 저자 다니엘이 이와 같이 로마 이전의 세 제국이 로마 제국보다 더 천천히 그리고 덜 심하게 멸망할 것이라는 사실을 언급한 것은 그 세 제국이 하나님 앞에서 로마보다 의로웠다거나 체제상 우월했다는 것을 보여주기 위함이 아니라 로마가 얼마나 철저하고 급하게 멸망했는지를 강조하기 위함이었다(Harvie Conn)는 것이다. 이처럼 세상 나라의 모든 흥망성쇠는 철저하게 하나님의 계획과 섭리 아래 있는 것이다(K.&D.).

4. 영원한 권세를 받으신 인자의 환상 7:13-14

13-14절은 인자(메시아)가 하늘 구름을 타고 강림하셔서 영원한 하나님 나라를 세우신다는 것이다. 그 나라는 바다에서 올라온 4짐승(3절)의 지상의 임시적인 나라들과는 대조된다는 것이다.

단 7:13. 내가 또 밤 환상 중에 보니 인자 같은 이가 하늘 구름을 타고 와서 옛적부터 항상 계신 이에게 나아가 그 앞으로 인도되매.

밤중 환상 중에 내(다니엘)가 보니, 하늘의 구름을 타고 인자 같은 이가 와서, 옛적부터 계신 분 앞에 인도되었다.

"인자 같은 이"란 말은 '메시아', 곧 '예수 그리스도'를 지칭한다(Hengsternberg, Calvin, K.&D., Young). "인자 같은 이가 오신다"는 말은 곧 '메시아의 오심과 동시에 하나님 나라의 도래를 상징하는 것'이다.

"하늘 구름을 타고 와서"라는 말은 '하늘에서 오신다'는 뜻이다. 이는 짐승으로 상징된 세상 나라와 천상에 속한 메시아 왕국 곧 하나님 나라의 본질적인 차이를 보여주고 있다. 특히 구름은 그리스도의 재림과 밀접한 관련을 가지고 있는 것으로(마 24:30; 막 13:26; 14:62; 행 1:9-11) 인자가 구름을 타고 오신다는 것은 그리스도의 신성을 나타내 주는 동시에 그가 재림하심으로 완성될 하나님 나라가 도래할 것을 암시해준다. 그리스도께서 우리를 대속하시기 위해서 오셨다가(막 10:45) 승천하시고 앞으로 하나님 나라의 실현을 위해서 재림하신다는 소식은 우리의 영원한 소망이 아닐 수 없다.

"옛적부터 항상 계신 이에게 나아가 그 앞으로 인도되매"라는 말씀의 "옛적부터 항상 계신 자"는 '하나님'을 가리킨다. 그리스도께서 하나님 앞으로 인도되는 이유는 하나님으로부터 왕권과 심판권을 받기 위함이다(14절; 마 2:6; 요 5:22, 27; 계 5:1-7). 그리스도는 우리의 왕이시며 우리의 심판자이시다.

단 7:14. 그에게 권세와 영광과 나라를 주고 모든 백성과 나라들과 다른 언어를 말하는 모든 자들이 그를 섬기게 하였으니 그의 권세는 소멸되지 아니하는 영원한 권세요 그의 나라는 멸망하지 아니할 것이니라(And to him was given dominion and glory and a kingdom, that all peoples, nations, and languages should serve him; his dominion is an everlasting dominion, which shall not pass away, and his kingdom one that shall not be destroyed-ESV).

그에게 권세와 영광과 나라가 주어지고, 모든 백성들과 나라들과 다른 언어들을 말하는 자들이 그를 경배하게 될 것이고, 그의 권세는 사라지지 않는 영원한 권세이며, 그의 왕국은 결코 멸망치 않을 것이다.

"그에게 권세와 영광과 나라가 주어졌다"는 말은 '메시아에게 영원한 왕권과 영광과 나라가 주어졌다'는 뜻이다. 메시아에게 영원한 왕권과 영광과 나라가 주어져서 어떤 결과가 생기는가. 그것은 모든 백성들과 각 민족과 언어를 사용하는 자들이 메시아를 경배하게 되기 위함이라는 것이다. 예수님의 왕권은 세상 나라들과는 달리 소멸하는 왕권이 아니고, 영원한 왕권이며 그의 왕권은 결코 망하지 않을 왕권인 것이다.

5. 천사가 네 짐승과 작은 뿔 환상을 해석하다 7:15-28

15-28절은 다니엘이 네 짐승의 해석(15-22절)과 넷째 짐승의 꿈을 천사로부터 해석 받는다(23-28절).

<환상 해석>

단 7:15. 나 다니엘이 중심에 근심하며 내 머리 속의 환상이 나를 번민하게 한지라.

나 다니엘은 마음속 깊이 괴로움을 느꼈고, 머릿속에 받은 환상들이 나를 번민하게 했다.

다니엘이 고민한 이유는 주로 계시의 내용 때문이었을 것이다. 다니엘은 그 넷째 짐승의 무서운 모습, 하나님의 놀랄만한 심판, 보좌에서부터 나오는 불, 이 모든 것들은 그 일들에 대하여 알지 못하는 다니엘의 마음에 고민과 공포를 가져올 만했다(박윤선).

단 7:16. 내가 그 곁에 모셔 선 자들 중 하나에게 나아가서 이 모든 일의 진상을 물으매 그가 내게 말하여 그 일의 해석을 알려 주며 이르되.

나 다니엘이 내 곁에 서 있는 자들(하나님 곁에서 하나님께 시중드는 천사들) 중 하나에게 나아가 이상의 모든 일에 관한 진실을 물으니, 그가 내게 그 일들에 대한 해석을 알려 주었다.

다니엘은 천사와 문답하는 아주 높은 영적 교제의 모습을 인류에게 보여주었다.

단 7:17. 그 네 큰 짐승은 세상에 일어날 네 왕이라.

이 네 마리의 큰 짐승들은 땅에서 일어날 네 왕이라는 것이다. 다시 말해 여기 네 마리의 큰 짐승들은 2장에 진술되어 있는 네 부분(2:31-33)처럼 네 왕들이라고 천사는 대답해준다. 다시 말해 바벨론, 메대와 바사, 헬라 및 로마를 가리킨다.

2장에 진술된 그 큰 짐승은 바다에서 나왔는데(3절), 본 절의 네 큰 짐승은 세상에 일어날 네 왕이라는 것이다. 즉, 그 "바다"가 세상을 가리키는 것이다. 그리고 여기 "일어날"이란 말은 미래에 일어난다는 것이다.

단 7:18. 지극히 높으신 이의 성도들이 나라를 얻으리니 그 누림이 영원하고 영원하고 영원하리라.

그러나 지극히 높으신 분(하나님)을 섬기는 성도들이 나라를 얻을 것이고, 그 나라를 누림이 영원하고 영원하게 누릴 것이라고 한다.

본 절은 네 짐승의 세상 나라가 멸망당한 후 하나님의 나라가 건설될 것을 말하고, 건설될 나라는 곧 성도들이 영원히 영화를 누릴 나라라는 것을 가리킨다(2:34-35; 7:13-14).

단 7:19. 이에 내가 넷째 짐승에 관하여 확실히 알고자 하였으니 곧 그것은 모든 짐승과 달라서 심히 무섭더라 그 이는 쇠요 그 발톱은 놋이니 먹고 부서뜨리고 나머지는 발로 밟았으며.

그때 나 다니엘은 넷째 짐승에 관한 진실을 알고 싶었다. 그 짐승은 다른 모든 것들과 달리 매우 무섭고, 철 이빨과 놋쇠 발톱을 가지고 있었으며, 모든 것을 집어삼켜 산산조각 내었으며, 남은 것은 무엇이나 발로 짓밟아 버렸다.

여기 넷째 짐승의 모양은 7-8절의 반복이고, 거기에다가 그 발톱은 놋이라는 점과 작은 뿔의 모양이 그 종류보다 강하게 보였다는 것이다. 그리고 넷째 짐승은 심히 무서운 모양으로 "철 이빨과 놋 발톱"으로 먹고 부서뜨리며, 나머지는 발로 밟았다는 것이다. 그것은 로마 제국의 사정없는 침략상을 가리키는 것이다.

단 7:20. 또 그것의 머리에는 열 뿔이 있고 그 외에 또 다른 뿔이 나오매 세 뿔이 그 앞에서 빠졌으며 그 뿔에는 눈도 있고 큰 말을 하는 입도 있고 그 모양이 그의 동류보다 커 보이더라.

또 넷째 짐승의 머리에 있던 열 뿔들과 또 그 새로 나온 한 뿔 앞에서 세 뿔들이 빠져나갔으며, 그 뿔에는 눈들과 거만하게 말하는 입이 있었으니 그 모양이 그 동류의 뿔보다 더 커 보였다는 것이다.

본 절의 10뿔은 로마의 10왕을 지칭하고 "작은 뿔"이 강한 것을 강조한다. 이 작은 뿔이 그 앞선 세 뿔을 빠지게 했다는 것이다(8절 주해 참조).

단 7:21. 내가 본즉 이 뿔이 성도들과 더불어 싸워 그들에게 이겼더니.

나 다니엘이 보니, 10뿔 사이에서 난 작은 뿔이 성도들과 싸워 그들을 이겼다는 것이다.

그러나 작은 뿔이 성도들을 이기는 것은 일시적인 것이고, 성도들은 결국 승리를 거두고 그들의 왕국에 들어가는 것이다(8:9-12; 24-25; 계 11:7; 13:7). 다시 말해 성도들은 궁극적으로 승리할 것이나, 육적으로 그리고 임시적으로는 악한 자에게 핍박을 받는 것이다.

단 7:22. 옛적부터 항상 계신 이가 와서 지극히 높으신 이의 성도들을 위하여 원한을 풀어 주셨고 때가 이르매 성도들이 나라를 얻었더라.

옛적부터 계신 이(하나님, 9절)가 와서 지극히 높으신 분(하나님)의 성도들을 위해 판결하셨고, 때가 되자 성도들이 나라를 받았다는 것이다.

본 절의 "옛적부터 항상 계신 이"란 말이나 "지극히 높으신 이"란 말은 똑같이 하나님을 지칭한다.

"성도들을 위하여 원한을 풀어 주셨다"는 말은 '성도들을 위하여 심판해 주셨다'는 말이다.

아무튼 하나님께서 작은 뿔과 성도들 간의 싸움에 개입하셔서 작은 뿔을 심판하심으로 박해를 당한 성도들을 심판해주신다는 것이다.

단 7:23. 모신 자가 이처럼 이르되 넷째 짐승은 곧 땅의 넷째 나라인데 이는 다른 나라들과는 달라서 온 천하를 삼키고 밟아 부서뜨릴 것이며.

여기 "모신 자"는 '천사'를 지칭한다(16절 주해 참조). 즉, 천사가 넷째 짐승에 관해 이렇게 말하기를 땅에 넷째 왕국이 있을 것이니, 그것은 다른 모든 왕국들과 달라서 온 땅을 집어삼키고 짓밟고 부서뜨릴 것이라고 했다.

다니엘은 계속해서 넷째 짐승에 대해 상론한다. 넷째 짐승은 넷째 나라인데 그가 다른 세 나라들과 다르다는 것이다. 여기 넷째 짐승은 바로 로마였다. 로마는 천하를 삼키며 그 발아래 정복했다. 로마는 그 당시의 세계를 완전히 정복하여 대(大)로마 제국을 건설한 것이다. 역사상 로마는 제4세기 말에 동서로 나누어지고 서로마는 제5세기에, 동로마는 제15세기에 멸망했으나 로마는 "영원한 로마" 또는 "정신적 로마"의 이름으로 그를 계승하는 열국들의 대명사가 되면서 역사의 종말에 이를 것이다.

단 7:24. 그 열 뿔은 그 나라에서 일어날 열 왕이요 그 후에 또 하나가 일어나리니 그는 먼저 있던 자들과 다르고 또 세 왕을 복종시킬 것이며.

그 열 뿔들(7절 주해 참조)은 이 나라(왕국)에서 일어날 열 왕들인데, 그들 후에 이전 왕들과는 다른 한 왕(작은 뿔, 8절 주해 참조)이 일어날 것이니 그는 먼저 있던 자들과 다르고 또 세 왕을 굴복시킬 것이다.

"그 후에 또 하나가 일어나리니 그는 먼저 있던 자들과 다른" 존재인 '작은 뿔'로서(8절 주해 참조), 그는 적그리스도로서 성도들과 싸워 한때 이기며 박해하다가 하나님의 심판을 받는 것이다(20-22절).

단 7:25. 그가 장차 지극히 높으신 이를 말로 대적하며 또 지극히 높으신 이의 성도를 괴롭게 할 것이며 그가 또 때와 법을 고치고자 할 것이며 성도들은 그의 손에 붙인 바 되어 한 때와 두 때와 반 때를 지내리라.

작은 뿔(적그리스도)은 지극히 높으신 분께 대항하여 말하고, 지극히 높으신 분의 성도들을 압제하고, 정해진 때와 법을 바꾸려고 할 것이며, 성도들은 한 때와 두 때와 반 때 동안 그에게 넘겨질 것이다.

본 절은 "작은 뿔"(적그리스도)에 대해 상론한다. 첫째, 적그리스도는 지극히 높으신 하나님을 향하여 말로 대적한다(8절)는 것이며, 둘째 성도들을 괴롭힐 것이며, 셋째 때와 법을 고치고자 할 것이고, 넷째 성도들은 한 때와 두 때와 반 때 동안(종말에 적그리스도가 교회를 박해할 기간이다) 적그리스도에게 넘겨져 박해를 받을 것이라는 것이다.

본 절의 "때와 법을 고치고자 할 것이라"는 말은 종말의 때에 사단의 능력을 힘입은 적그리스도가 자연계와 인간계를 포함한 모든 피조계의 운행 질서에 영향을 끼치는 어떤 초자연적인 이적 행위로 성도들을 미혹하고 핍박하는 것을 예언한다.

"한 때와 두 때와 반 때를 지내리라"는 말은 '그리스도의 재림 직전에 있을 칠년 대 환란 후의 3년 반을 지칭'한다. '한 때'는 하나님의 계획 안에 감추어져 있는 기간으로서 적그리스도의 활동 기간으로 허락된 불특정 기간을, 그에 이어지는 '두 때'는 한 때가 연장된 기간으로서 적그리스도의 활동 기간으로 적그리스도의 권세가 더욱 강화되는 기간을 가리킨다. 그리고 마지막 '반 때'는 하나님께서 자기 백성들을 위해 적그리스도의 통치 기간을 단축하여 갑자기 중단시킬 것을 뜻한다(Calvin, Harvie Conn). 본문이 의미하는 바는 그리스도의 재림이 있기 전 성도들은 일정 기간 동안 잠시 사단의 손에 붙인 바 되어 환난과 박해를 겪게 되지만, 하나님의 긍휼하심으로 말미암아 그 기간이 단축되고, 궁극적인 승리를 얻게 된다는 것이다.

단 7:26. 그러나 심판이 시작되면 그는 권세를 빼앗기고 완전히 멸망할 것이요.

그러나 작은 뿔(적그리스도)에 대한 하나님의 심판이 시작되면 적그리스도의 권세는 빼앗기고 소멸되며 끝내는 사라질 것이라고 하신다. 적그리스도가 심판을 받는 것은 성도들을 위하는 신원의 심판으로(22절 참조) 적그리스도는 권세를 빼앗기고 철저하게 멸망한다.

단 7:27. 나라와 권세와 온 천하 나라들의 위세가 지극히 높으신 이의 거룩한 백성에게 붙인 바 되리니 그의 나라는 영원한 나라이라 모든 권세 있는 자들이 다 그를 섬기며 복종하리라.

그 때에 나라와 권세와 온 천하에 있는 왕국들의 위대함이 지극히 높으신 분의 백성인 성도들에게 주어질 것이다. 성도들의 왕국은 영원한 왕국이니, 모든 권세자들이 그들을 섬기며 복종할 것이다.

"나라와 권세와 온 천하 나라들의 위세가 지극히 높으신 이의 거룩한 백성에게 붙인 바 될 것이라"는 말은 '넷째 짐승이 망하여 불속에 던져진 바 되고(11절), 그 머리에 열 뿔과 작은 뿔도 심판 받은 후 세계의 나라며 권세가 성도들에게 붙인 바 되어 그들이 지배하게 된다'는 것이다. 즉, 성도들이 왕이 되는 것이다(계 22:5). 그 때에 그리스도는 또한 저들의 왕이 되심으로 "만왕의 왕, 만주의 주"가 되신다.

"그의 나라는 영원한 나라이라 모든 권세 있는 자들이 다 그를 섬기며 복종하리라"는 말은 '그 네 짐승 나라들의 권세자들도 영원한 하나님의 나라에서는 성도들을 섬기며 복종하게 된다'는 것이다.

단 7:28. 그 말이 이에 그친지라 나 다니엘은 중심에 번민하였으며 내 얼굴빛이 변하였으나 내가 이 일을 마음에 간직하였느니라.

이렇게 그 일이 끝났다. 이 생각들이 나 다니엘을 놀라게 하여 내 얼굴이 창백해졌으나, 나는 그 일을 내 마음 속에 간직했다.

"그 말이 이에 그친지라"는 말은 '짐승의 환상과 그 환상에 대한 해석이 끝났다'는 뜻이다. 그러나 그 환상에 대한 해석을 알기 전에 마음에 번민한 다니엘(15절)은 이제 그 뜻을 알고 난 후에 다시 번민하고, 그 번민 때문에 안색이 변할 정도였다. 성도들의 영광의 계시는 기뻤으나 현재 권력을 휘두르는 지상의 왕자들이 받을 미래의 심판은 다니엘의 마음에 압력이 되었을 것이다.

"내가 이 일을 마음에 간직하였느니라"는 말은 '다니엘이 그의 받은 계시 때문에 번민했으나 번민 중에서도 그 계시를 마음에 간직하고 되새기며 묵상했던 것이다. 다니엘의 이 태도는 오늘날 복음의 사역자들에게 귀감이 된다.

제 8 장

B. 숫양과 숫염소와 작은 뿔 계시 8:1-27

1-27절의 내용은 숫양의 환상(1-4절), 숫염소의 환상(5-8절), 작은 뿔의 환상(9-14절) 및 환상에 대한 해석(15-27절)으로 구성되어 있다. 2:4-7:28은 아람어로 기록되었으나 본 8장부터는 다시 히브리어로 기록되어 있다.

8장은 7장의 확대이다. 8장에 나타난 숫양과 숫염소는 2장의 신상 및 7장의 네 짐승의 환상에서 보인 네 나라 중에서 둘째와 셋째 나라에 대하여 상론하는 것이다. 그리고 숫염소(셋째 나라에 해당하는 헬라)가 숫양(둘째 나라인 메대, 바사)을 넘어뜨리는 것과 거기서 난 작은 뿔의 모독적인 행위를 상론하고 있다.

1. 두 뿔 가진 숫양의 환상 8:1-4

<숫양과 숫염소의 환상>

단 8:1. 나 다니엘에게 처음에 나타난 환상 후 벨사살 왕 제삼년에 다시 한 환상이 나타나니라.

나 다니엘에게 처음에 환상이 나타난 후, 벨사살(5:1; 7:1 주해 참조) 왕 통치 제삼년(주전 551년)에 나 다니엘에게 한 환상이 다시 나타났다.

"처음에 나타난 환상 후"란 말은 7장에서 나타난 네 짐승의 환상을 이름이다. 이 네 짐승의 환상은 벨사살 원년에 나타났는데, 2년이 지나 다시 나타난 것이다. 그런고로 이 환상은 앞서 나타난 환상의 연장이자, 확대인 것이다.

단 8:2. 내가 환상을 보았는데 내가 그것을 볼 때에 내 몸은 엘람 지방

수산 성에 있었고 내가 환상을 보기는 을래 강변에서이니라.

내가 환상 가운데서 볼 때, 나는 엘람 지방에 있는 수산 성에 있었으며, 또 내가 환상 가운데 볼 때 내가 을래 강 가에 있었다는 것이다.

다니엘이 새로운 환상을 보았을 때 그의 몸은 수산 궁내에 있었고, 그의 영은 을래 강변에 있었다는 것이다(겔 40:1-3 참조). 여기 "엘람"은 바사 서북 지방 고원 지대의 주(州)이다. 그리고 "수산"은 바사의 '수사'의 히브리식 이름이다. 이 수산은 다리오 1세(주전 521-486년 통치)가 건설한 후 바사의 수도로 2백여 년 간 세계를 지배한 도성이었다(느 1:1; 에 1:2, 5; 2:3, 5). 이때는 아직도 바벨론에 소속된 성읍이었다.

"을래 강"은 현재 올리아란 이름으로 불리는데, 수산 성 동북편에 있는 큰 운하였다(이상근).

단 8:3. 내가 눈을 들어 본즉 강 가에 두 뿔 가진 숫양이 섰는데 그 두 뿔이 다 길었으며 그 중 한 뿔은 다른 뿔보다 길었고 그 긴 것은 나중에 난 것이더라.

나 다니엘이 두 눈을 들어 보니, 한 마리 숫양이 강둑에 서 있었는데 두 뿔을 가졌고, 두 뿔이 다 길었다. 그런데 한 뿔이 다른 뿔보다 더 길었는데 그 긴 것은 나중에 나온 것이었다는 것이다.

"두 뿔 가진 숫양이 섰는데"란 말은 '두 뿔을 가진 한 숫양'이란 뜻이다. 이 말은 메대와 바사라는 두 나라가 합하여 메대-바사라는 하나의 연합 제국이 된 것을 비유적으로 말하는 것이다.

"그 중 한 뿔은 다른 뿔보다 길었다"는 말은 메대와 바사가 처음에는 모두 독립 국가였으나 두 나라가 연합할 때부터 바사가 더 강해져서 후에 메대를 완전 합병하게 되었다. 다시 말해 메대 바사 연합 제국이 바사 제국으로 된 것을 의미한다. 그러므로 여기서 긴 뿔은 바사, 짧은 뿔은 메대를 상징하는 것으로 볼 수 있다.

"그 긴 것은 나중에 난 것이었다"는 말은 '긴 뿔은 바사, 짧은 뿔은 메대이며, 역사적으로 메대가 앞섰고 바사는 속국이었으나 바사가 독립하면서 메대를 정복하였고 고레스의 영도 아래 두 나라가 한 나라가 되었다'는 것이다. 이런 역사적 사정을 너무나도 분명하게 보여주었다.

단 8:4. 내가 본즉 그 숫양이 서쪽과 북쪽과 남쪽을 향하여 받으나 그것을 당할 짐승이 하나도 없고 그 손에서 구할 자가 없으므로 그것이 원하는 대로 행하고 강하여졌더라.

나 다니엘이 보니, 그 숫양이 서쪽으로, 북쪽으로, 남쪽으로 들이받으나 어떤 짐승도 숫양을 맞서지 못하고, 그의 손에서 구해낼 자도 없었으므로, 숫양은 마음대로 행동하면서 강대하게 되었다는 것이다.

주전 538년, 고레스가 바벨론을 점령한 후 단기간 내에 옛 바벨론 제국의 영토를 석권하고, 나아가 애굽과 헬라 접경까지를 포함하는 대제국을 구축했다는 것이다. 본문의 "서"는 수리아 소아시아를, "북"은 아르메니아와 카스피안 지방을, "남"은 애굽과 구스(에티오피아) 지방을 지칭한다.

2. 숫염소의 환상 8:5-8

두 번째 환상은 숫염소로, 발이 땅에 닿지 않는 빠른 속도로 진격하며, 앞선 숫양을 쳐서 엎드러뜨렸다는 것이다. 그러나 숫염소의 큰 뿔이 꺾이고, 그 대신 네 뿔이 났다는 것이다. 이는 헬라를 지칭하는 환상이다.

단 8:5. 내가 생각할 때에 한 숫염소가 서쪽에서부터 와서 온 지면에 두루 다니되 땅에 닿지 아니하며 그 염소의 두 눈 사이에는 현저한 뿔이 있더라(As I was considering, behold, a male goat came from the west across the face of the whole earth, without touching the ground. And the goat had a conspicuous horn between his eyes-ESV).

내가 주목하는 중에 보라! 한 숫염소가 서쪽으로부터 와서 온 지면에 두루 다니며 땅에 닿지 아니하고 그 숫염소의 두 눈 사이에 두드러진 뿔이 나 있었다. "한 숫염소가 서쪽에서부터 왔다"는 말은 '헬라가 서쪽에서부터 일어났다'는 뜻이다. 헬라는 지중해의 북쪽에 위치해 있으므로 메대-바사 제국을 중심해서 보면 서쪽에 위치하고 있는 셈이다.

"온 지면에 두루 다니되 땅에 닿지 아니하며 그 염소의 두 눈 사이에는 현저한 뿔이 있었다"는 말은 '헬라의 알렉산더 대왕의 점령 속도가 심히 빨랐다'는 것을 뜻한다. 헬라 알렉산더 대왕(Alexander the Great)이 이끄는 대군의 세계 정복 속도가 놀라울 정도로 빠름을 뜻한다. 실제로 알렉산더 대왕은 주전 336년 마케도니아의 왕으로 등극해서 소아시아 지방과 애굽 정벌을 한(주전 333년) 후 등극한 지 5년만인 주전 331년 바사 제국을 멸망시켰다. "현저한 뿔이 있었다"는 말은 '특출한 권세가 있었다'는 것을 뜻한다(7:7; 사 14:9; 렘 50:8; 겔 34:17; 슥 10:3). 알렉산더 대왕은 그 어떤 헬라의 왕들과 비교할 수 없을 만큼 지혜나 용맹, 정복력에 있어서 현저하게 특출한 왕이었다. 이런 특출한 사람들은 일단 쓰임을 받은 후 하나님 앞에서 겸손하지 않으면 어떤 종류의 벌을 받는다.

단 8:6. 그것이 두 뿔 가진 숫양 곧 내가 본 바 강 가에 섰던 양에게로 나아가되 분노한 힘으로 그것에게로 달려가더니.

본 절은 헬라의 알렉산더 대왕이 이끄는 헬라 제국의 대군이 바사 제국을 침략할 것을 예언한 것이다. 즉, 그 숫염소(헬라의 알렉산더 대왕)가 두 뿔을 가진 숫양(메대 바사 제국, 3절 주해 참조), 곧 내가 전에 강둑에 서 있는 것을 보았던 그 숫양에게 다가가는데, 엄청난 분노로 돌진해 갔다.

"분노한 힘으로 그것에게로 달려갔다"는 말은 알렉산더 대왕의 대군이 파죽지세로 진군하는 모습을 묘사한 말이다.

단 8:7. 내가 본즉 그것이 숫양에게로 가까이 나아가서는 더욱 성내어 그 숫양을 쳐서 그 두 뿔을 꺾으나 숫양에게는 그것을 대적할 힘이 없으므로 그것이 숫양을 땅에 엎드러뜨리고 짓밟았으나 숫양을 그 손에서 벗어나게 할 자가 없었더라.

나 다니엘이 보니, 알렉산더 대왕의 대군이 숫양(바사 제국)에게 다가가서 매우 분노하여 숫양을 치고 그 두 뿔을 부러뜨렸으나 숫양에게는 대항할 힘이 없으므로 숫염소가 숫양을 땅에 쓰러뜨리고 짓밟았으나 숫양을 그 손에서 구해낼 자가 없었다는 것이다.

"그 두 뿔을 꺾으나 숫양에게는 그것을 대적할 힘이 없으므로 그것이 숫양을 땅에 엎드러뜨렸다"는 말은 헬라의 알렉산더 대왕이 숫양(바사 제국)의 두 뿔을 꺾었으나 숫양(바사 제국)에게는 헬라의 알렉산더 대왕의 대군을 대적할 힘이 없으므로 땅에 엎드러졌다는 뜻이다.

단 8:8. 숫염소가 스스로 심히 강대하여 가더니 강성할 때에 그 큰 뿔이 꺾이고 그 대신에 현저한 뿔 넷이 하늘 사방을 향하여 났더라.

그 숫염소(헬라의 알렉산더 대왕)가 극히 강하게 되었을 때, 그 큰 뿔이 꺾이고 대신에 네 개의 두드러진 뿔이 하늘의 사방을 향해 자라났다는 것이다.

여기 "그 큰 뿔이 꺾였다"는 말은 알렉산더 대왕이 바벨론에서 열병으로 갑작스럽게 사망한 사실을 예언한 것(주전 323년)이다.

"그 대신에 현저한 뿔 넷이 하늘 사방을 향하여 났다"는 말은 알렉산더가 사망한 다음 헬라 제국이 네 개의 나라로 분열할 것을 예언한 것이다. 네 지도자, 즉 셀류크스(Seleucus), 프톨레미(Ptolemy), 카산더(Cassander), 리시마쿠스(Lysimachus)를 지칭한다. 헬라 제국은 알렉산더가 죽은 후 22년 후(주전 301년) 이들 네 명의 지도자에 의해 애굽과 시리아, 마케도니아, 비두니아라는 네 개의 나라로 분할되었다.

3. 작은 뿔의 환상 8:9-14

9-14절은 작은 뿔이 성소를 더럽힐 일, 성도를 박해할 일이 진술된다.

단 8:9. 그 중 한 뿔에서 또 작은 뿔 하나가 나서 남쪽과 동쪽과 또 영화로운 땅을 향하여 심히 커지더니.

그 네 지도자 중 한 뿔(헬라 제국에서 갈라진 4왕조 중 하나로서 시리아 지역을 통치한 셀류쿠스 왕조)에서 또 다른 작은 뿔(제8대 왕인 안티오커스 4세 에피파네스)이 돋아나서 남쪽과 동쪽과 아름다운 땅을 향해 크게 자라났다는 것이다. 안티오커스 4세 에피파네스는 안티오커스 3세의 아들로 태어났는데, 성품이 매우 천박했다. 그러나 군사 방면의 재능이 뛰어나 유대와 애굽 그리고 옛 바벨론의 땅들을 정복하여 강대한 나라를 세웠다(11:21 주해를 참조하라).

"남쪽과 동쪽"은 안티오커스 에피파네스가 정복한 지역인 남쪽의 애굽과 동쪽의 바사, 아르메니아를 가리킨다.

"영화로운 땅을 향하여 심히 커졌다"는 말은 '이스라엘 땅을 향하여 심히 커졌다'는 뜻이다. 이 예언은 작은 뿔이 상징하는 안티오커스 에피파네스가 애굽의 프톨레미 왕조의 세력을 팔레스타인 지역에서 완전히 축출한 후 이스라엘을 점령하고 헬라화 정책이라는 명분 아래 정치, 종교적인 박해를 가함으로써 성취되었다.

단 8:10. 그것이 하늘 군대에 미칠 만큼 커져서 그 군대와 별들 중의 몇을 땅에 떨어뜨리고 그것들을 짓밟고.

그 뿔(안티오커스 에피파네스의 권세)이 하늘의 군대(하나님의 거룩한 백성으로 선택된 이스라엘 백성들, 창22:17; 출 7:4; 민 24:17)에 이를 만큼 커지더니, 군대의 별들(이스라엘 백성들 중 특별히 여호와 신앙에 신실했던 자들) 중에서 몇을 땅에 떨어뜨리고 짓밟았다는 것이다.

본 절 전체는 안티오커스 에피파네스의 군대가 유대를 침공하여 예루살렘을 유린하고 이스라엘 백성들을 죽이고 박해할 것을 예언한 것이다.

단 8:11. 또 스스로 높아져서 군대의 주재를 대적하며 그에게 매일 드리는 제사를 없애 버렸고 그의 성소를 헐었으며.

안티오커스 에피파네스는 군대(천사들)를 주관하시는 분(하나님)에게까지 자신을 높여, 그분에게 매일 드리는 제사를 없애 버렸고, 그 성소도 무너뜨렸다는 것이다.

안티오커스 에피파네스가 행한 일은 하나님을 모독했고, 제사를 금지했으며, 돼지의 피 제사 등 더러운 피로 성전을 더럽혔고, 제우스신을 성전에 세워 성도들로 하여금 강제로 경배하게 만들었다. 에피파네스가 이런 일을 한 것은 성도들을 시험한 것이며 또 성도들로 하여금 하나님을 더욱 가까이 하게 한 것이다.

단 8:12. 그의 악으로 말미암아 백성이 매일 드리는 제사가 넘긴바 되었고 그것이 또 진리를 땅에 던지며 자의로 행하여 형통하였더라(And a host will be given over to it together with the continual burnt offering because of transgression; and it will throw truth to the ground, and it will act and prosper-ESV).

본문은 이스라엘 백성이 안티오커스 에피파네스에 의해서 종교적 박해를 받게 된 근본적인 원인이 범죄한 이스라엘 백성에 대한 하나님의 징계 때문이었다는 것을 밝혀준다. 즉, 그의 반역하는 악으로 인하여 성도들이 매일 드리는 제사가 다 그에게 넘어갔고, 진리는 땅에 떨어졌으며, 그 뿔은 하는 일마다 형통하였다는 것이다.

여기 "형통하였더라"에서 안티오커스 에피파네스가 형통했던 것을 드러내는데, 이는 그가 정말로 큰 권세를 가져 하나님께서 그를 제어할 수 없었기 때문이 아니라 잠시 하나님께서 그 악인을 용납하셨기 때문이라는 것이다. 이스라엘 백성들은 하나님께 더러운 예물을 드려 제사와 성전을 더럽혔다.

단 8:13. 내가 들은즉 한 거룩한 이가 말하더니 다른 거룩한 이가 그 말하는 이에게 묻되 환상에 나타난바 매일 드리는 제사와 망하게 하는 죄악에 대한 일과 성소와 백성이 내준 바 되며 짓밟힐 일이 어느 때까지 이를꼬 하매.

본 절은 하늘의 천사들이 안티오커스 에피파네스의 악행에 의해 이스라엘 백성이 받을 핍박의 기한에 대해 나눈 대화의 내용이다. 즉, 나 다니엘이 한 거룩한 이(천사)가 말하는 것을 들으니 다른 거룩한 이(천사)가 먼저 말한 이에게 묻기를, 환상대로 매일 드리는 제사가 폐지되고 반역으로 황폐케 되고, 성소가 넘겨지고 군대가 짓밟히는 것이 언제까지입니까?하고 물은 것이다.

이와 같이 천사들이 하나님의 계시와 뜻을 묻는 일은 성경 다른데도 있다(슥 1:12).

단 8:14. 그가 내게 이르되 이천삼백 주야까지니 그 때에 성소가 정결하게 되리라 하였느니라.

그(천사)가 나 다니엘에게 말하기를, "2,300주야까지니, 그때에 이르러서야 성소가 정결하게 될 것이라"고 대답했다.

본 절의 2,300주야란 말이 무엇을 뜻하느냐에 대해서는 다음과 같은 몇 가지 견해들이 제시되어 있다. 1) 안식교의 교주 윌리엄 밀러(William Miller)는 2,300주야를 2,300년으로 잡아서 그 기간이 주전 457년부터 시작하여 주후 1844년에 끝났다고 주장했다. 주전 457년은 "예루살렘을 중건하라는 영"이 내린 해라 했고(단 9:25), 1844년은 그리스도께서 재림하실 해라고 했다. 그러나 그의 계산은 맞지 않았다. 2) 2,300번의 제사, 즉 1,150일(Syriac, Polychronius, Jephet, Hyppolytus, Jeffery)이라는 견해, 이 경우 대체로 안티오커스 에피파네스의 제사 금지령이 공포된 168년 12월 25일부터 성전이 숙청된 165년 12월 25일까지로 본다. 여기 2,300주야는 "2,300저녁과 아침"으로 유대인들은 "저녁에서 아침으로" 계산하기 때문이다. 유대인들은 매일 조석으로 제사한 것이다. 3) 2,300주야를 글자대로 보는 견해, 다시 말해 안티오커스 에피파네스의 박해 기간을 2,300일로 보는 견해(Jerome, Calvin, Stuart, K.&D.), 즉 이는 경건한 제사장 오니아스(Onias) 3세가 안티오커스 에피파네스에 의해 세워진 악한 제사장 야손(Jason)에 의해 쫓겨난 주전 171년부터 유다 마카비우스(Juda Makkabaius)가 에피파네스의 군대를 격퇴하고 예루살렘을 점령한 뒤 성전을 다시 봉헌한 주전 164년까지의 에피파네스의 박해 기간을 약 2,300일로 보는 견해이다. 이들 세 가지 견해 중에 3)번의 견해가 가장 전통적인 것으로 본다.

"그 때에 성소가 정결하게 되리라"는 말은 안티오커스 에피파네스의 박해가 끝난 후 마카비 형제들에 의해 성전이 정결하게 되어 다시 봉헌된 것을 지칭한다(주전 164년).

4. 해설자 가브리엘 천사가 등장하다 8:15-19

천사 가브리엘이 다니엘에게 나타나 숫양과 숫염소와 작은 뿔의 환상을 해석해주고, 특히 작은 뿔에 대해 강조해서 말한다.

<가브리엘 천사가 환상을 깨닫게 하다>

단 8:15. 나 다니엘이 이 환상을 보고 그 뜻을 알고자 할 때에 사람 모양 같은 것이 내 앞에 섰고.

나 다니엘이 그 환상(숫양과 숫염소와 작은 뿔의 환상)을 보고 그 뜻을 알고자 할 때에 사람의 모습을 한 자가 내 앞에 서 있었다.

"사람 모양 같은 것"이 무엇이냐를 두고 견해가 갈린다. 1) 천사 중 하나(Jeffery, 이상근), 2) 천사장 가브리엘이라는 견해(K&D, Thompson, Stuart, 그랜드 종합 주석, 호크마 주석), 3) 그리스도라는 견해(Calvin, 박윤선) 등이다. 문맥을 살필 때(16절) 3)번의 그리스도라는 견해가 가장 바른 견해라고 보인다.

오늘 우리는 성경을 알고자하고 또 하나님의 뜻을 알고자 노력해야 한다. 그러면 하나님께서 어떤 방식으로든지 알려주신다.

단 8:16. 내가 들은즉 을래 강 두 언덕 사이에서 사람의 목소리가 있어 외쳐 이르되 가브리엘아 이 환상을 이 사람에게 깨닫게 하라 하더니.

나 다니엘이 을래 강의 두 언덕 사이에서 사람의 음성을 들으니, 그가 외쳐 말하기를, "가브리엘아! 이 사람에게 그 환상을 깨달아 알게 하라"는 소리를 들었다.

"울래 강"은 바사 제국의 수도인 수산 성 옆을 지나 바사만으로 들어가는 강이다. 2절 주해 참조.

"사람의 목소리"란 '그리스도의 목소리'를 지칭한다. 이는 의심의 여지 없이 그리스도의 음성이다. 가브리엘 같은 천사장에게 명령하실 수 있는 분은 그리스도이시다(Calvin, Matthew Henry, 박윤선).

단 8:17. 그가 내가 선 곳으로 나왔는데 그가 나올 때에 내가 두려워서 얼굴을 땅에 대고 엎드리매 그가 내게 이르되 인자야 깨달아 알라 이 환상은 정한 때 끝에 관한 것이니라.

그리스도께서 나 다니엘이 서 있는 곳으로 가까이 오시니, 그리스도께서 오실 때에 나는 두려워 땅에 엎드렸더니 그가 내게 말하기를, "인자야(그리스도께서 다니엘을 부르시는 호칭)! 이 환상은 마지막 때에 관한 것임을 깨달으라"고 하셨다.

"정한 때 끝"이란 말은 안티오커스 에피파네스의 유대인 핍박 사건이 끝난 후 그리스도의 성육신 사건으로 구약 시대가 종료되는 시점을 가리킨다. 그리고 궁극적으로는 그리스도의 재림으로 도래할 대(大) 종말을 가리킨다.

단 8:18. 그가 내게 말할 때에 내가 얼굴을 땅에 대고 엎드리어 깊이 잠들매 그가 나를 어루만져서 일으켜 세우며.

그리스도께서 나 다니엘에게 말씀하실 때, 내가 얼굴을 땅에 대고 기절한 채 정신을 잃고 있었을 때 그리스도께서 나를 어루만져 내가 서 있던 자리에 다시 일으켜 세우셨다.

"깊이 잠들었다"는 말은 '다니엘이 기절하여 정신을 잃었다'는 뜻이다. 다니엘이 이 모양이 된 것은 인간은 실로 하늘 영광 앞에 미약한 존재임을 보여준다.

단 8:19. 이르되 진노하시는 때가 마친 후에 될 일을 내가 네게 알게 하리니 이 환상은 정한 때 끝에 관한 것임이라.

그리스도께서 나 다니엘에게 말씀하시기를, "보라! 내가 진노의 마지막 때에 있을 일에 대해 네게 알려 주겠으니, 정한 때 끝에 관한 것이라"고 하신다.

"진노하시는 때가 마친 후"라는 말은 '안티오커스 에피파네스에 의해 유대인들(이스라엘인들)이 박해를 받고 죄악에 대한 징계를 받은 후'라는 뜻이다. 이스라엘인들은 자신들이 하나님의 백성이라고 주장하면서도 오히려 하나님의 이름을 욕되게 하고 더럽혔다. 인생은 누구나 하나님 앞에서 더러운 존재임을 면할 길이 없다.

5. 가브리엘이 해석해주다 8:20-27

단 8:20. 네가 본 바 두 뿔 가진 숫양은 곧 메대와 바사 왕들이요.

너 다니엘이 본 숫양의 두 뿔은 메대와 바사(페르시아) 왕들이라고 해석해준다(3-4절 주해 참조). 우리가 진리를 알기를 원할 때 하나님은 반드시 알려주신다.

단 8:21. 털이 많은 숫염소는 곧 헬라 왕이요 그의 두 눈 사이에 있는 큰 뿔은 곧 그 첫째 왕이요.

그 털이 많은 숫염소는 헬라 왕이요 그의 두 눈 사이의 큰 뿔은 첫째 왕 알렉산더 대왕이라고(4-8절 주해 참조) 해석해준다.

단 8:22. 이 뿔이 꺾이고 그 대신에 네 뿔이 났은즉 그 나라 가운데에서 네 나라가 일어나되 그의 권세만 못하리라.

그 뿔이 꺾이고(알렉산더 대왕이 주전 323년에 죽은 것을 뜻함), 그 대신에 뿔 넷(부하들이 이룩한 나라들)이 났으니 네 왕국들이 그 나라에서 일어날 것이나 힘은 첫째 보다 못할 것이라고 해석해준다.

세상에서 유명했던 알렉산더 대왕은 참으로 불행하게 죽은 것이다. 한 마디로 불행한 사람이다. 우리는 세상에서 유명해지려고 하지 말아야 한다.

단 8:23. 이 네 나라 마지막 때에 반역자들이 가득할 즈음에 한 왕이 일어나리니 그 얼굴은 뻔뻔하며 속임수에 능하며.

그들 왕국들(알렉산더 대왕 사후에 일어날 부하들이 일어나 세운 네 나라들)의 마지막 때에 반역자들이 가득할 즈음 굳은 얼굴을 하고 악한 지략에 능한 한 왕(안티오커스 에피파네스 왕)이 일어날 것이라고 해석해준다.

"반역자들이 가득할 즈음에"라는 말은 '유대인들 중 종교적으로 타락한 자들이 가득할 즈음에 한 왕(아티오커스 에피파네스)이 일어날 것이라'는 뜻이다. 유대 나라에 죄가 가득하게 되니 하나님께서 안티오커스 에피파네스를 일으켜 유대인들을 심판하신다는 것이다.

"그 얼굴은 뻔뻔하며 속임수에 능하며"라는 말은 에피파네스의 얼굴이 뻔뻔하며 속임수에 능했다는 것이다. 한마디로 철면피의 얼굴을 했다는 뜻이다.

단 8:24. 그 권세가 강할 것이나 자기의 힘으로 말미암은 것이 아니며 그가 장차 놀랍게 파괴 행위를 하고 자의로 행하여 형통하며 강한 자들과 거룩한 백성을 멸하리라.

안티오커스 에피파네스의 권세가 강대해지나 자기의 힘으로 말미암은 것이 아니며, 그가 놀랍게 파괴하고, 하는 일마다 형통할 것이며, 강한 자들과 거룩한 백성을 멸망시킬 것이라고 해석해준다.

"그가 장차 놀랍게 파괴 행위를 하고 자의로 행하여 형통하며 강한 자들과 거룩한 백성을 멸하리라"는 말은 '안티오커스 에피파네스가 장차 놀랍게 파괴 행위를 하고 하는 일마다 형통할 것이며 강한 자들과 거룩한 백성을 멸망시킬 것이라'는 것이다.

단 8:25. 그가 꾀를 베풀어 제 손으로 속임수를 행하고 마음에 스스로 큰

체하며 또 평화로운 때에 많은 무리를 멸하며 또 스스로 서서 만왕의 왕을 대적할 것이나 그가 사람의 손으로 말미암지 아니하고 깨지리라.

본 절은 안티오커스 에피파네스가 수많은 악을 행하고 심지어 만왕의 왕이신 하나님을 대적하다가 폭삭 망한다는 내용이다. 즉, 안티오커스 에피파네스는 간교하므로 자기 손으로 거짓을 능란하게 행하고 그는 마음에 스스로 높이며, 많은 자들을 경고 없이 멸망하게 만들 것이고, 드디어 그가 만왕의 왕을 대적하여 설 것이나, 결국 손대지 않아도 부서지게 될 것이라고 하신다.

에피파네스는 적그리스도의 입장에 서서 활동하다가 망한다는 것이다.

단 8:26. 이미 말한바 주야에 대한 환상은 확실하니 너는 그 환상을 간직하라 이는 여러 날 후의 일임이라 하더라.

본 절과 다음 절은 8장의 결론이다. 이미 계시한 2,300주야의 환상(14절 주해 참조)은 반드시 성취될 것이니, 잊지 말고 잘 간수하라는 부탁이다.

단 8:27. 이에 나 다니엘이 지쳐서 여러 날 앓다가 일어나서 왕의 일을 보았느니라 내가 그 환상으로 말미암아 놀랐고 그 뜻을 깨닫는 사람도 없었느니라.

나 다니엘이 하나님의 계시로 말미암아 심적으로 기진해서 여러 날 병상에서 앓다가 일어나 왕의 업무를 수행하였으며 내가 그 환상 때문에 놀랐으나, 그 뜻을 이해하지 못했다는 내용이다.

"내가 그 환상으로 말미암아 놀랐다"는 말은 '다니엘이 계시자를 만나서 놀랐다'는 것이다.

"그 뜻을 깨닫는 사람도 없었느니라"는 말은 '사람들이 문자적으로는 내용을 알면서도 그 내용의 심오한 뜻을 깨닫지 못했다'는 것이다. 하나님의 계시는 심오하여 박약한 인간의 지혜로는 완전히 이해할 수가 없다. 오직 성령 하나님의 깨닫게 하시는 은혜로만 하나님의 계시를 알 수 있는 것이다. 오늘 우리는 성령 하나님의 지배하심을 구하여 하나님의 계시 알기를 힘써야 할 것이다.

제 9 장

C. 다니엘이 중보 기도한 일과 70이레의 묵시를 받은 일 9:1-27

다니엘은 70이레라는 하나의 표현으로 역사를 예언한다. 본서의 내용은 다니엘이 기도한 일(1-19절)과 70이레의 예언(20-27절)으로 구분된다.

1. 다니엘이 포로 기간에 대해 깨달음을 얻다 9:1-2

<다니엘의 기도>

단 9:1. 메대 족속 아하수에로의 아들 다리오가 갈대아 나라 왕으로 세움을 받던 첫 해.

메대의 후손이며, 아하수에로의 아들인 다리오(다리우스)가 바벨론 왕국의 왕이 된 첫 해에 다니엘은 다음 절처럼 예루살렘의 황폐함이 70년 만에 마칠 것을 알았다.

여기 "다리오"는 5:31의 다리오와 같은 인물이고 6:1의 다리오와도 동일 인물이다. 이때는 주전 538년이었으며 이 해에 고레스가 바벨론을 멸망시켰고 포로된 이스라엘 백성이 본국으로 귀환된 것이다.

"다리오가 갈대아 나라 왕으로 세움을 받던 첫 해"란 본 절에서 "갈대아 나라"란 말은 갈대아인들이 세력을 얻고 있던 나라인 바벨론 제국을 일컫는 말이다. 1:4주해 참조. 본문의 "다리오가 왕으로 세움을 입었다"는 말은 다리오가 메대, 바사 전국의 왕이라는 뜻이 아니라 다만 바벨론 지역의 왕이란 뜻이다. 당시 메대, 바사 전국의 왕은 고레스였다. 다리오는 고레스의 관하에 있었던 것뿐이다.

단 9:2. 곧 그 통치 원년에 나 다니엘이 책을 통해 여호와께서 말씀으로 선지자 예레미아에게 알려 주신 그 연수를 깨달았나니 곧 예루살렘의 황폐함

이 칠십 년만에 그치리라 하신 것이니라(in the first year of his reign, I, Daniel, perceived in the books the number of years which, according to the word of the LORD to Jeremiah the prophet, must pass before the end of the desolations of Jerusalem, namely, seventy years-ESV, in the first year of his reign, I, Daniel, perceived in the books the number of years that, according to the word of the LORD to the prophet Jeremiah, must be fulfilled for the devastation of Jerusalem, namely, seventy years-NRSV).

곧 그(다리오)의 통치 원년에, 나 다니엘은 책들을 통하여 여호와께서 예레미야에게 말씀하셨던 햇수를 깨달았으니, 곧 예루살렘이 칠십 년 동안 황폐할 것이라는 것이었다. 여기 "책"이란 말은 성경(예레미야)을 지칭하는 말이다. 이와 같이 기도와 성경은 밀접하게 관계가 되어야 한다.

성경을 떠난 기도는 그 방향을 잃게 되고, 기도를 떠난 성경은 그 뜻을 잃게 되는 것이다(이상근).

"예루살렘의 황폐함이 칠십 년만에 그치리라"는 말은 렘 25:11-14; 29:10-14에 진술된 말씀이다. "70년만"이란 말은 문자적인 70년을 지칭하는 말이다(Calvin, K.&D.). 그렇다면 이 70년이 언제부터 언제까지를 두고 하는 말이냐는 것이다. 이스라엘 민족이 느부갓네살 왕의 침입으로 인해 제1차 포로가 되어 끌려간 주전 605년부터(왕하 24:1-4) 스룹바벨의 인도로 제1차로 귀환한 주전 537년까지로 보는 것이다(K&D, Lange). 다니엘이 이러한 사실을 깨달은 것은 주전 538년의 일이므로 그는 민족의 귀환에 대한 예레미야의 예언이 성취되기까지 만 1년이 채 남지 않은 때에 이 사실을 깨달은 것이다.

2. 다니엘이 민족 회복을 위해 기도하다 9:3-19

3-19절에 진술된 기도의 내용을 살펴보면 다니엘이 죄를 자복한 일(3-10절), 현재의 고난에서 회복하여 주시기를 원하는 기원을 드린 것

(15-19절)이다.

단 9:3. 내가 금식하며 베옷을 입고 재를 덮어쓰고 주 하나님께 기도하며 간구하기를 결심하고(Then I turned my face to the Lord God, seeking him by prayer and pleas for mercy with fasting and sackcloth and ashes-ESV)**.**

본 절은 다니엘이 어떤 자세로 기도했는가를 말하고 있다. 즉, 이에 나 다니엘은 내 얼굴을 주 하나님께 향하고, 금식하며 베옷을 입고, 재 가운데서 기도와 간구로 하나님을 찾았다는 것이다.

먼저 기도의 대상이신 "하나님을 찾았다"는 것이다. 우리는 기도할 때 똑똑하게 예수님의 이름을 믿고 하나님을 바라보고 기도해야 한다.

그리고 다니엘은 "금식하면서" 기도했다. 사 58:4에 "오늘 금식하는 것은 너희의 목소리를 상달하게 하려는 것이라"고 말하고 있다.

"재를 덮어쓰고" 기도했다. 재를 덮어쓰고 기도한 것은 죄를 자복하면서 기도했다는 것(사 58:5; 애 4:1-3; 마 11:21)을 뜻한다. 우리는 죄가 생각나는 대로 모두 자백하면서 기도해야 한다. 기도에 승리하면 우리는 승리하는 사람이 되는 것이다.

단 9:4. 내 하나님 여호와께 기도하며 자복하여 이르기를 크시고 두려워할 주 하나님, 주를 사랑하고 주의 계명을 지키는 자를 위하여 언약을 지키시고 그에게 인자를 베푸시는 이시여.

나 다니엘은 여호와 내 하나님께 기도하고 고백하며 말하기를, "오! 주님 크고 두려운 하나님께서는 주님을 사랑하고 주님의 계명을 지키는 자들에게 언약을 지키시며 인애를 베푸시는 주님이시라"고 고백했다.

"주를 사랑하고 주의 계명을 지키는 자를 위하여 언약을 지키시고 그에게 인자를 베푸시는 이"라는 말은 '하나님은 세상의 군왕들에게 비하여 상상할 수 없이 위대하신 분이신데 그 분이 인간들 중에 죄를 자백하고 주님의 계명대로 행하는 자에게 언약을 지키시고 사랑을 베푸시는 분이라'

는 것이다.

단 9:5. 우리는 이미 범죄하여 패역하며 행악하며 반역하여 주의 법도와 규례를 떠났사오며.

다니엘이 기도 중에 민족의 죄를 자백하는 내용이다(왕상 8:47). 즉, 우리가 죄를 지었고 잘못했으며 악을 행했고 반역했으며 주님의 계명과 법도에서 떠났다고 고백했다.

이스라엘의 죄는 구체적으로 그들이 하나님을 떠나 우상 숭배를 했다는 것이다.

단 9:6. 우리가 또 주의 종 선지자들이 주의 이름으로 우리의 왕들과 우리의 고관과 조상들과 온 국민에게 말씀한 것을 듣지 아니하였나이다.

이스라엘이 죄를 지었을 뿐(5절) 아니라 주님의 종 선지자들이 우리 왕들과 우리 고관들과 우리 조상들과 이 땅의 모든 백성에게 주님의 이름으로 말한 것을 듣지 아니했다는 것이다. 말씀을 듣지 아니했다는 것이다(느 9:32, 34; 렘 26:5; 29:19; 35:15; 44:21).

단 9:7. 주여 공의는 주께로 돌아가고 수치는 우리 얼굴로 돌아옴이 오늘과 같아서 유다 사람들과 예루살렘 거민들과 이스라엘이 가까운 곳에 있는 자들이나 먼 곳에 있는 자들이 다 주께서 쫓아내신 각국에서 수치를 당하였사오니 이는 그들이 주께 죄를 범하였음이니이다.

주님! 주님은 의로우시나 유다 사람들과 예루살렘 주민들과 원근에 있는 온 이스라엘이 주께 행한 신실치 못함 때문에, 주께서 우리를 쫓아 버리신 모든 나라에서 우리가 오늘처럼 얼굴을 들 수 없을 정도의 수치를 당하게 되었다고 고백했다.

이스라엘은 하나님의 공의의 심판을 받아 바벨론이나 애굽 등지에서 온갖 박해를 받으면서 수욕을 받고 있다고 고백했다.

단 9:8. 주여 수치가 우리에게 돌아오고 우리의 왕들과 우리의 고관과 조상들에게 돌아온 것은 우리가 주께 범죄하였음이니이다 마는.

여호와시여! 우리와 우리 왕들과 우리 고관들과 우리 조상들이 얼굴을 들 수 없을 정도의 수치를 당하고 있으니 이는 우리가 주께 죄를 범하였기 때문이라고 고백한다. 본 절은 전 절(7절)의 반복이다.

단 9:9. 주 우리 하나님께는 긍휼과 용서하심이 있사오니 이는 우리가 주께 패역하였음이오며[14]**(**לַאדֹנָי אֱלֹהֵינוּ הָרַחֲמִים וְהַסְּלִחוֹת כִּי מָרַדְנוּ בּוֹ, To the Lord our God belong mercy and forgiveness; because we have rebelled against him-RSV, ESV**).**

주 우리 하나님께는 긍휼과 용서가 있으나 우리는 주님을 거역하였다고 말하면서 하나님의 긍휼 베푸심(시 25:6; 40:11)을 호소한다.

혹자(옥스퍼드원어성경대전)는 본 절의 개역개정판 번역이 틀렸다고 주장한다. 옥스퍼드 원어성경대전은 주장하기를 "본 절에 대한 개역개정판 성경은 논리적으로 도저히 납득할 수 없는 번역이다. 이 번역에 따르면 선민이 하나님께 패역했기 때문에 하나님께 긍휼과 용서하심이 있다는 의미가 되고 만다. 이처럼 의미가 통하지 않는 이상한 번역은 본 절 하반절 시작 부분 접속사 '키'(כִּי)를 이유 접속사로 번역한 것에 따른 오류로 여겨진다. 개역개정판 성경뿐 아니라 ESV, NASB, NRSV, YLT 등도 이러한 오류를 범했다(for). 그러나 본 절의 접속사 '키'(כִּי)는 '...에도 불구하고'라는 양보의 의미로 번역하여야 한다....본 절은 하나님께서 크나큰 긍휼과 관용을 베푸셨음에도 불구하고 선민이 하나님께 크나큰 패역을 행했음을 지적하는 내용이다"라고 주장했다.

그러나 개역개정판 번역의 9:9절이 평서문(말하는 이가 어떠한 사실을 평범하게 서술한 문장)이라면 옥스퍼드 원어성경대전의 주장이 옳을 것이

---

14) 9:9을 표준 새 번역에서는 이렇게 번역하고 있다. "주 우리 하나님은 우리를 긍휼히 여겨 주시고 용서하여 주셨으나, 우리는 하나님께 반역하였습니다."

다. 그러나 개역개정판 9:9절이 기도문이라는 것을 고려할 때 결코 틀린 번역이라고 할 수 없고 오히려 뜻을 확실하게 드러내는 번역이라고 할 수 있다.

개역개정판 번역은 "주 우리 하나님께서 우리를 긍휼히 여기시고 우리를 용서하여 주옵소서 이유는 우리가 주께 패역하였기 때문입니다"라는 뜻으로 번역한 것이다.

단 9:10. 우리 하나님 여호와의 목소리를 듣지 아니하며 여호와께서 그의 종 선지자들에게 부탁하여 우리 앞에 세우신 율법을 행하지 아니하였음이니이다.

우리는 여호와 우리 하나님의 음성을 듣지 아니했고 주께서 주님의 종들, 곧 선지자들을 통하여 우리에게 주신 율법을 행하지 아니했다고 고백한다.

저들 자신들이 하나님께 불순종했고 패역한 것을 거듭 고하면서 깊은 회개의 심정을 아뢰고 있다.

단 9:11. 온 이스라엘이 주의 율법을 범하고 치우쳐 가서 주의 목소리를 듣지 아니하였으므로 이 저주가 우리에게 내렸으되 곧 하나님의 종 모세의 율법에 기록된 맹세대로 되었사오니 이는 우리가 주께 범죄하였음이니이다.

온 이스라엘이 주님의 율법을 어겼고 율법에서 떠났으며 주님의 음성을 듣지 아니하였으므로 주님께서 하나님의 종 모세의 율법에 기록하여 맹세하신 저주가 우리에게 쏟아졌으니 이는 우리가 주님께 범죄하였기 때문이라고 고백한다.

우리가 잘한 것은 하나도 없기 때문에 율법에 기록된 대로 이 저주가 우리에게 돌아왔다고 아뢴 것이다.

단 9:12. 주께서 큰 재앙을 우리에게 내리사 우리와 및 우리를 재판하던

재판관을 쳐서 하신 말씀을 이루셨사오니 온 천하에 예루살렘에서 일어난 일 같은 것이 없나이다.

주님께서 우리에게 큰 재앙을 내리셔서 우리와 우리를 다스리는 재판관들(하나님의 사자들)에게 하신 그 말씀을 이루셨으니, 예루살렘에 내리신 것과 같은 재앙은 온 하늘 아래에 내리신 적이 없다고 고백한다.

하나님은 먼저 하나님의 사자들을 통해서 말씀하시고 그대로 재앙을 내리셨다는 것이다.

단 9:13. 모세의 율법에 기록된 대로 이 모든 재앙이 이미 우리에게 내렸사오나 우리는 우리의 죄악을 떠나고 주의 진리를 깨달아 우리 하나님 여호와의 얼굴을 기쁘게 하지 아니하였나이다.

모세의 율법(신 28:15-24; 왕상 2:3; 대하 23:18)에 기록된 대로 이 모든 재앙이 우리에게 닥쳤으나, 우리가 죄악에서 떠나지 아니했고, 주님의 진리를 깨달으려 하지도 않았으며, 여호와 우리 하나님의 은총을 구하지도 아니하였다고 고백한다.

우리는 성경을 항상 훤히 알고 성경대로 따라 살아야 한다.

단 9:14. 그러므로 여호와께서 이 재앙을 간직하여 두셨다가 우리에게 내리게 하셨사오니 우리의 하나님 여호와께서 행하시는 모든 일이 공의로우시나 우리가 그 목소리를 듣지 아니하였음이니이다.

여호와께서 재앙을 간직해 두셨다가 우리에게 그것을 보내셨으니 여호와 우리 하나님께서는 하시는 모든 일이 의로우시나 우리가 그분의 음성을 듣지 않았을 뿐이라고 고백한다.

하나님께서는 이스라엘에게 내리실 재앙을 간직해 두셨다가 내리셨으니 바로 이 점이 하나님의 의로우심이라(렘 12:1; 스 9:15; 느 9:33)는 것이다.

단 9:15. 강한 손으로 주의 백성을 애굽 땅에서 인도하여 내시고 오늘과

같이 명성을 얻으신 우리 주 하나님이여 우리는 범죄하였고 악을 행하였나이다.

다니엘은, "주님의 백성을 강한 손으로 애굽 땅에서 이끌어 내셔서, 오늘과 같이 명성을 얻으신 주 우리 하나님이시여! 우리가 범죄하고 악을 행하였습니다"라고 하나님께 고백한다.

다니엘은 하나님께서는 애굽 땅에서 이스라엘 백성을 구원하실 때 애굽 땅에 10가지 재앙을 내리셔서 이적적으로 구원해 내셨고, 또 이스라엘 민족으로 하여금 홍해를 육지같이 건너게 하셨으며 또 광야를 이적적으로 통과하게 하셨으니 지금도 얼마든지 구원하실 수 있는 것을 믿으나 지금 이스라엘 백성들은 아직도 죄를 범한 상태에 있다고 고백한다.

단 9:16. 주여 구하옵나니 주는 주의 공의를 따라 주의 분노를 주의 성 예루살렘, 주의 거룩한 산에서 떠나게 하옵소서 이는 우리의 죄와 우리 조상들의 죄악으로 말미암아 예루살렘과 주의 백성이 사면에 있는 자들에게 수치를 당함이니이다.

주님이시여! 주님의 모든 의로우심을 따라 주님의 성읍 예루살렘, 곧 주님의 거룩한 산에서 주님의 진노와 분노를 돌이켜 주소서. 우리 죄와 우리 조상들의 죄악으로 예루살렘과 주님의 백성이 온 주변에 조롱거리가 되었다고 고백한다.

다니엘은 특별히 예루살렘 성전과 주님의 백성들을 돌아보아 주시라고 기도한다. 예루살렘 성과 주님의 백성이 이방인으로부터 온 주변에 조롱거리가 된 것을 돌아보아 주시라고 기도한다.

단 9:17. 그러하온즉 우리 하나님이여 지금 주의 종의 기도와 간구를 들으시고 주를 위하여 주의 얼굴 빛을 주의 황폐한 성소에 비추시옵소서(Now therefore, O our God, listen to the prayer of your servant and to his pleas for mercy, and for your own sake, O Lord, make your face to shine upon your sanctuary, which is desolate-ESV).

본 절 초두의 "그러하온즉"(now therefore)이란 말은 "그러므로"란 뜻이다. 전 절(16절)에서 다니엘은 우리의 죄와 조상들의 죄로 말미암아 예루살렘과 이스라엘 민족이 주위 사면에 있는 이방 민족으로부터 수치를 당하니 주님의 영광을 위하여 예루살렘과 이스라엘 민족 위에 빛을 비춰주시라고 애원하는 것이다.

다니엘은 이제, "우리 하나님이시여! 주님의 종의 기도와 간구를 들으시고, 주님을 위해 주님의 얼굴을 폐허가 된 주님의 성소 위에 비추어 주소서" 라며 회복을 간구한다. 다니엘은 하나님의 영광이 다시 비추기를 간절히 기원하고 있다. 오늘 우리도 우리의 비참한 현실이 우리의 죄 때문임을 고백하고 여호와의 영광을 위해 간구해야 할 것이다.

단 9:18. 나의 하나님이여 귀를 기울여 들으시며 눈을 떠서 우리의 황폐한 상황과 주의 이름으로 일컫는 성을 보옵소서 우리가 주 앞에 간구하옵는 것은 우리의 공의를 의지하여 하는 것이 아니요 주의 큰 긍휼을 의지하여 함이니이다.

"나의 하나님! 귀를 기울여 들으시며 눈을 떠서 주님의 이름으로 부르던 저 폐허된 성읍을 보소서! 우리가 우리의 의로움을 의지하는 것이 아니라 주님의 풍성하신 긍휼에 의지하여 주님 앞에 간구합니다"라고 다니엘은 기도한다. 오늘 우리도 여호와의 큰 긍휼을 의지하여 간절히 간구해야 할 것이다.

단 9:19. 주여 들으소서 주여 용서하소서 주여 귀를 기울이시고 행하소서 지체하지 마옵소서 나의 하나님이여 주 자신을 위하여 하시옵소서 이는 주의 성과 주의 백성이 주의 이름으로 일컫는 바 됨이니이다.

주님이시여! 들어 주소서! 주님이시여! 용서하여 주소서! 주님이시여! 귀를 기울여 주시고 이루어 주소서! 나의 하나님! 주님을 위해서라도 지체하지 마소서. 이는 주님의 성읍과 주님의 백성이 주님의 이름으로 불리고 있기 때문이라고 기도한다.

본문의 "주의 이름으로 일컫는 바" 되었다는 말은 바로 '예루살렘 성과 이스라엘 백성이 주님의 것들이라'는 뜻이다. 오늘 우리도 우리 자신들이 주님의 것들이라고 부르짖으며 애원해야 할 것이다.

다니엘의 기도는 거의 지체 없이 응답되어 그 당시 다리오 왕 원년(주전 538년)에 고레스에 의해 포로민들이 본국으로 돌아가 무너진 예루살렘 성을 재건했고(느 7:1), 스룹바벨에 의해 성전도 재건되었다(스 3:8-13; 6:15).

3. 70이레의 계시를 깨닫다 9:20-27

다니엘의 간절한 기도는 이중으로 응답되었다. 첫째, 주전 538년 이스라엘이 귀환한 일이고, 둘째는 다니엘에게 70주의 예언이 주어진 것이다.

20-27절의 내용은 가브리엘이 나타난 일(20-23절)과 70주의 예언을 주신 일이다(24-27절).

24-27절 중 24절은 70주의 예언을 주신 목적과 예언 성취의 결과에 대해 진술하고 있으며, 25-27절은 70주의 예언의 구체적인 내용을 진술한 것이다. 다시 말해 이스라엘의 포로 귀환과 함께 주어지는 성전 재건 명령이 내려질 때부터 그리스도께서 초림하시기까지의 기간은 69주이며, 그 69주 이후에 일정 기간이 지난 뒤 적그리스도가 나타나 한 이레 동안 활동하다가 멸망할 것이라는 예언을 기록하고 있다.

20-23절. 70주 예언의 전달자인 가브리엘이 나타난 일을 진술한다.

<가브리엘이 환상을 설명하다>

단 9:20. 내가 이같이 말하여 기도하며 내 죄와 내 백성 이스라엘의 죄를 자복하고 내 하나님의 거룩한 산을 위하여 내 하나님 여호와 앞에 간구할 때(While I was speaking and praying, confessing my sin and the sin of my people Israel, and presenting my plea before the LORD my God for the holy hill of my God-ESV).

나 다니엘이 아직 말하고(위와 같이 이스라엘의 죄를 자백한 것을 지칭한다) 기도하고 내 죄와 내 백성 이스라엘의 죄를 고백하며, 내 하나님의 거룩한 산을 위하여 여호와 내 하나님께 간구하는 동안에 다음 절(21절)에서 말한 바와 같이 가브리엘이 나타났다는 것이다.

단 9:21. 곧 내가 기도할 때에 이전에 환상 중에 본 그 사람 가브리엘이 빨리 날아서 저녁 제사를 드릴 때 즈음에 내게 이르더니.

곧 나 다니엘이 아직 기도하는 동안, 내가 처음 환상 중에 보았던 그 사람, 가브리엘이 재빠르게 날아와, 저녁 제사 때 내게 이르러 나에게 계시를 주었다는 것이다. 본 절 주해를 위해서는 8:15-16 주해를 참조하라.

"그 사람 가브리엘"이란 말은 '그 천사 가브리엘'이란 뜻이다.

"빨리 날아서"란 말은 '아주 빠른 속도로 왔다'는 뜻이다.

단 9:22. 내게 가르치며 내게 말하여 이르되 다니엘아 내가 이제 네게 지혜와 총명을 주려고 왔느니라 하니라.

가브리엘이 와서 나 다니엘을 가르치며 나에게 말하기를, "다니엘아! 이제 내가 네게 지혜와 명철을 주려고 왔느니라"고 말한다.

천사 가브리엘은 다니엘에게 이상을 깨달을 지혜와 총명(1:4, 17 주해 참조)을 주기 위해 왔다고 말한다.

단 9:23. 곧 네가 기도를 시작할 즈음에 명령이 내렸으므로 이제 네게 알리러 왔느니라 너는 크게 은총을 입은 자라 그런즉 너는 이 일을 생각하고 그 환상을 깨달을지니라.

가브리엘은 다니엘에게, "너 다니엘이 간구를 시작할 때에 명령이 내렸으므로 나 가브리엘이 너 다니엘에게 알려 주려고 왔느니라. 너 다니엘은 크게 사랑을 받은 자니 그 말씀에 주목하여 그 환상의 뜻을 깨닫고 알아야 한다"고 말해준다.

가브리엘은 이제 하나님의 명령을 전하기 위해 다니엘에게 급히 온 것이다. 가브리엘은 70주의 예언(하나님의 명령, 하나님의 계시)을 전하기 위해 급히 온 것이다.

"너 다니엘은 크게 은총을 입은 자"란 말은 10:11, 19에도 다시 나타나는 말인데 '하나님의 특별한 총애와 보호의 대상자'라는 뜻이다.

24-27절. 70주의 예언을 진술한다. 다니엘은 70년의 포로기가 끝나고 예루살렘이 회복되는 기회에 새로운 계시를 받아 메시아 왕국이 성립될 것을 예언한다. 여기 70주는 70주년(year-weeks)으로, 490년이다. 이를 다시 7주(49주년), 62주(434년) 및 1주(7년)로 나눈다.

단 9:24. 네 백성과 네 거룩한 성을 위하여 일흔 이레를 기한으로 정하였나니 허물이 그치며 죄가 끝나며 죄악이 용서되며 영원한 의가 드러나며 환상과 예언이 응하며 또 지극히 거룩한 이가 기름 부음을 받으리라(Seventy weeks are decreed about your people and your holy city, to finish the transgression, to put an end to sin, and to atone for iniquity, to bring in everlasting righteousness, to seal both vision and prophet, and to anoint a most holy place-ESV)**.**

네 백성과 네 거룩한 성읍에 칠십 이레가 정해졌으니, 이 기간이 지나가야 허물이 그치고, 죄가 끝나며, 죄악이 용서받고, 영원한 의가 나타나며, 환상과 예언이 확증되고, 지극히 거룩한 분이 기름 부음을 받을 것이다.

"70이레를 기한으로 정하였다"는 말은 '490년을 기한으로 정했다'는 뜻으로 이는 하루를 1년으로 계산한 것이다.

"허물이 그치며 죄가 끝나며 죄악이 용서되며 영원한 의가 드러나며 환상과 예언이 응하며 또 지극히 거룩한 이가 기름 부음을 받으리라"는 본문은 70주년 동안에 성취되어야 할 여러 가지 일들을 진술하고 있다.

첫째는 "허물이 그친다"는 진술. "허물"이란 말은 "죄"란 뜻과 동의어이다. 그러나 “죄”는 ‘근본적인 것’이고, “허물”은 ‘나타나는 면’을 가리킨다. “그치며”라는 말은 ‘가려 없어지는 것’을 뜻한다.

둘째는 “죄가 끝나며”라는 진술. “끝난다”는 말은 ‘폐한다’ 또는 ‘없이한다’(abolish)는 뜻이다.

셋째는 “죄악이 용서되며”라는 진술. 이는 ‘덮어 숨긴다’(to cover)는 뜻이다. 인간의 죄가 속량되어 덮어 숨겨진다는 뜻이다.

넷째는 “영원한 의가 드러나며”라는 진술. 이는 이미 허물과 죄가 끝나고 속죄가 이루어졌으니 그 결과 ‘의롭게 되는 것’을 말한다. 인류는 율법에서 실패했고(롬 3:20; 5:20; 8:3), 그리스도를 믿는 믿음으로 의롭다 하심을 받아서, 영원한 의에 이르는 것이다.

다섯째는 “환상과 예언이 응하며”라는 진술. 여기 “응하며”라는 말은 ‘인치며’라는 말로 번역된다. 구약에서 메시아에 대한 환상과 예언이 응하고 끝나서 구약은 그 사명을 다했다는 것이다.

여섯째는 “지극히 거룩한 이가 기름 부음을 받으리라”는 진술. 이는 ‘메시아께서 기름 부음을 받으신다’는 뜻이다(Aben Ezra, Luther, Calvin, Hengsternber, K.&D.). “지극히 거룩한 이가 기름 부음을 받으리라”는 진술에 대해 에드워드 J. 영은 “지극히 거룩한 자”는 자역(문자적으로 번역하는 것)하면 ‘지극히 거룩함’이다. 이는 스룹바벨에 의하여 세워진 성전의 봉헌을 지칭하지 않으며, 안티오커스 에피파네스에 의하여 더럽힘을 받은 번제단(마카비 I서 4:54)의 성별을 가리키지도 않는다. 또한 카일(Keil)과 클리포드처럼, 우리는 그것을 긍정적 성취인 거룩한 성, 하늘의 예루살렘에 적용할 수도 없다(계 21:1-27). 이 단어는 메시아의 기름 부으심을 가리킨다. 이 문구가 정관사 없이 출현하므로, 그것은 ‘한 지극히 거룩한 것’을 의미한다. 그렇다면 어떤 의미에서 이것이 그리스도에게 적용될 수 있는가? 구약에서 붓는 기름은 하나님의 성령을 상징하는 것이다(슥 4장). 그래서 삼상 10:1 이하에서 사울이 기름 부음을 받은 후에 사무엘이 그에게 이르기를 ‘여호와께서 네게 기름을 부으사....’, ‘...네게는 여호와의 신이 크게 임하리니....'라고 말했다(사 61:1 참조). '...주 여호와의 신이 네게 임하셨으니 이는 여호와께서 내게 기름을 부으사....' 그러므로 헹스텐벌키(Hengsternberg)의 말과 같이 결론지을 수 있겠다. 즉, '지극히 거룩한 자에 대한 기름 부음은 구약의 다른 예언들 가운데 메시아의 특성을 나타내는 특징으로 제시되어 있다'는 것이다. 본 절에 나타난 여섯 개의 항목들은 모두 메시아적이다. 이 사실은 예언의 종착점(terminus an quem)을 지정해 준다. 70이레의 종점은 안티오커스의 시대와 어울리지 않고 현시대의 종말, 즉 우리 주님의 재림과도 어울리지 않고, 그분의 초림과 어울린다. '이는 우리 주님께서 하늘로 올려지시고 성령을 내려 보내실 때 충분히 성취되지 않았던 것은 다니엘 9:24의 여섯 항목들 중의 하나도 남아 있지 않았기 때문이다'라고 주장한다.

25-27절. 70이레의 세 구분.

단 9:25. 그러므로 너는 깨달아 알지니라 예루살렘을 중건하라는 영이 날 때부터 기름 부음을 받은 자 곧 왕이 일어나기까지 일곱 이레와 예순두 이레가 지날 것이요 그 곤란한 동안에 성이 중건되어 광장과 거리가 세워질 것이며(Know therefore and understand that from the going out of the word to restore and build Jerusalem to the coming of an anointed one, a prince, there shall be seven weeks. Then for sixty-two weeks it shall be built again with squares and moat, but in a troubled time-ESV, Know therefore and understand： from the time that the word went out to restore and rebuild Jerusalem until the time of an anointed prince, there shall be seven weeks; and for sixty-two weeks it shall be built again with streets and moat, but in a troubled time-**N**RSV)**.**

그러므로 너 다니엘은 깨달아 알라! 예루살렘을 복원하여 세우라는 말씀이 나온 때로부터 기름 부음을 받은 자, 곧 통치자가 올 때까지 일곱 이레(7이레)와 육십이 이레(62이레)가 걸릴 것이며 환난의 때에 광장과 거리가 재건

될 것이라는 내용이다.

"너는 깨달아 알지니라"는 말은 다니엘은 잘 생각하라는 말이 아니고, '깨닫고 알라'는 명령이다. 이 명령(말씀)은 그 메시지가 어려우며, 그래서 영적 진리를 깨닫는 일에 익숙한 마음이 필요하다는 의미이다.

"예루살렘을 중건하라"(to restore and build Jerusalem)는 말은 문자적으로 '도로 찾게 하라'를 의미한다. 즉, 예루살렘을 되찾게 하고 예루살렘을 건축하라는 것, 그 도성의 이전 상태를 회복하라는 뜻이다. 이것은 반드시 완전한 복구를 의미하지는 않고 다만 그 복구의 시작만을 의미할 뿐이다. 건축하라는 말은 '회복 후의 건축을 의미하며 건물의 이전의 상태를 넘어서서 건물의 지속적인 유지와 같은 건물의 좋은 상태를 지속적으로 보존하라는 뜻이다(K.&D.).

"영이 날 때부터"라는 말은 '하나님의 명령이 날 때부터'라는 뜻이다. 하나님은 24절에 예언한 것들이 완료되기까지 그 시간의 길이를 정하셨다. 23절에서도 역시 같은 문구가 하나님의 말씀의 발표를 묘사하기 위하여 나타나 있다. 그러므로 두 구절 다음인 본 25절에서 그 사실에 대한 어떤 언급이 없이 다른 주제가 소개되었다고 가정하기가 어렵다.

"기름 부음을 받은 자 곧 왕이 일어나기까지"라는 말은 일곱 이레(7이레)와 육십이 이레62이레)의 종착점에 왕이기도 한 그 기름 부음을 받은 자가 이르기까지를 의미한다. 다니엘은 기름 부음을 받은 자요 동시에 왕이신(정관사가 빠져 있다) 그 분을 바라보았고, 그 분이 나타남으로써 본 예언이 성취될 그 때를 바라보았다.

"일곱 이레와 예순두 이레"는 그 예언의 출발점과 기름 부음을 받은 자, 왕의 출현 사이의 시간의 길이이다.

히브리 원본은 두 시기들 사이를 분리하여 점을 찍어 놓고 있다. 점을 찍어 놓은 것을 따른다면 본 절은 다음과 같이 번역되어야 할 것이다.

"그리고 너는 예루살렘을 회복하고 건축하라는 영(令)이 날 때부터 기름 부음을 받은 자, 왕까지 깨달아 알라(있다). 7이레 그리고 62이레(동안)

다시 거리와 해자가 세워질 것이고 그 곤란한 시기 동안에.”

그러므로 다음과 같이 정리할 수 있을 것이다. 본 절에서 70주는 7주(49년)와 62주(434년)와 1주(7년: 곤란한 때, 27절)로 나누어진다. 이 70주는 본문에 명시된 대로 예루살렘을 회복하고 건축하라는 영(令)이 날 때(주전 538년)부터 기름 부음을 받은 자 곧 메시아께서 초림 하시기까지의 기간으로 보아야 할 것이다. 그리고 그 종말에 에피파네스의 박해와 같은 대 환란의 때를 겪은 후에 종말이 온다는 것이다.

이 중 ‘일곱 이레’(49년)란 성전을 재건하기 시작한 고레스 원년(주전 538년)부터 예루살렘 성벽과 성전을 건축한 때(주전 444년)까지를 말하며, ‘육십이 이레(62주-434년)’란 예루살렘 성벽과 성전을 중건한 그 때로부터 그리스도의 초림까지를 지칭한다.

“그 곤란한 동안에”란 말은 하나님의 백성들이 에스라와 느헤미야 시대 동안 당했던 압제와 대적에 의하여 잘 입증되고 있다(느 4:1-; 6:1-; 9:36, 37).

“성이 중건되어”란 말에 대해서는 헹스턴벌키(Hengsternberg)가 “그 거리가 회복되고 건축되며 확고하게 정해졌다”고 번역했다.

단 9:26. 예순두 이레 후에 기름 부음을 받은 자가 끊어져 없어질 것이며 장차 한 왕의 백성이 와서 그 성읍과 성소를 무너뜨리려니와 그의 마지막은 홍수에 휩쓸림 같을 것이며 또 끝까지 전쟁이 있으리니 황폐할 것이 작정되었느니라(And after the sixty-two weeks, an anointed one shall be cut off, and shall have nothing; and the people of the prince who is to come shall destroy the city and the sanctuary. Its end shall come with a flood, and to the end there shall be war; desolations are decreed-ESV

After the sixty-two weeks, an anointed one shall be cut off and shall have nothing, and the troops of the prince who is to come shall destroy the city and the sanctuary. Its end shall come with a flood, and to the end there shall be war. Desolations are decreed-NRSV).

예순두 이레(62이레)가 지난 다음에, 기름 부음을 받은 왕이 부당하게 살해되고, 아무도 그의 임무를 이어받지 못할 것이다. 한 통치자의 군대가 침략해 들어와서, 성읍과 성전을 파괴할 것이다. 홍수에 침몰되듯 성읍이 종말을 맞을 것이다. 피할 수 없는 전쟁이 끝까지 계속되어, 성읍이 황폐하게 될 것이다.

"예순두 이레 후에 기름 부음을 받은 자가 끊어져 없어질 것이라"는 말은 '62이레 후에 메시아가 끊어져 없어질 것이라'는 뜻이다(K.&D., Hengsternberg). 이는 25절에서도 이미 언급했다. 그러므로 본문은 예수 그리스도의 고난과 죽으심을 예언한 것이다(사 53:8).

"장차 한 왕의 백성이 와서 그 성읍과 성소를 무너뜨릴 것이라"는 말은 '일곱 이레'(7이레)와 '육십이 이레'(62이레, 25절) 그리고 최종적인 '한 이레'(27절) 중간에 있을 중간 공백기에 될 일을 가리키는 바 이는 일곱 이레와 육십이 이레의 의미에 비추어 그리스도의 성육신 이후부터 적그리스도의 출현까지를 의미하는 것으로 볼 수 있다. 이 기간 동안에 그리스도의 십자가 사건과 로마의 디도(Titus, 주후 79-81년) 장군에 의한 예루살렘의 멸망과 성전 훼파 사건(주후 70년) 등이 발생하게 된다. 다시 말해 그리스도의 죽으심 후에 일어날 것으로 예언되고 있는 이 '한 왕'은 다름 아닌 신약 시대의 성도들을 박해할 로마의 황제들을 지칭하는 것이다(Calvin, Young, Harvie Conn, 박윤선).

"그의 마지막은 홍수에 휩쓸림 같을 것이라"는 말은 넘치는 홍수를 암시한다. 나훔 1:8에서는 이 단어가 하나님의 진노의 퍼부으심이라는 뜻으로 사용되었다.

"끝까지"란 말은 멸망의 끝까지 전쟁과 황폐가 계속될 것이라는 말이다.

단 9:27. 그가 장차 많은 사람들과 더불어 한 이레 동안의 언약을 굳게

맺고 그가 그 이레의 절반에 제사와 예물을 금지할 것이며 또 포악하여 가증한 것이 날개를 의지하여 설 것이며 또 이미 정한 종말까지 진노가 황폐하게 하는 자에게 쏟아지리라 하였느니라 하니라(And he shall make a strong covenant with many for one week; and for half of the week he shall put an end to sacrifice and offering. And on the wing of abominations shall come one who makes desolate, until the decreed end is poured out on the desolator-ESV)**.**

그가 많은 사람과 더불어 한 이레 동안 언약을 굳게 정하며, 그 이레의 절반에 희생 제물과 곡식 제물을 중지시킬 것이다. 작정된 것이 황폐케 하는 자 위에 쏟아지는 마지막까지, 성전 모퉁이에 황폐케 하는 혐오스러운 것이 서 있을 것이라는 내용이다.

본 절(27절)은 남아 있는 한 이레(7이레) 동안에 무슨 일들이 진행될지를 보여준다.

그런데 본 절 초두의 "그"가 누구냐를 아는 것이 아주 중요하다. 누구냐를 두고 여러 견해가 있다. 1) 자유주의자들(Montgomery, Jeffery, Driver)은 "그"를 안티오커스 에피파네스로 본다. 안티오커스 에피파네스가 많은 예루살렘 사람과 더불어 언약한 바가 있다는 것이다(Montgomery). 그러나 역사상 안티오커스 에피파네스가 유대인들과 언약한 일은 없다. 2) 일단의 학자들은 "그"를 적그리스도라고 말한다(K.&D., 이상근, 그랜드 종합 주석). 3) 세대주의 학자들(인류의 역사를 7등분하여 연구하는 학자들)은 여기 "그"를 적그리스도로 보고, 말세에 적그리스도(7장의 작은 뿔)가 다시 나타날 것이라고 한다. 즉, 이 적그리스도가 말세에 옛 로마 제국에 다시 나타날 것으로 보는 견해이다. 4) 개혁주의자들은 "그"를 메시아로 본다(Hengsternberg, Edward Young, Harvie Conn, 박윤선). 여러 견해들 중에 4)번 개혁주의 견해를 가장 바른 것으로 본다.

"이레의 절반에"라는 말은 '이레의 절반 동안에'를 의미하지 않고 오히려 이레의 절반이 지났을 때인 이레의 중간을 의미한다. 본뜻은 이레의 절반 동안 제사가 그친다는 것이 아니고, 이레의 중간에(at) 제사가 그친다는 것을 의미하는 것이다(에드워드 영).

"제사와 예물을 금지할 것이며"라는 말은 '메시아가 자신의 죽음으로 말미암아 제사와 예물을 그치게 만들었다'는 뜻이다. 그리스도의 죽음과 동시에 성소의 휘장은 둘로 갈라져 지성소로 나아가는 길이 열렸으며 복음이 전파되었고, 그래서 유대인들의 희생 제사는 더 이상 합법적인 것으로 간주되지 않았다.

"포악하여 가증한 것이 날개를 의지하여 설 것이라"는 말을 개역하면 '황폐케 하는 자가 미운 물건의 날개 위에 있으리라'고 번역된다. 여기 "미운 물건의 날개"라는 말은 '성전 꼭대기'를 의미한다. 성전을 "미운 물건"이라고 하는 이유는 그리스도께서 속죄의 죽음을 죽으신 뒤에도 그리스도를 믿지 않는 사람들이 성전에서 제사를 거행할 때 그것은 우상 숭배와 같이 가증하기 때문이다. 여기 "황폐케 하는 자"가 성전 꼭대기에 있다는 것은 예루살렘을 멸망시킨 로마의 디도(Titus) 장군이 성전을 아주 훼파하고 설 것을 가리킨다(Edward Young, Harvie Conn, 박윤선). "또 이미 정한 종말까지 진노가 황폐하게 하는 자에게 쏟아지리라"는 말은 26절의 "황폐할 것이 작정되었다"는 말의 결과를 말하는 것이다. 26절과 본 절의 내용은 서로 같은 것임을 드러낸다. 그런고로 26절과 본 절은 로마로 말미암아 예루살렘과 성전이 주후 70년에 훼파될 것을 말하고 있다.

세대주의 학자들은 27절에 진술한 심판을 적그리스도에 대한 하나님의 심판으로 여긴다. 물론 그 심판은 그리스도의 재림으로 말미암아 나타난다는 것이다. 카일과 루폴드도 그와 같이 해석한다. 그러나 이 말씀은 유대인을 멸망시킨 자를 심판함이 아니고 로마 군대로 말미암아 훼파된 성읍과 성전에 임하는 심판이 철저하게 임할 것을 지칭한다. 이 말씀은 "한 이레"의 끝을 가리킴보다도 "육십이 이레" 후에 될 일을 가리켰으니 곧 예수 그리스도와 및 그의 죽으심에 뒤따르는 성읍과 성소의 멸망을 가리킨다.

우리는 여기서 24-27절을 해석함에 있어서 연대적으로 맞추기보다는 그리스도를 중심하고 해석해야 한다. 그리스도께서 죽으셨다가 다시 살아나셔서 승천하심으로 우리를 위한 구원이 성취되었다. 예수 그리스도는 다니엘서의 중심이다. 본서에 이미 기록된 예언들(2:34-35; 7:13-14)도 그리스도의 나라(하늘나라)를 중심으로 하고 있다.

2장과 7장에 왕국론으로 예언된 구원이 결국 메시아 개인의 죽으심으로 성취된다는 것이다. "인자"(메시아)의 나라가 영원하고 무한히 광범위하지만 그것이 성취되기 위하여 그의 죽으심이 필요하다는 것이다. 우리는 9장에서 갈보리의 십자가를 대면한다. 이 사실이 바로 하나님의 백성에게 주는 위로이다. 메시아의 속죄의 죽으심이 우리를 하나님과 화목시킨다. 이렇게 메시아는 하나님의 기뻐하시는 영원한 의(義)를 성취하셨다(Harvie Conn, 박윤선).

제 10 장

D. 다니엘이 고레스 3년에 환상을 보다 10:1-12:13

다니엘서의 마지막 3장(10, 11, 12장)은 다니엘의 마지막 예언이다. 이 3장의 내용은 먼저 다니엘이 천사와 대화한 내용이고(10장), 11장은 열방에 대한 예언이며, 12장은 종말의 예언이다. 예언자는 줄곧 1인칭 주어를 사용한다.

1. 다니엘이 환상을 보다 10:1-11:1

10장은 다니엘 예언의 서론이다. 본 장은 다니엘이 하나님의 이상을 받을 준비를 한 것을 진술한다. 다니엘은 이미 받은 전쟁의 계시 때문에 슬퍼했고(1-9절), 천사가 나타나고(10-17절), 또 나타나서(18-21절) 다니엘을 격려하며, 하나님의 계시 받을 준비를 시킨다.

ㄱ. 환상을 본 시기와 장소 10:1-4

다니엘은 바사(페르시아) 왕 고레스 3년에 힛데겔 강 가에서 이미 받은 이상으로 인하여 비탄할 때에 한 천사가 그에게 나타난다.

<힛데겔 강 가에서 본 환상>

단 10:1. 바사 왕 고레스 제삼년에 한 일이 벨드사살이라 이름한 다니엘에게 나타났는데 그 일이 참되니 곧 큰 전쟁에 관한 것이라. 다니엘이 그 일을 분명히 알았고 그 환상을 깨달으니라.

바사(페르시아) 왕 고레스 제삼년에 이름을 벨드사살이라고도 하는 다니엘에게 말씀이 계시되었다. 그 말씀은 참되어 큰 전쟁에 관한 것으로써 그가 그 말씀을 깨달았고 환상도 알게 되었다.

"고레스"(Cyrus, 주전 559-529년 통치)는 바사 제국을 세운 왕이었고, 유다 민족을 귀환시킨 왕이었다(1:21). 고레스의 제3년은 그가 바벨론을 멸망시키고 대(大)제국을 창설할 때부터 계산하면 주전 556년이 된다. 여기 연대가 기록된 것은 다니엘이 계시를 받은 것이 역사적 사건임을 증명한다.

"한 일이 벨드사살이라 이름한 다니엘에게 나타났는데 그 일이 참되니 곧 큰 전쟁에 관한 것이라"는 본 절에서 다니엘은 자기의 바벨론식 이름을 드러냈다. "그 일"이란 '그 말씀'이란 뜻으로 하나님의 계시를 가리킨다.

"그 전쟁에 관한 것이라"는 말을 두고 루터는 '큰 고통거리에 관한 것이라'고 번역했고, 칼빈은 '정한 시간이 길 것이라'고 번역했다. 이 뜻은 유다 민족이 장차 만날 환란의 때를 가리킨 것이다. 다니엘이 고레스 삼년에 본 계시는 장차 헬라 시대에 안티오커스 에피파네스가 유다 종교를 핍박할 일에 관한 것이었다. 그 계시는 다니엘이 이 계시를 본 뒤로부터 300년이 지나서 성취되었다.

"다니엘이 그 일을 분명히 알았고 그 환상을 깨달으니라"는 말은 '다니엘이 세 이레 동안을 슬퍼한(2절) 후에 계시의 의미를 깨닫게 되었다'는 뜻이다.

단 10:2. 그 때에 나 다니엘이 세 이레 동안을 슬퍼하며.

그 때에 나 다니엘이 삼 주(문자적인 3주를 가리킨다) 동안을 슬퍼했다는 것이다.

다니엘이 3주간이나 슬퍼한 후에 계시를 깨달은 이유를 두고 학자들 간에 견해가 갈린다. 1) 유다인들이 본국으로 돌아가라는 고레스의 명령을 받고도 많은 사람들이 돌아가지 않은 것을 보고 슬퍼했다는 견해, 2) 혹은 본국으로 돌아간 자들이 성전 재건 사업을 하는데 이방인들로부터 많은 방해를 받는다는 보고를 받고 슬퍼했다는 견해(스 4:4-5, Calvin), 3) 다니엘이 그 받은 계시를 깨닫지 못해서 슬퍼했다는 견해(G. Ch. Aalders)이다. 이 세 가지 이유 중에 3)번의 견해가 가장 그럴듯해 보인다. 성도들은 계시를 깨닫기 전에 하나님께서 주시는 슬픔의 기간을 체험한다. 다시 말해 슬픔을 체험하고야 계시를 깨닫는다. 다니엘은 계시를 받는 입장이었으니 그 마음에 고통이 있었을 것으로 보인다.

단 10:3. 세 이레가 차기까지 좋은 떡을 먹지 아니하며 고기와 포도주를 입에 대지 아니하며 또 기름을 바르지 아니하니라.

3주간이 차기까지 좋은 음식을 먹지 않고, 고기와 포도주를 입에 대지 아니하였으며, 기름도 바르지 아니하였다는 것이다.

2절은 다니엘이 계시를 받기 전에 심령에 슬픔이 있었다는 것을 말하고, 3절은 그 슬픔의 외적 표현이 눈에 띄게 나타난 것을 말한다. 다니엘은 맛있는 것들(좋은 떡, 고기, 포도주)을 먹지 않았고, 머리에 기름까지 바르지 않았다는 것이다.

단 10:4. 첫째 달 이십사일에 내가 힛데겔이라 하는 큰 강 가에 있었는데.

정월 24일에 나 다니엘은 큰 강 티그리스 강 가에 있었다는 것이다.

본 절은 다니엘이 계시를 받을 때 그가 자리하고 있었던 곳을 진술한 것이다. 다니엘이 계시를 받은 것이 역사적인 사건이라는 것을 보여주는 것이다. "하나님의 말씀이 이렇게 역사화(歷史化)되어 시간과 공간성도 지니고 있기 때문에 우리는 그것을 확실히 파악할 수 있다. 이것은 참으로 감개무량한 일이다"(박윤선).

ㄴ. 한 인자의 환상 10:5-9

단 10:5. 그 때에 내가 눈을 들어 바라본즉 한 사람이 세마포 옷을 입었고 허리에는 우바스 순금 띠를 띠었더라.

나 다니엘이 눈을 들어 보니, 한 사람이 가는 베옷을 입고, 그의 허리에는 우바스의 순금 띠를 두르고 있었다.

다니엘이 보기에 "한 사람이 가는 베옷을 입고, 그의 허리에는 우바스의 순금 띠를 두르고 있던 분"은 계 1:13-15의 묘사와 유사한 것을 보아서 그리스도이시다(K.&D., E. J. Young).

단 10:6. 또 그의 몸은 황옥 같고 그의 얼굴은 번갯빛 같고 그의 눈은 횃불 같고 그의 팔과 발은 빛난 놋과 같고 그의 말소리는 무리의 소리와 같더라.

그의 몸은 황옥 같고 그의 얼굴은 번개처럼 빛났으며, 그의 눈은 횃불 같고 그의 팔과 발은 빛나는 놋을 보는 듯 했으며, 그의 말소리는 군중의 소리처럼 컸다는 것이다.

그리스도의 "몸이 황옥 같다"는 말은 그리스도의 모습이 아주 고귀하시다는 뜻이다.

그리스도의 "얼굴이 번갯빛 같다"는 것은 그리스도의 영광을 보여준다(계 1:16).

그리고 "그의 눈이 횃불 같다"는 말은 그리스도께서 완벽한 통찰력을 가지셨고 또 전지하신 분이심을 뜻한다(계 1:16).

"그의 팔과 발은 빛난 놋과 같다"는 말은 그리스도께서 전능하심을 보여준다.

"그의 말소리는 무리의 소리와 같다"는 말은 그리스도의 말소리가 위엄이 있으시다는 것을 보여준다(계 1:15).

단 10:7. 이 환상을 나 다니엘이 홀로 보았고 나와 함께 한 사람들은 이 환상은 보지 못하였어도 그들이 크게 떨며 도망하여 숨었느니라.

6절과 같이 묘사된 그리스도의 모습을 나 다니엘만 홀로 보았고, 나와 함께 있었던 사람들은 그 환상을 보지 못하였어도 큰 두려움이 그들에게 엄습하였으므로 도망하여 숨었다는 것이다.

"그리스도의 환상을 나 다니엘이 홀로 보았다"는 것이다. 다니엘은 여러 사람과 함께 있었으나 메시아는 다니엘 홀로 본 것이다. 하나님의 계시를 체험하는 사람은 극히 한정적이라는 것을 보여준다.

"나와 함께 한 사람들은 이 환상은 보지 못하였어도 그들이 크게 떨며 도망하여 숨었다"는 것이다. 다니엘이 그리스도를 보는 중에 사람들이 이처럼 소동을 벌였다는 것에 대한 본 장의 증거를 통해 다니엘의 묵시가 꾸며낸 신화나 우화가 아니라 실제로 하나님의 계시로 받은 것임을 입증한다(그랜드 종합 주석).

단 10:8. 그러므로 나만 홀로 있어서 이 큰 환상을 볼 때에 내 몸에 힘이 빠졌고 나의 아름다운 빛이 변하여 썩은 듯하였고 나의 힘이 다 없어졌으나.

그러므로 나 혼자만 남아 그 큰 환상을 볼 때에 나의 몸에서 힘이 빠졌고 나의 아름다움이 변하여 썩은 듯했으며 더 이상 지탱할 힘이 없었다는 것이다. 다니엘이 본 절의 몸 상태가 된 것은 앞서 가브리엘을 만났을 때(8:16-18)보다 더 심한 상태이다. 다니엘의 몸에서 힘이 다 빠져나갔으며 그의 아름답던 얼굴빛이(1:15) 죽은 사람처럼 된 것이다.

단 10:9. 내가 그의 음성을 들었는데 그의 음성을 들을 때에 내가 얼굴을 땅에 대고 깊이 잠들었느니라.

나 다니엘이 그리스도의 말소리를 들었는데, 내가 그 말소리를 들을 때, 나는 기절하여 얼굴을 땅에 대고 쓰러졌다.

바울 사도가 그리스도의 음성을 들었을 때에도 땅에 엎드러졌다(행 9:4). 그러나 그 때 그는 감각을 가지고 있었으나 여기 다니엘은 무감각 상태가 되어 잠들었던 것이다(8:18; 겔 12:28; 2:1, 이상근).

ㄷ. 가브리엘 천사가 방문한 목적을 설명하다 10:10-14

단 10:10. 한 손이 있어 나를 어루만지기로 내가 떨었더니 그가 내 무릎과 손바닥이 땅에 닿게 일으키고.

다니엘은 말하기를, "보라! 한 손이 떨고 있는 나를 어루만지며 무릎과 손을 일으켜 세웠다"는 것이다.

여기 "한 손"이 누구의 손인가를 두고 견해가 갈린다. 1) 앞(5, 6절)에서 나타나셨던 그리스도라는 견해, 2) 이 부분(10-14절)에 새로 진술되는 가브리엘 천사라는 견해이다. 이 두 견해 중에 2)번의 견해가 더 바른 것으로 보인다. 왜냐하면 자기가 보내심을 받은 이라고 말하는 점(11절), 또 본서에서 다니엘에게 계시를 깨닫도록 보내심을 받은 자는 가브리엘이라고 말하기 때문이다(8:16,17; 9:21, 22). 더구나 그리스도라면 13절에서 설명하는 것처럼 악한 영들에게 사로 잡혔다가 미가엘의 도움으로 왔다는 말이 이해하기 무척 어렵다는 것이다.

다니엘은 가브리엘 천사의 도움으로 위로를 얻고 힘을 얻어 일어섰다는 것이다. 인생은 하나님의 위로를 받고 도우심을 받아야 힘을 얻는다는 것을 알 수 있다.

단 10:11. 내게 이르되 큰 은총을 받은 사람 다니엘아 내가 네게 이르는 말을 깨닫고 일어서라 내가 네게 보내심을 받았느니라 하더라 그가 내게 이 말을 한 후에 내가 떨며 일어서니.

그 천사가 나 다니엘에게 말하기를, “사랑받은 사람 다니엘아! 나 천사가 네게 하는 말에 주의하고, 네 자리에서 일어서라. 내가 네게 보냄을 받았기 때문이다”라고 하며, 그가 내게 이 말을 할 때 내가 떨며 일어섰다.

“큰 은총을 받은 사람”이란 말의 주해를 위해서 9:23 주해를 참조하라. 천사는 자기가 다니엘에게 보내심을 받았다고 고하고 그의 말을 깨닫고 일어서라고 권한다(8:18; 겔 2:1 참조). 천사의 말을 듣고 다니엘은 떨면서 일어섰다. 인생은 이렇게 하나님의 위로하심이 있어야 일어서는 존재이다.

단 10:12. 그가 내게 이르되 다니엘아 두려워하지 말라 네가 깨달으려 하여 네 하나님 앞에 스스로 겸비하게 하기로 결심하던 첫날부터 네 말이 응답 받았으므로 내가 네 말로 말미암아 왔느니라.

그 천사가 내게 말하기를, “다니엘아! 두려워하지 말라. 네가 깨닫기 위해 네 하나님 앞에서 겸비하기로 네 마음을 정한 첫날부터 네 말이 응답되었으므로 내가 네 말 때문에 왔느니라"고 했다.

즉, 천사는, "다니엘아! 두려워하지 말라. 네가 깨닫기 위해 네 하나님 앞에서 겸비하기로 네 마음을 정한 첫날부터 네 말이 응답되었다"고 말한다. 하나님은 우리가 기도하기를 시작하는 시간부터 응답하시기 시작하신다. 실제로 이루시는 것은 시간을 잡으시지만 이루시기를 시작하시는 것은 우리가 기도하기를 시작하는 시간부터 시작하신다.

단 10:13. 그런데 바사 왕국의 군주가 이십일 일 동안 나를 막았으므로 내가 거기 바사 왕국의 왕들과 함께 머물러 있더니 가장 높은 군주 중 하나인 미가엘이 와서 나를 도와주므로(The prince of the kingdom of Persia withstood me twenty-one days, but Michael, one of the chief princes, came to help me, for I was left there with the kings of Persia-ESV).

다니엘에게 온 가브리엘 천사는 바사(페르시아) 왕국의 수호천사가 21일 동안 내(가브리엘) 앞을 가로막았기 때문에 내가 바사(페르시아) 왕 곁에 남아 있었는데, 가장 높은 사령관 중 하나인 미가엘이 와서 나를 도와주어서 그곳을 떠나 왔다고 다니엘에게 말한다.

다니엘에게로 온 가브리엘 천사는 "21일 동안", 곧 다니엘의 금식 기간 동안 지연되었는데, 바사국 군(prince) 때문이었다. 그 왕은 바사의 왕이 아니었으니(칼빈, 해버닉), 이는 본문의 사상이 영적 전쟁이기 때문이었다(계 12:7). 한 걸음 더 나아가서 바사 왕의 지상 왕들은 바사 왕국의 왕들로 묘사되어 있다. 이스라엘은 한 천사 '군'(prince) 미가엘을 소유하고 있었는데, 그런고로 바사국 군 역시 한 천사를 가지고 있다고 보아야 한다. 여기서 그 군은 바사를 보호하는 천사였다(사 24:21; 46:2; 렘 46:25; 고전 8:5; 10:20 참조). 다시 말하면, 국가의 우상들 배후에 서 있었던 초자연적 영적 세력이었는데, 그를 우리는 당연히 이 왕국을 보호하는 영으로 부를 수 있는 것이다(Keil).

"내가 거기 바사 왕국의 왕들과 함께 머물러 있었다"는 말은 21일간 가브리엘은 미가엘이 와서 도울 때까지 바사 왕국의 왕들과 계속해서 머물러 있었다는 것이다. 그러고 나서 가브리엘 천사는 이겨냈고, 가장 어려운 상태에 있었다가 바사 왕의 근처를 떠나게 되었다는 뜻이다.

단 10:14. 이제 내가 마지막 날에 네 백성이 당할 일을 네게 깨닫게 하러 왔노라 이는 이 환상이 오랜 후의 일임이라 하더라.

"이제 나 가브리엘은 마지막 날들에 네(다니엘) 백성에게 닥칠 일에 대하여 깨닫게 해 주려고 왔노라. 이 환상은 먼 훗날에 관한 것이라"고 했다.

"마지막 날"이란 말은 안티오커스의 시대(드러이버의 학설)가 아니라 메시아 시대를 이름이다(2:28).

"이 환상이 오랜 후의 일이라"는 말은 메시아 시대와 관계가 있는 11장에 진술된 계시를 말함이다.

ㄹ. 인자가 다니엘의 입술을 만져주다 10:15-17

단 10:15. 그가 이런 말로 내게 이를 때에 내가 곧 얼굴을 땅에 향하고 말문이 막혔더니.

가브리엘이 나 다니엘에게 이런 말들을 할 때, 나는 내 얼굴을 땅으로 향하고 아무 말도 할 수 없었다(벙어리가 되어 아무 말도 할 수 없었다, 8:17)는 것이다.

이런 표현은 다니엘이 본 이상의 중요성을 설명하는 것이다.

단 10:16. 인자와 같은 이가 있어 내 입술을 만진지라 내가 곧 입을 열어 내 앞에 서 있는 자에게 말하여 이르되 내 주여 이 환상으로 말미암아 근심이 내게 더하므로 내가 힘이 없어졌나이다.

인자(메시아)의 형상을 한 이가 있어 내(다니엘의) 입술을 만지자 내가 내 입을 열어 말할 수 있게 되었다. 내가 내 앞에 서 있는 이에게 말하기를,

"내 주여! 그 환상으로 인하여 고통이 나를 덮쳤으므로, 더 이상 지탱할 힘이 내게 없다"고 했다.

메시아께서 벙어리가 된(15절) 다니엘의 입을 만졌으므로 다니엘은 입이 열려 말을 하게 되었다. 다니엘은 메시아를 향하여 "내 주여!" 라고 부른다.

단 10:17. 내 몸에 힘이 없어졌고 호흡이 남지 아니하였사오니 내 주의 이 종이 어찌 능히 내 주와 더불어 말씀할 수 있으리이까 하니.

어떻게 내 주님의 종이 주님과 더불어 말할 수 있겠습니까? 지금 나는 기력이 쇠하여 숨도 쉴 수 없다고 하였다.

"내 몸에 힘이 없어졌고 호흡이 남지 아니하였다"는 말은 죽을 지경이 되었다는 표현이다.

ㅁ. 바사를 이은 헬라의 등장에 대한 설명 10:18-11:1

단 10:18. 또 사람의 모양 같은 것 하나가 나를 만지며 나를 강건하게 하여.

그러자 사람의 모양을 한 이가 다시 나를 어루만져서 내게 힘을 주었다는 것이다.

여기 "사람의 모양을 한 이"란 말은 16절에 있는 말 "인자와 같은 이"(메시아)란 말과 같다. 우리 인생을 건강하게 하시는 것은 하나님이시라는 것을 보여준다.

단 10:19. 이르되 큰 은총을 받은 사람이여 두려워하지 말라 평안하라 강건하라 강건하라 그가 이같이 내게 말하매 내가 곧 힘이 나서 이르되 내 주께서 나를 강건하게 하셨사오니 말씀하옵소서.

말하기를, "사랑받은 사람아! 두려워하지 마라. 평안하라. 강건하라. 강건하라"고 하였다. 그가 내게 말할 때 내가 힘이 나서 말하기를, "내 주님! 주께서 제게 힘을 주셨으니 말씀하소서"라고 했다.

메시아께서 사람에게 위로를 주시는 것은 말씀으로만 아니라 실제로 능력주시는 데까지 이른다. 다니엘이 "내가 곧 힘이 나서"라고 말한 것을 보면 예수 그리스도께서 위로하심은 위로로 그치는 것이 아니고, 실제로 힘을 주시는 일에까지 이른다는 것을 보여준다.

단 10:20. 그가 이르되 내가 어찌하여 네게 왔는지 네가 아느냐 이제 내가 돌아가서 바사 군주와 싸우려니와 내가 나간 후에는 헬라의 군주가 이를 것이라.

그가 말하기를, "내가 왜 네게 왔는지 아느냐? 이제 나는 돌아가 바사(페르시아)의 군주와 싸울 것인데, 내가 나간 다음에 헬라의 사령관이 올 것이다"고 했다.

"그가 이르되 내가 어찌하여 네게 왔는지 네가 아느냐?"는 말은 서술문이 아니라 의문문이다. 가브리엘 천사가 말씀하기를, "내가 어찌하여 네게 왔는지 네가 아느냐?"고 묻는 의문문이다.

"이제 내가 돌아가서 바사 군주와 싸우려니와 내가 나간 후에는 헬라의 군주가 이를 것이라"는 말씀은 '이제 내가 바사 군주와 싸움에서 떠나서 또 다른 헬라 군과의 싸움이 있을 것이라'는 뜻이다. 다시 말해 바사 군과의 싸움으로부터 떠나서 또 헬라 군과의 싸움이 있을 것이라는 뜻이다. 이는 그가 나간 후에 헬라국의 수호천사가 이른다는 것이다. 이는 바사 제국이 헬라의 알렉산더 대왕에게 패하여 멸망할 것을 가리키는 말이다.

단 10:21. 오직 내가 먼저 진리의 글에 기록된 것으로 네게 보이리라 나를 도와서 그들을 대항할 자는 너희의 군주 미가엘뿐이니라(But I will tell you what is inscribed in the book of truth: there is none who contends by my side against these except Michael, your prince-ESV
But I am to tell you what is inscribed in the book of truth. There is no one with me who contends against these princes except Michael, your prince-NRSV)**.**

진실로 내가 진리의 책에 기록된 것을 네게 알려 줄 것이다. 너희의 천사장 미가엘 외에는 아무도 나를 도와서 그들을 대적할 이가 없다.

본 절의 “진리의 글”이라는 말은 다니엘서 자체(게블라인)가 아니고, 세계 역사와 성도들이 받을 고난에 대한 하나님의 계획서(작정서)를 가리킨다. 성도들을 핍박하는 자도 이 “진리의 글”에 작정된 이상 더하지 못한다(박윤선).

“나를 도와서 그들을 대항할 자”란 말은 ‘가브리엘 천사를 도와서 바사와 헬라를 대적할 자’를 의미한다.

“미가엘”이란 말은 ‘누가 하나님과 같으리요’라는 뜻인데, 그는 하나님을 위하여 싸우는 천사이다(계 12:7).

제 11 장

단 11:1. 내가 또 메대 사람 다리오 원년에 일어나 그를 도와서 그를 강하게 한 일이 있었느니라.

나 미가엘이 메대 사람 다리오(다리우스, 6:1 주해 참조) 원년에 일어나 다리오를 강하게 하고 보호했다는 것이다. 본 절은 앞장 끝을 이어서 미가엘이 다리오를 돕고, 바벨론을 멸망시킨 것에 관해 진술한다(Hengsternberg, K.&D.).

2. 환상의 핵심 내용 설명 11:2-12:4

다니엘의 마지막 예언 10-12장에서 10장은 서론이었고, 11장은 본론이다. 본 11장에는 이스라엘과 관련된 주변 열방에 관한 예언을 진술하고 있는데, 특히 안티오커스 에피파네스에 대해 강조해서 진술하고 있다.

본 장의 내용은 바사와 헬라(2-4절), 애굽과 수리아(5-20절), 안티오커스 에피파네스에 관한 기사(21-45절)이다.

ㄱ. 바사의 멸망과 헬라국의 분열 11:2-4

바사(페르시아)의 4왕(2절)과 헬라의 알렉산더 대왕과 그 나라의 분열에 관한 예언(3-4절)이다.

<남방 왕과 북방 왕이 싸우리라>

단 11:2. 이제 내가 참된 것을 네게 보이리라 보라 바사에서 또 세 왕들이 일어날 것이요 그 후의 넷째는 그들보다 심히 부요할 것이며 그가 그 부요함으로 강하여진 후에는 모든 사람을 충동하여 헬라 왕국을 칠 것이며.

그러므로 이제 내가 네게 진실을 알려 주겠다. 보라! 바사(페르시아)에서 또 다른 세 왕들이 일어날 것이며, 넷째는 다른 누구보다 부요할 것이다. 넷째가 부요함으로 강하게 되면 모든 사람을 충동하여 헬라 왕국을 대적할 것이다.

"내가 참된 것을 네게 보이리라"는 말은 앞장 말(21절)의 '자신의 진리의 글을 보여주겠다'는 뜻이다. 다시 말해 하나님의 예정을 따라 일어날 일들을 보이겠다는 것이다.

"바사에서 또 세 왕들이 일어날 것이요 그 후의 넷째는 그들보다 심히 부요할 것이라"는 본문은 고레스 이후에 3왕이 일어난다는 것이고, 넷째 왕은 세 왕들보다 부요할 것이라는 뜻이다. 세 왕은 캄비세스(Cambyses), 스멜디스(Pseudo-Smerdis), 다리오 대왕(Darius I Hystaspes), 그리고 넷째 왕은 크셀크스이다. 이 넷째 왕 크셀크스의 부강함은 에스더서에 기록되어 있다. 그는 부강해진 후에는 대군을 거느리고 헬라를 침공했으나 살라미스 해전에서 대패했다. 이가 대패한 후 바사는 망하고 말았다는 것이다.

단 11:3. 장차 한 능력 있는 왕이 일어나서 큰 권세로 다스리며 자기 마음대로 행하리라.

그 후에 한 강력한 왕이 일어나 큰 권세를 행사하며 자기 뜻대로 행할 것이라는 것이다.

본 절의 말씀은 헬라의 대왕 알렉산더(주전 336-323년 통치)를 가리키는 말이다. 그는 짧은 시일 내에 전 세계를 정복한 것이다. 그는 무엇이든 임의로 행했다. 하나님은 세계에 일어날 모든 일들을 아시고 사람들에게 가르쳐 주신다. 하나님은 지금도 성경 말씀을 통하여 우리에게 우주를 보여 주신다.

단 11:4. 그러나 그가 강성할 때에 그의 나라가 갈라져 천하 사방에 나누일

것이나 그의 자손에게로 돌아가지도 아니할 것이요 또 자기가 주장하던 권세대로도 되지 아니하리니 이는 그 나라가 뽑혀서 그 외의 다른 사람들에게로 돌아갈 것임이라.

알렉산더가 일어설 때에 그의 왕국이 깨어져 천하 사방으로 나뉠 것이며, 그의 후손들에게 돌아가지 아니하고, 그가 누리던 권세대로 되지도 아니할 것이니, 그의 왕국이 뿌리 뽑혀 그들이 아닌 다른 사람에게 넘어갈 것이라는 것이다. 본 절은 알렉산더의 권세가 절정기에 이르렀을 때 바벨론에서 급사할 것을 예언하고, 그의 나라는 그의 부하들, 프톨레미(Ptolemy), 캣센더(Cassender), 리시마커스(Lysimachus), 셀류커스(Seleucus)에 의해 네 개로 나뉘게 될 것을 가리킨다. 하나님은 세상 일이 진행되기 전에 미리 알려주신다.

ㄴ. 헬라 제국 분봉왕 사이의 전쟁들 11:5-20

5-20절은 애굽과 수리아의 반목(5-9절)을 예언하고, 안티오커스 3세(10-19절), 셀류커스 4세에 대한 예언(20절) 기사이다.

단 11:5. 남방의 왕은 강할 것이나 그 군주들 중 하나는 그보다 강하여 권세를 떨치리니 그의 권세가 심히 클 것이요.

남방 왕은 강할 것이나 그의 장군들 중 하나는 그보다 더 강하게 되어 다스릴 것이니 그의 권세는 큰 권세가 될 것이다.

본 절의 "남방 왕"은 알렉산더가 이룩한 헬라 제국이 분열한 뒤 애굽을 통치하게 된 프톨레미 1세를 지칭한다. 이 남방 왕은 알렉산더의 제국을 분할 통치하던 네 장군 중 가장 유능한 장수였다. 그는 자신이 통치하게 된 애굽을 부강하게 하는데 전력을 다하였으며 그 결과 애굽은 다른 세 나라보다 월등하게 강력해졌다.

"그 군주들 중 하나는 그보다 강하다"는 말은 알렉산더의 헬라 제국을 분할하여 각기 나라를 차지한 네 왕들을 지칭하며, 그들보다 강하다고 언급된 하나는 수리아를 통치했던 셀류커스 1세 니카토르(Seleucus 1. Nicator)

를 가리킨다. 그는 초기에는 세력이 미약하여 프톨레미 1세에게 예속되어 있었으나, 후에 프톨레미 1세를 도와 안티고너스(Antigonus)를 패배시킨 뒤 프톨레미 1세로부터 독립했다. 수리아 왕국은 독립한 후에도 계속해서 국력을 강화시켜 나가서 정복 전쟁을 계속하여 후에는 애굽이 지배했던 팔레스타인 지역을 포함하여 소아시아 인근 지역까지 석권(돗자리를 만다는 뜻으로, 무서운 기세로 세력을 펼쳐 나간 것을 지칭함)하였으며, 안티오커스 3세의 통치 기간(주전 223-187) 이후에는 대 애굽 전쟁에서도 우위를 지켰다.

단 11:6. 몇 해 후에 그들이 서로 단합하리니 곧 남방 왕의 딸이 북방 왕에게 가서 화친하리라 그러나 그 공주의 힘이 쇠하고 그 왕은 서지도 못하며 권세가 없어질 뿐 아니라 그 공주와 그를 데리고 온 자와 그를 낳은 자와 그 때에 도와 주던 자가 다 버림을 당하리라.

몇 년 후에 그들이 서로 단합할 것이니, 남방 왕의 딸이 북방 왕에게 가서 조약을 맺게 될 것이다. 그러나 그 여자는 세력을 보존하지 못할 것이고, 왕도 또한 그의 세력을 유지하지 못할 것이니, 그 여자와 수행원들과 그 여자를 낳은 자와 그 당시 돕던 자가 다 버림을 당할 것이다.

"몇 해 후에 그들이 서로 단합할 것이라"는 말은 '애굽과 수리아가 일시 화친할 것'이란 뜻이다.

"곧 남방 왕의 딸이 북방 왕에게 가서 화친하리라"는 말은 '남방 왕의 딸이 북방 왕에게 가서 정략결혼까지 한다'는 것을 뜻한다. 다시 말해 애굽 왕 "프톨레미 2세"(Ptolemy II Philadelphus, 주전 285-246년 통치)의 딸 "베레니스"(Berenice)가 수리아의 "안티오커스 2세"(Antiochus II Theos 261-246년 통치)의 아내가 되었으나 프톨레미 2세의 사후 안티오커스 2세는 베레니스와 이혼하고 전처인 라오디스(Laodice)를 데리고 온다. 그러나 라오디스는 2년 후 그의 남편을 암살하고 그의 아들 셀류커스와 함께 프톨레미 2세의 딸 베레니스와 그의 아들을 죽이고, 자신의 아들을 왕위에 올렸다.

이렇게 하여 애굽과 수리아와의 관계는 오히려 이전보다도 더 악화되는 결과를 초래하게 되었다(이상근). 하나님은 세상 민심이 이렇게 될 것을 다 아시고 세밀하게도 예언하셨다.

단 11:7. 그러나 그 공주의 본 족속에게서 난 자 중의 한 사람이 왕위를 이어 권세를 받아 북방 왕의 군대를 치러 와서 그의 성에 들어가서 그들을 쳐서 이기고.

그러나 그 여자의 본족에게서 난 자 중의 한 사람이 그의 자리에 설 것이니 그가 북방 왕의 군대를 치러 와서 그의 성에 들어가 그들과 싸워 승리할 것이다.

여기 "그 공주"란 수리아로 출가하여 살해당한 프톨레미 2세(Ptolemy II)의 딸 베레니스(Berenice)를 지칭한다. 6절 주해 참조.

그리고 "북방 왕"은 그 베레니스를 살해한 라오디스(Laodice)의 아들, 셀류커스 칼리니커스(Seleucus Callinicus)이다. 아버지 프톨레미 2세 필라델퍼스(Ptolemy II Philadelpus)의 뒤를 이은 프톨레미 유에르게테스(Ptolemy Euergetes 주전 246-222), 곧 프톨레미 3세는 자기의 누이인 베레니스의 원수를 갚기 위해 군대를 이끌고 주전 246년 수리아를 침공했다. 그는 이 전쟁에서 승리하여 누이를 죽인 원수인 라오디스와 칼리니커스에게 복수를 하고 아울러 수리아의 값진 물건들을 대량으로 약탈하여 본국으로 돌아왔다(그랜드 종합 주석).

단 11:8. 그 신들과 부어 만든 우상들과 은과 금의 아름다운 그릇들은 다 노략하여 애굽으로 가져갈 것이요 몇 해 동안은 그가 북방 왕을 치지 아니하리라.

그가 또 그들의 신들과 그들이 부어 만든 형상들과 은과 금으로 만든 값진 그릇들을 노획하여 애굽(이집트)으로 가져갈 것이고, 그 후 몇 해 동안은 북방 왕을 치지 않을 것이다.

“그 신들과 부어 만든 우상들과 은과 금의 아름다운 그릇들은 다 노략하여 애굽으로 가져갈 것이라”는 말은 프톨레미 3세가 수리아에서 승리하면 그는 막대한 전리품을 가지고 갈 것이라는 뜻이다. 결국 4만 달란트의 은과 2,500개에 달하는 금 우상 등 귀중품을 빼앗아 갔고, 고레스의 아들 캄비세스(Cambyses)가 주전 525년에 애굽을 정복할 때 빼앗아 갔던 애굽의 우상들도 도로 찾아갔다.

“몇 해 동안은 그가 북방 왕을 치지 아니하리라”는 말은 위와 같은 일이 있어서 수년 동안 애굽은 우위를 유지하면서 수리아를 공격하지 않았고, 양국 간에 ‘전쟁을 하지 않은 것’에 대한 예언으로 본다(Keil).

단 11:9. 북방 왕이 남방 왕의 왕국으로 쳐들어갈 것이나 자기 본국으로 물러가리라.

그런 다음에 북방 왕이 남방 왕의 왕국을 쳐들어갈 것이나 자기의 본국으로 되돌아갈 것이다.

애굽의 프톨레미 3세인 유에르게테스(Euergetes)에게 수모를 당한 수리아의 왕 셀류커스 2세 칼리니커스는 복수의 칼을 갈다가 주전 242년에 다시 애굽을 침략한다. 그는 4년간 군대를 재조직하고 훈련시켜서 바다와 육로를 통해 애굽을 공격했으나 결국에는 유에르게테스(Euergetes)에게 완패를 당하고 말았다. 결국에는 주전 240년 자신의 목숨만을 겨우 건진 채 잔류병들과 함께 수리아로 퇴각하고 말았다.

단 11:10. 그러나 그의 아들들이 전쟁을 준비하고 심히 많은 군대를 모아서 물이 넘침 같이 나아올 것이며 그가 또 와서 남방 왕의 견고한 성까지 칠 것이요.

그의 아들들이 전쟁을 준비하여 매우 많은 군대를 모아 물이 범람하는 것처럼 쳐들어와서, 또다시 남방 왕의 요새를 칠 것이다.

셀류커스 2세 이후 그의 장자인 셀류커스 3세(Seleucus III Ceraunus,

주전 225-223년 통치)는 오래되지 않아 피살되고, 그의 동생 안티오커스 3세(Antiochus III Magus, the Great, 주전 223-187년 통치)는 대 진격을 감행했고 애굽의 프톨레미 4세(Ptolemy IV Philopator, 221-203년 통치)의 약세를 타서 두로와 수리아 등을 점령하고 주전 218년에는 팔레스타인을 그의 수중에 넣고, 그 해 겨울을 프톨레마이스(Ptolemais)에서 보낸 후 주전 217년 다시 애굽의 요새를 공격했다는 것이다. 세상은 어쩌면 전쟁사라고 할 수 있다. 세상에 이렇게 전쟁이 많은 이유는 죄가 많은 탓이기도 하지만 또 다른 한편으로는 어느 편이 하나님을 더 많이 의지했는가를 보여주기 위함이다. 다시 말해 전쟁은 여호와께 속한 것이라는 것을 보여주시기 위함이다.

단 11:11. 남방 왕은 크게 노하여 나와서 북방 왕과 싸울 것이라 북방 왕이 큰 무리를 일으킬 것이나 그 무리는 그의 손에 넘겨 준 바 되리라.

남방 왕이 크게 격분하여 나와서 북방 왕과 맞서 싸울 것이다. 이 때 북방 왕이 큰 무리를 일으킬 것이나 그 무리가 남방 왕의 손으로 넘어갈 것이다.

북방 왕 안티오커스 3세(Antiochus III)에게 계속해서 공략을 당하던 남방 왕 프톨레미 4세(Ptolemy IV, 주전 222-203년 통치)는 전열을 가다듬고 역공을 가했다. 그리하여 라피아(Raphia, 팔레스타인 지역의 가사 근처) 전투에서 큰 군대를 동원하여 방어하는 북방 왕 안티오커스 3세(Antiochus III)에게 대승을 거두고 팔레스타인 지역을 포함하여 안티오커스 3세에게 빼앗겼던 옛 영토를 되찾았다(그랜드 종합 주석).

단 11:12. 그가 큰 무리를 사로잡은 후에 그의 마음이 스스로 높아져서 수만 명을 엎드러뜨릴 것이나 그 세력은 더하지 못할 것이요.

크게 승리한 애굽의 프톨레미 4세는 큰 무리를 사로잡아 옮길 때, 그의 마음이 교만해져서 수많은 사람들을 쓰러뜨릴 것이나 이기지는 못할 것이다.

그는 예루살렘에 들어와 성전에서 율법을 무시하는 행동을 했다는 것이다. 그 후 그의 세력은 더하지를 못한 것이다. 율법을 무시하는 자는 결코 대성할 수 없다.

단 11:13. 북방 왕은 돌아가서 다시 군대를 전보다 더 많이 준비하였다가 몇 때 곧 몇 해 후에 대군과 많은 물건을 거느리고 오리라.

본 절은 북방 왕 안티오커스 3세가 다시 큰 군사 행동을 일으킬 것을 예언하는 것이다. 즉, 북방 왕이 돌아가서 라피아 전쟁 후 12년이 지난 후 주전 205년에 애굽의 프톨레미 4세가 죽고, 나이 4세의 어린 프톨레미 5세(204-181년 통치)가 즉위하자 안티오커스 3세는 마케도니아의 빌립과 동맹을 맺은 몇 년 후에 다시 큰 군대와 많은 물자를 가지고 쳐들어올 것을 예언하는 것이다.

결국 안티오커스 3세는 애굽을 공격했으며, 소아시아에서 인도까지 그의 세력을 펴게 되었다.

단 11:14. 그 때에 여러 사람이 일어나서 남방 왕을 칠 것이요 네 백성 중에서도 포악한 자가 스스로 높아져서 환상을 이루려 할 것이나 그들이 도리어 걸려 넘어지리라.

그 때에 많은 사람들이 남방 왕을 대항하여 일어나 칠 것이며, 네 백성 가운데서도 난폭한 자들이 그 환상을 이루려고 스스로 높이겠으나 그들은 실패할 것이니라.

"그 때에 여러 사람이 일어나서 남방 왕을 칠 것이라"는 말은 마케도니아의 빌립이 일어나 안티오커스 편을 들고, 또 애굽 내에서도 내란이 일어나 왕께 대항하리라는 예언이다.

"네 백성 중에서도 포악한 자가 스스로 높아져서 환상을 이루려 할 것이라"는 말은 '유다 나라 안에서도 안티오커스 편을 드는 자가 일어나 애굽에 반역할 것이라'는 뜻이다. 그들은 강포한 자들이라 불린다. 저들의 행동은 결국 환상으로 보여진 하나님의 뜻(예정)을 이루는 행동이었다. 그러나 이들의 끝은 넘어지는 것이었다.

단 11:15. 이에 북방 왕은 와서 토성을 쌓고 견고한 성읍을 점령할 것이요 남방 군대는 그를 당할 수 없으며 또 그가 택한 군대라도 그를 당할 힘이 없을 것이므로.

이에 북방 왕이 쳐들어와 토성(공격 경사로)을 쌓고 요새화된 성읍을 빼앗을 것이니, 남방의 군대들은 맞설 수 없고, 그들의 정예 병사들도 맞설 힘이 없을 것이다.

안티오커스 3세는 동맹국 마케도니아의 협공(양쪽에서 치는 것)과 수리아와 유다인들의 협조로 쉽게 애굽 군을 물리치고 유다 땅을 점령하게 되었다.

단 11:16. 오직 와서 치는 자가 자기 마음대로 행하리니 그를 당할 사람이 없겠고 그는 영화로운 땅에 설 것이요 그의 손에는 멸망이 있으리라.

본 절은 전성기의 안티오커스 대왕의 세력을 묘사한다. 즉, 북방 침략자(안티오커스)는 자기 뜻대로 행할 것이니 아무도 그에게 맞설 수 없겠고, 그가 그 영광스러운 땅에 주둔하여 완전히 장악할 것이다.

안티오커스가 주전 200년경 스코파스 장군을 격파하고 예루살렘에 입성했을 때 유다의 헬라화주의자들은 열렬히 그를 환영했고, 그를 도왔던 것이다. 아무튼 그는 팔레스타인을 그의 수중에 넣은 것이다.

단 11:17. 그가 결심하고 전국의 힘을 다하여 이르렀다가 그와 화친할 것이요 또 여자의 딸을 그에게 주어 그의 나라를 망하게 하려 할 것이나 이루지 못하리니 그에게 무익하리라.

안티오커스가 자기 온 왕국의 힘을 다 동원하여 와서 남방 왕과 화친을 맺을 것이며, 여자들의 딸을 그에게 주어 그 왕국을 파멸시키려고 할 것이나 그 계획이 성공하지 못하며, 그에게 유익이 없을 것이라는 예언이다.

안티오커스 3세(Antiochus III)는 주전 198년 유대 땅을 점령한 후 애굽 본토를 점령하려던 계획을 수정했다. 안티오커스 3세가 팔레스타인 지역을 점령한 후 즉시 애굽으로 진군하지 못했던 이유는 카르타고(Carthago 주전 202년)와 마케도니아(Macedonia, 주전 197년)의 전쟁에서 승리한 로마로부터의 위협이 점차 다가오고 있었기 때문이다. 이러한 변화 때문에 안티오커스 3세는 무력으로 애굽을 점령하는 대신 거짓 화친 조약을 맺고 자기 딸 클레오파트라(Cleopata)를 애굽의 왕 프톨레미 5세에게 주어 결혼 동맹을 맺고 애굽을 자기 수중에 넣을 계략을 세웠다. 그러나 철석같이 믿었던 자기 딸 클레오파트라가 아버지를 배신하고 오히려 자기 남편인 프톨레미 5세로 하여금 로마와 동맹을 맺게 함으로써 안티오커스 3세의 계획은 완전히 수포로 돌아가고 말았다. 인간의 계획은 하나님 앞에서 완전히 무너지는 수가 있다는 것을 보여준다.

단 11:18. 그 후에 그가 그의 얼굴을 바닷가로 돌려 많이 점령할 것이나 한 장군이 나타나 그의 정복을 그치게 하고 그 수치를 그에게로 돌릴 것이므로.

딸의 배신으로 애굽 정복에 실패한 안티오커스 3세는 군사를 돌려 지중해의 섬들과 서쪽으로 방향을 돌려서 많은 곳을 공격했다. 이로써 그는 몇몇 섬들과 헬라-마케도니아 동북부의 트라키아(Trachia)를 비롯한 소아시아의 해안 지대를 점령했다.

“한 장군이 나타나 그의 정복을 그치게 하고 그 수치를 그에게로 돌릴 것이므로”란 본 절은 로마의 한 장군 루키어스 스키피오(Lucius Scipio)가 나타나 그를 꺾어 버려서 그가 더 이상 행패를 부리지 못하게 하고, 오히려 북쪽 왕이 부리던 행패가 자신에게로 되돌아가게 할 것이라는 예언이다.

루키어스 스키피오(Lucius Scipio)는 주전 190년 안티오커스 3세와 막네시아(Magnesia)에서 치열한 전투를 벌인 끝에 대승을 거두었다. 안티오커스 3세에게 있어서 이 패배는 너무나 치명적이어서 그는 모든 것을 포기하고 본국으로 퇴각하지 않으면 안 되었다는 것이다.

단 11:19. 그가 드디어 그 얼굴을 돌려 자기 땅 산성들로 향할 것이나 거쳐 넘어지고 다시는 보이지 아니하리라.

로마의 장군 스키피오에게 패전하여 본국으로 돌아온 안티오커스 3세는 자기 땅의 요새로 방향을 돌릴 것이나 비틀거리다가 쓰러져서 다시는 보이지 않을 것이라는 예언이다.

안티오커스 3세는 땅에 떨어진 자기의 명예를 회복시키기 위해 재기를 다짐하고 자기 영토 내에 있는 여러 성읍들의 재화들을 모아 군비를 재충전하고자 시도했다. 그러나 그의 이러한 계획은 반란군에 의해 그가 살해됨으로써 수포로 돌아가고 말았다. 인간의 계획은 하나님의 허락하심 안에서만 세워질 수 있는 것이다.

<비천한 북방 왕>

단 11:20. 그 왕위를 이을 자가 압제자를 그 나라의 아름다운 곳으로 두루 다니게 할 것이나 그는 분노함이나 싸움이 없이 몇 날이 못 되어 망할 것이요.

본 절은 안티오커스 3세의 두 아들 중 셀류커스 4세(Seleucus IV Philopator, 주전 187-175년 통치)에 대한 예언이고, 21-45절은 둘째 안티오커스 4세(Antiocus IV Epiphanes, 주전 175-164년 통치)에 관한 예언이다.

셀류커스 4세는 9년간 로마에 매년 1천 달란트의 보상금을 지불하기 위해 징수관이었던 헬리오도루스(Heliodorus)를 시켜 전국을 순회시켰고,

예루살렘 성전의 보물까지 탈취하려다가 방해를 받기도 했다. 셀류커스 4세는 12년간 나라를 통치하면서 싸움이나 전쟁 없이 헬리오도루스에게 독살당하고 말았다. 예루살렘의 보물까지 탈취하는 정권은 반드시 망하고 마는 것이다.

11:21-45

21-45절의 내용은 셀류커스 4세가 독살당한 후 그의 아우 안티오커스 4세(Antiocus IV Epiphanes, 주전 175-163년 통치)가 수리아의 왕위를 계승했다. 그는 이미 "작은 뿔"이라는 이름으로 다니엘의 예언에 많이 나타났다(8:9-14, 23-25). 그는 악한 왕으로서 예루살렘 성전을 더럽히고 여호와 경배를 금지시켰으며, 우상 제우스를 성전에 세워 강제로 경배시켰으므로 그는 종말의 적그리스도의 예표가 되었다.

21-45절의 내용은 안티오커스 에피파네스가 등극한 일(21-24절), 그가 애굽 원정한 일(25-30절), 예루살렘에서 악을 행한 일(30-35절), 그의 최후(40-45절)로 구성되어 있다.

ㄷ. 에피파네스의 등장과 발흥(불같이 일어남)

21-24절. 안티오커스 에피파네스가 등극하다.

단 11:21. 또 그의 왕위를 이을 자는 한 비천한 사람이라 나라의 영광을 그에게 주지 아니할 것이나 그가 평안한 때를 타서 속임수로 그 나라를 얻을 것이며.

또 그의 자리에 어떤 비열한 사람이 앉을 것이니, 사람들이 왕국의 영광을 그에게 주지 않아도 그는 평온한 때 와서 술책으로 왕국을 장악할 것이다.

"또 그의 왕위를 이을 자는 한 비천한 사람이라"는 말은 안티오커스 3세의 둘째 아들인 안티오커스 4세 에피파네스(Antiocus IV Epiphanes : 주전 175-163년 통치)를 두고 칭하는 말이다. 그는 주전 190년에 자신의 부친인 안티오커스 3세가 로마에 패배하여 항복했을 때(앞 절 주해 참조), 당시의 관례에 따라 패전국이 승전국에게 순종을 약속하는 보증

인으로 볼모가 되어 로마에 끌려가게 되었다. 에피파네스는 14년 동안 로마의 볼모로 있다가 간계를 써서 자기의 형인 필로파토르(Philopator)의 장자인 데메트리어스(Demetrius)를 로마로 불러들여, 그로 하여금 자기를 대신해서 로마의 볼모가 되도록 남겨둔 채 자신은 조국 수리아로 돌아왔다. 그가 수리아로 돌아오는 도중에 마침 헬리오도루스가 셀류커스 4세를 암살하는 사건이 발생했으며, 이 소식을 들은 에피파네스는 지체하지 않고 왕궁으로 달려가 헬리오도루스를 물리치고 왕위를 차지했다(주전 175년).

"한 비천한 사람이라"고 일컫는 사람은 필로파토르를 뒤이어 왕이 된 안티오커스 에피파네스를 두고 일컫는 말이다. 그 이유는 그의 신분이 비천했기 때문이 아니라 그의 인격이 비천했기 때문이다. 그는 모든 일을 시도함에 있어서 계략과 술수와 속임수로 해결하려 했으며 강자에 대하여는 끊임없는 아첨과 비굴함으로, 약자에게는 잔인함으로 대하는 저열한 인격의 소유자였다. 오늘도 이런 사람들은 도처에 많이 있다. 그래서 그런 이들의 만년은 비참하게 끝난다.

"나라의 영광을 그에게 주지 아니할 것이라"는 말은 안티오커스 에피파네스가 불법으로 왕위를 빼앗자 대다수의 관료들은 선왕 필로파토르의 장자, 즉 에피파네스 대신 볼모가 되어 로마에 가 있던 데메트리어스를 불러 왕위를 계승하도록 해야 한다고 주장했다. 이런 대다수의 관료들뿐 아니라 주변 국가들의 왕들도 에피파네스를 수리아의 왕으로 인정하지 않았다.

"그가 평안한 때를 타서 속임수로 그 나라를 얻을 것이라"는 말은 안티오커스 에피파네스는 정당한 왕위 계승자가 아니면서도 술수와 계략을 통하여 왕위에 올랐으며, 왕위에 오른 뒤에는 국내외에서 거세게 일어났던 자신에 대한 거부 세력을 역시 마찬가지 방법으로 제압했다. 다시 말해 그는 왕위에 오른 뒤 관료들과 주변 국가들이 자기를 인정하지 않으려하자 먼저 온갖 협상과 선물 공세로 주변 국가들로부터 인정을 획득한 다음, 국내의 반대파들을 무력으로 진압하여(22절), 마침내 누구도 항거할 수 없는 명실상부한 수리아의 왕이 되었다(Robinson).

단 11:22. 넘치는 물 같은 군대가 그에게 넘침으로 말미암아 패할 것이요 동맹한 왕도 그렇게 될 것이며.

본 절의 "넘치는 물 같은 군대가 그에게 넘침으로 말미암아 패할 것이라"는 말은 주전 175-170년 어간에 벌어졌던 에피파네스의 왕위 등극을 위한 전쟁에서 헬리오도루스의 군대(10절, 26절, 40절; 9:26; 사 8:8; 28:15, 18 참조)가 에피파네스에 의해 떠내려가는 물처럼 멸망당한 것을 지칭한다.

"동맹한 왕도 그렇게 될 것이라"는 말은 대제사장 오니아스 3세, Onias III(Rosenmueller, K.&D.)를 지칭하는데, 그는 주전 175년 대제사장직에서 파면되었고, 171년에 암살되었다. 이 사람은 왕이 없었던 당시 유대의 실질적인 지배자로서 헬리오도루스 편에 서서 에피파네스에게 대항했다. 그러나 에피파네스는 헬리오도루스와 오니아스 3세가 이끄는 동맹군을 격파했으며, 이 사건은 에피파네스가 유대 민족을 살육하고 핍박하게 된 빌미거리만 제공했다.

단 11:23. 그와 약조한 후에 그는 거짓을 행하여 올라올 것이요 소수의 백성을 가지고 세력을 얻을 것이며.

그는 동맹을 맺은 후 거짓을 행하여 올라와서 적은 수의 백성을 거느리고도 강하게 될 것이라는 예언이다.

본 절의 내용이 어떤 것인가를 두고 여러 견해가 등장했다. 1) 에피파네스가 자기 조카이며 수리아의 정당한 왕위 계승자인 데메트리어스를 로마로 불러들이면서 그로 하여금 반드시 수리아의 왕위에 오를 수 있게 해주겠다고 약속하여 그를 안심시킨 뒤, 그 약속을 어기고 술수와 폭력을 사용해 수리아의 왕위를 찬탈한 사건을 가리킨다는 견해(Matthew Henry), 2) 에피파네스가 자신을 도와준 버가모 왕과의 계약을 지칭한다는 견해, 3) 에피파네스가 오니아스 대신에 대제사장으로 임명한 야손(Jason)과 헬라주의 유대인들과의 약조(Jeffery)를 지칭한다는 견해, 4) 대제사장 오니아스 3세(Onias III)와 관련 지어 에피파네스의 비열한 침략 정책의 보편적인 예를 보여준 경우를 지칭한다(K.&D.)는 견해, 5) 에피파네스가 자기 조카인 애굽 왕 프톨레미 6세(Ptolemy VI. 주전 180-146년)와 거짓 평화 조약을 맺음으로써 그로 하여금 방심하게 한 뒤 약속을 어기고 애굽을 침공하여 그를 사로잡은 사건을 지칭한다는 견해(Calvin, Robinson, Driver) 등이다. 이 여러 가지의 견해 중에 5)번의 견해가 가장 합리적인 것으로 보인다. 아무튼 에피파네스는 이런 약조를 이용하고, 또 궤계를 써서 소수의 백성을 가지고 팔레스타인의 실권을 장악한 것이다.

단 11:24. 그가 평안한 때에 그 지방의 가장 기름진 곳에 들어와서 그의 조상들과 조상들의 조상이 행하지 못하던 것을 행할 것이요 그는 노략하고 탈취한 재물을 무리에게 흩어 주며 계략을 세워 얼마 동안 산성들을 칠 것인데 때가 이르기까지 그리하리라.

에피파네스가 가장 평온할 때 기름진 지방(팔레스타인)에 들어와 유대인의 조상이나 조상의 조상들이 행하지 않던 일들(재물을 찬탈하여 재물을 마구 뿌린 일)을 행하고, 약탈한 것과 전리품과 재물을 그들에게 나누어 줄 것이며, 계략을 세워 요새들을 치겠으나 잠시뿐일 것이라는 예언이다.

25-27절. 안티오커스 에피파네스가 애굽 원정(25-27절)을 떠나다.

단 11:25. 그가 그의 힘을 떨치며 용기를 다하여 큰 군대를 거느리고 남방 왕을 칠 것이요 남방 왕도 심히 크고 강한 군대를 거느리고 맞아 싸울 것이나 능히 당하지 못하리니 이는 그들이 계략을 세워 그를 침이니라.

안티오커스 4세가 남방 왕을 대적하여 큰 군대를 이끌고 자기의 힘과 용맹을 발휘할 것이며, 남방 왕도 큰 군대로 더 용맹하게 싸울 것이나 당하지 못할 것이니, 이는 그들이 음모를 꾸며 그를 대항할 계략을 세웠기 때문이다.

"그가 그의 힘을 떨치며 용기를 다하여 큰 군대를 거느리고 남방 왕을 칠 것이라"는 말은 안티오커스 에피파네스가 주전 170년에 애굽을 침략한 것을 말한다. 침공해오는 안티오커스 에피파네스를 막으려고 프톨레미 6세는 모든 저항을 다 했으나 애굽의 군대는 에피파네스의 모략을 당하지 못하고 자멸하고 말았다. 애굽으로 하여금 멸망하도록 만든 에피파네스의 모략은 다음 절(26절)에 진술되어 있다.

단 11:26. 그의 음식을 먹는 자들이 그를 멸하리니 그의 군대가 흩어질 것이요 많은 사람이 엎드러져 죽으리라.

애굽의 프톨레미 6세의 진미를 먹던 자들(프톨레미 6세의 측근들)이 프톨레미 6세를 쳐부수어 그의 군대가 흩어질 것이며, 많은 군인들이 죽임을 당하여 쓰러질 것이라는 예언이다.

단 11:27. 이 두 왕이 마음에 서로 해하고자 하여 한 밥상에 앉았을 때에 거짓말을 할 것이라 일이 형통하지 못하리니 이는 아직 때가 이르지 아니하였으므로 그 일이 이루어지지 아니할 것임이니라.

그 두 왕들이 서로 해하려고 마음을 먹고 한 식탁에서 거짓을 말하겠으나 형통치 못할 것이니, 이는 끝이 그 정한 때에 올 것이기 때문이다.

천사를 통하여 주신 하나님의 예언은 참으로 자세했다. 그러나 두 왕들이 거짓말을 한 대로 아직 이루어지지는 않았다는 것이다. 그 이유는 하나님께서 허락하신 때가 아직 이루어지지 않았다는 것이다.

안티오커스 에피파네스와 그의 보호 아래에 있었던 애굽의 프톨레미 6세는 함께 식사하면서 서로 친밀한 척하면서 동맹을 맺었으나 그들의 마음이 서로 해치려고 애썼던 것이다. 그래서 이와 같은 음모는 성사되지 못했고,

또 그들의 친선 가장도 때가 되면 끝나는 것이었다.

ㄹ. 에피파네스의 성전 모독 사건 11:28-39

28-39절은 앞 단락에 진술한 바와 같이 수리아의 셀류커스 왕조의 제8대 왕으로 등극하여 남방의 애굽 왕국을 공략하는 등 그 세력이 막강했던 안티오커스 에피파네스가 애굽을 정복하고 본국 수리아로 귀환하던 도중 예루살렘을 비롯한 유대 땅을 정복하고 거기서 온갖 가증한 일들을 자행할 것을 예언하고 있다. 본 진술에 예언된 에피파네스의 가증한 짓은 크게 종교적 박해와 정치적 박해로 구분된다.

단 11:28. 북방 왕은 많은 재물을 가지고 본국으로 돌아가리니 그는 마음으로 거룩한 언약을 거스르며 자기 마음대로 행하고 본토로 돌아갈 것이며.

안티오커스 에피파네스는 예루살렘에 들러 메네라우스(Menelaus) 등 헬라주의자의 참소하는 말을 듣고, 예루살렘이 반역했다고 백성들을 대량 학살하며 성전의 보물들을 약탈하였다(25절 주해 참조). 이렇게 해서 그가 애굽에서 얻은 재물과 예루살렘에서 약탈한 재물 등 많은 재물을 가지고 안디옥으로 돌아갔다.

"그는 마음으로 언약을 거슬렀다"는 말은 '하나님과 이스라엘 백성들 간의 언약인 율법과 그들의 종교 행위를 거슬렀다'는 뜻이다. 에피파네스는 이런 거룩한 일들을 싫어했고, 그런 것들을 대적하는 행위를 마음대로 자행했다.

단 11:29. 작정된 기한에 그가 다시 나와서 남방에 이를 것이나 이번이 그 전번만 못하리니.

본 절과 다음 절(30절)은 에피파네스의 제2차 애굽 원정에 대해 예언한다. 즉, 그 작정한 때가 돌아와서 안티오커스 에피파네스, 즉 안티오커스 4세가 남방으로 들어가겠으나 이번에는 지난번 같지 않을 것이라는 예언이다. 안티오커스 에피파네스의 첫 번째 원정 때는 모든 것이 뜻대로는 되지 않았으나 안티오커스 입장에서는 큰 성공이어서 큰 영광을 안고 본국으로 돌아갔으나 두 번째는 그렇지 않았다는 것이다. 그는 아무 것도 얻지 못하였을 뿐 아니라 마치 학교에서 매를 맞은 학생처럼 돌아온 것이었다(Polibius by Jeffery).

단 11:30. 이는 깃딤의 배들이 이르러 그를 칠 것임이라 그가 낙심하고 돌아가면서 맺은 거룩한 언약에 분노하였고 자기 땅에 돌아가서는 맺은 거룩한 언약을 배반하는 자들을 살필 것이며.

본 절은 안티오커스 에피파네스의 제2차 애굽 원정이 실패한 내용을 진술하고 있다. 즉, 이유는 깃딤의 배들이 그를 치려하므로 그가 두려워서 돌아갈 것이며, 거룩한 언약에 대해 분노하여 행하다가 돌아가서는 거룩한 언약을 저버린 자들에게 관심을 가질 것이라는 예언이다.

"깃딤의 배들이 이르러 그를 칠 것임이라"는 본 절에서 "깃딤"은 본래 구브로, 즉 오늘날의 싸이프러스(Cyprus) 섬에 위치했던 도시 국가를 의미하는 말로서 성경에서는 종종 마케도니아 지역을 가리키는 용어로 사용된다(K.&D.). 에피파네스는 지중해에 있는 해상 요충지인 이 싸이프러스 섬을 점령하여 애굽 침략의 거점으로 삼았다. 이에 위협을 느낀 로마는 당시 로마의 휘하에 있던 '깃딤의 배들', 곧 마케도니아 함대를 원군으로 보냈으나 에피파네스의 군대는 싸이프러스에서 애굽 본토인 알렉산드리아로 진군했다. 그러나 이때 제3차 마케도니아 전쟁(주전 171-168년)을 승리로 이끌어 사기충천해 있던 로마는 포필리어스 래나스(Popillius Laenas)를 사절로 보내어 에피파네스에게 애굽에서의 철수를 강력하게 요구했다. 거만한 로마 사절 포필리어스는 에피파네스를 만나 그의 주위 모래 위에 원을 그리고, 그 원 밖으로 나오기 전에 먼저 애굽에서의 철수 여부를 대답하도록 위협했고, 이에 로마의 위세에 눌린 에피파네스는 그 굴욕적인 요구에 굴복하여 애굽에서 철수하지 않으면 안 되었던 것이다.

"그가 낙심하고 돌아가면서 맺은 언약에 분노하였고 자기 땅에 돌아가서는 맺은 언약을 배반하는 자들을 살필 것이라"는 말은 에피파네스가 로마군의 간섭으로 인해 돌아가서는, 즉 애굽 정복에 실패한 후 수리아와 로마 사이의 완충 지역에 있는 유대의 충성을 확보하기 위해 유대의 헬라화(化) 작업을 급격히 진행했다. 로마의 위세에 굴복하여 패전한 것이나 다름없는 상태에 있었던 그가 승리했을 때보다(28절) 더욱 심한 악행을 유대 민족에게 저질렀을 것이란 것을 추측하기는 그리 어렵지 않다. 유대 민족에 대한 에피파네스의 박해는 주로 종교적인 면에서 이루어졌다. 그 이유는 그의 헬라화 정책에 대한 유대 지도자들의 반대 이유가 종교적인 것이었기 때문이다. 이러한 과정에서 드러난 에피파네스의 온갖 악행은 31-39절에 상세하게 기술되어 있다.

31-39절. 에피파네스의 유대 민족 박해에 대해서 진술하다.

단 11:31. 군대는 그의 편에 서서 성소 곧 견고한 곳을 더럽히며 매일 드리는 제사를 폐하며 멸망하게 하는 가증한 것을 세울 것이며.

본 절부터 39절까지는 에피파네스의 유대 민족 박해에 대해서 기술하고 있다.

"군대는 그의 편에 서서 성소 곧 견고한 곳을 더럽혔다"는 말은 '에피파네스의 군대가 안식일에 예루살렘에 들어가자마자 에피파네스는 앞에 나서지 않고, 그의 부장인 아폴로니어스(Apollonius)를 보내어 군대를 성전 남편에 주둔시켰다'는 것이다. 여기 "견고한 곳"이란 성전을 가리키는데, '성전이 성벽으로 에워싸여 있기 때문에 견고한 곳이라' 일컬어졌다.

"매일 드리는 제사를 폐했다"는 말은 에피파네스가 칙령을 내려 유대교의 예배를 금했고, 성전의 제사를 금했으며, 할례를 금했고, 음식의 정한 것과 부정한 것의 구별을 금했으며, 성경 소유를 금했고 이를 어기면 사형에 처했다는 것이다.

"멸망하게 하는 가증한 것을 세울 것이라"는 말은 '에피파네스가 예루살렘 성전에 제우스의 신상을 세웠고, 번제단이 있는 곳에 이교의 제단을 세운 것'을 뜻한다.

단 11:32. 그가 또 언약을 배반하고 악행하는 자를 속임수로 타락시킬 것이나 오직 자기의 하나님을 아는 백성은 강하여 용맹을 떨치리라.

그가 또 언약을 배반하는 자들을 달콤한 말로 타락시키겠으나 오직 자기 하나님을 아는 백성은 확고하게 서서 행동할 것이라는 예언이다. 에피파네스가 이스라엘 백성을 두 부류로 나눈 것을 가리킨다. 즉, 에피파네스는 언약을 배반하는 자들을 달콤한 말로 타락시켰고, 오직 자기 하나님을 바로 아는 백성은 확고하게 서서 행동하게 했다는 것이다.

단 11:33. 백성 중에 지혜로운 자들이 많은 사람을 가르칠 것이나 그들이 칼날과 불꽃과 사로잡힘과 약탈을 당하여 여러 날 동안 몰락하리라.

백성의 지혜자들이 많은 사람들을 교훈하다가 칼이나 화염이나 포로나 노략질에 의해 한동안 엎드러질 것이라는 예언이다.

"백성 중에 지혜로운 자들이 많은 사람을 가르칠 것이라"는 말은 '백성 중에 신앙적 지혜를 가진 사람들이 다른 사람들을 가르칠 것이라'는 뜻이다.

"그들이 칼날과 불꽃과 사로잡힘과 약탈을 당하여 여러 날 동안 몰락하리라"는 말은 '당시 신앙을 고수한 사람들은 헬라화가 되는 것을 반대하고 순교했다'는 뜻이다. 우리는 순교적 정신을 가지지 않고서 바르게 살 수 없다는 사실을 명심해야 한다.

단 11:34. 그들이 몰락할 때에 도움을 조금 얻을 것이나 많은 사람들이 속임수로 그들과 결합할 것이며.

그들이 엎드러질 때에 도움을 조금 받겠으나 결국 많은 사람들이 술책으로 그들과 연합할 것이라는 예언이다.

"그들이 몰락할 때에 도움을 조금 얻을 것이라"는 말은 안티오커스가 유대인 배교자들을 자기편으로 만든 궤휼을 지칭한다(I Macc. 2:18). 이 마카비 독립 운동(Hitzig, K.&D. Klieford)은 모딘(Modin)에서 마타디아스(Mattathias)와 그의 다섯 아들이 시작한 운동이었는데, 이들 중에서 셋째 아들인 '유다'(Judas)가 주도한 운동이었다. 주전 168년 에피파네스가 여호와 예배를 금지시킨 때에 시작되어 164년에는 유다가 예루살렘을 점령하고 성전을 정결하게 하여 봉헌했다(I Macc. 2:15-18, 42-48; 3:11-12). 이 독립 운동은 주전 37년 로마의 세력이 팔레스타인을 지배할 때까지 계속되었다. 본 절의 "도움을 조금 얻을 것이라"는 말은 '도움은 전적으로 하나님께로부터 온다'는 뜻으로 풀이되는 것이다(K.&D., Jeffery).

그리고 "많은 사람들이 속임수로 그들과 결합할 것이라"는 말은 많은 사람들이 마카비 운동에 강압으로 참여한 사실을 가리킨다.

단 11:35. 또 그들 중 지혜로운 자 몇 사람이 몰락하여 무리 중에서 연단을 받아 정결하게 되며 희게 되어 마지막 때까지 이르게 하리니 이는 아직 정한 기한이 남았음이라.

또한 지혜 있는 지도자들 가운데 얼마가 학살을 당할 터인데, 이 일로 백성은 연단을 받고, 순결하게 되며, 끝까지 깨끗하게 남을 것이다. 하나님이 정하신 그 끝 날이 올 때까지, 이런 일이 계속될 것이다.

"그들 중 지혜로운 자"란 말은 '유대 민족 중에 33절의 경건한 성도들을 지칭하는데, 저들 몇이 순교한 것이 남은 유대인들에게 연단이 되었다'는 뜻이다. 에피파네스의 혹독한 박해에 대항하던 몇 사람이 순교했을 때 일반 유대인들에게는 심각한 의문이 생겼다. 왜 하나님께서는 그들을 구원하지 않으시고 의로운 자가 악한 자에게 희생을 당했느냐는 의문이 생긴 것이었다. 그 회답은 하나님께서 유대인들을 연단하시기 위함이란 것이었다.

"마지막 때"란 말은 종말의 때를 지칭한다. 다시 말해 에피파네스의 박해는 종말에 있을 대(大)환란의 그림자이고, 종말의 때는 작정된 기한이라는 것이다.

36-39절. 이 부분은 안티오커스 4세의 모독적 행위가 진술된다. 다시 말해 자기 자신을 신이라고 한 행위가 진술된다.

단 11:36. 그 왕은 자기 마음대로 행하며 스스로 높여 모든 신보다 크다 하며 비상한 말로 신들의 신을 대적하며 형통하기를 분노하심이 그칠 때까지 하리니 이는 그 작정된 일을 반드시 이루실 것임이라.

북쪽 왕 안티오커스 에피파네스는 자기 좋을 대로 하며, 스스로를 높이고, 모든 신보다 자기를 크다고 하며, 괴상한 말로, 가장 높으신 하나님을 대적할 것이다. 하나님의 진노가 끝날 때까지는, 그가 형통할 것이다. 하나님은 정하신 것을 반드시 이루시기 때문이다.

"비상한 말로 신들의 신을 대적한다"는 말은 '비상한 말로 여호와 하나님을 대적한다'는 것이다. 그가 여호와 하나님을 대적하는 것이 곧 적그리스도의 모습인 것이다.

단 11:37. 그가 모든 것보다 스스로 크다 하고 그의 조상들의 신들과 여자들이 흠모하는 것을 돌아보지 아니하며 어떤 신도 돌아보지 아니하고.

에피파네스는 자기 조상의 신들이나 여자들이 사모하는 신들(탐무즈의 신으로 여자들이 좋아하는 신이었다)이나 다른 어떤 신들도 존중하지 않고, 자기 자신을 모든 신보다 높일 것이다.

안티오커스 4세는 당시의 화폐에 제우스 신상을 새기며, 자신을 제우스로 표시했다.

단 11:38. 그 대신에 강한 신을 공경할 것이요 또 그의 조상들이 알지 못하던 신에게 금 은 보석과 보물을 드려 공경할 것이며.

에피파네스는 강한 신(제우스)을 공경할 것이니, 그의 조상들도 알지 못했던 신에게 금과 은과 보석과 보물들을 바치면서 그를 공경할 것이다.

에피파네스는 제우스를 신으로 섬길 뿐만 아니라 자신을 제우스, 즉 신으로 여겼다. 에피파네스는 제우스에게 금 은 보석을 바쳐 섬겼다.

단 11:39. 그는 이방신을 힘입어 크게 견고한 산성들을 점령할 것이요 무릇 그를 안다 하는 자에게는 영광을 더하여 여러 백성을 다스리게도 하며 그에게서 뇌물을 받고 땅을 나눠 주기도 하리라.

에피파네스는 이방 신(제우스)의 도움을 받아 가장 강하고 견고한 성을 공격할 것이며, 자기를 인정하는 자들에게는 영예를 더하여 그들로 많은 사람을 다스리게 하고, 대가를 받고 땅을 분배해 줄 것이다.

에피파네스는 우상 제우스를 섬길 뿐 아니라 또 자신을 제우스와 동일시하기도 했다. 그리고 다른 나라들의 견고한 산성들을 빼앗고 또 유대인들에게는 혹독한 박해를 가했다.

"무릇 그를 안다 하는 자에게는 영광을 더하여 여러 백성을 다스리게도 하며 그에게서 뇌물을 받고 땅을 나눠 주기도 하리라"는 말은 '에피파네스가 자신에게 충성하는 자에게는 영광스러운 대접을 하고 그들로부터 뇌물을 받고 땅을 나누어주기도 했으며 지위를 주기도 했다'는 것이다.

ㅁ. 에피파네스의 말년의 전쟁들 11:40-45

40-45절은 에피파네스의 최후를 진술한다.

단 11:40. 마지막 때에 남방 왕이 그와 힘을 겨룰 것이나 북방 왕이 병거와 마병과 많은 배로 회오리바람처럼 그에게로 마주 와서 그 여러 나라에 침공하여 물이 넘침 같이 지나갈 것이요.

마지막 때에 남방 왕이 자기를 찌를 것이니 북방 왕이 병거와 기마병과 많은 배를 가지고 그를 대항하여 폭풍처럼 휩쓸며 그 땅으로 들어갈 것인데 마치 물밀듯이 지나갈 것이다.

애굽의 프톨레미는 만년을 당한 북방 왕 에피파네스를 쳤고, 그로 인해 에피파네스는 병거와 기병과 해군을 동원하여 프톨레미를 반격했다. 그의 제2차 애굽 침공의 광경과 같았다(29-30절).

단 11:41. 그가 또 영화로운 땅에 들어갈 것이요 많은 나라를 패망하게 할 것이나 오직 에돔과 모압과 암몬 자손의 지도자들은 그의 손에서 벗어나리라.

에피파네스가 영화로운 땅(유대 땅)에 들어와서 수많은 자들을 넘어뜨리겠으나, 에돔과 모압과 암몬 자손의 우두머리들은 그의 손에서 벗어날 것이다.

"오직 에돔과 모압과 암몬 자손의 지도자들은 그의 손에서 벗어나리라"는 말에서 에돔과 모압과 암몬이 에피파네스의 화를 피했다는 사실을 알 수 있다. 그런데 이들이 화를 피할 수 있었던 이유는 이 나라들이 유대 민족의 적들이기 때문이었다. 더구나 에돔과 암몬은 에피파네스 편에 섰기 때문이라는 것이다. 또 지리적으로 보아도 이들 나라들이 수리아와 애굽 간의 통로에서 멀리 벗어나 있었던 것도 그 이유가 되었다(이상근).

단 11:42. 그가 여러 나라들에 그의 손을 펴리니 애굽 땅도 면하지 못할 것이니

에피파네스가 또한 다른 나라들에도 손을 뻗쳐 빼앗으려 할 것이니 애굽 땅도 에피파네스의 침략에서 벗어나지 못할 것이라는 말이다.

단 11:43. 그가 권세로 애굽의 금 은과 모든 보물을 차지할 것이요 리비아 사람과 구스 사람이 그의 시종이 되리라.

에피파네스가 금과 은의 보물 창고들과 애굽의 모든 보화들을 관장할 것이며, 리비아(애굽의 서편에 있던 나라)와 구스(에티오피아)도 그의 발로 짓밟을 것이다. 이들 나라들은 과거에 애굽의 시종들이었으나 애굽이 에피파네스에게 정복될 때에 함께 에피파네스의 시종이 되고 만 것이다.

단 11:44. 그러나 동북에서부터 소문이 이르러 그를 번민하게 하므로 그가 분노하여 나가서 많은 무리를 다 죽이며 멸망시키고자 할 것이요.

그러나 동방과 북방(소아시아의 아르메니아)에서 오는 소문(아르메니아가 에피파네스에게 반기를 들었다는 소문)은 그를 놀라게 하여 그가 크게 화를 내고 나가서 많은 사람을 진멸하여 멸망시키고 나아갈 것이라고 한다.

아무리 에피파네스가 막강하다 해도 반란하는 나라가 없을 수는 없었다.

단 11:45. 그가 장막 궁전을 바다와 영화롭고 거룩한 산 사이에 세울 것이나 그의 종말이 이르리니 도와 줄 자가 없으리라.

안티오커스 에피파네스, 즉 안티오커스 4세가 자기의 궁전 장막(크고 사치스런 장막)을 바다(지중해)와 영화롭고 거룩한 산(예루살렘의 시온 산) 사이에 세울 것이나 그의 끝이 이를 것이니, 그를 도와줄 자가 없을 것이다.

에피파네스는 큰 위세로 세 번째 예루살렘을 공격하여 약탈하고자 했으나 뜻대로 되지 않았고, 그는 갑자기 인생의 마지막을 고하고 말았다. 그는 정신 착란으로 죽게 되어 아무도 그를 도와주지 않았다.

제 12 장

ㅂ. 최후의 대(大) 환난과 선민들의 승리 12:1-4

안티오커스 에피파네스가 죽고(11:45), 이스라엘의 환난이 끝나며 새 나라가 건설되는 것을 직접적인 배경으로 삼아 멀리 인류 역사의 종말에 대해 예언한다. 본 장의 내용은 종말의 대 환란과 부활(1-4절) 및 종말을 예언한다(5-13절).

<끝날>

단 12:1. 그 때에 네 민족을 호위하는 큰 군주 미가엘이 일어날 것이요 또 환난이 있으리니 이는 개국 이래로 그 때까지 없던 환난일 것이며 그 때에 네 백성 중 책에 기록된 모든 자가 구원을 받을 것이라.

그 마지막 때(11:40)에 이스라엘 백성의 자손을 지키는 최고 사령관 미가엘(이스라엘 민족의 수호천사, 10:13 주해 참조)이 일어설 것이요, 또 나라가 생긴 이래로 그때까지 없었던 대(大) 환난의 때[15]가 올 것이나, 그런 때에라도 이스라엘 백성 중에서 생명책에 기록된 모든 자는 구원[16]을 얻을 것이라는 예언이다.

단 12:2. 땅의 티끌 가운데에서 자는 자 중에서 많은 사람이 깨어나 영생을 받는 자도 있겠고 수치를 당하여서 영원히 부끄러움을 당할 자도 있을 것이며.

본 절은 종말에 있을 개인적인 부활이 극명하게 예언되고 있다. 즉,

---

15) 바벨론 포로 때, 안티오커스 에피파네스의 박해의 환란 때, 주후 70년 로마의 예루살렘 침략 때의 환난 보다 더 심한 환난 때.

16) 구원이란 대 환난에서 구원받아 메시아 왕국의 시민이 되는 것을 뜻한다(7:18, 27).

땅의 티끌 속에서 자는 자의 무리들이 깨어나 어떤 자는 영생을 얻겠고, 또 어떤 자는 수치와 영원한 모욕을 당할 것이라고 하신다.

본 절은 선한 자와 악한 자가 다 같이 부활한다는 것을 명백하게 예언한다. 이런 사실은 신약 성경에 명백하게 기술되어(요 5:29; 계 20:12) 그리스도교의 종말론을 보여주고 있다. 영생이란 하나님과 그리스도와 함께 하는 삶을 사는 것이고, 멸망할 자도 영원히 살기는 하나 그 삶은 수욕과 고통의 삶의 연속인 것이다(계 20:13-15).

단 12:3. 지혜 있는 자는 궁창의 빛과 같이 빛날 것이요 많은 사람을 옳은 데로 돌아오게 한 자는 별과 같이 영원토록 빛나리라.

지혜로운 자들은 하늘의 밝은 빛처럼 빛날 것이며, 많은 사람을 옳은 데로 인도한 자들은 영원토록 별과 같이 빛날 것이다.

본 절의 "지혜 있는 자"란 안티오커스 에피파네스의 박해 때 자신이 여호와 신앙을 지켰을 뿐더러 다른 사람들을 안티오커스 에피파네스의 유혹에 빠지지 않게 가르치고 인도한 자들을 지칭한다(11:33, 35 주해 참조). 이런 자들은 부활의 세계에서 하늘의 빛과 같이 빛나게 된다는 것이다(마 13:43).

단 12:4. 다니엘아 마지막 때까지 이 말을 간수하고 이 글을 봉함하라 많은 사람이 빨리 왕래하며 지식이 더하리라.

너 다니엘아! 너는 이 말씀들을 간수하여 마지막 때까지 이 책을 봉함하라. 많은 사람이 빨리 오가며 지식을 더할 것이다. 8:26에도 똑같은 말씀이 기술되어 있다.

"이 말을 간수하고 이 글을 봉함하라"는 말은 '비밀히 감추어두라는 말이 아니다. 이 말씀의 뜻은 확실히 이루어질 것이므로 잘 보관해 가면서 그 성취되는 것을 관찰해 보라'는 뜻이다(박윤선).

"마지막 때"란 11:2-12:3이 이루어질 때까지를 말한다. 그 때가 되고 이 예언의 성취가 이를 때까지 이 말씀을 함부로 퍼뜨리지 말라는 뜻이다.

"많은 사람이 빨리 왕래하며 지식이 더하리라"는 말의 뜻을 두고 여러 견해가 있는 중에 '많은 사람이 이 예언의 말씀을 듣기 위해(암 8:2) 부지런히 상고하고 읽는다'는 뜻으로 보는 것이 옳다(Gesenius, K&D, Hitzig, 박윤선, 이상근).

3. 강변의 두 천사의 결론적 예언 12:5-13

단 12:5. 나 다니엘이 본즉 다른 두 사람이 있어 하나는 강 이쪽 언덕에 섰고 하나는 강 저쪽 언덕에 섰더니.

그 후에 나 다니엘이 바라본즉 다른 두 사람(천사들)이 있는데, 한 사람은 강(힛데겔 강) 이쪽 언덕에, 다른 사람은 강 저쪽 언덕에 서 있었다.

두 천사는 강을 사이에 두고 양 언덕에서 마주 대하여 대화를 한다. 그들은 아마도 종말에 대해서 대화하고 있다(6절 이하).

단 12:6. 그 중에 하나가 세마포 옷을 입은 자 곧 강물 위쪽에 있는 자에게 이르되 이 놀라운 일의 끝이 어느 때까지냐 하더라.

그들 중 한 천사가 가는 베옷을 입고 강물 위쪽에 있는 자에게 말하기를, "이 놀라운 일의 끝이 어느 때까지냐"고 물었다.

세마포 입은 천사가 강 위편에 서 있었는데 강 아래편에 있는 자가 위에 있는 자에게 물은 것이다.

"이 놀라운 일의 끝이 어느 때까지냐"고 물었는데, 대 환난의 끝의 때가 어느 때냐고 물은 것이다. 다시 말해 종말의 대 환난의 때가 언제냐고 물은 것이다. 즉, 언제 끝나느냐고 물은 것이다.

단 12:7. 내가 들은즉 그 세마포 옷을 입고 강물 위쪽에 있는 자가 자기의 좌우 손을 들어 하늘을 향하여 영원히 살아 계시는 이를 가리켜 맹세하여 이르되 반드시 한 때 두 때 반 때를 지나서 성도의 권세가 다 깨지기까지이니

그렇게 되면 이 모든 일이 다 끝나리라 하더라.

나 다니엘이 들으니, 가는 베옷을 입고 강물 위쪽에 있는 자가 자기의 좌우 손을 하늘을 향하여 들고 영원히 살아 계시는 분께 맹세하기를 반드시 한 때와 두 때와 반 때를 지나 거룩한 백성의 권세가 다 깨어질 때까지니, 그렇게 되면 이 모든 일이 끝날 것이라고 대답해 주었다.

"그 세마포 옷을 입고 강물 위쪽에 있는 자가 자기의 좌우 손을 들어 하늘을 향하여 영원히 살아 계시는 이를 가리켜 맹세하여 이르되 반드시 한 때 두 때 반 때를 지나서"

"영원히 살아 계시는 이"란 본서에 기록된 모든 예언을 주관하시고 성취하시는 성부 하나님을 지칭한다.

"손을 들어 하늘을 향하여 영원히 살아 계시는 이를 가리켜 맹세하여 이르되"에서 여기 손을 드는 것은 서약을 하거나 기도할 때의 자세인데(창 14:22; 신 32:40), 천사가 두 손을 든 것은 서약을 강조하기 위한 것이다.

"한 때 두 때 반 때를 지나서"란 말은 7:25에서 사용된 아람어 표현에 정확하게 해당하는 히브리어 단어이며, 이 의미는 그곳에서 사용한 것과 같다. 7:25 주해를 참조하라.

단 12:8. 내가 듣고도 깨닫지 못한지라 내가 이르되 내 주여 이 모든 일의 결국이 어떠하겠나이까 하니.

나 다니엘이 듣고도 이해할 수가 없어서, "내 주여! 이 모든 일의 결국이 어떠하겠느냐?"고 여쭈었다. 세마포 입은 천사의 설명을 듣고도 다니엘은 그 뜻을 깨닫지 못하여 그 뜻을 물은 것이다. 다니엘은 천사를, "내 주여!"라고 불렀다(10:16).

우리가 천상의 문제에 대하여 깨달을 수 없을 때는 반드시 하나님께 여쭈어보아야 하는 것이다. 그러면 반드시 깨닫게 해주신다. 다니엘이 천사에게 물었을 때 종말의 시기에 대한 두 번째 계시가 주어진 것이었다. 첫 번째는 두 천사 간의 문답의 형식으로 알려졌고, 두 번째는 천사와 다니엘간의 문답의 형식으로 알려진 것이었다.

단 12:9. 그가 이르되 다니엘아 갈지어다 이 말은 마지막 때까지 간수하고 봉함할 것임이니라.

다니엘의 질문을 받은 천사가 다니엘에게 이르되, "다니엘아! 가라! 이 말씀들은 마지막 때까지 간수하고 봉함하라"고 했다. 본 절은 4절의 반복이다. 12:4 주해를 참조하라.

단 12:10. 많은 사람이 연단을 받아 스스로 정결하게 하며 희게 할 것이나 악한 사람은 악을 행하리니 악한 자는 아무것도 깨닫지 못하되 오직 지혜 있는 자는 깨달으리라.

많은 사람들이 정결하게 되고 순화되며 연단될 것이나 악한 자들은 악을 행하고 악한 자는 무엇도 깨닫지 못하나 지혜 있는 자는 깨달을 것이라고 대답한다. "많은 사람이 연단을 받아 스스로 정결하게 하며 희게 할 것이라"는 것이다. 지혜 있는 자들은 하나님의 계시를 깨닫게 되며 하나님의 계시에 부합하고 바르게 행하게 된다는 것이다.

"악한 사람은 악을 행하리니 악한 자는 아무것도 깨닫지 못한다"는 것이다. 악한 자들은 대 환난을 당해도 하등의 죄를 깨닫지도 못하고 죄를 자복하는 일도 없는 것이다.

단 12:11-12. 매일 드리는 제사를 폐하며 멸망하게 할 가증한 것을 세울 때부터 천이백구십 일을 지낼 것이요(11절), 기다려서 천삼백삼십오 일까지 이르는 그 사람은 복이 있으리라(12절).

매일 드리는 제사를 폐하고 멸망시키는 혐오스러운 것이 세워질 때부터 1,290일이 지나갈 것이요. 1,335일이 되기까지 기다리는 자는 복이 있을 것이다.

본 절은 직접적으로는 안티오커스 에피파네스가 행한 바 성전에 제우스 신상을 세운 사건을 말하는 것이다(11:31). 그러나 궁극적으로는 종말에 적그리스도가 하나님께 대한 경배를 금지하고 대신에 우상을 경배하도록 강요할 것을 예언한 것이다(계 13:15).

"1,290일을 지낼 것이라"는 말과 "1,335일을 기다리라"는 말이 어떤 기간을 의미하는지는 확실하지 않다. 1,335일은 1,290일보다 45일이 더 길다는 것인데, 이에 대해 몇 가지 견해가 있다. 1) 몇몇 학자들은 안티오커스 에피파네스가 성전에 제우스 신상을 세우고 율법에서 부정한 것으로 규정한 돼지고기를 제우스에게 바치기 위해 성전으로 가지고 오는 등의 성전 모독 사건이 생긴 때부터 마카비 혁명에 의해 성전이 회복되기까지의 기간을 상징적으로 나타내는 것이라고 이해한다. 2) 환난의 전체 기간을 의미한다는 것이다(E. Young). 3) 보다 궁극적으로는 말세에 있을 적그리스도의 박해로부터 시작하여 그리스도께서 재림하셔서 영원히 하나님의 성전을 회복할 때까지의 기간을 상징적으로 나타내는 것으로 본다(Keil). 이 견해들 중에서 3)번의 견해를 택해둔다. 45일이 더 긴 기간은 하나님께서 성도들에게 더 견디라는 기간으로 보는 것이 좋을 것이다.

단 12:13. 너는 가서 마지막을 기다리라 이는 네가 평안히 쉬다가 끝날에는 네 몫을 누릴 것임이라(But go your way till the end. And you shall rest and shall stand in your allotted place at the end of the days-ESV).

너 다니엘은 마지막까지 네 길을 가거라. 네가 안식할 날이 올 것이며 마지막 날에는 네 유업을 누릴 것이다. 다시 말해 너 다니엘아! 너는 끝까지 신실하여라. 너는 죽겠지만, 네 끝날에는 네게 돌아올 보상을 받을 것이라는 말을 듣고 다니엘은 계시를 마감한다.

오늘 우리가 하나님의 계시를 다 깨닫지 못해도 하나님의 긍휼을 기다리며 끝까지 신실하게 살아가야 할 이유를 찾을 수 있는 본 절이다.

- 다니엘 주해 끝-

에스겔 · 다니엘 주해

2021년 12월 7일 초판 1쇄 인쇄
2021년 12월 21일 초판 1쇄 발행
지은이 | 김수홍
발행인 | 박순자
펴낸곳 | 도서출판 언약
주 소 | 수원시 영통구 중부대로 271번길 27-9, 102동 1303호
전 화 | 070-7518-9725
E-mail | kidoeuisaram@naver.com
등록번호 | 제374-2014-000006호

정가 33,000원

ISBN : 979-11-952332-0-5 (04230)(세트)
ISBN : 979-11-89277-17-8 (04230)